"十二五"普通高等教育本科国家级规划教材

华章文渊

管理学系列

第4版

企业文化

Corporate Culture

陈春花 乐国林 李洁芳 张党珠 王甜 编著

机械工业出版社
China Machine Press

图书在版编目（CIP）数据

企业文化 / 陈春花等编著 . -- 4 版 . -- 北京：机械工业出版社，2022.6（2024.11 重印）
（华章文渊·管理学系列）
ISBN 978-7-111-70548-2

I. ①企⋯　II. ①陈⋯　III. ①企业文化 - 高等学校 - 教材　IV. ① F272-05

中国版本图书馆 CIP 数据核字（2022）第 062995 号

本书根据商业发展环境与形态、企业文化理论与实践的变化，在企业文化的历史与发展、机遇与挑战、理论与实务、结构与运行、传统与当代等方面吸收新思想、新成果、新素材，对第 3 版进行优化迭代，更新了所有章首的引例和章末的案例分析，同时对"实践链接"做了较大篇幅的更新。本书在内容体系优化的基础上，力求在促进教师教学、增强教学相长、开拓企业文化视野等方面适时出新，以巩固"时空线索、理实结合、动静有分、知行合一、教学相长"的理念与特色。

本书可作为管理学专业本科生、研究生和 MBA、EMBA、MPA 等学员的教材，也可作为企业管理者、咨询顾问等相关专业人士的参考用书。

出版发行：机械工业出版社（北京市西城区百万庄大街 22 号　邮政编码：100037）
责任编辑：施琳琳　　　　　　　　　　　　　责任校对：马荣敏
印　　刷：河北鹏盛贤印刷有限公司　　　　　版　　次：2024 年 11 月第 4 版第 9 次印刷
开　　本：185mm×260mm　1/16　　　　　　印　　张：22　　插　　页：2
书　　号：ISBN 978-7-111-70548-2　　　　　定　　价：55.00 元

客服电话：（010）88361066　68326294

版权所有 • 侵权必究
封底无防伪标均为盗版

华章文渊 管理学系列

"师道文宗
笔墨渊海"

文渊阁 位于故宫东华门内文华殿后,是故宫中贮藏图书的地方,中国古代最大的文化工程《四库全书》曾经藏在这里,阁内悬有乾隆御书"汇流澄鉴"四字匾。

华章文渊 管理学系列

作者简介

陈春花 新华都商学院理事长,先后出任新希望六和股份有限公司联席董事长兼首席执行官、山东六和集团总裁。著有《组织行为学》等20多部著作,发表核心期刊论文100多篇。其中,代表作有《领先之道》《经营的本质》《管理的常识》。曾获教育部高等学校科学研究优秀成果奖(人文社会科学)二等奖、三等奖,以及《出版人》年度作者奖、《财富》"中国最具影响力的50位商业领袖"称号等。

乐国林 青岛理工大学商学院教授,南开大学管理学博士、华南理工大学管理科学与工程博士后。青岛市西海岸新区拔尖人才、中国管理模式50+成员、山东企业管理研究会常务理事等。主要研究方向为组织文化与人力资源、管理理论与方法,著有《中国领先企业管理思想研究》《高管人员胜任力与企业成长匹配关系研究》《国际企业管理》等。长期致力于企业管理实践研究和咨询,服务的企业包括金蝶集团、海信集团、洛阳一拖股份、东方希望集团、青岛国信集团、韩都衣舍等。

李洁芳 华南理工大学旅游管理系讲师,管理学博士。主要研究方向是组织行为与企业文化创新,在核心期刊上发表组织管理方面的研究论文10多篇。先后参与南方电网、深圳航空、珠江啤酒、广州轻工集团等多家企业的企业文化咨询服务。曾获广东省师德征文二等奖、"尖烽时刻"全国商业模拟大赛优秀指导老师称号等。

张党珠 天津师范大学管理学院讲师,南开大学管理学博士,清华大学经济管理学院访问学者。先后主持道本领导、商业文明等省部级相关课题,在重点期刊上发表论文10多篇。主讲"中国传统文化与管理""企业文化创新"等课程,深受企业与高校学生喜爱,曾获天津市高校青年教师基本功比赛一等奖。

王甜 山东科技大学经济管理学院讲师,华南理工大学管理学博士,卡迪夫大学联合培养博士。主要研究领域是网络范式下的组织行为与人力资源管理。在《南开管理评论》《科研管理》等重点期刊上发表中英文论文10多篇。

PREFACE 前言

《管理百年》的作者斯图尔特·克雷纳在总结商业史时说:"管理上没有最终的答案,只有永恒的追问。"当下,智能科技塑造产业的快速创变、全球新冠疫情塑造商业新格局、贸易保护主义与技术封锁导致的技术阻隔等全球性问题使企业经营面临全球环境的"百年未有之大变局"。在大变局环境下,企业的经营管理、企业文化应当向何处去,一切是否都要以变应变,还是处变不惊,抑或是变与不变共存?企业家和管理者都在思考并在实践中寻求答案。在这个动荡发展的大变局中,得益于我国经济不断推动增长结构变革与产业自我创新,中国企业越来越重视文化软实力和创新硬实力的建设,近年来越来越多的中国企业、中国品牌跃上了世界 500 强榜单,中国企业竞争力、中国商业模式乃至中国管理模式已经成为全球商业领域关注的焦点。

着眼于大变局中企业发展的长期主义,着眼于数字时代互联网孕育的价值共生机遇,着眼于中国企业全球化的文化挑战,《企业文化》第 3 版在内容、体例方面进行了创新性设计与修订,一经推出深受教师、学生和企业的欢迎、认可与点赞。《企业文化》第 4 版在第 3 版创新的基础上,以习近平新时代中国特色社会主义思想为指导,融入党的二十大精神,"坚持守正创新",根据商业发展环境与形态、企业文化理论与实践的变化,在企业文化的历史与发展、机遇与挑战、理论与实务、结构与运行、传统与当代等方面吸收新思想、新成果、新素材,对第 3 版进行优化迭代,并更新了所有章首的引例和章末的案例分析,同时对第 3 版的"实践链接"做了较大篇幅的更新。在内容体系优化的基础上,第 4 版教材在促进教师教学、增强教学相长、开拓企业文化视野方面适时出新,增加了教学建议,同步推出内容更加丰富的教辅材料。通过迭代优化与微创新,《企业文化》第 4 版进一步提升了企业文化的教学体验和学习体验,巩固了本教材的"时空线索、理实结合、动静有分、知行合一、教学相长"的理念与特色。

以下为教材内容修订的说明。

第 1 章 当代企业面临的挑战与机遇

更新了章首的引例和章末的案例分析;修订了"1.1 新时代的全球化与本土化""1.2 动

态、复杂、风险性生存环境";更新了2个实践链接。

第2章 企业文化的兴起与演进

更新了章首的引例和章末的案例分析;修订了"2.3 企业文化实践的发展与趋势""2.4.4 企业文化理论在中国的发展";更新了1个实践链接。

第3章 企业文化理论精要

更新了章首的引例和章末的案例分析;修订了"3.1.1 文化软实力说""3.1.2 价值观管理""3.4.4 组织文化层次结构模式";新增了"3.1.4 文化智力说"。

第4章 企业文化结构与功能

更新了章首的引例和章末的案例分析;修订了"4.3.1 企业文化的正向功能""4.3.2 企业文化的负向功能";更新了3个实践链接。

第5章 企业文化的内核

更新了章首的引例和章末的案例分析;修订了"5.2.3 企业价值观的构成层次及内容""5.4.2 企业家精神的内涵""5.4.3 企业家精神与企业文化";更新了4个实践链接。

第6章 企业文化测评

更新了章首的引例和章末的案例分析;新增了"6.2.6 库克和拉夫蒂的组织文化量表(OCI)";更新了1个实践链接。

第7章 企业文化的演化

更新了章首的引例和章末的案例分析;修订了"7.1.2 企业文化的生成机制";新增了"7.3.2 自发的文化演化和引发的文化演化";更新了1个实践链接。

第8章 企业文化的冲突与整合

更新了章首的引例和章末的案例分析;修订了"8.4 并购企业的文化整合能力";更新了4个实践链接。

第9章 企业文化变革与创新

更新了章首的引例和章末的案例分析;更新了1个实践链接。

第10章 企业文化建设

更新了章首的引例和章末的案例分析;修订了"10.1.3 行为塑造""10.2 企业文化建设的过程";新增了"10.3 企业文化建设的实践操作""10.4 企业文化建设的常见误区";更新了3个实践链接。

第11章 企业文化传播

更新了章首的引例和章末的案例分析;修订了"11.4 企业文化的传播过程";更新了4个实践链接。

第12章 中国企业的文化特征与发展

更新了章首的引例和章末的案例分析;删除了"原12.3.2 儒家文化与东亚管理精神""原12.3.4 中国当代企业文化的变迁";新增了"12.2.3 中国现代华商文化""12.3.3 传

统忠孝观与企业文化的融合""12.3.4 传统义利观与企业文化的融合""12.3.6 多元文化与企业文化的融合";修订了"12.3.2 家文化与企业文化的融合";更新了 5 个实践链接。

第 13 章　跨文化适应与管理

更新了章首的引例和章末的案例分析;修订了"13.1 文化差异对管理的影响""13.4.3 跨文化管理的实践策略"。

第 14 章　数字时代的企业文化

更新了章首的引例和章末的案例分析;修订了"14.1 数字时代的企业文化'新常态'";新增了"14.2.1 协同管理理念""14.3.4 '无我'的未来领导文化";更新了 2 个实践链接。

参与本次修订工作的成员主要是来自青岛理工大学、华南理工大学、天津师范大学、山东科技大学等高校的老师和研究生。具体分工是：陈春花厘定修订思路及方案，负责第 1、14 章的修订或审定；乐国林（青岛理工大学）协助陈春花教授执行修订方案和统稿，并负责教学建议和第 3、4、5、14 章的写作与修订；李洁芳（华南理工大学）负责第 2、6、7、10 章的写作与修订；张党珠（天津师范大学）负责第 8、11、12 章的写作与修订；王甜（山东科技大学）负责第 9、13 章的写作与修订。陈春花审读并对整个书稿做了最后的订正。乐国林、王甜、李洁芳还完成了与教材内容配套的教辅材料的梳理、写作及相关 PPT 的设计工作。青岛理工大学研究生王海霞、沈雨晴、王一鸣、谢飞参与了第 3、4、5、14 章的部分内容写作、教辅材料整理和 PPT 的制作。

本书在修订过程中吸收了教学同人、学生和出版社的宝贵意见，为修订工作开拓了思路。在修订过程中，修订成员参考了大量的书籍和文章，借本书出版的机会，我们对提出建议的同人、对提供参考书籍和文章的作者表示感谢。本书还直接或间接引述了一些同人的成果，在此一并致谢！同时，由于编者水平所限、时间所限、资料编撰与统稿的疏漏，本书还有许多不足，期待所有使用和关注本书的读者与同人不吝批评，以便我们进一步完善。

教学建议 SUGGESTIONS

教学目的

通过"企业文化"课程的学习,使学生了解企业文化产生的背景与发展脉络,理解企业文化理论思想,掌握企业文化概念与核心要素,把握企业文化发展与运行规律,掌握企业文化建设方法,理解并能够化解企业文化差异与冲突,学会用企业文化理论与方法分析和解决企业实践工作中的问题,培养学生创造性地分析和解决企业文化问题的能力,增强企业持续成长力与竞争力。

前期需要掌握的知识

管理学、战略管理、人力资源管理、管理心理学或组织行为学等相关课程知识。

课时安排建议

教学内容	教学要点	课时安排	
		研究生和MBA	本科生
第1章 当代企业面临的挑战与机遇*	● 新时代的全球化与本土化 ● 当代企业所面临的环境挑战 ● 数智社会与经营管理 ● 企业的社会角色 ● 企业伦理与社会责任的发展	3	2
第2章 企业文化的兴起与演进	● 企业文化的内涵 ● 企业文化兴起的背景及其蕴含的历史必然性 ● 企业文化理论的创建过程及标志性事件 ● 企业文化实践的发展与趋势 ● 企业文化理论的产生与发展	2	2
第3章 企业文化理论精要▲	● 企业文化理念论 ● 企业文化要素论 ● 组织文化层次结构模式	4	3

（续）

教学内容	教学要点	课时安排	
		研究生和 MBA	本科生
第 4 章 企业文化结构与功能	● 企业文化的构成元素 ● 企业文化的层次结构 ● 企业文化的正向功能 ● 企业文化的负向功能	2	2
第 5 章 企业文化的内核▲	● 企业使命的内涵和使命陈述的特点 ● 企业愿景的内涵和培育过程 ● 企业价值观的概念、层次及内容 ● 企业精神的内涵、意义、内容及其特征 ● 企业精神的培育原则与方法 ● 企业家精神与企业文化的关系	5	4
第 6 章 企业文化测评	● 企业文化测评的目的 ● 企业文化测评的基本类型 ● 企业文化测量的主要工具 ● 企业文化建设评估的内容和维度	2	2
第 7 章 企业文化的演化*	● 企业文化生成和运行机制 ● 企业文化的自然演化 ● 企业文化维系和传承的基本方式 ● 企业文化的发展周期	2	2
第 8 章 企业文化的冲突与整合	● 文化冲突的内涵、企业文化冲突的含义及其特点 ● 企业文化冲突的表现和类型 ● 企业文化冲突的根源与过程 ● 企业文化冲突的后果 ● 企业文化整合的内容和对策 ● 并购企业文化整合能力体系	3	2
第 9 章 企业文化变革与创新	● 企业文化变革的动因 ● 企业文化变革的阻力 ● 企业文化变革的理论 ● 企业文化变革的一般流程 ● 企业文化创新理论	3	2
第 10 章 企业文化建设▲	● 企业文化建设的内容以及各项内容之间的关系 ● 企业文化建设过程的基本理论 ● 企业文化建设的实践操作 ● 企业文化建设的常见误区	4	3
第 11 章 企业文化传播*	● 企业文化传播的概念和特点 ● 企业文化传播的要素 ● 企业文化传播的一般流程 ● 企业文化传播的 CIS 系统	2	2
第 12 章 中国企业的文化特征与发展▲	● 中国传统文化主要流派及其思想 ● 中国传统文化精髓 ● 中国近现代企业的文化传统 ● 中国当代企业的文化融合发展	2	2
第 13 章 跨文化适应与管理	● 文化差异及其表现 ● 文化差异对跨国企业经营的影响 ● 典型国家的文化特征及其对管理的影响 ● 跨文化管理的相关理论 ● 跨文化管理实践中的具体策略	3	2

（续）

教学内容	教学要点	课时安排	
		研究生和MBA	本科生
第14章 数字时代的企业文化*	● 数字时代对企业文化产生的影响 ● 数字时代企业文化轮廓 ● 数字时代的经营管理理念 ● 数字时代的企业文化新理念	3	2
	课时总计	40	32

说明：

（1）在课时安排上，对研究生和MBA建议设置40个学时，案例讨论建议适当安排课外学时；对本科生建议设置不少于32个学时，案例讨论建议适当安排课外学时。标注"*"的章节可以根据教学实际情况选讲；标注"▲"的章节可以根据教学实际情况适当增加课时。

（2）每一章都安排了"实践链接"，以增强教材阅读吸引力，丰富学生自学内容和辅助教师教学，教师可以从中引出讨论的话题或问题，进行"迁移式""开放式"教学，激发学生的思考力、创造力。

（3）各章前后都安排了企业文化案例，章首的引例供学生自学，从而引出教学主题；章末的案例分析建议以小组作业形式，让学生围绕案例搜集更多素材，进行课堂汇报、方案对抗赛，提高学生学以致用的能力。

目 录

前言
教学建议

第1章　当代企业面临的挑战与机遇 ················ 1

引例　施耐德电气：智能工厂的"以人为本" ················ 1
1.1　新时代的全球化与本土化 ················ 2
1.2　动态、复杂、风险性生存环境 ················ 9
1.3　企业的社会角色 ················ 17
本章小结 ················ 23
复习思考题 ················ 24
案例分析　文化助力飞鹤乳业腾飞 ················ 24
参考文献 ················ 26

第2章　企业文化的兴起与演进 ················ 28

引例　万可中国：新冠疫情期间常态时间工作仍创造十年最佳盈利 ················ 28
2.1　文化与企业文化的内涵 ················ 29
2.2　企业文化的兴起背景 ················ 34
2.3　企业文化实践的发展与趋势 ················ 38
2.4　企业文化理论的产生与发展 ················ 44
本章小结 ················ 50
复习思考题 ················ 50
案例分析　老干妈的创业故事 ················ 51
参考文献 ················ 52

第3章　企业文化理论精要 ················ 54

引例　福耀集团的企业文化 ················ 54
3.1　企业文化理念论 ················ 55
3.2　企业文化要素论 ················ 63
3.3　企业文化类型论 ················ 71
3.4　企业文化模式论 ················ 75
本章小结 ················ 84
复习思考题 ················ 84
案例分析　星巴克的成功之道 ················ 84
参考文献 ················ 86

第4章　企业文化结构与功能 ················ 87

引例　泰威公司企业文化与传统文化融合的探索 ················ 87
4.1　企业文化的元素 ················ 88
4.2　企业文化的结构 ················ 91
4.3　企业文化的功能 ················ 96
本章小结 ················ 101
复习思考题 ················ 102
案例分析　巨头 Netflix：这才是真正的企业文化 ················ 102

参考文献 ·············· 103

第 5 章　企业文化的内核 ············ 105

引例　京都陶瓷的管理文化 ·············· 105
5.1　企业使命和愿景 ················ 107
5.2　企业价值观 ·················· 111
5.3　企业精神 ··················· 118
5.4　企业家精神 ·················· 123
本章小结 ····················· 128
复习思考题 ···················· 129
案例分析　松下精神 ················· 129
参考文献 ····················· 130

第 6 章　企业文化测评 ············ 132

引例　赛轮金宇股份有限公司的安全
　　　文化建设水平测评 ············· 132
6.1　企业文化测评概述 ················ 134
6.2　企业文化测量工具 ················ 138
6.3　企业文化评价 ·················· 147
6.4　企业文化建设评估 ················ 152
本章小结 ····················· 156
复习思考题 ···················· 156
案例分析　无限极：文化先行打造
　　　　敏捷型组织 ··············· 156
参考文献 ····················· 158

第 7 章　企业文化的演化 ············ 160

引例　大众汽车：开放平等沟通平台，
　　　增强员工归属感 ············· 160
7.1　企业文化的生成 ················ 161
7.2　企业文化的运行机制 ·············· 165
7.3　企业文化的动态管理 ·············· 169
本章小结 ····················· 175
复习思考题 ···················· 176

案例分析　阿里巴巴的企业文化
　　　　演变 ·················· 176
参考文献 ····················· 178

第 8 章　企业文化的冲突与整合 ······ 179

引例　iPod 之父离职：Google 和
　　　苹果文化冲突的缩影 ··········· 179
8.1　企业文化冲突及类型 ·············· 180
8.2　企业文化冲突的形成 ·············· 185
8.3　企业文化整合 ·················· 189
8.4　并购企业的文化整合能力 ············ 194
本章小结 ····················· 198
复习思考题 ···················· 199
案例分析　当福耀玻璃撞上文化墙 ····· 199
参考文献 ····················· 200

第 9 章　企业文化变革与创新 ········ 202

引例　年轻文化的创新之道 ·············· 202
9.1　企业文化变革的动因与阻力 ······ 203
9.2　企业文化变革的主体、内容与
　　　原则 ··················· 210
9.3　企业文化变革的模式与流程 ······ 212
9.4　企业文化创新 ·················· 219
本章小结 ····················· 223
复习思考题 ···················· 223
案例分析　字节范喜迎新成员：多元
　　　　兼容 ·················· 223
参考文献 ····················· 224

第 10 章　企业文化建设 ············ 226

引例　蒂森克虏伯电梯的柔性企业
　　　文化 ··················· 226
10.1　企业文化建设的内容 ·············· 227
10.2　企业文化建设的过程 ·············· 232

10.3　企业文化建设的实践操作 ········ 236
10.4　企业文化建设的常见误区 ········ 241
本章小结 ·· 245
复习思考题 ·· 246
案例分析　亿滋中国　敏捷制胜 ········ 246
参考文献 ·· 248

第11章　企业文化传播 ················· 249

引例　B站为什么火起来：一个文化融合的新媒体文化传播分析 ················· 249
11.1　企业文化传播的内涵 ············· 250
11.2　企业文化传播的要素 ············· 253
11.3　企业文化传播的条件与时机 ····· 258
11.4　企业文化的传播过程 ············· 262
11.5　CIS与企业文化传播 ············· 265
本章小结 ·· 267
复习思考题 ·· 268
案例分析　单霁翔打造故宫博物院的文化IP之路 ················· 268
参考文献 ·· 269

第12章　中国企业的文化特征与发展 ·············· 270

引例　大汉集团熔铸红色文化塑造企业成长力 ················· 270
12.1　中国传统文化概述 ················· 272
12.2　中国近现代企业的文化传统 ····· 277
12.3　中国当代企业的文化融合发展之路 ················· 281

本章小结 ·· 289
复习思考题 ·· 289
案例分析　遵循传统文化之道，引领信誉楼健康发展 ········ 289
参考文献 ·· 291

第13章　跨文化适应与管理 ··········· 293

引例　新冠疫情治理凸显中西人权文化差异 ················· 293
13.1　文化差异对管理的影响 ········· 294
13.2　国家文化与企业文化 ············· 298
13.3　跨文化管理的相关理论 ········· 303
13.4　企业跨国经营文化整合之道 ····· 307
本章小结 ·· 312
复习思考题 ·· 312
案例分析　猎豹移动的跨文化管理实践 ················· 312
参考文献 ·· 314

第14章　数字时代的企业文化 ······· 316

引例　字节跳动的另类企业文化 ········ 316
14.1　数字时代的企业文化"新常态" ··· 317
14.2　数字时代的经营管理理念 ······· 322
14.3　数字时代的企业文化理念 ······· 330
本章小结 ·· 338
复习思考题 ·· 338
案例分析　韩都衣舍：中国互联网快时尚第一品牌 ················· 339
参考文献 ·· 340

第 1 章　当代企业面临的挑战与机遇

【学习目标】

- ☑ 理解新时代的全球化与本土化
- ☑ 了解当代企业所面临的环境挑战
- ☑ 明确企业在动态、复杂的环境中所扮演的社会角色
- ☑ 了解企业伦理与社会责任的发展

引例　　　　施耐德电气：智能工厂的"以人为本"

施耐德电气总部位于法国，属于电气工业领域的世界500强企业，是全球能效管理领域的领导者，为100多个国家的能源及基础设施、工业、数据中心及网络、楼宇和住宅市场提供整体解决方案，在住宅应用领域拥有强大的市场能力。随着"工业4.0"的提出，施耐德电气从总部到大中华区的各个分部，都在积极进行生产升级和转型，通过数字化技术进一步优化成本，使产品的质量和服务更贴近客户的需求，并且减少供应链条中不必要的中间环节。施耐德电气制造（武汉）有限公司（以下简称"施耐德电气（武汉）公司"）成立于2012年，主要生产和销售低压电气类产品，目前已成为施耐德电气大中华区发展较为领先的智能工厂。

在向更加数字化、电气化时代迈进的过程中，施耐德电气（武汉）公司一直十分重视对员工的培养。从2018年开始，其针对蓝领员工建立了线上培训平台，根据他们日常所负责的生产工作设计出定制化的培训表，通过"五星人才"评定体系，对不同技能等级的蓝领员工进行培养，将"以人为本"的观念真正落到实处，具体体现在以下两点。

把员工的需求放在企业发展的第一位

近几年劳动力市场的动荡,以及新冠疫情的影响,对员工的稳定性有一些负面作用。施耐德电气(武汉)公司属于创新工厂,在留住员工上做了很多尝试,其中最根本的还是从员工的兴趣出发,了解员工的想法,把员工的需求和企业的需求结合起来。正是因为企业很在乎员工的工作体验,所以现在工厂的离职率很低。不过,员工的稳定性过高也会带来一系列的问题,企业需要在两者之间找到平衡。比如,企业首先要培养出一部分稳定的核心蓝领员工,因为要保证产品的安全和质量;其次通过"高绩效"文化来打破千篇一律的绩效表现,绩效水平过低的员工在这种体制下会自然流失。

企业文化成为员工的"精神支柱"

施耐德电气(武汉)公司的核心价值观与时俱进。在数字化升级之后,其对核心价值观也进行了一次修订,在修订之后有一些很关键的改革。

首先,施耐德电气(武汉)公司推动形成了"日学日新"的学习文化;其次,敢于颠覆,鼓励创新,对蓝领员工的管理方式有了转变,从过去由上到下命令式的管理方式,转变为现在启发式地鼓励蓝领员工向管理者提出解决方案。基于启发式的改革,施耐德电气(武汉)公司对一线管理人员也做了相关的管理培训,比如班组长少说多听,多鼓励员工自行提出问题并解决问题。

针对企业转型带来的工厂人员精减,施耐德电气(武汉)公司需要让蓝领员工对企业有归属感和责任感。施耐德电气(武汉)公司生产的主要产品都和电相关,车间的蓝领员工每天都在生产线上做一些装配工作,把零部件装配起来。以前,蓝领员工只负责生产,对产品的功能以及现场的应用均不了解,比如,产品的用处是什么,产品质量问题会造成什么样的后果,等等。

现阶段,施耐德电气(武汉)公司成立了由员工自导自演的视频制作小组,拍摄关于产品应用以及质量疏忽引起的后果等视频,然后组织蓝领员工观看并讨论。通过这种做法,让员工了解这些电气产品不仅会影响施耐德电气(武汉)公司的客户,还会对员工的生活有所影响。员工不仅对自己生产的产品有了新的认识,也增强了对企业价值观的理解。

资料来源:施耐德电气:智能工厂的"以人为本"与"以数为根",载于人力资源智享会 HREC 微信公众号。

1.1 新时代的全球化与本土化

1.1.1 新时代的全球化商业与社会

在新时代的商业与社会中,不确定性已然成为常态。一部分驱动因素是技术性的,比如科技以指数级的速度发展并持续改变着商业格局等;一部分驱动因素是系统性的,比如人口变化;还有一部分驱动因素是政治性的,比如民族主义兴起和限制自由贸易。在这些变化发生的过程中,越来越多的企业从商业企业转变为社会企业,致力于为所有的利益相关者乃至整个社会创造持久的价值。

1. 数字科技驱动商业生态变革

近几年，全球科技领域暗潮涌动，迭代产品、升级战略屡见不鲜，一场场高难度的变革与进化落地生根。在面对新兴技术浪潮和产业格局变化带来的挑战中，人们逐渐发现，数据已经成为驱动产业发展的新资源、新要素、新引擎，越来越多的企业寄希望于通过数字化实现能力提升或弯道超车。研究机构也对数字化的驱动力充满信心。国际数据公司（International Data Corporation，IDC）预测，到2023年，全球超过一半的GDP将由数字化转型企业的产品和服务推动，年复合增长率为17%。从全球范围来看，虽然对于数字化转型的路径依然没有统一答案，但成熟的头部企业已经纷纷跨入数字科技的浪潮中，通过投资或自建的方式，转型搭建全新的业务模式，服务全新的客户群体，为企业再创增长源，从而为企业的长期可持续发展奠定坚实的基础。在国外，亚马逊、谷歌等的数字化转型已经筹备良久；在国内，继阿里巴巴、腾讯后，京东数科、网易也开始加速布局"产业数字化"，数字经济成为众多企业共同的发力方向。而与企业数字化转型、创新升级等方向相契合的数字科技，则让更多人看到了传统产业痼疾被击穿的可能性。随着AI养猪、地下物流、智能城市等场景的渐次落地，"产业 + 数字科技"的物理并置，开始产生"产业 × 数字科技"的化学反应。展望未来，数字科技将驱动商业生态发生颠覆性变革；各个行业的边界将被重新定义甚至消弭，市场结构与格局也将从赢者通吃的超级马太效应，转变为利益共享、合作共赢。

2. 新时代消费者需求升级

《2021全球消费者趋势报告》显示，驱动消费者支出的七大关键因素分别为：身心健康、权力、价值、身份认同、体验、社会环境和科技。具体来说：① 消费者将健康视为头等大事，但至今仍未有健康新定义的范本出现，品牌需要承担责任，把握机会，建立新规则。② 对于缺乏数据隐私和安全性、政府应对速度太慢以及缺乏对品牌的信任等问题，消费者都在大声疾呼。世界各地的消费者正要求品牌重视目前存在的不平等和不公正现象，并以强大的实体为目标，推动系统性变革。③ 消费者正在从他们的投资中寻找有形的和可衡量的利益。此次新冠疫情使消费者对价值的概念转变为强调优惠、便利、防护的最低消费。同时，消费者正通过结果驱动型视角对价值进行再定义，寻求品牌的耐用性、使用灵活性和功效。④ 新冠疫情重振了社群的概念，消费者比以往任何时候都更渴望人与人之间的联系和互动。⑤ 新冠疫情期间的物理隔离使人们想要逃离现实，技术的改进也驱使消费者寻求数字体验。随着消费者越来越多地融入数字世界，在游戏等领域出现的趋势也将对零售、娱乐或通信等领域的消费者-品牌互动产生影响。⑥ 新冠疫情显著地改变了消费者对人类与生活空间的关系的认识，从而加速了消费者对可持续性的需求。消费者逐渐认识到，对群体有益的事物对个人也有益。⑦ 虽然技术在改善人们生活方面具有巨大潜力，但随着对技术的依赖程度提高，人们的警惕性也在增强。例如，56%的英国Z世代（指1995～2009年出生的人）消费者担心过度使用科技设备会影响心理健康，而38%的美国成年消费者表示会在可穿戴设备上投入大量资金，以用来检测潜在的健康风险。

3. 新时代的商业与社会

加速社会企业发展的动力也在持续地推动社会转变，变得更为关注赋权以及倡导雇佣关系。2018年和2019年，人们目睹了自20世纪80年代以来最大规模的罢工，罢工诉求覆盖了从改善工作环境到实现男女薪酬平等的各个方面。就业机会、薪资公平性和企业社会影响力等议题继续成为头条话题。这些日益提升的社会期望（加之在许多国家，低失业率使得职工队伍的力量更为强大），使与人相关的热点问题成为组织和社会关注的焦点。在这些与人相关的热点话题逐渐呈现的同时，另一个同等重要的现象也正在形成：对技术的高度关注成为实现企业价值的一个主要或是最主要的驱动因素。"每一家公司都是一家科技公司"逐渐成为一句常见的口头禅。许多组织斥资数十亿美元进行"数字化转型"，企图通过创新科技的应用加速企业价值创造。对组织来说，与其探讨如何将充斥着各种科技的工作场所变得人性化，不如研究更深层的问题，即如何能够借助科技创造一个人性化的工作环境。这是一种将人和科技融合的观念，呼吁商业与这个被科技塑造的世界合作。在这种观念下，组织不再空谈使命，而是将其价值嵌入到日常工作的方方面面；不但让员工在机械化的环境中最大限度地发挥独有的思考力、创造力和行动力，还致力于追求对未来价值的创造。

1.1.2 跨国公司的挑战与责任

1. 跨国公司的挑战

一个企业所面临的挑战与责任取决于它正在与什么发生着关联。在今天，企业必须意识到它正处在新一轮经济全球化的时代，以及与之相应的、不可抗拒的一体化市场环境之中。在过去的几十年中，世界局势的和平与稳定、世界经济贸易往来的频繁与贸易壁垒的削弱，都为跨国公司提供了极为有利的发展条件。如今，跨国公司已经迅速地成长起来，并扩张到世界上每个可能有潜力的市场。凭借着资本、产品、品牌、技术或管理等方面的优势，跨国公司在全球范围内高效地整合资源，获取丰厚的利润，以支持企业的发展与壮大，有些企业甚至发展成为能够对地区政治和经济具有影响力的跨国巨头。

在一体化进程中，试图跨国经营的企业虽然面临机遇，但同时也往往面临着跨文化挑战。例如，Uber 在全球化进程中严重低估了当地文化带给业务经营的挑战，它在与美国经济、政治和文化环境都有所不同的地区依然采用美国运营模式，因此在不同程度上受到各个国家监管部门的抵制与处罚，自身发展受到重挫。除此之外，跨国公司还面临着贸易环境所带来的挑战，部分国家的贸易保护政策限制国际贸易的有序进行。例如，2018 年，随着中美贸易摩擦的加剧，在中国的 430 多家美国公司中，约有 1/3 已经或正在考虑将生产基地转移到海外，东南亚是它们的首选目的地。根据联合国贸易和发展会议《2019 年世界投资报告》的数据，东南亚国家目前已经是外国直接投资的最大受益国，连续 3 年外国直接投资增长超过 3%，2018 年达到创纪录的 1 490 亿美元。对于贸易战的另一方，中国生产商被排挤出美国，许多生产商不得不将出口转向别处。根据世界贸易组织数据计算，中国在美的市场份额减少（但中国在全球出口市场中的份额增加了近半个百分点）。可见，政治家有意强化贸易保护主义将对跨国公司创造和获得全球经营利润的"盛宴"产生巨大的消极影响。从上述例子不难看出，全球经济一体化是历史发展的必然趋势，任何一个国家或者企业想要独立于外界之外已经几乎不可能了。跨国公司的持续发展与扩张，需要全球化的市场环境，世界也因此变得更为一体化。

2. 跨国公司的责任

跨国公司作为经济增长和提升社会福利水平的重要推动者，是活跃在政治、文化等领域的重要力量，其在全球化进程中也担负着重要的责任。跨国巨头往往是人才、技术、产品和管理等方面的市场领导者，其诸多优势可以为普通企业提供学习或效仿的标杆。除了担负市场引领的责任，跨国公司越来越注重切实履行社会责任，纷纷发起"科技向善"与"资本向善"。不论是大疆创新、快手科技、四维图新这样的"网红"科技公司，还是乐高、德勤、凯迪拉克这样的跨国公司，各大企业都在思考"社会企业"与"公益企业"的真正区别，思考科技如何服务公益。其中，作为中国互联网头部企业，腾讯也是"善"的布道者，正在利用自己的技术、平台、用户、流量服务于各类公益机构与公众，并通过与各领域明星大咖的合作传播善意和公益理念，引导越来越多的国人参与社会公益事业。此外，在此次新冠疫情中，各国跨国公司也纷纷投入资源参加新冠疫情防控，积极履行社会责任，充分彰显了跨国公司的担当。在疫情期间，跨国公司关注员工利益，例如，日本丰田公司为防止新冠疫情在员工和公众之间扩散，关闭了国内外展览设施，第一时间对工作场所的感染情况进行通告；跨国公司坚持保障消费者利益，例如，为了保障消费者的健康安全，中国石化"易捷加油"App推出"一键加油"服务，实现消费者免下车无接触加油，避免聚集接触，为消费者健康安全提供保障；跨国公司更重视当地社区利益，例如，为解决医护人员防疫物资缺乏问题和加强防疫，3M公司投入2 000万美元资助一线医护工作者、弱势群体以及与疫情相关的医学研发；跨国公司更严格地把关产品，例如，雅培为提高新型冠状病毒检测手段，加大研发投入，推出SARS-COV-2血液抗体检测，达到99%异质性和100%敏感性水平；跨国公司贡献了更多的社会利益，例如，三井住友银行推出供应链管理基金和新型冠状病毒特别基金，帮助中小企业解决疫情期间的资金问题。

1.1.3 中国企业全球崛起的实力与担当

一分钟在中国会发生什么？根据2020年的数据，一分钟可以炼出1 769吨粗钢，生产53辆汽车，下线460台空调，做出3.99万件服装，"复兴号"前进5 833米，"神威·太湖之光"运算约750亿亿次……一个个跃动的数字背后，是中国制造业飞速发展的写照。翻开中国近现代史，经济落后于西方发达国家是个不争的事实，无数国人怀揣过"实业救国"的梦想。然而，中国企业真正的快速发展，是在中国的改革开放之后。特别是2001年中国加入WTO之后，中国出口贸易和经济实现井喷式增长，中国本土制造企业积累了一定的经济实力和商业经验，为全球市场提供了丰富且价廉物美的产品，进而使中国具有了"世界工厂"之称。根据中国海关统计，2019年，我国货物贸易进出口总值31.54万亿元，比2018年增长了3.4%。其中，出口额为17.23万亿元，增长了5%；进口额为14.31万亿元，增长了1.6%；贸易顺差为2.92万亿元，扩大了25.4%。根据这些数据，不难理解为什么中国被视为"世界工厂"。实际上，中国的大部分进口商品都是原材料。中国致力于成为生产国而不是消费国，这使得更多的中国商品不断推向全球各个角落。

与此同时，来自中国的世界500强企业也从侧面展示着大国实力。2020年8月10日，《财富》杂志发布2020年世界500强排行榜，加上我国台湾地区的企业，2020年上榜的中国企业共有133家，其中内地和香港共计124家，历史上第一次超过美国（121家）——《财富》杂志官方称之为"历史性跨越"。2021年，我国共有143家企业上榜2021年世界500强排行榜，上榜企业数量第二次超越美国（122家），位居第一。自1995年《财富》发布世界

500强公司排行榜以来，该榜单中还没有任何一个别的国家或地区的企业数量如此迅速地增长。中国先是超过了德国、法国和英国，后来超越了日本，直至2020年超越美国，位列第一。中国速度再次刷新纪录。从仰望500强、追赶500强、入榜500强，到现在领先500强，证明我国经济的发展已经进入一个全新的时代，而且在品牌实力、科技实力方面都处于稳步提升之中。

从"白手起家"到"代工时代"，从"世界产品中国造"到"世界新品中国造"，速度向质量的转变正成为中国制造业参与国际化竞争的重要支撑。中国品牌正在崛起，并且正在重新定义着"中国制造"。中国进入"世界品牌500强"榜单的品牌数量已经由2005年的4个上升到2021年的44个，中国品牌的世界竞争力和影响力在不断提升。近年来，随着华为、大疆、比亚迪等优秀品牌在全球崛起，一大批拥有自主知识产权的创新产品涌现，中国制造开始与德国制造、日本制造、美国制造一起同台竞技，成为在全球制造业角逐的实力选手。伴随科技强国战略的实施推进，中国品牌已经由"中国制造"向"中国智造"转型升级。例如，格力电器等优秀家电企业在海外市场闯出一片天地，不仅开拓了海外市场份额，在行业技术和标准制定上也获得了国际话语权。这为中国品牌的建设和发展提供了可推广的有益经验，也注入了强大的发展信心。

量子科学实验卫星的首发成功，人类探测器首次在月球背面软着陆，首艘国产航母下水，北斗卫星导航系统完成全球组网……南非《开普时报》2020年年底的一篇报道盘点了近年来中国重大科技创新成果，指出："科技创新已成为中国经济发展的重要驱动力之一。"在过去的五六年间，中国科技进步贡献率从55.3%提升到超过60%，在全球129个经济体创新能力排名中升至第12位。在数字科技领域，中国的表现十分亮眼。中国工业和信息化部公布的数据显示，2020年前三季度，信息传输、软件和信息技术服务业生产指数增长10.1%，增速比上半年加快2.2个百分点，云计算、大数据、数据中心、物联网等业务收入快速增长。而中国的5G建设进度也远超其他国家，位居全球第一。中国已然成为具有全球影响力的新兴大国，中国跨国公司不仅成为推动中国产业发展、科技进步和经济增长的主要动力来源，而且成为推动世界科技格局演变的重要力量，为世界科技规则和科技话语权新格局的构建与完善创造了难得的条件和机遇，其中较为典型的例子便是华为公司在5G通信技术标准制定和修改过程中获得的话语权优势，以及中国可以在人工智能、超级计算、民用无人机技术开发、产品应用和行业监管方面制定相关标准并筹建相关国际组织等。

| 实践链接 1-1 |

碧桂园国际化经营布局：希望社会因我们变得更好

碧桂园选择凤凰图腾蕴含"筑巢引凤"之意，同时也昭示着集团凭借深厚的企业文化底蕴和强大的综合实力招贤纳士。2016年10月13日，碧桂园集团宣布向国际化布局、"轻资产重管理"转型。此次发榜首次"出海"，它选择了中国民企海外投资最大的项目——碧桂园森林城市。它的开业实现了碧桂园凤凰国际向海外市场的首次扩张，标志着品牌国际化布局的进一步深化，同时这也是碧桂园集团推动中国酒店品牌输出海外，力图建立中国酒店品牌国际竞争优势及市场地位的积极举措。除此之外，这也是一次宝贵的经验，在海外发展，我们需要做到因势而变，根据文化习惯、客群特点等做出相应管理和服务上的调整，让产品适应海外市场。经过16年的深耕发展，碧桂园凤凰国际目前拥有"碧桂园凤凰""碧桂园假日"及"碧桂园凤祺"三大品牌，在全国超过13个省市布点酒店，已开业酒店近60家，未来将布点澳大利亚、英国、美国、加拿大、亚太地区多国，实现国内品牌的国际化拓展，将中国式五星服务带至世界各地。通过品牌化运营，碧桂园凤凰国际逐渐在业界及大众心目中树立起"热情微笑，尽善尽美"的企业形象。

作为酒店运营不可或缺的一部分，碧桂园凤凰国际也在不断完善自身的管理体系。经过16年的发展，碧桂园凤凰国际建立了完善和标准化的管理系统，其中包括标准制定系统、人才发展培训系统、运营SOP系统以及品牌、财务、采购等板块的标准化。"在管理上，我们既严格按照系统进行标准化管理，同时也积极顺应时代需求，寻求标准化的合理蜕变。"

"服务业说穿了就是人与人沟通的行业，无论怎样的运营管理方式，人才都是至关重要的。"在执行总经理罗与卓看来，企业如果能为员工搭建实现个人职业梦想的大舞台，最大程度提升员工归属感，那么也就是为酒店服务质量的持续稳定提供最大的保证。碧桂园凤凰国际一直在积极构建培训和绩效考核相结合的学习组织体系，打造包括碧桂园凤凰酒店管理学院及凤凰、凤鸣、凤舞等人才培训计划，同时提供富有竞争力的员工福利、激励及晋升制度。

资料来源：人民网.进军海外布局全球 碧桂园凤凰国际加速国际步伐［EB/OL］.（2016-10-21）［2017-10-01］. http://house.people.com.cn/n1/2016/1021/c164220-28798160.html.

 碧桂园国际化经营的布局告诉我们，国际经营与文化同行，在做全球经营项目设计的同时，必须考虑经营地区的文化特征和文化习惯，将其融入企业的经营管理体系，实现全球视野本土经营。

1.1.4 新时代的员工与本土化管理

在审视今后的生存和发展环境时，员工的差异化和人口的动态变化是考虑企业经营和管理时不容忽视的重要方面。放眼全球，人口老龄化的趋向已经非常明显，这不但会带来一系列的社会问题，而且对企业的经营管理提出了新的挑战。除了要面对人口老龄化的问题外，企业也可能面临来自Z世代的挑战。每一代人都有属于自己特定时代的成长环境，相应地会产生近似的价值观，从而显现出这一代人的特点。企业内的员工会因受教育程度、知识水平、工作类别、个人阅历、文化背景及生长、生活环境等的不同而存在诸多差异，进而导致在企业内的行为差异。具体针对员工个体而言，个体的自然状况、能力状况、人格特质等不同会使得员工个体在某一群体内的行为出现差异。差异可能会具体体现在经验、知识和能力方面，也可能会体现在情绪上，如态度、价值取向、信念意志力。差异的客观存在，势必对企业的绩效与发展产生影响。

从员工差异的时代来源来说，Z世代已经大量涌入企业的员工队伍。Z世代是即将或已经走入职场和职业组织的年轻群体，由于群体成长经历和社会教化形成了独特的价值判断、行为习惯、生活方式、交往方式，从而表现出与前几代人明显不同的职场行为风格和职场文化，并由此产生了一系列文化冲突、经营创变、管理变革的挑战与机遇。Z世代希望拥有弹性的工作时间，他们对工作灵活性、自主性的诉求让他们相比前几代人更难接受一些苛刻的工作时间安排。作为"数字原住民",他们更渴望与团队面对面互动。Z世代不愿意接受管理,但是如果直线经理能给予信任、支持和关心,他们其实会更努力、更稳定。Z世代在保持乐观主义的同时,也同样时常会感受到压力和焦虑。要想取得职场上的成功,Z世代还需克服这些自我障碍,包括焦虑、缺乏动力和不自信。由于国外文化的冲击,Z世代员工形成了多元化的价值观,而且这种价值观还在与外界环境的交互中不断得到强化。

员工差异和Z世代员工的不断涌入,使企业文化"个性化"形成与发展具有扎实的群体文化基础,但是过大的差异也有不可低估的负面影响:员工个性差异过大导致共同价值理念淡薄,难以形成个性鲜明但一致认同的企业文化,重个体利益轻整体利益以及对变革本身的看法大相径庭,使企业为适应竞争环境所做的种种变革在企业内部遇到的阻力急增。

员工个体差异客观存在于企业之中,如何有效规避与限制差异的负面效应,充分发挥差异的结构效应,使差异的正面效应真正成为企业发展的"差异资产"?差异化管理是企业的最佳选择。企业应当重视沟通问题,允许员工因个体差异而对企业重大问题发表不同见解,构建一套完善的沟通机制。一套适宜的激励与培训机制也是十分必要的,特别是根据员工的需求差异和个性差异设立多种类、多层次激励措施,是差异正面效应产生实效的基础,是差异化管理的核心。

此外,企业也需要特别重视员工的本土化管理。不同地区的文化属性造就了管理方式的差异。美国在建立之初就是一个由多民族、多国籍的清教徒和欧洲移民构成的国家,制度建设强调三权分立,其企业的经营也存在这样的特点:市场化运作,员工职业素质比较高,权力距离比较近,个人英雄主义兴盛。作为传统资本主义集中的欧洲大陆,其企业管理方式不如美国那么强调效率,但在尊重员工的选择、员工福利方面投入了更多的精力。日本虽然较早地进入发达资本主义国家的行列,但是其受东方文化影响深远,家族企业、家长式管理、团队概念深厚以及精细化操作等管理方式一度成为全世界学习的榜样。作为新兴经济体的中国,企业管理从无到有,渐渐规范,东方儒释道文化在中国式的管理中具有举足轻重的作用。如何在这些传统文化影响的管理方式中去粗取精,找到适合中国发展的管理方式,是每一个企业管理者关心的话题。

| 实践链接 1-2 |

如何带好 95 后工程师组成的开发团队

Z世代给企业招聘、组建团队和留住人才带来了一系列新的挑战与机遇。HubSpot工程总监芭芭拉·麦卡锡(Barbara McCarthy)在 Women in Tech Dublin 2018 大会上分享了HubSpot 是如何管理 Z 世代员工的。

麦卡锡指出,Z 世代是首批完全数字化的一代,是非常特别的一代。①Z 世代希望寻找能促进人人平等的工作场所,他们很有创业精神,愿意为自己的事业负责,很多人想要创办自己的公司。HubSpot 始终对工资范围和晋升途径保持透明,防止他们出现错误的预期。②Z 世代习惯于社交媒体,希望能有自己发言的空间,希望得到反馈,有开放的思维,希望不断学习。麦卡锡表示 HubSpot 在招聘顶尖人才时,为了让他们能充分发挥创造力,会采取较多措施让员工感觉到受支持、舒适，并且能够安全地表达自己内心的想法。③ 比起共享的工作环境，Z 世代更希望拥有自己的私人工作区域。HubSpot 热衷于创造重视多样性的工作环境，让来自不同背景的员工简单做自己，尽自己最大可能去完成工作。

资料来源：https://www.infoq.com/news/2019/01/generation-z-culture/.

文化点睛 HubSpot 对 Z 世代员工的管理充分考虑了他们特有的生活方式、行为风格、价值观等。借鉴 HubSpot 的管理实践，其他企业中 Z 世代员工的主管或同事也需要提前了解 Z 世代员工的特点和价值观，这样对互相了解、职场管理和团队规划会有很大帮助。

1.2 动态、复杂、风险性生存环境

近年来，随着新冠疫情全球暴发，贸易保护主义与技术封锁大行其道，智能互联塑造产业变革新态势，霸权渗透导致全球产业链断裂，企业尤其是跨国企业正面临着全球环境的巨大变革，企业必须学会识别和适应其遭遇的动态、复杂和具有风险性的生存环境，必须用新的世界观、新的管理运行方式来理解和解决今天遇到的问题。

1.2.1 风险社会与危机自救

2020 年春节，本来是市场火热、万家团圆的日子，没想到，一场突如其来的新冠疫情席卷全国。面对极具传染性的陌生病毒，人们响应号召，自觉居家生活与工作。在那一刻，除了线上的商业形态和极为必需的行业，绝大部分的工商业都进入了"新冠防疫休克"状态。之后，这一疫情在全球各地纷纷暴发。在这一全球性公共疫情风险中，全球的商业、投资、产业发展都遭遇了滑铁卢，由于疫情带来的封锁、高致死率、污名化，以及疫情冲击经济导致的停产、失业、收入下降，反过来加重了新冠疫情给全球商业经济带来的风险、危机与伤害。

新冠疫情的全球暴发再一次印证了德国社会学家乌尔里希·贝克 1986 年提出的"风险社会"的存在与威胁，他认为"在现代化进程中生产力的指数式增长使危险和潜在威胁的释放达到了一个我们前所未有的程度"⊖，当这一程度超出社会、组织、个体控制的范围时，风险社会就产生了。

按照社会学家贝克、吉登斯的观点，风险社会是人类进入现代社会，在技术、工业、商业、动机欲望的快速发展中，必然蕴含的"自反性"结果。在一定程度上，这就是技术、工业、经济的超现代化或过快现代化，超越了人类自己的认知、自我调整和控制，是人类极致功利主义、贪欲、过度消费造成了社会"内卷"、阶层固化、社会不公、道德滑坡、环境恶化等。这种自反现代性不断地自我叠加与恶性循环，形成风险社会，并以这种或那种形态造成终极危机。新冠疫情、金融危机、全球气候问题等，都可视为风险社会造成的全球性风险事件。

产业的发展和商业兴盛，给现代社会、组织和个人创造了机会与财富，但也制造了风险

⊖ 贝克. 风险社会 [M]. 南京：译林出版社，2004：13-14.

与危机。例如,采矿与加工为工业生产提供了大量的原材料,但同时也酿造了环境污染和资源枯竭的苦果;商业互联创造了无数的新商业业态,产业智能互联凝聚了无数的商业"热带雨林",造就了一批批新互联网商业英雄,但也带来了商业隐私侵犯、超级商业垄断威胁、知识产权"剽窃"、面对面沟通匮乏等问题。

面对风险社会与全球性危机,企业如何应对,如何在全球性危机中"浴火重生",如何化危机为新机?所有企业和企业家都必须认真思考在风险环境中的生存之道。我们提出这一问题,请大家思考,但无法给出现成答案,更没有标准答案,只是结合我们的观察提出若干危机识别与自救的建议。

第一,承担社会责任应成为所有企业的自觉行动。企业作为嵌入社会系统并借助社会资源与需求而发展的组织,承担社会责任本身应当是义不容辞的。但长期以来,无论是理论界还是实业界,对社会责任及其范围存在多种不同的认识,一些企业甚至将企业社会责任看成是企业的一种"负担",还有一些企业仅仅将"做慈善"视为尽到了社会责任。这些企业对社会责任的误解和在社会责任方面的阳奉阴违,造成了对社会的伤害,并最终伤害到了自己。2018年、2019年连续发生的波音737 MAX8坠机事故,暴露了波音公司在产品安全社会责任方面的丧失,即便如此,其CEO米伦伯格仍然在内部邮件中辩称:"我们对737 MAX的安全性非常有信心,对设计和制造该型号飞机的设计师及工作人员非常有信心。"在坠机事故后,波音737 MAX遭遇了全球无限期停飞并被取消了订单。

管理大师德鲁克说,没有一个企业可以独立于社会而存在。在风险社会中,企业更应该自觉扛起社会责任大旗,将社会责任视为企业安全、可持续发展的"金钥匙"。进一步而言,企业主动承担社会责任,帮助解决社会问题,实际上是在创造更大的商业价值与社会价值。2019年8月19日,美国181位CEO联合签署了《公司宗旨宣言书》,提出在未来,股东利润不再是企业最重要的目标,企业最重要的任务是共同创造一个更美好的社会。

第二,与危机带来的不确定性共处。我们能不能真正地去了解危机的情形?能不能真正地去理解信息?可不可以让自己与这样一个危机环境有理性、清醒的相处关系?能不能让自己真正地理解危机带来的变化到底是什么?我们应该怎么做?这是我们要把快速调整认知作为应对危机的第一个策略的原因,这恰恰是由我们今天所面对的危机的复杂环境和它的特殊性所决定的。我们在遇到危机的时候,可能没有办法去解释它。但是如果我们愿意跟它共处,不受这个环境的约束,其实就可以发现,我们真的可以找到生存下去的方法。

第三,效率行动化解危机。华为在过去的发展历程当中遇到过几次大的危机,但是它每次所采用的方法都是要求把自己做好,包括2018年、2019年的大危机。那其实是一个超级强国以国家的力量在合围一个企业,但华为依然没有受干扰,继续强劲增长。任正非很明确地说过:"我们最重要的还是把自己能做的事情做好,美国政府做的事不是我们能左右的。"这恰恰就是我们要分享、学习的东西——一种认知能力。

危机是对企业运营效率的一次大体检。在危机中,每个企业在各自领域里所面对的情形是一样的,谁能率先迅速整合资源、谁的效率高、谁的行动快、谁的协同力强,谁就能突围。所以闯过危机的关键是效率优先。在做好效率的同时,企业还需要贴近顾客,做好危机状态下的模式创新。⊖

⊖ 陈春花. 危机自救:企业逆境生存之道[M]. 北京:机械工业出版社,2020:81-106.

1.2.2 数字智能与知识社会

在当今这个时代,互联网及其相关的信息技术正在从全领域、全时空改变着人类社会。即使就互联网信息技术的进化及其对人类社会的改变而言,我们也正在从互联网 1.0 向互联网 3.0 迭代(见图 1-1),也就是从以 PC 为代表的互联网(1.0)向以移动终端为代表的移动互联网(2.0),并正在开始向以数字智能为代表的智慧互联(3.0)迭代。随着数字智能时代的到来,数字化、智能化不仅改变了人们生活、工作和消费的方式,也在以前所未有的速度、力量和范围改变产业与商业的生态。

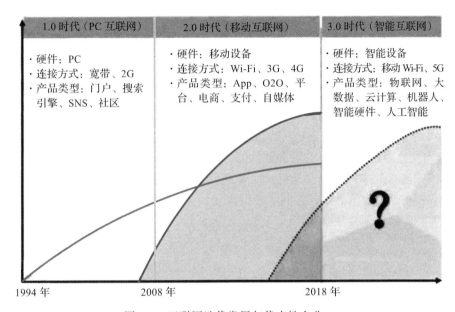

图 1-1 互联网迭代发展与代表性企业

资料来源:肖国强. 互联网的发展如何重塑商业环境?[EB/OL].(2016-10-24)[2021-12-25]. https://www.sohu.com/a/117019410_355144.

第一,人们的工作、生活方式全面"数字化"。 有人说,过去如果我们离开了健康的食物和水,很快就会死亡;而今天如果离开了 Wi-Fi(网络),我们也会死亡!话说得似乎有点离谱,但反映了互联网应用发达地区的社会现实。对于今天的社会人,尤其是年轻人,如果你不会使用"工作云",不知道 App,不会玩抖音,不会玩"朋友圈",不会用微信或 QQ 等传送资料,不会用网上银行、移动支付,不了解粉丝经济……可能不只是被笑话,简直是没有办法生活了!借助全网乃至全球互联,从个体到组织乃至国家,从学习、求职、工作、交友到旅游、娱乐、购物、公益,整个人类社会的系统正在被互联化、数字化——其设计乃至运行的方式正在被重新塑造。

第二,信息壁垒消解介质关系重构。 传统社会由于信息技术水平不高,信息传输速度慢,信息化普及不广,信息使用成本高,信息的传输高度依赖特定通道,信息之间互联互通极为困难,整个社会各个系统逐渐形成多层次的信息壁垒。从商业角度而言,由于传统社会的这种信息化特点,厂商没有精力、能力乃至意愿去真正发现、了解、开发顾客的需求,特别是小众群体的消费需求,而顾客也没有办法更加快速、全面、经济地了解企业及其产品的真实性。顾客和厂商都成为市场的"被动参与者",而渠道和渠道商由于其对上游企业信息和终端顾客的信息都有比较全面深入的了解和掌握,它们就成为二者关系的中心介质,借此牢牢锁定了企业、顾客、商品或服务的价格、订单以及需求。然而,进入智能互联时代,互联信息的技术应用、传输速度、普及程度大大超过了以往任何时代,并且信息使用的成本极低,许多信息的使用边际成本接近于零。借助信息搜索、网络技术和快捷的物流,厂商与顾客全方位、跨地域、全天候、在线即时地发现对方并即时沟通,变得越来越轻松、越来越常见。此外,消费者充分利用信息主导自己的消费决策,从而主导厂商产品的能力越来越强。在此情势下,厂商与顾客的渠道距离大大缩短,甚至变成零距离,渠道商的介质地位被边缘化。类似的关系重构也可以推广到网络信息对人们的交友和社交关系的改变中。

第三,共享和分享成为习惯性动作。今天人们通过微信朋友圈、推特、Facebook不断更新自己的状态信息,分享自己认为有价值的信息;人们已经越来越习惯刷"今日头条",通过今日头条不只分享和传播自己的所见所闻,还可以同时找到更多合作发展的机会,甚至通过持续地阅读头条就可以在享受头条"耳聪目明"的同时,争取阅读的"收入"。由共享带来的社会改变和商业价值显现在社会的各个角落,共享经济正在成为全球经济发展的一种新模式。"实践链接1-3"体现的正是社会互联共享行动的价值魅力。罗宾·蔡斯(Robin Chase)指出:"共享经济本质上就是我们能创造更多的价值,能让这个市场更有效率。"㊀当个体和组织都愿意将自己的"私享"向社会让渡产权,同时社会互联又提供了可靠、便利的共享价值通道,并为"私享者"带来价值的时候,共享必将改变社会和商业的发展模式。思想家比段子手的想象力更能驰骋到天际。华盛顿特区经济趋势基金会主席杰里米·里夫金认为,协同共享是一种新的经济模式,在21世纪下半叶甚至可能会取代资本主义,成为人类社会主导的经济形态。那时候,生产率极高,物联网发达,使得边际成本趋近于零。数十亿人既是生产者也是消费者,在互联网上共享能源、信息和实物,所有权被使用权代替,"交换价值"被"共享价值"代替,人类进入新纪元。㊁

第四,社区社群改变社会样态。随着信息技术的发展和互联网的普及,20世纪90年代,人类社会出现了一种全新的、基于网络平台的虚拟社区,美国学者霍华德·瑞恩高德(Howard Rheingold,1993)将其称为"网络社区"。所谓网络社区,是指"一群由计算机网络彼此沟通的人,在某种程度上具有相同的认识,可以像朋友一样分享知识,从而形成的团体"㊂。网络社区中的成员群体就是"社群",它是由具有相同兴趣及需要的人,利用网络工具和网络传播的特性,通过网上社会互动满足自身需要而构筑的新型生存与生活空间。互联网催生了各种各样的社群,这些社群不仅是虚拟的,更是现实的,各种微信群、社交App、多元社交网络的产生和变化,不仅带来了生活方式、交友方式、工作方式的变革,同时也创造了巨大的商机,并且推动了场景性、直接性、平等性、互动性的商业经营模式的产生。

第五,数字化对经营管理的改变。数字化带来第四次工业革命,跟前三次是不一样的,

㊀ 老林带你做生意. 共享经济:让资源更具天赋[EB/OL].(2015-12-25)[2021-12-01]. http://www.weixinnu.com/tag/article/1703672749.

㊁ 杨璐. 共享经济,一个时代来临[J/OL]. 三联生活周刊,2015,26[2021-11-11]. http://www.lifeweek.com.cn/2015/0624/46290.shtml.

㊂ RHEINGOLD H. Virtual community:home steading on the electronic frontier[M]. Massachusetts:Addison-Wesley,1993.

前三次工业革命是在机器上进行革命，也就是改变工具，而第四次工业革命不仅仅是对机器的改变，更重要的是对人的改变——淘汰人和人机智能协同。数字化通过各种形式进入产业链的各个环节，形成新产业组合，比如数字技术跟教育组合，就有了一个之前没有的行业——知识付费；数字技术跟出租车组合，就有了滴滴出行；数字技术跟金融组合，就有了以前没有的电子支付。我们可以放开去想，数字技术渗透到产业任何环节的时候，其新组合超乎我们的想象。从某种意义上讲，数字技术带来第四次工业革命，几乎所有产业都被重新塑造。就数字化对企业影响来说，可以从市场端、需求端和人才端来认识。从市场端看，数字化本身带来的最大变化，就是让整个价值活动的核心从原来关注产品和服务转向以客户为中心，当企业能够转向以客户为中心的时候，就能在整个数字化的进程中得到一些新的机会，这种增长的机会与原来在工业时代的方法完全不一样。从需求端来说，数字技术的出现带来生产和消费边界的融合，更多的消费更需要体验，更需要参与，更需要在全过程中去体现共同创造价值的过程。我们把这一阶段称为协同变革阶段，它的典型代表就是"海尔制"，也就是"人单合一"。从人才端来看，数字化时代有一个非常大的变化，就是强个体的出现——个体自身能力和展现能力的条件与场景发生巨大的改变，个体越来越可以通过自己的个性化创造而非依赖某一固定组织走向成功或自我实现，我们可以称之为"个体价值崛起"。

基于此，数字化使企业经营模式发生了改变，企业必须适应乃至驾驭这种改变，打造数字化时代的管理能力。这种打造可以通过赋能管理、共生管理和协同管理来实现。

| 实践链接 1-3 |

90 后美女，共享经济下真实的一天

赵雷的一首《成都》火遍大街小巷，也勾起了无数人对这座城市的向往。赵雷唱的《成都》，也许是大多数人心目中成都的样子，但不完全是 90 后小珂眼中的样子。这座来了就不想离开的城市，它留给每个人的记忆都是独特的。小珂，一个朝九晚六的 90 后职场新人，她感受到的更多的是这个城市给她带来的热情和与时俱进的新鲜感。下面我们来了解小珂一天的真实生活，感受一下成都究竟有怎样的魅力。

一个周五的早晨，7:30 闹钟铃声一响，小珂便开始忙碌了。30 分钟以后，她打扮得美美的，给镜子里的自己一个微笑，又准备了一下便出门了。小珂的工作时间是时下最常见的朝九晚六，她表示，8:20 左右从家里出发，时间还是绰绰有余的。只见她不紧不慢地拿出手机扫描二维码，解锁一辆共享单车，骑上单车准备去公司。小珂说，在共享单车还没有普及的时候，她早上 8:00 就得出门排队购票挤地铁，虽然只有两站地铁的路程，但加上购票进站等的时间，花费将近 35 分钟她才能到达公司。但是现在有了共享单车，她只需要花几秒的时间扫一扫二维码，便能骑着共享单车，在 10 分钟内到达公司楼下，剩余半个小时还可以去吃早餐。这种经济又实惠的出行方式，几乎成了她短程出行的首选。

小珂的公司位于成都武侯区，有许多像她一样的年轻人在此打拼。小珂将单车停好后，乘电梯到公司，接上一杯热水的同时打开了电脑，一天的工作正式开始。认真工作时时间总是过得很快，眨眼就到了午饭时间。虽然公司楼下就有食堂，但因办公园区内人比较多，去食堂吃饭排队会花费不少时

间。小珂一般会选择和同事在外卖App上拼单。"麻辣"可以说是成都的一个代名词，打开外卖App，麻辣香水鱼、麻辣火锅、麻辣香锅等，几乎所有的成都美食都可以在外卖App上找到。足不出户就可以吃到成都美食，这让小珂和同事感到非常便捷。最后小珂和几位同事拼单，点了一份麻辣香水鱼。30分钟后外卖就送到了公司前台。小珂说，和同事一起拼单，午餐不仅特别划算，还省去了下楼挤电梯、挤食堂的时间；在节约时间和金钱的同时，还可以吃到很多成都美食，享受每一天的生活。

资料来源：站长之家. 90后美女，共享经济下真实的一天 [EB/OL]. (2017-04-10) [2021-03-14]. http://www.chinaz.com/news/2017/0410/685561.shtml.

 小珂的日常生活体现的正是社会互联共享带来的价值魅力。个体的工作、生活、娱乐等均由于互联与共享，发生了翻天覆地的变化，出行方式由原来的挤公交或地铁变成解锁共享单车，方便又快速。

当前社会的巨大变化是由互联信息技术革命推动的，从而使得今天的社会不同于以往的农业社会和工业社会。在农业社会和工业社会中，物质与能源是主要资源，人们所从事的是大规模的物质生产。而今天，信息成为重要的资源，以开发和利用信息资源为目的的信息经济活动迅速开展，信息优势成为竞争优势的必要条件。换言之，这是一个信息在起主要作用的社会，而且它也将进一步改变个人的沟通方式和企业的运作方式。有识之士还认识到在今后的社会中，知识会成为社会的关键资源，经济的增长将更多依赖于知识的生产、传播和应用，知识工作者将日益成为主要的劳动力，这些预示着知识社会正在悄然到来。在信息社会的基础上，知识将得到更广泛、更快速的传播，知识工作者可能将成为未来社会中一支重要的力量，而且现实中已出现这种趋势，知识工作者的队伍开始壮大起来。甚至在德鲁克看来，社会的结构都可能会因此而改变：知识社会不再是由老板和下属构成的社会，而是由初学者和资深者构成的社会。今天越来越多的人在关注知识经济。德鲁克曾将"新经济"的挑战清楚地定义为：提高知识工作的生产力。经济合作与发展组织（Organization for Economic Co-operation and Development，OECD）将知识经济定义为以知识为基础的经济，揭示出知识对现代经济增长的基础性作用。信息社会和知识社会的到来，会使未来企业的发展环境呈现出相应的特征（见表1-1）。对企业管理者而言，则是挑战与机遇并存。

表1-1 信息、知识社会的企业环境特征

速度与创新
传统的市场靠技术的进步和升级，而知识的更新速度远超于技术，并且信息和知识传播的速度在加快，产品与服务的知识内涵也在变化，整个社会和市场因而都在更快速地变化。企业除了快速地调整、快速地学习，还必须有效地创新，学会在全方位的创新中掌握生存和发展的主动权
资源与合作
资源是有限的，整合资源的空间却是无限的。信息的纽带、资本的吸引、优势的互补等，这些让企业间产生了广阔的合作空间。此外，由于知识工作者也成为新生的"知本家"，企业与个人间的合作也存在可能的市场价值。在信息化的世界里，虚拟组织、虚拟企业以及虚拟合作都成为可能
价值与重构
需求的变化、要素的变化、资源的变化和连接方式的变化，使得价值链在悄然发生变化。如何高效地应对价值链重构，让自己的反应更快，抓住客户和合作伙伴，对于企业来说既是挑战也是机遇
定制与柔性
客户的需求更加具体，传统的细分规则遭遇挑战，利用信息和知识平台与客户有效地进行互动变得有价值。灵活地经营，柔性地管理，最大限度地提高组织的生产效率，才能满足定制的需要

（续）

领导与服务
提高知识工作者的生产效率，是未来塑造竞争优势的重要举措。知识工作者不同于传统的蓝领员工，传统的组织模式、管理模式将遭遇挑战，领导职能除了必要的计划、指挥和控制之外，服务和支持功能显得重要起来。组织结构也可能会因此发生改变，传统的金字塔式的组织框架，也许会出现向管理系列和技术系列并存的双线结构转化

1.2.3 管理重构与创新

数字化的变革重新定义了组织管理。我们只有清晰理解数字化时代的变化，才能深刻理解数字化转型的困难不在于技术、不在于产品、不在于市场，而在于如何解决组织的重构问题。在过去，企业组织当中个人目标服从组织目标、个人服从组织、组织所处环境相对稳定、组织易于适应变化的观念被广为人知。而在今天，组织管理的四个命题都发生了一些变化：组织目标涵盖个人目标，强个体影响组织，组织所处环境不稳定，变化的影响超越组织本身，组织结构由传统的金字塔形向网状转变；对员工来说，职业发展也从由组织主导向由自我主导转变。

在个体强大的时代，管理是否就可以被弱化？管理作为组织的基本机能，已经是社会的一个器官，所以它不会被弱化。当我们发现各要素的变化变得更加充分的时候，管理反而显得更为重要，甚至是前所未有的重要。要求去管理化或者说管理好像阻碍很多人的发展，这时真正要反思的是管理者自己，而不是管理本身。管理者需要从自我的管理重构与创新的角度来思考管理。首先是管理者重构自身。这里的重构自身涉及重构知识体系，重构认知能力，重构自身跟环境之间的界面，重构管理者对每个人创造价值的理解，甚至重构管理者对管理的认知。其次是要由内而外地去驱动。换言之，管理者要有内在的要求变革的能力，要有向自己挑战的能力。战略转型能成功的企业都有一个共同的特点，就是革自己的命。如果它不肯革自己的命，企业战略转型一定不会成功。所以我们必须由内而外去做自我调整。最后是实现组织目标的同时要兼顾人在组织中的意义。工业时代组织管理的核心只有一个目标，就是实现组织绩效。但是到了数字化时代，组织管理的目标有两个：实现组织目标的绩效，同时还要让人在组织中有意义。如果你仅仅完成了组织绩效的目标，没有让人在组织中感觉有意义，管理的价值就没有体现。

管理者在实现自身重构的基础上，还需要在对下属或员工的组织管理方面进行重构。

一是从管控到赋能。在某种程度上，管控就是去做分工与角色的安排，而我们最关注的就是如何让拥有责任的人能够拥有权力。互联时代的企业愿意给员工更多的角色而不是管控他们，并且在给予角色时进行相应的赋能：给机会，配资源，助成功。

二是从科层制到平台化，这两种管理结构的方式到底在解决什么问题？科层制最重要的是对规模效应、成本竞争力和稳定的品质有明显的作用。在整个工业时代，要求大规模、低成本、高品质的产出，所以科层制是核心结构。来到数字化时代，最大的挑战不是因为供大于求，而是如何应对变化、价值创新以及产生新意。这就需要平台的管理模型，它是用来处理多样性和复杂性的。只要存在多样性、复杂性、灵活性的需求，就必须采用平台的方式。这是一个根本的要求。

三是从分工到协同共生。自从泰勒的《科学管理原理》面世，管理成为科学并被广泛运用到企业及各个领域，由此而演变发展出组织管理理论，分工成为主要的组织管理方式。但是，之后智能互联技术出现，技术带来的互联互通所产生的最大影响是，组织生存在一个无限"链接"的空间中。在无限链接的空间里，企业内部必须是开放的、协同的。组织需要解决的是整体效率问题，既有组织内部的，又有组织间与组织外部的，"分工、分权、分利"只是解决了组织内部的效率问题，而组织绩效已经由内部转向外部。所以，整体效率也更大程度地转向了组织间和组织外部。组织间和组织外部的效率需要依靠协同，依靠信息交换与共享。组织管理已从实现组织目标发展到兼顾人的意义。过去所有的组织都是绩效导向和目标评价的，但是今天必须要兼顾人在组织中的意义，以及为建造美好的社会做了什么。如果仅仅讨论绩效，没有兼顾到人的意义，那么组织在今天很难存活下去。这就是一个非常大的变化。组织管理的不再是一个目标，而必须是两个目标驱动。

1.2.4　竞合关系

竞争合作理论产生于 20 世纪 90 年代，其主要代表人物是乔尔·布利克（Joel Bleeke）和戴维·厄恩斯特（David Ernst）。他们在共同编著的《协作型竞争》中指出："对多数全球性企业来说，完全损人利己的竞争时代已经结束，驱动公司与同行业其他公司竞争，驱动供应商之间、经销商之间在业务方面不断竞争的传统力量，已不可能再确保赢家在这场达尔文式的游戏中拥有最低成本、最佳产品或服务，以及最高的利润。"美国诺威勒（Novell）公司创始人莱·诺达（Ray Noorda）通过把竞争和合作这两种关系拆解出来，变成竞合，来描述企业竞合现象。而合作竞争（co-operation）首先是由美国耶鲁大学的亚当·布兰登勃格（Adam Brandenburger）提出的，他认为企业应该一改以往"鱼死网破"的竞争思路，而转向双赢（win-win）策略。布兰登勃格将这种竞合关系总结为：竞争是与竞争对手之间的竞争，合作是与企业上下游企业之间的合作，即激烈的竞争环境要求企业既要有独树一帜的竞争力，又要能与价值链上的企业合作共赢。企业的竞争合作是当代企业发展的必然趋势。这是因为竞争合作有利于企业降低生产运营成本，减少企业运营风险，优化资源配置，发挥各自的优势，取长补短；有利于企业进行技术创新和打造产品品牌效应；有利于扩大产品的市场规模和提高产品的竞争力，从而有利于提高企业的绩效。

竞合概念的出现是对企业竞争理论的一次强有力的补充和调整。20 世纪 70 年代，迈克尔·波特提出了竞争位势理论，他认为企业之间相互竞争和企业在市场中获得的位势是竞争优势的来源。他将组织行为理论引进企业竞合行为选择中进行研究，将企业放置在行业属性中进行研究，强调企业外部条件和外部环境的作用。20 世纪 80 年代初，迈克尔·波特提出五力模型。他认为行业中存在着决定竞争规模和程度的五种力量，这五种力量分别为同行业内现有竞争者的竞争能力、潜在竞争者进入的能力、替代品的替代能力、供应商的讨价还价能力与购买者的讨价还价能力，综合起来影响着产业的吸引力以及现有企业的竞争战略决策。然而，五力模型在被运用到企业的具体实践中时，由于管理者的局限和市场的残酷，通常会将企业的竞争关系设立在你死我活的境地中，导致恶性的竞争循环，最终将影响整个市场。所以，当竞合的理念树立之后，企业会发现，原来除了竞争，还可以合作。这种合作是基于产业链、共同利益的合作，甚至是基于企业所处环境变化而不断变化的合作，最终形成一种有效的竞争，即形成对长期均衡有利的竞争格局，将竞争优势与规模经济统一联系起来。产业组织理论的主要目标就是寻找有效竞争的最优化，而这种企业与环境的匹配性选择是社会资源优化的结果，是一种可以提高经济效益的竞争方式。经济、协同效应和市场竞争力有效地结合在一起，形成了一种均衡的竞争态势。

"竞合"并不是相对立的概念，而是在不同情景下的对立统一。竞合作为一种新型的竞争与合作关系，是一种有别于单纯的竞争和合作的博弈关系。合作的目的是更好地竞争，竞争以合作为主要方式，二者是竞合关系的两个不同方面；竞争的双方通过合作来加强信息沟通，合作的双方通过竞争来提升竞争力。竞合的基本观点是：为了更好地竞争需要进行一定程度的协调与合作，建立互利互惠的竞合关系；在竞争中寻找合作机会，通过企业相互间的合作，使集群内的企业具有更大的市场竞争力，从而达到在合作过程中提升竞争力的作用。竞合关系具有自身的特点，如何有效地控制好竞争与合作过程的平衡点关系到竞合关系效果的最大化问题。

1.3 企业的社会角色

近年来，随着互联网和移动互联网应用热潮的到来，"互联网+"带来的产业和商业的创新效应、颠覆效应和价值裂变效应不断创生，越来越多的产业和行业都正在产生深刻的变革。这种变革的核心是网络互联打破了传统的企业边界、产业边界、产品边界，冲破了企业运营的封闭的价值链循环，建构了更具有广泛意义的价值网络，使关乎产业、商业的每个网络节点更加有效和有价值地移动与互动。

企业价值网络角色的产生，实际上是互联时代企业借助互联网广泛而深入嵌入产业和社会生活而出现的。企业嵌入社会生活成为社会性企业而并非只是市场性企业，是未来企业发展的必然走向。基于此，企业的社会和伦理的责任角色将变得更加突出。而事实上，自企业这种组织形式诞生以来，企业伦理和社会责任等相关问题便已经存在。尽管人们已经逐渐意识到这些问题，并付出了积极的应对行动（诸如制定 SA 8000、ISO 26000 等），但可以预见在相当长的一段时间里，企业的社会责任、伦理等相关问题还会成为困扰人们的一个时代性课题。

1.3.1 企业的价值网络管理

价值网络不仅仅是一种行为，还是一种思想，更是企业的一项长期商业发展战略，为企业迎接商业挑战提供了发挥协同优势之路。

1. 从价值链到价值网络

在今天的商业世界中，经营者对"价值链"的概念和意义的认识已经非常深刻。美国哈佛商学院教授迈克尔·波特在其著名的著作——《竞争优势》中提出的价值链概念和模型已经嵌入商业人士的心中。价值链理论使企业建立了内外部产业价值链和商业价值链的思维空间，使企业不再仅仅把眼光近距离地放在上游供应的价格与成本和下游流通的价格与收益上，而是聚焦于整个价值链的成本、效率和价值创造，进而企业的价值链能力而非仅仅是企业的内在能力，决定了企业的外部竞争力。

然而，尽管价值链管理使越来越多的企业开始重视战略价值、战略价值链和价值链活动的优化，但是苏曼特拉·戈沙尔等人（Sumantra Ghoshal et al., 1999）指出："波特的理论是静态的，在这一理论中，战略思维关注的是在股东的经济陷阱中得到最大可能的份额。"㊀也就是说，价值链管理并没有改变企业专注于股东价值、"以我为主"、生产什么销售什么的商业主位思维，特别是处于产业价值链中的主干性的公司，它们"赢者通吃"的控制性市场战略从没有发生改变。最为重要的是，在价值链条中，"消费者"一直处于缺位状态，在流通环节中经销商是整个经营价值链的终点，更不用说，消费者作为企业价值创造者的角色的存在。而在信息越来越被高度分享的时代，尤其是互联网的开放性、平台性、平等性、分享性，使越来越多的企业价值链管理之外的商业主体、社会主体加入企业全产业链的活动中。

这时，封闭、自在的价值链管理越来越不适应开放、灵活的网络。许多企业尤其是互联网企业正是敢于打破这种价值链的封闭循环，构建开放性的价值网络，从而短道超车，异军突起。于是在2000年，Mercer顾问公司的亚德里安·斯莱沃斯基（Adrian Slywotzky）在《发现利润区》中首次提出"价值网络"的概念。他认为，由于顾客需求的增加、国际互联网的冲击以及市场竞争日趋激烈，企业应改变经营事业的设计，将传统的供应链转变为价值网络。同年，美国学者大卫·波维特（David Bovet）、约瑟夫·玛撒（Joseph Martha）和柯克·克雷默（Kirk Kramer）在《价值网》一书中指出，价值网络是一种新商业模式，将客户个性化的要求与高效的供应体系相连接，利用计算机技术实现合作各方的无缝连接，高效率地提供解决方案。刘海潮（2007）提出价值网络是涵盖了企业自身、客户、市场对手、联盟伙伴等多重经济关系的网络体系，它表现为三种基本的形式：以客户为核心的价值创造网络、以生产企业为核心的合作关系网络、以网络主体间关系为核心的竞争关系网络。㊁

根据国内外学者的研究，价值网络的概念越来越明晰化。**企业的价值网络从本质上而言，应是一个基于用户价值和产业网络高效合作，所形成的网络成员资源共享、价值共创、利润共享的群体性产业网络模式**。客户需求激发、组织动态演化、信息技术整合和群体协作响应，是企业价值网络的核心运营理念。这一概念里有三个值得注意的地方：① 用户在价值网络中的地位得到真正的凸显。用户不再是产品的被动接受者和企业商业利润的贡献者，而成为参与产品和产业价值形成的创造者，以及产品的消费者与使用者。② 企业竞争已经不再只是关于产业价值链条的竞争，而是广义价值网络的竞争，这个网络的参与者，既有生产企业、供应商、流通商、设备商、联盟伙伴，也有竞争对手、用户、社交媒体、网络社群。③ 贯穿价值网络的理念和机制应当是共享、共创、共赢。

2. 有效管理价值网络的成功因素

价值网络打破了传统价值链的线性思维和价值活动顺序分离的机械模式，围绕顾客价值重构原有价值链，使价值链的各个环节以及各不同主体按照整体价值最优的原则相互衔接、融合以及动态互动。管理价值网络成为当下企业构建和维护竞争力与发展后劲的必然选择，而要成功地进行价值网络管理，应当注意如下关键环节。

（1）**关注顾客，定义价值主张**。价值网络的构建、价值主张的确定首先要把理解、创造消费者价值置于价值网络的核心。进一步，在构建网络之前必须确定这个网络体系到底要向

㊀ SUMANTRA G, BARTLETT C A, MORAN P. A new manifesto for management [J]. Sloan Management Review, 1999, 40（3）: 9-20.

㊁ 刘海潮. 基于价值网络的战略变化效应扩散机制 [J]. 科学学与科学技术管理, 2007（11）: 110-113.

顾客提供何种价值,这就是价值主张问题。清晰的价值主张既体现了经营理念和战略愿景,也决定了积累资源与培养能力的方向,是设计价值网络模块和制定合作规则的基础。

(2)规划价值模块并寻找合适的成员。价值模块的出现推动了传统价值链的分解、重建和整合,因此,在既定的价值主张下,根据核心的价值逻辑设计出一套独特的价值创造方式,主体企业就可以据此规划这个网络需要什么样的价值模块,而这一点则要取决于价值网络中主体企业的作为。

(3)网络成员之间搭建合理的网络治理结构。价值网络成员之间要分享资源,协同合作,形成高效的网络化价值创造,除了需要明确的价值主张、网络成员之间的能力和合作意愿外,成员之间搭建起合理的网络治理结构极为关键。合理的网络治理结构和机制能够鼓励企业主动协调、改善和巩固与周边相连接企业的关系,从而减少价值创造过程中的摩擦和冲突。

(4)分配角色并管理价值网络。[一]主体企业致力于价值网络的管理,通过发挥其协调、监督和激励的作用,从而使其他成员组织不会采取损害网络利益的行为,构建和保持完整、和谐的网络体系。此外,主体企业还能为成员企业提供共同发展的机会。

1.3.2 企业社会责任

经济社会现代化的发展,特别是工业现代化的大发展,使得企业组织的影响力日益强大,"企业已经成为世界上最具影响力的公共机构"。在这样一个"企业社会"中,企业内外部的利益相关者与企业的各种冲突,频频曝光于公众中。暴露出的相关企业问题,已超出个别冲突的范畴,有些竟然成为具有社会影响力的普遍性矛盾。这些矛盾的出现,不仅揭示了企业与利益相关者之间关系的冲突,而且表明了企业在社会和谐发展中扮演着越来越重要的角色。也许正如世界企业学会创始人威利斯·哈曼(Willis Hamann)所言:"在任何社会中占据主导地位的公共机构都需要对整个社会负责,但企业还没有形成这样的传统。"在"企业社会"中,企业必须要学会在其影响力和相应的责任间谋求平衡,并逐渐养成这样一种传统。

1. 企业社会责任的对象和内容

早在17世纪,欧美国家就有基督徒拒绝对从事战争、奴隶交易、酒精、烟草等生产和贸易的企业投资。伴随着企业的建立和大发展,人们逐渐意识到这个"利润机器"对人类社会的负面冲击和影响,于是提出了企业社会责任的理念。1924年,美国学者奥利弗·谢尔顿(Oliver Sheldon)在其著作《管理哲学》中提出了"企业社会责任"的概念,他把企业社会责任与公司经营者满足产业内外各种人类需要的责任联系起来,并认为企业社会责任包含道德责任。1983年,美国宾夕法尼亚州率先立法,特别授权公司决策层,考虑除股东外利益相关者的利益,从而开启了社会责任立法化的路径。到了1989年,美国已经有25个州出台了相关法律,要求企业考虑利益相关者的利益。进入20世纪90年代,一些跨国公司在工会组织、非政府组织以及消费者团体等的压力下,制定并在公司供应链上以"验厂"的形式实施"行为准则",以显示其对社会责任的承诺。1991年,美国服装制造商Levis-Strauss在极端恶劣的工作条件下使用青年女工的事件被揭露,该公司的社会形象由此大受损失。为了挽回损失,该公司制定了第一个关于劳工和社会责任的"行为准则"。此后,西方一些人权组织、工会和

[一] 曾涛. 系统锁定:网络时代的商业智慧[M]. 北京:机械工业出版社,2010.

消费者团体又将目光投向另外一些大型跨国公司，如沃尔玛、耐克、锐步、迪士尼和马莎等，这些公司随后也纷纷出台了相应的标准。到了后来，西方发达国家的一些社团组织，特别是那些具有劳工问题专业知识和海外推广经验的商业组织、工会以及社会团体，开始推出各种独立的企业社会责任标准，用于对企业的"认证"。

随着发达国家与发展中国家之间产业转移和贸易冲突的深入发展，企业社会责任问题进一步延伸到了发展中国家，从而演变成为对全球产生影响的问题。1997年，美国"社会责任国际"发布了一份社会责任标准 SA 8000；全球报告倡议组织于 2000 年、2002 年、2006 年发布了《可持续发展报告指南》第 1～3 版；2004 年，国际标准化组织 ISO 启动社会责任国际标准 ISO 26000 的制定。ISO 26000 将成为所有社会组织的指导性文件，为全球企业提供一个共同的基本行为准则，让全球企业在此准则基础上承担其社会责任。自 20 世纪 90 年代起，中国企业的社会责任实践也有了实质性的发展。到了 2006 年，国家电网公司发布了中国企业的第一份社会责任报告，而后发布企业社会责任报告渐成一种潮流。

关于企业社会责任的内涵，不同的学者给出了不同的观点。

托马斯·珀蒂（Thomas Petit）认为：① 工业社会面对着主要由大公司的出现而带来的严峻的人文和社会问题；② 管理者在执行公司事务时要能够解决或至少能缓解这些问题。

因此，企业为了自身的长期利益应向社会负责。珀蒂还提出，今天社会出现的许多问题与企业自身的失误有一定的关系，企业应该在解决这些问题的过程中起到自己的作用。假如企业打算在将来生存和发展，社会状况的恶化必须得到遏制。

阿奇·卡罗尔（Archie B. Carroll）则认为，企业社会责任意指某一特定时期社会对组织所寄托的经济、法律、伦理和慈善的期望。

虽然社会总是期望企业负起慈善责任，但是总的来看，这类责任应由企业自由决定要不要承担。

用更实际或体现管理目的性的词语来说，一家对社会负责的企业应该努力做到：

- 盈利；
- 遵守法律；
- 合乎伦理地做事；
- 成为好的企业公民。

2. 企业社会责任的法规和主要标准[一]

随着企业的社会责任逐渐成为政府、社会和企业关注的重点，其相关的法规及主要标准也被越来越多地探讨，并取得了一定的成果。这主要表现在三个层面：其一，核心概念逐步清晰化，美国商会将企业的社会责任分成四个层次，即在履行经济功能时符合现有法律的要求，满足公认的公共期望和社会要求，预先考虑新的社会要求及准备满足它，在建立企业社会表现的标准上担任领导者。其二，社会责任的主体和相关内容逐步清晰。企业社会责任的对象包括股东、供应商、员工、顾客、社区、政府、社会主体等。其三，企业社会责任的具体内容与行业特点结合得非常紧密，这是企业社会责任日益成熟的表现。在不同的行业里，社会责任的特点和重要性存在诸多不同，如表 1-2 所示：

一　马作宽. 组织文化 [M]. 北京：中国经济出版社，2009：183.

表 1-2 不同行业社会责任的内容

重要性	石油	金融、房地产	保险零售业	制造业	交通运输业
1	污染防治	慈善捐款	社区服务	慈善捐款	慈善捐款
2	自然资源维护	社区事务	慈善捐赠	教育事业	员工发展
3	教育事业	教育事业	女性聘用	污染防治	教育事业
4	员工发展	女性聘用	员工发展	员工发展	社区事务
5	慈善捐款	城市发展	消费者保护	社区事务	污染防治

最后，有关企业社会责任的法规和体系逐步健全。从企业社会责任的发展来看，以道德劝说要求企业承担社会责任的时代已经过去，目前社会环境反过来要求企业必须履行社会责任，否则企业将无法生存于竞争环境之中。在联合国环境规划署（UNEP）确认的国际环保公约中，与企业持续发展及社会责任有关的标准或规范越来越多，如表 1-3 所示：

表 1-3 社会责任主要标准

标准名称	发布时间	标准内容
Universal Declaration of Human Right	1984 年	全世界人权共同标准
Natural Step	1989 年	企业主要的生态标准
CERES Principles	1989 年	信用度
Eco-Management & Audit	1993 年	重视绩效
Forest Stewardship Council	1993 年	FSC 原则与准则之认证
Caux Principles of Business	1994 年	欧洲、美国及日本企业
Clean Clothes Campaign	1990 年	改变成衣与制鞋业的工作环境
ICC Business Charter on Sustainable Development	1991 年	环保与工作安全规范
ISO 14000	1996 年	ISO 提出最重要的国际环境标准
Marine Stewardship Council	1996 年	捕鱼企业认证标准
Fair Trade Labeling Organization International	1997 年	公平贸易标准产品标签
Global Reporting Initiative（GRI）	1997 年	企业可持续报告的推动及标准化
Global Sullivan Principles for Social Responsibility	1999 年	规范跨国公司的伦理、环境与员工作业
Principles for Global Corporate Responsibility	1998 年	环境、人群、劳工及宗教组织
Account Ability，AA1000ISEA	1999 年	以利益相关者为主
APEC Business Code of Conduct	1999 年	综合各相关国际标准
Global Compact	1999 年	鼓励企业采用规范的九点原则
OECD Guidelines for Multinational Enterprises	2000 年	包括新的环境与人权原则
Project SIGMA	2001 年	第一个三重盈余（TBL）的管理标准
Social Accountability 8000（SA 8000）	1997 年	企业在全球生产作业劳工认证标准

1.3.3 企业伦理

震惊中外的安然事件，使在 2002 年还在世界 500 强中雄踞第 6 位的安然公司灰飞烟灭。无独有偶，世界通信公司虚报 38 亿美元的利润，引发 2002 年 6 月 26 日的股票崩盘。再看国内，以南京冠生园月饼事件、三鹿"三聚氰胺"奶粉事件为代表，国内企业的伦理问题也日渐凸显。这些事件所涉及的问题都属于今天被越来越多的公众和企业所关注的企业伦理问题。

1. 企业伦理的兴起

早在 20 世纪 70 年代，西方企业不道德经营行为便开始十分猖獗，各种管理腐败、损害社区公共利益、污染环境、侵害利益相关者的利益、败坏社会风气等问题层出不穷，使得商界丧失了约 80% 的公众信任。当时，设在巴黎的国际商会，发表了一份题为"日益增长的社会责任"的报告，涉及集体谈判、职工培训、公司利润分享、移民工人等事项。1973 年，日本爆发全国性的"反企业运动"，涉及企业经营者在内的日本各界人士。1973 年，美国等地的消费者发起了一场长达 10 多年的拒买雀巢食品的运动。这个事件的起因是，雀巢公司在第三世界国家采用大量广告，"贿赂"医院、医生，以及用人工推销等市场营销手段销售婴儿配方奶粉。在广告中，婴儿配方奶粉优于母乳的宣传，对消费者进行了误导，致使一些母亲放弃母乳而采用婴儿配方奶粉。有关组织为此提出诉讼，要求雀巢为数千名儿童的死亡与永久伤害承担责任。1984 年，美国联合碳化公司化学工厂毒气外泄，使印度死伤万人以上。这些事件唤起了国际范围内对跨国公司伦理行为的高度关注。

企业伦理被广泛关注，是与公众意识的觉醒、社会压力的增加以及企业竞争的加剧密切相关的。在现实中，企业主体或者相关所有者、管理者等，在经营管理中的唯利是图，伤害了利益相关者（特别是弱势群体），人们试图在伦理道德层面寻找解决的路径。从社会公众机构的报告到"道德生成运动"，再到企业设立伦理委员会，制定企业的道德法典、道德准则等，人们在推进企业伦理实践活动的进程。虽然这些并不能像法律那样对企业的行为直接产生约束作用，但是它们可以通过社会舆论、传统习俗和内心信念等途径，对企业的行为产生越来越明显的影响和作用。

2. 企业伦理的内涵

"伦理"一词，最早见于战国至秦汉之际的《礼记·乐记》："乐者，通伦理者也"，意思是音乐与伦理是相通的。"伦"即人伦，指人与人之间的各种不同身份之间的关系；"理"即道理和规则，含有条理、精微、道德等含义。"伦"与"理"合起来就是处理人与人之间关系时应遵循的道理和规则。至东汉时期，文学家许慎在《说文解字》一书中指出："伦，从人，辈也，明道也；理，从立，治立也。"在一些学术著作中，"伦理"与"道德"常常联系起来使用，有时甚至相互替换。今天的"伦理"一词专用来指人类社会生活关系中应当遵循的道理和规则，或人类生活的秩序、规则及合理、正当的行为。

企业伦理，也称"公司伦理""商业伦理"，学者从不同的角度对其概念进行了界定。这里采用朱贻庭教授的观点，企业伦理是指"以企业为行为主体，以企业经营管理的伦理理念为核心，企业在处理内、外利益相关者关系中的伦理原则、道德规范及其实践的总和"。它作为一种价值观念内含于企业活动之中，包括管理伦理、经营伦理、竞争伦理、质量伦理和职业伦理等方面的内容。在市场经济条件下，企业作为独立法人，在从事以盈利为目的的经营管理活动时，必然要与内部和外部的利益相关者发生各种利益关系。企业伦理就是要求企业在处理与组织内外部的利益相关者的关系时，不断改善自己，更有效地满足人们和社会的需要。

企业伦理体现了企业的善恶判断，企业伦理经营是对企业追求利润最大化的平衡和约束。企业伦理经营体现在，企业管理活动、员工选聘与教育、决策制定、公共关系、市场行为和生态环境等方面的价值判断和行为要符合社会规范，承担社会、经济和对生态环境的责任、义务，以有利于社会可持续发展。

企业伦理具有以下特征:第一,企业伦理是关于企业及其成员的行为规范的总和。企业伦理一方面包括企业作为整体应具有的道德规范,另一方面也包括构成企业的单个成员的道德规范。第二,企业伦理的调整对象是企业内外部利益相关者的复杂关系。企业从事经营活动,需要经营管理者和员工的共同努力以及与外部利益相关者的协调,而这些关系要协调好仅仅依靠法律规范是远远不够的,还必须诉诸伦理道德。第三,企业伦理调节的领域仅限于企业经营管理活动,是关于企业经营管理活动的善与恶、应该与不应该的规范。企业伦理"告诉人们哪些经营活动是善的、应该的,哪些活动是恶的、不应该的"。第四,企业伦理是通过社会舆论、传统习俗、内心信念和内部规范来起作用的。

| 实践链接 1-4 |

"特斯拉质量事故频出"拷问企业伦理

随着不断降价,如今特斯拉的保有量已越来越大,但与此同时,特斯拉"突然失控""自动加速""刹车失灵"等安全事故频频出现,暴露出的品控问题越来越严重。2020年下半年,被报道出的特斯拉"失控"事件就超过10起。在江西南昌,有消费者购买仅6天的特斯拉Model 3,在使用特斯拉官方超级充电桩时突然出现故障,售后人员却"甩锅"电网。而发生在杭州的事故则更加离奇,在发生疑似"特斯拉失控自动加速"的情况后,车主致电特斯拉官方客服,可随后发现,车辆包括行车记录仪以及其他设置内容全部被删除了。2021年4月19日,在上海车展特斯拉展馆处,河南安阳特斯拉女车主因刹车失灵联系特斯拉汽车公司长期得不到解决,遂在车展站到车顶维权,高呼"特斯拉刹车失灵",引起现场围观。

据《新京报》报道,市场监管总局与中央网信办、工业和信息化部、交通运输部以及应急管理部消防救援局,就消费者反映的异常加速、电池起火、车辆远程升级(OTA)等问题共同约谈了特斯拉,要求其严格遵守中国法律法规,加强内部管理,落实企业质量安全主体责任,有效维护社会公共安全,切实保护消费者合法权益。

资料来源:https://baijiahao.baidu.com/s?id=1691201443573482529&wfr=spider&for=pc,编者经整理而成。

文化点睛

特斯拉的企业文化强调快、做不可能的事、不断创新,但这都必须以尊重和善待消费者为前提,特别是遭遇消费者问题投诉后,不能店大欺客,对合理维权的消费者"做不可能的事"。遗憾的是,特斯拉在汽车安全事故投诉面前违背了企业的经营伦理和对消费者社会责任的担当,违背了企业宣称的"全力以赴"的文化,更与其创始人埃隆·马斯克宣称的"我不是为了颠覆而颠覆,我是为了人类有更美好的生活"相反。

本章小结

作为本书的开篇第1章,本章主要介绍了目前企业面临的环境方面的巨变:跨国巨头不断地进入中国,对中国本土公司提出了挑战。同时,随着改革开放40多年来的经济发展,中国也出现了一批有志于出海一搏的企业,它们中有的成功了,也有的失败了,但都是未来中国企业进行国际化的宝贵经验。时代也逐渐从全球标准化走向了全球本土化,麦当劳式的运作模式打破了不败的神话,全球化的企业开始更多地思考本土化的问题。但是这个问题的前提是对当地环境的认知。在智能互联时代,人们工作、生活方式的互联网化、交往方式的多样化、网络社群的产生和共享经济的崛起,让整个社会的商业和企业的营商环境出现了剧烈的变动。在这个正在发生巨变且不确定的环境下,价值网络管理、危机处理、员工差异化、管理创新和竞合关系成为每一家企业都需要面对的课题。更为重要的是,企业已经不是单独存在的获利单位,社会对其提出了新的要求,即企业社会责任。一家企业若想成功,就必须为社会做贡献,体现其价值,这也成为时下中国企业共同热议的话题。

复习思考题

1. 参阅TCL、联想、华为等跨国公司的相关资料,了解当代中国企业国际化过程中面临的挑战和机遇,思考在跨文化情景下中国企业应该如何作为。
2. 在互联时代,企业面临的社会环境发生了哪些变化?
3. 什么是企业价值网络?如何管理好价值网络?
4. 如何理解竞合关系在行业内的具体引用,请用案例说明。
5. 近些年,企业社会责任成为全社会热议的话题,同时,国家也在不遗余力地推动相关工作,那么你认为一家企业的社会责任主要包括几个部分,应当如何实施?

案例分析

文化助力飞鹤乳业腾飞

飞鹤乳业作为专注于中国婴幼儿高端配方奶粉的乳品企业,是国产奶粉领军企业。近年来,飞鹤飞速发展,2019年营业收入137.21亿元,净利润39.35亿元,市场份额占到11.8%,整体市场排名第一,行业龙头地位明显。

如果说如今飞鹤亮眼的业绩,外部动力源自此前实施高端品牌战略的成功,那么,帮助飞鹤一步步赢得消费者的心,成为在国内家喻户晓的国民奶粉品牌的关键离不开企业文化的助力。

飞鹤的核心价值观是"诚信、责任、专业"。飞鹤作为一个拥有几十年历史的老牌奶粉企业之所以能够始终屹立在行业前列,正是因为对于自身价值观的忠实践行。诚信自不用多说,一贯坚持好品质的飞鹤,因为诚信经营,是当年少数几个没有卷入"三聚氰胺"事件的国产品牌。我们不妨来重点谈一谈飞鹤价值观中的"责任"与"专业"。

积极承担社会责任,为飞鹤赢得民心

正所谓"得民心者得天下"。只有民心众望所归,成为消费者喜爱的品牌,企业才能获得持续增长。

飞鹤赢取民心的方式是积极承担社会责任。2020年开年以来,面对新冠疫情,飞鹤紧急驰援湖北,在第一时间捐款1亿元成立专项抗疫基金,用于资助医护人员、采购物资、建设新医院等。

据悉,上述资金中3 000万元已经用于武汉火神山医院建设,并为奋战在武汉市金银潭医院、武汉市肺科医院、武汉科技大学附属天佑医院等11家收治重症患者的定点医疗机构的9 246名一线医护人员每人发放3 000元救助金。

而后,飞鹤又再次追加捐赠价值1亿元的营养食品,保障疫情期间疫区物资及营养需求,为一线医务工作者和万千母婴群体送上关爱。

事实上,飞鹤在很早之前就提出了"尽己所能,反哺社会"的企业社会公益理念,并积极参与公益事业。据不完全统计,近年来,飞鹤在扶贫、助学、医疗等社会公益方面捐赠累计达到2.5亿元。

在教育扶贫方面,飞鹤不仅通过建立助学基金会资助黑龙江省内贫困生5 000余人

次,还通过持续践行"中国小康牛奶行动",为湖南、黑龙江、吉林三省贫困学生提供2 000箱、价值总额达110万元的优质奶品。在医疗公益方面,飞鹤早在2017年就向10个贫困县、1个县级市捐赠了价值1.76亿元的医疗设备。

此外,飞鹤还积极参与国家精准扶贫计划,利用自身的全产业链发展模式,带动了上游牧草种植、奶源建设等产业发展,通过自种及引导齐齐哈尔的克东、泰来等7个县的农户建立合作社、农场等经营组织开展订单种植,使得黑龙江省100多万亩[⊖]耕地增值,拉动15万农民增收致富,创造了15万个就业岗位。同时,飞鹤的农、牧、工、售全产业链还累计为3万余人提供了就业机会。

事实上,正是飞鹤一直以来勇于承担社会责任,关键时刻屡屡出手,对社会公益事业持续投入,为飞鹤在国内赢得了广泛的支持和更好的口碑。尼尔森最近出具的市场占有率分析报告显示,飞鹤奶粉目前已超过所有外资品牌,成为中国婴儿奶粉市场销量第一品牌。

深刻洞察消费市场,助力品牌文化提升

下面我们再来谈谈飞鹤的"专业"。飞鹤从1962年成立至今,几十年来一直深耕奶粉市场,取得了瞩目的成绩。这也源于飞鹤着重打造品牌,成为消费者信赖的奶粉品牌。飞鹤始终保持初心,经受住了各种市场诱惑,没有涉足利润更丰厚的房地产、金融等领域,而是始终坚守乳业品牌,坚持生产良心好奶粉。飞鹤之所以能够成功塑造飞鹤这一品牌,主要源于四个方面的持续深耕与探索。

其一,品牌战略。由于城市化程度提高,可支配收入增加,受教育程度越来越高,注重健康的消费者以及对高质量婴幼儿配方奶粉产品(尤其是超高端产品)的需求不断增长,为适应市场需求的变化,飞鹤提前布局高端市场。

其二,品牌定位。飞鹤至今拥有近60年的历史,一直聚焦婴幼儿配方奶粉事业,以中国母乳为"黄金标准",不断升级配方,创新打造"更适合中国宝宝体质"的奶粉,受到市场认可。

其三,品牌文化。在消费者心目中,品牌文化是一种与众不同的体验和特定的表现自我、实现自我价值的道具。新冠疫情期间,飞鹤通过"飞鹤星妈会"免费提供专家在线防护课程,并联合微医、平安好医生为广大中国妈妈开通24小时在线问诊绿色通道。飞鹤关注婴幼儿健康,关爱母婴群体,通过定制针对母婴群体的全方位防护体系,让消费者设身处地地感受公司品牌文化。

其四,品牌推广。飞鹤以品牌核心价值统帅企业的所有营销及传播活动,创新线上及线下营销策略。2019年,飞鹤共举办超过500 000场针对消费者的面对面研讨会,并最大限度地增加与消费者的线上互动,合理利用有针对性且注重成果的媒体报道配合品牌推广。

紧跟时代发展,积极调整战略

近些年,飞鹤的"诚信、责任、专业",使飞鹤作为民族品牌强势崛起,在中国婴幼儿配方奶粉市场特别是在高端市场上重夺行业第一。放眼未来,新冠疫情之下,行业的整体格局和运营模式正在发生转变,行业洗牌在即。优秀的品牌率先抢跑,积极布局线上营销以及数字化升级转型。企业要想长久地生存发展,就必须紧跟时代变化,及时做出战略调整。

飞鹤认为,当前正处于一个经济活动向数字化快速转移的时代,数字化转型成为产业变革主旋律的关键节点,抓住数字化转型的关键时机对企业生存发展有着至关重要的意义。而飞鹤在品牌数字化层面也积极行动,旨在助推传统乳业向智慧乳业转变。

在新冠疫情期间,飞鹤快速反应,率先将针对消费者面对面的研讨会从线下转移到线上,通过微信群持续与消费者互动沟通,并在业内率先开展线上直播活动,邀请

⊖ 1亩 = 666.7 米^2。

权威专家向消费者进行公益讲座等，这些措施都有效地助力了飞鹤与消费者的沟通互动。而成功的线上直播和社群营销转型也成为飞鹤新的作战能力。

飞鹤方面表示，未来，飞鹤将继续努力，专注主营业务，持续深耕婴幼儿配方奶粉产品。

同时依托乳品工程院士工作站和飞鹤婴幼儿配方奶粉全产业链创新中心的研发能力，飞鹤将保持研发创新的激情，加强功能性原料自主掌控并夯实产业基础，不断以新技术及产品引领本公司的可持续发展。

此外，飞鹤不断顺应智慧化及大数据的变化并赋能产业创新，通过智慧制造、物流创设及推动智慧乳业生态圈，提供更适合中国宝宝的婴幼儿配方奶粉产品。

资料来源：1. 李岩. 从飞鹤乳业看民营企业的企业文化发展［EB/OL］.（2019-11-25）［2021-10-22］. http://www.hejun.com/page92?article_id=459.

2. 数字营销市场. 市值破千亿，飞鹤成功的秘诀是什么？［EB/OL］.（2020-05-07）［2021-10-22］. https://baijiahao.baidu.com/s?id=1665998652565463941&wfr=spider&for=pc.

3. 李东楼. 飞鹤2019年财报解读：飞鹤的成功是企业价值观的胜利［EB/OL］.（2020-03-25）［2021-10-22］. https://baijiahao.baidu.com/s?id=1662142095856171400&wfr=spider&for=pc.

讨论题

1. 飞鹤乳业是如何履行其社会责任的？
2. 飞鹤乳业的品牌文化成功之处对互联网时代的企业有哪些启示？

参考文献

［1］ HURST J W. The legitimacy of the business corporation in the law of the United States 1780-1970［M］. Charlottesville：The University Press of Virginia，1970.

［2］ RHEINGOLD H. Virtual community：home steading on the electronic frontier［M］. Massachuesetts：Addison-Wesley，1993.

［3］ SUMANTRA G，BARTLETT C A，MORAN P. A new manifesto for management［J］. Sloan Management Review，1999，40（3）：9-20.

［4］ 朱贻庭. 伦理学小词典［M］. 上海：上海人民出版社，2004.

［5］ 朱凯斌. 员工的差异效应与差异化管理［J］. 中国培训，2007（5）：24.

［6］ 毕继万. 跨文化非语言交际［M］. 北京：外语教学与研究出版社，1999.

［7］ 刘光明. 中外企业文化案例［M］. 北京：经济管理出版社，2000.

［8］ 胡军. 跨文化管理［M］. 广州：暨南大学出版社，1995.

［9］ 刘光明. 企业文化教程［M］. 北京：经济管理出版社，2008.

［10］ 陈春花. 危机自救：企业逆境生存之道［M］. 北京：机械工业出版社，2020.

［11］ 陈春花. 价值共生［M］. 北京：人民邮电出版社，2021.

［12］ 陈春花. 冬天的作为［M］. 北京：机械工业出版社，2009.

［13］ 陈春花. 下一个机会［M］. 北京：机械工业出版社，2008.

［14］ 陈春花，曹洲涛，刘祯，等. 组织行为学：互联时代的视角［M］. 北京：机械工业出版社，2016.

［15］ 陈春花. 企业文化管理［M］. 广州：华南理工大学出版社，2007.

［16］ 张德. 企业文化建设［M］. 北京：清华大学出版社，2009.

［17］ 王超逸，李庆善. 企业文化学原理［M］. 北京：高等教育出版社，2009.

［18］ 弗里德曼. 世界是平的［M］. 何帆，肖莹莹，郝正飞，译. 长沙：湖南科学技术出版社，2006.

［19］ 庞淑芬. 管理创新提高企业的竞争力［J］. 管理观察，2009（2）.

［20］ 德鲁克. 管理：使命、责任、实务：使命篇［M］. 王永贵，译. 北京：机

械工业出版社，2007：41-42.

[21] 蓝进. 肯德基在中国的本土化营销及对中国快餐业的启示［J］. 西华大学学报，2009（8）.

[22] 刘海潮. 基于价值网络的战略变化效应扩散机制［J］. 科学学与科学技术管理，2007（11）：110-113.

[23] 贝克. 风险社会［M］. 南京：译林出版社，2004：13-14.

[24] 肖国强. 互联网的发展如何重塑商业环境？［EB/OL］.（2016-10-24）［2021-08-30］. http://mt.sohu.com/20161024/n471154757.shtml.

[25] 杨璐. 共享经济，一个时代来临［R/OL］. 三联生活周刊，2015，26［2021-11-11］. http://www.lifeweek.com.cn/2015/0624/46290.shtml.

[26] 崔新健，彭谙慧. 新冠疫情影响下跨国公司企业社会责任新趋势［J］. 国际贸易，2020（9）.

[27] 德勤官网. 2020德勤全球人力资本趋势报告［R/OL］.（2020-05-19）［2022-03-10］. https://www2.deloitte.com/cn/zh/pages/human-capital/articles/global-human-capital-trends-2020.html.

[28] 德勤官网. 2018全球人力资本趋势报告［R/OL］.（2018-04-04）［2022-03-10］. https://www2.deloitte.com/cn/zh/pages/human-capital/articles/global-human-capital-trends-2018.html.

[29] 199IT. 英敏特：2021全球消费者趋势报告［EB/OL］.（2021-01-29）［2022-03-09］. http://www.199it.com/archives/1196029.html.

[30] 徐曼曼. 展望2020：数字科技驱动商业生态变革［EB/OL］.（2019-12-31）［2021-09-10］. https://baijiahao.baidu.com/s?id=1654378678496832342&wfr=spider&for=pc.

[31] 亚布力论坛. 中美贸易战加速跨国企业的"中国+1"战略？［EB/OL］.（2019-07-12）［2021-09-12］. http://www.yidianzixun.com/article/0MaY16jG.

[32] 参考消息. 港媒文章：贸易战让美国消费者"流血更多"［EB/OL］.（2020-08-28）［2021-10-03］. https://baijiahao.baidu.com/s?id=1676269391474516547&wfr=spider&for=pc.

[33] 中华人民共和国国务院新闻办公室. 中国科技创新活力令世界惊叹［EB/OL］.（2020-11-23）［2021-09-20］. http://www.scio.gov.cn/37259/Document/1693028/1693028.htm.

[34] 人民网. 从"追赶"到"比拼"让更多中国品牌走向世界［EB/OL］.（2020-05-08）［2021-09-03］. https://www.sohu.com/a/393799622_114731.

[35] 李锦. 世界500强进入"两强时代"，中企员工人数是美国1.29倍［EB/OL］.（2020-08-11）［2021-09-03］. https://new.qq.com/rain/a/20200811A0755R00.

[36] Kronos. 遇见Z世代，未来最勤奋、最乐观的劳动力［EB/OL］.（2019-09-25）［2022-03-09］. https://www.sohu.com/a/343344495_345508.

第 2 章　企业文化的兴起与演进

【学习目标】

- ☑ 理解企业文化的内涵
- ☑ 了解企业文化兴起的背景及其蕴含的历史必然性
- ☑ 了解企业文化理论的创建过程及标志性事件
- ☑ 了解企业文化实践的发展与趋势
- ☑ 掌握企业文化理论的产生与发展

引例　　万可中国：新冠疫情期间常态时间工作仍创造十年最佳盈利

职场中的"996""内卷"等现象频遭热议，部分企业将其归咎为短期举措造成的负面影响。然而，忙碌文化并非企业成功的保证。进入中国 20 多年的工业自动化德国家族企业 WAGO（万可）专注于电连接器、工业接口模块等自动化领域垂直产品细分，通过培育和践行爱才、惜才和留才的企业文化，构筑了专精而富有竞争力的护城河。疫情发生以来，万可在保证员工朝九晚五和双休的常态时间情况下，依旧在 2020 年取得了过去 10 年间的最佳盈利率纪录。

在万可中国 CEO 彭夫柯（Volker Palm）看来，万可几十年来成功交付的每一个项目、与客户端每一次紧密合作所积累的成功经验和口碑，凝聚成了万可的企业文化及核心价值观：以解决问题为导向、可靠和可持续性。万可一直以员工的工作和生活平衡作为对其可持续核心价值观的体现，疫情以来尤其如此。公司主要从以下几方面支持员工。

一是为员工提供健康、安全的工作环境。早在疫情前，万可宽敞明亮的办公室就达到了间隔 1.5 米以上的安全社交距离。考虑到办公久坐可能引发颈椎间盘问题，彭夫柯提出将公司所有人的座椅换成升降式。新冠疫情暴发以来，公司迅速引入了员工心理援助，聘请经验丰富的心理咨询专家给员工开展辅导。

二是不提倡员工任何形式的加班。尤其在疫情特殊时期，万可更要确保让员工在健康、开心的状态下紧张地工作，而不是在紧张的状态下紧张地工作。2020 年 3 月初复工的时候，公司订单出现大量积压，为了不让员工过度透支，万可采取第三方劳务派遣模式，尽量减少特殊情况下员工加班的情况。

三是及时聆听员工的声音。尽管时间有限，彭夫柯坚持定期举办"Palm's Lunch"，以此为契机轮流和公司 1 300 多名员工一对一沟通。除了午餐对话和年度对话，万可还围绕"result-effort-competence"让领导和员工进行平等交流与复盘：具备什么样能力的员工，做了哪些努力，取得了何种成果。复盘反馈须以"二加一"形式进行，下属和领导分别要给对方提出两点优秀表现以及一点提升建议。

"6 年前我加入万可，发现很多员工都是从建厂一直工作到现在。我们的公司离市区路途较远，每天通勤需要 100 多公里，能留住员工没有别的原因，就是这是一家好公司，它关注员工的成长。万可要在职业全生命周期内对员工的发展和健康负责。"郑长缨说。

资料来源：刘铮筝. 万可：让人才成为智能互联时代的中流砥柱［EB/OL］.（2021-03-02）［2021-09-20］. https://mp.weixin.qq.com/s/mDl4ekzr9E57cm9Ie1SfhA.

2.1 文化与企业文化的内涵

2.1.1 文化与文化的层面

企业文化源自文化。了解清楚"文化"的基本内涵和结构，是研究企业文化和开展企业文化建设的知识起点。

1. 文化的含义

文化的含义在古今中外的不同学科领域中有不同的界定，可谓众说纷纭，见仁见智。

在中国，文化是"文"和"化"二字的复合："文"是指语言、文字、典章、制度等一类事物；"化"是指感化、改造、塑造的过程和结果。"文化"一词的出现可以追溯到《易经》。《易经》记载："文明以止，人文也。观乎天文，以察时变；观乎人文，以化成天下。"汉代刘向在《说苑·指武》中云："圣人之治天下也，先文德而后武力。凡武之兴为不服也，文化不改，然后加诛。"《辞源》对文化的解释是"文治和教化"。

《现代汉语词典》对"文化"的解释是：① 人类在社会历史发展过程中所创造的物质财富和精神财富的总和，特指精神财富，如文学、艺术、教育、科学等。② 指运用文字的能力及一般知识。③ 考古学用语，指同一个历史时期的不依分布地点为转移的遗迹、遗物的综合体。同样的工具、用具，同样的制造技术等，是同一种文化的特征，如仰韶文化、龙山文化。

《语言大典》对"文化"的解释是：① 在某一种族、宗教或社会组织中，传统的独特结构所含有的惯常信仰、社会礼仪和生活特性的总体；② 人类向文明进化的一个特定的状态或阶段；③ 历代学者积累起来并传下来的知识。

《中国大百科全书》对文化做了广义和狭义的划分，其中，广义的文化是指人类创造的一切物质产品和精神产品的总和；狭义的文化专指语言、文学、艺术及一切意识形态在内的精神产品。

在西方，"文化"（culture）一词是从拉丁文"耕种"（cultura）一词引申而来的，包括以下几个方面的含义：耕种、培育；修饰、打扮；敬仰、崇拜、祭祀。到了19世纪后期，现代文化学诞生，人们对文化开始从学科的角度给予不同的解释。由于流派众多，人们对文化的概念仍是见仁见智。

现代文化学奠基人、英国文化人类学家泰勒在《原始文化》中指出："文化或文明是一个复杂的整体，它包括知识、信仰、艺术、伦理道德、法律、风俗和作为一个社会成员的人通过学习而获得的任何其他能力和习惯。"一些美国学者认为，泰勒的定义中缺少物质文化的内容，因而将其定义修订为"文化是复杂体，包括实物、知识、信仰、艺术、法律、道德、风俗以及其成员在社会上学得的能力与习惯"。

《美国传统词典》对文化的解释是："人类群体或民族世代相传的行为模式、艺术、宗教信仰、群体组织和其他一切人类生产活动、思维活动的本质特征的总和。"

《牛津辞典》对文化的解释是："人类能力的高度发展，借训练与经验而促成的身心的发展、锻炼、修养；或人类社会智力发展的证据、文明，如艺术、科学等。"

美国人类学家克罗伯和科拉克洪认为："文化由明确的或含蓄的行为模式和有关行为的模式构成。它通过符号来获取和传递。它涵盖该人群独特的成就，包括其在器物上的体现。文化的核心由传统思想，特别是其中所附的价值观构成。""文化是历史上所创造的生存式样的系统，既包含显性式样又包含隐性式样。它具有为整个群体共享的倾向，或是在一定时期中为群体的特定部分所共享。"

美国人类学家哈维兰在《当代人类学》中指出："文化是一系列规范或准则，当社会成员按照它们行动时，所产生的行为应限于社会成员认为合适和可接受的变动范围之中。"他同时指出：当代的文化学思潮更"倾向于清楚区分实际行为的一面与存在于行为背后的抽象价值观、信仰和世界观的另一面"，强调"文化不是可见的行为，而是人们用以解释经验和导致行为并为行为所反映的价值观和信仰"。

埃德加·沙因（Edgar H. Schein）认为文化是：一套基本假设；由特定群体发明、发现或发展而来；学习而来应付组织外部适应与内部统合的问题；传授给新进成员；针对上述问题修正其知觉、思考及感觉的方式。

霍夫斯泰德（G. Hofstede）等人则认为文化的建构具有以下六种特性：整体性、历史决定的、与人类学概念相关、社会性建构、内隐性的、难以改变。

可见，文化是一个内涵复杂的概念。不同观点的存在，为人们研究文化提供了一个开阔的视域。具体到管理视角的文化研究，有学者[一]认为可以包含两个方面的内容：一是从社会科学研究一般规律出发找到文化的分析性概念；二是从企业这样一个特殊性质的组织和这样

[一] 王学秀. 文化传统与中国企业管理价值观研究[D]. 北京：中国优秀博硕士学位论文全文数据库，2006.

一种管理人类活动的方式来分析企业中的文化模式和管理中的文化倾向性。从这个意义上说，沙因对于文化的理解更适用于企业文化研究领域，较好地体现了组织层次的文化性质。

| 实践链接 2-1 |

文化和消费者

作为消费者，每时每刻，我们都在与企业文化打交道。海尔维修人员整齐的穿着和严谨的作风、麦当劳销售人员的青春活力、宝洁员工对公司和企业产品的自豪以及华为公司人员专业化的经营方式，各具特色。我们身居其中，更可以感受到企业文化实实在在的力量。

不同地区的顾客对产品的态度不同，例如，在美国，麦当劳是一家针对低收入消费者的餐厅，但是在中国，有时会成为高收入家庭小孩向同伴炫耀的对象。企业产品和包装的颜色在各消费区域中显示出不同的重要性。广州的消费者比北京的消费者更加关注食品的新鲜度，而四川的消费者则把辣得够不够当成食品质量好坏的标准。我们发现，美的、万家乐等国内著名的品牌因为走国际扩张道路而把品牌名字由拼音改成英文，而今天的松下再也不像十几年前在中国使用英文或日文说明书了。

资料来源：陈春花. 企业文化塑造[M]. 北京：机械工业出版社，2016：10-11.

文化点睛 文化是存在于不同群体中的一套有关自身与环境的假设，并且个体据此谋生与进取。许多组织，比如海尔、麦当劳、美的等试图了解群体的假设与偏好，并有针对性地开展工作，由此而获得成功。

2. 文化的层面

文化是一个外延宽泛的概念，从全人类的文化延伸到不同国家的、民族的、地域的、组织的文化，乃至家庭、个人等不同层面的文化。具体到某一特定领域的文化研究，不仅要考虑文化的共性，还要充分考虑其所在层面的层次关系和特性。比如企业文化，应当将其视为人类文化、国家文化、民族文化、区域文化等融汇而成的社会文化的亚文化。而企业文化的亚文化又包括了其构成单元的公司、部门、班组等从属组织的文化，以及组织成员的个人文化等。

组织文化和企业文化是可以经常接触到的概念。从严格意义上讲，企业文化从外延上应该归属于组织文化。因为组织是一个范畴更大的概念，大到国家、社会，小到由几个人组成的小群体，都可以被称为组织。企业只是组织的一种类型，属于它的子集。所以，从这个意义上说，企业文化属于组织文化的一种类型。但在企业文化研究中，组织文化与企业文化的概念很多时候是被交替使用的。

2.1.2 企业文化的内涵

1. 企业文化内涵的界定

相对于企业文化而言，学者对组织文化的关注更早，有着丰富的研究成果，因而在概念界定方面，对组织文化的界定方式、方法及其成果可以作为定义企业文化的重要参考基础。

霍夫斯泰德曾认为，组织文化是一种"组织的心智程序"，是特定群体所共享的程序。它一方面在组织成员的行为中产生,另一方面又作为"心智的集体程序"引导这些成员的行为。它不仅体现在价值观上,而且会在更为表象化的事物(如象征、英雄、礼仪等)上显现出来。沙因曾指出,很多用来界定文化的要素都与组织文化有关,但应该找出核心要素。他认为,当说某件事是属于"文化的",就隐含着共享、深沉和稳定的意味。共享指的是组织成员共享,深沉是指比较不可见,稳定意味着模式化或整合,即把仪式、气氛、价值观与行为绑在一起,成为一个整体。

沙因将组织文化定位成一种基本的假设模式,由一个特定的组织在学习处理外部适应和内部综合的问题时所发明、发现和发展起来的,并且一直运作很好,被认为是有效的,因而被交给新成员作为感知、思考和感觉这些问题的正确方式。

由于这些假设一直在被重复使用,它们很可能成为理所当然的和无意识的。我国台湾学者郑伯熏综合了霍夫斯泰德和沙因等人的文化概念并提出,组织文化是存在于特定组织内具有公开性、集体性及共享性的意义系统,可为组织提供一个历史的诠释框架,用以有效地处理组织内外部的问题。石伟将组织文化定义为,组织在其内外环境中长期形成的以价值观为核心的行为规范、制度规范和外部形象的总和。

企业文化作为专业术语,在20世纪80年代出现在管理学界。学者对企业文化所下的定义,并没有因为企业相对于组织外延更窄而变得较为明确。在英语中,企业文化有不同的表达:组织文化(organizational culture)、公司文化(corporate culture)、公司文化(firm culture)、公司文化(company culture)、企业文化(enterprise culture)等。

在国外学者的相关著作中,可以发现如下有代表性的定义。威廉·大内(William Ouchi)认为,企业文化由传统和风气构成,此外还包含企业的确定活动、意见和行为模式等的价值观。特伦斯·迪尔(Terrence Deal)和艾伦·肯尼迪(Allan Kennedy)从企业文化构成要素的视角提出了企业文化包括的五个要素,即企业环境、价值观、英雄人物、礼仪和庆典、文化网络。他们认为文化是一种集意义、信仰、价值观、核心价值观在内的存在,企业文化可以被视为一家企业所信奉的主要价值观。E.海能(E. Heinem)从认知与行为的视角提出,企业文化是企业的价值观念和行为准则,是组织成员的共同思想体系。约翰·科特和詹姆斯·赫斯克特认为,企业文化是指一家企业中各个部门,至少是企业高层管理者所共同拥有的那些企业价值观念和经营实践……是指企业中一个分部的各个职能部门或地处不同地理环境的部门所拥有的那种共同的文化现象。

国内对企业文化的界定则可以归纳为以下几种说法:

(1)"精神现象"说。企业文化是指企业生存与活动过程中的精神现象,即企业的价值观念与活动过程中的精神现象,也即以价值观念为核心的思维方式和行为方式。也就是说,企业文化是企业中与物质紧密相连的精神文化现象。

(2)"企业精神"说。企业文化是指以企业为主体的、广义的、深层次的文化,是企业在长期实践中所形成的价值观念、道德规范、行为准则、传统作风、群体意识及员工的整体素质。它是企业最重要的经营资源,是维系企业生存和发展的精神支柱。

(3)"精神信息系统"说。企业文化是一个促进企业员工的人格健康发展的精神信息系统,它的功能是首先直接作用于人,然后通过人的力量作用于企业经营管理的进步和发展。

(4)"企业特色的共同价值"说。企业文化是企业系统形成群体意识和由此产生的群体行为规范,是一种共同价值观念体系,其主要内容是强调一家企业必须有自己明确的哲学思想、道德、文化传统、价值准则和经营方针，能够用崇高的精神力量去吸引、引导、团结和鼓舞员工，形成共同的目标、方向和使命，使职工为之努力奋斗。

（5）"群体意识"说。企业文化是指企业受民族文化、社区文化等文化系统，以及政治、经济、法律、哲学、教育、自然地理诸多因素的影响，在企业经营过程中所呈现出来的企业员工群体的心理水平状态、行为规范和管理行为习惯的总和。

（6）"企业的总体文明状态"说。企业文化是企业总体文明状态，即企业的生产、经营能力与同这种能力相关联的内部生产以及对外联系、行政管理能力和职工的思想道德面貌等方面。

（7）"三层次"说。企业文化包含三个层次：机器设备，生产经营的产品是外层物质文化；领导制度，人际关系是中层制度文化；员工的价值观念，行为规范是内层精神文化。它们共同构成一家企业的文化。

纵观前人对企业文化的定义，可以发现虽然在观点和表述上有差异，但也存在基本的共识，那就是将企业文化的核心定为价值观或相关表述（见表2-1）。企业文化是在管理理论亟须新的管理要素来解释日本管理模式优越性的背景之下提出的。人们进而从对日式管理模式的关注转到了对软性管理要素，最后到对文化要素的关注。文化有着宽泛的概念范畴，对于管理学而言，也许将其解读为一种文化视角更有应用价值。在这样的视角下，价值观的管理价值日益凸显出来。作为其他学科研究对象的文化，价值观并不一定要被放到核心位置加以研究。而在管理学中，文化管理模式的关键所在就是价值观的管理。所以，在管理学话语之下的企业文化定义中，价值观是企业文化的核心。

表2-1 企业文化定义

学者（时间）	企业文化定义
霍夫斯泰德（1980）	"企业心理"及组织的潜意识
迪尔和肯尼迪（1982，2020）	组织是企业文化的核心
彼得斯和沃特曼（1982）	所有员工共同遵守的价值观念，即众人心悦诚服的行事准则
丹尼森（1984）	价值、信念及行为模式，一个组织的核心认同
戴尔（1985）	组织内成员所共有的人为产物、观点、价值及假设
沙因（1985）	一组成员共同享有的基本假设
马丁（1985）	企业成员共同拥有的，指导其行为的态度、价值和信念组合
海能（1988）	企业的价值观和行为准则，是组织成员共同的思想体系
河野丰弘（1990）	企业成员共有的价值观、共同想法、意见决定的方式以及共同的行为模式，也是社会风气、公司风气、企业形态、企业气质、企业精神等的总称
科特和赫斯克特（1997，2019）	从深入不可见的层面上看，文化是指被一群人分享的价值观；从显而易见的层面上看，文化代表着行为模式和一个组织的风格
罗宾斯（2005）	成员共有的一套意义共享的体系，使之区别于其他组织

综上所述，本书采纳的定义为：**企业在实践中创建与发展的用以解决企业外部适应和内部整合问题的一套共同价值观、与价值观一致的行为方式，及由这些行为所产生的结果与表现形态。**

2. 企业文化的特性

从企业文化的定义可知，企业文化有如下特性：

（1）系统性。企业文化不但包含一系列要素，而且要素的组合是有结构层次的，要素间也对应着特定的关系，这些构成了一个多要素关联与制约的系统。该定义不但明确了企业文化的几个基本要素，还明确了在企业文化的要素中，共同价值观具有核心地位；价值观决定了人们的行为方式，而价值观与行为方式又会产生相应的结果和表现形态的逻辑关系。

（2）共识性。企业文化应该是一种集体共有的文化。企业文化的一大基本使命，就是要建立共同价值观，倡导一种经由全体员工或绝大部分员工接受、认同、内化，进而达成共识的健康、科学的价值观，从而保证企业成员在工作中有一致的行动原则。

（3）功能性。企业在社会环境和市场环境中生存与发展，主要面临两个方面的挑战：一方面是外部环境的不断变化；另一方面是企业内部人员的凝聚力和积极性的波动。企业文化作为企业的一种智慧，要对这些基本的问题予以回应，即企业文化要能解决企业外部适应和内部整合问题。

（4）根生性。企业处在大的社会环境中：企业成员来自社会环境，会受到社会文化、民族文化、地域文化等外部文化的影响；企业在生存和发展的过程中，本身也会受到来自外部环境文化的影响。但其生成和发展主要集中在企业内部，这就是企业文化的根生性。企业文化的形成在很大程度上依赖于企业的文化传统和历史经验，它是企业实践中对于外部适应和内部整合的系列问题给予的回应，是一家企业生存、发展条件及其历史延续的反映。

3. 企业文化的层级

从企业文化在组织中的地位看，它可以分为两个层级：主文化和亚文化。

（1）主文化。它是企业在一定时期内形成的占主导地位的文化。

（2）亚文化。对于亚文化，有两种解释：一是相当于企业副文化，即企业在一定时期里形成的不占主导地位的企业文化，如俱乐部文化、沙龙文化、派别文化等；二是企业的亚群文化，即企业的次级文化，这种亚文化又分为纵向亚文化和横向亚文化。纵向亚文化包括创始人文化、企业家文化、决策层文化、管理层文化、操作层文化、班组文化等。横向亚文化是战略管理文化、研发文化、产品文化、营销文化、质量文化、安全文化、服务文化等，还包括子公司文化、分支机构文化等。

2.2 企业文化的兴起背景

人们往往将企业文化兴起的原因，归结为20世纪70年代末、80年代初的那场美日企业比较管理研究。事实上，那场比较管理研究准确地说只是一根"导火索"，而企业文化兴起则有其更为深刻的历史背景。

| 实践链接 2-2 |

企业文化为什么被忽略

第一，我们往往不会考虑文化，不管它们是个人文化还是组织文化，这是由于文化已经如此深地扎根其中。我们的信念形式、价值形式和行为方式已经变得极其内在，以致文化过程也变得自动机械，令我们毫无察觉。

第二，文化的组成部分难以捉摸，假定我们要求人们对其文化背景或企业文化进行描述，你获得的回答也会相去甚远。因为人们会选择不同的方面，而在他们各自看来，这是一些重要的方面。

第三，往往只有我们所习惯的事物发生变化时，在我们遇到了不同于我们所习惯的事物时，我们才会深刻地意识到文化的存在。事实上，我们期望其他人也有与我们相似的风俗习惯和文化意识，而在他们不具备这些东西时，我们会感到惊讶与恼怒。

第四，鉴于人类学的根源，大多数人把文化认作一个特定不变的东西。人们往往把企业文化同样看成一成不变的东西。

在中国企业中，文化被忽略的关键原因是企业文化被严重误解为政治上的解析，或者企业职工的部分文化生活被用以替代具有重要意义的企业文化。在对中国企业文化进行研究的过程中，做理论研究的人们更加关注的是企业文化与社会相互影响的关系，但是对操作层的企业文化的忽略，给企业管理者带来了不可估量的障碍。

资料来源：陈春花. 企业文化塑造 [M]. 北京：机械工业出版社，2016：12-13.

企业文化虽然隐形，但绝不能被忽略，就犹如人们可能感觉不到空气的存在，但绝不能离开空气。如果有意识地关注、重视和开发企业文化，那么将开启企业发展的精神心门！

2.2.1 社会的大变革

第二次世界大战之后到20世纪80年代，西方国家的现代化进程速度明显加快，这一时期是技术、经济与社会的大变革时期，也是对传统思想意识提出挑战的时期。现代化的到来，使人类社会的物质文明达到了空前繁荣的程度。然而，它也带来了前所未有的冲击，引致了西方社会的巨大变革。在人们对于现代性的理解逐渐深化的过程中，肆意统治和掠夺自然，个人与社会之间形成紧张对立的关系，社会进步完全依赖于技术理性，现代宗教沦为世俗主义的准宗教，允许不受道德约束地追求自我利益以及人类丧失对未来的信心和传统的信仰等问题的出现，让人类社会面临空前的挑战和困难。

一直以来，人类为了自己的生存不断在经济利益、政治利益、自尊、人格和信仰之间进行妥协与博弈。在这种博弈的过程中，常常是人类的"软性要素"不断地做出让步，并逼近自己的极限，等到极限到来的时候，就会发生一场革命性的运动。这几乎是人类文明历史发展的基本模式。人类为了自己的利益，可以做出牺牲或付出代价。但当出现"为了自己就要消灭自己"这样一种悖论的时候，人类的理性就会让自己反思这种模式的合理性。

在现代西方文明中，工具理性和目标理性一直是主流。组织目标的内涵，基本上是从经济特性的角度进行设定的。由于人的主体性和本质中的精神性，会直接对工具理性不断进行加压和反弹，因而导致工具理性在管理中的边际效用递减，于是拥有理性的人们在反思是什么导致了这种效用的递减。这很容易让人联想到经济之外的非经济因素，去思考工具理性极致化发展带来的必然的反弹和回归问题。

20世纪五六十年代，经济领域中的现代公司和现代管理模式已然登峰造极，"可以创造属于它们自己的有力世界"⊖；在哲学、文化艺术领域中，却正在掀起一场浩大的（后）现代运

⊖ 克雷纳. 管理百年 [M]. 邱琼，钟秀斌，陈遊芳，译. 海口：海南出版社，2003：101.

动，引起了人们对现代性的反思。此外，较早前的人本主义思潮，其影响也不容忽视。正是在其影响之下，关注人的尊严和人的价值的思想逐步得以确立。到了20世纪80年代，西方发达资本主义社会，正步入个人主义伦理观和自我实现动力高涨的时期。人们在思考：是我们为机器服务，还是机器为我们服务呢？我们必须为了物质的富裕而接受精神的贫穷吗？除了确保经济稳定和舒适感之外，我们在生命中追求的意义是什么呢？

正是上述社会大变革中的各主要矛盾，构成了企业文化兴起的基本社会背景和生成动力。有学者更突出了社会变革中这些矛盾的激烈程度，称其为"社会危机"，认为企业文化的兴起正是对这种危机的回应：当社会本身在纷乱的环境中失去导向功能，"意义"坍塌不能再支撑传统的工作伦理和规范时，企业文化就有可能成为一个抵御这些侵蚀的堡垒，进而成为涂尔干[一]所区分的有别于世俗的"神圣领地"（the sacred realm）的守护者。[二]

2.2.2 管理实践的变化

第二次世界大战之后，西方发达国家兴起了以电子技术为中心的新技术革命，同时，科学与技术的变化在社会中也传播扩散得更快了。社会日益要求组织能够更高效地整合资源完成复杂的任务，能够提供技术含量更高的产品。在这种背景下，大规模的复杂的企业开始出现，高新技术产业逐渐发展起来，一些知识密集型组织也应运而生。它们"采用大量熟练的、科学的、专门的和专业的员工"，"这些人员的录用带来了大量的冲突和融合问题"。[三]科技的发展大幅度地提高了劳动生产率，使得西方发达国家的物质财富在相当长的时间内稳定增加，给管理实践带来了实质性的影响。

在企业组织方面，"在一系列复杂的检查、系统和阶层支撑下，公司成为一个自给自足、自我永存的世界……（20世纪）50～70年代，从没有管理人员因劣质或冷淡的服务而失掉工作。事实上，在某些组织中，管理人员只会因为欺骗雇主或冒犯老板而失去工作"。

在管理职业化方面，"20世纪70年代初期，西方资本主义似乎情况不错。管理作为一种职业，已经为人们所接受，这是一个巨大的飞跃。管理者在他们周围建立了职业化的全部武装……职业经理人的权力不断扩大"。[四]

第二次世界大战后在西方世界以外的经济发展中，很多国家吸纳了美国式管理的精髓——科学管理，特别是日本，应用科学管理来提高体力劳动者的生产率，很快便拥有了高生产率的工作队伍。它们对于管理技术十分重视，最著名的就是全面质量管理（TQM）的引入和推广。西方管理技术与东方文化的融合收到了很好的效果，形成了有东方特色的管理实践。日本第二次世界大战后的经济复兴从中受益良多。

[一] 涂尔干（Durkheim，又译作迪尔凯姆），法国著名社会学家。他认为通过国家、个人和法人团体之间的相互辅助与相互制约，就可以促成一种"道德个人主义"状态的实现，因而主张通过职业群体和职业伦理的建设来重建社会的道德秩序，以解决19世纪西方发达国家所遭遇的经济、社会和精神危机。

[二] DAHLER-LARSEN P. Corporate culture and mortality：Durkheim-inspired reflections on the limits of corporate culture [J]. Journal of Management Studies，1994，31（1）：4-18. 本部分译文参考了：韩巍. 基于文化的企业及企业集团管理行为研究 [M]. 北京：机械工业出版社，2004：23.

[三] 卡斯特，罗森茨韦克. 组织与管理：系统方法与权变方法：原书第4版 [M]. 傅严，等译. 北京：中国社会科学出版社，2000：269-270.

[四] 克雷纳. 管理百年 [M]. 邱琼，钟秀斌，陈遊芳，译. 海口：海南出版社，2003：147.

第二次世界大战后的人类社会不仅进入现代化，而且还伴随着全球化。特别是1967年，美国和45个国家签署了关税与贸易总协定（GATT），更标志着全球化进入新阶段。很多国家都实施了开放政策，对于外国的投资、办厂给予优惠条件。日本企业由于竞争力的增强，逐步打入美国市场，让传统管理的践行代表——美国企业感受到了空前的竞争压力。开放的世界还带来了开放的视野，不同文化的思维进行着交流、碰撞、学习和融合。在此背景下，跨国公司也得到了空前的发展，跨文化管理问题也摆上了议事日程。

巨大的竞争压力本身已经是美国式的管理实践所必须要面对的一个难题，而社会的发展对劳动主体的影响又提出了另一个难题。社会全面发展，企业中其他人（非管理者）对自身主体性需求日益提升。"越来越多的迹象表明，许多人工作不仅仅是为了追求金钱和经济稳定。他们在寻找一份有意义的工作，寻找能允许他们个人发展和自我实现的工作。这些信念已变成了我们文化的一个基本部分。"⊖人们越来越感到，现有的工作本身不能提供必要的精神补偿。1974年的一项研究显示，75%的工人不喜欢他们的工作。心力交瘁且备感痛苦的管理者，面临这两大难题，不得不积极检讨现有的管理方式。在客观上，这也促使管理者自身不断提高对管理本质的认识，使新的管理思想和管理方式更易于被接受。

还需要提及的是，尽管当时科学管理得到极速发展，却仍然有一些美国公司的管理实践显现出新的特点。1963年，IBM公司总裁小托马斯·沃森出版了《一个企业和它的信念》，指出永远不能改变公司赖以生存的基本思想体系："如果组织想迎接不断变化的世界的挑战，就必须做好准备改变所有的一切，除了已融合在公司声明中的信念……组织中最神圣不可侵犯的应该是它基本的经营哲学。"成功的IBM建立在三个基本信念之上，即充分为员工个人考虑，为使顾客快乐不惜时间，尽一切可能把事情做好。由此可见，像IBM这样卓越的公司，在当时有着更为先进的价值理念，并通过建立起强有力的公司文化来影响社会。而后来，汤姆·彼得斯（Thomas J. Peters，1977）在考察欧洲管理实践中（特别是英国冰川金属公司的研究）也发现了公司的文化所具有的潜在力量。

2.2.3 管理理论的危机与发展

现代管理理论发端于科学管理理论的提出，至第二次世界大战后，科学管理思想仍旧占据着管理理论的主流地位。科学管理是在社会化程度日渐提高、工业文明日渐成熟、理性主义的思想方法日渐高扬的背景下诞生的。科学管理倡导理性主义，把科学视为进行良好管理的一个不可或缺的重要方面。没有充分的数据支持，就不会有效率的提高，也不会产生良好的管理效果。这在实践中获得了巨大的成功，生产率得到提升，进而极大地推动了生产力的发展和工业革命的进程。但鉴于管理学科学与艺术的双重属性，科学管理及其理性主义假设也存在其片面性。当对生产过程进行纯粹的理性分析而忽视员工本身的效率时，就引起了工人的不满和工人效率的下降。后来兴起的行为科学，正是对科学管理模式的一种发展，其提出的"社会人"假设较之"经济人"假设具有进步性，并开始注重人在组织中的重要作用，关注人的情感对行为和绩效的影响，关注非正式组织的作用。尽管如此，泰勒的科学管理原理在第二次世界大战

⊖ 卡斯特，罗森茨韦克. 组织与管理：系统方法与权变方法：原书第4版 [M]. 傅严，等译. 北京：中国社会科学出版社，2000：46.

后初期以提高生产效率为核心的阶段还是为企业和社会创造了极大的价值。

但是发展到 20 世纪 70 年代末期，这种管理模式遭到了严峻的挑战。Krell（1988）认为，在企业文化兴起之前，组织理论正面临危机：传统的那些仅仅关注组织结构、职业类型、任务设计、动机方案的理论过于简化、僵化，因此需要寻找一个更加复杂的，能充分考虑到意识、符号处理、人类（体系）复杂属性的模型，使组织中的人们更加关注共享价值、使命、义务，而不是结构、任务和动机。

其实，在第二次世界大战后到 20 世纪 70 年代末的几十年间，西方的管理研究也出现了一些新迹象。沙因在对 50 年代后期形成的雇员—雇主关系进行研究时发现：管理人员获得可观的收入和高度的安全感，公司获得忠诚而工作努力的管理人员，这是双赢的局面。针对这种没有明说的协定，他提出了心理契约（psychological contract）的概念。他还将通用电气公司（GE）1956 年设立的管理提升机构（Management Development Institute），描述成"把战俘集中营的'洗脑'（brainwashing）模式运用于公司的'实施影响的过程'"。㊀1968 年和 1972 年，霍夫斯泰德在 IBM 这家跨国公司做了两次大规模的调查研究，找出能够解释导致大范围内文化行为差异的四个方面的因素，开创了对工作场所文化的科学研究。这一时期，行为科学管理理论和战略管理理论在深化发展中，也显示出各自研究的局限。此外，这一时期也是被称为"管理理论丛林"的形成时期，管理理论被充分发展。

到了 20 世纪 70 年代末期，学者的注意力也渐渐从相关研究上分散，最终聚焦到对组织文化现象的关注上。一些心理学和组织行为学领域的研究者，就是从早先对组织氛围（organizational climate）的研究中将兴趣转移过来的。S. M. 戴维斯（1970）在《比较管理——组织文化展望》中，率先提出组织文化概念。后来，Pettigrew（1979）在《管理科学季刊》上发表《关于组织文化的研究》（On Studying Organizational Cultures），与 Pondy、Mitroff（1979）在《组织行为研究》上发表《超越组织的开放系统模式》（Beyond Open System Models of Organization），之后文化模式（cultural model）的研究概念在组织管理研究中被更多地采用。可以说，这个时期研究者对组织中文化因素的存在已初步达成共识。

2.3　企业文化实践的发展与趋势

企业文化是一种客观存在的现象，有企业便有企业文化。从客观上来说，自企业产生以来一直到 20 世纪上半期，企业文化在整个企业发展中的作用并不显著；到了 20 世纪下半期，企业文化的作用才逐渐变得重要起来，并涌现出一大批依靠优秀文化而取胜的企业。从主观上来说，到了 20 世纪 70 年代，迫于企业文化对企业绩效发展的巨大影响，理论界才对它进行认真的研究，并于 80 年代形成理论探索的高潮。因此，企业文化的兴起有两个基本标志：一个是实践方面的标志，另一个是理论方面的标志。

2.3.1　企业文化实践的兴起

20 世纪 80 年代早期，西方企业出现了大量警报信息，警报铃声越来越响。工商业人士

㊀ 克雷纳. 管理百年 [M]. 邱琼，钟秀斌，陈遊芳，译. 海口：海南出版社，2003：98.

困惑地考虑企业经营状况不佳和劳动力生产效率低下的原因，而西方工业界则愿意举手投降，承认"我们把一切都搞砸了"。面对这种令人悲伤的情况，他们绝望地承认对下一步该做什么几乎没有任何线索。第二次世界大战后，工业乐观主义和对大企业盲目信任的丧钟被敲响了。

1979 年，美国国家广播公司（NBC）为拍摄一个纪录片到处寻找主题。这个节目的基本想法是要讨论美国企业的日渐衰落。执行制片人开始拟定的题目是"面对美国日益下滑的生产力，我们该怎么办"，后来又将题目改为"'优秀的老扬基人'的创造力怎么了"。这两个题目似乎都不能引起世界的注意。有人建议他，派人去拜访一位住在华盛顿特区的年长的纽约大学学者，这个人就是 W. 爱德华·戴明。在外人眼里，戴明是个回避奢华的学术怪人。从前他是个无人知晓的、默默无闻的统计员，但他很有说服力，给人留下了深刻的印象，在战后日本经济复苏中扮演了重要角色。1980 年 6 月 26 日，美国国家广播公司播出了这期以神秘会面开始的节目，该节目最后拟定的题目是："如果日本能，我们为什么不能"。节目寓意简单，十分明显。节目方说："第一次有人说，如果美国不提高生产率，我们的孩子将成为第一代不能期望自己比父辈生活得更好的美国人。"

戴明的电视节目播出几天后，两位哈佛商学院的教师在 1980 年 7～8 月期的《哈佛商业评论》上发表了题为"我们应对经济衰退的方式"的文章。这是一篇非常无情，但很有影响力的文章。他们写道："虽然美国管理者被认为有最新、最好的管理原则可作为指导，但他们越来越多地把注意力投向别处。这些复杂并具有普遍适用性的新规则，助长了以下偏好的产生：① 偏好客观分析，而不考虑来自代代相传经验的深刻见解；② 偏好削减短期成本，而不注意建立长期技术竞争力。我们感觉到，就是这些新的管理教义逐渐削弱了美国产业的活力。"他们认为，顾客导向是扭转似乎不可逆转局势的必要因素。他们认为，管理才是问题之所在。不要把责任推给好战的工会、外国的竞争，而要注意楼上董事长的会议室，他们宣布西方企业的战后美梦正在接近尾声。如此，人们不禁会问：下一步该怎么办？

一个答案就是接受戴明的建议，把目光投向东方，这是一种新的体验。是骄傲自大和迟钝，使美国忽视了日本的崛起。这种忽略确实让人震惊，其实媒体早就发现日本竞争者大量出现，并发出了信号。早在 1964 年，《财富》杂志就提到美国制造商已经被日本索尼公司灵活的竞争力弄得狼狈不堪，而当时索尼的销售额仅为 7 700 万美元。此外，从 1963 年起，索尼的创始人盛田昭夫已经把总部建在纽约，而不是东京。终于，当美国人开始将视线投向东方时，一本又一本的书开始研究日本成功背后的秘密。1981 年，威廉·大内的《Z 理论：美国企业界怎样迎接日本的挑战》率先对日本的雇用制度和管理实践大力推崇。紧随其后，理查德·帕斯卡尔（Richard Pascale）和安东尼·阿索斯（Anthony Athos）确认的日本管理的关键组成部分之一是愿景（vision），他们发现这是西方特别缺乏的东西。在《日本企业管理艺术》一书中，他们说这本书"不是攻击目前的管理工具，而是攻击限制了我们发挥有效性的西方管理远见"。

日本咨询顾问大前研一也参与了辩论。为了向期待中的西方听众揭示日本战略制定背后的真相，大前研一做了很多工作。他证明，归根到底日本以人为主。当时，西方的管理者开始感到好奇。大前研一探究并戳破了关于日本管理过分简单的西方神话。日本管理不只是公司歌曲和终身雇用制度，最引人注目的是日本的战略思考艺术。大前研一说，这是"根本上有创造力的，依靠直觉判断并且是理性的"。日本企业没有陷入无止境地分析或无意义地划分层级的泥沼中："大多数日本企业甚至没有一张说得过去的组织图"，大前研一告诉彼得斯和沃特曼："没有人知道本田是如何组织的,除了知道它大量采用项目小组和十分灵活外……革新通常发生在边缘领域中,需要多种学科的知识。因此,灵活的日本组织,特别是现在,已成为有价值的东西。"

日本的本田汽车公司美国分公司的例子很好地论证了大前研一的观点。20世纪80年代的日本本田汽车公司美国分公司只有高层管理者是来自日本的,其余职工(包括中级管理人员与普通工人)都是美国人,而这些美国人本来都是在三家美国较大的汽车制造企业中工作的,也即这家公司的职工队伍和美国汽车制造业同行的是一样的。可是,该公司的生产率和产品质量,都超过了美国同行。它成功的秘诀在哪里呢?美国《华尔街杂志》于1983年对该公司的经验做了如下报道:"本田公司美国分公司的做法是缩小工人和管理人员在地位上的差别,把工人当成群体的一分子。每个人,不论是工人还是管理人员,同样都在公司的餐厅就餐,公司也没有为高级职员专设的停车场。职工被称为'合伙人'。管理人员和工人一样穿着本田公司的白色制服而非西装革履。"㊀这就是说,本田公司美国分公司的成功,应归功于高层管理者"重视人、尊重人、团结和依靠广大职工群众"的管理思想和管理实践。而这一点,恰恰是其优秀的企业文化的精髓。可以说,本田公司美国分公司是依靠形成优秀的企业文化而取胜的。

20世纪80年代日本企业的成功实践,使得美国乃至全世界的企业管理人员开始了对企业文化的关注,并由此掀起了企业文化的实践热潮。而在这一片热潮中,一批优秀的企业在其优秀的企业文化的作用下获得了持久发展的动力,并在当今企业界中成为一颗颗耀眼的明星。比尔·盖茨缔造了微软公司注重管理创造性人才和创新精神的文化,他认为知识经济时代的核心工作就是创新,因此微软人始终作为开拓者,创造或进入一个潜在的大规模市场,然后不断改革一种成为市场标准的好产品。2009年7月,美国《财富》杂志公布的世界500强企业排行榜中,排名第三位的是世界最大的零售业公司沃尔玛,但在40多年前,《财富》首次评选500强时,沃尔玛还没有诞生。沃尔玛的成功,除了因为沃尔顿身上闪烁着杰出的企业家精神外,还要归功于该公司注重创新,善于合作,提倡创业者勤俭及全心全意为顾客服务的企业文化。美国3M公司一直以来有着对客户、员工、投资者和社会责任都高度重视的优秀企业文化,使其虽历经百年的沧桑但在今天仍然散发着时代的青春气息,它以为员工提供创新的环境而著称,名列美国《财富》杂志500强大企业和"全美最受尊崇企业"的前列。吉姆C.柯林斯和杰里I.波勒斯曾在《基业长青》一书中这样写道:"如果拿生命做赌注,赌我们研究的哪一家公司会在今后的50～100年继续成功和适应,我们会把赌注下在3M上。"

2.3.2 企业文化实践在中国的演进

在西方企业日益重视企业文化在生产经营中的作用的同时,企业文化的相关实践在中国也在不断演进。这种演进可以按照发展时期划分为三个阶段,每个阶段的特点都不尽相同。

1. 改革开放前:企业文化与国家精神文明建设相结合

20世纪五六十年代,我国有一批国有企业在发展的过程中逐渐形成了优良的企业传统、

㊀ 舒斯特. A战略:人与效益的关系[M]. 上海:上海科学技术出版社,1989.

企业风气和企业精神。它们在经营管理模式和思想政治工作方面形成了自身的特色，比如大庆油田的"铁人精神"、鞍钢的"鞍钢宪法"、江南造船厂的"江南精神"等。企业文化的理念和思想传入中国之后，一些企业的领导者意识到其重要性，将其与自身经验相结合，以探讨企业精神、企业文化为契机，对原有的经营管理模式和思想政治工作加以反思。比如，时任第二汽车制造厂厂长的陈清泰，就以此为契机，提出"二汽的企业文化，应是我们待人处世所遵循的原则，是二汽家庭中的职工之间、二汽与社会交往的价值观。它代表了我们的信念、精神、行为准则，是我们制定政策的基础"。二汽集团成立了企业文化研讨会，并创办了《企业文化》杂志。二汽党政领导密切配合，把企业管理工作与思想政治工作有机地结合起来，通过总结和弘扬以"视今天为落后"为核心的二汽哲学，以系统观、发展观、动力观、创造观为基本结构的"二汽文化"，有力地推动了二汽集团的物质文明与精神文明建设的迅速发展。

2. 20 世纪八九十年代：随着商品经济观念的确立，企业文化实践初尝成功

伴随着改革开放的进程，商品经济观念逐步树立。在这个时期，乡镇企业逐步登上了历史舞台。到了 20 世纪 80 年代中后期，乡镇企业已经成为中国经济发展中不可忽视的一支新生力量。就是在这个时候，一家乡镇企业的实践标志着中国的企业文化实践进入了一个新的阶段。1988 年，广东一家生产"万事达"保健口服液的乡镇企业为了打开销路，决定进行总体的 CI 策划，将品牌改为"太阳神"，启用新的企业标志，并实施统一的 CI 活动。"在太阳升起的地方，我们的生活充满希望"的广告词和鲜明的企业视觉图案吸引了全国消费者，使它的产值在几年间由 4 000 多万元跃升到 13 亿元。1994 年，海尔的张瑞敏首次提出了"日清日高"这个管理名词："日清"指完成当日目标，但日清之后还有更高的目标，这就是"日高"。它的内涵是要求每一个工人和管理者学会管理自己的时间与目标。这个名词经过发展，成为日后《海尔企业文化手册》中的"OEC（overall every control and clear）管理法"，意为全方位地对每天、每人、每事进行清理控制。在人才管理上，张瑞敏提出"人人是人才，赛马不相马"。正是在这种不懈的努力下，海尔成为当时国内管理水平最高的制造工厂之一。从 20 世纪 80 年代的 CIS 热到 90 年代的大批实践活动，企业文化在这一阶段开始蓬勃发展。

3. 21 世纪：企业文化实践成为企业提升核心竞争力的自觉行为

从外界"狼性文化"的标签到《华为基本法》，华为公司这一全球领先的网络及通信设备供应商的企业文化建设始终是业界关注的焦点。华为公司始终重视人才的吸引、培养和发展，建立了一整套完善的机制，从企业文化、技术技能等多个方面向员工灌输公司的战略思想。20 世纪 90 年代，华为盛行的"床垫文化"正是其企业文化的真实写照。员工为了高绩效完成任务，不得不牺牲自己的休息时间。这种拼搏精神将华为带入了高速发展的轨道，但同时也带来了一系列问题。2006 年 5 月，华为青年工程师胡新宇由于长期过度劳累引发脑炎死亡。类似的员工疲劳带来的精神压力过大、亚健康状况在华为内部屡见不鲜。因此，公司制定了加班登记、不准在公司过夜等新政策，保障员工的身体健康，重视高绩效下的人文关怀。华为公司企业文化的变化也反映了企业文化在 21 世纪更加注重人的因素，注重企业人才的自主意识，注重企业与人的融合，甚至与生态环境的融合。企业文化不再局限于简单的形式化传播，而是更加注重员工的互动和参与。企业文化在增加企业凝聚力的基础上，成为表达企业个性，帮助品牌建设，融合国际化管理思想的渠道。"协作竞争、结盟取胜、双赢模式"是麦肯锡咨询公司提出的21世纪企业发展的战略。这在国际化大行其道的今天显得尤为重要。在跨国公司、跨国并购等新经济形式中，跨文化管理成为企业文化将要面临的全新课题。

2.3.3 企业文化实践的发展趋势

当今企业界越来越认识到企业文化在经营实践中对企业发展的重要作用，这样的认识促使企业文化在当今时代得到进一步发展，并呈现以下发展趋势。

1. 企业文化需要适应"结盟、融合、共赢"新战略发展的要求

"协作竞争、结盟取胜、双赢模式"是美国著名的麦肯锡咨询公司提出的21世纪企业发展的新战略。这是一种适应新经济需要的网络型战略。自20世纪80年代以来，这种战略从形式到内容，都发生了巨大的变化，结盟、兼并、接管的事例层出不穷。这是经济发展及经济全球化的必然结果，也给企业文化发展提出了新的要求，即企业重组后企业文化怎样融合的问题。因为在企业联合、兼并的过程中，不能只从经济和财力方面考虑问题，更重要的是要注重文化方面的差异。一般来说，各个企业都有各自的文化特征，创业历史、发展目标、经营理念、所处环境、队伍素质等各有不同，所形成的企业文化也必然各具特色、互有差异。如果没有企业文化的融合，就会出现"貌合神离，形连心不连"的现象。所以，只有做到取长补短、扬优避劣、达成共识，形成"结盟取胜、双赢模式"型的企业文化，企业才更具生命力、凝聚力和竞争力。

| 实践链接 2-3 |

新文化与新战略

改变战略而对企业文化未加以改造，仅在原有基础上开发新事业、新产品，大部分企业变革都会失败。早年松下电器开发新产品，当时人们认为松下电器的新产品开发方案虽然出台得很迟，不过据说松下具有立刻提高市场占有率的能力，所以不需要担心。但是到了1986年，松下影印机市场占有率只有2.9%，文字处理机为3.5%，个人电脑在1%以下，半导体也只有8.7%。松下电器内部管理层对此现象的分析是，对OA及其必要软件开发的重要性认识不够，各事业部自主估算的意识强烈，辅助系统产品的文化薄弱，VLS等上游部门对其他事业部协助的意愿低落等因素导致市场占有率不高。今天回过头来看松下电器最近10年的表现，可以找到背后的原因。这是现有企业文化对新事业成功造成阻碍的一个例子。以往的战略会限制企业文化的变化，但是企业也需要认真对待原有企业文化对新战略的限制，假设战略上已做出改变，在内部改造文化就显得非常重要。

资料来源：陈春花. 企业文化塑造 [M]. 北京：机械工业出版社，2016：50-51.

企业文化在企业的制度、各个管理环节、员工的行为等方面都打上了深深的烙印。在管理实践中，我们既要重视企业文化推动企业事业发展的力量，也要注意原有文化对新变化的限制。因此，企业文化实践的研究是一个历久常新的领域。

2. 注意学习氛围的培养

20世纪末最成功的组织是学习型组织，它不仅仅被视为是业绩最佳、竞争力最强、生命力最强和最具活力的组织，更重要的是它能使人们在学习的过程中，逐渐在心灵上获得潜移默化的升华。随着知识经济时代的到来，企业组织形式向扁平式的灵活方向发展，企业管理的核心在于发挥人的主观能动性，实现从线性思维到系统思维和创造性思维的转变，这也对个人及企业的知识水平提出了更高的要求。彼得·圣吉在《第五项修炼》中强调："系统思维和创造性思维根源于知识及知识的灵活运用和潜能与智慧的开发。"可见，学习对组织的持续发展至关重要，新经济环境下最成功的组织仍是学习型组织，学习型组织在企业文化建设中将进一步受到关注。面对20世纪中叶以来计算机业务巨大的发展机遇，IBM 成功的关键就在于：在机遇到来之前，IBM 就通过组织成员的持续学习积累了大量的人才，在整个组织中培养起了学习的氛围。

3. 与生态文化有机地结合

生态文化是一种新型的管理理论，包括生态环境、生态伦理和生态道德，是人对解决人与自然关系问题的思想观点和心理的总和。生态文化属于生态科学，主要研究人与自然的关系，体现的是生态精神。而企业文化则属于管理科学，主要研究人与人的关系，体现的是人文精神，但是本质上二者都属于一种发展观，都强调科学精神、观念形态和心理，都以文化为引导手段，以持续发展为目标。企业文化只有与生态文化有机结合，才能够减少生产过程中的环境污染，实现生态化的可持续发展。

4. 将更注重树立良好的企业形象

良好的知名度与美誉度是企业一笔巨大的无形资产。万物互联，人类社会在方方面面是高度融合的，企业不能再只是"在商言商"，而是这个社会中一个具有关键性影响的单元，企业必须要正视自己对国家、社会、行业等方面的影响与责任。只有回到这个逻辑，企业才能实现可持续发展，才能创造更大的价值。梁启超曾说道："这个社会尊重那些为它尽到责任的人。"从这个角度讲，企业向善的文化和责任感与其商业机遇成正比。这样的例子在我们的管理实践中比比皆是。比如，谷歌给所有公益组织提供公益的使用服务；腾讯使用人工智能（AI）技术寻人；新希望六和提出"为耕者谋利，为食者造福"的组织使命；一汽丰田等车企对于儿童安全座椅十分关注；等等。

5. 更注重企业精神与企业价值观的人格化

价值观是企业文化的核心。企业要努力培育"生死与共"的价值观，使企业全体员工增强主人翁意识，与企业同呼吸、同成长、同发展、共生死，做到企业精神与企业价值观的人格化，实现"人企合一"。海尔的文化建设是中国企业文化建设的典范。海尔集团极具远见，公司对职工的挑战性工作给予不断的鼓励，使他们保持对工作的新鲜度，无形中使其增强了责任感。

随着千禧一代（指1980～1995年出生的人）在职场中发挥越来越重要的作用，企业文化的激励效果正面临挑战。因为手中握有"随时在线"设备的人们不区分时间和时区扁平化，他们形成的个人网络变得全球化和时空交错。在工作场所和家庭住址的电话号码、邮件地址没有变化的情况下，人们对工作和个人生活产生了截然不同的态度。传统的合同雇用与零工经济有很大不同。千禧一代更加向往自由、灵活、充满工作热情的文化。

6. 科技向善的企业精神

数字化技术加速企业转型，员工有较强的自主意识和自我管理意识，因此，数字化时代的企业文化不是片面要员工去适应公司的文化，而是公司如何融入个体的多样性，包容个体的个性发展，激活个体的创造力和激情，不断建设和创新组织与个体的伙伴关系文化。例如，IBM"成就客户，创新为要，诚信负责"的核心价值观并不是由公司 CEO 或者董事会制定的，而是全球 32 万 IBM 员工共同参与网上讨论，上万种不同观点相互碰撞融合而成的智慧成果。整个公司也在开诚布公的交流中发现了很多急需解决的问题并将其进一步予以讨论和解决，此举让 IBM 完成了从硬件设计和制造公司向技术服务公司转型。○

从企业使命看，科技企业在强调技术为企业带来竞争力的基础上，更加强调科技向善的精神，增强企业的社会责任感。在过去半个世纪里，科技企业的进取精神是人类文明快速进步的核心动力，而在未来相当长的时间里，科技企业的向善文化和自省精神，将成为人类文明健康发展的重要保障。2019 年 11 月 11 日，腾讯在成立 21 周年之际正式公布了全新的使命与愿景："用户为本，科技向善"。"向善"正在成为全球科技企业乃至整个现代商业文明的大势所趋。从全球范围看，越来越多重量级的科技企业发出类似的声音。这是因为，在数字时代，人们的生活状态已经完全被颠覆，企业也已不仅仅承担提供产品或服务的职能。事实上，我们的社会和生活都是建构在科技公司所提供的基础架构之上。比如，QQ、微信、微博等社交媒体已深刻改变了人类社会的沟通方式，并对文化产生了引导作用。

2.4 企业文化理论的产生与发展

在过去的 30 多年里，企业文化不仅在实践层面，还在理论层面得到了长足的发展。

2.4.1 企业文化理论的产生

20 世纪 70 年代，越南战争的失利、石油危机的出现以及经济上的颓势，使得美国社会的自信遭受重创。特别是后两个方面，1974 年的石油危机带给西方发达工业国家的不仅是严重的通货膨胀，更对其经济造成了猛烈冲击；1973 年，美国生产率的增长率达到 4%，但此后从 1973～1979 年每年差不多下降 1.5%。现实很明显，美国的企业在日渐衰落。而在第二次世界大战中战败的日本，曾经是一片废墟，却经过 30 年的发展，一跃成为仅次于美国的经济大国。在这场危机中，日本不同于其他发达国家，不但保持着较低的通货膨胀率，而且利用这场危机带来的机会，积极进行海外扩张。在美、日企业竞争的较量中，美国明显落于下风：美国企业在诸如汽车业这样的传统优势产业中，被日本企业打得抬不起头来，美国的标志性建筑也被日本人收购……这让现代管理学的发源地——美国，受到很大的触动。这一系列事件成为企业文化理论创建的"导火索"。

当时的美国管理学者和实践家，尝试从不同角度进行积极的探索，试图解开日本企业

○ 谢芪. 互联网时代的企业文化建设转型 [EB/OL]. (2014-08-25) [2021-11-20]. http://www.360doc.com/content/14/0825/17/15477063_404545869.shtml.

成功背后的秘密，从而找出能够让美国企业重振雄风的方法。其中，一部分研究者选择了对比两国的企业管理模式乃至其背后的民族文化的差异。日本的民族精神，在所有的活动当中有着非常鲜明的体现，日本的发展是民族精神与西方理性、科技相结合的成果。而西方有精神、科技，也有理性，但是它们结合的模式不同。日本经济奇迹的发生，引起了西方的关注。最终，被美国管理学界主流所接受的是，以在1981～1982年美国企业管理理论界接连出版的四本畅销书——美国斯坦福大学教授帕斯卡尔和美国哈佛大学教授阿索斯合著的《日本的管理艺术》（1981）、美国著名美日比较管理学者威廉·大内的《Z理论：美国企业界怎样迎接日本的挑战》（1981）、美国著名的麦肯锡管理咨询公司顾问艾伦·肯尼迪和特伦斯·迪尔合著的《企业文化：企业生活中的礼仪与仪式》（1982）、美国企业管理咨询顾问托马斯·彼得斯（Thomas Peters）和小罗伯特·沃特曼（Robert Waterman, Jr.）合著的《追求卓越》（1982）为代表的企业文化学说。由此，20世纪80年代风靡全球的"企业文化"浪潮被掀起，而这四本著作则被称为企业文化浪潮的"四重奏"。"四重奏"主要是基于浅层经验得出的框架，难以称得上系统，其在更大意义上是作为一种学说、一种管理思想的热潮被人们所热捧，特别是缺乏企业理论和文化理论等基础理论的深层支持，因而在理论上还远未形成真正的体系。但是，它们旗帜鲜明地提出的企业文化思想和管理模式，以及其对管理实践与理论所产生的巨大冲击，足以成为企业文化理论创建的时代标志。自此之后，企业文化作为一个专有名词开始出现在管理研究中，成为很多学者关注甚至热衷的一个学术领域。

2.4.2　企业文化理论的发展起步期

企业文化"四重奏"拉开了企业文化理论创建的序幕，随后的几年是进一步夯实理论基础的时期，也是孕育新的发展方向的时期。在这一时期，沙因、罗伯特·奎恩（Robert E. Quinn）等人贡献的研究成果，具有较大的学术影响力。

在这个阶段，沙因为企业文化研究的理论化做出了基础性的贡献。20世纪80年代中期，人们已经有所觉察，文化不只是一个可用以解释许多组织现象的概念，也可以为领导所用，以提升组织的效能。但也有学者担心，一旦管理者发现文化操控起来并不容易，就可能会引发企业文化热潮的消退。沙因敏锐地觉察到了这种情势，针对性地发表了他的研究成果。他在1984年发表了《重新认识组织文化》的文章，该文章从学习和群体动力学理论出发构造了组织文化的正式定义。1985年，他出版了《组织文化与领导》一书，系统阐释了组织文化的概念和内涵，以及描述了它与领导的关系。他指出企业文化是在企业成员相互作用的过程中形成的，为大多数成员所认同，并用来教育新成员的一套价值体系。他在这一时期，还提出了关于企业文化的发展、功能和变化以及构建企业文化的基本理论。

1983年，奎恩等在约翰·坎贝尔（John Campell）等人关于组织有效性研究的基础上，进行聚类分析，提出了分析组织有效性的框架——对立价值框架。同时，奎恩提出对立价值理论模型，用以分析组织内部冲突和竞争紧张性。同年，该模型被奎恩和金·卡梅隆（Kim S. Cameron）扩展到对组织文化的测量，以探查组织文化的深层结构和与组织的价值、领导、决策、组织发展策略有关的基本假设。对立价值理论模型为后来组织文化的测量、评估和诊断提供了重要的理论基础。

20世纪80年代中后期,虽然公开发表的重量级研究成果并不多见,但是这一时期的理论基础得到了巩固深化,理论储备和发展孕育的使命得以较好地完成,很多研究都已经在进行之中,为90年代的发展格局奠定了坚实的基础。

2.4.3 企业文化理论的发展分化期

经过20世纪80年代的成果积淀,进入90年代,企业文化研究得以在更坚实的基础理论平台上向纵深发展,并逐渐形成多个热点的研究方向。

在理论研究方面,研究者进一步深化相关的基础理论研究。1992年,沙因推出了《组织文化与领导(第2版)》。他结合过去六年多的研究和咨询经验,进一步强化对文化内容与结构的解读,告诫领导者该如何认识并发展组织文化,同时研究了组织中的亚文化等。1993年,哈奇(M. J. Hatch)在沙因的三层次文化模式的基础上,提出了组织文化的动态模式,以动态的视角丰富着人们对企业文化结构的认识。在欧洲,霍夫斯泰德从组织文化的层次结构入手,提出了多维度组织文化模型。

在这一时期,企业文化的理论研究从对企业文化的概念和结构的探讨,发展到对企业文化与管理过程中相关要素关系及其作用机制的研究。本杰明·施耐德(Benjamin Schneider)在《组织气氛与文化》中,提出了关于社会文化、组织文化、组织气氛与管理过程、员工的工作态度、工作行为和组织效益几者之间关系的模型,阐释了组织文化是怎样最终影响组织生产效益的。相关学者对企业文化与人力资源管理(Authur K. O. Yeung, 1991)、企业文化与企业环境(Myles A. Hassell, 1998)、企业文化与企业创新(Oden Birgitta, 1997)等主题也展开了相应的研究。

这一时期,研究者还对企业文化与企业经营绩效的关系给出了实证观点,有力地回击了当时对企业文化的质疑之声。科特和赫斯克特在1987~1991年,对美国22个行业72家公司的企业文化和经营状况进行了多项研究。1992年,他们根据系列研究成果,出版了《企业文化与经营业绩》一书,指出企业文化对企业的长期经营业绩有着重大的影响,企业文化在下一个十年中可能成为决定企业兴衰的关键因素。他们的研究成果成为奠基石,坚定了企业文化理论和实践发展的信心,在此基础上,企业文化研究作为一大领域得以拓展。此后,一些学者开始了对企业文化与组织绩效关系的研究。

这一时期出现了大量的企业文化测量领域的研究成果,企业文化测评领域也因此逐渐成为企业文化研究中的热点领域。1990年,霍夫斯泰德等在前期研究的基础上,提出了组织文化测量模型,并指出不同组织间的文化差异主要通过实践层面的六个维度来反映,即过程导向—结果导向、人际导向—工作导向、本地化—职业化、开放系统—封闭系统、松散控制—严密控制和重规范—重实效。1991年,奥赖利(O'Reilly)和查特曼(Chatman)等从个人与组织契合度模型出发,使用Q-sort方法来研究个人与组织的契合度,构建了测量组织价值观的OCP量表。在他们看来,组织文化测量应该兼顾组织文化的特性与组织成员对组织文化的偏好程度。在这个时期,奎恩等开发的对立价值框架引起了许多学者的兴趣,相关的研究持续进行。学者在对立价值模型(CVM)基础上又衍生出文化契合性模型(1991)、组织文化类型模型(1993)、组织有效性的竞争价值模型(2000)等研究成果。在此基础上,相应的量表被开发出来。卡梅隆和奎恩构建的组织文化评价量表(OCAI),就是在对立价值模型基础上开发出的直观、便捷的组织文化测量工具，后被广泛应用。丹尼尔·丹尼森（Daniel R. Denison）的组织文化测量模型，也是基于对立价值框架开发出来的代表性成果，在此基础上，他进一步开发出了组织文化量表（OCQ）。这些成果的公布引起了研究者的浓厚兴趣，他们围绕着这些模型或量表，对其信度和效度进行了深入的研究，使得这些模型和量表得以持续改善。同时，在这个过程中也增强了人们对文化测评领域的进一步关注。

进入20世纪90年代，企业文化理论与实践的结合密切起来，同时基础理论领域中大批研究成果的涌现也为此提供了支持，这使得面向实践的企业文化应用研究领域得以蓬勃发展。在企业文化类型研究和测量研究充分发展的同时，一系列成果也被应用到企业文化评估诊断领域，促进了该领域的发展。这一时期，在科特和赫斯克特的《企业文化与经营业绩》、罗杰·哈里森（Roger Harrison）和赫布·斯托克斯（Herb Stokes）的《诊断企业文化——量表和训练者手册》、迪尔和肯尼迪的《新企业文化》、卡梅隆和奎恩的《组织文化诊断与变革》等著作中，都有相关内容为评估和诊断企业文化提供了研究成果。沙因尤为重视对实践的指导，他对实践中出现的不良倾向和理论带来的误导给予了特别的回应。他举办了相关的讲座，并在1999年出版了《企业文化生存指南》。他特别指出，实践中的管理者应严肃地而不是肤浅地考察组织中的文化，"许多学者和咨询师鼓吹的文化概念和理论基于一些能够产生数字和轮廓的问卷……起作用的文化力量不可能仅凭简单的测量就能被挖掘出来，它们也不能简单地被纳入某种类型，因为它们是反映了组织特定历史的独一无二的形式"。在这样的前提下，他提出了一系列处理组织中常见文化问题的对策。

回顾这段发展时期，可以发现企业文化理论在基本完成了企业文化的概念、结构等基础理论方面的探讨之后，便马上转入对企业文化的作用机制，以及企业文化与企业领导、组织气氛、人力资源、企业环境、企业策略等企业管理过程及要素关系的研究中。企业文化与组织绩效的实证研究，则进一步回应了来自各界的质疑之声，同时也巩固了这一领域的学术地位。企业文化测量研究的蓬勃发展，则将企业文化理论研究推上了一个新的高度，使其在规范研究占主流地位的管理学科群中得到进一步的认可，同时，也为企业文化应用研究提供了理论和工具上的准备。自此，企业文化理论研究呈现出深入发展、多领域并进的格局。

2.4.4　企业文化理论在中国的发展

企业文化理论在中国的发展可以按照时间纬度划分为三个阶段。

1. 20世纪80年代到90年代初：企业文化理论的引进

随着企业文化被引入中国，一些学者开始注意到企业文化的话题。1986年前后，与企业文化相关的研究文章开始出现在主流的管理类期刊中。在这个时期，理论上的发展基本上是以翻译企业文化著作为主，特别是被誉为企业文化"四重奏"的四本书籍，对于企业文化理论研究在中国的起步影响尤为深远。在这个时期，也有学者翻译过由艾伦·威尔金斯和威廉·大内写的《组织文化》一文，述及组织文化的理论基础、组织传统和方法等，但引起的反响较小。还有对企业文化管理思想的探讨，比如《走向管理的新大陆》⊖《科学与人性：当代

⊖ 黎红雷. 走向管理的新大陆 [M]. 广州：广东高等教育出版社，1989.

中国企业文化的两难选择》[1]等；也有跨文化视角的研究，比如《中日美三国企业管理差异的社会文化渊源》[2]，等等。相对而言，这个时期的研究成果较少，尚处在对企业文化思想的认识和理解的阶段。

2. 20世纪90年代到21世纪初：探讨有中国特色的企业文化建设

20世纪90年代，伴随着对企业文化认识的深入，我国企业文化类的教材开始出现，探讨建设有中国特色的企业文化建设的著作也相继问世。这一时期，相关的论著不但对企业文化的渊源、特征、功能及构成等基本理论知识加以总结，对中国企业文化的民族特色、制度特色、建设模式和建设机制等加以探讨，对企业文化与思想政治工作这样有本国特色的要素之间的关系进行剖析。总的说来，这个时期的企业文化著作以普及企业文化知识，总结中国企业文化建设经验为主。进入90年代中后期，研究的视角有所扩展，对合资企业的跨文化管理问题、行业文化问题、国家间企业文化的比较问题等加以关注。这个时期，企业文化研究还停留在相对粗浅的阶段，这些研究多是以介绍和探讨企业文化的意义及企业文化与社会文化、企业创新等的辩证关系为主，真正有理论根据的定性研究和规范的实证研究为数甚少。[3]当然，也有一些学者尝试着开展了实证研究。比如，占德干、张炳林借鉴我国香港学者开发的价值倾向量表，进行了关于中国企业文化构建的一项实证性研究。[4]这项研究对中国企业文化的本质特征加以说明，同时，还指出虽然研究中所有控制变量与企业文化实践都不存在直接的因果关系，但是这些控制变量的综合作用对企业文化实践产生了很大的影响。

伴随着国内外学术交流的增多，进入20世纪90年代末期，企业文化理论研究开始呈现出新的特点，为后来理论研究的快速发展打下了基础。1998年，王重明等引进了我国台湾学者企业文化方面的研究成果，不但将我国港台学者与霍夫斯泰德一脉相承的定量研究范式引入进来，而且也丰富了中国企业文化研究的心理学视角。1999年，陈春花采用沙因的"整体阐释性"研究方法和分析框架来解释企业文化，并于2001年将其对两家公司的研究成果公开发表。2001年前后，赵琼对比国际企业文化理论的发展，对中国企业文化理论与实践的发展进行总结和反思。这一阶段基本完成了引进国际视角和反思国内发展的任务，为后期研究向多角度和纵深发展拉开了序幕。

3. 21世纪初至2010年：国内研究与国外发展进程接轨

进入新世纪，企业文化理论研究的发展可以用"突飞猛进"来形容，尤其是2003年之后，更呈现出加速发展的态势。首先，一批国际上主要流派的代表性研究著作被引入国内，有一些还被翻译成中文版本，既夯实了基础理论的深度，又提供了更为开阔的研究视角。其次，企业文化论著和研究文章的数量出现爆炸式的几何级数增长，质量方面也有明显的提升，出现了一批高水平的研究成果。最后，企业文化理论研究在视角选择的多样化、涉猎主题的丰富性、研究方法的规范程度等方面，都有了质的飞跃。国际上企业文化主要的研究流派，

---

[1] 黎红雷. 科学与人性：当代中国企业文化的两难选择 [J]. 管理世界，1989（6）：162-169.
[2] 林娜. 中日美三国企业管理差异的社会文化渊源 [J]. 管理世界，1986（6）：105.
[3] 赵琼. 对中国企业文化发展的反思 [J]. 广东社会科学，2001（3）：110.
[4] 占德干，张炳林. 企业文化构建的实证性研究：对四个不同类型企业的调查与分析 [J]. 管理世界，1996（5）：204-210.

无论是早先引入中国的霍夫斯泰德、沙因，还是后来的查特曼、奎恩、卡梅隆和丹尼森等，在国内都能找到与其一脉相承的研究成果。可以说，国内的企业文化研究与国际发展进程已基本接轨。

21世纪，在我国的企业文化理论研究中，企业文化被定义为企业在较长的经营活动中产生的、影响力较为广泛的、独特的管理现象和管理思想。企业文化被认为是一种管理学范畴的概念，是一种企业人格的体现，在某种程度上反映了整个社会的文化。企业的核心竞争力并非源于外部，而是取决于企业文化。企业文化背后所代表的企业精神和企业价值观指导企业的日常经营活动，决定企业的发展方向。企业在文化的构建方面，应建立学习型组织，注重以人为本，重视员工的心理健康，同时，还应当在融合国外优秀企业文化思想，结合我国社会实际之外，更加注重创新。

陈春花在《从理念到行为习惯：企业文化管理》一书中，对我国的企业文化管理有着这样的总结：在现阶段，人们普遍认识到了企业文化的重要性，但对于其内涵、来源、作用机制等基本问题的认识仍然存在偏差。企业文化常常被混淆为老板文化，或一种空泛的理念和口号。要通过企业文化的建设提升企业的核心竞争力，就必须将其中包含的企业价值观和宗旨转变成共同的行为模式，而非仅仅停留在理念层面。只有将观念落实到行为，最终变成企业员工的行为习惯，才能够使企业文化发挥其应有的作用，获得长久的发展。

4. 2010年至今：不确定的环境和技术变革带来共生组织文化

过去10年，技术和环境的变化，特别是新冠疫情带来的突变，让企业难以用传统的、竞争的、只关注自身利益的方式生存。数字化技术是硬件、数据、算法等基础上实现的一系列"联动效应"，它带来场景的联通，重新定义上下游的关系；它带来数据的贯通，把不同行业、不同产业连接起来，让以前毫无联系的企业产生共振；它带来价值互通，产生了非常多新的服务和新的价值空间。

面对这一系列变化，陈春花提出协同共生论：协同共生是数字化时代企业基本的生存方式，即整个价值创造不仅包括来自企业的价值，还包括来自客户的价值以及共生伙伴的价值。价值体系的创新正在各个层面展开。在战略上，从竞争逻辑转向共生逻辑；在组织价值重构上，从传统的组织形式转向共生型的组织形式。腾讯通过企业微信把人与服务通过数据打穿，让原材料或零部件供应商、行业合作伙伴、科研机构、政府和公共机构、客户与消费者等所有的客户能够共享技术框架，建立信任系统，而且完成数据的分享；微软进行智能革命和数字的技术赋能；华为要求自己能够实现推动全连接的概念，让智能走进千家万户，帮助社会个体走进智能和数据化的时代。

| 实践链接 2-4 |

小米的"竹林生态"共生效应

小米用很短的时间迈入世界500强之列，原因在于它用了一个叫作"竹林生态"的共生效应。小米以手机为主业务，与手机周边企业（手机支架、蓝牙音箱、移动电源、耳机、小米手环）、智能硬件企业（包括电饭锅、净水器、智能摄像头、空气净化器、平衡车、机器人、VR眼镜等）乃至生活方式相关的企业（如旅行箱、枕头、背包、运动鞋、床垫、毛巾、电动牙刷等）形成共生企业。所有这些业务，实际上会围绕顾客价值形成一个庞大的顾客价值集群。在这个集群之上，小米把所有提供给手机用户的一些共同解决方案形成一个共生项目。其共生效益使得小米能够从手机本身转向智能硬件，最后转向生活方式，这些都是顾客所需要的。

雷军在《小米生态链战地笔记》的序中说：“我们用'实业+金融'双轮驱动的方式，避免小米成为一家大公司。如果我们自己搞77个部门去生产不同的产品，会累死人，效率也会低下。我们把创业者变成老板，小米是一支舰队，生态链上每一家公司都在高效运转。"

资料来源：陈春花. 陈春花最新演讲：2021，商业场景骤变下的企业组织价值重构[EB/OL].（2021-03-29）[2021-11-20］. https://mp.weixin.qq.com/s/DhHBF7HhH8RS47pxB1T8xw.

文化点睛 在商业骤变环境下，企业的价值重构必须回到协同共生当中来，由此去重新界定企业与顾客之间、企业与企业之间、企业与员工之间、管理者与员工之间的关系。联动效应、协同共生是数字化时代企业的基本生存方式。

本章小结

在古今中外不同的学科领域提起文化的概念，可谓众说纷纭。企业文化属于文化的一个层次，其概念自20世纪80年代被提出以来，也是有众多不同的界定。本书认为企业文化是指企业在实践中创建和发展的用以解决企业外部适应和内部整合问题的一套共同价值观、与价值观一致的行为方式，和由这些行为所产生的结果与表现形态。该定义体现了企业文化的系统性、共识性、功能性和根生性的特征。了解不同学者对企业文化的界定，有助于我们了解企业文化研究和实践发展的背景。与此同时，了解企业文化研究和实践发展的过程，也有助于我们加深对企业文化内涵的理解。

企业文化的兴起，有着其深刻的历史背景。自20世纪以来，西方现代化进程不断加快，伴随着社会道德、理性、信仰面临着挑战和困难，带来了社会大变革中的各种矛盾，构成了企业文化兴起的基本社会背景和生成动力。技术日新月异，管理实践不断出现新的问题，促使人们反思科学管理的局限性，并认识到组织文化在管理过程中的重要性。20世纪80年代，日本企业的成功实践，使得美国乃至全世界的企业管理人员开始了对企业文化的关注，并由此掀起了企业文化的实践热潮。与此同时，企业文化在中国也不断发展，并在每一阶段呈现不同的发展特点。从日、美企业的比较开始，有关企业文化的管理理论得到蓬勃发展，并且从对企业文化概念和结构的界定逐渐扩散到多个相关领域，与管理实践紧密结合。

在数字化转型时期，企业文化应更加关注员工自主管理能力的激发，并强调科技向善的社会责任感。在万物互联的数字化时代，企业应打破组织边界，从竞争逻辑转向共生逻辑。协同共生是数字化时代企业基本的生存方式。

复习思考题

1. 阅读相关书籍，以一家日本企业为例子，论述其企业文化的形成、实践与变化。
2. 阅读相关文献，总结并提出目前企业文化研究领域中的最新理论热点，与以往的理论进行对比与阐述。
3. 查找一下你欣赏的企业的企业文化，思考中国企业在成长壮大过程中，企业文化如何形成和演变。

案例分析

老干妈的创业故事

2020年6月30日,一则"腾讯状告老干妈拖欠千万广告费"的消息,占据了各大平台的头条。戏剧性地,7月1日傍晚,腾讯微博回应:一言难尽!欢迎广大网友提供线索,我们自掏腰包,准备好一千瓶老干妈作为奖励。"不偷税、不贷款、不上市、不打广告"的老干妈引起媒体的关注。

一、艰难的开始

老干妈创办人陶华碧出生在一个贫穷农家。20多岁时,她丈夫病逝,留下了几万元的债务和两个年幼的孩子。1989年,陶华碧在贵阳市街边开了"实惠饭店"。为了让凉面更好吃,她自制辣椒酱,免费送给大家吃。"老干妈"是顾客给她的昵称。一个周末,陶华碧到周边的店闲逛,意外地发现隔壁的店都在用她的免费辣椒酱。

1996年,下定决心的陶华碧雇了40个工人,开起了第一家工厂——"老干妈辣椒酱"。虽然手工捣麻椒、切辣椒时溅起的飞沫辣得人眼睛直流泪,但陶华碧身先士卒,10个手指的指甲因为搅拌麻辣酱全部钙化了。工人们看到她这样,也一个比一个拼命。大批的麻辣酱生产出来了,陶华碧背着辣酱走街串巷,到各个食品商店和单位食堂寄售,卖出去了再收钱,卖不出去就退货。一年后,"贵阳南明老干妈风味食品有限责任公司"正式挂牌,工人也扩大到200人。

陶华碧对所有员工像亲人一样,她觉得公司交通不便,就对所有员工包吃包住,即使发展到2 000多名员工依然如此;她可以叫出公司60%的员工的名字,还记住了许多员工的生日。每一名员工过生日,她都会送上礼物,外加一碗有两个荷包蛋的长寿面;每一名员工结婚,她都必定亲自到场。在公司里,没有人叫她董事长,所有人都喊她老干妈。公司的凝聚力,更是非同一般。短短3年半时间,公司就发展到1 200多名员工,产值近3亿元,缴税4 315万元。

二、"不借钱、不坑人、不偷税、不上市"

2001年,处在困境中的老干妈想要再建一处厂房,但当时公司的不少市场份额都被山寨品牌抢走了,资金大都压在原材料上,没钱扩建。有人建议陶华碧去找区政府帮忙。当地的区政府当即就协调了中国建设银行给陶华碧贷款。陶华碧带着会计来到了区委。当时区委大楼的电梯很旧,陶华碧出电梯时,衣服被电梯门挂到,摔在了地上。陶华碧扭头就和政府的工作人员说了句,"政府也很困难,电梯都这么烂了,我们不借了"。工作人员以为她在开玩笑,但陶华碧却很坚持,"我们是在给国家添麻烦,真不借了,我们回去了"。原来,她以为政府协调银行贷款,就是在和政府借钱。

同年,一家玻璃制品厂给老干妈提供了800件酱瓶,每件32瓶。可是,辣酱刚上市,就有客户反映有的瓶子封口不严,漏油。陶华碧知道后,要求相关部门迅速查处。有人建议把货追回重新封口,这样大家都没什么损失。但陶华碧却说不行,她马上派人到各地追回这批货,并当众销毁。她要让顾客以及所有老干妈的员工知道,老干妈不坑人,不骗人,是一家良心企业。

2012年,贵阳南明区税务部门把老干妈的税款少算了30万元。老干妈从第一纳税大户变成了第二。陶华碧不依不饶,当地的税务部门承诺后期会私下补上。陶华碧当即就拍了桌子,"我明明纳税第一,怎么给我弄到第二,30万元税款你们给我弄哪里去了"?在她心里,自己能做好的就是诚信纳税。她在意的不是名声和奖品,而是不拖欠国家一分钱。

随着老干妈越做越大,来找她上市的政府官员、投资人、投资机构一波接着一波。但陶华碧回复说:"上市、融资,这些鬼名堂就是欺骗人家的钱,有钱你就拿,把钱圈了,喊他来入股,到时候把钱吸走,我来还债,我才不干呢。你问我要钱,没得,要命一条。我只晓得炒辣椒酱,只干我会的。"

执掌老干妈20年,陶华碧不上市、不贷款、不打广告,靠着优质的产品和良心的价格,把老干妈的年营业收入从1998年的5 000万元做到了40亿元,纳税金额从300万元增加到5.1亿元。她以高数倍的价格,把老干妈卖到外国去。她说:"我是中国人,我不赚中国人的钱,我要把老干妈卖到外国去,赚外国人的钱!"

三、后"陶华碧时代"

2014年,陶华碧把自己手中最后1%的股权给了小儿子,彻底退出股东行列,老干妈进入"后陶华碧时代"。创二代改变了老干妈"不上市、不宣传、不融资"的传统作风,为老干妈的营销开启了年轻化、多元化道路。没想到,她刚退休,有关老干妈的差评就铺天盖地地来了。网上许多人开始质疑,老干妈变味了。

2015年,《商界》杂志前往老干妈所在地贵州采访,记者听得最多的一句话是:"老干妈现在不用贵州辣椒,用的全是河南辣椒,原因只有一个——河南辣椒便宜!"这些年劳动力成本在提升,市场竞争也越来越激烈,老干妈却坚持不涨价,那么只能降低成本。多年来,老干妈不打广告却卖到了全世界,靠的就是口口相传的口碑。但后来老干妈却开始打广告了。有网友一针见血地指出:"老干妈还是没明白过来,如果味道还是原来的味道,根本不需要打广告。"

2016年之后,老干妈的营收开始连年下跌。2019年,73岁的陶华碧再次出山。她把辣椒又换回了贵州的,从原材料到制作流程环环把关,把老干妈恢复到了以前的味道。这一年,老干妈的业绩不仅止跌,而且再创新高,成功突破50亿元,同比上涨14.43%。

"老干妈"本来只是一个小摊上调制的辣椒酱。但现如今,它成了营收破50亿元、纳税6.36亿元、间接带动800万人就业的大型企业。陶华碧教育儿子时,翻来覆去也就那两句话:"好生生做人,好生生经商""再多纳点税,要为国争光,要为国家多做贡献"。所谓的"国货""民族之光",其实就是这样。

资料来源:家国视野.别在腾讯的伤口上撒老干妈了![EB/OL].(2020-07-01)[2021-11-21].https://baijiahao.baidu.com/s?id=1671028224609252184&wfr=spider&for=pc.

讨论题

1. 陶华碧创业成功有哪些关键因素?
2. 后"陶华碧时代"是否应该传承陶华碧创业时留下来的精神?为什么?

参考文献

[1] KOONTZ H. The management theory jungle revisited[J]. Academy of Management Review,1980,5(2):175-187.

[2] HOFSTEDE G,NEUIJEN B,OHAYV D D,et al. Measuring organizational cultures:a qualitative and quantitative study across twenty cases[J]. Administrative Science Quarterly,1990(35):286-316.

[3] 卡斯特,罗森茨韦克.组织与管理:系统方法与权变方法:原书第4版[M].傅严,等译.北京:中国社会科学出版社,2000.

[4] 格里芬.后现代精神[M].王成兵,译.北京:中央编译出版社,1998.

[5] 张羿.后现代企业与管理革命[M].昆明:云南人民出版社,2004.

[6] 克雷纳.管理百年[M].邱琼,钟秀斌,陈遊芳,译.海口:海南出版社,2003.

[7] 杜拉克.21世纪的管理挑战[M].刘毓玲,译.北京:三联书店,2000.

[8] 德鲁克.公司的概念:珍藏版[M].慕凤丽,译.北京:机械工业出版社,2009.

[9] 韩巍.基于文化的企业及企业集团管理行为研究[M].北京:机械工

[10] 石伟. 组织文化[M]. 上海：复旦大学出版社，2005.

[11] 郑伯熏. 组织文化研究之回顾与前瞻[J]. 应用心理学研究（台湾），2003（20）：83-114.

[12] 韩巍. 基于文化的企业及企业集团管理行为研究[M]. 北京：机械工业出版社，2004.

[13] 张德，刘冀生. 中国企业文化：现在与未来[M]. 北京：中国商业出版社，1991.

[14] 赵泽林. 21世纪企业文化发展的六大趋势[J]. 中外企业文化，2001（9）.

[15] 雷恩. 管理思想的演变[M]. 李柱流，等译. 北京：中国社会科学出版社，1997.

[16] 王重鸣，等. 海峡两岸之企业文化[M]. 台北：远流出版公司，1998.

[17] 陈春花. 企业文化的改造与创新[J]. 北京大学学报：哲社版，1999（3）：52-57.

[18] 陈春花. 企业文化塑造[M]. 广东经济出版社，2001.

[19] 陈春花. 企业文化管理[M]. 广州：华南理工大学出版社，2007.

[20] 德鲁克. 管理：使命、责任、实务：责任篇[M]. 王永贵，译. 北京：机械工业出版社，2007.

[21] 成志明，张近东. 破解千亿级企业的管理难题[J]. 企业研究，2011（13）：35-44.

[22] 傅幼玲. 人文关怀与企业文化建设：以华为企业文化为例[J]. 商场现代化，2011（11）：54-55.

[23] 陈春花. 从理念到行为习惯：企业文化管理[M]. 北京：机械工业出版社，2011.

[24] 陆彤. 从中美文化差异看海底捞的"水土不服"[J]. 中国商贸，2015（3）：181-185.

[25] 段皎宇. 海底捞美国水土不服 只获2.5星差评[EB/OL].（2013-09-27）[2021-12-04]. http://finance.sina.com.cn/zl/international/20130927/091416868872.shtml.

[26] 刘琼. 海底捞：创新服务捞出"回头客"的利润[N]. 第一财经日报，2010-09-21.

[27] 王水嫩. 企业文化理论与实务[M]. 2版. 北京：北京大学出版社，2015：10-15.

[28] 王成荣. 企业文化学教程[M]. 2版. 北京：中国人民大学出版社，2009：26-27.

[29] 周勇. 商业创新案例[M]. 上海：立信会计出版社，2016：12-15.

[30] 迪尔，肯尼迪. 企业文化：企业生活中的礼仪与仪式[M]. 李原，孙健敏，译. 北京：中国人民大学出版社，2020：23-24.

[31] 科特，赫斯克特. 企业文化与绩效[M]. 王虹，译. 北京：中信出版集团，2019：4-5.

[32] 沙因 E H，沙因 P A. 组织文化与领导力：第五版[M]. 陈劲，贾筱，译. 北京：中国人民大学出版社，2020.

[33] 陈春花. 陈春花最新演讲：2021，商业场景骤变下的企业组织价值重构[EB/OL].（2021-03-29）[2021-11-20]. https://mp.weixin.qq.com/s/DhHBF7HhH8RS47pxB1T8xw.

[34] 陈春花. 共生，数字化时代的答案[EB/OL].（2020-12-11）[2021-10-11]. http://xh.xhby.net/pc/con/202012/11/content_862877.html.

第3章　企业文化理论精要

【学习目标】

- ☑ 了解相关学科对企业文化研究的基础性贡献与影响
- ☑ 了解企业文化的相关理念
- ☑ 掌握企业文化的要素构成
- ☑ 掌握企业文化的层次结构

引例　　　　　　　　　福耀集团的企业文化

福耀集团（全称福耀玻璃工业集团股份有限公司）是专注于汽车安全玻璃的大型跨国集团。自创立以来，福耀集团矢志为中国人做一片属于自己的高质量玻璃，当好汽车工业的配角，秉承"勤劳、朴实、学习、创新"的核心价值观，坚持走独立自主、应用研发、开放包容的战略路线。公司以智识引领发展，以创新为驱动，通过智能制造，为客户提供一片有"灵魂"的玻璃，其信息技术与生产自动化方面位居全球同行业前列。福耀集团多年蝉联《财富》中国500强、中国民营企业500强。董事长曹德旺先生于2016年荣获全球玻璃行业最高奖项——金凤凰奖，评委会称"曹德旺带领福耀集团改变了世界汽车玻璃行业的格局"。

福耀集团发展至今，在追求自我完善的同时，有一种与生俱来的使命感：从最早的"为中国人做一片汽车玻璃"到"树立汽车玻璃供应商的典范"再到"福耀全球"以及以董事长为核心的回报社会的行动，福耀集团一直在追求通过自我的发展贡献客户、企业、产业、员工和社会。福耀集团的核心价值观——勤劳、朴实、学习、创新在符合真、善、美原则的同时，也蕴含了中华民族的优良传统美德：不断学习、不断进步、不断创新、勇敢面对一切。福耀集团的愿景是要成为：全球客户的忠实伙伴、全球行业的行为典范、全球员工的最佳雇主、全球公众的信赖品牌，其愿景定位于全球，忠实于客户，表率于行业，满意于员工，信赖于公众，十分具有号召力。

此外，福耀集团还明确了自身的社会责任。以"发展自我，兼善天下"为社会责任理念的福耀集团，自成立起就从"为中国人做一片属于自己的玻璃"的愿景出发，以"打造全球最具竞争力的汽车玻璃专业供应商"为奋斗目标，秉承勤劳、朴实、学习、创新的企业核心价值观，坚持走独立自主、应用研发、开放包容的战略路线，从只有几间平房的小厂起步，成长为汽车玻璃行业内中国第一、世界领先的知名民族品牌企业。

在此过程中，福耀集团始终以打造全球客户的忠实伙伴、全球行业的行为典范、全球员工的最佳雇主、全球公众的信赖品牌为目标。福耀集团通过自身的开拓与发展，以实际行动回报社会，关爱自然，保护环境；积极投身公益事业，积极主动履行社会责任，实现了公司的经济效益与社会效益相统一，公司的发展和社会的发展相和谐。

资料来源：改编自福耀集团官网，https://www.fuyaogroup.com/。

3.1 企业文化理念论

3.1.1 文化软实力说

知识经济的到来强化了知识的重要性，从而也使文化的重要力量为世人所瞩目。美国哈佛大学教授约瑟夫·S.奈在其著作《软力量：世界政坛成功之道》一书中，首先提出"软实力"的概念。他认为，软实力是国家通过自己的吸引力来实现发展目标，而不是靠武力报复以及经济制裁，它产生于一个国家的文化吸引力、政治行为准则和良性对外政策。关于文化软实力，约瑟夫·S.奈在《软力量：世界政坛成功之道》中也做了阐述：它是指一个国家维护和实现国家利益的决策与行动的能力，其力量源泉是基于该国在国际社会的文化认同感而产生的亲和力、吸引力、影响力和凝聚力。他认为，文化软实力的最大价值在于，可以用自己的文化和价值体制塑造、规范世界秩序，而不需要诉诸武力和经济制裁。[一]后来，有学者把软实力引申应用于企业层面，提出了"企业软实力"。企业软实力是相对于产品、财力、技术专利、机器设备等企业硬实力而言的，是指企业以直接诉诸心灵的方式，对外占领利益相关方的心灵，对内依靠运用员工心智能量以达到企业目标的能力，表现为企业的经营理念、行为规范、价值观和企业文化、创新能力、履行社会责任和环境责任的程度、员工的凝聚力、企业商誉、品牌号召力等形式。[二]

所谓企业文化软实力，也即一个企业的文化软实力，是指一个企业在一定的社会经济文化环境中，为谋求自身的生存发展而在长期的生产经营实践活动中形成的，基于该企业在商业与社会中的文化认同感而产生的亲和力、感召力、吸引力、凝聚力和竞争力。 从中可以看出，基于企业精神、最高目标、价值体系、基本信念而产生的凝聚力，基于道德行为准则、

[一] 奈. 软力量：世界政坛成功之道[M]. 吴晓辉，钱程，译. 北京：东方出版社，2005.
[二] 朱孔来，马宗国. 国内外软实力研究现状综述及未来展望[J]. 济南大学学报：社会科学版，2010（6）：56.

社会责任、经营形象而产生的影响力，基于经营方式、企业优势、管理机制而产生的竞争力等，共同构成了企业文化软实力的总和。

根据以往将企业文化划分为精神文化、制度文化、行为文化以及物质文化四个层次，秦德智等（2013）将企业文化软实力界定为精神力、制度力、行为力、物质力四种。[一] 其中，精神力包含企业精神、企业哲学和企业道德；制度力包含企业制度与管理、企业组织机构以及企业民主；行为力包含企业素质、企业风格和企业影响力；物质力包含企业形象、企业环境和企业业绩目标等。唐晓鑫（2017）认为企业文化软实力是由六部分构成的，具体包括体制文化、精神文化、价值理念、物质文化、管理文化和人文环境。[二] 其中，体制文化一般指企业的制度环境所形成的文化氛围，如企业的行为规章制度、薪资制度、激励体制等，是对组织行为规范和人员管理的集中体现；精神文化是指基于物质文化而上升为人们所特有的意识形态；价值理念一般包括人才理念、资源理念、安全理念、创新理念、风险理念、发展理念、学习理念等；物质文化是指为了满足社会生产和人类生存所创造的物质产品以及表现出来的文化，一般包括衣、食、住、行等多个要素，通常是指产品和服务两个方面；管理文化一般是指管理哲学、管理理念、管理形态以及管理模式；人文环境一般是指利益共同体的观念、信仰、生活环境、工作环境、工作和生活态度等，主要是人为形成的，但具有社会性。

企业文化动力的发展依次经历了企业文化、企业社会责任、企业家精神、企业影响力等过程与表现形态，最后形成企业的软实力。企业文化软实力虽然在不断地变化，但它是对企业核心竞争力最持久的影响因素。它通过引导企业员工的共同奋斗目标拉动企业组织的凝聚力和活力，使之形成核心价值观，拥有共同的行为准则和工作理念，打造强有力的利益共同体，这对企业的核心竞争力提升有促进作用。所以，企业的核心竞争力离不开文化软实力，企业需要文化的支撑和引导，一旦失去文化，就等同企业失去了灵魂，更无竞争力可言，所以核心竞争力依赖于文化竞争力，两者密不可分。

首先，文化软实力是核心竞争力的组成部分，核心竞争力需要文化软实力的支持。随着知识经济时代的到来、企业间竞争侧重点的变化以及企业自身环境的变化，要求知识、品牌、文化等软资源发挥越来越重要的作用。

其次，企业管理创新与经营理念依赖于企业文化软实力。企业文化软实力是企业核心竞争力的知识形态和精神内涵，是形成企业核心竞争力的约束和规范机制。企业文化软实力是企业发展的内在驱动力，是企业可持续发展的动因，其表现形式会约束和影响企业核心竞争力的表现形式。

最后，企业文化软实力能促进核心竞争力的提升。企业核心竞争力要素包括环境条件、资源优势、技术创新、组织协调以及企业文化，这五个要素都与企业文化密切相关。竞争力是企业文化力的物质表现形式和价值评价指标，因此企业文化软实力的提升，无疑会推动核心竞争力的提高。

目前我国企业在企业文化建设的过程中还存在很多误区：企业文化口号化、企业家知识结构不适应社会主义市场经济的发展要求、企业文化建设的形式与内涵不同步、文化软实力的提升流于形式等问题。为此，首先，企业要充分体现以人为本的理念。企业发展壮大，须

[一] 秦德智，秦超，蒋成程. 企业文化软实力与核心竞争力研究［J］. 科技进步与对策 2013（14）：95-98.
[二] 唐晓鑫. 企业文化软实力与核心竞争力研究［J］. 商业经济，2017（1）：129-131.

把着眼点放在人上，做到凝聚人心，树立共同理想，以员工综合素质提高促进企业文化建设，以员工进步提升企业软实力，以使企业自身内外兼修，达到发展壮大、适应激烈市场竞争的根本目的。

其次，加强领导者在企业文化建设中的作用。领导者在企业文化建设中扮演着创造者、组织者、指导者、示范者、激励者的角色。在倡导和推行新观念与行为方式时，领导者不能单纯凭自己作为企业领导者所拥有的决定权和强制权，要依靠自身的影响力，靠自己所具备的人格力量、知识专长、经营能力、优良作风、领导艺术以及对企业文化的身体力行，躬身垂范，去持久地影响和带动员工，使员工看到这种新观念和行为方式能给企业带来发展，给员工个人带来更大的利益。领导者的特质、个人魅力、工作风格和经营哲学等都会对企业文化建设产生重大影响。

最后，建立长期激励机制，鼓励员工参与创新。企业要持续发展就必须具有创新能力，只有不断创新，才能适应当前激烈变化的竞争环境。创新是企业的命脉，一个企业除了应具备硬实力之外，还应具备文化软实力，而文化软实力要通过创新体现出来。企业经营者应勇于寻求新道路，创造新方法，善于发现新市场，开拓新机会，形成新产业，创造新技术，发明新产品，开辟新渠道，以保持企业繁荣发展。

3.1.2 价值观管理

休·戴维森在《承诺：企业愿景与价值观管理》中提出了价值观管理理论的基本观点：一个组织需要通过确立强有力的愿景和价值观并发挥它们在实践中的作用，构建起利益相关者之间的承诺，形成承诺型组织。而在一个组织中，最重要的利益相关者是客户、出资者和员工。因此，**通过价值观管理构建的承诺型组织的基本框架为：忠诚的客户＋满意的出资者＋高度激发的员工**。在价值观管理中，描述愿景和价值观仅仅是开始，要想让愿景和价值观发挥作用，95%的精力要放在实施上。

愿景是一个组织的发展目标，引领着组织的未来发展和战略定位。有很多组织自称有明确的愿景，但这些愿景都称不上真正的愿景，甚至有的组织或许已经幸存了几十年而没有真正的愿景，这种组织最终将走进死胡同。在戴维森看来，有些组织知道没有愿景但不愿意承认这一点，有些组织是没有愿景而自以为已经具备。

许多组织都相信价值观是"好东西"，有助于招聘新人，能够为年度报告提供有用的素材。组织成员除非亲身实践价值观，否则就无法得到提升。如果严重违背价值观，那么他们就会被解雇。价值观和绩效是相互融合的，而不是相互对立的。一旦价值观转化为具体可衡量的实践和个人目标，它们就变得非常牢固而具体，因为它们将深刻地影响绩效评估、报酬、晋升和解雇。

很多愿景与价值观往往只是轻轻浮在事务表面，只产生一点点的影响，接着便慢慢散去，最终被人们遗忘。它们没有深深地在组织里扎下根。戴维森指出美国公司成绩出众的主要原因在于"它们成功地构建了体系来将愿景与价值观转化为战略和实践"。㊀创始人或他们著名的继承人经常在组织中获得传奇性的地位。他们的愿景和价值观往往是独具特色的，并获得

㊀ 戴维森. 承诺：企业愿景与价值观管理[M]. 廉晓红，等译. 北京：中信出版社，2004：161.

了大家的理解与广泛认同。个人声望与得到共鸣的愿景的结合能产生强大的植入力量。

愿景与价值观覆灭的故事不断产生，相当多的高层管理人员努力想让愿景和价值观发挥作用，但最终失败了。在使愿景与价值观发挥作用并形成承诺型组织的过程中，一些组织领导者严重低估了需要跨越的障碍。他们以为这个过程就像是操纵着组织在平缓下斜的笔直道路上行进。要克服这些障碍，组织在形成愿景与价值观的过程中必须投入尽可能多的时间。一旦在组织中扎下根，它们就能自我驱动。领导者不仅要对愿景与价值观忠诚，还要采取具体的行动来加以落实。导致愿景与价值观程序失败的原因主要有：

（1）愿景与利益相关者之间的冲突。价值观与三类主要的利益相关者之间存在冲突。戴维森指出，如果愿景与价值观没有和三类利益相关者，即客户、员工和资源提供者联合起来，三类利益相关者之间将相互"碰撞并摔倒"。要取得成功，愿景与价值观必须满足这三者所有的要求。

（2）错误的时机。在某些情况下，组织必须马上引入新的愿景与价值观。在另外一些情况下，更好的则是等几年，然后逐渐地引入它们。如果组织需要新的愿景与价值观，应该挑选出高层管理人员，变革组织结构并削减成本等，然后新的愿景与价值观才能够被引入一个积极的环境中。

（3）有缺陷的愿景。善意而有智慧的人常常形成一些让人犯困的愿景。如果愿景是有缺陷的，它将永远无法实现。对于企业也是一样，企业就像一个有生命的组织，如果没有思想、文化、灵魂，它就会失去生命。

（4）不能创造竞争优势的价值观。要汇编出一系列听起来很好并得到每个人同意的价值观很容易，这恰恰是很多组织所做的，也是有这么多盲目的价值观的原因。这样的做法完全是浪费时间。

（5）缺乏磋商。要使愿景与价值观发挥积极的作用，就需要咨询组织中所有的员工，让他们参与进来，然而有灵感的领导也是必需的。毕竟愿景的形成是从最高层开始，也是在那里完成的。

（6）相互矛盾的信息。一些组织在宣传新的价值观上付出了很高的成本，但从来没有改变过那些根深蒂固的行为。这样的矛盾使失败不可避免，而组织只有改变实践方式才可能取得成功。

（7）单项的沟通。沟通的最好方式是努力倾听，并准备改变自身的行动以证明你已经理解了别人所说的话。企业成员之间缺乏沟通，不仅不利于日常工作的开展，长期下去还会导致企业价值观的偏失，不利于企业的长期发展。

（8）没有把愿景与价值观转化为具体行动。形成一套获得一致认同的愿景与价值观，仅仅是迈出了开始的第一步，挑战与收益均来自将它们转化为每天的决策与具体的行为。"要使愿景与价值观发挥作用没有特别的处方，95%要依靠执行。"

（9）高层管理者不以身作则。一些高层管理人员认为价值观是为其他人准备的，不需要亲自应用到自己身上。另一些人则完全不与普通人接触，而这些普通人正是他们的客户与员工。如果高层管理人员没有坚定地相信并遵循愿景与价值观行事，那么组织根本没有成功的机会。因此，领导者要确保他们所有的高层管理人员是真正的"信徒"，并能通过言论与实际行动将信条渗透给其他人。

（10）缺乏后续的结果。如果愿景与价值观没有体现在人员评估的奖酬体系中，也没能成为任何晋升决策的不可避免的考察部分，那么它们将不能发挥作用。后续的结果应该与奖惩机制相联系，确保对愿景与价值观支持的行为将得到应有的奖励，而严重的违规行为将受到必要的惩罚。

（11）不充分的衡量。愿景与价值观往往是不可衡量的，也是没有得到过衡量的。第一步，组织应该使衡量确实可行，第二步要确保衡量可以实际进行。

（12）太多"红色的人"。"红色的人"是指顽固者、否定者和怀疑者。太多"红色的人"意味着组织内对变革存在着太多的阻碍。如果阻碍愿景和价值观变革的"红色的人"达到一定的数量，那么愿景和价值观变革将困难重重，必须转变或开除这些"红色的人"，才能有大量的支持者，愿景和价值观的变革才能顺利进行。

为此，企业应该加强价值观管理。首先，企业应根据自身实际提炼企业价值观体系。企业要发挥企业价值观管理有效的作用，必须有正确的价值观体系作为指导。企业的正确价值观体系是企业提高市场竞争力的内在动力，是独特的文化标识。企业要根据自身的实际提炼与确立自己的价值观体系，把自身对社会的价值作为自己的追求，真正发挥价值观管理的作用，切忌空大、空洞，盲目拷贝。

其次，企业应把价值观内化到企业的生产管理经营活动之中。企业确立了正确价值观体系之后，要将其内化到企业的生产、社会活动中去。内化企业的价值观是企业价值观管理的关键。没有内化与落实，企业价值观管理就没有意义了。因此，企业要规范自身的生产经营活动，让企业的生产经营活动充满企业的价值理念，还要在生产中凸显企业对员工的人性关怀，激发员工的工作热情。

最后，企业要使管理措施与方法价值观管理在实践中发挥实效，就应结合自身的实际情况制定合理的措施与科学合理的方法，制定符合自身条件的管理措施。企业在价值观管理中，要结合价值观管理的特点，制定价值观管理的措施与方法，更好地发挥其对企业发展的积极推动作用。

3.1.3　文化差异说

1980年，荷兰文化协作研究所所长霍夫斯泰德根据他对40个国家的企业工作人员所做的大量问卷调查，写了《文化的结局》（*Culture's Consequences: International Difference in Work-related Value*）一书，提出了能够对企业管理产生重大影响的文化差异的四个指标，即权力距离、不确定性规避、个人主义与集体主义、男性化与女性化。霍夫斯泰德认为，这四种文化指标或因素对管理中的领导方式、组织结构和激励内容将产生巨大影响。之后，霍夫斯泰德又结合中国文化特点，加入了"长期导向与短期导向"这一指标。

首先，对企业领导方式影响最大的因素是个人主义与集体主义及权力距离。霍夫斯泰德认为，美国是个人主义非常强的国家，因此美国的领导理论以领导者追求个人利益为基点，然而美国的领导理论并不适用于第三世界各国，因为这些国家中有许多属于集体主义社会，职工关心群体，尊重集体要求，并且愿意以对群体的忠诚获得报酬与保障，因此他们接受权力距离的程度高，这直接影响到实现职工参与管理的情况。在西方发达国家中，法国和比利时接受权力距离的程度也很高，因此员工参与管理的要求比较低，而美国接受权力距离的程度处于中间状态，因此企业中存在参与管理，但有一定限度。

其次，对企业组织结构影响最大的因素是权力距离和不确定性规避。这是因为组织的主要功能就是分配权力以及减少或防止经营中的不确定性。法国接受权力距离的程度较大，又迫切要求防止不确定性，因此倾向于"金字塔"式的传统层次结构。原西德虽有较强的不确定性规避的心理，但接受权力距离的程度较小，因此注重规章制度。美国、荷兰、瑞士等国接受权力距离的程度处于中间状态，因此在这类国家中各种组织并存。

最后，对企业激励内容影响最大的因素是个人主义与集体主义、不确定性规避和男性化与女性化。对于美国这样个人主义程度很高的国家，激励方法多从个人出发，以个人的自我实现和个人获得尊严作为激励的主要内容。而对于日本这样集体主义程度较高的国家，激励就需要着眼于个人与集体的关系，过分奖励个人往往行不通。美国人倾向于男性化，所以适于将风险性目标或高竞争性任务作为激励的内容。日本和法国虽然也倾向于男性化，但不确定性规避的心理较强，因此分配一种无危险、安全的工作岗位就成了激励因素。荷兰和北欧各国的价值观倾向于女性化，不确定性规避的心理又较强，因此应以维护良好的人际关系作为激励因素。

通过大量研究，霍夫斯泰德得出了这样的结论：管理不是处理具体的东西，而是处理对人有意义的"信号"。这种信号是在家庭、学校、社会等文化背景下形成的，因此文化渗透于管理和组织的全过程。他还指出，现代管理产生于美国，第二次世界大战后的所有管理文献几乎都由美国主宰，但美国有其独特的文化，它的管理理论和经验对其他国家不完全适用。[一]

3.1.4 文化智力说

在不同种族、民族和国别的跨文化环境中，人们如何收集和处理信息、做出判断并采取相应的有效措施以适应新文化，是一个需要解决的问题。在这样的背景下，Earley 和 Ang 在 2003 年首次提出了"文化智力"的概念。他们认为，文化智力是反映个体在新的文化背景下收集和处理信息、做出判断并采取相应的有效措施以适应新文化的能力。我们可以把文化智力理解为在跨文化情境中或者是与不同文化背景中的人打交道时适应新文化的能力。2004 年，Earley 和 Mosakowski 在《哈佛商业评论》上又重新对"文化智力"进行了界定，他们认为文化智力是一个管理者从容应对不同文化的能力。他们指出，文化智力比较高的人，遇到新情况时往往能应付自如，能理解不同文化中的细微之处，并很快化解冲突。

不同文化智力水平的个体在收集和处理新文化的信息、做出判断并采取有效的应对措施方面是有差异的。文化智力的提出，在一定程度上回答了影响文化适应的因素问题。总的来说，文化智力指的是"人们与来自不同文化的其他人打交道时，所表现出来的适应新文化的能力"。

在理解文化智力之前，我们可以先把文化智力与其他智力的关系理顺，方便对文化智力进行更好的学习。文化智力和一般智力的共同之处是在认知的基础上采取行动，即面对新的环境，人们总是收集信息以进一步做出判断，这样一般智力和文化智力较高的人做出判断所花的时间会大大减少。其区别主要体现在活动范围上的差异，文化智力有助于更加广泛的社会比较，这是一般智力很少涉及的。同时，文化智力主要关注陌生的环境，而一般智力则主

[一] 罗长海. 企业文化学 [M]. 北京：中国人民大学出版社，1991.

要关注熟悉的环境。

关于文化智力的结构,最早提出的结构是三维的。Earley 和 Ang 在 2003 年提出文化智力的三维结构,即文化智力包括三个维度——认知性、动机性、行为性。认知性维度体现的是个体认识、体会和领悟不同文化特征的能力,主要是对文化信息进行相应的加工。其主要内容包括:自我意识、自我觉醒、外部观察、认知模式、程序性、推理性等。动机性维度主要是指个体融入其他文化中的愿望或内部动力,反映的是个体积极应对文化差异的能动性、坚持及自觉性、自我效能感、自信与承诺等。行为性维度体现的是个体调整自己的行为、采取与自己的认知和动机相一致的有效行为的能力,包括技能、习惯、规则和社会模仿等行为能力。

Earley 和 Ang 在 2004 年又对文化智力的三维结构进行了更形象的描述,他们将"文化智力"概括为三个要素:头脑、心和身体。"头脑"指的是思考,关键在于是否理解正在发生的事情,有没有应对新文化的策略,相当于认知性;"心"则指有没有采取行动的动机,以及对自身能力的信心和勇气,相当于动机性;"身体"指能不能做出得体、有效的反应,相当于行为性。

Thomas 从不同的角度提出了与 Earley 等人不同的三维文化智力结构。他认为文化智力的结构应该以 Ting-Toomey 提出的跨文化沟通能力为基础,包括知识、警觉与行为三个维度。知识是对相关文化的背景信息、交流原则、应对措施等内容的反映。警觉是指在新文化环境中意识的自觉状态,关注自身所处的内外环境的程度,它是知识转化到行为的关键点。行为就是在知识和警觉的基础上选择适合的行动方式,以适应特定的文化环境。虽然文化智力都是三维结构模式,但 Thomas 的假设更倾向于静态的分析,与心理特征联系得不够紧密,而 Earley 和 Ang 的假设则倾向于个体的动态表现,更能体现作为心理特征的智力特点。

为了使关于各种不同智力(例如一般智力、情绪智力等)的研究具有一致性,Earley 和 Ang 后来又提出了文化智力的四维结构,这与传统的智力结构一脉相承,延续了 Sternberg 的四维智力框架,也是从元认知、认知、动机与行为四个维度来划分的,这种结构在后来的继续研究中得到了广泛的应用。文化智力四维结构包括:元认知性文化智力、认知性文化智力、动机性文化智力、行为性文化智力。

(1)元认知性文化智力是指在与来自不同文化背景的人相互交往时,个体所具备的意识和知觉。高元认知性文化智力的人具有战略性思考的能力,他们倾向于思考与来自不同文化背景的人交往时的规则以及相互作用,并且努力使跨文化环境的模糊性变得有条理。

(2)认知性文化智力是个体对不同环境下的特殊规范、实践、习俗的熟悉程度。高认知性文化智力的人往往基于他们对新文化中的经济、法律、社会系统的理解,来寻找与来自不同文化背景的人的相通之处与不同之处。

(3)动机性文化智力是个体适应不同文化的驱动力与兴趣点。高动机性文化智力的人发自内心地关注跨文化情景,并且自信能有效适应不同文化。

(4)行为性文化智力指的是当与来自不同文化背景的人相互交往时,表现出合适的语言与非语言行为的灵活性。高行为性文化智力的人能够基于他们的语言与非语言的能力在不同的情境中表现恰当的行为。

从对企业管理上的启示来说,首先,文化智力能更好地使人们进行跨文化沟通。因为不同文化背景下的人进行沟通时难免会产生困难,这上升到组织层面即如何很好地使来自不同文化环境的员工进行有效的沟通是非常重要的。文化智力是个体对不同环境下的特殊规范、习俗的理解程度,显然这是可以通过学习来提高的。在一个多元文化背景下,组织如果能提供学习和培训,使员工更好地了解文化差异,使个体在文化智力上得到提升,就能增加有效沟通的可能性,从而有利于组织内的和谐与发展。

其次,文化智力能有效地缓解跨文化冲突。不同文化背景下的活动更容易产生冲突,作为组织管理者,不论是对于组织内成员间的冲突,还是对于跨文化组织间的冲突,都应该考虑到文化的作用。管理者应先从自身开始来提高文化智力水平,这样当发生冲突时,就能从一个更高的角度来判断冲突的性质,利用适当的符合文化背景要求的技巧加以缓解消极性质的冲突,并转化积极冲突为组织学习的资源或者产生创新的来源。

最后,文化智力能有效地进行团队管理。团队是由少量具有互补技能的人员组成的,其成员致力于一个共同的目的,即制定绩效目标,并采用共同承担责任的方法。对跨国企业而言,打造优秀的跨文化团队无疑是面临的严峻挑战。首先在经过文化智力评估之后,尽量挑选那些动机性文化智力比较高的个体,这样他们才能够很好地适应不同文化成员以协同工作,建立高效团队;其次要正确对待个体差异,同时用积极的眼光看待问题;最后要通过建立和选择合理的激励方式来提高团队成员的满意度,从而提高其合作意愿,增加团队成员间的团结互助。

| 实践链接 3-1 |

企业价值观的六个问题

当人们试图探索新东方和阿里巴巴的成功之道的时候,可以看到新东方的精神、阿里巴巴的"天条"所具有的决定性的作用,企业所努力维护的正是企业核心价值观,是企业所有成员必须遵守的宗旨。按照威廉·大内的见解,一家企业的宗旨必须包括:① 组织目标;② 组织的作业程序;③ 组织的社会和经济环境对组织所产生的限制条件。我们可以从细分的角度更好地理解企业核心价值观对于每一个关键环节的影响和作用。利润是一家企业必须实现的目标;顾客是企业得以存在的根本原因;成长必须考量企业自身的能力以及所处的环境;企业如何看待员工,会影响到员工是否能真正有效地发挥作用,并在自己的行动中体现企业的核心价值观;管理活动贯穿企业整个系统,而这些活动是最能直接反映企业的核心价值观的;企业要明确自己的公民身份,要勇于对社会承担义务。

每一家企业的核心价值观会有不同的表达方式,但是其核心的内容需要包含对上面六个方面的问题的回答。对于这六个问题的不同的取向,可以判断一家公司的核心价值观;借助企业价值观明确的价值判断,企业可以界定什么样的盈利才是企业所追求的盈利。

资料来源:陈春花. 解读企业核心价值观. 春暖花开微信公众号,2015-07.

价值观赋予企业精神的感召力,但价值观管理能否成功,至少包括两个能力:一是价值观内容的能力与魅力,正如陈春花教授所指出的六个方面的问题;二是价值观的行动力,这就涉及戴维森所指出的愿景与价值观程序运作的 12 条"戒律"。

3.2 企业文化要素论

关于企业文化要素，有多种研究视角与结论，最有代表性的是迪尔和肯尼迪提出的五要素说、河野丰弘的七要素说，以及汤姆·彼得斯的八要素说。

3.2.1 迪尔和肯尼迪的五要素说

1981年，迪尔和肯尼迪曾用通俗的语言展现了他们所看到的企业文化现象。正是通过他们所描述的五种基本要素，人们形象地认识了企业文化，也了解到通过这五种基本要素建设企业文化的过程。今天，人们对于企业文化的要素有了更多的理解，但多数都源于最初的"企业文化五要素说"。

1. 企业价值观

企业价值观是企业文化的核心要素。它旗帜鲜明地表明了企业倡导什么，反对什么。企业价值观是企业文化各要素的"酵母剂"，企业的英雄人物、典礼仪式及文化网络都是从其中衍生、引申出来的，反过来，它们的作用也在于维护、传播及强化企业价值观。

企业的价值观可以以核心价值观、企业精神、企业经营哲学、企业道德观等多种形式表现出来。核心价值观相对容易理解，就是企业价值观体系的高度概括和总结，它可以是几个关键词，也可以是一句话，表现形式较为灵活。例如，宝洁公司的核心价值观是领导才能、主人翁精神。企业精神是一个较宽泛的概念，是指企业为实现自己的价值，在长期的经营管理过程中所形成的一种人格化的理念和风范，包括一家企业所应具有的企业传统、时代意识、基本信念、理念、道德品质，如同仁堂的"同修仁德，济世养生"，全聚德的"全而无缺、聚而不散、仁德至上"，三一集团的企业精神"自强不息，产业报国"。经营哲学是指企业经过长期经营实践的探索总结得来的，关于企业经营目标，企业存在价值与意义，企业相关主体间、企业中人与物关系的最高精神和指导思想。例如，华为的经营哲学是"灰度"。企业道德观是指在企业生产经营管理活动中形成的关于善与恶、公正与偏私、光荣与耻辱、诚实与虚伪、正义与非正义、美与丑等的观念表述。其中，职业道德是企业道德的重要支撑点。

企业价值观的确立是企业在决定其性质、目标、经营方式和角色时做出的选择，是企业经营成功经验的历史积累，决定了企业的经营性质和发展方向，既构成企业内部成员的行为准则，又体现了企业一切行为和活动所追求的理想境界。其在企业的经营活动过程中的作用体现在：导向作用、决定作用、支柱作用、规范作用、激励作用、整合作用以及培育作用七个方面。很多管理专家认为，最佳企业的成功经验之一，就是企业领导者对于企业的奋斗目标都十分清楚，而且极为重视价值观的形成过程。正如彼得斯和沃特曼在《追求卓越》一书中指出的："我们研究的所有优秀公司都很清楚它们主张什么，并认真建立且形成了公司的价值准则。事实上，如果一家公司缺乏明确的价值准则或价值观念不正确，我们很怀疑它是否有可能获得经营上的成功。"

2. 英雄人物

英雄人物是企业文化的人格化要素，既是企业价值观的人格化体现，又是企业形象的象征，是企业员工行为模仿效法和学习的具体典范。英雄人物之所以重要，是因为他们能够在组织内部有着持久的魅力。如托马斯·沃森在IBM的价值观至今仍在他们所构建的组织中提供精神凝聚力。

现代社会心理学的研究证明,任何人都有一种在群体中出人头地的强烈愿望。企业可以利用员工的这一心理机制,促使他们将强烈愿望转化成为具体的行为过程。这是企业创造文化的一个有效途径。在现实中,许多优秀的企业都十分重视树立能够体现企业价值观的英雄模范人物,通过这些英雄人物向其他成员宣传提倡和鼓励的东西。企业的英雄人物通常具有如下标准:他们是企业价值观的化身,是企业的支柱和希望,应具有不可动摇的个性和作风;他们的行为虽然超乎寻常,但离常人并不遥远,他们往往向人们显示"成功是人们力所能及的";他们的行为可以起到提升员工责任感的作用。

(1)创业式英雄人物。企业英雄人物的一种类型是与企业一起诞生的"创业英雄",或者叫作"共生英雄"。这些创办企业的英雄人物通常有着远大的抱负和不屈不挠的实干精神。史蒂夫·乔布斯就是这样的传奇英雄,他曾经是"计算机狂人",也曾被评为最成功的管理者。他几经起伏,依然屹立不倒,创造了"苹果"奇迹。21岁的乔布斯在自家的车库里成立了苹果公司,制造了世界上首台个人电脑。9年后,他被自己聘请的CEO赶出了苹果,选择发展3D电脑动画公司,历经10年获得巨大成功,他因此成为迪士尼的最大股东。时隔12年之后的他重回已经濒临绝境的"苹果",苹果公司一片欢腾,欢迎他们最伟大的天才归来。乔布斯上任时,苹果公司的亏损高达10亿美元,他大刀阔斧地进行改革,一年后却奇迹般地盈利3.09亿美元。乔布斯成为一个奇迹,他总是给人以不断的惊喜,无论是开始还是后来,他天才般的电脑天赋、平易近人的处世风格、绝妙的创意脑筋、伟大的目标、处变不惊的领导风范,这些铸就了苹果企业文化的核心内容。苹果公司的雇员对他的崇敬简直就是一种宗教般的狂热,雇员甚至对外面的人说:我为乔布斯工作!

(2)造就的英雄人物。企业英雄人物的另一种类型,则是企业在特定环境中精心"塑造出来"的英雄,或者叫作"造就的英雄"。他们在企业内部的行为常常无形地为企业员工设定了一定的行为标准与规范,树立了坚定的理想与信念。而在企业外部,英雄人物是企业形象的缩影,他们面向社会宣传企业所持的理念、追求与希望。所有这一切,都是因为企业英雄人物的所作所为体现了他们对企业的高度责任感和企业自身的价值观体系。

这种造就的英雄,是在企业的特定时势下产生的,成为某个时代的代表。比如,大庆油田的王进喜,当时还只是一个普通的钻井工人,肩负着摆脱"贫油国"帽子的使命,发扬艰苦奋斗的拼搏精神,不断刷新当时世界水平的钻井指标。看到他仅用了6天的时间,就钻井900多米,打成了大庆荒原上的第一口油井,当地人感动地说:"王进喜哪里是在打井,他分明是在拼命啊!"在事故突发的时候,有伤在身且挂着拐杖的王进喜纵身跳进了泥浆,用身体去搅拌泥浆,钻机被保住了,王进喜的身上、手上却被碱性很强的泥浆烧起了大泡。人们夸赞道:"王队长真是一个铁人啊!"在当时条件异常艰苦、石油大会战的背景下,王进喜被塑造成大庆油田的英雄。

3. 典礼与仪式

典礼与仪式是人类社会文化的外在表现形式之一,是文化的重要组成部分。它在日常生活中经常反复出现,并具有人人知晓而又没有明文规定的特点。它不是可有可无的,而是企业持续经营所表现出来的程序化并显示凝聚力的文化因素。企业通过按一定标准和程序组织的典礼与仪式,向员工和社会各界说明企业的价值观与办事程序、工作规范,使企业员工增加自我价值感和尊严。这一切都体现了企业管理者对理想境界的追求和对事物的判断标准。

仪式作为企业活动的重要组成部分，可以促使企业员工相互了解、上下沟通、增进感情。仪式重复着企业的价值观，从而使员工沉浸在其中，对员工进行潜移默化的价值观教育，并营造一个完整的企业文化氛围。它还可以使职工体会到每一个仪式的内涵，消除企业内部的混乱，建立起秩序。比如，平安保险公司的"晨会"仪式，面向社会展示了其向社会出售的不仅仅是保险，而是一种承诺和责任。企业的仪式并无固定的模式，员工的招聘和解聘、特殊的日子、奖励方式、会议、企业庆典等，都可以发展成为某种具有特殊意义的仪式，引导和规范员工的行为方式，以生动的形式来宣传公司的理念和价值观。

典礼是企业在特殊庆祝与纪念活动中所使用的、加以文化性铺张与渲染的仪式，以帮助企业庆祝其英雄人物的成功和重大可纪念性事件。典礼使企业文化在得到升华的情况下展示在职工的面前，并为他们提供难以忘怀的体验。庆祝活动为员工提供家庭式的工作环境，让他们在工作之余不忘乐趣；庆祝使员工知道什么是最重要的，而表彰和纪念一些对企业有卓著贡献的人，可以确保企业获得预期的效果和所希望的行为模式。如东芝公司对优秀员工表彰的典礼，就寓含了公司对员工及家属的价值认可与关爱，以此来鼓励他们对公司的高度责任感和执着的追求。美国西南航空公司每隔两个月就会表彰 10～12 名优秀的员工。此外，该公司还设计了"领导奖""社区关系特别奖""好邻居奖""幽默奖"等，以表彰在某一方面做出贡献或表现出众的员工。这些活动让员工切实感受到了自己的价值，切实意识到了自己应该去做什么。

中国的企业走向世界，必须注意企业经营中的日常礼仪，必须具备国际化的意识，既保存中华民族的传统文化与习俗，又必须与国际接轨。为此，对一些成功企业典礼仪式的借鉴，以及形成适合本企业特色的典礼仪式，必须引起高度的重视。一些优秀企业的日常仪式有：问候仪式、赏识仪式、工作仪式、管理仪式、象征企业特殊里程的庆典、研讨会或年会及日常的各种聚餐等。正因为典礼与仪式是企业价值观的体现，所以它们并不完全是自生自灭的东西。它们的形成离不开企业家自觉的提倡，员工自觉的与反复的执行，以及历代相传、积久而成的自发力量。

4. 文化网络

文化网络是企业文化要素中的渠道要素，是指企业内部以逸事、故事、机密、猜测等形式来传播信息的非正式渠道，这在一定程度上可以理解为企业的非正式沟通网络。企业中的非正式组织是由于组织成员的感情和动机上的需要而形成的，所以其沟通渠道是通过企业内的各种社会关系（而这种社会关系又常常会超越组织内部固有的单位和层次，由于情趣一致或爱好相似、利益接近与观点相同以及彼此需要等原因而产生）把人们联结在一起，并且依据心理、情感的力量来加以承接。

非正式沟通的网络具有沟通形式不拘一格、不受组织约束与干涉、直接明了、速度快、可以提供正式渠道难以获得的信息等优点，但同时又存在着难以控制，传达的信息有时不够确切，易于失真、曲解，易形成小集团、小圈子和影响人心稳定与团体凝聚力等弊端。所以，企业的文化网络就是在最大限度上发挥非正式沟通渠道的积极作用，抑制其消极作用。例如，中国南方航空公司客舱部通过"春风组"讲故事的形式，把企业的服务理念和价值观既向社会传播，又流行于企业内，得到了广泛的传颂。企业文化的各种信息借助于文化网络在企业各方面的沟通流传，会形成一种特殊的文化氛围，从而为企业内部形成共同价值观、增强企业文化的塑造功能和导向功能发挥促进作用。

5. 企业环境

作为企业文化要素的企业环境，是指企业在与内外部相关主体的作用中，通过主观努力所营造的存在与发展条件。这与迪尔和肯尼迪最初所说的"企业环境"是有区别的，他们当初是想借"企业环境"这个概念，指出人们要根据企业所处的环境来选定企业文化建设的模式，是从企业文化建设的角度来说明企业环境在建设过程中是一个重要的要素。因此，那里的"企业环境"是指企业"经营所处的极为广阔的社会和业务环境"，包括市场、顾客、竞争者、政府、技术等的状况，而不涉及企业的内部环境。而这里所谈的企业环境，则是指企业文化现象中的一种存在形态，是企业文化的一个组成部分。人是文化创造和发展的主体，企业文化也是相关主体创造和发展出来的。因此，作为企业文化要素的企业环境，强调是由企业主体创造和发展出来的环境，而不是一种单向影响企业主体的外部环境。当然，作为企业文化要素的企业环境与企业文化主体之间存在互动关系。具体而言，就是企业存在于内外部客观环境之中，企业主体通过自己的行为营造了企业内外部的环境条件（这就是作为企业文化要素的企业环境），而这种环境条件又会同时对企业及其相关主体产生影响。

企业环境一般可以分为外部环境和内部环境，也称大环境和小环境。企业的外部环境从性质层面上可分为政治环境（主要包括法律环境、政策环境等）、经济环境（主要包括投资环境、市场环境、资源环境、金融环境等）和文化环境（主要指人文环境、教育环境、科技环境等）。此外，还存在着其他划分方式，比如可以按照所处的地域范围来划分。企业的内部环境又分为软环境与硬环境。软环境是指企业内部的人际环境、潜规则等；硬环境主要是指企业的物质环境。

3.2.2 河野丰弘的七要素说

河野丰弘在其所著的《改造企业文化：如何使企业展现活力》（1988）一书中，提出了企业文化的构成要素。

1. 员工的价值观

组织成员的价值观取决于企业能在多大程度上鼓励员工培养积极进取、勇于挑战、敢于创新和冒险的精神。如果组织对这些问题的处理给予积极的态度，那么就会引导员工树立积极的价值观，形成充满活力的企业文化。相反，如果组织采取消极的态度，参政议事要讲究排资论辈，不允许员工做出任何新的尝试，那么这种文化只能是没有生气的、僵化的企业文化。

2. 情报收集的取向

从情报收集与内部的沟通模式可以区分不同的企业文化特性。如果情报收集是以顾客为导向的，那么企业就会重视顾客的信息反馈，包括外部客户（customers）和内部客户（employees）。因此，该组织的沟通方式是全通道式、网络式结构。管理者能容纳内部的不同意见，允许员工各抒己见，在丰富的沟通形式中消除那些影响企业长期健康发展的不稳定因素。

如果情报收集是以主观意志为导向的，那么企业就不可能重视顾客的反应，尤其是不把内部客户（即员工）的意见和建议当成一回事儿。这就决定了它的沟通渠道是有限的，所有顾客的需要都源于企业主导者的意志。很显然，这种企业文化与现代市场经济发展的要求是不相符的。

3. 构想是否会自发地产生

具有活力的企业鼓励员工积极参与组织运作管理的过程，并为员工提供自由表达意见的机会和环境，常用的方法是脑力激荡法。这种方法是利用产生观念的过程，创造一种进行决策的程序。在这种企业文化的背景下，员工的创造性是自发产生的，他们积极、自觉地为企业提供具有建设性的意见和建议。

僵化的企业要求员工循规蹈矩，墨守成规，不允许产生有违"常规"的想法和行为。这就容易形成一种观念，即企业的管理属于领导阶层的职权范围，员工只是执行者。在这种氛围的企业文化中，员工对工作的满意度较低，积极性、主动性和创造性都被淹没在毫无生气的生产运作中。

4. 从评价到实行的过程

从评价到实行的过程主要反映在企业对待失败的态度上。充满活力的企业坚信"失败是成功之母"，鼓励员工敢于接受挑战，敢于面对失败，并在失败中寻找成功的道路。在这种文化的影响下，员工勇于创新，富于开拓精神。

僵化的企业害怕失败，害怕挫折，不承认成功的结果源于失败中经验的不断总结。处于这种环境下的员工安于现状，缺乏进取精神。每当遇到挫折，人们急于做的就是寻找辩解的理由，而不是总结经验教训。

5. 员工的互助关系

企业运作的有效性在很大程度上取决于组织成员之间的互动关系，这种关系包括积极与消极的关系，二者之间会因企业文化的变迁而发生转化。从宏观上讲，企业为客户提供产品或服务，向客户提出服务承诺，满足客户的多种需求。客户的需求为企业的生存和发展提供了广阔的市场。这属于外部互动。企业产品、服务、文化的输出是通过人的行为来实现的。客户从企业员工的服务中，享受到企业为社会创造的价值——产品或服务的使用价值和附加值，并通过员工向企业反馈市场的需求信息。员工与客户的关系是外部互动与内部互动的一个界面，从这里我们可以深入到企业的内部。

企业内部的生产运作是由人来完成的，即组织与员工之间也存在着一种互动关系——内部互动。产品的创造、文化的产生都是以人为载体的，通过人的活动，把价值体现在产品或服务上。这种内部互动的基础是信任，组织成员之间的信任程度越高，企业运作的有效性就越高，反之亦反。

在充满活力的企业中，组织成员的互动关系是积极的，上下级之间的距离很短，人与人之间的信任程度很高，组织允许思想独特的人物存在。在僵化的企业文化中，等级观念很强，上下级之间、同僚之间的隔阂很大，人们之间缺乏彼此信任的基础。因此，这种企业文化反映在内部就是低效的内部互动，反映在外部就是消极的外部互动。

6. 员工的忠诚度

在具有活力的企业中，员工对组织的价值观认同程度高，能够采取积极性和建设性的态度，会试图改善目前的环境，具有较高的工作满意度，因此他们对企业的忠诚度也相对较高，不容易因外部环境的变化或诱惑而产生较大的波动。公司在一些重大的事情上敢于起用新人，培养员工的进取心、责任感、冒险和创新的精神，这也是企业价值观的部分体现。人都有自尊心和上进心，因此这种组织的价值观能为多数人所接受。公司的管理层努力营造一种积极的文化氛围，可以加速组织价值观的渗透作用，使员工自觉地通过个人努力去改善环境，增加工作的满意度。

在僵化的企业里，企业文化对弱势群体或普通下属的个人需求、个人价值的实现没有投入足够的注意力。员工的个人需求、个人价值遭到忽视；个人的观点、个人的想法不被接纳；成员对组织价值观的认同感较低，因此其工作满意程度普遍难以提高，随之产生的就是较低的努力程度、较高的错误率和较高的流动率（见图3-1）。

由此可见，企业价值观高度的认同感是培养和维持员工忠诚度的一个重要因素。

图3-1 对工作不满意的反映

资料来源：罗宾斯. 组织行为学［M］. 北京：中国人民大学出版社，1997：156.

7. 动机的形态

这里动机的形态是指责任感，即员工对待工作的态度。我们可以通过克莱顿·奥尔德弗（Clayton Alderfer）的 ERG 理论来分析这个问题。

ERG 理论是马斯洛需求理论的重组，它有三种核心需要：生存（existence）、相互关系（relatedness）和成长（growth）。其中，还包括挫折—倒退维度。该理论认为低层次需要的满足会带来满足较高层次需要的愿望，但同时也认为多种需要作为激励因素可以同时存在，并且满足较高层次需要的努力受挫后会导致需求倒退到较低的层次。

在充满活力的企业中，组织不仅能够为员工提供满足较低层次需要的物质基础，而且能够为员工实现较高层次的需要创造条件。例如，允许经营参与权、工作自主权、意见表达权等的存在，培养员工的成就感，增强员工的责任感，使其由被动地适应组织的要求转化为主动地完善组织的计划，配合实现组织目标。

3.2.3 彼得斯和沃特曼的八要素说

汤姆·彼得斯和罗伯特·沃特曼在其《追求卓越》一书中提道："管理最大的挑战在于管理'软性的东西'，特别是文化。因此，领导者若未密切注意所谓的软性要素，终究会沦于失败。"他们给可以称之为"卓越"的企业定了一个标准：能够灵敏地持续应对任何环境变化，拥有这种创新表现的企业就是"卓越企业"。而只有当一个组织由文化主导时，才能真正做到最高程度的自主。因此，汤姆·彼得斯和罗伯特·沃特曼在书中阐述的卓越企业的八大特质，也可以说是优秀企业的文化的八种要素。

1. 崇尚行动

崇尚行动，即偏好行动而不是沉思。卓越的企业在决策过程中或许会进行分析，但并不会因此阻碍行动。这类卓越企业的标准运营程序大多是"执行、修改、再尝试"。多尝试，勇于失败，然后再进行尝试，诀窍在于达成共识，明白哪一种失败是可以接受的，哪一种会导致灾难性的后果，要达到这个程度并不容易。例如，一位 DIGITAL 公司的高级经理人员说："每当碰到大问题时，我们就让10个资深人员在一间办公室里进行为期一周的针对性研究。

一旦他们提出答案，我们马上就予以执行。此外，企业非常重视实验。我们不是让 250 个工程师和市场人员孤立地在新产品上研究 15 个月，而是以 5～25 人为一组，用几周时间，带着一些并不昂贵的样品，在顾客中验证创意的可行性。"

2. 贴近顾客

贴近顾客，即在产品和服务上接近顾客的需求，主要表现在对服务的执着、对质量的执着、开拓合适的市场和倾听用户的意见，特别是把售后服务当成法宝。如果有顾客回来要求服务，就应当把事情办得尽善尽美。相关人员要对用户的每一条意见都给予迅速的答复。高级管理人员可以越过中层直接同那些负责回答用户来信的下级专业人员定期碰头。企业要经常开展巡回上门服务和短期现场服务。一旦产品在用户使用过程中出了问题，企业就立即派出专家去帮助处理。这是因为卓越的企业是靠用户和市场来驱动的，而不是靠技术来驱动的。

但这可能是最难做到的一点，因为公司要注意的细节多如牛毛，如果顾客包括经销商和极为不理性的一般使用者，那就更会难上加难。尽管如此，宝洁却成功地让公司里的每一个人都和顾客保持密切的联系，并且具备强大的创新能力，这样的技巧也是它做到基业长青的主要原因。

3. 自主和创新精神

自主创新，即鼓励自治和放松，而不是严密监管。过分集中和正规化往往会扼杀创造性。大企业如果丧失了革新精神，就会走向僵化，要提倡创新、试验、进取、自主，打破常规，培养和支持革新的人员。卓越的企业有对革新起促进作用的信息沟通制度，其结构安排就是从创造革新的人员出发的，尤其是它有时故意使体制设计得有些"漏洞"，使那些到处物色东西的革新人员有空子可钻，得到所需的资源，把事情办成，从而使人人都有成就感。另外，就算企业规模很大，还是要像一家小公司般地运作。组织不过是一群人的组合，而这群人很难与大型的抽象实体建立良好的关系。如果不了解强生、3M、沃尔玛，以及原来的惠普是怎么成功的，只要看看它们如何组织成小型、独立的单位，并以共同的目标和文化规范来整合即可明白。以 3M 为例，这家公司"积极创新，企业氛围像是由实验室和办公室隔间组成的松散组织，里面有许多热情的发明家和大胆的创业家，正在充分发挥想象力和创造力"。他们不限制每个人的创造力，鼓励务实的冒险，支持好的尝试，并且奉行弗莱切·拜伦所说的第九条戒律："务必要有足够的错误次数"。

4. 以人为本

以人为本，即激励雇员、避免对立情绪。说到员工的重要性，人们都会大谈特谈，可是没有几家公司真正把员工视为不可或缺的资产。卓越的企业总是以人为本，把发掘员工的潜能和提高士气视为提高质量与生产力的根本源泉，而不是把资本支出和自动化作为提高质量与生产力的主要源泉。因此，它总是相信人，尊重人，承认每个人的贡献；让职工控制自己的命运，表现和发挥自己的才干，了解公司的经营情况，感到工作有意义、有保障，把公司当成大家庭。公司要靠共同的信念来激励大家，不靠行政命令来管制。就像 IBM 前任董事长小托马斯·沃森所说的："IBM 有三个简单的理念，我从最重要的讲起：尊重个人，这是一个简单的概念，不过 IBM 管理层却花很多时间实践这个原则。"德州仪器董事长马克·谢泼德则表示，每个员工都"被视为创意的源头，而不只是一双手而已"。

企业要倡导相信人，尊重每个人的人格，承认每个人的贡献；让员工控制自己的命运，表现和发展自己的才干，了解公司的经营情况，感到工作有意义，把公司当成大家庭；靠大家共同的信念激励大家，不靠行政命令管控。达美航空（Delta Air Lines）倡导"家的感觉"，为了创造"家的感觉"，公司从各个层面为员工着想，使大家有归属感和凝聚力。1982年，该公司员工团结起来，自愿将薪资总额减少3 000万美元，使公司可以买下第一款波音767客机，充分展现出"达美精神"。

5. 亲身实践、价值驱动

价值驱动，即倡导"走动式管理"，保持与员工的紧密联系。对于企业发展而言，最重要的是价值观所体现的精神力量。价值观的形成主要靠领导者的真诚信念和身体力行。卓越企业的价值观往往是定性的、连贯性的，且往往体现了领导的个性。领导所能做出的最大贡献，就是阐明企业的价值观体系，并给它注入生命力，同时要躬亲实践他想培植的那些价值观。这就是说，领导以言教、身教来坚定、树立企业统一的价值观。这里所说的"保持密切的联系"不是指通过电话或者会议的接触，而是他们发自内心的交流和沟通。沃森和惠普的威廉·休利特都是走动式管理的传奇人物。麦当劳创始人雷·克洛克更是经常视察各家分店，并评估这些分店有没有奉行公司坚持的价值观——"品质、服务、清洁与价值"。

6. 坚持本业

坚持本业，即保持自身竞争优势，避免在自己力所不能及的领域与人竞争。卓越的企业总是强调它们必须以自己的专长作为贯彻所有产品的共同轴线，而不去做它们不知道怎样去经营的行业，也不依靠购买和兼并其他企业来搞多种经营，这是因为所买进来的企业往往具有不同的价值观而很难实现它与其他各部门之间的协调配合。如果企业无所不包，向四面八方出击，就难以形成统一的宗旨。有时卓越的企业也搞兼并，但应该能够控制得住所兼并的企业。简单地说，卓越的企业做自己内行的事，扬长避短，不盲目投资其他行业。除了少数例外，坚持本业的企业通常比较可能缔造出卓越的业绩。

7. 精兵简政

精兵简政，即组织结构精简，人员精干。企业本身就相当复杂，因此不能以叠床架屋的组织框架让情况更加繁复。采取简单可行的结构，人们自然会搞清楚接下来该怎么做。员工人数尽量降到最低，把大部分工作外包处理，或者采取有时间限制、项目导向的工作小组（另一种线型组织的形态）。卓越的企业，一是组织结构简单，二是班子精悍。其管理体制可以用三个支柱来加以描述：① 符合业务高效率需要的稳定性支柱，即保持一种简单而又始终如一的基本组织形式；② 符合经常性革新需要的创业精神支柱，建立以创业精神的多少及贯彻执行情况为基础的测量考核制度；③ 符合避免僵化需要、打破旧习惯的支柱，即能定期改组。

8. 宽严并济

宽严并济，即松紧有度且不限制创新的目标控制系统。经营得有声有色的企业都不是集权或者分权，而是两者巧妙的结合。不论是过去还是现在，卓越企业在大多数层面都是"宽松"的，让员工享有极大的自由，自主做事。与此同时，卓越企业的少数几个关键性层面却又是高度中央集权的：以核心价值观塑造公司文化中的一两个（优先考虑的或是更多的）战略,以及少数关键性的财务指标。

卓越的企业之所以能够做到这一点,主要是因为其价值体系。它能够做到:① 把执行纪律和自主统一起来。自主是纪律或规范的产物,而纪律或规范根植于已有的价值观。② 集权与分权的统一。企业一方面把自主权一直下放到车间或产品开发组;另一方面十分珍惜其核心的价值观。③ 短期利益与长期利益的统一。这既强调有一套长期适用的价值体系,又强调每个职工每时每刻来支持这些价值观。④ 宽严并济,张弛有节,既坚持基本原则,又讲究管理艺术技巧。

3.3 企业文化类型论

3.3.1 奎因和卡梅隆的企业文化类型论

1980年,奎因和卡梅隆提出竞争性文化价值模型,衡量企业文化的差异对企业效率的影响。模型从灵活性—稳定性、外向性—内部性这两个维度把企业文化分成四个象限,如图3-2所示。每一个坐标的两端都代表着一个极端,这是一个对角线完全对立的四象限,第一到四象限分别是活力型(adhocracy)、家庭型(family)、官僚型(bureaucrat)和市场型(market)。

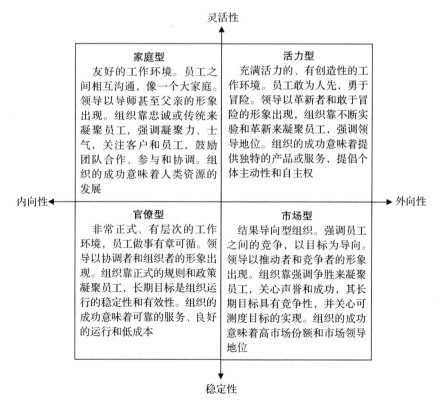

图 3-2 奎因和卡梅隆的对立价值模型

资料来源: CAMERON K S, QUINN R E. Diagnosing and changing organizational culture: based on the competing values framework [M]. Massachusetts: Addison-Wesley, 1998.

（1）活力型企业文化。拥有活力型文化的组织认为革新和主动的先驱性是成功的关键，组织主要致力于开发新产品和服务，以便为将来做准备。这种文化的特征是没有集中的权利和权威的关系，是动态的、创业式的并且充满创意的工作场所，有效的领导是充满想象力、创新和风险导向的，而使整个组织凝聚在一起的黏合剂是实验和创新的使命。组织的长期目标重点是迅速成长和获得新的资源，成功意味着生产出独一无二的原创性产品和服务。拥有该文化的主要为一些处于创业期的高科技企业，如联众网游或淘宝网。

（2）家庭型企业文化。拥有家庭型文化的组织充满了共享价值观和目标、团结与互助、彼此不分的氛围。这种组织更注重团队精神、员工的参与感和组织对员工的照顾。这种家庭部落式的模式有几个前提，分别是：员工最适合用团队合作和自我提升来管理；顾客最适合用合作伙伴关系来对待；部落式组织其实是在建设一个人性化的工作环境，其主要目的在于给员工更大的自主权，激发他们的参与、贡献和忠诚。这种企业文化常见于拥有悠久历史的企业，如中信集团、南洋兄弟集团等企业。

（3）官僚型企业文化。官僚型企业文化代表着一个高度制度化和机构化的工作场所与氛围；程序告诉人们要做什么；有效率的领导是组织的优秀协调者和组织者；维持组织处于顺畅的运行状态非常重要；稳定、可以预见和效率被看作组织长期关注的东西；正式的制度和政策把组织黏合在一起。这种企业文化常见于大量的中央直属企业，如鞍山钢铁、中石油、中石化等企业。

（4）市场型企业文化。拥有市场型文化的组织运行起来就像是一个市场，主要面对的是外部环境，而不是内部管理，关注与外部机构的交易。市场为先式的组织主要通过市场机制运作，进行金钱交易，其核心价值观就是竞争力和生产力，所以这种组织最重视的是如何进行交易，如何与合作伙伴在竞争中赚取利润。其中，利润率、底线、区域市场环境的竞争力、延伸目标，以及保留客户都是这类组织的首要目的。这种企业文化主要存在于大中型股份制企业或者大型的民营企业，如民生银行、平安保险等企业。

3.3.2 迪尔和肯尼迪的企业文化类型论

美国企业管理专家特伦斯·迪尔、艾伦·肯尼迪在《企业文化：企业生存的习俗和礼仪》一书中，根据文化的风险程度和反馈程度划分了四种文化：强悍型文化、工作与娱乐并重型文化、按部就班型文化和赌注型文化（见图3-3）。

（1）强悍型文化。这是一种高风险、快反馈的文化类型。这种企业恪守的信条是要么一举成功，要么一无所获。因此，员工敢于冒险，都想成就大事业，对于所采取的行动是正确的还是错误的，能迅速地获得反馈。具有这类文化的企业往往处于投资风险较大的行业。

（2）工作与娱乐并重型文化。这是一种低风险、快反馈的文化类型。这种文化赖以生存的土壤往往是生机勃勃、运转灵活的销售和服务行业。在这类企业中，员工拼命干、尽情玩，工作风险极小，而工作绩效反馈极快。这种文化适应了最好的工作环境，使工作与娱乐实现完美结合。

（3）按部就班型文化。这是一种低风险、慢反馈的文化类型。这类文化一般是在金融保险业和事业单位中产生的。这种文化的核心价值是用完善的技术、科学的方法解决所意识到的风险，即做到过程与具体细节绝对正确无误。具有这种文化的企业，其员工循规蹈矩，严格按程序办事，缺乏创造性，因为收入尚好，流动率较低，企业整个效率低下但具有一定的稳定性。

（4）赌注型文化。这是一种高风险、慢反馈的文化类型。具有这种文化的企业往往是一些拥有实力的大公司，它们容纳着许多大赌注的决策，即使几年过去，员工也不知道是否可以成功，工作绩效也得不到反馈。在赌注型文化中，人们重视理想、重视未来，具有极强的风险意识，可能带来高质量的开发和先进技术的发明，但效率极低，发展缓慢。

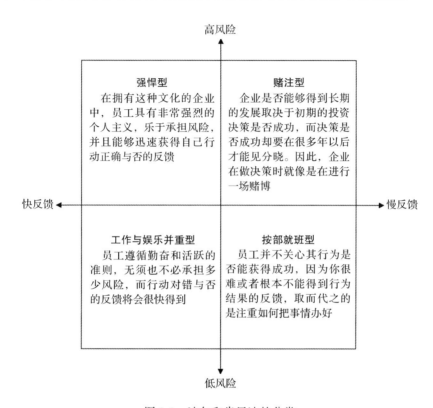

图 3-3 迪尔和肯尼迪的分类

资料来源：编者整理而成。

3.3.3 科特和赫斯克特的企业文化类型论

科特和赫斯克特在《企业文化与经营业绩》一书中，根据40家世界著名企业成败的案例，划分了三种类型的企业文化：强力型企业文化、策略合理型企业文化、灵活适应型企业文化，重点在于说明不同企业文化类型与企业经营业绩的关系。

（1）强力型企业文化。在具有强力型文化的公司里，企业员工对企业核心价值观的认同程度很高，在企业内部创造了一种很强的文化氛围。新员工进入企业后，会很快接受和认同企业的价值观，与企业融为一体。即使新的总经理到任，强力型的企业文化也不会马上随之改变，原有企业文化的惯性会纠正他的偏差。在具有强力型企业文化特征的企业中，由于企业员工对企业的立场有着高度的一致性，对企业的目标和核心价值观强烈认同，从而形成了很强的凝聚力、忠诚感，员工的离职倾向自然也低。

（2）策略合理型企业文化。科特认为，只有当企业文化适应企业环境和企业经营策略时，这种文化才是有效的。也就是说，企业文化与企业环境和企业经营策略越是一致，企业经营业绩和成效就越大。而当企业经营环境发生改变后，如果原有的企业经营策略不能适应变化了的环境，企业文化的不适应性就会凸显出来，从而导致企业经营业绩恶化。由于策略型文化受外部环境的影响较大，对于不同特性的企业业务，企业文化必须做出相应的变化，才能适应特定的行业对企业文化的要求。对于经营多种项目的企业而言，单一的企业文化就有可能无法满足企业发展的需求。

（3）灵活适应型企业文化。所谓灵活适应，主要是指企业能够迅速适应市场环境的变化，并在适应过程中形成良好的企业文化，这样才能长期促进企业经营业绩的增长。在灵活适应型企业文化里，企业提倡不畏风险的精神，并要求员工之间互相支持，勇于发现问题，解决问题。员工队伍具有排除一切困难、迎接各种挑战和机遇的能力。员工有高度的工作热情，愿意为企业做出牺牲，对改革持积极的态度。

3.3.4　河野丰弘的企业文化类型论

日本企业文化研究专家河野丰弘根据自己对上百家企业的调查，把企业文化分为活力型、独裁活力型、官僚型、僵化型、独裁僵化型五种，其特征如表 3-1 所示。

表 3-1　河野丰弘的五种企业文化类型

要素	五种企业文化类型				
	活力型	独裁活力型	官僚型	僵化型	独裁僵化型
基本特征	富有创新价值，具有革命性的构想不断产生	追随独裁者，但充满活力	行事重视固定的规则与流程	对于创造性的思维不关心，习惯满足已有模式	不做创新的事情，只会逢迎奉承，以追求自身利益为主
对企业的忠诚度	两极化	终身雇用	终身雇用	有机会就换工作	有机会就换工作
实例	较为年轻的企业	年轻的企业	老化企业、大型的机械性组织产业	老化企业、垄断企业、强大的企业	旧企业

3.3.5　基于梅泽正和上野征洋的企业文化类型论

梅泽正和上野征洋根据挑战性—保守性、内部方针—外部方针两个维度把企业文化分为自我革新型、重视分析型、重视同感型、重视管理型四种，如图 3-4 所示。

- 自我革新型：适应市场变化，重视竞争与挑战，不断自我变革。
- 重视分析型：重视企业发展的各种因素，生产效率、管理效率被立为大政方针。
- 重视同感型：重视市场地位的稳定和客户满意度，回避风险，重视安稳。
- 重视管理型：重视企业内部规范，以及竞争对手之间的关系协调，重视风险回避和安稳的地位。

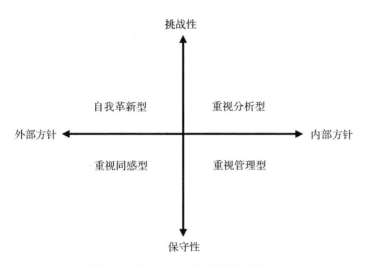

图 3-4　梅泽正和上野征洋的分类图

3.3.6　基于双 S 文化模型的企业文化类型论

英国学者和咨询顾问罗布·戈夫（Rob Goffee）和加雷思·琼斯（Gareth Jones）从社交性（sociability）和团结性（solidarity）两个维度将企业文化分为四种基本类型，每一种基本类型又有正面和负面两种形态，被称为双 S 立体文化模型（double S cube）。社交性是社群内成员友善程度的指标，团结性则着重描述组织成员对组织任务与目标所持共识的一致程度。根据社交性和团结性不同的赋值范围，企业文化可以划分出四种基本的文化形态：网络型（network）、共有型（communal）、散裂型（fragmented）和图利型（mercenary）。如果考虑这些形态的正负两个方面的影响，则总共有八种基本的文化形态。

卡梅隆和奎因对于企业文化划分的四种文化模式不是简单指哪一家企业只完全具备其中的一种而没有其他特征。其实，几乎所有企业都同时具备四种文化特征，只不过其程度有差异罢了。研究者认为，从理论上来看，企业文化导向的健康状态应该是菱形的，即同时具备这四种文化特征，只不过形状不同（即每一种文化形式的大小和多少不一样）。然而从国际上成熟且优秀企业的文化导向结构图形来看，它们的文化导向大多呈现为一种倒梯形，即团队导向和灵活导向较强，而层级导向和市场导向较弱。据说，这种倒梯形的文化导向结构，已经成为当前国际优秀企业努力追求的文化模型。

3.4　企业文化模式论

3.4.1　7S 模式

20 世纪 80 年代，美国人饱受经济不景气、失业的苦恼，同时听够了有关日本企业成功经营的艺术等各种说法，一些美国管理学者开始思考日本企业成功的原因，努力寻找适合本国企业发展振兴的法宝。麦肯锡公司的顾问、美国学者帕斯卡尔和阿索斯在对日本成功企业研究的过程中，总结了这些成功企业的一些共同特点，提出了著名的 7S 模型，并写出了《追求卓越：美国企业成功的秘诀》一书，使众多的美国企业重新找回了失落的信心。

所谓7S模型，是指在分析企业管理问题时，必须全面地考虑各方面的情况，包括战略（strategy）、结构（structure）、制度（system）、人员（staff）、作风（style）、技能（skill）和共同价值观（shared values）七大要素，以形成一个完整的思考框架。由于这七大要素的首个英文字母都是S，故被称为7S模型（见图3-5）。其中，战略、结构和制度，往往被管理学界视为硬因素，人员、作风、技能和共同价值观被视为软因素。在通常情况下，软因素被认为与企业文化有关。其实，无论是硬因素还是软因素，都是企业文化的有机组成部分。因此，企业在发展过程中，要全面考虑整体情况，只有在软硬两方面七个要素能够很好地沟通和协调的情况下，才能获得成功。

图3-5　7S模式图

（1）战略。战略是企业根据内外环境及可取得资源的情况，为求得企业生存和长期稳定发展，对企业发展目标、达到目标的途径和手段的总体谋划。它是企业经营思想的集中体现，是一系列战略决策的结果，同时又是制定企业规划和计划的基础。企业战略这一管理理论是20世纪五六十年代，由发达国家的企业经营者在社会经济、技术、产品和市场竞争的推动下，在总结自己的经营管理实践经验的基础上建立起来的。日本经济新闻社在1967年曾进行过专门调查，在63家给予口头答复的日本大公司中，99%的公司有战略规划。在美国进行的一项调查显示，有90%以上的企业家认为企业经营过程中最占时间、最为重要、最为困难的就是制定战略规划。可见，战略已经成为企业取得成功的重要因素，企业的经营已经进入了"战略制胜"的时代。

（2）结构。战略的实施离不开组织结构的保障，组织结构是企业的组织意义和组织机制赖以生存的基础。它是企业组织的构成形式，即企业的目标、协同、人员、职位、相互关系、信息等组织要素的有效排列组合方式。此即将企业的目标任务分解到职位，再把职位综合到部门，由众多的部门组成垂直的权利系统和水平分工协作系统的一个有机的整体。组织结构是为战略实施服务的，不同的战略需要不同的组织结构与之对应，同时组织结构必须与战略相协调。随着时代的发展，企业组织结构越来越趋向扁平化发展，如海尔公司，努力实现企业组织的扁平化、去中心化管理，不仅有利于调动员工的积极性，更有利于企业组织的发展。

（3）制度。企业的发展和战略实施需要完善的制度作为保证，而实际上各项制度又是企业精神和战略思想的具体体现。所以，在战略实施过程中，企业应制定与战略思想相一致的制度体系，要防止制度的不配套、不协调，更要避免背离战略的制度出现，例如具有创新精神的 3M 公司的创新制度。在 3M 公司中，一个人只要参加新产品创新事业的开发工作，他在公司里的职位和薪酬自然会随着产品的成绩而改变，即使开始他只是一个生产一线的工程师，如果产品打入市场，就可以提升为产品工程师；当产品的年销售额达到 500 万美元时，他就可以成为产品线经理。这种制度极大地激发了员工创新的积极性，促进了企业发展。

（4）人员。战略实施还需要充分的人力准备，有时战略实施的成败确系于有无适合的人员去实施。实践证明，人力准备是战略实施的关键。IBM 的一个重要原则就是尊重个人，并且花很多时间来执行这个原则。这是因为，它坚信员工不论职位高低，都是产生效能的源泉。所以，企业在做好组织设计的同时，应注意配备符合战略思想需要的员工队伍，将他们培训好，分配给他们适当的工作，并加强宣传教育，使企业各层次人员都树立起与企业的战略相适应的思想观念和工作作风。如麦当劳的员工都十分有礼貌地提供微笑服务；IBM 的销售工程师的技术水平都很高，可以帮助顾客解决技术上的难题；迪士尼的员工所具有的生活态度都十分乐观，他们为顾客带来了欢乐。人力配备和培训是一项庞大、复杂和艰巨的组织工作。

（5）作风。两位学者发现，杰出的企业都呈现出既中央集权又地方分权的宽严并济的管理风格，它们让生产部门和产品开发部门极端自主，又固执地遵守着几项流传久远的价值观。

（6）技能。在执行公司战略时，员工需要掌握一定的技能，这有赖于严格、系统的培训。松下幸之助认为，每个人都要经过严格的训练，才能成为优秀的人才，例如在运动场上驰骋的健将大显身手，但他们惊人的体质和技术，不是凭空而来的，是长期在生理和精神上严格训练的结果。如果不接受训练，一个人即使有非常好的天赋资质，也可能无从发挥。

（7）共同价值观。由于战略是企业发展的指导思想，只有企业的所有员工都领会了这种思想并用其指导实际行动，战略才能得到成功的实施。因此，战略研究不能只停留在企业高层管理者和战略研究人员这一个层次上，而应该让执行战略的所有人员都能够了解企业的整个战略意图。企业成员共同的价值观念具有导向、约束、凝聚、激励及辐射作用，可以激发全体员工的热情，统一企业成员的意志和欲望，使其齐心协力地为实现企业的战略目标而努力。这就需要企业在准备实施战略时，通过各种手段进行宣传，使企业的所有成员都能够理解它、掌握它，并用它来指导自己的行动。日本在经济管理方面的一个重要经验就是注重沟通领导层和执行层的思想，使得领导层制定的战略能够顺利地迅速付诸实施。

3.4.2　Z 理论模式

美国加利福尼亚大学洛杉矶分校管理学院日裔教授威廉·大内于 1981 年出版了《Z 理论：美国企业界怎样迎接日本的挑战》。在该书中，他把典型的美国企业管理模式称为 A（America）型，把典型的日本企业管理模式称为 J（Japan）型，而把美国少数几家企业（如 IBM 公司、P&G 公司等）自然发展起来的、与 J 型具有许多相似特点的企业管理模式，称为 Z 型。这三种管理模式有各自不同的特点（见表 3-2）。

表 3-2 J 型、A 型和 Z 型三种管理模式的比较

	J 型	A 型	Z 型
雇用期	约有 35% 工作在大企业中的劳动者享受终身雇用制	短期雇用制,辞职和解雇时有发生,导致出现了员工临时观点和短期行为	长期雇用制,雇用期长,员工更了解企业内情,与同事相处融洽,乐于接受企业价值观,易被企业同化
评价与晋级	正式的评价和晋级极其缓慢,防止投机取巧、哗众取宠的手法,使人们以非常坦率的态度对待合作、工作表现和评价	评价和晋级迅速,导致人们只关心自己的事情,而不关心他人和企业,无法形成合作协商的工作态度	缓慢的评价和晋升制度,目的是培育职工的长期观点与协作态度
职业发展途径	非专业化的职业发展道路,职工在企业内部采取工作轮换制,培养多专业的通才,利于部门之间的协调合作,增强员工与他人共事的能力,但难以培育出对某一专业精通的专家	高度专业化的职业发展道路,易培育出对某一专业精通的专家,降低人员跨公司、跨地区流动的难度。但人的发展片面化,只关心个人与专业,不关心他人和企业,人员相互不甚了解,配合不默契	扩大职业发展道路,有计划地实行横向职务轮换,提高工作热情,提高效率,使各部门合作更好
控制方式	以微妙、内在、含蓄的方式进行控制,通过向员工灌输企业的宗旨、信念和价值观而进行文化控制	控制方式明确和形式化,不具备微妙性和艺术性,常以硬指标进行控制,通常采用目标管理法、方案计划估值法、成本利润分析法	将明确的控制方法和含蓄的控制方法相结合,用高度一致的文化使员工进行彻底的、内在的自我控制,而不是仅采用等级指挥和监督
决策过程	集体基于共同的价值观和信念做出意见一致的决策,人人参与协商,决策过程慢但可以得到员工的支持并易于贯彻	个人决策,管理层通常认为只有自己才能担当起做出决策的责任,决策很快、很干脆但执行起来很慢	提倡集体决策,培养人与人之间为做出有效率的集体决策而必需的技能,征求建议面向全体职工而不仅是采取形式匿名的建议箱
责任制	集体负责制,一组员工对一组任务负有共同责任	个人负责制	提倡强化共同目标,使每个人能自觉对集体做出的决策负责,避免紧张状态
企业关系	企业、雇主、雇员之间是一种整体关系,企业对员工的生活、工作、学习、娱乐等各方面都很关心	人们之间是一种局部关系,以片面方式在企业中相处	主张使整体关系得到发展,强调对员工的全面关切

资料来源:本表改编自:齐善鸿. 第一次做首席文化官[M]. 北京:中国经济出版社,2002.

大内认为,在这三种管理模式中,Z 型管理全面吸收了日本企业和美国企业各自在管理上的长处;Z 型管理突出的企业文化与管理的作用正是日本企业在美国取得成功的秘诀,美国企业需要吸收充斥于日本企业的可信任感、亲密度和凝聚力这三种文化特质,从而创造出适应当今时代的企业文化。"信任"和"微妙性"是 Z 理论的核心,而它们与生产率又是密切相连的。大内指出,信任和微妙性不仅通过有效的协调提高了生产率,而且还不可分割地联系在一起。那些灵活机动的部门,可以利用重要却不明显的情报,这是它的一大优点。可是,正是由于这个缘故,这也成为它的一大缺点,即它不能经受外来的评议和审查。不论是在哪种情况下,各方的互不信任必然会导致将微妙性、机动性抛诸脑后,而代之以明显的、可以申辩的决定和行动。这显然是一种与社会文化密切相关的组织文化。

为了让美国企业尽快走出自身的管理困境,实施 Z 型管理,大内把实现 Z 型管理方式的过程概括为 13 个步骤:第 1~3 步包括要求管理人员阅读材料,熟悉 Z 理论的基本思想;检查公司的宗旨;解释所期望的管理宗旨并使公司领导支持这一管理宗旨。第 4 步是通过创立

结构和刺激来贯彻宗旨。大内说:"必须指出,并不是所有的刺激必须是金钱方面的。工作的性质、工作安排、分配到什么样的工作团体,以及高级经理用在基层人员身上的时间,可能比金钱方面的增加更有价值。Z 型公司能够独特地提供一些非金钱的刺激。"⊖第 5~6 步是发展人际关系的技能,对自己和系统进行测验。第 7 步是把工会包括在计划之内。大内指出:"一家从专权式管理转向民主式管理的公司将全面而且应该取得其雇员的信任。"⊜第 8~12 步是使雇用稳定化;采用缓慢的评价和提升制度;扩大员工职业发展的道路;为基层的实施做准备;找出实行参与的领域。第 13 步是使整体关系得到发展。大内认为:"整体关系是团结性、内聚力的表现,而后者是在共同工作并共享其归属感情的雇员集团中涌现出来的。"⊜

Z 型文化具有一种独特的价值观,其中包括长期雇用、信任以及亲密的个人关系。Z 型文化是一种人道化的组织文化,涉及公司的所有领域,从战略到人事,甚至产品也是由这种价值观所决定的。Z 型公司能在社会关系和生产率之间取得平衡,因为这两者本来就是密切相关的。社会和经济代表一个国家的两个方面,社会机体不能和谐地进行工作,经济机体也会受影响。经济组织不只是经济的产物,同时也是社会的产物。工作组织中包含着人们之间的一种微妙的协作形式,它并不要求工人或经理中的任何一方干更多的活,而要求两者之间的协调机制把双方的关系调整得更恰当,这对于他们共同的生产率才是至关重要的。

| 实践链接 3-2 |

惠普员工管理的 Z 理论应用

惠普公司效仿 Z 理论的做法就是有意识地选择和提拔员工。该公司意识到,组织的每次员工会议都会有建设性的意见出现,而且人们在实现目标的过程中需要有行动上的自由。诚然,盈利是该公司的首要目标,但作为一家以顾客至上为宗旨,并为员工解决各种问题而努力的公司,它还有更重要的与人相关的目标,那就是重视员工绩效,激发员工的主动性和创造性,承认员工在公司的地位和应承担的责任。

惠普的人事专家描述副总裁交给他的一项特殊任务,其中他被要求提出一套可以在全公司使用的新规则。这项任务使他有机会出人头地、发挥作用和被整个公司认可。在项目实施一周后,他发现公司的一个不起眼的部门已经设计出一套非常相似的方法。他犹豫片刻,不知道是否要在已经存在的基础上创造一套新的规则。最后,他找到副总裁并告诉他这个问题已经被其他人解决了,只需要稍微修改就可以符合需要。他相信副总裁会肯定他的诚实,同时他相信他的同事将来会对他同样的坦率和诚实。这就是生产力。

资料来源:根据 360 图书馆(http://www.360doc.com/content/15/0624/13/13815158_480335724.shtml;http://doc.qkzz.net/article/b9b0b542-85cc-40d6-9a6a-d067a7325782.htm)、全刊杂志赏析网(doc.qkzz.net)的 Z 理论文献改编而成。

惠普公司的员工管理体现了 Z 理论建立组织信任的事例,体现了 Z 理论的员工与组织、领导与下属建立微妙的协同关系的过程。

⊖ 大内. Z 理论:美国企业怎样迎接日本的挑战 [M]. 孙耀君,译. 北京:中国社会科学出版社,1984:92.
⊜ 大内. Z 理论:美国企业怎样迎接日本的挑战 [M]. 孙耀君,译. 北京:中国社会科学出版社,1984:101.
⊜ 大内. Z 理论:美国企业怎样迎接日本的挑战 [M]. 孙耀君,译. 北京:中国社会科学出版社,1984:111.

3.4.3 文化—绩效模式

在《企业文化与经营业绩》一书中,科特与赫斯科特相信"企业文化在下一个10年内很可能会成为决定企业兴衰的关键因素"。[一]他们从文化入手,简要探讨了企业文化的概念,接着通过对早期研究企业文化的4本著作的简要回顾和当时对企业文化(批评性)的反映,识别出企业文化研究中的两个问题:企业文化与企业业绩是否存在某种关联关系;企业文化的变革问题。围绕这两个问题,两位学者从1987年开始通过调查、访问、数据文献分析等方法对美国200余家公司进行了历时4年的研究,取得了重要的结果。《企业文化与经营业绩》正是围绕上述两个问题进行实证研究和理论思考的成果。

科特与赫斯科特首先就企业文化类型与经营业绩既存的三种理论:强力型企业文化、策略合理型企业文化和灵活适应型企业文化,通过对200多家公司的考察进行了实证验证,指出这三种企业文化类型都难以揭示企业文化与企业经营业绩的关系,但是"这三种理论观点结合生成的模式要比其中的任何一种理论模式都更强大、更具说服力"。[二]由此,作者提出综合型企业文化与企业经营增长的模型(见图3-6)。

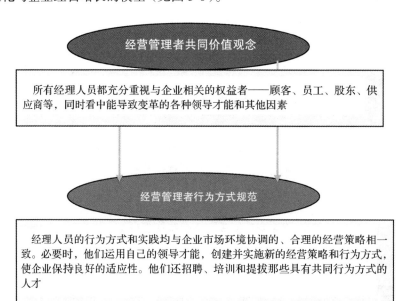

图3-6 推动企业经营业绩增长的企业文化构成图

资料来源:编者整理。

在这样一个价值体系中,经理人员十分重视企业构成的各个要素的权益,并根据这些要素的合理需要创建和实施经营策略。由此,得到满足的公司员工乐于在经理的指导和激励下生产顾客所需要的产品。这些行为均会促进企业提高和保持边际收益效益,促进企业的纯收入和市场价值的提升。"这一切有助于企业生产规模的扩大,有助于企业发展。"[三]科特以惠普公司为例来说明这种企业文化模式的效用。"惠普公司是我们选择的12家企业经营业绩优异的公司中企业文化适应市场竞争环境最典型的范例。惠普公司的企业构成要素、领导才能

[一] 科特,赫斯科特. 企业文化与经营业绩[M]. 李晓涛,译. 北京:中国人民大学出版社,2004:11.
[二][三] 科特,赫斯科特. 企业文化与经营业绩[M]. 李晓涛,译. 北京:中国人民大学出版社,2004:57.

重视综合得分在这 12 家公司中列第六位。"[注1]接着,科特和赫斯科特以施乐公司为例分析了 20 家经营不佳企业的病态企业文化,他们指出病态企业文化有三个基本构成成分:① 经理自命不凡,夸夸其谈;② 长期受不良企业文化影响的公司经理人员无视员工、股东、顾客对公司经营的抗议之声;③ 企业的价值观念和领导艺术已经与导致变革产生的价值观念发生矛盾冲突。"这些企业文化对于企业采取适当行动来进行改革似乎没有任何作用,因此它们削弱和破坏了所在公司的企业经营业绩。"[注2]

通过对经营不佳的公司的病态企业文化进行分析,科特与赫斯科特引出了企业文化的变革问题。企业文化只有适应企业市场化要求进行革新,才能促进经营业绩的持续增长。通过对十余家成功实现企业文化革新的公司进行调查,作者提出促进企业经营业绩增长的新企业文化产生的基本模式(见图 3-7)。

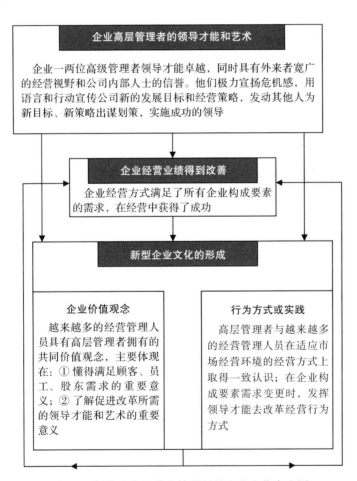

图 3-7　促进企业经营业绩增长的企业文化产生图

资料来源:科特,赫斯科特. 企业文化与经营业绩[M]. 李晓涛,译. 北京:中国人民大学出版社,2004:103.

两位学者在最后对于他们的研究成果的总结中指出:"企业文化在特定的公司内部环境范围中有着特定的力量……某些特定类型的企业文化肯定会促进企业经营业绩的增长,而另一

[注1] 科特,赫斯科特. 企业文化与经营业绩[M]. 李晓涛,译. 北京:中国人民大学出版社,2004:58.
[注2] 科特,赫斯科特. 企业文化与经营业绩[M]. 李晓涛,译. 北京:中国人民大学出版社,2004:70.

些类型则会削弱企业长期经营业绩的增长。"①任何成功的企业文化都必须与特定的市场环境相结合，企业的最终行为必须与企业经营策略相一致。进一步而言，如果企业试图持续保持良好的企业文化，那么就要求公司"既坚持其适应性强的价值核心观念，同时在对待其他一些价值观念和行为方式时又具有极大的灵活性"②。

3.4.4 组织文化层次结构模式

文化研究在人类学中有着悠久的传统，但组织文化这一概念的出现仅有半个多世纪的历史。艾略特·雅克（Elliott Jacques）在1915年首次将组织文化定义为："被全体成员不同程度认同的、习惯性和传统的思维方式和处事方法。"③在雅克之后，组织文化的概念日渐受到学者的重视，而组织文化的概念也越来越层出不穷。在这些有关组织文化的概念和研究中，埃德加·沙因的组织文化理论的影响最大。沙因在阐释他对组织文化的理解之前，首先把管理学界有关企业文化的论述中涉及企业文化含义的关键词做了一番梳理，列举了企业文化关键特征的10种概括，比如主导型价值观、行为准则、组织气候和心智模式等。然后，他指出，这些关于企业文化的概括都没有涉及文化的本质。他认为文化是一个特定组织在处理外部适应和内部融合问题中所学习到的，由组织自身所发明和创造并且发展起来的一些基本的假定类型。这些基本的假定类型能够发挥很好的作用，并被认为是有效的，由此被新成员所接受。以上所列举的文化不过是更加深层的文化的表象，真正的文化则是隐含在组织成员中的潜意识，而且文化和领导者是同一硬币的两面，当一个领导者创造了一个组织或群体的同时就创造了文化。

由此，沙因提出了他的组织文化的结构层次论。他说："文化具有几个不同的层次，此处所谓的层次，是指就观察者而言文化现象之可见程度……这些层次的范围，从一个人可以看到的、具有实相的外显事物，到只能感觉的、内心所深植的、属于潜意识的基本假定，后者就是我所定义的文化本体。而在这两者之间，我们有各种外显的价值观、规范，以及行为的规则，在该文化之下的成员用这些为自己及他人叙述其文化。"根据这一观点，他将组织文化设定为由三个层次构成的结构体，即人为饰物、外显价值观和基本假定（见图3-8）④。

在这三个层次中，第一层次指人为饰物，是那些能够看得见、听得到、摸得着的外显文化产品，包括：① 实物，诸如文件、装饰、制服、公司交通车、厂房等；② 指代符号，诸如语言、行话、比喻、故事、笑话、英雄等；③ 行为模式，比如典礼、仪式、行为规范等。人工制品传播着关于组织的技术、观念、价值、假设及行为方式等信息。它们对组织文化研究的裨益便在于能提供抽象层次的文化线索。但是沙因告诫人们，不要凭借关于人工制品的最初印象而断然做出对该组织的价值观及基本假设的判断，要透彻了解其组织文化就必须进一步了解其价值体系。在第二个层次中，外显的价值观体现为一个组织所相信的事物，如团队

---

① 科特，赫斯科特. 企业文化与经营业绩 [M]. 李晓涛，译. 北京：中国人民大学出版社，2004：138.
② 科特，赫斯科特. 企业文化与经营业绩 [M]. 李晓涛，译. 北京：中国人民大学出版社，2004：143.
③ LARDON C. Perspectives on organizational culture : examining the relationships between power and perceptions of culture [M]. UMI, 1999.
④ 沙因. 企业文化生存指南 [M]. 郝继涛，译. 北京：机械工业出版社，2004.

精神、整合、客户导向、民主决策等。公司的各种宣传也向人们展示了公司的价值观、原则、伦理和愿景。组织文化的第三层次则表明组织当中更深层次的思维和感知推动中表层的价值观与行为。这些更深层次的思维和情感，实际上就是"已经被视若理所当然的，故在一个文化单位中的变异性很小"的基本假定。其实"文化就是一组基本假定，用以界定什么是我们要注意的，什么是事情的真谛，对正在发生之事该有怎样的情绪反映，以及在各种不同的情境中该采取怎样的行动"。[一]

最深层次的价值观构成了公司的文化基因，而文化基因通常由创始人发起，但后继者可能继承公司的文化，也可能改变公司的文化。第三层次就类似于企业的文化基因，每个公司的文化基因源自创立企业的企业家或企业拥有者，他们有特定的运作公司的方式、不同的价值观与原则，比如公司A比较专制，公司B很民主，两个公司可能都很成功，但其文化都源自创立者或拥有者自上而下强加的基本假设。文化基因会因为公司历史、技术与产品的不同而不同，如果想要了解文化基因，还需要深入了解相关的技术、所在的行业以及职业群体，不能泛泛而谈。

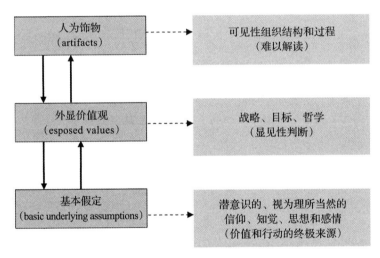

图3-8 文化的层次结构图

资料来源：沙因. 企业文化生存指南[M]. 郝继涛，译. 北京：机械工业出版社，2004.

沙因认为，组织文化决定了组织价值观以及在此价值观之下的组织行为，而且组织文化是深刻地隐含在组织深层的东西，要了解它是非常困难的。通过对组织构造，信息系统，管理系统，组织发表的目标、典章以及组织中的传说等物质层面的分析，能够推论得到的文化信息是有限的。在论证中，他举出两个组织结构完全相同的企业的事例，发现它们的文化可能是完全不相同的。为了更好地解释一个组织的文化，沙因建议利用群体面谈和群体讨论的方法，而且对于以上所列举的五个文化维度分别指出了一些应该讨论的内容。

在《组织文化与领导》一书中，沙因还着重分析了文化的生成与领导的作用。沙因认为要解释组织文化的生成过程需综合使用群体力学理论、领导理论和学习理论。利用群体力学理论，通过观察组织中的各种群体，说明在群体根底中潜在的个人之间产生情绪的过程。这

[一] SCHEIN E H. Organizational Culture and Leadership [M]. 2nd ed. San Francisco: Jossey-Bass.1992: 24.

个过程可以帮助我们理解诸如"对于某个问题，多数人所共有的思考方法，以及在此之上的共同的解决方案"中"共有"的意思。这是因为所有对文化的定义中都包含着诸如被共有的解决方案、被共有的理解、被共有的共识等概念，可是人们的共有是如何发生的却没有被解释清楚，利用群体力学理论可以解释这个共有过程。而在领导理论中关于领导者的个性、类型对于集团形成的影响的研究结果，对于理解文化进化会有许多帮助，他指出，领导功能之所以不同于行政，其独特之处在于对文化的关怀。领导者创造文化，并且还必须对其加以管理。

领导者要做的真正唯一重要的事情就是创建和管理文化，领导者最重要的技能是尽可能多地询问与倾听下属对企业文化的感受与看法。在邀请外部顾问进行文化调研或分析之前，管理团队应该首先对文化进行内部分析，看其与业务环境的要求是否一致，界定在文化方面是否已碰到问题、是否需要改变。领导者需要成为谦逊的探询者，尤其需要询问下属工作进行得如何，而不是事事均自己做主。答案简单，但做起来并不容易。询问下属和倾听下属可以帮助领导者更好地决策。

本章小结

本章主要介绍了企业文化的理念、要素、类型、模式，重点介绍了迪尔和肯尼迪的五要素说、彼得斯和沃特曼的八要素说以及河野丰弘的七要素说。为了能让读者更加深刻地理解企业文化的内涵，本章还介绍了几个典型的企业文化模式，具体包括7S模式论、Z理论模式、文化—绩效模式和组织文化层次结构模式，这些模式有利于将企业文化当成一个系统来理解。此外，本章分别叙述了几个重要的企业文化分类模型，主要包括奎因和卡梅隆的分类、迪尔和肯尼迪的分类、河野丰弘的分类等。

复习思考题

1. 哪些相关学科为企业文化的发展起到了推动作用？
2. 比较、分析不同企业文化要素论之间的异同。
3. 自选案例，探索能否在现实中找到教材中企业文化的类型。
4. 通过本书对企业文化分类的几种介绍，请选择你认为更加合理的一种分类，并解释原因，或者通过对现有文献的研究，提出一种新的分类研究观点。
5. 企业文化模式对现实中企业发展企业文化和开展企业文化建设有哪些启示？

案例分析

星巴克的成功之道

星巴克（Starbucks）咖啡公司成立于1971年，是世界领先的特种咖啡的零售商、烘焙者和星巴克品牌拥有者。其旗下的零售产品达30多款，包括全球顶级的咖啡豆、手工制作的浓缩咖啡和多款咖啡饮料、新鲜美味的糕点以及丰富多样的咖啡杯等商品。公司在北美洲、拉丁美洲、欧洲、中东和太平洋沿岸设有82个市场，拥有超过32 000家门店。备受好评的星巴克连续多年被美国《财富》杂志评为"最受尊敬的企业"。企业文化是企业发展的灵魂，也正是由于其企业文化的强大力量，使星巴克从一家名不见经传的门店发展成为一家国际知名的连锁品牌店。这期间经历了很多摸索、变化……

一、体验式的文化氛围引领消费者

体验式的营销战略是指以体验为导向的营销模式。文化消费是满足消费者对于文化产品、文化服务的需求,并结合体验消费的理念形成的一种创新的消费观念。而星巴克的成功就在于将体验式的营销与星巴克独有的企业文化巧妙地融为一体。

星巴克提供给顾客的不仅仅是一个空间,更是一种生活方式,它所营造的体验式文化氛围表现在感官、视听与移动社交三个方面。在感官体验方面,星巴克拥有一个特殊的团队,它由优秀建筑师、艺术家和设计师组成,为每一家门店设计出最完美、最丰富的感官体验;在视听体验方面,星巴克里的音乐大多以爵士、乡村以及钢琴、萨克斯独奏为主,使顾客放慢了快节奏的步调,成为招揽顾客的方式之一;在移动社交营销方面,星巴克早在2001年起便提供无线高速上网服务,给人们带来全新的感受。

二、自我价值实现的文化导向赢得员工信任

文化作为集体价值观和行为准则的集合体,在组织中能发挥一种控制功能。一个文化厚重的企业对员工的控制是基于他们对企业的依附。依附于企业文化的员工将会调整他们自己的目标和行为。

1. 激励相容的激励机制

激励相容的激励机制使员工在最大化自身价值的同时,实现了公司价值的最大化。丰厚的待遇是员工选择星巴克的一大理由,在这里没有员工的叫法,只有合作伙伴。为了让员工能够有主人翁意识,公司推出了"咖啡豆股票",允许员工以折扣价格购买。这让员工有了很大的动力,因为随着公司股价的上涨,这些小股东的期权价值也不断提高。这种人力资源激励能使员工感到幸福,并把公司当作自己的事业来对待。除此之外,星巴克还帮助员工实现自我价值。每一位星巴克的员工都能够在企业中体会到自身价值并能够通过自身的努力与学习成为非常能干、有活力的人才。

2. 对员工的信任决定了企业发展的高度

星巴克重视合作伙伴的情感与价值还体现在其一直致力于建立相互信任与自信的关系,这是舒尔茨最引以为傲的成就。舒尔茨表示,"我们对待员工的方式影响员工对待顾客的方式,而顾客如何对待我们则决定了我们的成就"。他相信员工,这使员工愿意与星巴克共进退,员工对待消费者也会更加用心。这对于一个公司来说自然是最好的广告,让顾客了解到这样一家有情有义的咖啡馆,想必其做出来的产品也更加用心,因此更加忠诚地拥护它。

3. 创新的文化

追求完美的品质是星巴克的立业之本。无论是当初那个出售咖啡豆的门店还是现在的咖啡连锁销售商,星巴克不变的是对咖啡品质的追求。最初,星巴克就只挑选品质好的咖啡豆出售。直到舒尔茨收购星巴克后,为了丰富咖啡的种类,转作咖啡连锁销售商的星巴克对咖啡豆从种植到采购有了更极致的要求,并且常派专家前往种植基地进行研究。如今的星巴克致力于追求高品质产品的同时,不断推陈出新。除了在咖啡饮品方面的不断创新,星巴克还推出糕点、马克杯来吸引顾客以满足不同的顾客需求。在中国,为结合国内的市场,星巴克还创新推出茶饮料、月饼、星冰粽等特色产品。为满足顾客需求、打开市场销路,星巴克在强化现有产品服务和市场的前提下,不断研制出多元化的新产品,推出新的产品组合;星巴克还结合不同的海外市场,采取本土化的方式开发更具特色的产品。创新早已成为星巴克企业文化的一部分,也是星巴克得以在激烈的咖啡市场竞争中保持安全地位并不断扩张和发展的一大原因。

随着人们对生活品质的追求,星巴克"一条龙"的服务保证了从种植的咖啡豆到顾客手中的咖啡都呈现出最好的品质,多元化的战略实施带来产品和服务的多元化,这些都为顾客提供价值增值,最终促进星巴克业绩的不断增长。

资料来源:1. 王莹,李艳红. 星巴克的文化管理探析[J]. 现代商业,2017(7):117-118.

2. 刘冬春秋,吴作凤. 从企业文化看星巴克的成功之道[J]. 商场现代化,2016(26):94-95.

讨论题

1. 用企业文化理论阐释星巴克的成功之道。
2. 查阅相关资料，尝试比较星巴克和瑞幸咖啡的企业文化异同。

参考文献

[1] 沙因. 企业文化生存指南[M]. 郝继涛,译. 北京：机械工业出版社,2004.
[2] SCHEIN E H. Organizational culture and leadership[M]. 2nd ed. San Francisco: Jossey-Bass, 1992: 24.
[3] HATCH M J. The dynamics or organizational culture[J]. Academy of Management Review, 1993, 18(4): 660.
[4] 罗长海,林坚. 企业文化要义[M]. 北京：清华大学出版社,2003.
[5] 石伟. 组织文化[M]. 上海：复旦大学出版社,2008.
[6] 王学秀. 文化传统与中国企业管理价值观研究[D]. 天津：南开大学,2006.
[7] 李海,郭必恒,李博. 中国企业文化建设：传承与创新[M]. 北京：企业管理出版社,2005.
[8] 李庆善. 企业动力之源：企业文化[M]. 北京：科学技术出版社,1991.
[9] 陈春花. 企业文化管理[M]. 广州：华南理工大学出版社,2007.
[10] 王超逸,李庆善. 企业文化学原理[M]. 北京：高等教育出版社,2009.
[11] 刘光明. 企业文化教程[M]. 北京：经济管理出版社,2008.
[12] 栾永斌. 企业文化案例精选精析[M]. 北京：中国社会科学出版社,2008.
[13] 张德. 企业文化建设[M]. 北京：清华大学出版社,2009.
[14] 彼得斯,沃特曼. 追求卓越：探索成功企业的特质：珍藏版[M]. 胡玮珊,译. 北京：中信出版社,2009.
[15] 周志友. 德胜员工守则：新版[M]. 合肥：安徽人民出版社,2009.
[16] 代凯军. 管理案例博士评点[M]. 北京：中华工商联合出版社,2000.
[17] 曾昊,陈春花,乐国林. 组织文化研究脉络梳理与未来展望[J]. 外国经济与管理,2009,31(7):33-42.
[18] 陈华文. 文化学概论新编[M]. 北京：首都经济贸易大学出版社,2009:14-15.
[19] 简明不列颠百科全书[M]. 北京：中国大百科全书出版社,1986.
[20] 张小娣,赵篙正. 组织文化、组织学习与企业知识集成能力的关系研究[J]. 情报杂志,2009,18(8):112-115.
[21] 许庆瑞. 管理学[M]. 北京：高等教育出版社,2000.
[22] 奈. 软力量：世界政坛成功之道[M]. 吴晓辉,钱程,译. 北京：东方出版社,2005.
[23] 朱孔来,马宗国. 国内外软实力研究现状综述及未来展望[J]. 济南大学学报：社会科学版,2010(6):56.
[24] 秦德智,秦超,蒋成程. 企业文化软实力与核心竞争力研究[J]. 科技进步与对策,2013(14):95-98.
[25] 唐晓鑫. 企业文化软实力与核心竞争力研究[J]. 商业经济,2017(1):129-131.
[26] 陈德金. 变革时代的企业文化之道："企业文化理论之父"埃德加·沙因专访[J]. 清华管理评论,2016(6):42-47.
[27] 王明辉,张芳. 文化智力及其对组织管理的启示[J]. 商业时代,2011(26):99-100.
[28] 高中华,李超平. 文化智力研究评述与展望[J]. 心理科学进展,2009,17(1):180-188.
[29] 龚浩强. 关于加强企业文化软实力的若干思考[J]. 经济师,2017(5):281-282.

第4章　企业文化结构与功能

【学习目标】
- ☑ 掌握企业文化的元素构成
- ☑ 掌握企业文化的层次结构
- ☑ 掌握企业文化的正向功能
- ☑ 了解企业文化的负向功能

引例　　　　　　　泰威公司企业文化与传统文化融合的探索

据美国《财富》杂志报道，世界500强企业平均寿命为40～42年，中国中小企业的平均寿命为2.5年、集团企业的平均寿命为7～8年。泰威公司创始人李文良先生一直在探索中国企业长治久安的法门。

泰威公司成立至今已经有24年。在经营企业的过程中，早期李文良将西方管理学应用到实践中，企业取得显著成效，与此同时，危机开始出现：学习照搬西方以创造物质财富为企业核心价值的理念不利于企业的长期发展。李文良见证了其他企业家的生活与心境的不顺、身边人乃至发达国家在丰富物质生活背后的精神世界普遍消极的状况，由此引发对企业、社会和个人之间相互关系的深思。而所有问题的答案，都能在中国传统文化中找到。

早在1993年接触的《了凡四训》中"立命之学、改过之法、积善之方、谦德之效"四个方面改造命运的原理便给了李文良明确的答复：将改命之理应用到企业运营中，实现中国民营企业的幸福发展愿景。2005年在二次考察欧洲国家后，李文良对于中国传统文化与现代企业发展的有机结合有了更坚定的想法，开始从企业内部推行中国传统文化教育。

　　李文良一直在找寻企业长治久安的秘诀。10 年的中国传统文化结合企业运营管理的摸索路程，使泰威的企业文化逐渐与以天地人和的价值观、人生观和世界观为核心价值的生态文明相契合。《大学》中的"德者，本也；财者，末也。夫孝，德之本也。……是故财散则民聚，财聚则民散"给予了他对企业运营思路的启发。2015 年，泰威公司实践出了 512524 的企业长久之道，即以 51：25：24 分配的"天地人和"的生态股份制：51% 的企业股权由创始股东捐出成立公益基金，投资生态工业、生态农业、生态教育、生态医疗、生态流通等生态产业，以促进社会和谐发展；25% 的企业股权由创始股东捐出作为全员股份，让全体员工参与企业的成长，成为企业的内部主人，推动员工创新创业精神；24% 的企业股权由企业原始股东持有，让原始股东成为最小的股东，践行孔子四毋，即毋意、毋必、毋固、毋我。

　　泰威企业借助孟子"得道者多助，失道者寡助"的思想，用 51：25：24 的比例实现企业"天时地利人和"的社会与创始人共建发展模式，这是李文良十几年来找到的答案。中山大学黎红雷教授对此总结评价：512524 的生态股份制是"利益相关者企业理论"的中国实践，是"可持续发展理论"的企业实践。

　　泰威企业 10 多年的探索，不局限于创造企业利润，同时重视精神财富的创造，将优秀传统文化与企业经营相融合，丰富员工的身心发展，并实践出"天地人合"的 512524 股权制度，成为胜似学校、胜似家庭、胜似道场的新儒商企业。

　　资料来源：根据传统文化纪录片《践行者》之《新生》字幕内容及相关访谈资料整理而成。

4.1　企业文化的元素

　　企业文化作为一种管理知识以及企业实践中不可或缺的部分，已经受到了广泛的关注与认同。无论是处于创业成长阶段的中小企业还是在全球运作的大集团，都十分重视企业文化元素在企业战略发展、经营模式、组织管理、员工成长和领导风格方面所发挥的重要作用。另外，许多学者使用"要素"这一词汇来表述企业文化的内涵构成，这在前述章节中已经有了较为深入的阐述。不过，对于许多刚刚接触企业文化理论与实践的学习者与管理者而言，企业文化在知识和实践层面应包含哪些内容元素，似乎仍是一个迷惑丛生的丛林。

　　在参阅诸多关于企业文化内容要素的论述基础上，结合多年的企业文化实践的咨询经历，我们认为企业文化元素从知识到行动方面应当包括：使命与愿景、企业价值观、企业家精神、规范与惯例、英雄人物、活动与网络六个方面。

　　第一，使命与愿景明确了企业存在的意义价值和长期目标。"企业使命"在多数情况下和"企业宗旨"基本可通用。它意在说明企业在经济和社会系统中存在的理由和生命的价值所在，也就是管理大师德鲁克所提出的"我们的事业应该是什么"。任何一家企业在创建和发展过程中都需明确，企业提供的产品和服务以及对社会经济发展的"终极价值"的定位。企业文化作为社会的一种亚文化形态存在，必须体现和反映企业的终极价值意义，而这正是"使命"这一文化元素所要表达的。例如，美国联合人寿保险公司的使命是："我们通过为顾客提供保险以及其他金融产品和服务让他们获得安全感。凭借为顾客提供实实在在的价值和与顾客建立起最大限度彼此依赖的合作关系,我们会成为本行业中顾客的首选。"这一使命表述表明联合人寿保险公司的使命就是通过保险产品和服务来满足人们的"安全感"需求的。同时,该表述还说明了其商业模式与发展愿景。

这里提到的"愿景"实际上就是围绕企业的宗旨使命,向全体员工、行业乃至社会表达公司长远发展的蓝图和长期目标,显示本公司要在行业和社会中追求或维系的定位或地位。公司的发展必须要确定主航道和终极航标,只有这样,企业发展才有长久的定力、足够的内生动力。例如,微软公司将其愿景归纳为"让世界上的每一台电脑都因为微软而转动",美国波音公司的愿景是"领导航空工业,永为航空工业的先驱"。

第二,企业价值观主导着企业组织的行动逻辑。一家企业无论其产业经营形态的高低、产品与服务的多寡、人员关系与制度的繁简,对于经营管理问题与对象的行动反应总有其规律性,这就是企业文化大师沙因所言的"我们这儿做事的方式"。[一]这种行动规律性实际上由企业群体中已经根深蒂固的某种文化信念程序所决定,这种文化信念程序是一家企业的领导者及员工对企业经营发展、组织管理各种问题高度抽象化的总结和提炼,并形成组织共同具有的"默认假设"。这些让企业组织或员工深信不疑的假设主导着企业对各种事项和关系做出决策与行动。它决定了企业的使命和愿景用什么样的商业模式或经营方式来实现;决定了企业的经营管理应当用什么样的制度和规范来形成某种秩序;决定了企业选择或涌现什么样的人物作为企业的文化符号;决定了企业用何种心态和行动去面对或赢得顾客和用户。

第三,企业家精神引领与指引着企业文化的价值与行动。无论是一家初创企业还是一家成熟公司,企业领导者及其团队的企业家精神都是影响企业文化的重要因素之一,甚至就是最重要的因素。优秀的企业家是公司最重要的"英雄人物",其拥有并传递了大量的企业文化信息,形成并凝铸了企业文化的"标杆"。例如,华为教父任正非持续不断地勇于突破自己,坚持自我反省的危机意识与行动,坚守企业发展的"主航道"定力,让华为用了不到20年时间从一家通信行业贸易型小公司成长为全球通信业的巨擘。他的这种企业家精神为华为企业价值观的形成乃至践行奠定了精神与实践的基础。大量的研究和案例都表明:公司创始企业家的企业家精神与领导风格基本决定了这家企业在初创和成长阶段的核心价值观,并奠定了企业走向成熟阶段后企业文化的基调之一。

第四,规范与惯例是企业文化稳定守恒的载体。众所周知,无规矩不成方圆,任何工作要想成功都必须按照合乎规律的工作程序与制度来开展,否则,要么造成工作事故,功亏一篑,要么效率低下。另外,越是复杂的工作,越是需要协调众多部门和人员的工作,越需要制定并遵从一套科学、有效的规范和制度,按照成功的惯例来施行。企业文化正是这样一项从价值信念到行动逻辑都具有复杂的过程,并且需要全体人员认同和进行行动协同的工作。企业的制度和规范必须是企业文化理念与工作要求具体事项融合的产物,即具体事项的制度要求和企业的价值观应当是一致且照此执行的。如果是不一致的甚至相反的,要么产生文化、制度与行动的脱节,要么产生企业精神与行动系统的"心理紊乱"乃至激烈的矛盾冲突,使企业文化的信仰与信任失效。人们很难想象一家以"将质量视为生命"为企业价值观的公司,会容忍"只要质量达标,可以不按照产品生产操作规程进行"的违规行为;一家确定"制度面前人人平等"的价值观的企业,会在关系和人情面前"让制度保持弹性,让制度下跪"。

[一] 沙因. 企业文化生存指南[M]. 郝继涛, 译. 北京: 机械工业出版社, 2004: 21.

第五，英雄人物是企业文化的"摹写"和员工进步的参照。 美国哈佛大学的艾伦·肯尼迪和特伦斯·迪尔认为，美国企业应该回到历史上曾造就出许多伟大美国公司的独创性观念和设想中去，塑造出强烈的企业文化。"公司文化由价值观、神话、英雄和象征凝聚而成，这些价值观、神话、英雄和象征对公司的员工有重大的意义。"○树立榜样，典型引导，发挥榜样的作用是建设企业文化的一种重要而有效的方法。企业把那些最能体现价值观念的个人和集体树为典型，大张旗鼓地进行宣传、表彰，并根据客观形势的发展不断调整激励方法，有利于优秀企业文化的形成和发展。迪尔和肯尼迪认为没有英雄人物的企业文化是不完备的文化，是难以传播和传递的文化。

第六，活动与网络是企业文化践行和传递的行动方式。 企业文化不是喊在嘴上，而是信在心里；不是挂在墙上，而是动在手上。企业文化所确定的价值观和经营理念，所确认的作风与管理准则，多应通过不同部门的业务活动以及企业关键的工作事项进行指导、运用和确认，并通过培训指导、查偏纠错、过程确认、奖惩规训等方式成为员工的"自觉行动"，养成企业文化的行动习惯。另外，企业文化要落地并体现在员工行动方面还需要有一套传递的网络。迪尔和肯尼迪认为文化网络是企业内部以轶事、故事、机密等形式传播消息的非正式渠道。这种网络让企业文化更加形象、生动，贴近员工的心理感知；这种网络渠道传播让企业文化的渗透更加自然，更具有生活色彩；这种网络传播可以增加正式渠道企业文化的工作力度，降低其推进的阻力。

在现实的企业实践中，许多企业使用了多种反映企业文化"标志"的词汇，如宗旨、使命、经营哲学、企业精神、企业价值观、企业作风、管理准则、企业氛围等。一时间，这让企业文化不仅在概念上交错混同，而且在实践上难得其道。但是无论知识和实践有多少差异，一家公司的企业文化要建设和取得效果，"使命与愿景、企业价值观、企业家精神、英雄人物、规范与惯例、活动与网络"这六个方面是不可或缺的文化元素。

| 实践链接 4-1 |

吉利育人之道：培养坚韧而快乐的奋斗者

2020年，疫情席卷全球。汽车产业是全球化程度最高的行业之一，也是受此次危机影响最严重的行业之一。可是，以吉利为代表的中国民族车企却展现出了后生可畏的气魄和韧性。逢此"百年未有之大变局"的非常时刻，吉利汽车非但没有饮鸩止渴、粗暴裁员，而是"以人为本"，发扬"奋斗者文化"，在企业内部积极深化组织变革，锻造员工组织韧性，打造出了高绩效组织架构。

一是奋斗者文化：每个人都是企业的主人。吉利控股集团董事长李书福曾形象地形容企业的元气："企业像人一样有元气。企业的元气不是企业的董事长、总经理，也不是厂房、设备、固定资产，而是员工的心。谁伤害了员工的心，谁就伤害了企业的元气。"从2013年开始，吉利就开始推进"元动力工程"建设，颠覆以往企业管理思维，秉持"领导为员工服务，部门为一线服务"的企业理念。遵照"高挑战、高绩效、高回报"的原则，吉利明确价值贡献核心准则，

○ 迪尔，肯尼迪. 企业文化：企业生活中的礼仪与仪式 [M]. 李原，孙健敏，译. 北京：中国人民大学出版社，2008：4.

通过有效绩效评价机制甄别奋斗者，为其提供优势资源，最大限度地发挥个人和组织的动力和活力，吉利的员工深切地体会到了何为"快乐经营体"。

二是锻炼组织韧性：鼓励走出舒适区，成为企业体系链条中的关键一环。吉利秉持后疫情时代"打基础、练内功"的生存和发展之道，将提升韧性着落在每一位员工身上。为了应对汽车科技化产品转型浪潮，以及吉利科技化转型大战略所需，吉利此前已推出"活力计划"，通过轮岗方式，鼓励员工挑战自我舒适区，进化成为适应不同岗位需求的复合型人才。

三是科技化转型：推出"蓝海培训项目"，培养关键岗位关键人才。为了满足未来自动驾驶、高精地图、遥感卫星网络建设等科技项目的人才所需，吉利推出了"蓝海培训项目"。该项目旨在打造一批主动出击、自我变革、不断超越的高效能复合型人才。

这些人将是吉利的中流砥柱，更将是延续和发扬吉利公司文化的树种。

资料来源：https://baijiahao.baidu.com/s?id=16709979602493185867&wfr=spider&for=pc。

 企业文化不是喊在嘴上，而是信在心里，不仅仅是一种口号，更要付诸行动。吉利的"元动力工程""活力计划"以及"蓝海培训项目"，体现了吉利将企业文化作为其发展的重要支柱，吉利的使命与愿景、企业价值观、企业家精神及企业活动和网络，都是企业文化不可缺少的因素。

4.2 企业文化的结构

元素是系统的基本组成部分，结构是系统内部要素的排列组合方式。研究企业文化，不但要了解企业文化的元素，而且还要理解企业文化的结构。研究企业文化的结构，就是要把企业文化作为一个系统，找出各个组成部分的关系，并了解企业文化作为一个整体与各部分之间的关系。在参阅诸多关于企业文化结构的相关文献等的基础上，本书拟采用目前国内对企业文化结构较为流行的一种划分方式，即四层次结构。它将企业文化划分为物质文化、行为文化、制度文化和精神文化四个层次（见图4-1）。

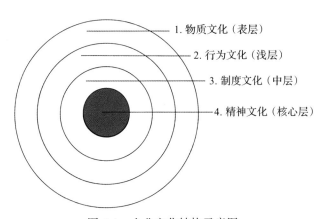

图4-1 企业文化结构示意图

1. 物质文化

物质文化是由企业成员创造的产品和各种物质设施等所构成的器物文化，属于表层的

"硬文化",也被称为外观层,是外界最容易接触和体会的企业文化现象。它主要包括企业产品结构和外表款式、企业劳动环境和员工休息娱乐环境、员工的文化设施,以及厂容厂貌等。物质文化是企业员工的理想、价值观、精神面貌的具体反映。所以,尽管它是企业文化的最外层,但它集中表现了一家现代企业在社会上的外在形象。因此,它通常是社会对一家企业总体评价的起点。

物质文化的载体是指物质文化赖以存在和发挥作用的物化形态。它主要划分为以下几类:

(1)生产资料。物质文化载体中的生产资料包括建筑物、机械工具、设备设施、原料燃料等。这些是企业直接生产力的实体,是企业进行生产经营活动的物质基础,标志着人类文明进化的程度,是社会进步程度的指示器。

企业的生产机器、设备设施的摆设、颜色等生产资料的使用状况往往折射出管理理念和企业的价值观。例如,在日本的许多企业中,对员工的关怀往往体现在对安全生产的重视和具体化的安排上,诸如对安全标语、安全设施、保养维护、安全检查、工厂平面配置、现场布置、区域划分等均有整体的科学规划。丰田汽车厂运用时间、动作的原理,将产品输送带抬高,使得作业人员不必弯腰工作,既提高了劳动生产率,又减轻了工人的体力负荷。

企业的技术、设备的现代化与企业的文明程度密切相关,是企业进行生产经营活动的物质基础,是生产资料中最积极的部分。在现代企业中,员工凭借先进的技术、设备,使劳动对象达到预期的目标,为社会生产出质优价廉的产品,创造优质的物质文化。随着知识经济的到来,技术、设备对企业文化的制约作用越来越大。因此,现代企业在注重技术、设备现代化的同时,不可忽视技术、设备本身对员工的影响。

美国的安海斯-布希(Anheuser-Busch)啤酒公司是世界上最大的啤酒公司之一。它十分注重工厂环境的美化。它的厂房布局合理,清洁明亮,一尘不染。厂房的四周花草如茵,树木葱郁。公司员工或宾客置身其内,心旷神怡。这样一种环境自然会使人产生对其产品的信任感。该公司还特意将工厂开放为观光景区,每年接待上万名观光者,既增加了收入,又为公司做了活广告,提高了公司的知名度。

(2)企业的产品。企业不仅通过有目的的具体劳动,把意识中的许多表象变为具有实际效用的物品,更重要的是在这一过程中,不时地按照一种文化心理来塑造自己的产品,使产品的使用价值从一开始就蕴含着一定的文化价值。

企业生产的产品和提供的服务是企业生产的经营成果,是企业物质文化的首要内容。企业文化范畴所说的产品文化包含三层内容:一是产品的整体形象;二是产品的质量文化;三是产品设计中的文化因素。

可口可乐公司的老板宣称:"即使我们的工厂在一夜之间被烧光,只要我们的品牌还在,我们就可以马上恢复生产。"可口可乐公司能有667亿美元惊人的品牌价值,就是因为它有着十分独特的品质文化。可口可乐公司以其独有的配方称雄于世。这种配方被保存于银行的保险箱中,以确保可口可乐品质的独有特性。"可口可乐"流线型的字体、永远不变的红色,在世界各地都是那么抢眼、夺目。可口可乐不光给世人带来了美国的文化、美国的精神——开放、快乐、自由、诙谐,也向世人传播着爱与和平。人们透过可口可乐,认识到了生活的美好,学会了互敬互爱,学会了热爱和平。所有这些共同构成了可口可乐的整体形象,使其以"挡不住的感觉"深深扎根在人们的心中。

(3)企业名称和企业象征物。企业名称和企业象征物都是企业文化的可视性象征之一,充分体现了企业的文化个性。企业名称和企业象征物还是企业作为一种文化、智慧、进步的结晶奉献给社会，以显示企业的文化风格。

中国所有的银行建筑风格大体一致，即坚实、牢固、宏大，银行门口塑的都是威风凛凛的雄狮。这就根源于中华民族传统的文化习俗——中国人在把自己经过千辛万苦挣来的、节衣缩食省下来的钱送到银行时，认为这是最安全的地方，因此，银行的建筑风格都是碉堡般坚不可摧的，门口有"兽中之王"守护着，这样才能暗合老百姓的心理，给他们一种可信之感。

此外，企业在员工工作所配置的必要的保健、卫生、安全等设施，以及为提高员工文化知识、科学技术素质所提供的必要的技术培训、职业教育、文化教育设施以及营造的环境氛围，这一切均是企业文化的外化物，它们会使员工受到文化的熏陶，提高员工的文化素质。

| 实践链接 4-2 |

"源于自然，寿人济世"的东阿阿胶文化

"阿胶，出东阿，故名阿胶。"阿胶因东阿而得名，阿胶也让东阿这片土地久负盛名。众所周知，东阿水是阿胶炼制的关键密码，是它让阿胶在这片土地得以传扬。关于东阿水的起源，《水经注》记载："东阿有井大如轮，深六七丈，岁常煮胶以贡天府。"千百年来，太行山、泰山两股地下潜流形成千万细流溶入地下，在东阿地下交汇，造就了独特的东阿县地下水。东阿水的奥秘不仅在于其含有钙、镁、锶等20多种矿物质，更在于其1.003 8的相对密度、7.4的PH平均值，这成为炼制阿胶的天然电解质，让驴皮中的胶质与杂质易于分离，水解成更易被人体吸收的小分子蛋白。因此，东阿阿胶坚守在这片土地上，坚持用东阿水炼制。这片土地见证了阿胶的历史，也参与了历史的传承，守护这份传承，只为呈现道地的阿胶。

东阿阿胶代代相传，让滋补国宝走进万家。传授的是匠心，传递的是温暖。"寿人济世"作为东阿阿胶的使命，浓缩了千年阿胶对人们生命、生活的独特作用，表达了东阿阿胶在促进社会发展中要做大健康产业，为人们的健康长寿做贡献，实现企业发展和基业长青的价值取向，体现了东阿阿胶人的崇高理想和卓越追求。

资料来源：PhyFinancer. 东阿阿胶：逆境反转中的确定性机会［EB/OL］.（2021-11-07）［2022-03-09］. https://xueqiu.com/7687534493/202387944.

东阿阿胶的产品充分体现了其产品的整体形象、质量文化以及设计中的文化因素。东阿阿胶的使用价值从一开始就蕴含着浓厚的文化价值，富有深厚的中国文化。公司文化的物质层面不仅要有文化的景象，更要有文化的联想；不仅要有文化的外貌，更要有文化的内涵。东阿阿胶的文化传承奠定了其优质企业文化底蕴。

2. 行为文化

行为文化是指企业员工在生产经营、学习娱乐中产生的活动文化，是企业文化的行为层。它包括企业经营、教育宣传、人际关系活动、文娱体育活动中产生的文化现象。它是企业经营作风、精神面貌、人际关系的动态体现，折射出企业精神和企业价值观。

从人员结构上划分，企业行为包括企业家行为和企业员工行为。

（1）企业家行为。企业家是企业的灵魂。企业家的价值观与人格魅力决定了企业文化的健康与优化的程度，决定了员工对企业的信心程度，也决定了企业在未来竞争中的胜负。有什么样的企业家，就有什么样的企业和什么样的企业文化。

企业家文化是企业文化的核心。企业家的人格力量、信念力量、知识力量是企业家事业追求的驱动力。企业家最重要的任务是创造和管理文化，以自己的言行影响企业健康文化的生成。企业家文化主要体现在其专业素养、思想道德、人格风范、创新精神、理想追求等方面。企业家对企业文化的理解深度与行为选择反映了他的领导水平与领导能力。纵观成功的企业，几乎所有最优秀的企业领导者总是不惜耗费时日去创造、倡导、塑造、维护自己或创业者构架的具有强势力量的企业文化，并通过自己的行为不断对员工和企业施加积极的影响力。

"世界船王"包玉刚一向以稳健、谨慎的风格来经营企业。没有十分的把握，他不会冒险决策。他在创业之初，就选定了风险相对较小的船运业。他认为只要处理好海情，风险就不算什么，这是国际性的服务活动，具有广阔的前景。就这样，包玉刚走出了通向船王之路的第一步。回避风险成为他事业成功的重要秘诀。他的这种稳健、谨慎的风格直接影响到他旗下的几十家公司，使整个企业所烘托出来的文化处处表现出安全可靠、处处为客户着想的氛围。这些企业文化反过来又帮助包玉刚以卓著的信誉、良好的经营风格不断扩大自己的企业王国。由此可见，企业家的特殊风格直接影响和左右着企业文化。

企业家是企业文化的积极倡导者和模范实践者，他们通过自己的行为，引导和扶持企业文化的发展。首先，企业家的创业实践和个人价值观是企业文化的基础。企业文化是个人价值观与整体价值观的统一，而企业家个人的价值观念及其创业实践，往往给企业共同价值观念的形成产生深刻的影响。这主要是由企业家在企业中所处的特殊地位所决定的。其次，企业家的身体力行和积极倡导是企业文化确定、形成的重要推动力量。企业文化作为一种群体意识，其形成呈自发和自觉的统一。企业成员只有在个人价值观的基础上，接受企业整体价值观并内化为个人的行为准则，企业文化才能形成并发挥内化控制的作用。要做到这一点，不仅取决于某种企业文化本身是否优秀，而且还取决于这种企业文化在多大程度上被企业员工所认同和接受。在这个过程中，企业家的身体力行和积极倡导是一个重要的推动力量。最后，企业家的应变意识和能力是企业文化丰富、充实、重建的重要条件。任何企业都在企业大系统中生存和发展，都是一定的社会文化的产物，受到社会政治、经济因素的影响。企业文化应该适应这种影响，不断加以充实，在必要时甚至要重建。但是，企业文化是在企业的长期发展中日积月累逐渐形成的，具有一定的惰性。因此，监测社会环境的变化，保持企业文化与社会文化的动态平衡就显得十分必要，而企业家的应变意识和能力就成了企业文化充实丰富、推陈出新的重要条件。

（2）员工行为。员工是企业的主体。员工的群体行为决定企业整体的精神风貌和企业文明程度。因此，员工群体行为的塑造是企业文化建设的重要组成部分。企业通过树立科学而明确的行为规范，来引导和培育员工职业、文明、健康的行为。正如海南航空的员工训条所示："积厚德，存正心；乐敬业，诚为本。入角色，融团队；坚誓愿，志高远。赢道义，勿自矜；吃些亏，忌怨恨。讲学习，敬师长；不夸能，勤精进。除懒惰，止奢欲；培定力，绝私弊。离恶友，甘淡泊；忍人辱，达道理。"

除了企业家和员工行为外，企业文化要素中所提及的英雄人物或者说是模范人物，其行为在企业文化建设中也具有相当重要的作用。其行为标准是，要能卓越地体现企业价值观的某个方面，与企业所倡导的目标一致，并取得良好的成绩，具有先进性。这里要特别说明的是，他们不一定在所有方面都领先，但关键要在企业所倡导的至少某个方向上取得突出成绩。

3. 制度文化

制度文化是具有本企业文化特色的各种规章制度、道德规范和职工行为准则的总称，也被称为企业文化的制度层。它包括企业工艺操作规程、厂规厂纪、厂服、厂徽、经济责任制、考核奖惩制以及生产经营中的交往方式等。它在企业文化中居中层，属于强制性文化。企业制度文化是企业为实现自身目标对员工的行为给予一定限制的文化，具有共性和强有力的行为规范的要求。

没有规矩，无以成方圆。任何一个群体都必须有一定的行为准则。员工的思想水平、价值观念、道德标准及性格爱好、行为方式各不相同，所有这些都影响着员工对企业、工作的态度，从而影响着员工的工作效率和整个企业的经营效益。因此，建立企业制度的目的在于协调生产、规范企业活动及员工行为，以提高企业工作效率。制度的突出特点是强制性。营造企业制度氛围就是制定并贯彻企业各项规章制度，强化企业成员的规范行为，引导和教育员工树立企业所倡导的统一的价值观念，使员工顾全大局，自觉地服从企业的整体利益。企业的规章制度主要包括企业的领导制度、人事制度、劳动制度和奖惩制度等。企业的领导制度规定着企业领导者的权限、责任及其具体的实施方式，是企业的基本制度。人事制度包括用工制度和晋升制度，关系到企业人力资源的充足程度、使用效率、员工的素质和企业内部的人际关系，是企业的重要制度之一。劳动制度包括企业的安全管理、劳动时间和劳动纪律，是企业生产顺利进行的必要保证。奖惩制度是企业员工的行为导向，意在通过奖励和惩罚向员工明确表明企业所倡导与禁止的东西，以此规范企业员工的行为。制度的内容必须具有合法性、统一性和准确性。在企业文化中，企业制度文化是人与物、人与企业运营制度的结合部分。它既是人的意识与观念形成的反映，又是由一定物的形式所构成的。同时，企业制度文化的中介性，还表现在它是精神与物质的中介。制度文化既是适应物质文化的固定形式，又是塑造精神文化的主要机制和载体。正是由于制度文化这种中介的固定、传递功能，决定了它对企业文化的建设具有重要的作用。

4. 精神文化

精神文化是指企业在生产经营中形成的独具本企业特征的意识形态和文化观念，也被称为企业文化的精神层，是企业文化的核心层。由于精神文化具有企业的本质特点，故往往伴随着企业的经营发展而逐步形成。它包括企业精神、企业道德、价值观念、企业目标和行为准则等。

上述四个层次之间存在着相互的联系和作用。

首先，精神层决定了行为层、制度层和物质层。精神层是企业文化中相对稳定的层次，它的形成受到社会、政治、经济、文化以及本企业的实际情况、企业管理理论等的影响。精神层一经形成，就处于比较稳定的状态。精神层是企业文化的决定因素，有什么样的精神层就有什么样的物质层。举例来说，美国埃克森公司的价值观是：高度尊重个人的创造性，绝对相信个人的责任感，但同时，默认在做出一项重要决定前各方要达成一致。这就决定了在制度层方面表现为：随便的衣着和沟通方法，即没有等级标志，相互之间会进行争论等。而另一家总部设在欧洲的麦迪公司，它的价值观是尊重资历、学识和经验，注重通过服务时间的长短、整体工作情况和个人的教育背景来评价职工。因此，这在制度层和物质层就表现为：一切都是规范化和正式化的，大楼中各办公室都有正式标志，大厅中的气氛是静默的，行为上往往通过人们在大厅中见面时周全的礼节得到体现，如备有专门的高级经理人员餐厅，强调在文件中使用正式的学术用语，以及注意规范计划、程序和正式的会议文件等。埃克森公司和麦迪公司精神层的不同，使它们的制度层和物质层表现为完全不同的内容。

其次，制度层是精神层、物质层和行为层的中介。精神层直接影响制度层，并通过制度层影响物质层。基于领导者和员工的企业哲学、价值观念、道德规范等，他们会制定或形成一系列的规章制度、行为准则来实现他们的目的，体现他们特有的精神层的内容。可见，精神层对制度层的影响是最直接的。企业在推行或实施这些规章制度和行为准则的过程中，从而形成独特的物质层，并以特有的价值取向和精神反映在其行为中，所以精神层对物质层的影响一般是间接的。制度层的中介作用，使得许多卓越的企业家都非常重视制度层的建设，使它成为企业的重要特色。

最后，物质层和行为层是精神层的体现，精神层虽然决定着物质层、制度层和行为层，但精神具有隐性的特征。它隐藏在显性内容的后面，并且必须通过一定的表现形式来体现。它们的精神活动也必须付诸实践。因此，企业文化的物质层和行为层就是精神层的体现与实践。物质层和行为层以其外在的形式体现了企业文化的水平、规模和内容。因此，当我们看到一家企业的工作环境、文化设施、规章制度时，就可以想象出该企业的文化精髓。企业文化的物质层和行为层除了体现精神层的作用以外，还能直接影响职工的工作情绪，直接促进企业哲学、价值观念、道德规范的进一步成熟和定型。所以，许多成功的企业都十分重视企业文化中物质层和行为层的建设，明确企业的特征与标志，完善企业的制度建设和规范，从而以文化的手段激发职工的自觉性，实现企业的目标。

企业文化的物质层、制度层、行为层和精神层是密不可分的，它们相互影响、相互作用，共同构成企业文化的完整体系。其中，企业的精神层是最根本的，它决定着企业文化的其他三个方面。因此，我们研究企业文化的时候，要紧紧抓住精神层的内容。只要我们抓住了精神层，企业文化的其他内容就会顺理成章地被揭示出来。这就是许多人将对企业文化的研究重点都放在企业哲学、价值观念、道德规范上的原因。

4.3 企业文化的功能

4.3.1 企业文化的正向功能

1. 凝聚功能

文化的根本功能就是凝聚功能，简单地讲就是达成共识。达成共识只需要做到四件事情：首先，共同的事物、共同的语言、共同的举动以及共同的感受。共同的事物让员工可以和组织完全保持一致，比如海底捞给员工安排好的住宿等。相同的服装、公开的办公场所、一起用餐的餐厅等共同的事物都会促进共识的达成。其次，西方谚语——世界上最近的距离和最远的距离都在舌头上，说的就是语言的功效；如果员工有共同的语言，则容易达成共识且没有距离。一个好的企业文化会让员工不断谈论这样的话题：第一，诚实地了解顾客并追求顾客至上；第二，不强调职位的高低；第三，我们只是合伙人与伙伴；第四，我们不可依靠系统，而应依靠个人的能力来满足顾客的需求。另外，运用共同的举止达成共识的典型是军队。任何一个军人都会要求自己的一切举止符合要求，从而形成强大的组织，战无不胜。我们在形成企业文化的时候，也一样需要员工具有共同的行为举止，比如会议的参与、对于细节的注意、个人关系与人际沟通、在危机中应对顾客需求的对策、品质的标准和劳资关系。最后，员工的感受是达成共识需要关注的第四个部分。海底捞的经验说明从员工的衣、食、住、行入手，为员工提供良好的服务，这样的待遇能让员工感受到公司对于他们的尊重和珍惜，增强员工的自豪感和当家做主的感觉，这样的感觉一旦成为员工的共识，就会发挥巨大的作用。

企业文化在发展和应用环节发挥着重要的凝聚功能，在达成共识的基础上，增强了员工的归属感和企业的内部凝聚力，从而进一步推动企业形成友好的团队协作意识与氛围。

2. 导向功能

文化作为一种价值取向，具有一定的导向功能，潜移默化地影响着人们所处的环境以及他们所追求的目标。就企业来说，企业文化是企业内部成员的共同价值观体系，表现为企业的"个性与风格"，它以企业宗旨、企业理念的形式得到精炼和概括并获得传播，最终由企业的产品和员工的行为习惯体现出来。企业文化一旦形成，就会建立起一套自身系统的价值和规范标准，对企业成员的个体思想和企业整体的价值与行为取向产生导向作用。建立在共同价值观基础上的企业文化，反映了企业整体的共同意识、共同追求、共同价值和共同利益等观念，让企业中的绝大多数人员清楚地知道企业倡导什么、反对什么。企业文化把成员的个人目标引导到企业所确定的目标上来，使成员在潜移默化中接受企业文化的共同价值理念，形成一股凝聚力。企业文化的这种导向功能，主要是通过企业文化的塑造来引导企业成员的行为心理，使人们接受共同的价值观念，自觉自愿地把企业目标作为自己的追求目标来实现的。

企业文化的导向功能具体体现在：一是规定企业行为的价值取向；二是明确企业的行动目标；三是建立企业的规章制度。正如迪尔和肯尼迪在《企业文化：企业生活中的礼仪与仪式》一书中反复强调的："我们认为人员是公司最伟大的资源，管理的方法不是直接用电脑报表，而是经由文化暗示，强有力的文化是引导行为的有力工具，能够帮助员工做得更好。"

3. 约束功能

企业文化在企业中形成一种"软约束"机制，它可以借助共同价值观和相关理念，以及与之对应的行为规范和准则，引导与规范成员的行为。相对于企业制定的规章制度对成员所产生的"硬约束"，"软约束"往往可以产生这些"硬约束"所起不到的作用。企业成员可以按照规章制度上的要求，规范相应的行为，却无法规范规章制度之外的行为。换言之，规章制度可以要求成员遵守相应的规范，但成员实际上并不一定完全遵循规章制度，行为的规范程度也可能差强人意。"软约束"机制是以共同的价值观和相关理念为核心，借助从众心理、群体压力等机制，在成员的心理深层形成一种定式，构造出一种响应机制。只要外部诱导信号发生，即可得到内部的积极响应，并迅速转化为预期的行为。当企业文化上升到一定高度的时候，这种规范就会产生无形的约束力。它让员工明白自己行为中哪些不该做、不能做，这正是企业文化所发挥的"软约束"作用的结果。通过这些"软约束"机制提高员工的自觉性、积极性、主动性，使员工明确工作意义和工作方法，从而提高员工的责任感与使命感。

企业正是通过企业文化和企业规章制度这两种软、硬约束机制的共同作用，对员工的意识和行为起到了规范的作用。

4. 激励功能

企业文化对员工的激励主要是精神上的鼓舞，从而给予员工较为强烈的主人翁感受和责任感，激发员工的潜在工作积极性与创造性，形成企业竞争力。首先，企业文化的激励功能体现在为员工提供良好的心理环境上。企业拥有优质的物质文化，可以使员工拥有较高的社会声誉以及社会地位，感受到一定的荣誉感与自豪感，对企业更加认同与忠诚。良好的企业文化作为营造优良企业经营氛围的基础，为员工提供更加舒适的工作体验，帮助员工树立正确的目标和科学的人生观、价值观，实现职工与企业的双赢。其次，企业文化激励员工的创造性行为。现如今企业为实现可持续发展，逐步开拓员工的创新能力，鼓励民主沟通，支持员工与企业的思想碰撞，在很大程度上为企业职工自我发挥提供了更优质的包容性平台，利用企业文化的激励作用为职工发挥创造性提供有利条件。最后，企业文化激发员工的积极组织公民行为。组织公民行为是员工的一种自觉的个体行为，一般都超出了员工的工作描述，完全出于个人意愿，既与正式奖励制度无任何联系，又非角色内所要求的行为。换言之，优秀的企业文化会在无形中不断提升员工的主人翁感受以及责任感，让员工自主去为企业发展着想，维护企业形象，真正成为企业的一分子，形成一种积极的团队气氛，主动创造组织的社会资本，提高员工的工作效率和组织的绩效。

5. 辐射功能

辐射功能也叫形象功能，企业文化的辐射功能主要是通过以下途径实现的：一是向社会传播企业的价值观和经营管理理念，引起社会有关方面的反应。如北京"同仁堂"，把生产"药"提升到"德"的高度。"同声同气福民济世，仁心仁术医病医人"，他们把经商和做人融为一体，在弘扬中华民族医学传统的同时，充分表现了中华民族传统文化中的道德价值和人格、国格意识。二是以企业的产品或服务为载体向社会辐射。星巴克的店面布置、咖啡的口感、人员服务等，让人们感受到其营造的工作和生活之外的"第三生活空间"文化。三是通过企业成员的言行所体现的企业精神和价值观，向社会传播和扩散企业文化。比如美国 IBM 公司有"蓝色巨人"之称，这个名字源于公司的管理者都穿蓝色的西服，更源于约翰·奥佩尔在当时的计算机世界里所树立的威严。四是通过多种公众活动来塑造公司形象，进而传播公司文化。现在越来越多的企业，重视社会责任和公共关系管理，会有针对性地设计一些活动，并借助宣传媒介和工具使企业文化向外扩散传播。

6. 展示功能

企业文化中蕴藏着企业的经营发展理念、战略目标和价值观，这些要素都是企业形象的重要组成部分。对于企业而言，拥有充满正能量和文化底蕴的企业文化，更有利于其塑造市场形象，提升品牌价值和消费者认可度。以百度公司为例，其核心价值观是"简单可依赖"，使命是"用科技让复杂的世界更简单"。这种企业文化不仅赋予了企业员工责任感和使命感，也向外界展现了一个勇于创新、敢于承担社会责任和乐于服务大众的企业形象，从而使百度成为全球最大的中文搜索引擎。

企业文化对内体现的是企业经营管理理念，对外则展现的是企业的品牌形象。作为企业的无形资产，优秀的企业文化不但会在企业内部产生重要影响，更会通过公共活动、媒体传播、网站平台等其他渠道对社会文化氛围的形成发挥重要作用。企业拥有优秀的企业文化，则容易在公众中树立良好的形象，从而有利于发挥企业的品牌效应。一方面，利用文化品牌这一载体，企业能够向市场更好地展现自身价值。现阶段，企业竞争更多的是品牌竞争，而企业文化则是最好的体现。同时，越来越多的消费者对产品的企业文化给予更多关注。另一方面，企业文化可以帮助企业树立起自身的形象，而企业也可借此体现自身的企业文化。因此，企业形成优秀的企业文化，对树立良好的企业形象、增强消费者对品牌的美誉度和忠诚度、提高员工认同感和市场认可度以及促进自身发展有着积极作用。

上述企业文化所具有的基本功能，是由企业文化的价值观念和行为规范直接引发出来的。

此外，企业文化还具有一些衍生功能。比如，企业文化对企业的经营绩效会产生间接的作用，对企业的组织结构模式也会产生影响。这种影响并不是由价值观念和行为规范直接引发出来的，属于企业文化的衍生功能。

4.3.2 企业文化的负向功能

一般来说，企业文化的功能总体上是积极的，但并不能绝对地说企业文化只有正向功能的一面，而没有消极的一面，这正如每个硬币都有正反两面一样。当然，在正常的情况下，企业文化的消极影响，也就是负功能主要源自企业文化过于追求一体性、整体约束，以及企业文化长期在企业中沉淀运行形成了一种惰性、惯性和抗变性，这会对企业适应变化、员工发展和企业愿景目标的实现产生效应影响。

1. 对企业文化落地创建的抑制

企业文化创建需要内化于心、固化于制、外化于形、实化于行。企业文化创建主要包括理念文化建设和行为文化建设。企业文化创建的关键是要落地生根，也就是要从理念贯彻到行为习惯养成。但新企业文化的贯彻往往容易受到原有文化固守的阻碍，从而不利于新企业文化在管理层与员工层中落地生根。进一步而言，原有企业文化作为一种与制度相对的软约束，当其深入人心后，极容易形成一种思维和行为的定式与惯性。这种惯性的束缚对企业变革的阻碍，在企业环境急剧变化时表现得更为明显，对新生的企业文化有更明显的排斥性。

例如，在现代经济激烈的竞争环境下，企业战略应随环境变化而不断调整，企业自身也处于一个不断发展变化的过程中，企业内部会自然而然地产生进一步提高企业效率的客观要求，当企业文化核心价值观与这种客观要求不相符时，企业文化就成了这个企业进一步发展的障碍，企业文化的力量越强，对企业文化创建产生的障碍也越大。

2. 对员工多样化的抑制

企业文化的稳定性和特色性限定了企业对员工的价值观和生活方式所能接受的范围，企业文化的力量越强，它对员工施加的压力就会越大，也会逐渐使得新进员工放弃其自身的个性化差异去服从公司原有的企业文化，久而久之，产生一种员工"同化"现象，弱化员工个性优势，失去了多样性。在企业中，企业领导层往往希望甚至是强迫新员工适应并接受企业的核心价值观，以企业中原先大部分成员的行为准则来要求新员工。否则，新员工往往感觉对公司难以适应，企业也难以接受新员工。但是，当企业环境发生变化，进而要求企业文化发生变化时，企业往往将变化的力量寄托在新员工身上，希望他们为企业注入新鲜的血液，促进企业创新能力的提高，所以企业领导又想公开地认可、支持员工的这种差异。这样，企业文化的负功能就出现了。因此，企业聘用各具特色、存在差异的不同员工，是希望这些各具特色的个体可以为整个企业带来多种选择、组合的优势。但由于企业文化强调服从、适应，处于这种环境下的员工，往往只能尽力去适应企业的原有文化，参照大多数成员的标准调整自己的行为，以缩短自己和企业的距离。这时，企业失去的不仅仅是差异，那种不同特色个体所带来的多样化优势也往往随之丧失。所以，一旦强有力的企业文化抹杀了不同背景、不同特色的员工所给予企业的独特优势，企业文化也就成了文化多样化的一个巨大障碍。

3. 对创新变革的抑制

企业文化对创新抑制的后果是严重的，企业文化往往是企业精神经过多年的沉淀和建设缓慢地形成的，一旦成形，便会具有长期的稳定性。当原有的市场开始衰落、新技术突飞猛进、竞争对手成倍增加、产品生命周期大大缩短的时候，企业内部根深蒂固的企业文化就变成了一种可怕的惯性，它可能会束缚企业的手脚，使企业难以迅速应对变幻莫测的市场环境，束缚企业成员的思想，使员工不敢或不愿进行创新、对企业进行变革。另外，现如今很多企业提倡"创新"，但是存在严重的形式主义，"创新"仅仅是一种口号，同时本位主义和制度不完善等外部因素导致创新并未真正被付诸行动。因此，只有那些真正坚持持续创新，将创新成果传遍整个企业，并迅速开发出新技术和新产品的企业才能成功。不断创新是企业永续发展的生命线。在当今激烈的竞争环境下，等待不创新企业的是被市场淘汰的命运。企业文化对创新的潜在抑制效应，无疑会阻碍企业的持续健康发展。企业必须对此保持警惕，采取有效的防范措施，充分发挥企业文化的积极作用，避免消极作用，比如对创新的抑制效应。

4. 对企业并购重组的抑制

企业并购重组是目前经济形态发展的主要趋势之一，也是企业为更好地达到资源的优化配置以及快速扩大公司规模等目标的重要战略抉择，成为许多企业的热门选择。

在企业并购重组时，双方企业主要考虑的是速效的优势及产品的协调性，而漠视了企业之间企业文化的融合。并购重组过程不仅仅是局限于企业之间资本、财力和人力等资源与要素的融合，更重要的也是更困难的是企业文化的协调和融合。正如彼得·德鲁克所言，兼并必须"意气相投"。企业并购重组必然会带来文化的碰撞，并购双方在发展历程以及市场和产品定位上的不同，因而在价值观、行为规范和思维方式等方面也会存在差异，这种差异会影响企业内部管理，使企业目标和行动难以一致，导致决策困难且低效，还会降低企业的内聚力，使得不同文化背景的员工及管理者之间缺乏信任和共情能力，很难适应对方的文化，从而导致并购达不到预期效益。例如经典的戴姆勒-奔驰、克莱斯勒并购案，克莱斯勒是主要生产中型汽车的美国企业，注重创新、灵活，而戴姆勒-奔驰是以生产正式的、高档型汽车为主的德国公司。美国方面是先做决定，再想怎么走，德国则正好相反，由于双方文化互不相容，最终导致公司股价下跌，盈利下降，人才流失。

企业并购后往往会在组织架构、战略等方面进行调整，新旧文化之间发生冲突和摩擦，成为整合的障碍。同时，企业文化的融合具有渐进性，需要经过一定的磨合期，并不是一蹴而就的，而是一项长期且艰巨的任务。因此，企业需要打破固有的文化模式，根据并购双方的文化特点进行文化融合。

| 实践链接 4-3 |

海尔董事局主席张瑞敏：
海尔创业精神体现出两个特征：和而不同，自以为非

2019年12月26日，海尔集团董事局主席、首席执行官张瑞敏在庆祝海尔集团创业35周年大会上发表讲话。他指出，改变企业，把企业从原来有围墙的花园改变成热带雨林式的、可以自进化的商业生态体系；改变生活方式，把传统生活方式改变成物联网时代的生活方式，从原来以产品为主，变成以场景和生态为主，如果我们可以做到这两点，我们就能让不同国家、不同民族的用户，都可以享受到物联网时代的美好生活，那么我们也将无愧于这个时代。张瑞敏在演讲中还着重阐释了如下内容。

1. 和而不同，而非"同而不和"

《论语》中有句话："君子和而不同，小人同而不和。"35年来，海尔每一次提出新的战略目标，所有海尔人都齐心协力，把所有的力量、所有的智慧融合到一起。有没有不同？有，但是这个"不同"指的是大家有很多不同的更好的想法。所以《易经》上说"同归而殊途，一致而百虑"。你可以有各种不同的想法，但这些想法都是一样的创业精神；你可以有不同的路径，但都是为了同一个目标。

2. 自以为非，而非"自以为是"

到今天，海尔已经经历了五个战略阶段、五次战略转型。如果没有自以为非，海尔不可能实现这么多次成功的转型，因为每一次转型都要挑战自我、颠覆自我，甚至会损害到个人的利益。特别是今天，海尔又要进行第六次战略转型。张瑞敏觉得要归纳一下"人是目的，有生于无"这八个字，体现在海尔具体的35年的过往中，就是"和而不同，自以为非"。因此，这个"无"太重要了，"无"就是企业的精神，就是企业的灵魂。所以，海尔要把这个精神和灵魂一代传一代，让一代接着一代干。功成不必在我，功成必定有我！"人是目的"源自德国哲学家康德，他说，人是目的，不是工具。每一个人都是他自己的目的，这个目的就是把"我"的才能充分发挥出来。海尔探索人单合一，人人创客，就是让每个人把他的才能发挥出来。

资料来源：鲁网. 海尔董事局主席张瑞敏：海尔创业精神体现出两个特征：和而不同，自以为非[EB/OL].（2019-12-29）[2022-03-09]. http://f.sdnews.com.cn/news/a/821.html.

文化点睛　企业文化对企业成员个体思想和企业整体的价值与行为取向发挥导向作用。张瑞敏坚守海尔企业的文化，主张"和而不同"与"自以为非"，体现着企业文化的凝聚与导向作用。企业文化是企业前进方向的指明灯，在企业文化的指引下，企业才能做得更好，走得更远。

本章小结

本章主要介绍了企业文化的元素、结构以及功能。本书在参阅诸多关于企业文化内容要素的论述基础上，结合多年的企业文化实践的咨询经历，认为企业文化元素从知识到行动方面应当包括：使命与愿景、企业价值观、企业家精神、英雄人物、规范与惯例、活动与网络六个方面，进一步剖析了企业文化的元素。研究企业文化，不但要了解企业文化的要素，而且还要理解企业文化的结构。本章重点介绍了几个典型的企业文化

结构，具体包括企业文化四层次结构等，这些对企业文化结构的分类有利于将企业文化当成一个系统来理解。最后，本章介绍了企业文化的功能。从企业文化的功能出发，企业文化具有凝聚、导向、约束、激励、辐射和区分等一系列正向功能。从负向功能分析，企业文化具有某种稳定性，一旦形成会相对固化，有时会成为企业变革创新和多样化的障碍，也可能在兼并收购时产生文化融合方面的问题。

复习思考题

1. 企业文化的元素分别包括哪些内容？
2. 选择我国一家企业，尝试使用企业文化冰山图或企业文化四层次结构剖析该公司的企业文化。
3. 企业文化有哪些正向功能？
4. 企业文化有哪些负向功能？

案例分析

巨头 Netflix：这才是真正的企业文化

Netflix 是世界领先的流媒体娱乐服务公司，这家公司由里德·哈斯廷斯和马克·伦道夫创建。它最初是一家在生存线上挣扎的 DVD 租赁服务公司，在 1997 年与竞争对手百视达的竞争中勉强生存下来。

伦道夫认为 Netflix 的成功在于它的工作文化，这使它区别于许多提供诱人的福利，却忽视了给予员工自由和责任等核心价值观的企业。伦道夫对《快公司》杂志的马库斯·巴拉姆说：文化不在于你说什么，而在于你做什么。尽管 Netflix 现在的规模比过去大了很多，但仍在延续过去的企业文化。你会看到我们专注于深度个性化，并帮助人们在正确的时间获得正确的娱乐。

作为公司文化的象征，Netflix 创始人兼总裁里德·哈斯廷斯于 2009 年在网络上发布了《文化集》。这是一份显示 Netflix 与众不同之处的文件。Netflix 公司解释了其核心价值，以及在公司文化中得到认可的技能和行为。

1. 核心价值观

该文件解释了九种核心价值观及其潜在的具体行为和技能，有助于员工更容易和正确地吸收价值观，而不是像许多公司那样，采用模糊的价值主张或简单地忽略它。

Netflix 的九大核心价值观是：判断、沟通、影响力、好奇心、创新、勇气、热情、诚实、无私。

总的来说，开放的沟通、主动的态度、好奇心强、有强烈的激情、在任何情况下都说真话、谦虚、乐于助人、尊重他人、公开透明都得到了公司的认可。

2. 留存测试

Netflix 不相信所谓的"活力曲线"或排名，而是采用了"留存测试"。在留存人员测试中，管理层提出以下问题：如果团队中的一个人想跳槽到另一家公司，我们会阻止他离开吗？公司就是基于这个问题来决定是否留住员工的。如果答案是否定的，他们会给你一笔丰厚的遣散费，甚至没等提出进一步的问题，你就会发现自己失业了。

这似乎很残酷，Netflix 也承认，这并不适合所有人，尤其是那些看重工作的安全感和稳定胜过工作成就的人。然而，留存测试对于那些在 Netflix 有良好记录、表现良好但正在经历经济低迷的员工来说有优势。这将帮助他们对自己的整体表现进行评估，而不仅仅是最近的表现。

3. 梦想团队

Netflix 的不同之处在于，它不相信那些破坏公司文化、伤害其他员工但却从中崛起的"聪明的混蛋"，公司把团队合作看得比其他任何东西都重要。另外，他们不希望有人在其他员工睡觉的时候捅他们一刀，而是希望每个人都能一起工作，互相鼓励，让他们更有创造力、更有效率，最终作为一个团队比个人更成功。毫无疑问，Netflix 也想要最好的工作表现。只有那些不断达到高标准的人才能成为他们梦之队中的一员，这说明了那种付出很多努力但表现平平的员工并不适合这家公司。他们看的不是你投入的时间，而是结果。

4. 薪酬体系

Netflix给员工的待遇很好。他们会仔细评估每个员工在同类公司中所能获得的最高薪酬，并支付给他们相应的最高报酬。由于他们不评估绩效，他们也不会按百分比提高工资，而是根据市场上工作的价值来提高工资。他们不希望人们为了钱而离开，他们愿意为此付钱。还有一件事听起来很不寻常。Netflix鼓励员工去其他公司面试，以了解他们当前工作的价值。如果外部支付薪酬更高，那么和Netflix管理层谈加薪也是安全的，他们一定会据此付出相应报酬。

5. 捡垃圾

Netflix公司努力创造一种文化，在这种文化中，每个员工都能感觉到自己的主人翁精神和责任，以至于他们看到垃圾都会去捡起来。他们降低雇用清洁工的成本了吗？没有。即使员工不是一件事情的主要负责人也会去解决这种细小问题。这给了员工在他们认为合适的情况下采取行动的权利，公司也认可这一点。当员工知道除了管理者，他们自己也可以是决策者时，他们会产生一种很好的感觉。

也就是说，他们明确表示，他们不是一个家庭，而是一个制定标准的团队。在家里，你的家人会接受你的每一个弱点，但在团队中，员工必须保持高标准才能成为团队和公司的一员。被告知真相的感觉很好，尽管有时候这不是你想听到的，但它能帮助你正确看待事情，以及让你怀有现实的期望。

6. 公司福利

第一，在Netflix，每个文件都是共享的，公司中的任何人都可以访问它来进行阅读、评论和使用，包括战略文档、产品测试和机密记录。他们承认偶尔会有泄密，但很少。

第二，当涉及旅行、娱乐和其他费用时，他们只会说"按Netflix利益最大化行事"，而且员工可以在没有得到管理者批准的情况下就受到公司信任而进行支出。

第三，度假不受规则或形式的约束。这意味着只要员工表现好，做他们需要做的事情，就有无限长的假期。但他们承认，员工也必须在非正常上班时间工作。

第四，员工可以在薪水和股票期权之间选择。他们可以选择其中一个或两个，并自己决定承担多大的风险。当员工购买公司的一部分股份时，他们会有更强烈的主人翁感。此外，员工可以在任何时候选择离开而不用赔钱。这让公司的员工可以灵活地做出他们想做的任何决定。对于MBA学员来说，《文化集》一直是MBA学员一个重要的研究案例，激励着许多初创公司。总的来说，这就是创意产业的文化，挑战在于跟上创新的步伐。所以可以理解的是，他们希望将严格程度降到最低，减少规则，为自发性和创造性腾出空间。更重要的是，他们可以容忍"无规则文化"的错误，因为高效率和不断增加的创意所带来的收益比那些相对少的问题更加重要。这种文化并不适用于所有公司。每个公司和行业的动态都是不同的。所以这不是一个万能的解决方案。不过，还是有一些很好的经验教训可以供其他公司借鉴。

资料来源：Beril Kocadereli. 巨头奈飞Netflix：这才是真正的企业文化[EB/OL]. (2020-10-28)[2021-11-23]. http://www.7158.com.cn/?q=newsDetail&fid=1&lm=78&id=7556.

讨论题

1. 你认为Netflix的企业文化是如何对员工发挥作用的？
2. 为什么Netflix会逆袭为世界领先的流媒体娱乐服务公司？你认为奈飞的特殊之处在于哪几个方面？

参考文献

[1] 王超逸，李庆善. 企业文化学原理[M]. 北京：高等教育出版社，2009.

[2] 黎群. 企业文化[M]. 北京：清华大学出版社，2008：42-46.

[3] 陈春花. 企业文化管理[M]. 广州: 华南理工大学出版社, 2007.

[4] 李庆善. 企业动力之源: 企业文化[M]. 北京: 科学技术出版社, 1991.

[5] 李海, 郭必恒, 李博. 中国企业文化建设: 传承与创新[M]. 北京: 企业管理出版社, 2005.

[6] 栾永斌. 企业文化案例精选精析[M]. 北京: 中国社会科学出版社, 2008.

[7] 齐善鸿, 等. 道本管理: 中国企业文化纲领[M]. 北京: 中国经济出版社, 2007.

[8] 沙因. 企业文化生存指南[M]. 郝继涛, 译. 北京: 机械工业出版社, 2004.

[9] SCHEIN E H. Organizational culture and leadership[M]. 2nd ed. San Francisco: Jossey-Bass, Publishers, 1992.

[10] HATCH M J. The dynamics or organizational culture[J]. Academy of Management Review, 1993, 18(4): 660.

[11] 陈春花. 你的企业可能存在假文化[J]. 支点, 2017(3): 21.

[12] 梁梦娴. 浅谈石油企业文化的导向与激励功能[J]. 现代国企研究, 2015(22): 234.

[13] 岳玉荣. 企业文化在企业管理中的功能定位[J]. 企业改革与管理, 2020(12): 184-185.

[14] 张天雷. 石油公司国际化过程中文化融合研究与实践[J]. 当代石油石化, 2020, 28(10): 51-54.

第 5 章 企业文化的内核

【学习目标】

- ☑ 理解企业使命的内涵和使命陈述的特点
- ☑ 理解企业愿景的内涵和培育过程
- ☑ 掌握企业价值观的概念、层次及内容
- ☑ 掌握企业精神的内涵、意义、内容及其特征
- ☑ 理解企业精神的培育原则与方法
- ☑ 理解企业家精神与企业文化的关系

引例　　　　　　　　　京都陶瓷的管理文化

京都陶瓷公司创建于 1959 年,当时仅有 26 个人,集资了 300 万日元,但经过一年的创业,竟赢得了 316 万日元的利润,从此一发不可收拾。公司创始人稻盛和夫因此也成为日本工商界的耀眼明星,他的"精神胜利法""变形虫经营法"和"潜意识论"被日本工商界誉为京都陶瓷管理文化的"三大法宝"。

1. 力倡"敬天爱人"的企业伦理

一家公司必须有一个统一全体员工的最高指导思想,这在日本的企业中被称为"社是",京都陶瓷把"敬天爱人"作为自己的管理哲学、处世之道和企业伦理,并赋予其全新的时代感——"天"就是道理,讲道理就是敬天;"人"就是顾客和职员,以仁厚宽宏之心去爱顾客和职员就是"爱人"。

2. 体恤下情、除贵倡平的管理之道

京都陶瓷虽然十分重视精神教育的助动作用,但是公司并未人为忽视物质奖励

的能动作用，提出了功效非凡的"利润三分法"——税前的毛利分为国家税金、职员收入和企业积累三大部分，并且理应各占1/3。谁积极努力工作，谁大胆进行技术革新，谁苦心专注发明创造，谁就能获得更多的薪水和奖金。正是在这种"利润三分法"的引导下，1969年，职员的工资增长速度一举超过了全国企业员工的平均增长水平，出现了"职员工资增长率年均超过工会所提出的增薪幅度"这一令人不可思议的奇特现象。

稻盛和夫深有远见地提出了"最大的利润，最小的成本"的营销宗旨，独辟蹊径地创造出低耗高效的"变形虫经营方式"，打破了日本企业界一般管理费和推销费占销售额的比率少则14%、多则20%的惯例，神奇地使管理费和推销费占销售额的比率猛降为6%~7%。

3. 发掘潜意识为企业服务

作为"研究开发型企业"的总经理，稻盛和夫深知科学幻想对发明创造的重大启迪作用，并由此提出了"潜在意识论"的全新观念："只有那些没有被现实性常识所禁锢和束缚的人，才会产生各种各样的胡思乱想。要使研究开发获得成功，非得有超乎常规的疯狂状态不可，否则便不会有创造性的新发明、新技能的生成。他坚信："我不去选能力最强的人，而是着力于招聘精神素质最好的人。这是因为，能力超强的人虽聪明过人但却极易自高自大，久而久之必定失去开拓进取的个性和无私奉献的精神；精神素质超凡的人虽能力有所欠缺，但却有无限的热情和干劲，只要给他们机会和舞台，他们就会工作得很出色。"

4. "利他经营"的思想

在日本企业界，松下幸之助被称为昭和时代的"经营之神"，而稻盛和夫因其"以心为本的利他经济学"和卓越的人格力量被众多企业家视为精神领袖和人生楷模，被誉为平成时代的"经营之圣"。稻盛和夫认为，人心大致可分为两种，即利己之心和利他之心：所谓利己之心，是指一切为了自身利益，而所谓利他之心，是指为了帮助别人可以牺牲自己的利益。人们通常认为利己是不好的或是不需要的。这种看法未必正确，利己之心是维持肉体所必需的，但是，光有利己之心即"只要自己好就行"，人类决不会幸福。以事业为例，如果企业家只想增加自己公司的利润，起初可能会很顺利，但决不会持续很久。实际上，有不少企业家随着功成名就，本来应该再立足于更加广阔的视野进行经营，相反，因只考虑自己公司的利益，结果把已有的名利、地位都丧失殆尽。随着公司的不断扩大、员工数量的增加，经营者应奋发努力以使员工更加安心地工作和生活，除了自己公司的员工以外，如果还能为社区做一些贡献，那么他的利他之心就进一步能为国家和国际社会做一些贡献，那他的利他之心就更加宽广了。稻盛和夫提出企业经营要"诚、爱、和、敬天爱人"——具有积极向上的精神、重资源、提高技术能力、尊重客户、有远大理想、为人类的进步和发展做出贡献。

资料来源：1. 京融弘祥. 优秀企业文化案例：京都陶瓷的管理文化（一）[EB/OL].（2019-09-18）[2021-11-24］. http://www.360doc.com/content/19/0918/08/33542116_861712485.shtml.

2. 殷赣新. 日本京都陶瓷：管理文化的三大法宝[J]. 中外企业家，2002（6）.

5.1 企业使命和愿景

企业文化的核心要素包括企业使命和愿景、企业价值观和企业精神，这些要素决定着企业文化的内容与方向，是企业文化的灵魂。企业使命和愿景是企业价值观的内核。企业使命和愿景有助于明确企业生存的目的与未来发展的梦想，给企业全体员工指引明确的方向，描绘鼓舞人心的图景。

5.1.1 企业使命

企业使命是企业存在的根本目的和理由，回答了"企业为什么存在的问题"。使命陈述的思想源于彼得·德鲁克。20世纪70年代，他在《管理：使命、责任、实务》一书中首先提出了企业使命的概念，指出企业必须有宗旨和使命的明确界定，必须问"本企业是个什么样的企业？应该是个什么样的企业？将来应该是个什么样的企业？"——这三个经典问题。德鲁克说："管理就是界定企业的使命，并激励和组织人力资源去实现这个使命。"因此，崇高、明确且富有感召力的使命是组织前进的动力。

1. 使命的特征

第一，使命描绘了企业存在的根本意义和价值。吉姆·柯林斯在《基业长青》中说，核心使命是公司存在的根本原因。对使命的概括和归纳，有助于企业审视自身，明确企业存在的目的和目标。因此，企业的一切活动必须围绕企业使命而展开，企业使命是企业所有行为的最终出发点和根本目的。

第二，使命是企业对社会的根本态度。一家企业的发展离不开各利益相关者的参与和支持，因此，企业存在和发展必然追求利益相关者的整体利益，包括股东、雇员、消费者、供应商乃至企业所在的社区等。因此，企业使命必须考虑企业面向不同利益相关者所承担的社会责任。

2. 使命的作用

第一，企业是鼓舞人心的。使命是激发员工心灵深处行为的原动力，这是因为企业使命说明了企业为什么存在，换言之，它告诉员工为什么而工作，工作的意义和价值何在。这种发自内心的工作激情汇聚起来，可以让企业形成坚强的合力。一项好的使命陈述不仅是企业文化的重要组成部分，也是很好的对外宣传工具。

第二，好的企业使命是企业长盛不衰的法宝。因为企业使命是企业存在的根本理由，所以它是企业深层次的假设，是相对稳定不变的。吉姆·柯林斯在《基业长青》中指出，长盛不衰的企业的一个共同之处在于，它们在公司建立不长的时间内就明确了企业使命，而且无论历经沧桑多少年，产品更新换代多少次，它们最初的使命始终不变。

第三，确定企业前进的方向。Ireland 和 Hirc（1992）认为，使命陈述是企业其他一切规划行动的基础，描述了企业基本的、独一无二的目的，反映了企业指引行动的价值观，提供了企业的动力、前进方向和特征面貌。

第四，一个规范完整的使命陈述有助于提高企业的总体绩效。Bartkus 等人（2004）研究发现，描述不规范的使命影响企业绩效。Sidhu（2003）对荷兰38家分布于不同领域的多媒体企业研究发现，使命陈述的广泛性与企业绩效呈正相关，而 Barkus 等人（2004）的研究发现，当对使命描述不规范时会影响企业绩效。

| 实践链接 5-1 |

三个砌砖工人的故事

一个记者到建筑工地采访，分别问了三个建筑工人同一个问题："你在干什么？"第一个工人头也不抬地回答："正在砌墙。"第二个工人回答："我正在盖房子。"第三个工人则回答："我在为人们建造家园。"记者将这三个工人截然不同的回答写进了报道。若干年后，记者整理过去的采访记录又看到了这三个回答，这让他产生强烈的愿望去看看这三个工人工作和生活的变化。等记者找到这三个工人的时候，结果让他惊讶。当年第一个工人还是一个建筑工人，第二个工人则拿着图纸在施工现场指挥工作。对于第三个工人，记者没有费多大功夫就找到了，他成了一家房地产公司的老板。

资料来源：王成荣. 企业文化学教程 [M]. 2 版. 北京：中国人民大学出版社，2009：70-71.

 与故事中每个建筑工人回答他们在干什么的问题相类似，企业为什么存在这一问题的回答决定着企业事业的宽度与高度。

3. 使命陈述的提炼

第一，弗雷德·戴维（Fred David，1989）建议企业使命陈述包含以下九个要素：① 顾客，公司的顾客是谁；② 产品或服务，公司的产品或服务项目是什么；③ 市场，公司在哪些领域竞争；④ 技术，公司的技术是不是最新的；⑤ 对生存、增长和盈利的关切；⑥ 哲学，公司的基本理念、价值观、志向和道德倾向是什么；⑦ 自我认知，公司最独特的能力或主要竞争优势是什么；⑧ 对公司形象的关切，公司是否对社会、社区和环境负责；⑨ 对雇员的关心，公司是否视员工为宝贵的资产，公司是否关心员工的生活和发展。

林泉等（2010）研究发现，与国外企业更多关注顾客、员工和股东不同，国内企业对使命陈述最关心的要素是公司哲学、对公众形象的关切和产品服务，最不关注的是市场和自我认知。中国企业使命陈述的要素分为三种导向类型：行为导向、利益相关者导向和竞争导向。行为导向是哲学要素，阐述了指导企业行为的标准；利益相关者导向包括对公众形象的关注，对雇员的关心，对生存、增长和盈利的关切及顾客四个要素，表达出了企业对利益相关者得失的关注；竞争导向包括市场、自我认知、技术和产品四个要素，向外界阐述了企业的竞争处境，对企业自身定位给予指导。

第二，使命超越财富最大化。一般来讲，企业都把赚钱作为企业的目的。但是赚钱并不能被称为企业的使命，企业使命必须超越财富最大化。正如德鲁克所言，必须在企业目的之外去寻找使命。企业使命需要在利润和各种社会价值之间寻求平衡和协调。吉姆·柯林斯对 18 家有 50 年左右历史的企业进行研究，发现有 17 家公司不为利润所驱动。事实上，使命陈述需要关心对企业发展十分重要的利益相关者，因为利益生存和发展依赖于企业对各个利益相关者利益要求的回应。

第三，使命超越某项产品、技术或服务。使命的提炼是从某项产品、技术或服务开始，围绕产品、服务和技术不断地发问，层层地深入思考，最终超越产品、技术和服务的界定，围绕产品、技术和服务背后可以满足人们需求的深远目的而展开。正如腾讯的存在不是提供便捷的通信，而是通过互联网服务提升人类生活的品质；迪士尼的存在不是为了制作卡通片，而是给人们带来欢乐；3M 的存在不是为了制造创新的产品，而是寻求创新的办法解决问题。

第四，使命陈述需要注意可阅读性，避免受众群体理解上的偏差。另外，高阅读性的使命陈述也便于对内、对外传播。

| 实践链接 5-2 |

企业使命举例

- 腾讯的使命：用户为本，科技向善
- 华为的使命：把数字世界带给每个人、每个家庭和每个组织，构建万物互联的智能世界
- 阿里巴巴的使命：让天下没有难做的生意
- 联想的使命：为客户利益而努力创新
- 小米的使命：始终坚持做感动人心、价格厚道的好产品
- 万科的使命：让建筑赞美生命
- 美的的使命：联动人与万物，启迪美的世界
- 碧桂园的使命：希望社会因我们的存在而变得更加美好
- 新希望六和的使命：为耕者谋利、为食者造福
- 宝洁的使命：我们生产和提供世界一流的产品，以美化消费者的生活
- 微软的使命：为客户提供超值的价格和卓越的服务
- 迪士尼的使命：制造欢乐，销售欢乐

文化点睛 从同一行业中不同企业的使命陈述中，你可以得到什么启发？上述企业使命陈述反映了弗雷德·戴维（1989）提出的九个企业使命陈述要素中的哪些要素呢？

5.1.2 企业愿景

企业愿景是企业全体员工所向往的未来蓝图。它回答了"企业未来是什么样子"的问题。吉姆·柯林斯撰写的《基业长青》和彼得·圣吉的《第五项修炼》都花大量的篇幅探讨企业愿景。柯林斯从组织如何长盛不衰的角度论述构建企业愿景的重要性。圣吉则探讨企业愿景对企业自我超越的重要性。相对于使命而言，企业愿景更加清晰，但是相对于战略目标，企业愿景又更加高远。

1. 企业愿景的特征

第一，明确易懂。企业愿景是用文字作画，通过生动的语言，描绘出一幅让人向往的图画，同时用于描述愿景的文字是简洁的，让人容易理解和领悟。与之相对，愿景的描绘不能书面化，忌讳晦涩难懂。

第二，动人。企业愿景所描绘的未来美好的图画，能吸引和鼓励员工为之努力奋斗。因此，愿景的描绘是生动优美的、激动人心的，忌平淡无奇。

第三，共享。企业愿景是所有员工所共有的期望和认同。它反映了企业领导和员工共同的追求和理想抱负。

第四，可操作。愿景虽然用以描绘企业未来的梦想，但较之于梦想，愿景具有可实践性和操作性，而不是海市蜃楼。愿景不是一个具体的目标，而是值得大家长期去追求的共同理想。

2. 企业愿景的作用

第一，提升企业的存在价值。企业愿景涵盖三个层面的价值：对社会的价值处于最高层，中层是企业经营领域和目标，下层是员工的行为准则和指南。愿景所处的层次越高，效力越大，延续时间越长。柯林斯在《基业长青》中将企业分成两种类型：第一种类型的企业明确企业愿景，成功将它扎根于员工之中，这类企业大多数是排名世界前列且受尊重的企业；第二种类型的企业认为只要提高销售额即可，没有明确提出经营理念或企业愿景，或没有把愿景扩散到企业，这些企业绝不可能居世界前列。

第二，鼓舞人心，凝聚力量。企业愿景是个人愿景和组织愿景的结合体，因此它能凝聚所有员工奋斗的力量。心有多高，舞台就有多大。愿景有利于激发员工制定高标准，提高员工自我参与企业管理的意识，提高自我效能和绩效。企业愿景对员工的激励是一种软约束，可以弥补企业治理制度的缺陷，形成对员工有效的激励。因此，一家企业最终成为怎样的组织取决于它被多高远的企业愿景所引领。

第三，指引方向。面对复杂、动态的环境，企业不能光顾埋头救火而忘记长远规划。企业愿景好像指路灯，让企业在困难和风险中不迷失方向。面对危机，企业在愿景的指引下，采取与企业自身愿景和社会责任感相一致的行动方案。以愿景为危机处理的基准，有助于企业保证长远发展利益和获得社会认同。

3. 愿景的提炼和创建

第一，创建愿景的准备。企业愿景的创建应获得各层次员工及利益相关者的广泛认同，以利于日后激发他们竭力实现它。企业愿景应由 5～7 人的愿景创建团队提炼。该团队综合使用问卷调查、面对面深度访谈、座谈等形式广泛搜集各层次员工和外部利益相关者对企业愿景的建议与看法。常见的询问问题有：环境对企业的要求是什么？能适应环境的企业文化是什么？企业愿景应该为员工成长和发展做些什么？员工的价值观和规范是什么？企业应该为利益相关者提供怎样的产品和服务？理想的企业应该具备怎样的特征？

第二，极限发挥想象力。愿景创建团队要将自身的创造力发挥到极限，既要发挥左脑思维的逻辑性和分析性，也要发挥右脑的想象力和直觉判断，要超越过去和现在，进而面向未来。同时，愿景创建团队要启发员工打开心中所想，描述心中梦想，要不断聆听员工的想法，让员工充分地、自由地表达自己的看法。

第三，精炼陈述。此步可用亲和图（affinity diagram）实施。先检查和淘汰重复的内容，然后按自然关系和亲密程度将创意分组，接着把最能体现每组整体思想的词语或句子记录下来，然后不断归纳整理，从而形成企业愿景的草稿。最后，从全新的视角认真地对草稿进行精炼，将愿景陈述形象化，最终形成一幅理想组织的生动图景。岳川博（2003）指出了愿景建立的 GIVE 原则，即宏伟（grand）、振奋（inspire）、清晰（vivid）和可实现（executable）。

第四，标准化检验。检查企业愿景是否能提升企业的存在价值，是否能阐明企业未来发展的共同信念，是否能提高社会福利，是否能反映大部分员工的梦想和诉求，是否有应对环境的柔性和张力等。

第五，整合传播。企业愿景通过检验后，经董事会讨论通过，然后在企业中进行营销传播。切记，要以利息相关者为导向传播，同时使用各种接触工具，使企业愿景能有效地传播。

4. 企业愿景与企业战略目标的不同之处

虽然企业愿景和企业战略目标都是描绘企业未来的发展目标,但两者是不同的:

第一,企业愿景是一个定性的、对于未来状态的描述,而企业战略目标是企业一定时期内的经营业绩,一般有定量评估的指标。

第二,企业愿景除了一系列愿望描述外,还包括参与者内心的抱负,因此可以极大地激励人们朝着既定的方向努力。而企业战略目标不包含经营者情感的要素,衡量的标准是市场化,一般是财务指标或相关技术参数。从这个角度看,企业愿景是"感性的",企业战略目标是"理性的"。

第三,企业愿景与个人愿景或期望密切相关,而企业战略目标是企业的一个整体目标,虽然它的实现需要全体员工合作,但是企业战略目标并不能代表员工个人目标。

| 实践链接 5-3 |

企业愿景的表达举例

- 华为的愿景:构建万物互联的智能世界
- 阿里巴巴的愿景:让客户相会、工作和生活在阿里巴巴
- 联想的愿景:高科技的联想、服务的联想、国际化的联想
- 小米的愿景:和用户交朋友,做用户心中最酷的公司
- 万科的愿景:成为中国房地产行业持续领跑者
- 美的的愿景:科技尽善、生活尽美
- 碧桂园的愿景:做为全世界创造美好生活
- 产品的高科技综合性企业
- 新希望六和的愿景:农牧食品行业领导者
- 宝洁的愿景:长期环境可持续性
- 微软的愿景:让每一位员工成为企业真正的主人
- 迪士尼的愿景:成为全球的超级娱乐公司

企业愿景是企业对未来发展美好图景的描述。许多知名公司的愿景都给人振奋感和想象力。当你去上述企业应聘时,是否会被它提出的企业愿景所吸引?

5.2 企业价值观

价值观是价值主体在长期的工作和生活中形成的对于价值客体总的根本性看法,是一个长期形成的观念体系,具有鲜明的评判特征。在现实生活中,无论是个人生活,还是企业经营,都普遍存在着价值观问题。具有经济实体属性的企业组织,在经营管理活动中遇到的诸如需要什么、相信什么、坚持什么及追求什么等问题,都与其价值观有着密切的联系。

5.2.1 企业价值观的概念

价值观是企业文化的核心。价值观的差异,造就了不同企业的文化个性与特征。而价值观的概念离不开人们对价值的认知。

1. 价值与价值观

马克思曾指出，价值这个普遍的概念是从人们对待满足他们需要的外界物的关系中产生的。也就是说，价值是一种关系范畴，是用来表示主体与客体之间需要与满足的关系。对于主体而言，能够满足主体需要的客体属性，就是有价值的。

价值观是价值主体在长期工作和生活中形成的对价值客体的根本性看法。价值观回答以下基本问题："什么事至关重要？""什么很重要？""我们该怎样行动？"它包括价值主体的价值取向，以及价值主体对价值客体及自身的评价。价值观的主体可以是一个人、一个国家、一个社会，也可以是一家企业。价值观一旦形成，就成为人们立身处世的依据。

克莱德·克拉克洪（1951）就价值观给出了经典性的定义："价值观是一种外显的或内隐的，有关什么是'值得的'看法。它是个人或群体的特征，影响人们对行为方式、手段和目的的选择。在一个个有关'值得的'看法的背后，是一整套具有普遍性的、有组织的观念系统，这套观念系统是有关对大自然的看法、对人在大自然中的位置的看法、人与人的关系的看法，以及在处理人与人、人与环境关系时对值得做和不值得做的看法。"对此，克拉克洪称之为"价值取向"（value orientation）。具体来说，价值观是一个社会的成员评价行为和事物及从各种可能的目标中选择合适目标的标准。这个标准存在于人的内心，并通过态度和行为表现出来。它决定人们赞成什么，追求什么，选择什么样的生活目标和生活方式，同时价值观念还体现在人类创造的一切物质和非物质产品中。

2. 企业价值观的内涵

企业价值观是企业全体（或多数）员工一致赞同的，关于企业如何选择某种行为去实现物质产品和精神产品的满足，如何判定行为好坏、对错、是否有价值，以及价值大小的总的看法和根本观点。企业价值观构成了人们对待客观现实的态度、评价和取舍事物的标准、选择对象的依据，以及行动实践的标准。

《企业管理学大辞典》中这样定义："企业价值观是企业经营的目的、宗旨，即企业为什么存在。企业对价值观的评价标准一般有：企业认知价值——真与伪；企业实践价值——经营好与坏；企业行为价值——善与恶；企业艺术价值——美与丑。"⊖

任何一家企业总是要把它的价值所在及自己认为最有价值的对象作为本企业努力追求的最高目标、最高理想或最高宗旨；反之，凡被一家企业列为最高目标、最高理想或最高宗旨的东西，也必然是能够体现它的价值观的东西。因此，"企业价值观""共有价值观""企业最高目标"和"企业理想"等，提法虽然不同，但其实质是一样的。同样，对于"企业的价值在于什么及什么对于企业来说有价值"这个问题一旦有一致的理解和回答，那么这种理解和回答当然就是该企业的基本理念与信仰。因此，从某种角度来说，价值观就是一个组织的基本理念和信仰。

3. 企业价值观的特点

第一，制约人与人之间的关系时表现出浓厚的感情色彩。企业价值观是员工判断好坏、区分对错的标准。人们对好的事物在感情上表示支持和赞扬，对坏的事物在感情上表示反对和厌恶。

第二，判定人与自然关系的时候有明显的审美倾向。企业员工在改造自然、创造物质财

⊖ 陈佳贵. 企业管理学大辞典 [M]. 北京：经济科学出版社，2000：38.

富的过程中,每时每刻都存在对于自身与自然关系的判断,进而做出相应决策。企业建设大楼和厂房的风格、色调、位置、生产产品的外观和标志等都体现价值观标准。

第三,价值观的内容具有客观性。企业价值观应该反映客观事物及其发展规律,且经过反复实践检验。如果企业价值观脱离了客观实际,经过实践,企业会在吸取教训的过程中不断修正。

第四,对企业行为有一定的强制性。企业价值观是企业领导者与企业员工判断事物的标准,一经建立,并成为全体员工的共识时,就会成为长期遵奉的信念,对企业产生持久的精神支撑力,会规范和约束企业领导者与员工的行为。企业价值观的形成过程是不断一致化的认同过程,企业价值观一旦形成,则规范和约束企业员工的行为。

5.2.2 企业价值观的作用

企业价值观的确立是企业在决定其性质、目标、经营方式和角色时做出的选择,是企业经营成功经验的历史积累。它决定了企业的经营性质和发展方向,既构成了企业内部成员的行为准则,又体现了企业一切行为和活动所追求的理想境界。企业的行为和人的行为一样是受价值观念支配的。企业全体成员共同认可的价值标准和价值取向是企业文化建设的核心,是企业精神文化的思想基础,为全体员工提供积极向上的文化选择,是共同目标和日常行为的指导方针。

1. 为企业的生存与发展提供精神支柱

企业价值观是企业领导者与员工判断事物的标准,其一经确立,并成为全体成员的共识,就会成为长期遵奉的信念,为企业提供持久的精神支撑力。美国著名的心理学家马斯洛指出:"人的需求是有层次的,高层次精神需求一般通过以价值观为基础的理想、信念、伦理道德等形式表现出来。当个体的价值观与企业价值观一致时,员工就会把为企业工作看成为自己的理想奋斗。一家企业如果能使其价值观为全体员工所接受,并以之为自豪,那么企业就具有了克服各种困难的强大精神支柱。"许多著名企业家都认为:一家企业的长久生存,最重要的条件不是企业的资本或管理技能,而是正确的企业价值观。企业的命运如何最终是由价值观决定的。

2. 决定企业的基本特性和发展方向

在不同的社会条件下或不同的历史时期,会存在一种被人们认为是最根本、最重要的价值,是价值判断的基础,其他价值可以通过一定的标准和方法"折算"成这种价值,这种价值被称为"本位价值"。由本位价值所派生的观念就是本位价值观。企业作为独立的经济实体和文化共同体,在长期的经营实践中必然会形成某种本位价值观,这种本位价值观决定着企业的经营个性、管理特点,也决定着企业的发展方向,同时不同的本位价值观可以通过企业的行为表现出相应的差异。例如,一家把利润作为本位价值观的企业,当企业利润和顾客利益、社会利益发生矛盾和冲突时,会很自然地选择前者,往往以牺牲顾客利益和社会利益来获取企业利润最大化。

3. 对领导者及员工行为起到导向和规范作用

企业价值观是企业中占主导地位的管理意识,能够规范企业领导者及员工的行为,使企业员工很容易在具体问题上达成共识。上级的决策易于为下级理解和执行,下级会自觉地按企业整体目标调整自己的行为，从而大大节省了企业运营成本，提高了企业的经营效率。企业价值观对企业和员工行为的导向与规范作用，既通过规章制度、管理标准等硬性管理手段（企业价值观的载体）加以实现，也通过群体氛围、传统习惯和舆论引导来实现。企业成员如果做出违反企业基本价值观的事，就会受到制度惩罚、舆论谴责，即使他人不知或不加责备，本人也会感到内疚，产生感情压力，进而进行自我调节，修正自己的行为和价值观。企业价值观的导向和规范作用在制约人与人的关系时具有浓厚的感情色彩，人们对那些符合企业价值观的好的行为和事迹表示支持与赞扬，而对那些违背企业价值观的劣行劣迹则表示反对和厌恶。

4. 激励员工发挥潜能，增强企业的合力

企业的合力取决于员工对企业目标的认同度及能否最大限度地发挥其精神潜能。日本一位经济学家曾经提出一种"车厢理论"，即一列电气列车每节车厢都有马达，即有自己的动力并能一道前进。可想而知，这样的列车一定会有强劲的动力。从一些成功的企业来看，一家合力强大的企业，往往有这样的特征：合力来自企业内部的凝聚力，而不是外部压力；组织中相互对立的小团体倾向于得到有效抑制；基层单位具有处理内部冲突、适应外部变化的能力；同事间具有一种较强的认同感；全体员工都了解企业的总体奋斗目标；决策层和执行层在工作上都有发自内心的支持态度；员工承认企业的外在价值并具有巩固和维护企业继续发展的愿望。企业价值观类似于一种理性的黏合剂，把企业员工固定在同一信念目标上，以其大量微妙的方式沟通员工的思想，创造一个共同协作的背景，把企业内部各种力量朝着一个共同的方向汇聚到一起。

5.2.3 企业价值观的构成层次及内容

企业价值观是企业经营管理者和企业员工共享的群体价值观念。为更清晰地认知企业价值观，特对其进行纵向层次解构和横向内容剖析。

1. 企业价值观的构成层次

企业价值观是由多种价值观因子复合而成的，具有丰富的内容。若从纵向系统考察，企业价值观可分为如下三个层次：

（1）员工个人价值观。个人价值观是员工在工作、生活中形成的价值观念，包括人生的意义，工作目的，自己与他人的关系，个人和企业的关系，个人与社会的关系以及对金钱、职位、荣誉的态度，对自主性的看法等。这些观念形成了员工在工作上不同的价值选择和行为方式。在现代社会中，人们追求的低层次需要的满足一般来说不再是难题，其主要追求是个性的发展、自我价值的实现，因此企业员工个人价值观的多样化和复杂化不可避免。员工个人价值观是企业整体价值观的基础，在很多时候员工个人的价值观会在很大程度上影响企业。如何使员工感到企业是发挥自己才能、自我实现的"自由王国"，从而愿意把个人价值融进企业整体价值当中，实现个人价值和企业整体价值的动态平衡，是当代企业管理面临的一项重要任务。

（2）群体价值观。群体价值观是指正式或非正式的群体所拥有的价值观，可以影响个人行为和组织行为。正式群体是指有计划设计的组织体，其价值观是管理者思想和信念的反映。非正式群体是指企业员工在共同工作过程中，由于共同爱好、感情、利益等人际关系因素而自然结成的一种"联合体"。在"联合体"内部，各成员配合默契，行动一致，自觉和不自觉地影响着企业的组织行为与风气。非正式群体依据一定的主客观条件而产生，条件改变就有可能解体或转型，甚至可以转化为企业的正式群体。企业中的各种非正式群体都有自身的价值取向，这些不同的价值取向与正式群体的价值取向有些是接近的，有些是偏离的，也有些可能是背离的。非正式群体价值观一旦形成，必然对企业员工的心理倾向和行为方式产生深刻的影响，对企业目标的实现程度产生直接影响。因此，企业的管理者必须正视非正式群体的作用，充分利用其特点，把非正式群体价值观引导到正式群体价值观的轨道上来，同时也要善于处理好企业内部局部与整体的关系，把企业内部不同正式群体的目标和价值观融入企业整体目标和价值观之中。

（3）组织整体价值观。企业的组织整体价值观是员工个人价值观和群体价值观的抽象与升华，建立在组织成员对外部环境认识和反应态度的基础之上。组织整体价值观具有统领性和综合性的特点。首先，它是一种明确的哲学思想，包含远大的价值理想，体现企业长远利益和根本利益；其次，企业整体价值观是对企业生产经营目标、社会政治目标以及员工全面发展目标的一种综合追求，全面地体现企业发展、社会发展与员工个人发展的一致性。因此，组织整体价值观指导、制约和统帅着个人价值观与群体价值观。员工和群体需要树立企业整体价值观，才能使企业目标变为人们的宏大抱负，进而也能构筑一种文化环境，促使每个员工超越自我，把企业视为追求生命价值的场所，引发出惊人的创造力。

2. 企业价值观的内容

在西方企业的发展过程中，企业价值观的内容经历了最大利润价值观、经营管理价值观和企业社会互利价值观三次演变。最大利润价值观是指企业全部管理决策和行动都围绕如何获取最大利润这一标准来进行。经营管理价值观是指企业除了尽可能地为投资者获利以外，还非常注重企业内部人员自身价值的实现。企业社会互利价值观要求在确定企业利润水平时，把员工、企业、社会的利益统筹起来考虑。在当代，企业价值观大体包括以下五种取向。

（1）经济价值取向。经济价值取向主要表明企业对义利关系的看法。企业是一个经济实体和经营共同体，因此，其价值观中必定包含十分明确的"盈利"这一经济价值取向和行为准则。但这绝不意味着优秀企业在经济价值取向上是一种单纯的谋利组织，绝不意味着企业的全部经营管理在于谋取利润最大化。企业必须作为一个社会器官在社会中存续，其基本的、直接的目的只有一个，那就是创造市场，满足顾客需求。管理大师彼得·德鲁克说："企业的目的在于企业之外。"为了达到这一"企业之外"的目的，它必须执行两项基本功能，即营销和创新。利润只是企业这两项主要功能的补偿和报酬之一，而不是经营结果的全部内容。只有不断进行创新，更好地满足顾客需求，将"企业之外"的目的达到，企业自身才能更好地盈利。

（2）社会价值取向。社会价值取向表明企业及其成员对索取与奉献、自我与社会关系的看法。企业是社会的一个细胞，是国家、社会的一个"公民"，因此，在经营活动中不能只考虑自身利益，向社会无节制地索取，而应同时着眼于奉献，把增进社会利益、改善社会环境、促进社会发展作为自己的责任。一个健康有效的现代企业价值观往往把社会价值取向提升到这样的高度：其一是确认并积极处理企业的生产、经营活动造成的社会影响；其二是正视社会问题的存在并积极参与社会问题的解决，把解决社会问题视为企业发展的机会，既满足社会的需要，又为企业发展奠定基础。这样的企业社会价值取向使得企业既肩负起多重社会责任，又获得一个日益改善、日渐完美的社会环境。

（3）伦理价值取向。企业伦理价值取向主要涉及企业所有者、经营者、员工之间，企业和消费者之间，企业和合作者之间等重大关系的确立和维持。经营企业如同做人，正直、善良、诚实、讲信用，这些美德不但适用于个人，也适用于企业。成功的、优秀的公司都极为推崇正直与诚信，并把它作为企业文化的一部分。在经济快速发展的今天，只有有着正确伦理价值观的企业才能更好地为利益相关者服务。因此，每家公司都坚信，在信息化和知识化的市场经济环境中，没有正直，不能善待他人、亲和顾客，不讲诚信，就无法经营企业。

（4）政治价值取向。企业的政治价值取向回答企业与国家之间关系的问题。企业是在一定的政治环境中生存的。经济问题、社会问题、伦理道德问题与政治问题紧密相连，在一定的社会历史条件下还可能转化为政治问题。如劳动关系问题和分配问题处理不好，就可能涉及人群、种族、失业等政治问题。对这一系列问题的看法和解决方式，都会使企业形成明确的政治价值取向。企业应具有明确的政治价值取向和政治责任感，在创造物质文明的过程中，注重精神文明的建设。企业在管理中应坚持以人文为本和按劳分配的原则，通过加强民主管理，建立良好的用人机制和激励机制，充分调动劳动者的积极性、主动性和创造性。

（5）顾客价值取向。企业的顾客价值取向主要解决顾客心中期许与实际感知之间的问题。顾客价值观是一种顾客在使用厂商所提供的产品与服务后，主观感知到的其所获得的总体利益与减少的总成本的总和。每个人在购买一项产品或服务时，都希望能从中得到自己想要的利益。因此，了解顾客心中所期待的获得，可使企业在销售产品上更为容易。由于目前市场竞争压力大，市场供过于求，如何提升顾客的消费感知是影响企业收益的重要因素。因此，越来越多的企业以顾客价值为导向，将提高顾客价值作为企业的价值观，从顾客出发，最终提升企业的经营业绩。

3. 企业核心价值观

企业核心价值观是企业在经营过程中坚持不懈，努力使全体员工都必须信奉的信条，它是企业哲学的重要组成部分，是企业在发展中处理内外矛盾的一系列准则，如企业对市场、客户、员工等的看法或态度，是企业表明企业如何生存的主张。企业核心价值观是在企业的价值观体系中处于核心位置的价值观，其对企业的持续发展有重要的指导意义。吉姆·柯林斯和杰里·波勒斯在《基业长青》中总结了企业永续经营的准则——"保存核心，刺激进步"，恪守企业的核心价值观是保存核心的关键，核心价值观被视为组织长盛不衰的根本信条。

企业的核心价值观通过影响组织的行为来实现企业的长足发展。沃尔玛基于"顾客就是老板"的核心价值观制定出员工服务顾客的两条行为准则："第一条，顾客永远是对的。第二条，如果对此有疑义，请参照第一条执行。"这同样也决定了沃尔玛的用人准则，"我们把顾客放在前面……如果你不为顾客服务，或不支持为顾客服务，那么我们不需要你。"除了指导组织中个体成员的行为以外，核心价值观也是组织重要决策行为的判断依据。强生通过《我们的信条》展示出其核心价值观——对顾客、员工、社会以及股东的关爱。因爱而生的基本信条使其在面临"泰诺危机"时表现出极负责任的行为。在核心价值观的指导下，强生非但没有被危机打倒，反而因其在危机中表现出的卓越品质而被口口相传。因此，企业的表现差异在一定程度上也可以归根于此。

优秀的公司通常只有几个核心价值观，一般介于3～6条。事实上，大多数公司的核心价值观都少于 6 条,因为只有少数价值观才能成为真正的核心价值观,它们是至为根本、深植在公司内部的东西。如果企业列出的核心价值观超过 6 条,则很有可能抓不住其中的关键所在。

例如,IBM 公司有三条核心价值观:第一,尊重个人;第二,顾客至上;第三,追求卓越。几十年来,企业外部环境发生了巨大的变化,但这三条价值观在 IBM 始终不变,激励员工创造出质量优异的产品,提供使用户满意的最佳服务。惠普公司的核心价值观是:我们信任和尊重个人;我们追求卓越的成就和贡献;我们在经营活动中坚持诚实与正直;我们靠团队精神达到我们的共同目标;我们鼓励灵活性和创造性。

有效的企业核心价值观应该具有以下特征:① 是企业真正信奉的东西;② 与企业最高目标(企业愿景)相协调;③ 与社会主导价值观相适应;④ 充分反映企业家价值观;⑤ 与员工的个人价值观相结合。一家企业的核心价值观具有以下作用:① 能够聚合企业的文化力。企业核心价值观是一家企业的灵魂,能够塑造特有的企业文化,为企业提供衡量内聚力的标尺,它在企业树立品牌、创建商誉、建立声望的过程中起着导向作用。② 能够增强企业的凝聚力。当企业价值观与个体价值观趋同时,员工会把为企业工作看作为自己的理想奋斗,企业就具有了克服各种困难的强大精神支柱,形成企业与员工的命运共同体,提升企业的凝聚力。③ 能够形成企业的竞争力。核心价值观是一切理念、制度、技术的基础,理念优先于制度,制度重于技术,技术优势及其所表现出来的竞争能力是企业核心价值观的产物和体现。

| 实践链接 5-4 |

企业核心价值观举例

- 腾讯的核心价值观:正直+进取+合作+创新
- 华为的核心价值观:艰苦奋斗、自我批判、开放进取、至诚守信、团结合作、成就客户
- 阿里巴巴的核心价值观:客户第一、团队合作、拥抱变化、诚信、激情、专业、执着
- 联想的核心价值观:成就客户、精准求实、诚信正直
- 小米的核心价值观:真诚和热爱
- 万科的核心价值观:让建筑赞美生命
- 美的的核心价值观:敢知未来——志存高远、务实奋进、包容共协、变革创新
- 碧桂园的核心价值观:我们要做有良心、有社会责任感的阳光企业
- 新希望六和的核心价值观:客户至上、挑战自我、奋斗者为本
- 海尔的核心价值观:

(1) 是非观——永远以用户为是,以自己为非
(2) 发展观——人人创客,链群自驱
(3) 利益观——人单合一双赢
- 宝洁的核心价值观:领导才能、主人翁精神、诚实正直、积极求胜、信任
- 杜邦的核心价值观:安全、健康和环保、商业道德、尊重他人和人人平等
- 飞利浦的核心价值观:客户至上、言出必行、人尽其才、团结协作

文化点睛

企业价值观反映了不同企业的价值判断和立场。每个企业价值观的结构和理念诉求都会有差异,并体现出鲜明的个性特征。上述企业的核心价值观各自的特点、个性、影响力有哪些?请结合这些企业的经营故事,分析一下其核心价值观为什么不仅有价值,而且有趣味。

5.3 企业精神

企业精神是企业存在和发展的内在支撑。它是随着企业的发展而逐步形成并固化下来的，是对企业现有观念意识、传统习惯、行为方式中积极因素的总结、提炼和倡导，是企业文化发展到一定阶段的产物。

5.3.1 企业精神的概念

对于企业精神相关概念的把握，主要在于对其内涵、与企业价值观的联系与区别，以及对企业的作用与意义等方面的诠释与理解。

1. 企业精神的内涵

企业精神是一家企业基于自身特定的性质、任务、宗旨、时代要求和发展方向，为谋求生存与发展，在长期生产经营实践的基础上，经精心培育而逐步形成并为整个员工群体认同的正向心理定式、价值取向和主导意识。企业精神是时代意识与企业个性相结合的一种群体精神追求，是企业员工群体人格与心态的外化，是员工群体对企业的信任感、自豪感和荣誉感的集中表现形态。每家企业都有各具特色的企业精神，它往往以简洁而富有哲理的语言形式被概括。

企业精神作为企业文化的组成部分，从形成角度看，它是企业文化发展到一定阶段的产物，是企业文化中最富个性、最先进内容的反映。企业精神是企业文化的一部分，但企业文化与企业精神的关系，不是简单的包含和被包含的关系。这里采用一个形象的比喻：二者好比土壤与鲜花，企业文化是土壤，企业精神是鲜花，只有在肥沃的企业文化土壤上，才能栽培和繁育出绚丽多彩的企业精神之花，否则，即便有再好的企业精神表达形式，没有肥沃的土壤为之提供营养和水分，也只能是昙花一现。

2. 企业精神与企业价值观

"企业精神"和"企业价值观"既相联系又相区别。企业精神决定于企业价值观，是对企业价值观的个性张扬，能够把抽象的企业价值观诠释、演绎为一种具体的信念，对增强企业向心力和凝聚力，将企业各方面的力量集中到企业的经营目标上来起到重要的引导和激励作用。二者的区别之处在于：①"价值"是关系范畴，"价值观"是关于"价值对象的哪些属性能够满足价值主体的什么需要"的看法；价值关系是客观的，先进的价值判断以正确地反映这种客观关系为前提。②"企业精神"是状态范畴，是描述企业全体（或多数）职工的主观精神状态；塑造企业精神，主要对思想境界提出要求，强调人的主观能动性。"企业精神"和"企业价值观"又是紧密联系在一起的。丹麦颇具影响的管理顾问杰斯帕·昆德指出："公司精神是将组织团结和凝聚在使命与愿景周围的一套价值观，是组织赖以存在的一系列价值观和态度、观念，这是公司内每一个成员共同分享的，因此是真正具有激励作用的要素。"[一]各企业之所以要塑造企业精神，是因为它对企业的发展有极高的价值，而企业价值观作为一种"看法"，也属于精神领域的范畴。正因为这样，当对企业精神展开说明时，就不仅表示为描述性判断，而且会出现一系列价值判断，当对企业价值观念体系进行说明和塑造时，也会对职工的思想境界提出要求。

[一] 昆得. 公司精神[M]. 王珏，译. 昆明：云南大学出版社，2002.

实践链接 5-5

企业精神举例

- 同仁堂的精神：同修仁德，济世养生
- 海尔的精神：敬业报国，追求卓越
- 美国德尔塔航空公司的精神：亲如一家
- TCL 的精神：敬业、诚信、团队、创新
- 碧桂园的精神：对人好，对社会好
- 大汉集团的精神：干大事，流大汗，成大业

企业精神与企业价值观的不同，是否能分得清楚？价值观是反映企业支持什么、反对什么的判别标准，属于一种关系范畴；企业精神则反映企业员工在实践过程中的情绪、心态、意志等精神状况，属于一种状态范畴。可以联系企业价值观和企业精神的企业实例仔细体会。

3. 企业精神的基本特征

从企业精神的培育、塑造的实践过程中，可以发现企业精神具有以下基本特征：

（1）客观性。企业生产力状况是企业精神产生的基础，企业的生产力水平及其由此带来的员工、企业家的素质与追求对企业精神的内容有着根本的影响。企业精神是企业现实生产力状况、现存生产经营方式和员工生活方式的反映，这是它最根本的特征。只有正确反映现实的企业精神，才能起到指导企业实践活动的作用。

（2）群体性。企业精神是全体员工共同拥有、普遍掌握的理念。一种精神成为企业内部成员的群体意识时，才是真正意义上的企业精神。当然，企业精神在产生的萌芽时期可能只表现在少数文化楷模身上，只是企业领导者倡导的一种"口号"。如果这种"萌芽"不能生长，说明没有很好的企业文化土壤，企业精神便不能形成；如果这种"萌芽"顺利生长，说明有良好的企业文化土壤，经过领导者精心倡导、培育和全体员工的体验与发展，企业精神就会发育，并逐渐走向成熟。此时的企业精神一定是群体意识和共同理想的反映，企业的绩效不是来自"企业精神"的独特表述，而是取决于这种"企业精神"在企业内部的普及和渗透程度，取决于是否具有群体性。

（3）动态性。企业精神的内容和表达的形式都具有相对稳定性，但稳定并不是固定。企业精神是需要随着时代的变迁、企业内外环境的变化而不断发展的。首先，企业精神是时代精神的体现，是企业个性和时代精神相结合的产物。因此，企业精神的提炼应当能够让人从中把握时代的脉搏，感受时代赋予企业的使命。其次，随着技术进步、市场变化，企业目标不断调整，经营观念不断更新，资产的优化重组以及经营体制和管理方式不断演进，都要求企业做出与之相适应的反应，不断充实、丰富和升华企业精神的内涵，这就反映出企业精神的动态性。

（4）卓越性。企业精神是企业最先进的意识和向上风貌的反映，其中必然内生创造、创新、竞争、进取、求精和追求卓越意识的基因。企业家在培育企业精神的实践中，自然要把自身敢于创新和冒险的主导意识注入其中并加以强化；具有卓越特性的企业精神是企业活力和财富的源泉。管理者的卓越意识体现在他的战略决策、市场开发、科学管理和有效激励上，员工的卓越意识体现在他对操作的改进、自我管理和自我控制上。任何企业经营的成功与事业的进步，无不是其积极创新、追求卓越的结果，因而从企业发展的角度看，追求卓越是当

代企业精神的基本属性，塑造着现代企业精神。

4. 企业精神的作用

企业精神的作用，可以从它与企业价值观的区别和联系上来把握。

企业价值观的作用，主要在于解决某件事值不值得做、在许多件值得做的事中应该选择哪一件先做的问题。企业精神的作用主要是激发员工主观能动性，鼓舞士气，营造值得做者必做成、最值得做者必先成的精神氛围。然而，上述两者的作用又不可分割。一家精神境界和理想追求很高的企业，其做出的选择也必然是高水平的，能够众志成城地去实现所选择的价值；反之，一家精神萎靡不振的企业，不可能有高水准的价值选择，选择了的价值也往往难于实现，这说明企业精神对于企业价值观的作用有制约性。同样，正确的价值选择，本身就有鼓舞士气、激发斗志的作用，而错误的价值选择则往往会挫伤斗志、降低士气，正确的企业价值观是企业精神发挥作用的前提。

企业精神对企业的作用主要表现在：第一，企业精神代表着全体员工的精神风貌，是企业凝聚力的基础；第二，企业精神是引导全体员工前进的指针，是激励员工进步的驱动力；第三，企业精神是企业无形的创业动力，可以提升企业形象，对社会产生一种感召力；第四，企业精神是企业生机活力的源泉，也是评判企业行为的重要依据。

5.3.2 企业精神的产生与内容

企业精神是企业文化发展到一定阶段的必然产物。其产生与发展有其规律性，其内容也有规律性。

1. 企业精神的产生

企业精神源于企业实践。任何企业的企业精神，都是从企业每个员工的行为、企业产品制造过程、企业经营管理的每一个具体环节中，培养、产生和体现出来的。

首先，企业精神是在企业中每个员工的具体行为中产生和体现出来的。每一家企业都有自己的经营思想和治理方针。这就需要在生产经营和企业管理活动中，培育与产生企业精神。企业精神在规范、引导和推动员工个人行为等方面发挥的作用，可以从以下几个方面体现出来：一是企业精神体现了企业自己的理想；二是企业精神体现了企业鲜明的、统一的价值观念；三是企业精神规定了企业自己的职业道德内涵，成为规范和影响员工行为的生活准则。

其次，企业的产品制造是最基本的活动，是产生企业精神的沃土。产品生产从形式上看是生产组织和技术问题。其实，企业生产的每一个产品都非常明显地体现着企业精神，如产品品种、质量、标准和特点，无不打上企业精神的烙印。由此可见，产品究竟是"死"的还是"活"的，关键不在于产品本身，而要看生产产品的员工在生产过程中是否有一种积极进取的创业精神。只有人有活力，产品才有活力。这就是说，企业的产品制造鲜明地体现了企业精神，企业精神又是在产品制造的过程中逐步培养起来的。

最后，企业精神寓于企业管理之中。企业精神还体现在企业经营管理的各个方面，几乎在管理的每一个具体环节上，都可以感觉到企业精神的存在。长期以来，有的企业管理者只擅长抓单项管理，就技术抓技术，就安全抓安全，就思想抓思想，"各走各的道，各唱各的调，各吹各的号"，往往事倍功半。

2. 企业精神的内容

目前，世界各国先进的企业都非常重视企业精神的培育。如澳大利亚69%、美国77%、德国79%、日本几乎100%的企业都有比较明确的企业精神或类似用语的表述。㊀从其内容上来看，主张参与、协作及奉献，已成为现代企业精神的主导意志，值得企业在提炼和培育自身企业精神时作为参考。

（1）参与精神。强调参与，是企业兼顾满足员工各种需求和企业效率、效益要求的基本理念。员工通过参与企业管理，发挥聪明才智，得到了比较高的经济报酬，改善了人际关系，实现了自我价值。而企业则由于员工的参与，改进了工作，降低了成本，提高了效率。根据日本公司和美国公司的统计，实施参与精神和参与管理可以大大提高经济效益，一般提高幅度在50%以上，有的可以达到一倍至几倍，增加的效益一般有1/3作为奖励被返给员工，2/3作为企业增加的资产被投入再生产。

（2）协作精神。协作是大生产的基本要求，也是企业谋求创造整体放大效应的要求。协作不仅能放大整体价值，也能更好地实现个体价值。因此，协作是现代企业精神中的基本要素。

促进协作精神的方法是多种多样的，可以通过明确的分工、制定清晰的岗位职责以及协作制度等，还可以利用工作后的聚餐、郊游等形式来增进同事之间的私人感情和协作精神。日本的企业界，很多经理几乎每天晚上都要和年轻的职员一起聚餐、聊天，直到深夜。在美国，人们过去有工作后进行社交的习惯，但一般不涉及同事。近年来，这种社交活动逐渐向同事关系扩展。协作精神还可以通过非正式组织、团队（或以班组，或以部门、临时任务组织，或以兴趣小组为基础）的形式来促进企业员工的协作精神。团队在许多现代企业中已成为促进企业员工协作精神的有效手段和组织形式。

（3）奉献精神。奉献精神是与企业的社会责任相联系的。它体现企业在运营中关心整个社会的进步与发展、为社会多做贡献。企业只有坚持公众利益至上，才能得到公众的好评，使自己获得更大的、更长远的利益。这就要求企业积极参加社会公益事业，支持文化、教育、社会福利、公共服务设施等事业。通过这些活动，企业在社会公众中树立注重社会责任的形象，提高企业的美誉度，强化企业的道德责任感。

比如，在美国，处于最激烈的市场竞争中的企业深知人才的重要，它们希望有更多的人才涌现，因为那里面就有它们公司的未来。因此，教育成为企业资助最多的领域。讲奉献精神，不光体现企业对社会的责任感，在企业内部，也体现为员工对企业的责任感。尽管在等价交换原则和劳动契约制度面前，不能硬性推行无私和无偿奉献，但企业倡导奉献精神，员工践行奉献精神，每个人都十分清楚，这不仅于企业有益，于个人也有利，倡导奉献精神能够使企业找到企业价值最大化和个人价值最大化的平衡点。

当然，现代企业精神的内容远远不止这几个方面，如创新精神、竞争精神、开拓精神、进取精神等都是现代企业精神的突出表现。

㊀ 王成荣. 企业文化学教程［M］. 北京：中国人民大学出版社，2003：60.

5.3.3 企业精神的培育

企业精神是企业员工的群体意识和精华，是企业价值观的精髓。它不能自发地产生，也不能由外界强加，是一个由分散到系统、从现象到本质，去伪存真，去粗取精，不断概括、升华的提炼和培育过程。企业精神的培育是一项艰巨的工作。如果没有这个过程，企业群体意识和企业价值观就始终处于一种自发、散乱、不自觉、不系统的状态，无法升华为企业精神。

企业精神的培育是有意识、有目的地进行的，并非自然形成的，那么培育企业精神就会涉及方法的问题。这些方法大致有以下六种。

1. 舆论宣传法

企业精神虽然本身具有深入人心的渗透力，但其培育和塑造离不开舆论宣传。通过舆论宣传可以造成为培育和塑造企业精神服务的舆论环境，使企业精神通过舆论的作用达到深入人心的效果。例如，以铁人王进喜为代表的大庆精神，如果不通过大量的舆论宣传工作，是无法达到家喻户晓的效果的。做好企业精神的舆论宣传工作，可以通过内刊、广播站、闭路电视、板报、墙报、文艺演出、报告会、演讲会等多种形式进行。但不论采取哪种形式，都要具有真实性和可信性。

2. 领导垂范法

企业精神的培育和塑造总是与模范人物的榜样作用和企业领导的垂范作用紧密相连的。培育和塑造企业精神的目的在于为企业员工提供一个群体价值观及共同接受和认同的信念与理想。企业领导必须带头按照企业精神的要求去做，凡是要求员工群体做到的，领导者必须首先带头做到；对于企业发展有利的事情，即使不要求员工做，领导者也要做。这样，领导的率先垂范作用就会在促进企业精神的培育和塑造过程中得以充分表现出来。

3. 模范启迪法

企业精神包含着企业中先进人物的模范精神。先进模范人物的作用对于企业的广大员工常常具有鼓励、鞭策的作用，而广大员工也正是在先进人物的精神感召下努力向上，为企业的发展贡献他们的力量。企业精神的培育和塑造可以通过先进人物的模范事迹与榜样作用给广大员工以启迪，从而使广大员工学有榜样，干有奔头。

4. 目标激励法

所谓目标激励法，就是采用各种措施去激发人的动机，使人有一股内在的动力，朝向群体的价值目标前进，最终实现企业的目标。目标激励法在调动员工积极性以实现企业目标、培育和塑造企业精神方面有重要的作用。首先，通过目标激励法，企业可以把有才能的、所需要的人吸引进来，为企业发展而工作，从而增强企业的向心力和凝聚力。其次，通过目标激励法，企业可以使员工最大限度地发挥他们的聪明才智，变消极为积极，从而保持工作的有效性和高效率，以利于企业群体价值观的形成。最后，通过目标激励法，企业还可以进一步激发员工的创造性和革新精神，大大提高经营效果，从而培育企业员工的创新精神和竞争意识。

5. 感情投资法

感情投资的方法在企业精神的培育和塑造过程中尤为重要。因为企业的员工不仅是"经济人", 更重要的是"社会人"。员工除了关心个人收入以外, 更注重工作上的成就感、归属感和工作中犹如家庭中一样的亲切、愉快、舒畅的氛围。企业经营管理人员要自觉地和员工融为一体, 形成一个民主、平等、和谐的生产经营环境, 还要采取多种措施帮助员工解决生活中的困难, 改善员工的工作环境和工作条件, 关心员工的物质利益与精神生活, 尽量满足员工的合理要求。感情投资的方法可以增加企业精神的渗透力, 使企业精神能很快地深入人心, 成为企业员工的精神支柱。感情投资的方法对于企业精神的培育和塑造, 对于企业目标的实现都是十分重要的。

6. 形象教育法

形象教育法是企业精神培育和塑造过程中最直观、最生动的一种方法。所谓形象教育法就是通过司容、司貌、司徽、司旗、司歌甚至司服, 以及口号与标语等来体现企业的战略目标, 同时也通过企业的拳头产品和先进技术不断丰富企业形象, 以激励员工的自豪感、责任感的一种方法。良好的司容、司貌可以激发员工的自豪感; 富有特征的司徽、司旗可以激发员工的责任感; 司歌可以鼓舞员工的士气; 醒目的标语口号可以感召员工奋发努力; 走向全国甚至世界的拳头产品可以增强员工的创新意识和竞争意识; 先进的生产技术可以使员工为社会生产更多、更好的产品。所以, 形象教育的方法是培育和塑造企业精神的重要方法。

企业文化管理方式的最终目标就是试图寻找一种先进的、具有代表性的共同理想, 将全体员工团结在统一的旗帜下, 最大限度地发挥人的主观能动性。企业精神的培育是实现企业文化管理方式的重要途径。

5.4 企业家精神

企业家、企业家精神与企业文化是三个紧密相关的概念。如果说企业家是指具体的人, 那么企业家精神通常指企业家的共性所在, 而企业文化可以说是一种扩大了的企业家精神, 即一种在企业运营中得到全体人员广泛认同并能够指导企业家取得成功的精神力量。

5.4.1 企业家与企业家精神

从词源上看, "企业家"一词最初出现在法语中, 指领导军事远征的人, 后来泛指从事冒险活动的人。企业家本质上是"人", 所以必然具有"人"的自然属性、社会属性和精神属性, 他们的身上必然也结合了人类的一切优点与缺点。学者对企业家概念的理解主要有两种类型: 一种称为"能力"说; 另一种可以称为"功能"说。比如, 马歇尔就是持"能力"说的, 他在《经济学原理》(1890) 中定义企业家为企业组织的领导协调者、中间商、创新者和不确定性风险的承担者, 即企业家就是为企业提供这些管理能力的人。而熊彼特是持"功能"说的主要代表, 同时他的企业家理论也是最具有鲜明色彩与影响力的。在他看来, 企业家最重要的功能就是创新。他认为所谓资本主义的固有发展, 不是对外部变化的适应过程, 而是对这种经济体系内部改变的适应过程, 推动这一过程的正是企业家的革新作用。企业家是支持、创造资本主义经济发展的主体, 是从事"创造性破坏"的创新者。从"功能"的角度认识和理解企业家, 就会突出企业家的共性, 事实上也就强调了企业家的精神。"精神"既反映了人们行为过程中"怎么做""做什么"的个人意识状况，同时还包含"为什么去做"这个动力机制，即"精神"主要解决的是原因动力的问题。

企业家作为企业精神的人格化代表，既是企业文化的积极倡导者、精心培育者以及建设方案的设计者，又是优秀企业文化的身体力行者，同时还是企业文化转换和更新的推动者，在企业文化建设中的重要地位显而易见。从某种意义上讲，企业家应是企业文化的第一设计者、第一身体力行者、第一宣传者。

5.4.2 企业家精神的内涵

企业家精神既是企业家个人素质、信仰和行为的反映，又是企业家对本企业生存、发展及未来命运所抱有的理想和信念。从层次上讲，企业家精神包括个体、多个群体、组织或公司以及整个社会。而从内涵上讲，企业家精神是一种内在的精神气质、一种思想形式与驱动智慧运用的意识形态，反映企业家这一特殊群体所具有的心理状态与内在活力。同时企业家精神还具有强烈的动力外化性质，例如创新精神、冒险精神、追求卓越、合作诚信等精神均为企业家精神的核心气质与显著标志，并会转化为企业家经营管理活动中的智力支持与精神动力。具体来说，企业家精神的内涵主要包括以下几点。

1. 独具慧眼的创新精神

德鲁克在《创新与企业家精神》㊀一书中指出，创新是企业家特有的工具，凭借创新可以将变化看成是开创另一个企业或服务的机遇。创新是运用创造性思维方法，对事物发展新途径、新方法、新技术、新手段的探索，也就是对旧事物的否定和对新事物的探索。企业家精神最明显的特征就是独具慧眼的创新精神，这种精神主要表现在企业家对市场的敏锐观察和大胆突破、对技术与产品的开发以及对企业制度和组织的改造等方面。企业家的创新精神是企业活力的源泉，也是企业谋求改变现状和实现快速发展的原动力。

2. 敢担风险的开拓精神

汪丁丁指出，企业家处理的情况是完全没有出现过的崭新的情况，是具有"不可重复性"的那种不确定性，不是可以用概率分布来描述的那种"风险"不确定性。㊁对此，企业家具有敢于承担风险的开拓精神。这种精神是企业家的内在品质。在科学技术迅猛发展、社会生产力迅速提高、市场竞争愈演愈烈的社会中，企业经营管理每时每刻都充满各种风险，如投资风险、市场风险、技术开发风险、财务风险、人事风险等，企业家正是靠这种精神驱动，才敢于面对各种风险，承担风险，善于在风险中寻找机会，抓住机遇，开拓前进。

3. 敢于拼搏的进取精神

企业家是永不满足于现状的，总是以高昂的士气积极进取，具有向更高目标挑战的雄心壮志，这是所有成功企业家的共同特质。企业家若缺乏或失去了这种精神，必然安于现状，畏首畏尾，在困难面前不敢拼搏，因而就不能使企业在市场上立足，更谈不上取得竞争优势，久而久之，必然危及企业的生存。

㊀ 中文版已由机械工业出版社出版。

㊁ XENIKOU A, FURNHAM A. A correlational and factor analytic study of four questionnaire measures of organizational culture [J]. Human Relation, 1996, 49（3）: 349-372.

4. 科学、理性的实效精神

企业家在组织生产经营过程中，往往表现出强烈的实效精神，讲究科学与理性，实事求是，遵循经济规律，脚踏实地抓好经营管理，追求效益最佳化和效率最大化。如果一个企业家缺乏实效精神，只追求轰动效应，光讲投入不计产出，违背规律，必然会遭到市场的惩罚，企业家也就失去了其应有的理性特质。

5. 尊重人才的宽容精神

企业家在管理过程中具有强烈的人本观念，尊重人、相信人、依靠人，以宽容的精神待人，即能以真诚、友善的态度对待员工、顾客、合作者以及社会其他公众。宽容精神还表现在对下属工作失误的宽容，以及对员工个性及缺点的宽容等。企业家的宽容精神是企业汇聚良才、产生内聚力和吸引力、实现事业创新的重要因素，也是企业赢得社会信赖，不断走向成功的重要条件。

6. 面向世界的竞争精神

企业家在经营中敢于竞争，超越他人。在经济全球化的环境里，企业资源配置远远冲破国别界限，转向区域化和全球市场，国际性市场竞争愈演愈烈。优秀的企业家能以特有的世界目光，面向世界，积极投身于国际竞争舞台，扬长避短，发挥优势，在世界市场上争得一席之地。

7. 热爱祖国的奉献精神

企业家不仅对振兴民族经济和促进企业发展负有重大的责任，而且对社会全面进步和人的全面发展负有社会责任；不仅要热爱企业，而且要具有强烈的爱国情结并把它转化成一种奉献精神，把自己的知识、智慧奉献给祖国。企业家的这种奉献精神，可以引导企业通过合法、诚实的经营获取正当的经济利益，正确处理好国家、集体和个人的关系，注重环境保护，热心公益事业，承担社会责任，促进社会文化进步。

8. 敢于承担的冒险精神

企业家在创业和经营之中敢于冒险、善于冒险，才能在险峰处欣赏无限风光。冒险精神对于企业家的重要作用不容忽视，甚至是首要的。在比尔·盖茨看来，成功的首要因素就是冒险。在理论和实践中，关于这个问题有多方面和多角度的探讨与研究：冒险是企业家区别于其他人群的显著特征；冒险精神是企业家难得的稀缺资源；冒险精神是企业家人格的主要构成要素之一；对于一个企业和企业家来说，不敢冒险才是最大的风险；冒险精神是企业家精神的重要内涵之一、核心精神之一、重要表现之一。在我国进入新时代的大背景下，必须大力弘扬企业家精神，鼓励有创新精神的企业家茁壮成长，只有那些具有冒险精神的企业家，才会成为真正的"大咖""大神"。

5.4.3 企业家精神与企业文化

优秀的企业文化，离不开企业家这一主体和核心力量。企业家精神是企业精神形成的基础。企业家精神与企业家的实干作风相结合，就会起到它应有的作用，促进企业精神的培育，推动企业文化的建设，使企业稳步发展。

1. 发扬企业家精神的重要性

企业家精神对企业主流文化的形成有着直接的影响。熊彼特认为企业家精神表现在不墨守成规、不死循经济循环轨道，常常是创造性地变更其轨道。德鲁克认为企业家精神是"在寻找变化，对变化做出反应，并把变化作为一个可供开发利用的机会"。在企业家精神中，这种创新、进取、敢冒风险的文化取向对企业文化的形成、发展或重塑起到导航作用，构成现代企业文化的核心内容。企业家精神的体现者——企业家在经营实践中通过自己的权力和感召力把他所提倡的这种观念传导给组织成员，通过自身的"英雄"形象和强者形象感染员工，使员工产生对创新、进取与冒险精神的认同心理，从而提升企业文化的层次，为企业文化注入活力。一般认为，企业家精神是建立在企业家阶层对市场经济本质的把握和对企业特征、价值的理解和认识基础上的，反映着企业家在整个经营活动中的价值观念、工作准则和对事业的追求。企业家精神是市场经济社会商业文化的主调，是珍贵的文化资源。不断提高企业家素质、在全社会弘扬企业家精神，具有重要的现实意义和深远的历史意义。

2. 企业家精神与企业文化相互影响和相互作用

企业家精神和企业文化都是非常复杂的概念，有人会直接把企业家精神当成企业文化，或者把企业文化说成是"老板文化"。这些说法对企业家精神与企业文化的关系评价虽然并不全面，但有一点是毋庸置疑的，就是所有的企业家都努力想将他个人的精神变成大家的精神，想将他个人的文化转变成企业的文化，而所有的企业文化也必然凝聚了企业家精神的精髓。

企业文化对企业家精神的影响。首先，企业文化使企业家精神得以延续。企业家精神无论是作为一种精神品质还是作为一种精神动力，必须转化为全体员工的精神动力或企业的价值观才能真正发挥作用，形成影响力。任何一个企业家在全球化市场经济环境下与现代企业经营实践中必会发现个人力量有限（在工业革命开始之前与工业革命初期社会化生产不发达和企业规模不大的情况下，企业家个人能力的影响有可能远远高于"企业文化"对企业的影响），仅靠企业家个人的优秀能力难以对抗企业竞争环境中所面临的种种不确定性风险。因此，优秀的企业家精神只有沉淀成优秀的企业文化才能得以延续并发挥作用，否则也只是局限于企业家个人的能力，不能给企业的发展带来更多的价值。

其次，企业家精神随企业文化的发展而不断发展。企业文化需要不断地变化和发展，优秀的企业文化的发展需要与之相匹配的优秀的企业家精神，如果企业家精神在企业文化形成之后总是停留在一个水平或一个阶段上，将很难适应企业规模不断扩大的趋势以及企业文化发展的要求，企业也将很难再发展下去了。所以，当优秀的企业家精神进一步转变并形成优良的企业文化氛围之后，这种不断进取、齐心合力、共同学习的文化氛围又会继续激励企业家精神的成长与发展。

企业家精神对企业文化的影响。企业文化的形成与发展不是一个自动生成的过程，而是一个充满能动与主动的过程。企业文化是企业全体人员齐心合力建设而成的结果，其中企业家精神起着决定性的关键作用。企业家是企业文化建设的选择者、设计者、领导者和实施者，并通过自己的价值观从整体上来影响和决定企业员工的价值观与行为，最终形成一种企业范围的企业家精神，即企业文化。

企业家精神在企业文化不同的发展阶段均具有关键性的作用。

在企业文化形成期，此时企业处于初创时期，规模较小，企业文化还处于模糊形成的状态，对于企业的生存与发展只具有战略上的重要意义，在企业经营实践中的效果还不明显，因此这一时期的企业文化需要自觉而强势的引导才能较快、较好地形成，企业家精神的作用在这一时期也是最为突出的。

在企业文化发展期，企业文化一经形成必须不断发展才能适应企业规模不断扩大的趋势，其发展的途径就是不断地改革与创新。由于企业文化的特征具有稳定性的一面，这使得其带有一定的文化惯性，唯有靠企业家运用战略的眼光与创造的精神才能有效地打破这一惯性，带领企业全体员工不断前进，不断发展企业文化。

在企业文化变革期，企业文化发展到一定的时候，企业需要针对自身实际以及生存环境的变化对企业文化做出重大的变革与调整，即进行企业文化的"反思"。这一时期需要企业领导者对企业文化进行自觉性反思，有的时候这种反思不仅是必要的甚至是强迫的，"强迫"企业家去重新审视公司的发展战略，改革企业文化，使之更成熟、完善，企业家精神在这一时期是关键性因素。

在企业文化的成熟稳定期，经过一段时间的反思与调整，企业文化面貌将焕然一新，新的企业文化若符合企业战略发展要求并具有顽强的竞争力，将会进一步稳定下来，指导企业的下一步发展。这就需要企业家发挥企业家精神的作用，努力在原有企业价值观的基础上积极探索新的企业价值观。

需要强调的是，企业文化发展的时期并不遵循简单、固定的逻辑顺序依次出现，而是在不断反思、不断发展的过程中形成和完善的。"稳定"只是暂时相对的状态，企业文化的生命力往往就体现在企业家不断打破"稳定"的局面、主动迎接挑战、主动改革创新的追求中。

总之，企业家在企业文化建设中起着核心领导的作用，他们的价值观、创新观念与素质决定着企业文化的发展、创新与完善。企业文化离开了企业家精神，就只能始终停留于初始阶段而无法发展。

企业文化建设应跨越企业家自身意识的障碍。企业家的精神品质和企业家精神实践的坚定性决定着企业的健康发展，但是，值得指出的是，在认识到企业家精神对企业文化的积极推动作用的同时，必须认识到企业家可能存在的自身局限。企业文化的健康发展，需要跳出企业家自身意识的障碍，才能确保企业的持续发展。

我国民营企业家在创业成功后，企业持续发展成了新的问题。一些主要靠胆识、运气的民营企业家完成"第一次创业"之后，在二次创业面临真正的现代企业竞争时，难以完成由"顺境经营"向"逆境经营"的转变，从而导致企业生命周期短的现象。目前，一些企业经营者仍存在"守法吃亏，违规有利"的政策投机思想，仍存在过分追求短期效益的短视行为，仍存在对社会关系的依赖高于对客户和市场的理解的偏见。企业文化的早期形成与企业家的开拓创新精神和创业成功经历是分不开的，但是企业文化的长期健康发展，需要根据时势的变化，解决企业家自身素质不足的问题，才能开辟广阔的发展前景。

| 实践链接 5-6 |

刘永好的企业家精神

新希望集团创立于1982年，其前身是南方希望集团，是刘永言、刘永行、陈育新（刘永美）、刘永好四兄弟创建的大型民营企业——希望集团的四个分支之一。在南方希望资产的基础上，刘永好先生组建了新希望集团。"阳光、正向、规范、创新"是企业的基本价值观念；像家庭、像学校、像军队是新希望集团一直以来塑造的企业形象。在董事长刘永好先生的带领下，新希望人也在不断地追求与奋斗中。在采访中，刘永好先生认为企业家精神可以归纳为：担当、责任、爱心。

担当

当记者问道："谁是您心目中最具有企业家精神的人呢？是否可以给我们具体讲讲？"

刘永好稍微深思了一下，马上恢复了笑容，他说道："其实今天中国有许多优秀的企业家，华为的任正非，他脚踏实地、认认真真去干事，能够把中国的通信创新发展这方面做到全球的第一，这是非常难能可贵的。他靠的是创新的意识，也靠责任担当。美的方洪波，他代表的是传统的制造业转型中新一代领导的崛起，我们从方洪波身上看到传统企业如何在传承中去发展。"

责任

在谈到精准扶贫时，刘永好虽然满含笑意，但我却感觉他更加认真、严肃。他提及："小平同志很早便说过要先富帮后富，最终实现共同富裕，习总书记也谈到精准扶贫，那么作为一个企业家，我深刻地感觉到这是责任、义务，也是我们必须的担当。"

其实刘永好在1994年的时候，就牵头联合十余个民营企业家发起扶贫的"光彩"事业，通过自身在资金、市场等方面的优势到老旧偏远地区去投资、发展、招收员工、扶贫，通过产业来带动发展地区经济的发展，从而使得一些人脱离贫困。2016年，新希望还发起或是参与了医疗健康产业基金、PPP产业基金等，用金融投资的手段来推动四川经济的发展，同时使企业发展转型、升级。

爱心

在刘永好看来，企业家精神包含多层次的含义，需要通过创新不断提升企业和产品的竞争力。企业家还要有爱心——爱员工、爱家庭、爱社会、爱国家，爱心也是社会责任的体现。

今天，农产品数量基本上能够满足国内需求，但花式品种还是不够多，更重要的是存在质量问题，大家更担心食品安全和健康问题。新希望加大了在食品安全方面的投入，从源头把关，建立起从原料的采购、加工到生产过程的监控、质量的把控等配套体系。"我认为安全对于考核是必要的，这样才有可能让我们的经理等管理者把安全的重要性放在心上。当我们的总经理把安全作为第一要素后，我想食品安全就可以得到有效的保证了。"

资料来源：川报观察. 新希望集团董事长刘永好：我心中最具企业家精神的是这三人！[EB/OL]. （2017-02-16）[2021-11-25]. https://www.sohu.com/a/126457046_207224.

文化点睛 从刘永好先生身上，我们不仅看到这位让人尊敬的企业家低调、务实、满满的正能量，同时看到他自己身体力行地推动精准扶贫，还带动身边的人创造新的扶贫模式、新的产业发展模式。正是刘永好先生这种企业家精神被不断注入企业文化中，从而带动了企业的有序健康发展。

本章小结

本章从企业文化的核心出发，剖析了企业使命与愿景、企业价值观、企业精神和企业家精神的内涵。

企业使命是回答企业为什么存在的问题，而企业愿景是回答企业未来是什么样的问题。两者描绘了企业终极发展的目标和未来发展的美好图景。

企业价值观是企业经营管理者和企业员工共享的群体价值观念，决定和影响着企业存在的意义与目的，为企业的生存发展提供基本的方向及行动指南。

与企业价值观紧密联系的是企业精神，它是企业存在和发展的内在支撑，随着企业的发展而逐步形成并固化下来，是对企业现有观念意识、传统习惯、行为方式中积极因素的总结、提炼和倡导，是企业文化发展到一定阶段的产物。"企业精神"和"企业价值观"既相联系又相区别。企业精神决定于企业价值观，是对企业价值观的个性张扬，能够把抽象的企业价值观诠释、演绎为一种具体的信念。两者又具有区别，企业价值观的作用，主要在于解决某件事值不值得做、在许多件值得做的事中应该选择哪一件先做的问题。企业精神的作用，主要是激发主观能动性，鼓舞士气，造成值得做者必做成、最值得做者必先成的精神氛围。

在如何推动企业精神和企业价值观的形成与落地中，企业家起到关键性的作用。企业家作为企业精神的人格化代表，既是企业文化的积极倡导者，又是优秀企业文化的身体力行者，同时还是企业文化转换和更新的推动者。企业家、企业家精神与企业文化是三个紧密相关的概念。企业家是指具体的人，企业家精神通常指企业家的共性所在，而企业文化可以说是一种扩大了的企业家精神，即一种在企业运营中得到全体人员广泛认同并能够指导企业家取得成功的精神力量。

复习思考题

1. 企业使命和企业愿景的区别在哪里？请对某一行业若干企业的企业使命和愿景加以比较并予以说明企业使命和愿景的不同之处。
2. 你所在企业（或学校、单位）的价值观是什么？它影响着人们行为的哪些方面？
3. 假设你是一个企业家，你会培育什么样的企业精神？通过什么方式来培育企业精神？企业的性质、目标可以由自己设定。
4. 对王石、任正非、柳传志、张瑞敏和李东生等人的故事进行了解，分析他们都具有何种企业家精神，他们的精神中包含着什么共性。
5. 通过对上面两题的思考，你认为中国企业和企业家最需要什么精神来应对中国现在的经济形势和发展现状？

案例分析

松下精神

日本松下公司成立于1918年，最初叫"松下电器具制作所"，由松下幸之助夫妇和妹夫创建，拥有资金不足100美元，生产电灯插座、电风扇底座、熨斗、自行车用灯等。经过80余年的奋斗拼搏，Panasonic等商品品牌家喻户晓，松下电器由一个小电料行发展成为雄踞全球的松下电器企业集团。在美国《财富》杂志1999年全球最大500强企业排行榜上，松下公司名列第26位。松下幸之助被日本工商界誉为"经营之神"。松下公司成功的经验表明，正是因为松下公司培育了一种良好的文化品质，其企业文化、企业理念已经形成了一种特定的观念——"松下精神"，这种企业精神是松下企业文化灵魂的所在，也是松下公司成功的关键。

企业文化重在建设，企业精神重在培育。松下公司培育企业精神有多种方法，包括领导垂范法、教育培训法、制度向导法和文化活动法。

一、领导垂范法

松下幸之助说："当员工100人时，我必须站在员工最前面，身先士卒，发号施令；当员工增至1 000人时，我必须站在员工的中间恳求员工鼎力相助；当员工达到1万人时，我只需站在员工后面，心存感激即可；当员工增到5万～10万时，光心存感激还不够，我必须双手合十，以拜佛的虔诚之心来领导他们。"他不仅以自己的实际行动为员工做出表率，还利用各种机会、场合、条件，反复地向员工说明松下公司的精神内涵。

二、教育培训法

松下公司规定，凡进入本公司的人都需要经过严格的筛选，然后由人事部门负责公司的"入社"教育。首先，新入职者郑重地诵读、背诵松下宗旨和松下精神，学习松下幸之助的"语录"，学唱松下公司之歌，参观公司"创业史"展览。其次，公司每月举行一次干部学习会，大家相互交流、相互激励、勤勉律己，放手让下属干工作、做决定。公司还要求各级管理人员必须学会培养自己与员工之间的信任感，相互沟通思想感情，用松下精神去影响员工。最后，公司把在员工中培育松下精神的基点放在自我教育上，认为只有通过受教育者的主动努力才能取得成功。公司要求下属根据松下精神自我剖析，设置自己的目标，拟订自我发展计划。有了自我教育的强烈愿望和具体计划，员工就能在工作中自我激励，思考如何创新，在工作之余自我反省，自觉学习。

三、制度向导法

松下公司历来重视用奖励、提拔重用等手段激励培育松下精神。松下幸之助喜欢领着客人参观工厂，随意指着一位员工说："这是我最好的主管之一。"他认为这样会形成一种好的气氛和工作创新环境。他还重视奖励提出意见和建议者，并对每一个建议者评分，给予金钱的报酬和团体奖励。对于下属的意见、建议，即使一时难判断，他都会说："很好，让我们试试吧！"这样可以鼓励员工的进取精神和关心企业的行为。而对于犯错误的人的批判、责难、处罚，在松下公司也被认为是一种"训练"，为将来做准备，同样成为培育人才、发扬松下精神的措施。

四、文化活动法

以企业精神为主体，经常举办各种文化活动，从感情上强化员工对企业精神的觉悟和认识，也是培育企业精神的有效途径之一。比如每天上午8时，松下公司所有的员工同时诵读松下七条精神，一起唱公司之歌，其用意在于让全体员工时刻牢记公司的目标和使命，时时鞭策自己；公司规定所有员工，每人每隔一个月至少要在他所属的团体中，进行10分钟的演讲，说明公司的精神和公司与社会的关系。松下公司相信，这样的活动有利于发扬松下精神，统一员工的意志和步伐。

松下企业精神作为使设备、技术和制度运转起来的活的因素，在松下公司的成长中形成，并不断得到培育强化。它是一种内在的力量，是松下公司成功的重要因素，具有强大的向导力、凝聚力、感召力和影响力，是松下的企业之魂。

资料来源：闫楷文. 松下企业文化核心探究：松下企业精神[J]. 商业文化，2010（4）：196-197.

讨论题

1. 通过对松下精神的了解，你认为对一家企业来说，什么样的企业精神能促进企业的发展？
2. 松下精神对中国企业的发展有什么启示？

参考文献

[1] 王超逸. 企业文化学原理[M]. 北京：高等教育出版社，2009：157-158.
[2] 黎群. 企业文化[M]. 北京：清华大学出版社，2008：42-46.
[3] 王成荣. 企业文化学教程[M]. 北京：中国人民大学出版社，2003：50-55，115-119.
[4] 王成荣. 企业文化学教程[M]. 2版. 北京：中国人民大学出版社，2009：69-82.
[5] 张德. 企业文化建设[M]. 2版. 北京：清华大学出版社，2009：96-99.
[6] 栾永斌. 企业文化案例精选精析[M]. 北京：中国社会科学出版社，2008：111-119.
[7] 罗长海，林坚. 企业文化要义[M].

北京：清华大学出版社，2003：171-172.

[8] 侯贵松. 企业文化怎样落地［M］. 北京：中国纺织出版社，2005：234-235.

[9] 周冬梅. 论企业家精神与企业文化建设［D］. 合肥：合肥工业大学，2006.

[10] 刘光明. 企业文化案例［M］. 3版. 北京：经济管理出版社，2007：82-86.

[11] 柯林斯，波勒斯. 基业长青：珍藏版［M］. 真如，译. 北京：中信出版社，2009：XI.

[12] 德鲁克. 创新与企业家精神［M］. 蔡文燕，译. 北京：机械工业出版社，2007：23.

[13] 汪丁丁. 企业家精神［J］. 读者，2001（2）.

[14] 马作宽. 组织文化［M］. 北京：中国经济出版社，2009：179-182.

[15] 林泉，邓朝晖，朱彩荣. 国有与民营企业使命陈述的对比研究［J］. 管理世界，2010（9）：116-122.

[16] 德鲁克. 管理：使命、责任、实务［M］. 王永贵，译. 北京：机械工业出版社，2009.

[17] SIDHU J. Mission statement: is it time to shelve them?［J］. European Management Journal, 2003（21）: 439-446.

[18] DAVID F R. How companies define their mission［J］. Long Range Planning. 1989（22）: 90-97.

[19] IRELAND R D, HIRE M A. Mission statement: importance, challenge and recommendations for development［J］. Business Horizons, 1992（35）: 34-42.

[20] BARTKUS B R, Glassman M, et al. A comparison of the quality of European, Japanese and U. S. mission statement: a Content analysis［J］. European Management Journal, 2004（22）: 393-401.

[21] 申光龙，袁斌. 企业愿景的效用及其创建流程［J］. 预测，2004（3）: 1-6.

[22] 岳川博. 新竞争优势［M］. 杭州：浙江人民出版社，2003：7.

[23] 圣吉. 第五项修炼［M］. 郭进隆，译. 上海：三联书店，1994：236-266.

[24] 杜娟. 企业愿景的形成过程及其价值诉求［J］. 河北大学学报：哲学社会科学版，2008（5）: 101-105.

[25] 闫楷文. 松下企业文化核心探究：松下企业精神［J］. 商业文化，2010（4）: 196-197.

第 6 章　企业文化测评

【学习目标】

- ☑ 了解企业文化测评的目的
- ☑ 掌握企业文化测评的基本类型
- ☑ 理解企业文化测量的主要工具
- ☑ 了解企业文化建设评估的内容和维度

引例　　赛轮金宇股份有限公司的安全文化建设水平测评

赛轮金宇股份有限公司（以下简称"赛轮金宇"）成立于2002年，是一家集橡胶轮胎研发和制造为一体的A股上市民营企业，有员工4 000余人。为了促进安全生产，该企业致力于安全文化建设的工作，明确提出了一系列安全文化建设的任务，如目视化工程、微信公众号平台运行、危险预知卡等，并参考杜邦公司安全文化建设的4个阶段（自然本能、严格监督、自主管理、团队互助）进行测评，结果显示总体处于"严格监督"阶段。为了进一步加强安全文化建设，企业进行了安全文化建设水平测评。

测评从正常、事故发生、事故结束三个不同安全状态的角度出发，根据安全管理的目的、指导思想、规则以及工作要点4个方面，确立了企业文化建设水平的一级评价指标，如表6-1所示。

表 6-1 安全文化建设水平一级评价指标

安全管理工作目的	状态1：正常		状态2：事故发生	状态3：事故结束
	预防		消除/降低损失	跟踪纠正
	预防不安全行为	预防不安全物态		
安全管理工作指导思想	1. 安全文化			
安全管理工作规则	2. 安全管理体系			
安全管理工作要点	3. 安全培训 4. 行为引导 5. 安全防护	5. 安全防护 6. 安全检查	5. 安全防护 7. 应急救援	8. 事故数据库

在理论归纳和实践探索的基础上，综合专家意见对一级指标进行分析，确定二级指标，如表6-2所示。

表 6-2 企业安全文化建设水平评价指标

一级指标	二级指标	一级指标	二级指标
安全理念 A_1	安全理念充分性 B_{11} 安全理念认同程度 B_{12}	安全防护 A_5	人员防护 B_{51} 物态防护 B_{52} 消防设施 B_{53}
安全管理体系 A_2	安全管理机构及权责分配 B_{21} 安全管理部门及人员地位 B_{22} 安全管理体系健全程度 B_{23}	安全检查 A_6	安全检查充分性 B_{61} 隐患整改效率 B_{62}
安全培训 A_3	安全培训类型 B_{31} 安全培训充分性 B_{32} 安全培训效果体现 B_{33}	应急救援 A_7	应急救援预案 B_{71} 应急救援演练 B_{72}
行为引导 A_4	安全标识运用 B_{41} 安全活动开展 B_{42} 安全业绩考核 B_{43}	事故数据库 A_8	事故检查与分析 B_{81} 事故建档 B_{82}

运用熵权法和层次分析法相结合的组合赋权法，计算得到表6-2中20个二级指标的权重如下：

$W = (0.030\,5 \quad 0.043\,7 \quad 0.068\,4 \quad 0.021\,2 \quad 0.159\,5 \quad 0.055\,5 \quad 0.049\,5 \quad 0.105\,0 \quad 0.042\,4 \quad 0.014\,1$
$\quad 0.038\,4 \quad 0.081\,0 \quad 0.054\,5 \quad 0.011\,4 \quad 0.034\,5 \quad 0.107\,5 \quad 0.015\,9 \quad 0.037\,6 \quad 0.031\,2 \quad 0.011\,0)$

在安全文化建设测评量表构建的基础上，公司使用问卷调查法统计分析企业的安全文化建设现状。面向一线员工、班组长、安全管理人员、一般管理人员、中层管理者、高层管理者，共发放问卷200份，回收有效问卷187份。

根据公式计算得到企业文化建设水平的观测值（S）：

$$S = \sum_{j=1}^{n} W_j D_j$$

式中，W为指标j的组织权重，D为指标j的观测值。

测评结果显示，赛轮金宇可以从以下方面改善安全管理工作：第一，重视员工的创造力，鼓励其为促进企业安全生产发声。第二，鼓励员工关爱同事，分享个人安全知识和经验。第三，强化员工遵守企业各项安全生产规章制度的意识。第四，制定企业和个人安全目标，将工作中取得优秀的安全业绩与个人成就感联系在一起。第五，建立合理的奖惩机制，以奖为主、罚为辅，培养员工责任感。

资料来源：撒占友，刘凯利，马池香，等. 企业文化与企业安全文化建设水平互动效应研究［J］. 中国安全生产科学技术，2016，12（10）：178-184.

6.1 企业文化测评概述

6.1.1 企业文化测评研究兴起的背景

20世纪七八十年代，当威廉·大内、迪尔和肯尼迪等将企业文化的一系列理论概念、要素和类型及实践案例公之于世时，有关企业文化测评的早期研究便已悄然兴起。研究者提出用于企业文化测量、诊断和评估的模型，继而开发出一系列量表与工具，从而初步实现了对企业文化进行可操作化的、定量化的评估和诊断，并迅速应用于企业实践。企业文化测评研究的兴起和发展，得益于企业文化热潮的兴起，也得益于以下三个方面的基础性研究的发展。

1. 组织氛围

20世纪30年代，库尔特·勒温（Kurt Lewin）、R. 利皮特（R. Lippit）和R. K. 怀特（R. K. White）等便开始对团体氛围（权威型、民主型和自由放任型）进行研究。之后，在相当长的时期内，社会心理学和组织行为学的研究者在组织氛围（organizational climate）方面的研究成果丰富，为后来的组织文化测评研究提供了理论和方法基础。

2. 组织有效性

20世纪70年代后期，组织有效性（organizational effectiveness）的研究已经取得相当大的进展。1983年，奎恩和约翰·罗尔博（John Rohrbaugh）提出对立价值框架（competing values framework，CVF），之后卡梅隆、奎恩、丹尼森和格兰恩·斯伯莱茨（Gretchen Spreitzer）等在此基础上开发出一系列测评模型和工具，引领了企业文化测评研究领域的主流发展方向。

3. 跨文化管理

国家间的竞争和跨国公司的发展，不但是企业文化研究兴起的重要背景，也是跨文化管理（cross-cultural management）研究发展的推动因素。起步较早的跨文化管理研究，尽管更偏向于文化人类学的视角，但对企业文化测评研究的促进作用不容忽视。霍夫斯泰德便是在前期跨文化管理研究的基础之上，进行组织文化测量研究的。

6.1.2 企业文化测评研究的发展概况

1975年，哈里森首创针对"组织意识"（organizational ideology）的测量工具，将"组织意识"划分为四种类型：权力、角色、任务和自我。此后几年间，查尔斯·汉迪（Charles Handy）、查尔斯·马杰里森（Charles Margerison）等相继开发出一系列企业文化测评工具。

在企业文化研究热潮兴起的20世纪80年代，测评研究成果丰硕，如格拉泽（Glaser）开发出的组织文化测量OCS（organizational culture survey，1983）模型，基尔曼（Kilman）和萨克斯顿（Saxton）用来测量行为形式的文化差异测量 CGS 模型（culture gap survey，1983），库克（Cooke）和莱佛提（Lafferty）用于测量行为特征的最常用工具组织文化量表 OCI（organizational culture inventory，1986），萨什金（Sashkin）和富姆（Fulmer）用来测量组织价值观的组织信仰问卷 OBQ（organizational belief questionnaire，1985）等。

这一阶段，测评研究的方法和理论也开始受到关注。以沙因为代表的研究者通过实地观察和调查获得原始资料，用人类学家与社会学家所使用的方法，定性地评估（assess）组织文化。以奎恩为代表的研究者则主张定量化研究，认为组织文化可以通过一定的特征和不同的维度进行研究与测量，其开发的对立价值框架为此提供了理论框架。霍夫斯泰德则另辟蹊径，他并没有从组织有效性的角度出发来构建量表，而是通过文献回顾从组织文化的层次结构入手，构建测量组织文化的模型框架。

进入 20 世纪 90 年代，测评研究得以深入，并开始呈现如下特征：研究视角多样，测评主题丰富；对测量研究成果信度和效度的实证检验有较高要求；更加重视问卷测量的理论基础；研究面向实践应用，测量、评估和诊断之间的界限变得模糊，测量工具更趋简化和直观。1990 年，霍夫斯泰德等在前期跨文化管理研究的基础上，提出了组织文化测量模型（multidimensional model of organizational culture）。1991 年，奥赖利和查特曼等从个人与组织契合度视角切入，建构了测量组织价值观的方法和工具——组织文化剖面图（organizational culture profile）。在这个时期，奎恩等开发的对立价值框架引起了许多学者的兴趣，相关的研究向纵深发展。此时不仅衍生出更多模型，相应的量表也被开发出来，其中代表性成果组织文化评价量表（organizational cultural assessment instrument，OCAI）在广泛应用中被进一步验证。这些成果的公布，引起研究者的浓厚兴趣，他们围绕着这些模型或量表，对其信度和效度进行深入研究，使得这些模型和量表得以持续完善。

6.1.3 企业文化测评的基本概念

企业文化测评是指企业文化测量和评价。事实上，在企业文化测评研究的进程中，出现过不同的测评理念、方法和模式。它们对应着相应的测评概念，如企业文化测量、企业文化评价、企业文化评估等。其中的差异，并不仅仅是概念表述上的不同，更是缘于测评模式的不同。下面将介绍这些基本概念和其所对应的模式类型来了解企业文化测评。

（1）企业文化测量。测量（measurement）的原意是指，通过实验的方法将被测量（未知量）与已知的标准量进行比较，以得到被测量大小的过程。企业文化测量主要受到来自起步较早的管理心理学和组织行为学领域的测量模式的影响，它一般是通过开发的量表，测量目标企业现有企业文化的典型特征，而后通过与常模（norm）的比较，发现目标企业的企业文化优势与劣势，有些还会根据特征进一步来确定企业文化的所属类型。

常模主要是借鉴了心理测验中的概念，原意是指用于比较和解释测验结果时的参照分数标准。它实质上是一种供比较的标准量数，由标准化样本测试结果计算而来，即某一标准化样本的平均数和标准差。在企业文化测量中，常模用来代表群体内（比如属于某个行业或某一阶段的企业）差异情形的分数架构，可以作为解释个别分数的标准与依据。

（2）企业文化评价和企业文化评估。企业文化评价和企业文化评估是相对近似的概念，有时还可以混用。评价的原意是指通过详细的研究和评估，确定对象的意义、价值或者状态。评价的过程是一个运用标准对评价对象特定方面进行比较分析的过程。评估的本意则有评价和估量的意味。在企业文化测评领域中，人们常常根据划分的企业文化层次结构，对相关要素进行评价，进而对企业文化形成一个总体的判断，这是一种综合评价企业文化的模式。这种模式中的评价，对应的英文单词是 evaluate。一些诸如评比等目的的专项评价，也属于 evaluate 的概念范畴。此外，英文中关于评价和评估还有一个词叫作 assess，有学者指出在英语体系中的 assess，是收集证据并对是否获得某种能力进行判断的过程。沙因历来主张文化应该深入到基础假设的层面加以探查，评价企业文化就应该首先识别企业的文化假设，进而才能解释这些假设与一些文化特征的关联。这属于探查式的评价或评估（assess）。

为了进一步区分企业文化测量、评价或评估等概念，下面对这三个概念进行比较，并对这些概念及其所反映的测评模式做进一步的阐释（见表 6-3）。在表 6-3 中，我们将企业文化评估并入企业文化评价中一起介绍。

表 6-3　企业文化测量与企业文化评价研究的比较

类别	对象	主要目的	典型方法	测评效果
企业文化测量	企业的文化特征	① 判断企业文化的所属类型 ② 预测组织或员工的有效性 ③ 揭示企业文化对经营绩效的贡献	采用定量方法借助量表设计问卷施测，并转化为数据指标，比照常模，确定文化的类型或特征	① 能够揭示组织文化的一些表象和表达的价值观 ② 方法相对简单，对操作者要求不高，利于大规模测试和比较 ③ 被测者所提供数据的客观性和科学性有时遭到质疑 ④ 特定量表的局限性难以展现组织文化的全貌
企业文化评价和企业文化评估	企业文化的层次和要素	① 了解和破译企业的文化 ② 评价特定企业文化的优劣	定性方法、定量方法均有采用：① 通过个人和小组面谈的过程来评测、探查企业的文化，特别是文化深层次的潜在假设 ② 选定评价要素集（指标体系），给定各要素（指标层）权重，确定评价等级集，通常运用综合评价方法进行定量评价（给企业文化打分数）	（1）访谈研讨法 ① 能探查企业文化的深层假设，描述企业文化的全貌 ② 能结合企业特定问题或专题展开，提出配套的文化变革方案 ③ 访谈效果对操作者的专业能力依赖性强，对操作者的要求较高，同时也不利于横向比较 （2）综合评价法 ① 通过综合评价对总体打分，利于评比和比较 ② 受评价者主观感受影响，评价结果存在较大的主观性 ③ 虽然能形成整体性评判，但不利于系统提出诊断和改进方案

（3）企业文化测评的特点。通过这种比较，我们对企业文化测评的特点从以下三个方面加以总结：

a. **测评对象**。测评对象是企业文化。在特定的测评中，因视角不同，测评对象会在企业文化的特征、层次和要素上有所差异与侧重。

b. **测评目的**。测评目的呈现多样性。这些不同的目的可以大体分为解析企业文化、评价企业文化优劣、判断企业文化类型、预测组织有效性和提供文化变革方案等。

c. **测评效果**。一般而言，测评效果能基本实现对企业文化的整体性评判（描述文化特征和评定综合分数),但在把握文化本质和指标客观性两者之间难以平衡,在系统地提出诊断和改进方案方面也显得不足。

6.1.4 企业文化测评的类型

如上所述,企业文化测评包含企业文化测量、企业文化评价和企业文化评估等多种模式。在类型划分上,可以根据测评模式的不同加以区分,也可以以测评方法定性和定量的不同性质为依据。如定性测评方面,以沙因为代表的学者,主张通过面谈等方法进行定性评价;在定量测评中,以奎恩为代表的学者,主张通过量表和问卷进行客观的测量。这两种划分方式是相通的,测评模式与方法的性质有一定的对应关系。下面以测评模式为划分依据,以进一步了解企业文化测评的不同类型(见图6-1)。

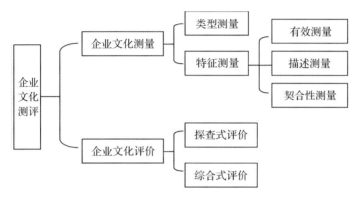

图 6-1 企业文化测评类型示意图

企业文化测量可以划分为类型测量(typing survey)和特征测量(profiling survey)两类。类型测量是指使用标准化工具来判断企业文化的系列类型,每种类型通常会较为详细地描述所对应的行为方式和价值观。通过这类测量(如借助量表 OCS 的测量),可以判断特定的企业文化属于何种类型。特征测量是指通过评测组织成员信念和价值观的优劣势来描述组织文化的特征。这类测量(如借助量表 OCAI 的测量)通常要凭借不同维度上的得分来勾勒出组织文化特征。特征测量又可以进一步细分为:① 有效性测量,评价能带给组织高绩效的文化的价值观;② 描述性测量,测量价值观但是不评价组织的有效性;③ 契合性测量,测量个人与组织在价值观上的一致性,如借助量表 OCP 进行的测量。

企业文化评价可分为探查式评价和综合式评价。探查式评价以了解和破译企业文化深层假设为目的,使用访谈和诊断的方式形成评价结果。综合式评价以评价特定企业文化的优劣为目的,一般使用综合评价的方式算出评价结果。

| 实践链接 6-1 |

企业文化测评方法之争

沙因认为,组织深层次的假设存在于全体成员的潜意识之中,很难进行测量。文化不能单靠外在显化的行为来解读,情境中的一些权变因素会导致组织成员的行为背离深层次假设和价值观。要发现文化的基本要素，要么直接探求组织成员的认知和思维背后深层次的假设与价值观，要么得花大量时间观察他们的行为。很多学者认同沙因的观点，认为量化研究无助于理解企业文化，建议采用定性的民族志方法或历史研究法。

以霍夫斯泰德、丹尼森为代表的学者主张用定量研究的方法测量企业文化。他们通过对企业文化进行操作化定义，开发出了一系列在世界上有影响力的测量量表。丹尼森的企业文化测量模型，开发至今约20年没有进行大的改动，在实践中发挥了重要的作用。

资料来源：王水嫩. 企业文化理论与实务［M］. 2版. 北京：北京大学出版社，2015：32, 167.

 文化点睛 企业文化作为一种具有较强主观意识色彩的现象，要对其进行定量测定是否可能、是否可行、是否可靠？这是研究者和实践者都非常关注的问题，由此产生了定量和定性的测评争论。但这不妨碍人们对此问题进行深入的探索，特别是科学评价公司的企业文化状态。

6.2 企业文化测量工具

20世纪80年代至今，企业文化测量研究涌现出大批成果，以定量测度、评估和诊断企业文化。特别是20世纪90年代以后，一些成果渐趋成熟并具代表性。虽然目前还没有一种量表和测量模式可以用来描述与解释企业文化的全部现象，但是借助测量确实可以为分析和把握企业文化的关键要素及其特征提供帮助。特别是一些已经被证明相对成熟的量表，为诊断企业文化提供了科学的分析框架。类似于心理测验，企业文化测量的专业性也比较强，因而本节将主要介绍一些有代表性的企业文化测量量表。

6.2.1 对立价值模型

对立价值模型（completing values model，CVM）在企业文化测评领域中具有重要地位。这一框架是基于组织有效性的研究而得出的。此类研究回答的问题是：什么是决定一个组织有效与否的主要判据？影响组织有效性的主要因素是什么？这也决定了相关的企业文化测评模式，主要是围绕着那些可以提升企业有效性的关键要素进行测量的。

1. 对立价值模型的建立和发展

约翰·坎贝尔等学者（John Campbell et al., 1974）在研究可以表现所有可能出现的组织有效性的标准时，提出了一份由39个指标组成的标准清单。奎恩和罗尔博（1983）进一步研究了这份清单，并设法简化。他们发现，组织有效性研究可以从三个价值维度进行，即控制与柔性、内部与外部、手段与目的，进而建构出一个有效性标准的空间框架——对立价值框架。这一框架可以用来梳理相关的研究成果，找出组织有效性的核心概念，并且可以指导组织测评。

后来，奎恩等在此基础上开发出对立价值模型（CVM）。该模型由从柔性到控制的纵轴和由内部导向到外部导向的横轴划分为四个象限，其中每个象限代表一种经典的组织理论。第一象限是开放系统模型（Open Systems Model），包含适应性、灵敏性、成长性、外部支持性等；第二象限是理性目标模型（Rational Goal Model），包含计划、目标组合、产出、效率等；第三象限是内部过程模型（Internal Process Model），涉及信息管理、沟通、稳定性和控制等；第四象限是人际关系模型（Human Relations Model），包括凝聚力、士气等判据，以衡量人力资源和培训。

自20世纪90年代起，在对立价值模型基础上又衍生出文化契合性模型（1991）、组织文化类型模型（1993）、组织有效性的竞争价值模型（2000）等研究成果。其中，最具代表性的是用于诊断和变革组织文化的对立价值框架简化模型。在此模型中，用两对维度（柔性—稳定性和内部导向—外部导向）划分出四个象限。每个象限其实就是一种文化类型，以最显著的特征命名：宗族型（clan）、活力型（adhocracy）、层级型（hierarchy）和市场型（market）。这四个象限所代表的组织类型正好符合组织科学发展过程中的四种主要的组织特征。同时，这四个象限与组织的成功、组织的质量管理、领导角色和管理技巧等关键管理理论相符合。

2. 对立价值框架所划分的四种文化类型

对立价值框架划分的四个象限，对应的就是四种基本核心文化类型。这四种类型是通过测量从而判断企业的主导文化，以及文化优劣势与组织一致性。这四类文化所对应的基础假设、价值描述和文化特征等，也构成了组织文化评估量表（OCAI）的直接来源。下面将对这四种文化类型所对应的典型特征组合进行阐释。

（1）宗族型文化。宗族型文化与家庭型组织文化相似，最典型的代表就是日本式的企业文化。这种文化中充满了共享价值观和目标、团结与互助、彼此不分的氛围，注重团队的精神、员工的参与感和组织对员工的照顾。处于这种文化下的组织，可以简单地被看成一个友善的工作场所，在那里人们可以互相分享。这就像是家庭的延伸，领导就像是长辈、导师，甚至是家长。忠诚和传承是组织的基础，员工的奉献精神高涨，组织非常重视员工的长期目标和自我提升。组织的成功取决于组织内部环境和人心所向。组织用包括奖金在内的方式来鼓励团队合作、参与和一致性。

（2）活力型文化。活力型文化也称为临时体制式文化，一般出现在不确定性、含糊的信息超过传统制造业的行业（如软件开发、智囊咨询、影视制作与播映、航空航天等行业和重大赛事组织）中，侧重于培育具有适应性、灵活性和创造性的文化氛围。与这种类型的文化相匹配的组织代表着一个动态的、创业式的并且充满创意的工作场所。人们敢于冒险，领导充满想象力、勇于创新实验，同时创新的使命像黏合剂一样使整个组织凝聚在一起。组织的重点被放在新知识、产品和服务的领先优势上，并且组织随时准备迎接变化和新的挑战。组织的长期目标重点是迅速成长和获得新的资源。组织的成功则意味着生产出独一无二的原创性产品和服务。

（3）层级型文化。与层级型文化相匹配的组织是一个高度制度化和机构化的工作场所。在这种文化下，程序告诉人们要做什么；领导是组织的优秀协调者和组织者，使组织处于顺畅运行的状态；稳定、可以预见和效率是组织长期关注的东西；正式的制度和政策把组织黏合在一起。

比如，在麦当劳餐厅，每个新雇员必读和考核的操作手册有350页，详述了从员工着装到工作行为的所有规定。对这些知识的掌握是员工升迁的指标之一。从员工升到管理层需要向上迈好几个台阶，新雇员一般要从炸薯条到制作汉堡的工作做起，然后到柜台人员、组长，最后才能升迁到助理经理。

（4）市场型文化。与市场型文化相匹配的组织，运作起来本身就像一个市场。它的结构主要面对的是外部环境，而不是内部管理。它密切关注与外部机构的交易。这类组织最重视的是如何进行交易，如何与合作伙伴在竞争中赚取利润。它的核心价值观就是竞争力和生产力。市场型文化是一个以业绩为重点的文化，高度重视外部竞争和控制。组织领导都是铁腕的生产者和竞争者，他们都很坚强，都要求严格乃至苛刻。对他们而言，成功被定义为市场份额和渗透力。超越对手和成为市场主宰是企业最重要的目标。

6.2.2 卡梅隆和奎恩的组织文化评估量表（OCAI）

在对立价值框架（CVM）的基础上，卡梅隆和奎恩（1998）构建了组织文化评估量表（organizational cultural assessment instrument，OCAI），OCAI 是在 CVM 模型基础上开发的最具代表性的测量工具。OCAI 从组织有效性的影响因素中提炼出六个维度来评价组织文化：主导特征、领导风格、员工管理、组织凝聚、战略重点和成功准则。每个维度下设四个选项，每个选项分别对应四种类型的组织文化，受测者按照选项陈述与组织文化的契合程度，给四个选项打分，四项的总分为 100 分（见表 6-4）。同时，每项还被要求按照期望状态打分，用来对照现状的得分，找出薄弱环节和发展方向。

表 6-4　组织文化评估量表（OCAI）选项节选

题号	指标	现状	期望
4-a	组织靠忠诚和互信黏合在一起，大家具有承担义务的责任感		
4-b	组织的凝聚力源于对革新和发展的追求		
4-c	组织的凝聚力源于取得成功和完成目标，进取和求胜是我们的共同目标		
4-d	组织用正式的规章制度把大家有序地组织在一起，强调组织的平稳运营		
	总分	100	100

资料来源：CAMERON K S, QUINN R E. Diagnosing & changing organizational culture：based on the competing values framework［M］. New York：Addison-Wesley，1998.

对特定组织来说，它在某一时点上的组织文化是四种类型文化（宗族型、活力型、层级型和市场型）的混合体，通过 OCAI 测量后形成一个剖面图，可以直观地用一个四边形表示（见图 6-2）。在图中，实线表示现状，虚线表示期望，两相对比可以直接反映出成员期望的文化变革方向。卡梅隆和奎恩指出，OCAI 在辨识组织文化的类型、强度和一致性等方面很有效，尤其在组织文化变革测量方面实用价值较大。后人的研究表明：OCAI 具有良好的区分和会聚效度，有较强的效标关联度。

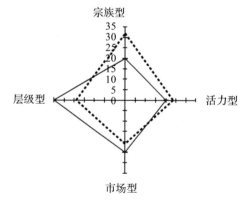

图 6-2　OCAI 测量示意图

6.2.3 丹尼森的组织文化调查量表（OCQ）

丹尼森的组织文化调查量表（organization culture questionnaire，OCQ）也是基于 CVM

开发出的代表性成果。不同于 OCAI，组织文化调查量表是运用扎根理论对 5 个组织进行定性研究，揭示出 4 种文化特质与组织有效性的关系，从而建构一个能够描述有效组织的文化特质理论模型（theoretical model of culture traits），然后再以 764 个组织的 CEO 为样本，进一步通过实证研究验证假设。[一]

类似于 CVM，文化特质理论模型被两对维度（"内部关注—外部关注"和"灵活性—稳定性"）划分为 4 个象限，分别对应 4 种文化特质：适应性（adaptability）、使命（mission）、一致性（consistency）和参与性（involvement）。每种文化特质进一步地对应 3 个方面的指标，从而构成了 4 象限 12 个指标的测量模型（见图 6-3）。每个方面的指标又由 5 个更加具体的条目来衡量，这样最终形成了以 4 种文化特质为核心、12 个指标为中间环节、60 个具体条目为最终考察对象的测量体系。测量体系还根据 500 多个组织的调查结果建构常模，受测对象可对照常模得到百分位数，进一步转化为四分位数，从而使受测对象组织文化的相对优势和不足很直观地反映在所形成的象数模型中。

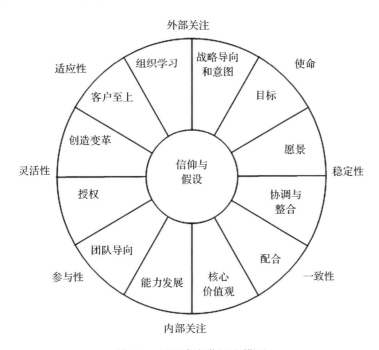

图 6-3 丹尼森文化调查模型

资料来源：http://www.denisonconsulting.com/dc/DenisonAdvantage/ResearchbasedModel/tabid/124/Default.aspx.

| 实践链接 6-2 |

丹尼森组织文化模型的构建以及在中国的发展

20 世纪 80 年代初，瑞士洛桑国际管理学院丹尼森教授对 34 家公司的业绩数据进行了研究，他发现那些工作安排相对合理、员工参与决策程度较高的公司的投资回报率

[一] DENISON D R, MISHRA A K. Toward a theory of organizational culture and effectiveness [J]. Organization Science, 1995, 6 (2): 204-223.

和销售回报率均比其他公司高出2～3倍。研究持续时间越长（例如5年），绩优和绩差公司之间的业绩差距就越明显。在第一轮研究结束之后，丹尼森继续扩大研究样本的数量和范围，到1995年，公司总数已高达764家，而且该数字还在逐年快速递增。如今，这个数据库已包含北美洲、澳大利亚、亚洲、南美洲以及欧洲等地的1 500多家公司，受访者多达4万多名员工。

在丹尼森教授的许可与支持下，国内学者在确保准确性的基础之上，将丹尼森组织文化测评法译成了中文，目前国内已有众多企业运用了这种方法。实践发现，丹尼森模型是一种有效的企业文化诊断工具，也是一种企业咨询诊断工具。例如，它能够帮助公司判断变革时应将精力集中在哪些方面，这对于正在进行兼并、推行股份制改革以及迅速适应市场经济的中国企业来说，能够在企业的转型过程中发挥积极的作用。

资料来源：吴明涛. 建设高绩效企业文化的途径：浅谈丹尼森组织文化模型在国企企业文化建设中的应用［J］. 科技风，2010（16）：1.

 从数据发现现实问题，然后建立模型解释问题，接着用数据验证模型假设，最后把模型应用到现实，完成了"现实—数据—模型—数据—现实"一个循环上升的过程。从丹尼森组织文化模型的发展，我们看到了企业文化测量工具的魅力。

6.2.4　霍夫斯泰德的价值调查量表（VSM）

荷兰学者霍夫斯泰德是跨文化管理领域的学术泰斗。他在20世纪七八十年代首创文化影响工作场所价值观的研究，在此基础上进行跨组织研究，最终于1990年发表了组织文化测量的研究成果。

霍夫斯泰德的研究使用了案例研究、访谈、问卷调查等多种方法，切入角度不是组织的有效性，而是组织文化的层次结构。霍夫斯泰德认为，组织文化由价值观和惯例（practices）两个层面构成（见图6-4）。价值观处于内核，惯例层由表及里分为象征（symbols）、英雄（heroes）和仪式（rituals）。他们用57个题目测量价值观（包括一般价值观、工作目标等），用74个题目测量惯例（包括象征、英雄和仪式等）。通过因子分析，发现价值观层面的因素可以大致分为三类，即安全需要（need for security）、关注工作（work centrality）和权力需求（need for authority）三个维度；惯例层面则显示出过程导向—结果导向（process-oriented vs. result-oriented）、人际导向—工作导向（employee-oriented vs. job-oriented）、本地化—职业化（parochial vs. professional）、开放系统—封闭系统（open system vs. closed system）、松散控制—严密控制（loose control vs. tight control）和重规范—重实效（normative vs. pragmatic）六对维度。这为企业文化测量提供了基本的测量维度，特别是在惯例层面。

霍夫斯泰德总结并提出了文化差异的五个维度：权力距离、不确定性回避、个人主义与集体主义、男性特征与女性特征以及

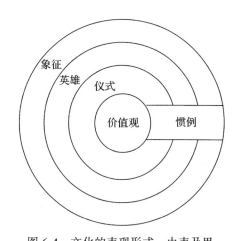

图6-4　文化的表现形式：由表及里

资料来源：HOFSTEDE G，NEUIJEN B，OHAYV D D，SANDERS G. Measuring organizational cultures: a qualitative and quantitative study across twenty cases［J］. Administrative Science Quarterly，1990，35（2）：291.

长期导向和短期导向。在此基础上,他和同事开发出了用以进行文化测量的价值观调查量表（values survey module, VSM）,相继出版了 VSM82、VSM94 和 VSM08。VSM94 在文化测量领域更是久负盛名,被广泛使用。由于 VSM94 量表中涉及的题目多数与工作场所的感受有关,因而,它也经常被用来直接测量企业文化。

他们的研究还表明:价值观更多地受人口学指标（国籍、年龄和教育）的影响,领导者的价值观要通过共享惯例来影响员工。因此,强调组织文化的核心是对惯例的认知和共享,而不是通常的共享价值观,不同组织间的文化差异主要通过惯例层面的六个维度来反映。

6.2.5 奥赖利和查特曼的组织文化概评量表（OCP）

奥赖利和查特曼等（1991）为了从契合度的角度研究个人—组织契合和个体结果变量（如组织承诺和离职）之间的关系,构建了组织文化概评量表（organizational culture profile, OCP）。OCP 量表包括七大测量维度,分别是革新性、稳定性、尊重员工、结果导向、注重细节、进取性和团队导向。完整的 OCP 量表由 54 个测量项目组成。表 6-5 显示的就是这些测量项目的关键词设置。

表 6-5　OCP 量表项目设置

1. 灵活性（flexibility）	28. 行动导向（action orientation）
2. 适应性（adaptability）	29. 采取主动（taking initiative）
3. 稳定性（stability）	30. 反思（being reflective）
4. 可预见性（predictability）	31. 成就导向（achievement orientation）
5. 创新（being innovative）	32. 被要求（being demanding）
6. 能迅速地把握机会（being quick to take advantage of opportunities）	33. 考虑个人责任（taking individual responsibility）
7. 愿意实验（a willingness to experiment）	34. 期待高绩效（having high expectations for performance）
8. 冒险（risk taking）	35. 职业成长的机会（opportunities for professional growth）
9. 小心（being careful）	36. 高投入高回报（high pay for good performance）
10. 自治（autonomy）	37. 就业保障（security of employment）
11. 规则导向（being rule oriented）	38. 奖励好的（offers praise for good performance）
12. 注重分析（being analytical）	39. 低水平的冲突（low level of conflict）
13. 注重细节（paying attention to detail）	40. 直面冲突（confronting conflict directly）
14. 精确（being precise）	41. 工作关系人情化（developing friends at work）
15. 团队导向（being team oriented）	42. 契合（fitting in）
16. 信息共享（sharing information freely）	43. 工作中与他人合作（working in collaboration with others）
17. 在整个组织中强调单一文化（emphasizing a single culture throughout the organization）	44. 工作中充满激情（enthusiasm for the job）
18. 以人为本（being people oriented）	45. 长时间工作（working long hours）
19. 公平（fairness）	46. 不受规则限制（not being constrained by many rules）
20. 尊重个人的权利（respect for the individual's right）	47. 关注质量（an emphasis on quality）
21. 宽容（tolerance）	48. 与众不同（being distinctive-different from others）
22. 不拘小节（informality）	49. 良好声誉（having a good reputation）
23. 容易会（being easy going）	50. 对社会负责（being socially responsible）
24. 平静（being calm）	51. 成果导向（being results oriented）
25. 支持（being supportive）	52. 有一个明确的指导思想（having a clear guiding philosophy）
26. 积极（being aggressive）	53. 富有竞争力（being competitive）
27. 决断（decisiveness）	54. 高度组织化（being highly organized）

资料来源: O'REILLY C A, CHATMAN J, CALDWELL D. People and organization culture: a profile comparison approach to assessing person-organization fit [J]. Academy of Management Journal, 1991, 34（3）: 516.

OCP量表采用Q-sorts的计分方式：被试者被要求将测量条目按最期望到最不期望或最符合到最不符合的标准分成9类，每类包括的条目按照2-4-6-9-12-9-6-4-2分布，实际上是一种自我参照式的分类方法。[一]回答者分两次将54个题项分等级，一次是描述感知到的组织文化，一次是描述期望的组织文化。经过这样的测量，就能较直观地了解组织成员对文化的偏好程度。

6.2.6 库克和拉夫蒂的组织文化量表（OCI）

组织文化量表（organizational culture inventory，OCI）由库克（Cooke）和拉夫蒂（Lafferty）于1973年共同开发，修缮至今近50年。该量表各项指标的可视化图像是人类协同环形（human synergistics circumplex，HSC，见图6-5）。HSC中有三种文化类型，每种类型有4种文化指标，分述如下。

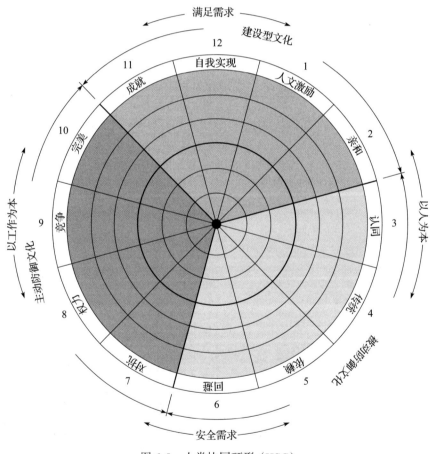

图6-5 人类协同环形（HSC）

资料来源：COOKE R A，LAFFERTY J C. Human Synergistics Circumplex，https://www.humansynergistics.com/about-us/the-circumplex.

[一] 查特曼（1989，1991）将测量价值观的方式或方法分为标准的和自我参照的。在标准的方法中，回答者根据对题项认同的程度，用Likert量表法测量，每个人的价值观是独立被测量的。在自我参照的方法中，测量对各种价值观的偏好，回答者被要求把一组价值观分等级排列，或者进行认定一个价值观而以牺牲其他价值观为代价的强迫选择。

（1）建设型文化（constructive cultural norms），是指希望成员与他人交流、完成任务时能选择有利于实现自身更高满意度的方式，包括图中第 1、2、11 和 12 项指标，对应含义为：人文激励（humanistic encouraging）、亲和（affiliative）、成就（achievement）、自我实现（self-actualizing）。

（2）被动防御文化（passive/defensive cultural norms），是指希望成员与他人相处时选择不会威胁到自身安全的方式，包括图中第 3、4、5、6 项指标，对应含义为：认同（approval）、传统（conventional）、依赖（dependent）、回避（avoidance）。

（3）主动防御文化（aggressive/defensive cultural norms），是指希望成员以强硬的方式完成任务来保护自己的地位和安全，包括图中第 7、8、9、10 项指标，对应含义为对抗（oppositional）、权力（power）、竞争（competitive）、能力/完美（competence/perfectionistic）。

根据上述指标，设计 22 个题项对企业文化进行测量，部分题项如表 6-6 所示。

表 6-6 OCI 部分题项

题号	题项	选项				
		完全符合	基本符合	有时这样	不太符合	一点都不符合
1	我关心同伴的需求					
2	我乐意帮助他人进步					
3	我与同伴友好相处					
4	我愿意分享感受和想法					

资料来源：撒占友，刘凯利，马池香，等. 企业文化与企业安全文化建设水平互动效应研究[J]. 中国安全生产科学技术，2016，12（10）：178-184.

OCI 被应用在以下两个方面：第一，标准的 OCI 测量，测量当前组织文化的共享行为模式，即组织成员信奉的合适的、符合期望的行为。组织成员的评价汇总到可视化图形 HSC 中，该图反映组织在建构文化、被动防御文化、积极主动文化三种文化模式中的强度。

第二，理想的 OCI 测量，反映在 OCI 框架下组织成员认为的理想的文化模式。它衡量领导者和其他成员所信奉的、能优化组织效果、驱动组织实现目标的行为。结果所呈现的是共享价值观下理想文化的图景，同时反映当前文化与理想文化的差距，并确立文化变革的目标。

6.2.7 中国学者在企业文化测量研究中的贡献

从 20 世纪 90 年代至今，我国企业文化定量测量从最初的满足于国外学者的理论模型和测量量表，转向本土化突破。台湾大学心理学教授郑伯壎于 1990 年开创性地设计了完全本土化的量表——组织文化价值观量表（values in organizational culture scale，VOCS）。他认为组织文化可用来引导组织成员的个体行为，而以往个体层面上的组织文化测量研究缺乏相应的理论构架。他在沙因（1985）研究的基础上设计了 VOCS 量表，包含科学求真、顾客取向、卓越创新、甘苦与共、团队精神、正直诚信、表现绩效、社会责任和敦亲睦邻 9 个维度。郑伯壎（1993）对这 9 个维度进行因子分析后，发现可得到两个高阶维度：外部适应价值（包括社会责任、敦亲睦邻、顾客取向和科学求真）和内部整合价值（包括正直诚信、表现绩效、卓越创新、甘苦与共和团队精神）。他还应用 VOCS 量表，通过不同的契合度计算方式，考察了组织价值观和个体结果变量之间的关系。

此外,大陆学者也在尝试开发组织文化测量工具,使之更符合具体的国情。清华大学经管学院较早地开展了相关研究,其企业文化测评项目组对中外企业文化的量化管理做了较系统、深入的研究,提出了由8个维度(客户导向、长期导向、结果导向、行动导向、控制导向、创新导向、和谐导向和员工导向)和40多道测试题组成的测评量表。北京大学光华管理学院沿着国外组织文化量化研究的思路,在案例实证分析的基础上,开发了一个由7个维度(人际和谐、公平奖惩、规范整合、社会责任、顾客导向、勇于创新和关心员工成长)、共34道测试题组成的测评量表,后来又简化为6个维度。忻榕和徐淑英在2004年归纳出中国国有企业的10个文化维度,包括创新、结果导向、员工发展、和谐、实用主义、顾客导向、奖酬导向、贡献、未来导向和领导行为。其中,顾客导向、奖酬导向、贡献、未来导向和领导行为这5个方面是中国国有企业组织文化的特殊维度,而西方组织文化中的"进取心"和"关注细节"则没有出现在国有企业组织文化的维度中。

为了便于比较和区分,表6-7列出了本节所介绍的几种企业文化测量工具的差异。

表6-7 典型的企业文化测量量表比较

量表名称	企业文化构成	获得和验证的方式	代表学者	发表年份
对立价值模型(CVM)	三个价值维度,即控制与柔性、内部与外部、手段与目的	文献回顾	奎恩和罗尔博	1983
组织文化评估量表(OCAI)	主导特征、领导风格、员工管理、组织凝聚力、战略重点、成功准则	文献回顾、实证研究	奎恩和卡梅隆	1998
组织文化调查表(OCQ)	适应性、使命、一致性、参与性	案例分析、实证研究	丹尼森	1995
价值调查量表(VSM)	价值观、象征、仪式	实证研究	霍夫斯泰德	1982 1994 2008
组织文化概评量表(OCP)	革新性、稳定性、尊重员工、结果导向、注重细节、进取型、团队导向	实证研究	奥赖利和查特曼	1991
组织文化量表(OCI)	人文激励、亲和、成就、自我实现、认同、传统、依赖、回避、对抗、权力、竞争、能力/完美	实证研究	库克和拉夫蒂	1973
组织文化价值观量表(VOCS)	科学求真、顾客取向、卓越创新、甘苦与共、团队精神、正直诚信、表现绩效、社会责任、敦亲睦邻	实证研究	郑伯熏	1990

资料来源:张仁江,张玉利. 基于Denison模型的企业文化测量:中国情境下的比较研究[J]. 科学学与科学技术管理,2010(6):160-165.

需要指出的是,上述测量工具是定量测量工具。而以沙因为代表的学者主张定性测量。沙因对文化本质和文化内容的分析,是企业文化研究重要的理论基础。在测量研究上,他主张定性研究,认为文化不能通过问卷调查测评,因为不知道应该问什么,并且面对问卷调查,人们说不出深层的价值观和基本假设。文化可以通过个人和小组面谈的方法测评。

6.3 企业文化评价

借助量表测量企业文化，能够直观地呈现出测量对象的主要特征，为企业文化管理与变革提供一种简便的技术支持，同时也便于在科学规范层面对企业文化进行探讨与研究。然而，借助量表测量也只能部分地满足企业文化描述、测评和诊断的需求。在测评的深度、针对性和全面比较等方面，另一种测评方式——企业文化评价则可以提供企业文化测量力所不能及的帮助。探查式评价和综合式评价是企业文化评价的两种较为典型的评价方式。

6.3.1 探查式评价

探查式评价以了解和破译企业文化的深层假设为目的，使用访谈和诊断的方式形成评价结果，属于定性的测评方式。沙因是这一领域的代表人物，同时也是对企业文化测量方式最旗帜鲜明的批判者，其所依据的主要是他对企业文化本质和深层次的认识。

1. 企业文化的本质与基础假设

沙因认为文化是深层次的、广博的和稳定的，对待文化的最大危险就是过分简单化。多数测量企业文化的调查问卷围绕着组织内部的人际关系，涉及团队工作、上下级关系、员工感知到的自主权或授权程度，以及员工所展现的创造性或创造力水平等问题。这些问题的确是企业文化中引人注意的问题，但它们只覆盖了企业文化的一小部分问题，而且往往停留在文化的浅层，忽略了文化的深层本质。

沙因在文化表象和价值观没有契合的地方，发现有更深层次的要素在起着决定性的作用。在他看来，这些要素就是深层次的文化假设。虽然这些假设不易被认知，但是它们是文化在操作层面真正起作用的推动力。从这个意义上讲，企业文化的本质就在于这些深层的基础假设，这些假设也可以帮助形成基础性的认知。这些假设主要可以分为以下几大类：

（1）人与自然的关系假设。人在自然面前，是具有被动性的地位，还是支配性的地位，抑或是共生性的关系，这是文化的最基本假设之一。在企业中，这种假设依然是重要的推动力源泉，会影响每个个体或组织的价值观与行为。比如，它可以表现为对组织和市场环境关系的认定，反映在战略上，是争做市场的领导者，还是市场的跟随者；面对环境的变化应该采取何种态度，是采取适度超前的引领态度，还是积极适应的跟随态度，抑或是我行我素的漠视态度等。

（2）人性的假设。人性是本善，还是本恶，抑或是其他；人是难以改变的，还是可以改变的，这些都是最基本的人性假设所关注的问题。人性的基本假设在企业文化中有着直接的体现，比如企业中的激励和控制系统是体现了对员工的信任还是不信任，管理者是倾向于选择培养员工，还是直接通过招聘或解雇的手段来选择合适的员工。关于人性的基本假设渗透到日常经营管理的每一个环节，是难以回避的重要话题。

（3）人际关系的假设。在一个组织中，遵循的是集体主义，还是个人主义；如果个人利益与集体利益发生冲突和抵触的时候，应该如何平衡，或者希望哪一方做出牺牲；在某种特定的组织关系（诸如上下级、对待客户等）中持有怎样的情绪程度，是中性的，还是有情绪的激发存在，抑或是被压抑的；人与之间的关系，应该是竞争的，还是互助的等。这些都属于人际关系假设的范畴，组织中的人们在这些方面应该达成共识，这是组织顺畅运转的前提和基础。这些所形成的共识沉淀在文化的底层,平日难以被人们所觉察到,只能当其中的某些假设受到挑战时,才会引起人们的注意,但这些共识时刻在发挥着作用,支配着组织的运转。

(4)现实和真理的本质的假设。这个假设关心什么是真实的,真相如何决定,是自愿还是被发现等。如果人们相信某件事情,并定义它即为真实的,对这个组织来说,它就是真实的。它可能源于某些经验,也可能是权威人物的言论或者科学理论,还可能是一种宗教上的信仰。管理之所以复杂,企业决策之所以难做,原因往往就在于成员可能没有共同的方式来解读发生的事情。另外,成员获取信息的渠道,以及验证事实的标准也存在差异。

(5)时间和空间的假设。时间和空间是人类社会存在的基本背景,文化的基本假设也必然与此有关。人们对于时间的知觉与经验常常是不同的,具体到企业文化中,可以发现很多有趣的现象。有些企业只考虑目前,对历史没有感觉,也不在意未来会如何,该怎样去准备。有些企业在一个时间里被要求只能做一件事情,而有些人却习惯同时做几件事情。有些企业认为计划的时间单位应该是年度,而没有必要是月度。在有些地区,迟到一刻钟是可以接受的,而在另外一些地区则可能被认为是不尊重他人的行为。

空间也像时间一样,可以体现组织秩序的安排,还会显露个体的地位和组织的意图。有些企业会通过布置办公格局给予领导者很大的专属空间,以彰显领导者的身份和在组织中的地位。而有些企业则会设置开放式的办公区域,管理者与普通成员间没有明显的隔断,以营造一种可以高度沟通的团队氛围。此外,企业地点的选择、管理者是否有专用的餐厅或停车位、会议室内格局的布置等,也都会反映出特定的空间假设。

2. 企业文化的评价方式

卡梅隆和奎恩在阐释其测量工具的研发背景时曾指出,企业在改变文化时面临的一个主要难题是没有固定的语言,关键要素没有被确定,没有使交流继续下去的共同的看法,甚至连对话都无法开始。所以,他们所提出的框架及其相关的后续工作,就是为此提供一种直观、简便的分析方法。沙因也意识到了相同的情况。但有趣的是,在他看来这种情况所引发的结果是不同的。他认为这种关键要素难以确定,不知道该问什么的状况,恰恰说明了企业文化测量问卷难以揭示企业文化的本质。因为即便可以设计上百个问题,但仍然弄不清楚哪些是组织中的重要维度。此外,对于特定组织来说,其独特的文化假定的某个方面都不可避免地被任何一种标准化的问卷所漏掉。这种被问卷漏掉的文化假定,还很可能是特定组织文化中起作用的重要要素。测量学派的专家也已经意识到了测量方式的这种局限性,特别是在文化的深度和独特性方面。

沙因主张借助定性研究方法进行评价,认为文化不能通过问卷调查来测量。这其中的理由,一方面就是对于上面所提到的不知道应该问什么,无法确定测量结果的效度;另一方面,面对问卷调查,被调查对象很难说出深层的价值观和基本假设。对于基本假设的认识,不仅需有意愿表达出来,还需要足够的认知能力。这方面往往需要围绕一些敏感问卷,在专家的指导下,逐层深入地来了解和挖掘,就好像人们进行心理咨询的过程一样。此外,还必须承认的是,被调查对象清晰描述深层基本假设的主观意愿也在影响着问卷测量的可行性。在面对问卷时,人们出于利益、习惯等因素,并不一定愿意描述他们所知道的,有些时候会敷衍了事,甚至还可能根据自己的意愿做出虚假的回答。最后,在问卷中,员工可能会集中抱怨一些事情,比如授权、晋升机会等。这些价值观问题在测量中可能会被如实地反映出来,但若仅仅从所反映的问题表象上来回应,往往是无法被根本解决的。问卷测量所能达到的效果对于改变企业文化来说很可能只是浅层次的，无法从根本上、从深层次予以回应，所以测量方式对于测评企业文化来说深度不够。

沙因所倡导的定性评价，主要是通过对个人和小组访谈来完成的，特别是那些围绕组织中具体问题而进行的小组访谈。这种方式是高效的，往往半天就可以完成这一看似复杂的过程。评价者把核心团队组织到一起，公开讨论企业中实际起作用的那些价值观和共同假设。在这种讨论过程中，评价者可以根据团队成员对相关话题的反馈，实时地给予回应和引导，以消除过程中成员可能出现的误解和戒备心理等不利影响，帮助他们更准确地进入主题。此外，经过小组讨论之后，一些似是而非的事情通常会得以澄清；纷繁的信息会得到甄别，变得更为准确而有效；一些涉及问题核心或本质的关键所在会逐渐显露出来。针对文化的访谈可以涉及相关的一切方面，因而有可能使得访谈变得漫无边际。所以，在一些企业中，企业文化的访谈和诊断成为一项极为浩大的工程。事实上，文化评价如果能够针对组织的具体问题，就会变得高效而有价值。比如，企业调整了战略的发展方向和重点，那么结合战略转型来评价文化是否匹配的访谈，就树立了一个思考和评判的标准，从而更好地聚焦成员的种种想法，同时也更容易激发成员的兴趣，甚至将平日看起来敏感的一些问题拿出来讨论，这样往往更能触及文化本质的东西，从而使评价变得深刻而有效。

3. 企业文化的评价步骤

沙因建议评价企业文化的步骤如下：组建一个包括组织成员和专家的小组；提出企业存在的问题，聚焦于可以改善的具体领域（问题）；确保小组成员理解文化的层次模型；确定企业文化的表象，比如可以问一下新成员最初的感受，他们关注到了哪些表象；识别企业的外显价值观，这些通常是已经被印刷好的，要确保它们和表象区分开；研究价值观与文化表象的匹配度，从不匹配处探查深层次的潜在假设；如果探查效果不理想，重复以上步骤，直到理想为止；最后，评价最深层的共享假设，发现哪些假设有助于或阻碍目标问题的改善。

通过比较价值观与文化表象不匹配的地方，从中探查深层假设，这是极为关键的一个环节。评价者通常可以搜集那些被企业所公开的行为（动）、政策、规则和实践等（表象），并将其与愿景宣言、政策和其他管理沟通形式规范表达的价值观（外显价值观）相对照，在比较中找出两者不一致甚至矛盾冲突的地方。之后，评价者就需要推测出究竟是什么推动着公开行为和其他表象，这些往往就是文化基础假设的线索所在。梳理这些线索，进一步确认这种不匹配的规律性，从中逐一确定文化的潜在假设。将发现的潜在假设专门区分标示出来，然后查看它们是否能解决文化中的大部分表象问题，以及探寻它们之间可能存在的关联和隐藏的规律。如果上述环节取得的效果还不够理想，那么可以启动下一个小组的讨论，以达到预期的效果。结合具体问题评价深层共享假设，是要定性地去看待它们在具体问题中所产生的影响。在这个环节中，要客观地去评价，而不是听取某些人的片面之词，必要的时候还需要通过其他方式加以验证。最终，不仅要形成定性的认识，还要分析出这些假设是怎样起到帮助或者妨碍作用的。

6.3.2 综合式评价

在我国，企业文化综合式评价也是一种常见的评价模式。这是一种根据所给条件对评价对象的全体采用一定的方法计算综合评价值，再据此择优或排序的评价模式。它期望通过综合评价和比较，帮助受评企业找到自身的差距，以便及时采取措施，进行改进。

该模式通常会先选定评价要素集，给定各要素权重，然后确定评价等级集，最后运用综合评价方法进行定量评价（常以给企业文化打分的形式出现）。其中，评价要素集的确定是重要的基础，它一般会选择相对容易把握的企业文化现象的结构要素。表6-8（已做简化处理）就是一个根据企业文化内容构成所设计的评价指标体系。在指标体系中，设计了"精神文化—制度文化—行为文化"三个基本维度，并逐级分解成企业文化内容构成的总体框架，它相当于模式中的评价要素集。

表6-8 民营企业文化构成指标（简表）

一级指标	二级指标	三级指标
精神文化	企业家及员工价值观	儒家价值观 ……
	英雄人物认知	人际关系好的人的认可程度 ……
	企业凝聚力	员工的共同理想 ……
制度文化	企业制度	薪酬制度的合理性 ……
	工作倾向	对员工的关心过问程度 ……
	客户导向	产品和服务的最终评价标准 ……
	企业民生	上级考虑下级意见的充分性 ……
行为文化	领导者作风	领导的倡导和示范 ……
	组织学习	学习作为工作内容的重要性 ……
	社会责任	环保意识 ……

资料来源：张一青，孙春晓. 民营企业文化与竞争力[M]. 北京：经济科学出版社，2006：114-115.

在企业文化评价指标体系中，由于各指标的影响因素各不相同，有些指标可以通过统计方法获得，而很多指标只能采用专家评价法。所以，综合评价中经常运用模糊数学的方法，即模糊综合评价法，以得到较为客观的结论。此外，在评价中也常会用到模糊层次分析法（FAHP）和指标的无量纲化处理等技术处理方法或手段。

| 实践链接 6-3 |

中央企业文化建设评价体系

2010年，国务院国资委宣传局发布了《中央企业企业文化建设评价体系及操作要求》，该体系由企业文化建设工作评价、企业文化建设状况评价和企业文化建设效果评价三部分构成，三部分的总分分别是300分、300分和400分，每个部分都有评价指标。对于可以直接量化打分的指标，我们可以通过查阅资料和实地考察评分；对于不可以量化打分的指标，我们可以通过问卷调查获取定性评价，再把定性评价结果转为量化分值。企业可以根据实际需要增加评价指标，一并调查，分开统计。表6-9～表6-11分别是企业文化建设工作评价、企业文化建设状况评价体系和企业文化建设效果评价体系。

表6-9 企业文化建设工作评价

序号	评价要素	子要素	满分	评价得分
1	组织保障	明确企业文化建设领导体制	20	
		企业领导定期听取工作汇报、研究解决有关重大问题	20	
		明确企业文化主管部门与人员	20	
		相关部门组织文化建设职责分工明确	20	
		对本系统企业文化工作人员进行业务培训	10	
		广泛发动员工参与企业文化建设	10	
2	工作指导与载体支撑	将企业文化建设纳入企业发展战略	20	
		制定企业文化建设规划纲要	15	
		年度工作有计划、有落实、有检查	15	
		组织开展课题研究和专题研讨	10	
		开展企业文化主题活动	15	
		开展员工企业文化培训、专题教育	20	
		充分利用企业媒体，包括报刊、电视、网络传播企业文化	15	
		完善企业文化设施，如传统教育基地、企业文化展室、职工问题活动场所等	10	
		开展子文化建设，如廉洁文化、服务文化、质量文化、安全文化等	20	
		经费有保障并纳入预算管理	10	
3	考核评价与激励措施	对企业文化建设工作有考核	15	
		总结推广企业文化典型经验	15	
		开展企业文化建设评优表彰活动	20	
	合计		300	

表6-10 企业文化建设状况评价体系

序号	评价要素	子要素	满分	评价得分
1	精神文化	确立企业使命或企业宗旨	25	
		确立企业愿景或企业战略目标	25	
		确立企业价值观或核心价值观、经营理念	25	
		确立企业精神	25	
2	制度文化	企业规章制度健全	20	
		将企业文化理念融入企业规章制度	20	
		建立员工岗位责任制	20	
		印发员工手册或企业文化手册	20	
		确定新闻危机处理应急预案	10	
		建立新闻发布制度	10	
3	物质文化	建立视觉识别系统，包括企业标识、标准色、标准字、司旗和司歌	20	
		制定视觉识别系统的使用规定	15	
		制定全系统企业标识使用规范	20	
		制定员工行为规范	15	
		在本系统开展文明单位创建活动	20	
		发布企业社会责任报告	10	
	合计		300	

表 6-11　企业文化建设效果评价体系

序号	评价要素	子要素	满分	评价得分
1	凝聚力	员工对企业价值理念的认同度	20	
		员工对企业发展战略的认同度	20	
		员工对本职工作相关的企业规章制度的认可度	20	
		企业维护员工合法权益的情况	15	
		员工对在企业中实现自身价值的满意度	15	
		近三年企业员工到上级机关上访等群体性事件的情况	20	
2	企业执行力	员工遵守企业规章制度情况	20	
		员工在工作中形成良好的行为习惯	20	
		员工爱岗敬业的精神状态	20	
		近三年企业领导班子成员中违规违纪的情况	30	
3	企业形象	客户对企业产品或服务的满意度	30	
		近三年企业在"四好班子"建设、党的建设、思想政治工作、企业文化和精神文明建设方面获得党政机关授予的全国或省部级荣誉称号	35	
		近三年企业先进典型情况,包括集体和个人先进典型	30	
4	生产经营	近三年企业遵纪守法、诚信经营情况	30	
		近三年企业经营业绩情况	75	
	合计		400	

资料来源:王成荣.企业文化学教程[M].4版.北京:中国人民大学出版社,2020:162-164.

文化点睛 从中央企业文化建设评价体系中可以发现企业文化建设评估的特点以及中央企业的企业文化特点。企业文化建设评估是对企业文化建设的内容、过程、结果的综合评估。中央企业的企业文化凸显党建、廉洁、诚信经营等企业特质。

6.4　企业文化建设评估

企业文化测评不仅被用来认识和管理企业文化,还可以进一步应用于企业文化建设和管理活动的过程监控与效果评估中。

6.4.1　企业文化建设评估与企业文化测评

企业文化建设评估,通常是指根据一定的原理和标准,对企业文化建设的内容、过程、结果等方面进行综合的比较分析,从中发现优点,查找不足,使企业能够根据评估结果对企业文化建设的内容、企业文化规划的执行情况以及企业文化调研的结论,进行适时的调整和改进,以促进企业文化建设工作的健康发展。从评估范畴来看,企业文化建设评估既包括对企业文化本身的测评,也包括对企业文化建设活动的评估。

企业文化测量和企业文化评价研究为企业文化建设评估的研究奠定了基础。通过企业文化测量和企业文化评价,可以对企业文化的基本特征、核心假设、主导类型等有所认知和判断,这为诊断与管理企业文化提供了必要的基础。对于企业文化管理活动而言,只有对企业文化有客观而科学的认识，并且在这一认知过程中，检验出相对成熟的测评工具和方法，才有可能在此基础上掌握企业文化活动的状态和特征。

作为测评对象，企业文化建设活动比企业文化更为动态和复杂。因此，测评工具和方法要更为综合而多样，测评模式和维度也要更有针对性，这都显示出了企业文化建设评估的专业复杂性。企业文化建设本质上是一项管理活动，针对这种管理活动的测评，还要融合对管理属性、管理活动过程及其特点等的把握。质量管理、标准化认证等一系列管理控制、测评模式或方式，都可以用来加以借鉴，应用到企业文化建设测评当中。

相对于企业文化测量和评价而言，企业文化建设评估的研究进展目前还较为滞后。企业文化建设评估主要还是套用企业文化测量和评价所使用的模式、工具和方法等，而能够针对企业文化建设特殊性开展的测评研究尚处在探索阶段。目前，国际学术界对该领域并没有给予足够的关注，相关的成果主要集中在中国。近些年来，中国加强了对企业文化建设的引导和支持力度；伴随着企业文化热潮，对于企业文化建设活动总结和提升的需求日益显现出来。正是在这样的背景下，《烟草行业企业文化评价体系》(中国国家烟草专卖局)[一]、《中央企业企业文化建设评价指标体系》(国务院国有资产监督管理委员会)[二]、《关于加强保险监管文化建设的意见》(中国保监会)[三]等评估体系相继出台，标志着该领域的探索已然拉开了序幕。

6.4.2 企业文化建设评估的分类与模式

企业文化测评领域中的两大基本命题，即"评估什么"和"怎么评估"，也是企业文化建设评估要回答的基本问题。这些基本问题对应着具体的测评目的、测评对象和测评模式，最终也决定了不同的评估类型。一般说来，企业文化建设评估可以分为企业文化建设综合评估、企业文化建设主题评估与企业文化建设过程评估。

企业文化建设综合评估不同于传统意义上的企业文化测评，它并不关注企业文化的典型文化特征或文化类型，而是侧重于对企业文化建设的监控和管理。具体而言，企业文化建设综合评估的目的是测评企业文化的运行状态和管理效果，以便为企业文化管理提供科学依据。它所选择的测评对象，是以企业文化为管理客体的企业文化管理系统。

相对于企业文化建设综合评估的系统性而言，主题评估和过程评估则相对具体，专注于特定的评估视角。我们也可以将主题评估和过程评估简单地理解为企业文化建设综合评估系统的子系统。企业文化建设主题评估是针对特定主题的企业文化建设而言的，比如创新文化、安全文化、品质文化、军工文化等主题文化的建设。测评目的主要是评估特定主题文化的建

[一] 国家烟草专卖局办公室于2009年6月30日批准发布了《烟草行业企业文化评价体系》等5项标准。其中，《烟草行业企业文化评价体系》的标准编号为YC/T 308-2009，从2009年8月1日起开始实施。具体可见：http://www.ctsrc.org.cn/interseaCMS/html/xybzhdt/2009/164520090812-77626.shtml。

[二] 国务院国有资产监督管理委员会软课题"中央企业企业文化建设评价体系研究"的成果。该课题于2007年4月立项，在广泛调研并制订详细研究方案的基础上于2007年10月全面启动，最后于2008年6月11日国务院国有资产监督管理委员会宣传工作局召开的"中央企业企业文化建设评价体系研究"课题评审会上通过了专家评审。具体可见：http://www.gov.cn/gzdt/2008-06/23/content_1025110.html。

[三] 中国保监会（现为中国银保监会）于2013年4月17日印发《关于加强保险监管文化建设的意见》的通知（保监发〔2013〕33号）。具体可见：http://www.gov.cn/gzdt/2013-04/25/content_2389886.htm、http://www.circ.gov.cn/Portals/0/Containers/2012confnews/。

设效果，以及相关的建设过程是否与之匹配。企业文化建设过程评估是针对企业文化建设的过程而言的，其测评目的是评估建设过程的规范性和科学性，以便提升企业文化的管理水平。

企业文化建设评估的测评模式并不是唯一的，而是存在多种模式。从大的类别来看，可以分为评价和测量两种基本模式，目前以评价模式居多。评价模式一般根据对评价对象的认识来建立指标体系和评价标准，并辅以相应的数据搜集方法和评价方法，最终得出评估结果。在评价模式中，指标体系的确定是关键，它决定了测评哪些指标，而相应的数据搜集方法和评价方法，则对测评的科学性与准确性有直接影响。现有的数据搜集多通过问卷调查进行，要注意到这种方式可能受到主观因素的影响而使数据失真。所以，在设计评估模式时，有些问题不适合通过问卷来调查，比如一些可能涉及被调查对象利益的问题、一些模棱两可的问题，需要专业知识或深入沟通才能作答等。由于综合评估属于管理评估中的一种，因而在模式设计中应注重评估标准易于各方操作，比如有明确的核查媒介等。同时由于企业文化的特殊性，要求相应的判断都应该有证据支持，不能仅凭观点调查这一种方式。

6.4.3 企业文化建设评估的维度与指标体系

企业文化建设评估中指标体系的确定是关键，而评估维度的确定更是关键所在。评估维度反映了对企业文化及其建设的本质理解，是指标体系和量表的制定基础。如表 6-12 所示，评估维度体现了测评设计者对企业文化及其建设的认识和理解，相关指标体系的建立和建设评估都是围绕它而展开的。

表 6-12 企业文化测评模型

	测评维度	测评要素	测评目的	测评方法
企业文化测评	维度一	企业文化的地位与作用	企业领导及全体员工对企业文化的重视程度	问卷调查 抽样访谈 专题研讨 直观考察 市场调研 信息反馈
	维度二	企业环境	企业内外经营环境要素对企业文化建设的影响	
	维度三	企业精神文化	企业理念在员工中的认同度及对实践的指导性	
	维度四	企业行为文化	员工行为与制度规范和理念的一致性及执行度	
	维度五	企业形象文化	企业形象规范性及品牌的知名度与美誉度	
	维度六	企业文化传播网络	企业文化传播网络建设的健全性和有效性	
	维度七	企业文化氛围	企业文化氛围是否健康、积极并能激发员工潜能	
	维度八	企业文化建设的目标达成	企业文化年度工作方案是否达到预期目标	

通过建构企业文化测评体系，定期对公司文化建设情况进行监控，及时掌握公司文化建设的发展态势，并在此基础上寻求新的突破

资料来源：张云初，曹东林，王清. 新企业文化运动 [M]. 北京：中信出版社，2006：238.

由于企业文化建设的理论研究尚停留在初级阶段，并没有像企业文化测量领域已经形成了较为公认的框架或模型，因而评估常常根据维度设计者对企业文化及其建设的理解和测评目的而设计。如表 6-9～表 6-11 所示，就反映了对企业文化建设系统中一些关键要素的提炼。

企业文化建设评估必须建立在对企业文化系统及企业文化建设系统充分认识的基础之上。企业文化建设系统应该包括建设客体、建设过程、主体参与、组织支持和监测等子系统。各

子系统具有相应的功能。其中，建设客体指的就是企业文化。企业文化可以按照可见的层次来划分，也可以使用价值观主题来划分，彰显企业文化的本质。在评估维度上，可以选择各子系统作为独立维度进行评估。考虑到子系统之间存在一定的交叉作用的关系，在设计评价体系时，可以在维度划分的基础上设计二维交叉的评价体系。

评估维度确定之后，需要进一步细化，构建评估指标体系。此外，在构建过程中，不能够直接将评估对象的几个要素简单地界定为指标，也不能够盲目地套用他人设计的理论模型从中抽取变量，而应该在把握评估对象本质的基础上，遵循科学规律，循序渐进。在构建过程中应遵循目的性、科学性、系统性、引导性和易操作性原则。表 6-13 为根据前述评估维度，按照相应程序和原则设计的企业文化建设评估体系。

表 6-13 企业文化主题——管理二维评估体系

管理维度			企业文化主题维度				
			要素 1	要素 2	要素 3	……	要素 N
企业文化管理维度	管理过程	设计	资源扫描				
			目标与规划		评估体系		
			设计				
		培育	培训教育				
			文化传播				
			耦合实化				
		完善	效果评价				
			优化与变革				
	主体参与						
	组织支持						
	监测						

以上简要介绍了企业文化建设评估的维度和指标体系，而评估的有效开展还需要借助一系列评估工具。企业文化建设评估涉及的评估范畴较为广泛，单一的评估工具很难满足评估需求，因此要综合使用相关工具（也可以说是一种工具集成模式）进行评估。比如，测量价值观契合度可以使用 OCP 量表，评价组织氛围可以借助 Hay 组织气氛问卷，等等。

| 实践链接 6-4 |

万通的"回头看"和"前瞻式反省"

北京万通地产股份有限公司（以下简称"万通"）将每年 9 月 13 日定为企业的反思日。这一天，全公司所有人都有一项工作任务——对万通的价值、战略、业务与管理进行反省。2000 年以前，公司采用的是"回头看"的反省方式，对上年度公司业务发展与管理等进行反省和自我检讨，同时进行行业内横向比较。2000 年以后，公司改为"前瞻式反省"，即站在未来看现在，审视万通战略、业务、价值与管理。

资料来源：王水嫩. 企业文化理论与实务[M]. 2 版. 北京：北京大学出版社，2015：193.

文化点睛 每年固定反思日，是一种值得仿效的企业文化建设评估方法。从"回头看"转变为"前瞻式反省"方式，是企业转变价值理念的体现，给企业带来了新的格局。

本章小结

本章主要介绍了企业文化测评的基本类型、企业文化测量的工具,以及企业文化评价和评估的方法。

20世纪80年代左右,企业文化的研究热潮兴起,学者也开始研究企业文化测评,在类型划分上,根据测评模式的不同分为企业文化测量、企业文化评价和企业文化评估等多种模式,也可以按照测评方法分为定性测评和定量测评。在定性测评方面,以沙因为代表的学者,主张通过面谈等方法进行定性评价。在定量测评中,以奎恩为代表的学者,主张通过量表和问卷进行客观的测量。

对于企业文化的测量,目前还没有一种量表和测量模式,可以用来描述和解释企业文化的全部现象,但是借助测量确实可以为分析和把握企业文化的关键要素及其特征提供帮助。对立价值框架模型将文化分为宗族型、活力型、层级型和市场型,这个模型在组织文化测评工具中具有重要的地位。在其基础上,卡梅隆和奎恩构建的组织文化评估量表、丹尼森构建的组织文化调查量表,都成为具有代表性的组织文化量表。霍夫斯泰德的文化测量的价值观调查量表,被广泛用来直接测量企业文化。此外,还有奥赖利和查特曼从契合度的方向研究个人—组织契合和个体结果变量之间的关系构建的组织文化概评量表。台湾学者郑伯壎开创性地设计了完全本土化的量表——组织文化价值观量表,这则是中国组织文化测量研究的奠基之作。

企业文化评价可分为探查式评价和综合式评价。相对于企业文化测量和评价而言,企业文化建设评估的研究进展目前还较为滞后,主要还是在套用企业文化测量和评价所使用的模式、工具和方法等,而能够针对企业文化建设特殊性开展的测评研究尚处在探索阶段。

复习思考题

1. 分析对比各个企业文化测评的量表,总结出每个量表的优缺点,并提出该量表适合的情境。
2. 总结和对比探查式评价和综合式评价的特点,并进行优缺点的分析。
3. 简述企业文化建设评估的步骤、维度和框架。

案例分析

无限极:文化先行打造敏捷型组织

2020年,深耕传统健康养生领域的无限极,因"外部环境的急剧变化与挑战,在坚守其独特文化内核的同时,积极推行文化升级与组织的创新重构,以文化引领传递敏捷变革信号,提升员工拥抱变化、自我提升的意识",被Kincentric评为2020年中国最佳雇主之一。无限极将文化、组织、人才看作三位一体的系统工程,在企业文化变革、组织结构升级、人员素质提升等方面下足了功夫,推动企业的敏捷转型。

文化先行:诊断大企业病

健康行业的数字化转型来得并不算早,单纯地应用新技术、新工具并不能解决根本问题,最后也可能因为思维上的落伍导致转型效果不甚理想。为此,无限极选择先从文化下手,无论是在人才的选用、日常的决策方面,还是在战略的部署、企业的转型方面,都强调文化先行。

"数字化转型表面上是技术,本质上是人的转型。如果人的认知、态度、思维模式、行为习惯不改变,转型就只是空中楼阁。所以在部署转型之前,我们就先行对可能阻碍变革的公司文化陋习进行了检讨,与时俱进地进行文化升级。"无限极全球行政总裁、无限极(中国)副董事长俞江林表示。

早在2019年，无限极就成立了"文化变革－企业文化的完善与发展"项目组，对不同层级的30名员工代表进行深度调研，以工作坊的形式进行坦诚、深入的检讨，让员工列举很多过往工作中深恶痛绝的文化陋习，比如：惧怕冲突，不敢说真话；一味追求共识，怕承担责任；做事讲排场，追求虚荣指标；领导层只喜欢听好的；山头文化，任人唯亲；等等。

"这些都是大企业病的典型症状，就好像时间长了土地就开始板结，需要给组织松土。只有文化的土壤变了，行为才会改变，做事的结果才能改变。"俞江林表示。

参照员工列举的这些文化陋习，2020年，无限极对企业文化进行了升级，推出适应敏捷组织发展需要的"无限极工作准则"。最终推出的工作准则包括五大维度：永远不变的就是变；自我驱动，有担当；结果导向，协同共享；敢说真话，不惧冲突。这五个维度还被无限极作为核心素质模型，纳入全体员工的绩效考评。绩效评定不仅仅要看KPI，也要看对文化的践行和落实情况。

在俞江林看来，公司推出工作准则之后，带来了一些实实在在的改变。公司内部建立了一个经理级人员的沟通群，叫作"回音壁"，意思就是"事事有回音"。和以往相比，员工更敢于提出问题、坦诚表达，而这些问题的"回音"也更快、更敏捷。"在一些会议场合中，同事们更加敢说真话、不惧冲突了，前段时间在公司的一次部门团建上，基层同事播放了一个吐槽公司的自制小视频，而管理层也乐于分享、讨论、正视这其中反映的问题。在我看来，这就是文化的土壤在一点一点松动的迹象。"俞江林表示。

组织变革：激发创新活力

组织进化是一项系统工程，文化土壤的问题解决了，在此基础上的组织重构、流程再造、人才培养等方面自然也不能落下。

长期以来，无限极推行的是"自动波领导模式"。"自动波"这个名称来自广东话，是汽车自动挡的意思。"自动波"状态下的企业，不用管理层事事都"手动操控"，也能如常运转，乃至突破发展。这种领导模式要求企业充分地信任员工，放权赋能，管理层要靠后，让离市场最近的一线员工去做决策。但时代的发展、技术的革新和商业的进化，对企业更加高效、充分地赋能前线提出了更高要求。企业急需进行更有力度的组织变革，让组织越发敏捷起来。

俞江林分享，在公司的内外部变化、数字化技术等共同作用下，无限极的很多工作方式、行为模式正在发生改变。以往一个产品的上市，要历经层层审批，但在疫情期间，无限极只用11天就迅速上市了一款免洗抑菌洁手液，管理层秒批立项，创新采用经销模式，首月销量过百万。整个过程，包括公司内部沟通以及与供应商的沟通，都是通过线上远程办公的方式完成的。正是这类小小的创新尝试，给无限极接下来的敏捷组织变革增加了不小的信心和动力。

"过去我们公司的组织结构是科层式的，不够扁平，流程复杂，分工过细且交叉，导致推进协同难度大，无法有效落实授权赋能。这样的组织结构、工作流程、沟通机制，都是工业时代的产物，在一定的历史阶段是行之有效的，但无法适应当今互联网时代层出不穷的新变化。"俞江林表示。

为了更好地适应不断变化的外部环境，优化组织效益，打造敏捷组织，提升员工队伍的运作效率和服务水平，无限极专门成立了组织变革办公室，在2020年进行了一次比较大的组织结构调整：以顾客价值为导向，对冗余职能进行关停并转；尝试改变原来科层式的组织结构，根据服务市场的不同分工与定位，设立前、中、后台，更多地赋能一线前台职能，让听得见炮声的人做决策，同时让中、后台能够给予及时的响应和强大的支持。

在定岗定编时，组织变革办公室采用"开门点将"的方法，把整个公司的架构、人员贴满整面墙，然后针对每个职能讨论人选,力求把合适的人放在合适的位置上。同时,在新的组织结构下,公司还加大了对数字化、科研技术、内容营销、会员运营等新型人才以及年轻人才的引进力度。

不过,在俞江林看来,如何适应新的常态,持续激活组织、激活个体,无限极还有很大的提升空间。"比如每周的OKR例会,在疫情期间无法见面的情况下是很好的沟通方式,但一段时间后又出现了一些机械化、形式化的情形,也被一些员工反馈甚至吐槽。作为管理层,我们接受这样的吐槽,希望接下来可以持续优化相关的制度、流程,让它们发挥效应而不是流于形式。"

资料来源:1. 周强. 打造敏捷组织,需要下足系统功夫[EB/OL].(2021-03-04)[2021-11-26]. https://mp.weixin.qq.com/s/nSvG5NgsgA6_drBvb3dQ3Q.

2. 佚名. 无限极荣膺"2020最佳雇主"及"2020最佳雇主之星"称号[EB/OL].(2020-11-24)[2021-11-26]. https://www.infinitus.com.cn/c/2020-11-24/175542.shtml.

讨论题

1. 无限极在数字化转型过程中,使用了哪些方法进行文化诊断?
2. 无限极如何在文化的土壤下有效推行组织变革?

参考文献

[1] 曾昊,马力,王南. 企业文化测量研究述评[J]. 中国地质大学学报:社会科学版,2005(4):13-17.

[2] CAMERON K S, QUINN R E. Diagnosing and changing organizational culture: based on the competing values framework [M]. Massachusetts: Addison-Wesley, 1998.

[3] HOFSTEDE G, NEUIJEN B, OHAYV D D, SANDERS G. Measuring organizational cultures: a qualitative and quantitative study across twenty cases [J]. Administrative Science Quarterly, 1990, 35(2): 286-316.

[4] O'REILLY C A, CHATMAN J, CALDWELL D. People and organizational culture: a profile comparison approach to assessing person-organization fit [J]. Academy of Management Journal, 1991, 34(3): 487-516.

[5] 张一青,孙春晓. 民营企业文化与竞争力[M]. 北京:经济科学出版社,2006.

[6] 张云初,曹东林,王清. 新企业文化运动[M]. 北京:中信出版社,2006.

[7] 李海,郭必恒,李博. 中国企业文化建设:传承与创新[M]. 北京:企业管理出版社,2005.

[8] 罗长海,林坚. 企业文化要义[M]. 北京:清华大学出版社,2003.

[9] 陈春花. 企业文化管理[M]. 广州:华南理工大学出版社,2007.

[10] 王学秀. 文化传统与中国企业管理价值观研究[D]. 天津:南开大学,2006.

[11] 陈春花. 企业文化管理[M]. 广州:华南理工大学出版社,2007.

[12] 王超逸,李庆善. 企业文化学原理[M]. 北京:高等教育出版社,2009.

[13] 刘光明. 企业文化教程[M]. 北京:经济管理出版社,2008.

[14] 栾永斌. 企业文化案例精选精析[M]. 北京:中国社会科学出版社,2008.

[15] 张德. 企业文化建设[M]. 北京:清华大学出版社,2009.

[16] 赵世刚. 中国商业银行企业文化测度研究[D]. 大连:大连理工大学,2007.

[17] 徐文中. 打开文化管理之门:企业文化调研与实践[M]. 北京:社会科学文献出版社,2011:29-40.

[18] 王水嫩. 企业文化理论与实务[M]. 北京:北京大学出版社,2009.

[19] 时帅力. 大庆油田企业文化测评及再造[J]. 大庆社会科学,2011(6):

93-96.

[20] 王丽霞,周洋.用丹尼森组织文化模型的维度解析中美IT企业文化异同及启示[J].人力资源管理,2011:166-168.

[21] SARROS J C, GRAY J, DENSTEN I L, et al. The organizational culture profile revisited and revised: an australian perspective[J]. Australian Journal of Management, 2005, 30(1): 159-182.

[22] DENISON D R, MISHRA A K. Toward a theory of organizational culture and effectiveness[J]. Organization Science, 1995, 6(2): 204-223.

[23] QUINN R E, ROHRBAUGH J. A spatial model of effectiveness criteria: towards a competing values approach to organizational analysis[J]. Journal of Management Science, 1983(29): 3.

[24] 郑伯壎.组织文化价值观的数量衡鉴[J].中华心理学刊,1990(32):31-49.

[25] 张仁江,张玉利.基于Denison模型的企业文化测量:中国情境下的比较研究[J].科学学与科学技术管理,2010(6):160-165.

[26] 赵曙明,裴宇晶.企业文化研究脉络梳理与趋势展望[J].外国经济与管理,2011(10):1-8.

[27] 忻榕,徐淑英.国有企业的企业文化:对其维度和影响的归纳性分析[M].北京:北京大学出版社,2004.

[28] 刘明明,肖钧洪.企业文化测量研究综述[J].经济管理,2011(2):176-181.

[29] 中国移动北京公司客户服务中心.以文化"软数据"改善发展"硬指标":北京移动客服中心建立基于丹尼森组织文化模型的企业文化评估体系[J].通信企业管理,2015(2):28-32.

[30] 王水嫩.企业文化理论与实务[M].2版.北京:北京大学出版社,2015:32,167,193.

[31] 撒占友,刘凯利,马池香,等.企业文化与企业安全文化建设水平互动效应研究[J].中国安全生产科学技术,2016,12(10):178-184.

[32] 王成荣.企业文化学教程[M].4版.北京:中国人民大学出版社,2020:162-164.

第7章 企业文化的演化

【学习目标】

- ☑ 理解企业文化的自然演化
- ☑ 掌握企业文化生成的影响因素和生成机制
- ☑ 了解企业文化维系和传承的基本方式
- ☑ 了解企业文化的发展周期

引例　大众汽车：开放平等沟通平台，增强员工归属感

伴随着人工智能时代的到来，高潜力人才越发紧俏。在传统汽车行业，一方面，行业内对高精尖人才的争夺不断升级，到2025年，涵盖自动化、信息化、互联网和智能化四个层面的人才缺口将达到约450万人；另一方面，行业从业人员流动性越来越高，近5年来，一线城市汽车制造业及非制造业的劳动力流动率均大幅上升。

如何留住人才已成为企业获取持久竞争优势的关键。大众汽车集团（中国）（以下简称"大众汽车"）执行副总裁，人力资源、组织发展与信息技术流程部负责人傅勤彦表示："员工是公司可持续发展的核心。传统汽车行业面临自身转型的需求和来自科技公司的竞争性挑战，因此在人才决策和获取上都要不断迭代，更好满足员工需求，实现其个人发展，以此来留住人才。"

在大众汽车，有吸引力的薪酬福利待遇，诸如补充医保、企业年金、购车优惠、员工餐厅、健身房、医疗中心等额外福利，为员工设计包含家庭日、试驾活动、周末亲子和兴趣俱乐部等在内的集体活动，同样都只是作为提升员工幸福感的基础手段。更为重要的是，大众汽车基于集团的核心价值观为员工打造了一个更加适宜沟通合作的健康、高效、开放、透明的工作环境，以此营造出充满凝聚力和幸福感的工作氛围。

一个典型的例子是，2019年，大众汽车将总部搬迁并升级为"大众空间"，为位于北京的4家公司超过2 300名员工开启了全新的工作模式。"多层次、多种形式的动态合作空间取代了原有的封闭会议室，弱化了办公层级，塑造了更加开放的工作氛围，提升了思想交流的开放度。"傅勤彦表示。

对员工来说，不仅日常的沟通协作因此变得更加高效、便捷、平等，更多的创意和灵感被彻底激发出来，同时也让每一名员工形成了更加强烈的归属感。在开放的地下室和多功能空间，公司开创了"众说"活动，为各领域员工提供了一个融汇知识的交流平台，通过定期的分享会，聚焦行业热点话题，增进各领域的交流，让员工提升对跨部门业务的理解，从而更好地进行合作。

在大众汽车，"我们诚实并敢于指出错误"被视为一项重要的集团价值观，以此鼓励高管和员工进行直接交流与坦诚分享。目前大众汽车每个月都有一场对话活动，通过这种形式营造直接、开放的交流氛围，并打破公司高层领导和各级别员工之间、部门与部门之间的壁垒，打造"直言不讳"的企业文化。

大众汽车年度内部员工情绪调查显示，上述努力也得到了员工的认可。即使在新冠疫情期间充满挑战的情况下，2020年的调查参与度和总体评估结果都取得了近年来的最好成绩，在各评估维度上都得到了显著提高。

正是这些有效的留住人才措施，2020年，在全球汽车市场遭遇寒冬的情况下，大众汽车集团以19.3%的市场份额继续保持中国市场领先。

资料来源：周强．大众汽车：以员工成长奠定企业可持续发展的基石［EB/OL］．（2021-03-16）［2021-11-29］．https://mp.weixin.qq.com/s/OcyBfQG6-EdjVfrIUqtfSw．

7.1 企业文化的生成

伴随着一家企业的诞生，它的企业文化也开始酝酿。随着时间的推移，在经历了大大小小的成功或失败之后，企业逐渐发展起来。人们不经意间会发现：企业有了一套相对独特的处理各类问题的方法，企业成员间会形成一些默契，遵循着这样或那样的惯例，有时候人们甚至还会将它们总结成企业的管理模式。正是在这时候，人们意识到企业文化已经生成了。

7.1.1 企业文化的源头

企业文化不是无源之水、无本之木，其生成可以从企业的发展历程中寻源。自企业诞生之日起，企业文化便开始形成。在企业初创阶段，企业文化主要是由以下三种作用因素共同促进形成的，如图7-1所示。首先，在企业初创阶段，企业高层管理人员在形成企业文化及带动企业文化向竞争性企业文化的发展过程中起着决定性的作用（定位）。其次，从管理方式的角度看（定量），管理方式对企业文化的推动过程如下：人事制度→人的管理→企业管理方式→核心价值观→企业文化。最后，社会及客户（消费者）对公司行为的参与是反映和判别企业价值的决定性因素（定性）。

从企业内部角度看，影响企业文化生成的要素包括企业领导者、企业员工（特别是关键人物）和企业管理制度。首先，企业领导者是企业文化的创造者和倡导者。在一家企业中，领导者拥有整合资源的最高权力，因此企业中的经营管理模式和重大事件的处理方式往往都会体现出领导者的价值观、思维方式、个性和

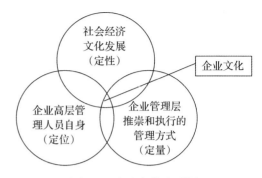

图7-1　企业文化之寻源

习惯等。企业领导者以自己信奉的价值观影响、引导员工，通过言传身教传递价值观，并对符合价值观的行为予以物质奖励和精神激励，对不符合价值观的行为给予批评和纠正，同时对不符合价值观的人予以辞退，在这些经营管理行为中逐步形成企业文化。其次，企业文化源于企业员工在生产经营实践中产生的群体意识，企业员工是企业文化的弘扬者。企业文化虽然源于企业领导者，但企业员工会根据领导者传递的价值观对关键事件和组织危机做出反应，从日常运作实践所接触的人和事中感悟、体验和验证价值观，最后认同并践行价值观，这样企业文化才得以形成。在互联网背景下诞生的企业，企业员工在文化起源中的作用相对增强，甚至企业客户文化也加入其中，成为企业文化起源的重要影响因子。最后，企业管理制度是促进员工对企业价值观认同，将企业价值观内化为员工行为的重要保障。在众多企业文化形成的因素中，企业领导者的影响通常是最为显著的。而其他成员在企业中往往处于相对弱势的地位，他们会出于本能学习和遵守相应的规则。

| 实践链接 7-1 |

山姆·沃尔顿的节约习惯和沃尔玛的企业文化

美国沃尔玛公司的创始人山姆·沃尔顿（Sam Walton）出生于一个农民家庭，因此，他自小养成了节约的习惯。即使当山姆成了亿万富翁，他仍然保持节约的习惯。他没有购置豪宅，进出小镇只开自己的旧货车，每次理发都只花5美元。

沃尔玛把山姆的节约习惯贯彻到公司制度中，目的是为顾客节约每一分钱。美国大公司一般都有豪华的办公楼，但沃尔玛的总部一直都设在偏僻的小镇平房中。总裁吉姆·沃尔顿的办公室只有20m²，董事会主席罗宾逊·沃尔顿的办公室只有12m²。为了给顾客节约开支，沃尔玛商店的经理每周至少到周围其他商店10次以上，以确保自己商品的价格是最低的，并看看竞争对手有什么值得学习的地方。

正是靠为顾客节约每一分钱的精神，靠节约的管理制度，沃尔玛公司在短时间内就创造了骄人的业绩。

资料来源：曹凤月. 企业文化学概论［M］. 北京：清华大学出版社，2015：103-104.

 领导者将自身的行为习惯身体力行到其管理行为中，形成领导者文化；将领导者文化贯彻到制度中，形成制度文化；将制度文化落实到员工行为中，则形成企业文化。

企业是一个开放的系统，在与环境中各相关要素的相互作用中生存和发展。企业文化的形成也离不开环境中相关要素的作用或影响。在探讨环境因素对企业文化生成的影响时，可以选择主体、时间和空间作为划分维度。表 7-1 呈现了这种维度划分方式，但它旨在提供一个分析文化成因要素的框架，而并没有罗列全部影响要素。从文化主体维度上，企业文化生成的影响因素可以划分为社会、企业和个体三个不同层面的主体。企业文化会受到来自不同层面主体文化的影响。比如，某企业的文化在形成过程中，可能较多地受到来自个体层面领导者文化的影响。当然，企业层面上的行业文化也会对企业文化产生一定的影响。此外，社会层面的地域文化也在企业文化中有所显现。空间、时间维度则为主体层面影响要素的进一步细分提供了依据和标准，比如社会层面的影响要素可能有很多，可以包含诸如政治、经济、技术、法律等方面的多种要素。根据时间维度可以进一步进行归类，如有些属于当代文化，而有些则带有传统文化的影响。

表 7-1 企业文化生成的影响因素

主体维度	社会层面	企业层面	个体层面		
空间维度	民族文化	行业文化	领导者文化	特性群体亚文化	其他关键人物（如英雄）事件
	外来文化				
	地域文化	治理结构文化			
	宗教文化				
时间维度	文化传统	企业传统			

7.1.2 企业文化的生成机制

在企业文化的生成机制方面，沙因阐释过创建者在企业文化形成中的角色和作用机制（见表 7-2）。他认为创建者借助初级植入机制和次级勾勒与增强机制来深植和传递文化。初级植入机制创造出团体的气氛，可视为企业文化的雏形。当次级勾勒与增强机制和初级植入机制相一致时，企业文化的框架和内容就基本形成了。

表 7-2 文化深植机制

初级植入机制	次级勾勒与增强机制
领导平时注意的、测量的、控制的事项	组织设计及结构
领导对关键事件及危机的反应方式	组织系统及程序
领导资源分配所依循之看到的标准	组织典礼、仪式
细巧的角色示范、教导及训练	空间、外观及建筑物之设计
领导配置奖酬及地位看得见的标准	有关人物、事件的故事、传奇、神话
领导招募、甄选、拔擢、退休及调职之看得见的标准	组织哲学、价值观及章程的正式陈述

资料来源：沙因. 组织文化与领导[M]. 陈千玉，译. 台北：五南图书出版公司，1996：235.

除了企业领导的作用之外，在企业文化生成的过程中，必要的组织规范也具有不可替代的影响作用。组织规范来自企业的明文规定（如制度规章等）、对重大事件的处理等方面，可能涉及组织绩效、资源分配及非正式社会互动等维度。组织规范可以理解为一个制度化的过程，有些还会沉淀为企业的潜规则和习惯。组织规范的建立，会对企业成员的行为方式产生引导和约束作用，相应地，成员更容易通过行为上的一致，达成对组织的理解和认同。

从成员的角度来看，在处理企业内外部矛盾时，通过学习企业的相关基础假设和行为模式，才可能较好地实现目标，并被组织所接纳和认同，以降低焦虑或苦痛的创伤。此外，当成员受到文化假设的正向激励而强化这一认识时，集体的、共享的思考历程就逐渐形成了，成员通过这种方式可以迅速学习和掌握相应的文化假设，并在此假设的导引下展现其相应的价值、信念与行为。

从组织系统的角度看，它需要维持一种动态平衡，并渴求对其环境能有最大的自主性。组织发展出来的认知结构（诸如基础假设、价值观等），其功能在于对外界的环境刺激加以组织，赋予意义，并因而能够提供对外界变化的预判性和可控性。特别是当这种认知结构在企业实践中被证明能够获得成功时，它就会获得组织成员的认可，从而演化为企业的共享文化。

从关键环节来看待企业文化的生成过程，斯蒂芬·罗宾斯（Stephen P. Robbins）认为组织文化源于创建者的哲学。反过来，它又强烈地影响甄选录用过程所使用的标准。高层管理者设置了一种总体氛围，使人们了解哪些行为可以接受，哪些不可以。雇员的社会化方式取决于，甄选过程是否成功地保证新员工的价值观与组织文化以及高层管理者所偏爱的社会化方法相吻合。

约翰·科特（John Kotter）和詹姆斯·赫斯克特（James Heskett）归纳了企业文化产生的共同范式（见图 7-2）。他们指出，企业文化可以来自组织的任何地方，但是在有强势文化的公司里，企业文化似乎常与创始人或其他早期领导者相关，企业文化是一个或多个高层管理者的愿景、哲学、企业战略，或是三者之和。企业文化一旦形成，潜在员工可能会依照他们的价值观和适应性行为被筛选，新入职员工会得到直接教育，历史故事会一再唤起组织内每位成员的价值观及其意义。管理者会例证其文化和理念方式来采取行动。成功践行这些组织文化理念的人会成为组织楷模。组织文化沉淀下来，可以保持长期稳定，当然不会一成不变。当新的挑战或危机出现时，企业会重新评估价值观和准则，从而带来文化的演变。

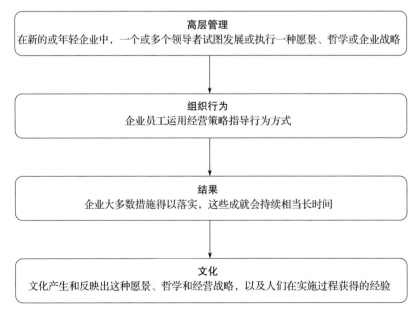

图 7-2　企业文化产生的一个共同范式

资料来源：科特，赫斯克特. 企业文化与绩效 [M]. 王虹，译. 北京：中信出版集团，2019：7-8.

综合来看，企业文化发端于创建者的个人文化，这种创建者的文化会在实践的发展中加以沉淀和完善，逐渐发展出一套企业的组织规范，用来规范和引导企业成员的意识与行为方式。明确了组织规范之后，高级管理层会营造相应的文化氛围，以使员工能够按照规范认知和行动。同时对于进入企业的成员来说，他们还会经历社会化的过程，以便其能够较好地掌握和应用相应的组织规范。这样，最终在组织规范的基础上，企业成员就有了共享的价值观和行为方式，逐渐形成了企业文化。这就是企业文化的生成过程，如图7-3所示。

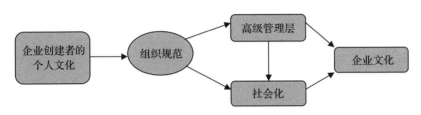

图 7-3　企业文化的生成过程

7.2　企业文化的运行机制

企业文化要逐步发展成熟，需经历维系和传承的过程才能得以完善。企业文化的生成、维系和传承，构成企业文化自然演化的基本过程。

7.2.1　企业文化的维系

在企业文化生成阶段，相关的维系措施便已经启动了。通过组织社会化进程，企业可以将核心价值灌输给成员，使成员表现出企业所期待的价值观、规范及行为形态。组织文化的维系需要借助社会化过程才能得以实现。企业可以通过多种方法或途径，帮助成员个体顺利地完成这种社会化（见表7-3）。企业可以根据需要，设计不同的塑造方案以求得满意的效果。

表 7-3　入门社会化的各种方法

正式的与非正式的。新员工与当前的工作环境越是隔离，并以某种方式清晰地表现出自己是新来的，社会化过程则越是正式，例如岗前培训和其他培训项目。非正式的社会化让新员工直接进入工作，很少或根本没有培训

个体的与集体的。新成员可以单独完成社会化，很多专业办公室都具有这种特点。他们还可以被组织起来，经历一系列共同的事件（活动）

固定的与可改变的。这指的是新成员从局外人转换为局内人的日程安排。固定日程设定了变化的标准化阶段，它的特点是循环式培训方案，还包括试用期。例如，在会计师和律师事务所中，在决策某位候选人可否成为一名合伙人之前，会给他一个 8～10 年的"副职"职位。可变的日程安排没有提前给出任何变动时间表。可变日程描述了典型晋升系统的特点，一个人在没有"准备"好之前不会升入下一个阶段

序列的与随机的。序列社会化的特点是使用可以培训和鼓励新成员的角色榜样。学徒制和导师制就是其中的例子。在随机社会化中，角色榜样被有意隐含起来，让新员工自己去思考和理解

资料来源：罗宾斯. 组织行为学：原书第10版［M］. 孙健敏，李原，译. 北京：中国人民大学出版社，2005：582.

通常组织的社会化可能面临三种结果。第一种结果是完全的顺从，即成员个体完全接受

组织的文化假设及规范。第二种结果是成员个体接受核心的、重要的文化假设，拒绝其他次要的部分，因而使自己具有作业创新及角色创新的思想和能力，这被称为具备创造力的个人主义。第三种结果是完全拒绝企业的文化假设，被称为造反者，这样的成员从内心到行动都拒斥与背离组织文化和规范。对于第一种结果，可以依靠使用正式的、集体的方法加以社会化。对于第二种结果，要使成员个体保有个人的创新性，则适宜采用非正式的、随机的、自我提升等技术。对于第三种结果，若属于情境性、一时冲动的拒绝，则可以通过正式与非正式方法加以组织再社会化；若属于价值观对立，则应辞退。

除了社会化，企业文化的维系还可以采用甄选成员、制定制度、设计组织结构和流程、举行典礼仪式等方式来实现。

企业文化建立后，企业需要根据相应的价值观、规范等来设计甄选标准，为企业选聘与企业发展相匹配的个体。比如，有些企业偏好选聘没有工作经验的新人，然后自己培养，以最大限度地使新进成员的目标、看法及价值与企业一致或匹配。企业还应该将基础的组织规范制度化，一方面使其具有约束成员的效力，另一方面为成员学习和应用提供制度依据。在企业的组织架构和经营管理流程方面，充分体现企业文化的相关基础假设和理念，这将使企业文化更深入地融入企业的日常经营管理中，这种潜移默化的效果对于维系企业文化来说是非常难能可贵的。典礼仪式作为企业文化的基本要素，也是强化和维系企业文化的重要方式。因为绝大多数典礼与仪式的背后都有其隐含的文化价值，诸如颁奖、升迁、演讲、汇报、生日会、游园会及运动会等典礼与仪式，都能够反映出文化的核心价值，而且典礼仪式涉及的成员范围比较大，常常是企业高管与基层员工沟通的有效渠道。

| 实践链接 7-2 |

奇虎 360 的三类人才助力企业转型扩张

作为中国最大的互联网安全厂商，360公司在短短几年内以颠覆式创新模式改变了市场格局，员工人数由创业之初的几十人发展至 6 000 余人，360 的人力管理战略从员工视角出发，构建了员工选择雇主标准的"钻石模型"，从品牌战略、雇主形象、组织管理、薪酬福利、培训发展和工作环境 6 个维度打造最佳雇主品牌。那么奇虎 360 如何在快速扩张过程中保证文化的维系又避免文化的僵化呢？

考虑到互联网行业的特殊性，360 招聘采取灵活标准，不唯学历而唯能力。例如，很多销售人员和创业人员的学历并不一定突出，但成就动机很强。而在专业技术领域，学历相对就比较重要。总体而言，HR 部门将员工分为三类："红色文明"是 360 "嫡系"的初创员工，他们对公司和企业文化认可度最高。"蓝色文明"指来自大型跨国公司的员工，主要集中在中高层，具有丰富的管理经验和国际视野。公司在转型和壮大过程中，十分需要蓝色员工补充专业精神和契约精神。"黄色文明"指来自国内顶尖的互联网公司，在某一专业领域非常突出的人才。360 按需以这三类人才来组建队伍，以加强创造力和张力。

资料来源：刘铮筝. 奇虎 360：钻石模型打造最佳雇主[EB/OL]. (2018-11-02) [2021-11-29]. https://www.hbrchina.org/2018-1102/6904.html.

文化点睛　奇虎 360 在转型和壮大过程中，通过红、蓝、黄三类人才的划分，实现了文化传承、专业管理、顶尖技术三方面的平衡发展。

7.2.2 企业文化的传承

企业文化传承是指企业文化的某些特质逐渐沉淀下来，形成文化传统，并在一代又一代的组织成员中继承和传递。在一定程度上，企业文化自身有一定的延续性。这是因为企业文化是企业在生存和发展中摸索出来的一套能够给企业带来成功、给成员带来安全和认同感的解决方案，即便在时间推移和环境变化的背景下仍能够显示出较强的延续性。特别是当企业取得的成功越大、发展时间越长时，相应的企业文化维系就越系统，这种文化的延续性就会越明显，甚至在有些企业中，它已经潜移默化为成员的习惯。从这个角度上说，企业文化自身是具有一定的延续性的。但是，伴随着时间的推移，环境可能发生了较大的变化，随着企业内部领导的更替和组织成员的引进，企业文化开始面临传承的问题。比如，领导发生了更迭，新领导具有与前领导不同的价值观。又如，企业的绝大多数员工已经是80后和90后的年轻人，所以很难再用原有的文化和管理方式去有效地管理他们。这时候，原有的企业文化必然会遭遇较大的挑战，企业文化也就面临着在现实中剧烈震荡的可能。人们会面临多种选择，对于原有的企业文化是全面承袭，还是进行局部的改进与完善，抑或是推倒重来，这就是企业文化传承所要解决的问题。

传承企业文化并不意味着全然保留企业文化。毕竟时过境迁，企业内外部环境会随着时间的推移而变化，企业要想有效地处理内外部矛盾，就需要发展企业文化。从这个意义上说，传承企业文化并不是保守，相反，它本质上是一种主动求变，是在继承基础上的发展与完善。IBM的小托马斯·约翰·沃森不仅子承父业，而且还是老沃森所创立的IBM文化的捍卫者。老沃森是销售员出身，他对顾客有着特殊的感受。为此，他特别将IBM定位为一家"顾客至上"的公司，也就是IBM的任何一举一动都以顾客需要为前提。因此，IBM在对员工所做的"工作说明"中特别提到对现实的顾客与潜在的顾客都要提供最佳的服务。小沃森坚守这一文化，并将这种文化提到一个更高的高度："IBM就是服务。"小沃森虽然继承了父辈所创立的文化，但他也绝不保守。在老沃森创建的文化中，重视信息技术在社会中所起到的作用，却忽视了电子产品，只将其看成一种附加业务。而小沃森却重视电子技术所带来的机会，甚至不惜冒险，帮助IBM开创了计算机时代。

企业文化传承对企业具有如此重大的意义，那么企业文化传承的途径有哪些？

第一，企业家及管理者的意识与行为。企业文化传承的问题一般不会发生在企业文化的创建阶段，当企业文化的创建者还在或多或少地掌管企业时，无论外在的环境发生多么剧烈的变化，很少有人可以挑战企业文化，甚至威胁企业文化的核心基础假设。只有在创建者不在企业的领导岗位而且新的领导已经开始掌权时，传承的问题才会真正地被摆上议事日程。事实上，一些文化传承较好的企业，往往在甄选领导者方面做得比较好。这是因为企业家和管理者的战略意识、发展目标、价值追求、管理风格和工作作风，都对企业文化的传承有着重要的影响。企业家必须有强烈的开拓意识，时刻关注理念更新、文化提升、流程再造，不断实现企业文化向更深的领域辐射、更高的层次发展，引导员工摒弃旧的观念和行为方式，提升文化力以增强企业持久的竞争力。

第二，组织制度的规范化和潜移默化的渗透。制度承载着文化，制度的执行使企业文化在员工中渗透和传承。创建于1669年的北京同仁堂发展至今已有300多年的历史，堪称长寿企业，其文化历经百年仍传承至今。1706年，同仁堂的掌柜乐凤鸣提出"炮制虽繁必不敢省人工，品味虽贵必不敢减物力"的训条，成为历代同仁堂人的制药原则，这种重质量的文化逐渐形成起来。自1723年起，同仁堂正式供奉清皇宫御药房用药，时间长达188年。这造就了同仁堂人在制药过程中兢兢小心、精益求精的组织规范，同时也为同仁堂的质量文化打下了坚实的基础。数百年来，同仁堂文化中不仅有"修合无人见，存心有天知"的信条，让成员时刻恪守诚实敬业的药德，也有一套能够体现这种理念的制药流程和规范，使成员严格依照配方，选用地道药材，从不偷工减料，以次充好。此外，在近300年的时间里，同仁堂的领导者是在家族中产生的，他们多数自小就耳濡目染，在同仁堂的文化熏陶中成长，在同仁堂的经营管理模式中被缔造为同仁堂的领导者。由此可见，同仁堂组织规范的制度化和在同仁堂文化下培养的领导者，都是300多年来同仁堂文化得以传承的重要保障。

公正透明、合理有效的业绩考核和晋升制度，有助于企业在发展过程中发现人才、重用人才、提拔人才，尤其是帮助企业发现与企业文化相匹配的员工，让员工在工作中具有更高的组织认同感，强化员工的凝聚力和对企业文化的传承意识。通过完善的考核和晋升制度，企业可以加强对员工的培训，将员工的积极性与企业的发展目标结合起来，提高员工在业务上的能力和内在的素质，加强员工对企业文化的认同感，让员工在企业内部不断地获得提升自我的机会，获得工作的成就感，从而保证人才的流动，为企业文化注入新鲜血液，让企业文化得以动态传承。

第三，企业英雄故事和传说。企业的发展历史总是由事件构成的，企业文化最重要的载体就是企业成长和发展历程中的一个个感动或触动人心的故事。这样的故事不仅给每个人带来可以触摸的心灵触动与精神震撼，同时又能起到用故事传承文化的重要作用。因此，在企业文化传承的过程中，企业要注意在整个发展历程中收集具有本企业特色的故事，尤其是具有榜样性的企业内部英雄人物的故事，保证故事具有真实性、感染力并且易于传播，再对这些英雄故事和传说进行诠释与传播，强化企业文化。

第四，企业习俗和仪式。企业习俗和仪式是企业文化的载体之一，是员工在长期的共同工作中形成的习惯做法，是全体员工默认的、心理上认同的、自觉遵守的规范，而不是书面的、强迫式的规定，是员工对自我的一种"软约束"。企业习俗与仪式的形成，可以体现在企业的经营理念上，赋予企业浓浓的人情味，对培育企业精神和塑造企业形象起到潜移默化的作用，能进一步促进企业文化的发展。很多公司都形成了自己的内部习俗，比如摩托罗拉公司有员工交流沟通的习俗，玫琳凯公司有在重大的节日或员工的生日赠送员工礼物的习俗，松下公司有员工每天一起宣誓和总结的习俗。这些习俗和意识可以帮助员工在工作中产生更强的凝聚力与对企业的认同感，让企业文化的传承更加具有持续性。

第五，企业标语和雕塑。企业标语、雕塑或标识，体现了企业的形象，是企业文化的载体之一。清晰而富有感染力的企业标语，可以对企业理念和精神进行高度概括，树立良好的企业形象。企业雕塑、内外部的建筑和装饰，是企业形象外在的符号化表现，是企业展示给公众和员工最直接与外在的形象感觉。它存在的时间长，可以让人感悟到企业文化的个性与内涵，传达企业的经营理念。例如，谷歌公司在美国的总部是由多个建筑组成的园区，与很多公司建造的摩天大楼不同的是，谷歌总部的园区布满了水池和喷泉，为员工营造了一个轻松的工作环境。谷歌开放创新的文化也在这个园区体现得淋漓尽致。

7.3 企业文化的动态管理

7.3.1 企业文化的分化与亚文化增长

企业文化的生成、维系、传承呈现了运动中的企业文化的基本面貌。实际上，对文化的生成、维系、传承这几个阶段的研究可从自然演化（natural evolution）的视角来进行。包括沙因在内的一些学者认为企业文化具有动态性质，内外在环境的变动（诸如领导者的传承、市场需求改变、新技术的引入或组织购并等）使企业面临着压力与挑战，迫使企业进行学习与适应。因此，他们采用自然演化的概念来说明企业文化的动态历程。自然演化视角揭示了企业文化自身演化的内在规律。它不但分阶段阐明了企业文化的运动规律，而且还关注运行中的企业文化基本要素、领导者作用和文化改变机制等问题。

随着规模的扩大，员工、客户、商品和服务数量的增加，由创始人协调一切的效率越来越低，企业不可避免地按照功能、地理、产品、市场等创建更小的单元，与这些小单元的领导者一起开始小范围的文化建构。沙因指出，这种分化往往出现在以下方面：① 职能分化；② 地理上的去中心化；③ 产品、市场或技术的分化；④ 事业部制分化；⑤ 层级制分化。

这些文化分化都会带来一系列新文化协调的问题。对于职能分化的亚文化，年轻经理可以通过轮岗获得不同职能的技术和亚文化的观点与潜在假设。但是，地理上的亚文化不可避免地受到不同地域国家宏观文化的影响，在不同国家文化下，因为商业条件、客户要求和业务解决方案不同，越过职能边界的跨文化协调相当困难。对于事业部制企业的亚文化而言，并不是所有部门的亚文化都要整合。因此，领导者在文化协同上要保持谦逊，有能力将不同的文化聚合到一起，实现文化对话，保持文化的互相尊重，形成协调一致的行动。

7.3.2 自发的文化演化和引发的文化演化

文化在组织的不同阶段有不同的职能，因此沙因归纳出伴随组织的不同成长阶段，文化出现自发的演化和引发的演化两种演化形式。

（1）组织创立和初期成长：自发的渐进式文化演化。如果组织没有承受过多的外部压力，并且创始人长期参与公司具体业务，那么该组织的文化会继续保持其发展方式，呈现小幅度增长态势。有时，组织会引进"混合人才"管理文化演化，通过这种平缓的、递增的变革机制适应外部环境。

（2）组织向"中年"过渡：接班人问题。这个阶段文化可以缓慢也可以迅速演变。"中年"组织的优势在于亚文化的多样性，因此，领导者可以评估不同文化群的优势和劣势，通过系统将某一亚文化群体中的员工晋升到权力的关键位置，从而引导企业文化偏向某一个亚文化；也可以采用"培训干预"引入新的社会技术，强制各种新的行为，逐渐引入新的技能、信仰和态度；还可以引入新的外部人带来文化变革。

（3）组织成熟和潜在衰落阶段：引发的文化演化。随着组织越发成熟，组织围绕过去的最佳实践，形成了一系列关于其如何运作的神话。此时，这些被视为理所当然的文化往往会失灵，只能通过更加激烈的过程来改变。例如，由兼并和收购带来的文化变革，由于丑闻导致的文化变革,由于破产流程而不得不引入强大的外部人员,重建企业文化。

上述文化演化都是累积性的,外部的变化都不是主观设计的,它们来自变革领导者对紧急事件的反应。事实上,能使文化演变的能力和作用机制,都取决于组织的自我认知,并需要领导者发挥"引擎"作用,推动组织文化自我进化的演化过程。

7.3.3 企业文化的发展周期

因为企业发展与文化发展是密切相关的,所以在研究企业文化发展的现象及其规律时,我们可以借鉴企业生命周期的概念来认识企业文化的运行状态和规律。比如,有学者提出"企业文化生命周期",将企业文化的发展分为建立期、成长期、成熟期和衰败期四个阶段(见图7-4)。还有学者提出了"企业文化发展曲线",将企业文化的发展细化为萌芽、觉醒、积累、体系化、成熟五个阶段(见图7-5)。无论哪种观点,都是围绕着企业文化的运动和发展规律展开的,都反映出企业文化是循序渐进、按照一定规律来发展的。

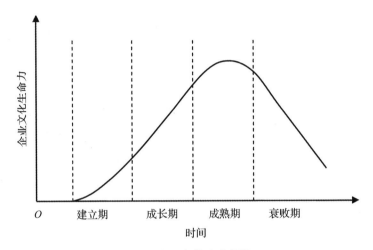

图 7-4 企业文化生命周期

资料来源:许雄奇,赖景生. 企业文化生命周期的理论探析 [J]. 重庆工学院学报, 2001 (1):50.

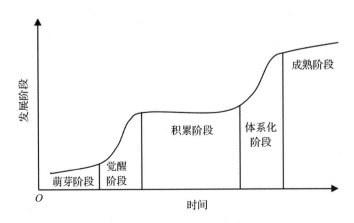

图 7-5 企业文化发展曲线

资料来源:李海,郭必恒,李博. 中国企业文化建设:传承与创新 [M]. 北京:企业管理出版社, 2005:163.

事实上，在企业有意识的管理行为之下，企业文化会由最初的价值观、行为方式及其相关结果集合所处的蒙昧状态，经过发展，最终演进至相对成熟的理想状态。这种企业文化演化的内容，再辅以企业文化发展曲线，便可以综合成企业文化动态演化曲线（见图7-6）。企业文化动态演化曲线由两部分组成，下半部分是企业文化演化发展的可能阶段，上半部分是企业文化从最初的萌芽状态演进到相对成熟的理想状态的示意。需要说明的是，特定的企业文化在发展过程中，有可能会跨越其中几个阶段，并不一定都是循序渐进的。比如，有的企业可能从觉醒阶段直接跨入体系化发展阶段。

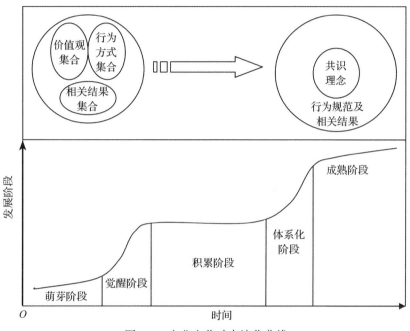

图 7-6 企业文化动态演化曲线

需要补充的是，发展至成熟阶段并不意味着企业文化的动态演化会就此停止。恰恰相反，成熟后的企业文化仍需要根据企业内外环境的变化而不断演化。它存在三种变化可能：一是优化与创新，二是变革，三是衰败。图7-7完整地展现了企业文化的这种动态演化过程，而

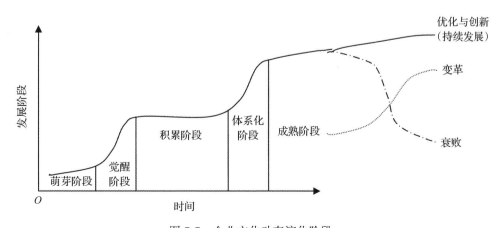

图 7-7 企业文化动态演化阶段

这也渗透进了人们对企业文化实践管理的意义，就是通过人们有意识的管理实践，使企业文化在优化和创新中得以持续发展。这可以理解为一种与自然演化视角相对的人为干预视角。

人为干预视角强调通过积极主动的人为干预，而不是任其自然演化，对企业文化进行管理，加速企业文化向期待的方向和目标演进——塑造有效的企业文化。它尊重企业文化自然演化的规律，借鉴相关成果，但又不局限于此，而是更强调利用规律管理企业文化的演进。若是按照自然演化的视角来看，这种人为干预方式的管理活动，本质上是在改变现存文化的过程中塑造新的文化，更类似于文化变革管理。

实践链接 7-3

联想的螺旋式企业文化

联想的企业发展与文化的发展是密切关联的，即每个发展阶段形成某种导向的企业文化，该文化又引导企业发展竞争力。联想的企业文化发展有四种文化导向的阶段。

（1）目标导向——服务文化。创业早期，联想认识到服务客户的重要性，从而突破了计划体制下"产—供—销"的老路，开创了"贸—工—技"的运作模式，其中，"贸"就是开发和管理客户。"以客户为起点，以研发为中介，以市场为目标"，使联想积累了资金，熟悉了市场和销售渠道，迅速获得了很大的成功，促进了联想服务文化的形成。早期的联想提出了"求实进取"的理念，当时在很少企业提出企业文化的情况下，这是不寻常的事。联想提出的"做公司就是做人"的文化理念、"5%的希望变成100%的现实"的锲而不舍的精神，对推动企业发展起着积极作用。后来，联想将客户进一步阐释为内部客户和外部客户。内部客户是指公司内部各级负责人、股东及员工；外部客户是指消费者。直至今天，"成就客户"仍是联想的核心价值观之一。

（2）规则导向——严格文化。1996～1998年，联想将目标转移为"求发展、求规模、求效益"，加强核心竞争力，因而急需对内部进行规范化管理。为了适应企业发展需要，杨元庆在1997年提出了"认真、严格、主动、高效"的严格文化。严格文化强调以事实为依据，用数据说话；乐于发现问题，勇于面对现实；精益求精，努力探求做事规律；简洁高效，不断总结做事方法；纪律严明，尊重规范和标准；注重目标的可衡量性和计划的可操作性。精准求实的严格文化是技术升级、质量提升的奠基石，是联想创造品牌企业的有力保障。

（3）支持导向——亲情文化。1999～2003年，企业规模进一步扩大，联想高级副总裁王晓岩推进 ERP（企业资源计划）建设，发现人与人之间、部门与部门之间存在沟通障碍，缺乏理解和信任导致工作配合困难。杨元庆也看到了问题的严重性，于是，2000年5月，联想提出以"平等、信任、欣赏、亲情"为主题的亲情文化。亲情文化从三个方面促进了联想的发展：第一，鼓励员工参与决策，提高员工创新的参与程度、行动能力和自由度；第二，鼓励权力分享，有助于分享完成任务所必需的信息和资源，有利于产生与接受创新思想；第三，鼓励上下级相互支持与合作，有利于不同部门的沟通，有利于疏导员工面对风险时的高压心理。

（4）创新导向——创业创新文化。2004

年之后，联想面临新的环境：第一，老业务危机，对于过去的竞争优势今天需要创新来保持；第二，新业务危机，联想的战略发生转变，在原来业务基础上又发展新业务，没有做过的业务需要创新；第三，人的需要，新进入的员工的思想有所不同，企业文化要成为他们的共识需要创新方法。特别是2004年，联想收购了IBM的PC业务，此时，联想任命了IBM前高管斯蒂芬·沃德（Stephen Ward）作为集团CEO。联想与IBM这两家强势文化管理下的企业，兼并重组产生的文化冲突显而易见。2005年12月，斯蒂芬·沃德离职，来自Dell公司的继任者威廉·阿梅利奥（William J. Amelio）似乎也没有很好地完成两家公司真正的文化整合。随着2009年杨元庆重新执掌联想集团，宣告了联想企业文化价值理念的再次回归。

资料来源：1. 王水嫩. 企业文化理论与实务[M]. 2版. 北京：北京大学出版社，2015：87-88.
2. 程宏燕. 科技型企业发展的节点：企业文化的阶段性管理：以联想为案例的实证研究[J]. 科技进步与对策，2011（24）：110-113.
3. 高慧孟. 企业文化视域下联想的成功与困境[J]. 中国市场，2017（2）：138-140.

联想不同的企业文化发展阶段告诉我们，企业文化的发展呈现阶段性变化的特征，每一个阶段都有可能经历萌芽、觉醒、积累、体系化和成熟的过程，但企业文化的演化未必经历这一完整周期的所有过程。当环境出现新变化时，企业文化需要有新的内容引入，从而进入新的萌芽、觉醒、积累……进而形成企业文化螺旋发展的态势。

7.3.4　企业文化的演化动态管理

企业文化的发展是一个动态的过程。它在企业发展中形成，随着企业生存内外部环境的变化而不断完善。企业文化的这种动态变化，可能更能匹配环境要求，从而促进企业的发展，也可能变异为不利于企业发展的负向因素。一般来讲，一家企业的文化在一定时期内相对稳定。优秀的企业文化的发展态势"呈螺旋式上升状"，即在相对稳定状态下，处于上升趋势。僵化的、落后的企业文化则处于停滞状态，企业内弥漫着守旧、顽固、一成不变的氛围，企业员工会过于沉迷于以前的成功经验和做事方法而不愿有所触动，国内外的很多案例都很清晰地展示了这种僵化的文化氛围对企业的巨大伤害。所以，企业在发展过程中要不停地对自己进行审视，对外界环境和企业的发展匹配性进行评估，及时进行调整，目的是达到企业与外部环境的和谐。所以，一家优秀企业的文化体系建成之后，就会显示其对外部影响因素以及内部新生文化因子强大的吸收力、包容力与消化力，形成动态、开放的系统。因此，企业文化需要动态管理、持续改进。企业文化的"动态管理"就是对该过程进行长期监控与主动调整，使之逐渐成为企业成长与发展的灵魂。

企业文化动态管理主要包括动态评估与动态调整两部分。其中，动态评估包括实时评估和阶段性评估。实时评估就是根据企业文化的四个阶段——建设阶段、宣贯阶段、提升阶段、固化阶段，分阶段进行研讨和总结，目的是总结成果经验和发现不足，并对不足部分进行及时调整；阶段性评估是在特定时间段对当年度企业文化推进工作进行评估。这里所讲述的内容主要是指阶段性评估。

与动态评估所包含的实时评估和阶段性评估相对应，动态调整分为实时调整和阶段性调整。其中，实时调整是指配合实时评估而进行的相关因素的调整，而阶段性调整也是针对阶段性评估而进行的。本章对于动态调整主要阐述阶段性调整。

1. 企业文化的阶段评估

企业文化体系经过系统化建设并在企业运行一段时间后,就需要对文化理念在企业植入后所发生的各种反应与企业各类管理规章制度、培训体系、激励系统等的匹配状况进行分析、评估与考核。其评估实施流程如图 7-8 所示。

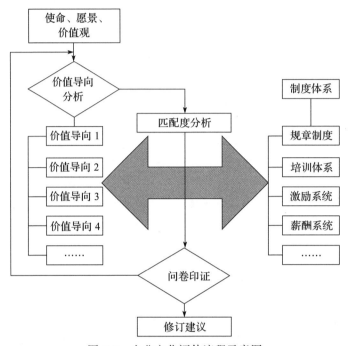

图 7-8 企业文化评估流程示意图

评估内容主要包括如下六个方面:

(1)企业文化适应性评估。企业文化的适应性主要包括企业文化与规章制度的适应性、企业文化与员工个体文化的适应性、企业文化与企业长期发展目标的适应性等。企业文化适应性评估的主要目的是对相关企业管理理念与企业管理实践的适应性等各种文化元素进行评估,以便不断完善和改进,使其有机融合。

(2)企业文化与经营业绩的相关性评估。企业文化建设的目的之一就是促进企业经营业绩的提高。通过对企业文化体系中经营理念与企业经营业绩的相关性评估,可以了解企业文化建设是否提高了劳动生产率,如果没有使其提高甚至对其有不利影响,就要立即找出相关因素并进行调整。

(3)员工满意度评估。员工满意度包括的相关因素较多,主要包括薪酬与绩效、激励机制、员工关怀、沟通机制等。一般说来,企业运营的各个方面都与员工相关,多种元素都会影响员工满意度。员工满意度也是与企业发展关系最密切的因素,因此随时关注员工满意度相关元素的调整非常重要。

(4)企业文化培训系统评估。对企业文化培训系统进行实用性评估,从内容上去除不适合企业发展阶段的培训内容,增加现阶段员工需要的新的内容;从培训管理方面,调整、改进管理手段和培训方式,使企业文化培训更高效地服务于企业文化建设和企业发展。

（5）企业文化管理运行机制评估。企业文化管理运行机制主要包括企业文化的组织、宣传、活动、理念推进等内容，有了高效的管理运行机制才能保证企业文化扎扎实实地落地。对其进行评估、调整，也是为了保证企业文化体系的顺利根植。

（6）员工行为规范评估。通过对员工行为规范的评估，了解企业文化理念在员工行为方面的表现形式，以此来发现企业文化理念是否落到实处，否则就要找出原因，立即修正，达到"言行合一"。

2. 企业文化的阶段调整

动态调整的原因主要有两个方面：一是因为企业外部环境的变化而进行的调整；二是因为评估结果和企业文化建设目标不一致而进行的调整。这里的动态调整主要指后者，即针对阶段性评估结果的动态调整。阶段性动态调整主要是指在企业文化建设的特定时间段对企业文化建设进行一次全面评估，然后根据评估结果结合企业文化建设目标进行相应的调整。评估是基础，调整是目的。

（1）调整原则。根据企业文化建设的目标，在动态调整过程中需要关注两个原则：一致性原则和可行性原则。

一致性原则是在全面动态评估的基础上，调整企业文化建设现状与企业文化建设目标之间的差距，使其趋于一致。比如某公司的企业文化建设目标之一是企业员工应把公司集体的利益放在第一位。如果对企业文化阶段性评估的结果是公司大部分员工在个人利益与企业利益发生冲突时能把公司利益放在首位，而非因为个人利益而不顾公司利益，则称一致性较好，那么就不用调整或者只针对个别人做出微调。而如果对企业文化阶段性评估的结果是大部分员工在公司利益与个人利益冲突时把个人利益放在集体利益之上，这就与企业文化建设目标不符，就应采取相应措施和步骤对其进行动态调整，使其与公司所希望的目标相一致。

可行性原则就是企业进行动态调整的步骤和措施要具有可操作性。也就是说，企业所进行的相关调整的步骤与措施要与企业的资源相匹配，要根据企业的实际情况，制定合适的步骤和措施，将权利与责任明确到具体单位及个人。同时，要从下到上听取具体单位与个人的建议和意见，对不可行的举措进行修改。

（2）调整方向。根据评估报告（定性和定量的研讨分析结果），对其中不相适应、不一致或可行性较弱的内容进行调整，调整的方向是达到与企业发展阶段和发展目标相匹配，使企业文化成为企业发展的助推器。明确企业文化建设的调整方向或正确选择企业文化的调整方向对企业文化建设至关重要，可以使企业用最少的资源获得最大的利益。

本章小结

本章主要介绍了企业文化生成的起源、机制，企业文化的维系与传承，以及企业文化的演化和动态管理。

企业文化生成的影响因素包括社会层面、企业层面和个体层面，企业文化的生成源自创始人、企业员工和企业管理制度。企业创始人是企业文化的最初创造者，企业员工是企业文化的重要载体，企业管理制度则推动了企业文化的生成。所以，企业文化发端于创始人的个人文化，在实践中逐步发展出一套企业的组织规范，用来规范和引导企业员工的意识与行为方式；在明确了组织规范之后，领导者会营造相应的文化氛围，同时企业的员工进入企业之后还会产生社会化的过程。最终，企业成员有了共享的价值观和行为方式，逐渐形成了企业文化。这就是企业文化的生成机制。

企业文化的维系可以确保企业文化在企业中的主导地位和相对稳定性，因此企业可以通过组织的社会化、甄选成员、制定制度、设计组织结构和流程、举行典礼仪式等方式来维系企业文化。同时，企业文化在时代变迁、领导者更迭等因素的影响下也面临着企业文化传承的问题，因此，企业可以通过提高企业家和管理者的意识，建立合理公平、有效的企业考核和晋升制度，对企业英雄故事和传说进行传播，强化企业风俗与意识，创造企业标语及雕塑等方式，让优秀的企业文化得以传承。

企业文化的生成、维系、传承体现了运动中的企业文化的基本面貌，属于企业文化自然演化的范畴。企业文化的发展具有周期性，包括建立期、成长期、成熟期和衰败期等。由于企业文化发展的周期性，因此在企业文化发展的过程中，要对企业文化进行动态管理，首先需要对企业文化进行评估，评估企业文化的适应性、与经营业绩的相关性、员工满意度、培训系统、企业文化管理运行机制、员工行为规范等，随后对企业文化进行动态调整，包括调整原则和调整方向等。

复习思考题

1. 企业文化的生成机制是什么？如何从企业文化的生成源头打造企业独特的文化？
2. 企业文化维系和传承有何意义？
3. 举出对企业文化进行动态调整的企业实例。

案例分析

阿里巴巴的企业文化演变

企业规模与管理难度成正比，与管理效率成反比。企业的规模越大，不同层次的人员就越难以在目标和价值观上达成统一。阿里巴巴集团自1999年创立至今，从创业时的18"罗汉"已发展成如今的3万"大军"，业务也从单一的电子商务扩张到金融、社交网络、云计算、数字娱乐和物流等方面。在企业规模扩张的过程中，阿里巴巴的企业文化是如何变迁的？

创业初期文化（1999～2005年）

创业阶段的阿里巴巴，以"让天下没有难做的生意"的使命感为主导。阿里巴巴集团主管企业文化的资深总监静嘉认为："阿里巴巴很多文化的元素实际上跟18个创始人的初心、他们互相之间的关系以及他们对很多事情的判断是有非常大的关系的，比如他们是怎么来理解做的事情，把它当作一个事业还是只当作一件事。"

2003年，"非典"病毒的袭击让实体商业陷入短暂瘫痪，电子商务意外获得了发展机遇。当时阿里巴巴的一名员工被误诊为感染"非典"，阿里巴巴立即做了决定，自行隔离，全员在家办公。400多名员工迅速搭建家庭办公环境，和一起被隔离的家属，在被隔离的12天内保持服务零中断。很多客户发现电话中"你好，阿里巴巴"变成了大爷大妈的声音，他们是员工的家属。

2004年7月，时任福道诚壹管理咨询公司董事长的邓康明来到阿里巴巴，出任集团副总裁。上任后，邓康明的第一刀就切向了"独孤九剑"——员工的九大价值观行为准则：激情、创新、教学相长、开放、简易、群策群力、专注、质量、服务与尊重，他在接受媒体采访时说："这一套价值观的描述，没有完全展现出阿里巴巴的个性。我们正在从几百人变成几千人，甚至未来有可能要扩大到数万人，'独孤九剑'并不便于大面积地推广。"原来的"独孤九剑"被精炼成了"六脉神剑"——阿里巴巴的价值观：客户第一、团队合作、拥抱变化、诚信、激情和敬业。

人力资源部抓住典型案例，在全公司范围内反复进行了无数次传播，并讨论企业的价值观。在阿里巴巴，至今直销团队的新人仍然会反复听到两个案例：一个是关于"客户第一"的案例。阿里巴巴有一个业务员将山东一个三线城市的房地产商发展为"中国供应商"。尽管它给阿里巴巴带来了6位数的收入，但阿里巴巴仍然把钱退给客户，并对员工进行了处理。中国供应商必须有能力为更大范围内的客户提供服务，但该供应商并没有在其他城市进行开发的能力。另一个是关于诚信的案例。在一次业务知识考试中，公司发现一个区域经理和几个业务员的试卷答案一模一样，存在明显舞弊。阿里巴巴立即将舞弊者全部开除。

阿里巴巴将"六脉神剑"的每一条价值观都细分出了5个行为指南、30项指标。而这30项指标，就成为价值观考核的全部内容。同时，在员工绩效考核中，价值观考核和业绩考核各占50%。根据价值观和业绩的考核，阿里巴巴将员工分为四类人：明星、老黄牛、野狗和小白兔。"明星"指价值观与企业高度一致且业绩出色的员工，"老黄牛"指能力不强但任劳任怨的员工，"野狗"指有业绩但价值观不过关的员工，"小白兔"指价值观合格但业绩差的员工。阿里巴巴人力资源总监王丽君评论说道，对于"野狗"，不论有多大才能，他们也是被弃用的，而对于"小白兔"，公司会给他们时间进行成长，如果还不能自己成长起来，那也只能被淘汰。

扩张期的文化传承之道（2005~2008年）

2005年，人力资源领域的另一项创举——政委体系在阿里巴巴诞生。静嘉说："当时阿里巴巴采用销售为主的体系制度，所以在各个地方只有带兵打仗的人，但是没有文化的这种东西带过去，所以当时会选拔3~5年以上这种老同学（指同事，阿里巴巴内部称同学）以HR的身份去做一些文化的事。"与初创时期相比，绩效体系、薪酬福利、晋升体系也在发挥着传承文化的作用。虽然这个时期，阿里巴巴的员工数量猛增，但公司的价值观和文化被很好地传承了下来。

在这一时期，阿里巴巴的业务拓展，淘宝、支付宝的出现，让阿里巴巴开始生发出基于业务的"亚文化"。不变的是使命、愿景和价值观，但是基于不同的业务，却有不同的外显：淘宝有倒立文化，有店小二文化；支付宝有手印文化，按下手印的那一刻，就是一个不变的承诺，这与支付宝强调的信任理念相契合。在这时期，阿里巴巴建立了员工的文化认同，更好地凝聚了人才。根据不同的业务，阿里巴巴文化的包容性和多样性也开始成长起来。

从企业到行业的小情大义（2009年至今）

"要成为一家这么伟大的公司最缺的是什么？我认为我们最缺的是文化、管理和领导力。"阿里巴巴倡导，理想的组织应该是"一群有情有义的人，在共同做一件有价值有意义的事"。有情，是指真正的认同，有使命感地带着心去做事情。这个"情"字包括"大情""小情"。"大情"指的是因为阿里巴巴和电商生态圈里所有伙伴的努力"让天下没有难做的生意"。不管是小企业主，还是刚刚毕业的大学生，乃至一字不识的农民，都能够因为这群人的努力，切身感受到"微小而美好的改变"。"小情"指的是在实现这个"大情"的路上，这样一群人应该有共同相信的东西，有同一个目标。这样，虽然会因为业务不同，但最后总会殊途同归，因为他们的信仰是一致的。

作为对理想组织状态的支撑，阿里巴巴提出了组织能量上的三力、四度和五维说。三力是指的是心力、脑力、体力。心力是一种感染力，它是一种相信的力量。梦想、激情可以影响、感染周围很多人，也是一种感受力，将能量输送到团队当中。脑力是专业性，是逻辑，是分析能力，是架构能力，也是理性层面相关的所有能力。体力就是执行力。四度指的是组织、人才、激励、沟通。五维归纳了HR在推动文化落地时的五类工作：懂业务、搭场子、身陪伴、心感知和水乳交融。2014年，阿里巴巴召开了离职员工大会："大家离开了，去京东，去腾讯，去任何竞争对手那里都没有关系，阿里不会生气，只希望你把阿里'让天下没有难做的生意'的使命感带过去，让更多的人能够通过自己的努力，让这个世界有微小而美好的改变。"这就是超越公司，甚至超越行业的大情和大义。

资料来源：安健.阿里巴巴：用企业文化铸基业长青［EB/OL］.（2018-10-30）［2021-12-01］.https://www.hbrchina.org/2018-1030/6808.html.

讨论题

1. 在企业扩张过程中，阿里巴巴的企业文化价值观为什么发生变更？
2. 在规模扩大过程中，阿里巴巴通过采取哪些措施确保企业文化传承？

参考文献

［1］代凯军.管理案例博士评点［M］.北京：中华工商联合出版社，2000.

［2］黄河涛，田利民.企业文化学概论［M］.北京：中国劳动社会保障出版社，2006.

［3］定雄武.企业文化［M］.北京：经济管理出版社，2012.

［4］沙因.组织文化与领导［M］.陈千玉，译.台北：五南图书出版公司，1996：235.

［5］罗宾斯.组织行为学：第十版［M］.孙健敏，李原，译.北京：中国人民大学出版社，2005：582.

［6］许雄奇，赖景生.企业文化生命周期的理论探析［J］.重庆工学院学报，2001（1）：50.

［7］李海，郭必恒，李博.中国企业文化建设：传承与创新［M］.北京：企业管理出版社，2005：163.

［8］班永杰.TL公司企业文化推进系统设计［D］.北京：华北电力大学，2008：52-55.

［9］陈春花，赵曙明，赵海然.领先之道［M］.北京：中信出版社，2004.

［10］杨清清.微软复苏之路［N］.21世纪经济报道，2017-02-17.

［11］王水嫩.企业文化理论与实务［M］.2版.北京：北京大学出版社，2015：87-88，95-96.

［12］张璐晶.GE董事长杰夫·伊梅尔特：百年GE为何重返实业［N］.中国经济周刊，2015（28）.

［13］匿名.GE历任CEO的战略选择［EB/OL］.（2005-04-19）［2022-03-14］.http://www.doc88.com/p-8002901 1671655.html.

［14］程宏燕.科技型企业发展的节点：企业文化的阶段性管理——以联想为案例的实证研究［J］.科技进步与对策，2011（24）：110-113.

［15］高慧孟.企业文化视域下联想的成功与困境［J］.中国市场，2017（2）：138-140.

［16］李琳.阿里巴巴旅游大数据应用中的人才管理创新［J］.知识经济，2017（2）：14-15.

［17］张丹.阿里巴巴企业文化建设实例探析［D］.成都：四川师范大学，2013：9，19.

［18］曹凤月.企业文化学概论［M］.北京：清华大学出版社，2015：14-15，103-104.

［19］周强.大众汽车：以员工成长奠定企业可持续发展的基石［EB/OL］.（2021-03-16）［2021-11-29］.https://mp.weixin.qq.com/s/OcyBfQG6-EdjVfrIUqtfSw.

［20］安健.阿里巴巴：用企业文化铸基业长青［EB/OL］.（2018-10-30）［2021-12-01］.https://www.hbrchina.org/2018-1030/6808.html.

［21］科特，赫斯克特.企业文化与绩效［M］.王虹，译.北京：中信出版集团，2019：7-8.

［22］王成荣.企业文化学教程［M］.4版.北京：中国人民大学出版社，2020：88-89.

［23］沙因E H，沙因P A.组织文化与领导力：第五版［M］.陈劲，贾筱，译.北京：中国人民大学出版社，2020：192-207.

第 8 章　企业文化的冲突与整合

【学习目标】

- ☑ 理解文化冲突的内涵、企业文化冲突的含义及其特点
- ☑ 掌握企业文化冲突的表现和类型
- ☑ 熟悉企业文化冲突的根源与过程
- ☑ 了解企业文化冲突的后果
- ☑ 掌握企业文化整合的内容和对策
- ☑ 了解并购企业文化整合能力体系

引例　　　iPod 之父离职：Google 和苹果文化冲突的缩影

Nest 的联合创始人兼 CEO、人称 iPod 之父的托尼·法戴尔（Tony Fadell）离职了。

一般来说，当创始人选择离开自己亲手创办的公司时，这家公司很有可能是遭遇了一些麻烦事。当年的智能家居明星企业 Nest 就正在遭遇这样的麻烦事。缔造 iPod 和 Nest 的创始人托尼·法戴尔宣布离职，这也让大家看到了苹果和 Google 的文化冲突有多严重。

"我并不是说 Google 和苹果的文化谁好谁坏，但这两家公司的文化是很不同的。"在 2014 年的一次采访中，托尼·法戴尔明显感觉到了在 Google 工作和在苹果工作是不一样的。

在托尼·法戴尔看来：苹果的公司架构层次分明，所有的沟通也都是有序的，比如苹果员工基本不可能出于任何原因给乔布斯发送"祝贺你"这样没什么实际意义的邮件，然后淹没他的收件箱；但相比之下，Google 员工就随意得多，公司的透明度也更高。当 Google 收购 Nest 的消息宣布时，托尼·法戴尔就收到了一堆各式各样的问候，比如"祝贺""我想和你一起工作""有什么我们可以帮你的吗"。

对于在苹果工作多年的托尼·法戴尔来说，他好像不太适应这种情况，而且从和他工作过的人在网络上的留言看，托尼·法戴尔和员工相处的时候更像是乔布斯那样强势，而不是 Google 现任 CEO 桑达尔·皮查伊那样温和。

2016 年 3 月，托尼·法戴尔在接受媒体采访时公开责备 Dropcam 的员工水平有限——Nest 在 2014 年收购了这家生产居家监控设备的公司。随后，Dropcam 的 CEO 格雷格·达菲（Greg Duffy）在 Medium 上发文公开反击，并为 Dropcam 的员工辩护。他形容托尼·法戴尔是"暴君"，并且表示 Dropcam 的管理方式和 Nest 是完全不同的。

这场公开的争论不但让 Nest 内部的矛盾公开化，也让托尼·法戴尔的管理风格问题、Nest 运营状况未能达到谷歌高层预期的问题接连浮出水面。一时间，托尼·法戴尔 10 多年积累起来的创新导师形象逐渐式微，自身在 Alphabet 的处境好像也变得岌岌可危，他的管理风格越来越可能影响 Alphabet 对优秀工程师的吸引力。

在公司文化冲突之外，产品、市场销售层面都显示 Nest 目前的处境不太好，最终 iPod 之父托尼·法戴尔在公司 2014 年被 Google 收购的两年后选择离职。

资料来源：改编自《iPod 之父离职的背后，是 Google 和苹果文化冲突的缩影》，https://www.pingwest.com/a/74954。

8.1　企业文化冲突及类型

冲突是人类社会发展所不可避免的，任何领域都存在着冲突与矛盾，企业中也不例外。在企业讲求协同发展的今天，谁也不愿意遇到冲突。但正如月有阴晴圆缺一样，冲突是企业发展中无法回避的问题，甚至可以说，冲突是一种常态。如何正视企业文化冲突，并加以合理分析以便找出解决途径，甚至把冲突转化为促进企业提升的力量，是每一家企业都要面临的一项艰巨任务。本章将重点阐述同一国家内或组织内的文化冲突，而与跨文化冲突相关的内容，将在本书第 13 章中详细阐述。

8.1.1　企业文化冲突的内涵和表现

1. 文化冲突

文化的产生是以人的生命体验和生存经验为基础的。在相同生存环境下成长，往往容易互相认同，即文化认同。文化认同（culture identity）即文化身份，是对自身文化身份和地位的一种自觉与把握。㊀按照这种逻辑，文化认同主要是指"对人们之间或个人同群体之间的共同文化的确认"。那么，文化认同的依据就是"使用相同的文化符号，遵循共同的文化理

㊀ 陈刚. 全球化与文化认同［J］. 江海学刊，2002（5）：49-54.

念，秉承共有的思维模式和行为规范"。简言之，拥有共同的文化是社会认同的基础。[1]我们可以将这种文化认同简单地归纳为"文化自我认同型"，即只认同自己的文化，而漠视他者的文化。

但是，在不同生存环境的刺激和作用下，容易造成人们对自身及自身以外的世界的不同感受与看法。人们带着自己所处的环境里所形成的感受、认识、习惯等互相交往，必然要产生冲突和摩擦。所以，文化的冲突是由文化的"先天性"或者文化的本性所决定的，是文化在不断发展过程中不可避免的一种必然现象。

文化冲突是指不同文化的性质、特征、功能和力量释放过程中由于差异而引起的互相冲撞和对抗的状态。它主要分为以下几种：区域性文化冲突、集团性文化冲突、阶级性文化冲突、民族性文化冲突和时代性文化冲突。从表面上看，人类文明的历史不仅是文化创造的历史，同时也是文化冲突时隐时现的历史。[2]文化冲突属于文化范畴的冲突，只要具备冲突发生的条件，即具有不同文化背景的人们，如果彼此间存在一种相互依赖与制约的关系，那么产生文化冲突就在所难免。

首先，文化冲突是一种常态。文化冲突在社会发展的任何阶段都是不可避免的，它是人类文化发展史上的一种普遍现象。文化冲突不会因为时间的流逝和地域的变迁而消失，只会随着社会文化的发展演变而呈现出不同的特征。

其次，文化冲突是文化矛盾发展的必然结果，也是解决文化矛盾的唯一途径。没有文化冲突的过程，不但文化的内在矛盾得不到解决，甚至会影响文化的进一步发展，因为新文化特质是在文化冲突中产生的，新文化模式也是在文化冲突中确立的。

最后，文化冲突是人类最全面、最深刻的冲突。文化是包括认识、价值、审美多种内容在内的观念体系，以及被这个不断发展着的观念体系物化了的和正在物化的一切。它是由人创造并推动着向前发展的，反过来，它又在影响和塑造着人。人与人之间的利益冲突以及民族冲突、地区冲突说到底也是文化的冲突，因此可以说，文化冲突是人类多方面、多层次、多种形式的全面冲突。

2. 企业文化冲突的含义及其特征

企业文化冲突是企业文化发展过程中不同特质的文化在相互接触、交流时产生的撞击、对抗和竞争。企业文化冲突的产生主要是由不同类型、不同模式、不同行业、不同区域、不同历史阶段的企业文化的不同特质所构成的基本价值观之间的过分悬殊造成的。企业文化冲突并不能被简单地理解为企业文化之间的冲突，企业文化冲突实质上是人与人之间、群体与群体之间、组织与组织之间在价值观和行为上的冲突。为了正确对待企业文化冲突，企业首先需要明确企业文化冲突的特征。企业文化冲突的特征主要表现在以下几个方面：

（1）非线性。文化冲突是世界各民族之间、本民族内部各派系之间、人与人之间的普遍冲突。不同的文化像不同的水域，几片或多片水域的冲突与交融常常表现出错综复杂的状态，因而具有非线性特征。企业文化冲突也类似于社会文化冲突，处在思维的深处，由精神上的差异所导致，企业文化冲突的核心是价值观的冲突。

（2）间接性。企业文化冲突除了在特殊情况下表现为直接的经营管理方面或人员之间的

---

[1] 崔新建. 文化认同及其根源 [J]. 北京师范大学学报：社会科学版, 2004（4）：102-107.
[2] 迪尔, 麦肯齐. 公司文化 [M]. 黄宏义, 译. 台北：长河出版社, 1983：10.

对抗外，一般都在心理、情感、思想观念等精神领域中进行，所以企业文化冲突的结果也只有通过较长的历史阶段后才能得到可视的内容，因而，文化冲突具有间接性特征。

（3）持续性。企业文化冲突是文化不断发展的表现，没有冲突的企业文化如同一潭死水，企业也不会趋向于共同的、最真实的价值目标。企业文化冲突不像政治冲突、军事冲突、利益冲突那样，随着一方获胜另一方失败或双方和解很快地结束或转化，它似乎是无休无止地进行着。在跨国经营企业中，文化冲突贯穿在整个经营管理过程之中。

（4）渐进性。企业文化冲突起初是表面的、浅层次的，但持续不断的冲突使高势能的文化向低势能的文化中心不断推动、加深，从而使低势能的文化成分得到改变，同时深入进去的高势能文化也会被低势能的文化部分地改造。如佛教文化和基督教文化的传入改变了我们民族文化的成分，但同时，进入我国的佛教和基督教文化已被我国的文化改造了。企业文化之间的冲突也有类似的情况。

（5）全面性。企业文化包括经营管理思想认识、企业价值观、企业伦理等多种内容在内的一个观念体系，也包括被这个不断发展着的观念体系物化了的和正在物化的一切。因此，企业文化冲突是在企业内部甚至对外部的全面冲突，企业文化冲突不仅是外在的，而且是精神上的；不仅是行为习惯、管理制度上的，而且是价值观念、思维方式各个方面、各个领域里的全面冲突。

（6）内在性。文化以思想观念为核心，因此文化的冲突最根本地表现在思想观念上的冲突。心理、情感、思维、行为方式、道德信仰是人与人联系或冲突的内在决定因素，各种文化现象所引起的外在冲突是由人的内在因素引起的。在企业里的利益冲突、价值冲突、管理冲突、人员冲突等，说到底都是企业文化的冲突。

（7）客观性。管理冲突、生产冲突从某种程度上来讲可以由人控制，但企业文化冲突的规模、程度等是由各方文化的内在生命力及所有相关因素决定的。各种文化冲突积在一起，是任何个人或权威都无法控制的。企业文化始终按照"自身的逻辑"在发展变化，并且不以人的意志为转移，人们只能够顺应其规律。

（8）自发性。对于企业文化冲突何时开始、何时结束、如何发展变化，人是无法把握的，这一点是从客观性中派生出来的，是由外在客观条件和文化内在因素变化引起的。

（9）交融性。企业文化冲突与企业文化融合始终相互交叉，相伴而行，冲突之中有融合，融合之中仍在冲突，这说明了企业作为组织文化体的并非绝对界限的文化性质。

3. 企业文化冲突的表现

企业文化冲突主要体现在以下几个方面：

（1）显性文化的冲突。企业中最常见和公开化的文化冲突，是显性文化的冲突。显性文化的冲突是来自行为者双方的象征符号系统之间的冲突，也就是通常所说的因表达方式所含的意义不同而引起的冲突。显性文化的冲突即文化差异在语言行为上的表现。文化差异反映到语言上，就成为语言上的差异。文化决定人的思维方式，从而决定语言的表达方式，具体有以下几个方面的表现：① 领导职权方面；② 沟通与协调方面；③ 人际关系的差异。

（2）制度文化的冲突。制度文化的冲突往往存在于跨国企业、并购企业或者组织内部制度不同的部门之间。例如，来自发达国家的员工（如西方员工），一般是在法律环境比较完善的环境中开展经营与管理的，通常用法律条文作为行动依据，而中方员工往往习惯于按上级行政管理机构的条文、指令、文件办事和决策。

（3）经营思想与经营方式的冲突。不同的企业或者性质不同的部门有可能具有不同的经营理念，有的着眼于长远，制定适宜的远景战略规划，而有的只注重短期利益，热衷于一次性博弈。经营思想与经营方式的不同往往造成跨国企业、并购企业或者差异较大的部门间的冲突，尤其是跨国企业内部，在经营思想方面，西方多数企业注重互利、效率、市场应变的思想，而中方的企业缺乏这种思想，往往较少考虑双方的获利性。

（4）价值观的冲突。价值观是指人们对事物的看法、评价，是人们信仰、价值、心态系统中可以评价的方面。不同文化背景下的人对工作目标、人际关系、财富、时间、风险等的观念会不尽相同。

8.1.2 企业文化冲突的类型

企业文化冲突的类型可以分为企业旧文化与新文化的冲突、企业主文化与亚文化的冲突以及群体文化与个体文化的冲突。

1. 企业旧文化与新文化的冲突

企业旧文化与新文化的冲突就是指企业的新思想、新观念与旧思想、旧观念的冲突。从企业内部来看，经过若干年的发展，已经形成了具有本企业特色的文化体系，对已有的文化已经习以为常，甚至形成了习性，特别是老员工、企业的创始人，容易沿袭自己已经习惯的工作方法和思维模式，不肯轻易接受新的东西。而新员工、新管理者，尤其是对现代企业经营比较了解和熟悉的管理者，则认为老的办法、过去的经验和传统的思维模式，已经与时代的发展相脱节，如果一味地因循守旧，则不利于企业的发展。双方在做事风格、考虑问题、管理思路、决策模式等方面产生了较大的分歧。值得注意的是，企业旧文化不一定过时，新文化也不一定先进，不可简单地以新旧来论企业文化的优越性。

2. 企业主文化与亚文化的冲突

这种冲突是指企业居于核心地位的、主流的文化与企业处于非核心地位的、非主流的文化，以及企业整体文化与企业亚文化的冲突。这种文化冲突有两种性质或两种可能：一是价值观引起的正统与异端之间的冲突和对立；二是整体和局部因利益、观念或其他原因所引起的文化冲突。对于第一种情况，主要体现在以下几个方面：

（1）企业主文化已变成病态文化，它或者是由于以往企业的主要领导者固执己见、刚愎自用，或者是由于企业文化环境系统发生变化造成的。在这种情况下，企业主文化就必然与企业自发出现或存在的代表着健全的、常态的甚至有可能是优良的企业亚文化发生冲突。企业主文化往往拼命压制企业亚文化，扼杀企业亚文化对企业主文化替代的可能性。

（2）企业主文化已达到健全的、优秀的、高度成熟的状态，不过这种文化已经经过企业文化成长的几个阶段，正慢慢地失去优势。同时，有可能代表企业未来价值观、未来文化范式的企业亚文化却在一步步地发展壮大。这种新的企业文化的生长，不可避免地会受到仍旧具有强大统治力的企业主文化的压制、阻挠。这种文化上的冲突会通过主文化和亚文化代言人及其阶层的语言、思想、行为上的交锋表现出来。

（3）企业主文化已演变成为过时的、陈旧的、衰败的文化，企业亚文化在企业陷入深深危机的情况下仍旧没有适当的机会击败企业主文化，因为企业整个大权仍旧握在旧有企业文化信奉者的手中。这种情况下的企业文化冲突往往直接通过企业的低效、衰败的加速进行而表现出来。事实上，通过加速一种文化共同体的衰败和解体，以促进企业文化的大转折是不得已而为但行之有效的办法。

3. 群体文化与个体文化的冲突

良好的或健全的企业文化总是一种使企业群体行为与企业个体行为、企业群体意识与企业个体意识、企业群体道德与企业个体道德大体上保持和谐一致的企业文化。但这不等于说优秀的企业文化从未有过企业群体与企业个体文化的冲突，也不等于说它们总是能够轻而易举地解决这两者间的冲突。事实上，无论是基于个人主义基础上的西方企业文化，还是基于家族主义基础上的东方企业文化，均不可避免地包含着企业群体文化与企业个体文化间的冲突。

企业群体文化与企业个体文化之间的冲突除了是由于社会文化传统、社会制度与体制文化等因素造成的，还存在着诸多其他原因。这主要表现在以下三个方面：

（1）外来的文化个体，比如"空降兵"，在尚未熟悉企业文化、尚未被企业文化共同体认同时产生的文化冲突。一般说来，这种文化冲突只表现为外来文化行为个体心理上的冲击和失衡，通常的解决办法也只是个体对群体的趋近和适应。

（2）在同一个企业文化共同体内，文化冲突有两种类型。第一种不是由于意识、观念所致，而是由于利益要求造成的企业个体文化与企业群体文化的冲突。这种文化冲突可能是由于群体文化规范过于忽视了个体利益所致，也可能是由于个体自我意识过强或极端的个人主义所致。

第二种正好相反，并非由于利害关系、利益冲突，而是由于观念、认识原因造成的企业个体文化与企业群体文化的冲突。每个行为个体都有自己的认识角度、认识能力、认识水平，其知识储备、知识结构、情报来源、信息处理和变换能力与企业群体绝不会是完全一致的。由于这一认识上的差距，有可能导致两种文化的冲突。

（3）企业群体文化与个体文化的冲突分为三种情况。第一，群体文化落后、保守、陈旧、过时，从而使企业群体文化已远远不能适应活跃的、先进的企业个体文化需要。一般在社会剧烈变动及其后的一段时期里，会出现这种文化冲突。

第二，企业个体文化完全基于个人意愿、偏好，无视企业整体利益、他人利益，从而形成与企业群体文化的对立和冲突。这种文化冲突与第二种企业文化冲突不一样，因为造成这种冲突的根本原因完全在于企业文化共同体内个别人的文化个性和错误基点。

第三，企业个体因对企业群体代表或企业群体象征的反感和不满，引起对企业群体文化的反感和不满，导致企业个体文化与企业群体文化的冲突。这是一种地道的情感思维造成的文化冲突。这是因为，这种文化冲突的背后首先不存在逻辑的、理性的力量，而是由人们的情感和直觉意识的冲突与对立造成的。

| 实践链接 8-1 |

亚文化与主文化的调适方略

亚文化又称集体文化或副文化，是指与主文化相对应的那些非主流的、局部的文化现象。亚文化是在主文化或综合文化的背景下，属于某一区域或某个集体所特有的观念和生活方式。亚文化不仅包含着与主文化相通的价值与观念,也有属于自己的独特的价值与观念。就企业来讲,亚文化指的是不符合企业规范文化的群体为了满足思想感情需要,通过日常工作之外的其他聚集活动而形成的一种主流文化之外的文化。

作为一种柔性管理因素,企业亚文化建设对有效管理是不可或缺的。由于不同的亚文化需要不同的文化管理模式,所以在研究更换或创新主流文化的过程中,也需要进行亚文化选择。当主流文化与环境不适应或企业处于组织发展周期的过渡阶段时,如果对亚文化的选择和调适方式是合理的,也能缓解企业内部矛盾或增强内在和谐度,则对主流文化的过渡将会较顺利。在文化调适的建立过程中,最主要的是亚文化和谐主题辨识、亚文化的构建及其与主文化间互动耦合机制的确立。在企业里,亚文化建设和调适的目的主要是管理者依据组织发展周期,利用观念引导及制定确定制度的方式使文化模式的转变与发展周期的要求一致,并最终达到优化员工的心智模式、满足广大员工的需求的目的,而这也需要匹配大量的方法与途径。为此,管理者要做到:

第一,消除员工心中"主文化绝对一成不变"的观念,在各个亚文化群体中强化集体意识和平等合作意识,努力发现和创造新的健康的亚文化形式。

第二,利用自己的导向力,根据企业内外部环境,选择性地汲取各个亚文化中的有利因素,对企业的文化危机做好判断和消除。

第三,利用与下属和普通员工之间和谐的人际关系,扩大信息的收集和传播范围,并注重规范和效率,给下属高度的认同感。管理者要倾听员工的意见,并选择积极的亚文化;利用发展健康的文化联盟,进行信息的传播和信念的感染;合理利用亚文化的独特风气,如开拓进取、团结友爱等,加强健康亚文化之间的相互沟通,主张每一个健康的亚文化都是重要的。

第四,及时消除一些不良的亚文化。管理者可以通过制定严格的惩罚制度把病态的亚文化尽早消除,如通过惩罚内乱的带头人,对管理层中容易形成的官官相卫的现象进行压力管理,设置制度进行杜绝。甚至会有一些员工为了奖励和晋升而夸大自己的成绩,在管理者面前表现出来一种吹捧文化,针对此亚文化,作为管理者要避免将自己的信念当作企业文化来推动,这样可以杜绝吹捧文化的产生。

资料来源:吴建宇. 企业亚文化的建设与调适[J]. 建筑安全, 2013, 28(7).

亚文化并不必然和主文化冲突,亚文化是企业文化的有机组成部分,认识和用好亚文化,做好两种文化的调适,不仅可以避免和减少冲突,而且可以促进公司的和谐与效能提升。

8.2 企业文化冲突的形成

对于一家企业来说,如果企业内部没有文化冲突,静如死水,则其企业文化多半已经进入半衰期,这样的企业文化是没有生机的,迟早要被淘汰。但是,企业文化冲突的存在,也会导致不良后果的产生。因此,企业需要对企业文化冲突进行有效的管理,而在管理企业文化冲突之前,有必要对企业文化冲突产生的原因、冲突的过程以及冲突所带来的后果有一个清楚的认知。

8.2.1 企业文化冲突形成的原因

企业在其较长时期的发展过程中,因所处社会环境、文化环境发生变化,以及企业内部在文化层面、制度层面以及个体价值观层面的差异而引起了文化冲突。企业文化冲突形成的原因主要有：

（1）外部环境因素。企业文化作为一种亚文化必然存在于特定的社会环境中，不可避免地受到社会制度、民族文化、风俗习惯以及地理环境等外部因素影响，这样企业文化就会呈现出很大的相异性。在同一国家，不同地区（如我国的南方与北方、东部与中西部）存在着很大的地区文化差异。在国与国之间，美国企业文化与日本企业文化的迥然不同，很大程度上与东西方文化本质差异紧密相关。

（2）内部因素。在企业内部，由于成员之间的价值观差别、圈层差别、沟通方式差异，导致企业文化冲突的产生。价值观的差异是产生文化冲突的内在根本原因。每一个民族甚至每一个群体都有自己的价值体系。每一个人都有不同于别人的价值观，强烈的种族优越感使一些人往往认为自己的价值观体系是优秀的，不愿意接受甚至是强烈抵制别人的优秀文化，产生文化冲突。圈层差异是产生文化冲突的外在背景原因。企业内有不同的圈层，就群体而言，由于企业中处于优势地位的文化为了维护其主体地位，总要遏制处于劣势地位的文化的发展，进而引发企业文化之间的冲突；就个体而言，由于人们在企业中所处的地位、职务级别不同，在文化认知方面也会产生分歧，极易引发冲突。沟通方式上的差异是产生文化冲突的直接原因。沟通是人际或群体之间交流和传递信息的过程，但是由于存在许多沟通障碍，如人们对时间、空间、事物、友谊、风俗习惯、价值观等的不同认识，增加了沟通的难度，导致沟通误会，甚至演变成文化冲突。

| 实践链接 8-2 |

中原油田"走出去"过程中面临的文化冲突

中国石化中原油田作为国内最早"走出去"的石油企业之一，在20多年的历程中，面临和成功应对了许多文化冲突。这些冲突主要表现在价值观念、社会形态、经营管理、信仰风俗等方面。

价值观念的不同表现在企业经营管理中，主要是员工思维模式与行为方式的差别。如西方价值观以实现个人利益、维护个人尊严等为出发点，人际交往简单，言行直接、果断、独立，追求人人平等；伊斯兰国家凡事都以宗教居先；非洲国家员工对家庭、亲缘等因素更为关注，对时间及效率不够重视。这些都与我们习以为常的"一切以大局为重""集体利益至上"等观念、言行含蓄内敛等特点格格不入，并且在管理中常会出现认识理解的错位。如油田员工有时会为尽快完成任务加班加点，而西方管理者认为这是对健康和生命的漠视。

在社会形态方面，油田"走出去"目的国的政治、法律等环境因素与国内有着很大的差别。有的国家对中国存在误解和敌视，将经济问题政治化。有的东道国常常从生态环境、雇佣制度等方面制定严厉的法律制度，劳工政策苛刻，环境非常复杂。还有个别国家时局动荡，存在较大的公共安全风险。

在经营管理方面，国外市场几乎所有项目都是按照西方企业的管理模式进行运作，规范化和标准化要求非常高，管理制度严格苛刻。刚走出国门时，油田传统的管理手段不能满足管理需要，走了不少弯路。

在信仰风俗方面，油田海外项目所在国家中，沙特阿拉伯、苏丹、也门、伊朗等国居民大多信仰伊斯兰教，部分国家甚至把伊斯兰教定为国教，当地人把祷告作为生活的重要组成部分，甚至上岗期间都要放下工作进行祷告，造成了宗教信仰与管理的矛盾。

资料来源：袁文欣. 中国企业"走出去"面临的文化冲突与融合 [EB/OL]. (2018-09-30) [2021-12-02]. http://www.rmlt.com.cn/2018/0930/529549.shtml.

 企业"走出去"，不应只是经营"身体"的"走出去"，更应是管理"心态"的"走出去"和企业文化的"融进去"。企业在进入陌生商业与社会环境前以及在进入过程中，应当学习、了解和适应当地文化风俗，有比较完善的化解文化冲突的机制，来使企业文化"走出去""走进来"和"融进去"，增强公司组织管理的柔性，提升经营的效率。

8.2.2 企业文化冲突的过程

企业文化冲突是由不同形态的企业文化（即企业文化差异）而导致的企业组织中人群之间的心理和行为对抗。企业在遭遇企业文化差异时，并不会马上就发生企业文化冲突，也不是一直处于文化冲突中，而是在不同的阶段，表现出不同的企业文化冲突水平。

Mirvis 和 Marks（1992 年）提出企业中的文化冲突一般会经历以下四个发展阶段：[⊖]

（1）感知差异（perceiving differences）。正如这个形象的比喻："文化类似于呼吸，直到它受到威胁时，人们才会想起它。"在日常生活和工作中，人们并没有过多关注文化，但当并购发生后，文化问题就会突显出来。双方员工很快注意到两家企业在领导行为、经营方式、员工特征、产品信誉甚至其他细微方面的差异，这就是文化冲突的初始阶段。

（2）放大差异（magnifying differences）。随着时间的推移，双方员工感知到的差异越来越多并逐渐呈现尖锐化趋势，一些表层文化的差异反映了价值观和经营理念等深层次文化的根本分歧。

（3）刻板印象（stereotype）。一方员工认为对方员工的样子、做事方式甚至其他所有方面都很相像，于是用一些简短的术语来刻画对方以及自己一方的典型"形象"，由于主观色彩很浓，每一方对自己和对别人的概括都表现出不同。

（4）压制（oppression）。处于劣势一方的文化被压制，另一方以胜利者自居并试图迫使对方无条件地接受自己的文化，而被认为是劣等文化和失败者的一方则采取抵制行为来拒绝对方文化的"入侵"，于是文化冲突爆发。

根据卡勒弗·奥伯格（Kalervo Oberg）对文化冲突的研究，文化冲突通常要经历四个阶段，即蜜月阶段、冲突阶段、适应阶段和稳定阶段。[⊖]

（1）蜜月阶段。该阶段发生于人们刚刚开始遭遇不同形态的企业文化的时候，所有的一切都令人感到新奇和兴奋。这个阶段相对来说通常时间较短，人们只会看到新的不同形态的企业文化的新东西，从而感到激动和愉快。

（2）冲突阶段。蜜月并不会永远持续，在几周或几月内，新奇感和兴奋感很快就会消失，问题就会接踵而来。期望落空后，人们逐渐意识到企业文化差异的存在，并且感觉差异越来越多，产生认知失衡，伴随着不良情感反应，并通过行为表现出来，从而成为他们继续合作

[⊖] MIRVIS P H, MARKS M L. Managing the merger: making it work [M]. Paramas, NJ: PrenticeHall, 1992.
[⊖] 刘永中，金才兵. 冲突管理 [M]. 广州：广东经济出版社，2004：74.

和交往的阻碍。

（3）适应阶段。这是一个经历过冲突并逐渐恢复的阶段。随着对不同形态的企业文化的深入了解和理解，人们逐渐适应了不同形态的企业文化差异，一些企业文化事件开始变得有意义，行为方式逐渐变得适应并可预期。企业文化差异逐渐减少，与不同形态的企业文化的组织成员合作和交往也变得不是一件难事。人们对企业文化差异的认知敏感性降低，不良情绪情感反应逐渐减少，情绪情感逐渐趋于正常。一切都变得自然和有条不紊。

（4）稳定阶段。这一阶段意味着组织成员完全或接近完全适应在不同形态的企业文化中合作和交往。对于以前难以理解的其他企业的文化，现在人们不但能够理解而且还很欣赏。当然，这并不是说与企业文化差异有关的问题都解决了，适度的冲突仍然存在，只是此时人们已经习惯了，不良的情绪情感反应消失，良好的情绪情感反应在逐渐增加。

企业文化冲突与人们的情绪情感反应，如图8-1所示：

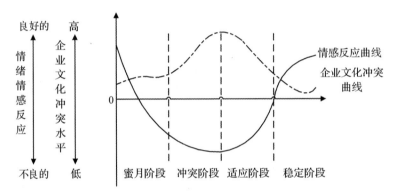

图 8-1　企业文化冲突过程中人们情绪情感的反应

在图8-1中，纵轴表示企业文化冲突水平和情绪情感反应，横轴表示时间。其中，纵轴与横轴连接点为起点，用"0"表示，其含义是不同形态企业文化接触的时间和企业文化冲突水平都为零，人们无任何有关的情绪情感反应，纵轴的上下分别表示：①人们的情绪情感反应为"良好的"或"不良的"；②企业文化的冲突水平为"高"或"低"。

奥伯格对文化冲突过程的阶段划分，指出了在企业文化冲突过程中，总是伴随着人们的情绪情感反应。当企业文化冲突加剧时，人们的不良情绪情感反应变得越来越强烈；当企业文化冲突减少时，人们的不良情绪情感反应也随之减少，而良好的情绪情感反应则增加。这进一步说明了企业文化冲突是人与人之间的冲突，是人们因企业文化差异而导致的心理和行为对抗。

8.2.3　企业文化冲突的影响

企业文化冲突是企业客观存在的现象之一，不可避免。如果企业中的一系列文化冲突不能得到有效解决与防御，必将给企业的经营和管理造成多方面的不利影响，导致以下不良后果。

（1）决策低效率。文化冲突会使组织的决策效率降低，由于各方都有自己的价值观、思维方式和行为方式，很容易凝结成某种"秉性"。当碰到问题时，各方很自然地按自己的价值观、思维方式去分析、判断和评价，进而做出决策。所以，要把各方的分析、判断、评价协调起来需花费较多的时间，有时甚至难以做到。在这样的条件下进行决策，其效率可想而知。

（2）组织涣散。文化冲突使组织各项工作散乱，无法形成集中统一、标准化、规范化的管理，形成不同的价值观和行为规范，在日常工作中往往容易各行其是、各自为政、各级效仿、各成体系，使组织不能处于正常状态。整个组织犹如一盘散沙，管理者不能将其统合起来。

（3）沟通中断。由于各方的价值观、思维方式和文化背景各不相同，所以彼此之间做到相互理解是非常困难的。当经理与员工的距离大到一定程度，自下而上的沟通便会自然中断，结果经理人员无法了解实情，双方在不同的方向上越走越远。

（4）非理性反应。当双方在不同的方向上越走越远时，经理人员如不能正确对待文化冲突，就会感情用事。这种非理性的态度很容易引起员工非理性的报复，结果误会越多，矛盾越深，对立与冲突愈趋剧烈。

（5）敌视心理。对于发生的冲突结果，冲突双方如不耐心地从彼此的文化背景中寻求文化"共性"，而一味地抱怨对方的鲁莽或保守，结果只会造成普遍的敌视心理。伴随经常性的冲突，会使组织中各方相互猜疑，产生偏见，遇事首先从消极处考虑，使大家丧失合作信心，甚至后悔选错了合作伙伴，导致关系紧张，引起组织心理上的变态。

值得指出的是，企业文化冲突有两面性，既有破坏性的冲突，也有建设性的冲突。相应地，企业文化的冲突既有消极的后果，也有积极的后果。如果能够把企业文化的冲突控制在一定的范围和程度内并有效、妥善地处理企业文化的冲突，可以增强企业内部活力和创造力，使企业更加多元，更能适应外部的环境。企业文化冲突有以下一些积极效果：

第一，企业文化冲突有利于暴露企业存在的问题。企业文化冲突的根源是不同文化、不同价值观、不同习惯之间的差异。文化冲突有助于显现出企业中存在的文化差异。决策者在面对文化冲突时，如果能够考虑文化差异产生的原因，采用适当的方法解决冲突，那么员工的视野会更加开阔，企业上下关系会更趋于团结，整个企业也会更开放包容，更具活力。

第二，企业文化冲突有利于文化的交融。在企业文化冲突的过程中，成员彼此会经常接触，进行意见的交流和观点的沟通，加强彼此间的认识和了解，这有利于员工间人际关系的建立和发展。成员在沟通交流中，相互学习，适应对方的文化，逐步消除分歧，缩小彼此之间的差异，有助于增强合资企业内部的凝聚力。

第三，企业文化冲突有利于企业重新确定自身的文化，提高企业效率。企业文化冲突的解决，有助于企业上下重新形成一致认可的价值观和行为规范，将会使员工对企业的认可度更高，企业文化也更加稳定。同时，在解决文化冲突的过程中，成员间的持续争论和广泛交流，逐渐消除了冲突主体间的思想和行为方式的差异，使得企业以一种更加和谐、高效的方式运转。

8.3 企业文化整合

美国组织管理学家玛丽·福列特（Mary Follett）提出了建设性冲突的观点，冲突从本质上而言是不可避免的差异，通过对差异的整合可以实现对冲突的建设性解决。[一]企业文化整合

[一] 福列特. 福列特论管理[M]. 吴晓波，等译. 北京：机械工业出版社，2007.

是指企业文化在发展过程将相异或矛盾的文化特质在相互适应、认同后形成一种和谐、协调的文化体系。整合不是联合，更不是混合，而是摒弃自己文化的弱点，吸取其他文化的优点。企业文化是企业在长期的实践中逐步形成的具有企业特色的共同价值体系，具有个性化、一贯性和隐含的控制性等特征。所以，企业文化整合相对企业其他方面的整合更加"软性"，同时也是一个更复杂的过程。它不仅体现于企业的发展战略、经营思想、管理哲学等方面，也深深渗透在企业员工的精神风貌、行为准则以及对企业的认同感等方面。

8.3.1 企业文化整合内容

企业文化整合不是将两家或多家企业的文化简单叠加和拼凑，而是将其优秀的部分进行融合和升华，在共性认识的基础上建立起具有连续性和一致性的新文化，是对两种或多种不同文化进行整合重塑，是借机创新的过程。企业文化整合的主要内容包括如下六个方面。

1. 经营宗旨的整合

企业整合后，它的生产能力、产品种类等都已发生变化，经营宗旨也应当随之更新。它应显示新企业发展的方向和轨迹，反映企业今后长期的经营追求，代表企业经营发展的未来，具体地体现在企业的经营战略中，使全体员工认同。

2. 企业精神的整合

企业精神是企业文化的高度概括和浓缩，由于并购中不同企业会带来不同的价值观，因此并购后应加强宣传动员，将原来不同文化背景下员工的价值观、处世哲理和行为方式规范为一种适应新企业、新文化的统一的价值观体系中，并给员工心理上的约束和行为上的规范，这比确定企业经营宗旨要复杂得多。企业精神的整合是企业整合的核心和关键，又是文化整合中难度最大的问题。这是因为，如果新企业的员工在价值观上存在很大的分歧，就无法达到优势互补、协同合作的目的。

3. 道德行为准则的整合

它实际上是企业整合中的一种意识立法和行为立法。在企业整合中，需要对原来各自的经营管理制度和规章制度，根据新企业的特点进行调整或重新制定，形成新的员工行为准则。这些制度规范是价值观整合的具体体现，新制度的设立不宜过繁，烦琐的规章制度只会束缚员工的积极性和创造性。但是制度一旦确立，便要严格执行。

4. 组织机构的整合

组织机构的整合虽然不完全是文化整合的内容，但它是文化整合的保证。企业整合是否顺利进行，在经营宗旨、价值观念、道德行为准则确定之后，还有赖于组织机构的质量和效率。组织机构既是文化整合计划的制订者，也是它的执行者。

5. 物质文化的整合

企业整合必然涉及资产重组、产权变更，在物质上表现为资本结构的变更与调整、员工的增减、产品甚至行业的变化、设备的更新等企业有形资源的整合；另外，企业整合还会带来员工结构的变化，由此员工的工作条件、福利待遇、文化生活等都会发生相应变化。为了稳定人才，必须制定一系列积极的人力资源政策，出台一些具有实质意义的激励措施，尽快使员工的角色得以定位。

6. 企业形象的整合

并购后，企业要对技术形象、公司形象、经营者形象等进行整合设计，以便给社会公众和内部员工形成一种新的印象和风貌。

8.3.2 文化整合的基本原则

尽管企业面临的具体文化整合情况可能千差万别，但仍有一些基本原则是相通的，具体应遵循以下原则。

1. 相互尊重原则

当具有不同文化的企业或组织结成利益共同体时，这个利益共同体的牢固程度则取决于文化整合的成功与否。企业文化的主体是人，只有得到员工认可的企业文化才能发挥凝聚、导向、辐射等管理功能。因此，不管企业采取什么样的整合模式来进行文化整合，最基本的一点就是要在文化整合过程中体现平等待人、尊重对方的人文精神，避免以战胜者的姿态歧视对方员工。

2. 平稳过渡原则

企业文化整合涉及思想观念的转变和行为方式的调整，这往往会给不同企业文化双方尤其是弱势企业文化方员工心理上带来较大的震动，甚至会使其产生抵触情绪。为此，在文化整合过程中，要辅以较强的舆论导向，注意文化整合的技巧等，以降低文化整合过程中的文化风险与震动幅度，实现企业文化的平稳过渡。

3. 充分沟通原则

沟通是指可理解的信息或思想在两个或两个以上人群中的传递或交换的过程。充分、全面和有效的沟通能够有效化解文化冲突，促进相互理解与尊重。只有通过充分有效的沟通，企业中不同文化的双方才能够增进相互之间的了解，并能够取长补短，不断融合，从而更好地实现组织的目标。

4. 专人负责原则

企业不同文化之间的整合是一项极其复杂和艰巨的工作，它要在尽可能短的时间内完成对不同文化要素的重新配置和优化组合，并使大多数员工能够理解和认同企业的基本价值观、领导风格、企业目标和做事方式，从而使企业能够在有序的文化框架下运作。要做到这一点，就要在企业确定企业文化整合之初就明确指定由专人来负责文化整合工作，并在内部形成系统的分工与协作。整合工作者的作用是在不同文化的双方之间建立联结纽带，帮助并购双方增进了解，并在此基础上制订、实施系统的整合计划。

5. 求同存异原则

企业文化就像人的个性一样千差万别，而企业文化的历史延续性和稳定性特点也使我们要完全改变一家企业的文化相当困难。尽管从企业盈利和发展的角度来看，企业文化有优劣强弱之分，但不存在一种百分百完美的企业文化，弱势文化可能也有它的可取之处。因此，在文化整合过程中，不能简单地将自己的企业文化强加给对方企业，即使是采用注入式的文化整合模式，也应讲究技巧，在获得对方员工认同的基础上进行。而文化注入的结果，也不可能像"硬件"设施一样丝丝入扣，分毫不差，其中必定加入了员工自己的理解和原有文化的干扰。因此，我们还应秉着求同存异的原则，在努力寻求文化共性的同时以正确的心态看待文化差异。

6. 系统整合原则

文化整合是一项系统工程。以并购企业时的文化整合为例，高效的文化整合工作开始于并购前对双方企业文化的审查，在充分了解自己文化和对方文化异同的基础上，根据并购战略类型、双方文化特点、领导者的权力风险偏好以及双方模式选择偏好等因素恰当选择企业文化整合模式，并制订具体可行的文化整合计划，逐步实现对原有企业文化的调整与变革。在文化整合初步获得成功后，还要加强防范意识，通过反复监督、强化的方式来巩固已有成果，防止倒退现象的发生。

8.3.3　企业文化整合过程

企业文化整合是一个动态、复杂的过程，其目的是使新的企业精神文化、物质文化、行为文化、制度文化在目标企业中和谐统一。

1. 企业文化整合的执行

在企业文化推进与实施的过程中，企业可以通过多种多样的途径来整合企业文化。在实施过程中，需要注意每个渠道对于文化整合的作用是不尽相同的，大概有以下途径：一是企业文化培训传播；二是企业文化考核；三是企业文化研讨会；四是主题活动；五是非正式组织传播；六是媒体传播；七是将企业文化用语录、标语、标记、口号、雕塑的形式表达出来；八是管理者的意识、行为、作风、要求，他们的个人示范作用和对下属的要求，构成企业行为文化整合过程中的重要途径；九是企业考核、晋升制度等制度规章，这是企业制度文化整合的重要通道之一；十是企业工作环境的设计。

2. 企业文化整合测评

企业文化整合测评是企业文化整合的重要一环，直接指导着企业下个阶段的整合工作。测评应该围绕整合前制定的整合目标，抓住企业文化的五个要素，即价值观、行为规范、环境适应性、企业形象以及文化网络来进行。同时，评价手段应多样化，可采用问卷调查、员工行为方式考查、公司业绩分析、企业员工评价等方式，但最后总评时应注意各种考查方式权重的分配。如果测评结果未达到整合目标，则应该重新考察双方的企业文化，思考企业文化整合模式是否合适，企业整合计划是否需要调整，推进过程是否有失误，最后调整整合失误之处，重新推进企业文化的整合。若达到了整合目标，则应该在对整合途径的重要性排序进行微调的基础上，重复企业文化推进与实施的过程，直到新的一次企业文化整合的开始。

8.3.4　企业文化整合对策

企业文化整合是一个动态、复杂的过程，整合的目的是使新的企业物质文化、行为文化、制度文化、精神文化，在目标企业中和谐统一。同时需要引起注意的是，现实中的企业文化整合还存在很多不足，因此企业文化整合需要讲究一定的策略，具体阐述如下。

1. 重视企业文化整合的价值

文化整合是一家企业的最高决策层积极倡导，广大员工积极参与，培育、整合优秀文化，克服不良文化，摒弃障碍文化的实践过程。它关系到并购企业能否稳定发展，关系到企业并购工作的成败。因此，可以说文化整合属于企业战略层面的重要问题。但是许多企业的决策层对此没有一个正确的认识，有些企业的领导认为，只要企业的资产、组织、人员等硬件完成了整合，软件问题自然就会容易解决，企业文化就会自然而然地融合在一起。这种错误的认知导致企业文化整合被忽略，造成了重大的文化资源流失，甚为可惜。如果把企业文化整合提升到一定的高度，就应该成立企业文化整合工作小组，其主要任务是：评估双方企业文化现状，分析文化差异，发掘、梳理、筛选、总结和提炼优秀文化基因与价值理念，制订企业文化融合方案，并将其纳入企业并购重组方案之中，选择适合的文化整合模式，组织设计策划，做好企业文化的整合工作。

2. 理顺企业文化整合的次序

企业文化整合的核心应当是精神文化的整合，从一开始的设计中就必须启动精神文化入脑入心的工作。不过，精神文化整合的完成是最难的，往往也是最后完成的。因此，在实践中应当先易后难，从物质文化、行为文化、制度文化开始磨合，最后才是精神文化的磨合。在具体实施的时候，应根据这种特性注重企业物质、行为、制度文化的整合，并利用它们的整合促进精神文化的整合，最终使企业精神文化被企业员工接受。比如，海尔集团在20世纪80年代企业文化整合早期，就是从"禁止员工随地大小便"这一基本行为规范开始，整合内部员工的行为规范，慢慢树立公司的企业文化规范。

3. 注意企业文化整合的方式

企业文化整合的方式，需要坚持利益与情感整合并重，一方面要打造企业的利益共同体，另一方面要打造企业的情感共同体，最后形成企业的文化共同体。以企业空降兵与企业元老在企业文化上的整合为例。一般企业在出现危机、转型时需要空降兵，有一些元老可能会有自身的危机感，因此几乎本能地对空降兵有排斥感，加上空降兵通常都是高薪聘请来的，就很容易形成双方对立、排斥和争斗的恶性博弈局面。空降兵若想站稳脚跟开展工作，就必须破解公司元老及员工的心结，不断向企业元老表明自己本着"解决问题，弥补公司不足""为大家、公司创造利益"的态度并拿出实际行动，以增强彼此的信任，组建利益共同体。

此外，空降兵必须要先把这种负面的心理博弈调整成正面的能量，不是与企业元老结仇，而是通过与他们结盟，与企业元老形成一致利益，然后不断加深情感交流，融合情感，形成情感共同体。比如著名的通用电气前CEO杰克·韦尔奇的门徒麦乐年（James McNerney）自2001年1月从通用电气跳槽到3M公司任CEO一职后，就坚定地认为："如果你不真正地和你的经理站在一起，你就不可能拿到想要的结果。"尼奥·菲戈德（Neo Figod）空降空中客车公司后，首先注意弱化空客公司股东间的敌意，设法将所有的订单平分给各个股东的制造企业。他们的信念与做法让他们成为成功着陆的空降兵。⊖

4. 重视员工的精神管理⊜

精神管理是指在管理中充分尊重人的主体性并顺应人性发展的规律，引导和启迪员工对

⊖ 齐善鸿，张党珠."空降兵"致胜攻略[J]. 中外管理，2013（1）：92-94.
⊜ 李培林. 论我国并购企业文化整合中的问题及对策[J]. 科技管理研究，2009（9）：450-452，455.

自身行为进行自我调节、自我管理,从不自觉的行为发展成为自觉的精神的一种管理方式。其目的在于提升员工的价值,以实现员工的全面发展及人与自然的和谐发展。对员工进行精神管理要加强与员工的沟通和交流,充分了解员工的苦恼与担忧,为其排忧解难,解除心理包袱;同时要加强对员工的愿景管理,摸清员工的期待与真实愿望,为其树立信心,规划未来发展蓝图。

| 实践链接 8-3 |

中国电信公司合并重组中的文化融合思维

2008年,为深化电信体制改革,原6家通信运营商合并重组为3家。自10月开始,原中国联通3.1万名C网员工、中国卫通1 600多名员工按照"人随事走"的原则,加入中国电信总部和除西藏公司外的所有省份的公司。但对于拥有近50万名员工的中国电信公司来讲,这部分新员工的融入,不足以对原有文化造成冲击,因此,此次属于融入式文化整合。具体的整合过程简述如下。

第一步是对整合模式的确认。在2008年的重组中,中国联通与网通的整合就被定义为混合形式的"全新的中国联通(新联通)"。接下来中国电信集团公司专门出台了《关于做好重组收购企业文化融合工作的通知》,明确指出企业重组不仅是网络、设备、资产、人员的整合与优化,也是企业文化融合的过程。该通知,实际上明确了融入式整合的性质。

接下来是确立融合原则:哪些事可以做,哪些话可以说,明确边界,避免越界行为影响进程。电信明确提出:"不利于融合的话不说,不利于融合的事不做。"此外,统一口吻,称谓上使用"我们",坚决不用"你们",提出"同一个电信、同一个梦想"的口号,引导大家树立"电信大家庭"

概念。转职来的联通河南公司副总经理张宣吉表示"融合从我做起,我愿意做融合的表率",积极融入电信文化,后任电信河南公司副总经理。

电信的融合,不存在文化体系重新调整的问题,在精神层面,只需要以主导文化引领新员工。中国电信以强烈的文化氛围感染新员工,对他们的第一次培训就是电信文化的培训,给他们发放的第一本书就是中国电信企业文化手册。各单位针对员工过去的工作特点设计文化培训课件,使转职员工爱看、易懂、易记。通过精神引领,中国电信实现了新员工的文化"入模子"。

当然,如果条件允许,在系统思维阶段,制定战略、业务、组织、管理、文化方面详细的程序和策略的预案也是十分必要的,这样能够主动有效地推进融合。

资料来源:黄志军. 中国联通与中国网通并购后整合效果的评价研究[D]. 广州:中山大学,2009.

文化点睛 中国电信这一次吸收性重组做得比较成功,其关键是对重组中的文化冲突的化解准备充分,文化整合的思想原点具有感召力。在行动方法方面,中国电信重视新老员工的社会心理认同感的建立,在组织、制度和业务等方面有应对整合问题的预案。

8.4 并购企业的文化整合能力

并购是指并购企业兼并或收购目标企业。

兼并的例子有优酷与土豆的合并：2012年3月，优酷（纽交所上市：YOKU）土豆（纳斯达克上市：TUDO）宣布将以100%换股的方式正式合并；合并后，优酷股东及美国存托凭证持有者将拥有新公司约71.5%的股份，土豆股东及美国存托凭证持有者将拥有新公司约28.5%的股份；合并后的新公司将被命名为优酷土豆股份有限公司（Youku Tudou Inc.）。收购的例子有2005年，中石油收购吉林化工、锦州石化、辽河油田；收购后，企业以并购企业中石油为主，在股份、公司名称等方面基本没有再体现被收购企业。

并购根据是否跨国，可以分为跨国并购与国内并购，本节所讨论的并购企业的文化整合，主要是国内企业并购的文化整合；关于跨国并购企业的文化整合，我们将在本书第13章中重点讨论。

近年来，中国企业并购事件频繁发生，比较大的案例有：2015年，携程与去哪儿合并，美团与大众点评合并，58同城与赶集网合并；2016年，蘑菇街并购美丽说；2017年，融创中国并购万达集团13个文旅项目，中国化工收购先正达；2018年，阿里巴巴收购饿了么，吉利控股收购戴姆勒；2019年，阿里巴巴收购网易考拉，物美收购麦德龙中国；2020年，一汽轿车收购一汽解放，中国船舶收购江南造船。并购是企业实现快速扩张的一个重要途径，并购后的文化冲突处理是企业并购成功与否的一个关键环节。中国企业并购重组是在市场竞争激烈、行业洗牌过程中进行的，其文化冲突有其独特的、普遍性的问题。但是不容乐观的是，并购后，双方文化冲突频繁，导致一方核心团队离职，甚至创始人出走，这方的优秀企业文化因子没有得到很好的吸收，进而造成巨大的文化资源浪费。

因此，文化冲突是我国并购企业不可回避的问题。企业文化冲突是企业制度、机制、组织、心理冲突的集中体现。具体而言，企业文化冲突主要表现为企业价值观、经营理念、劳动人事、经营方式等方面的冲突。[1]

对以往企业并购中文化冲突的研究发现，许多研究和实践人员提出了很多对企业文化冲突管理的建议，但缺乏扎实可行的冲突管理能力。因此，在并购中，企业特别需要加强对冲突管理能力的研究与提炼，提出一套符合企业并购后文化整合的能力体系，以更好地实施并购企业文化战略，实现文化协同效应，最终实现并购的价值和目的。

8.4.1 并购企业文化整合能力体系[2]

陈晓萍（2009）指出一家公司要具有竞争力，在世界市场上取胜，所需要的一个关键能力就是整合协作。[3]也就是说，并购后的整合能力非常关键。根据相关研究所述，文化整合是整合中的核心内容，因此，文化整合能力是企业并购的核心竞争力之一。

虽然企业并购文化整合能力非常重要，但是相关研究并不多，从中国企业的视角出发的研究则更少。这说明，一方面，中国企业对并购后的文化整合重视不足；另一方面，对文化整合的研究程度相对不足。为此，本节参考笔者对跨国并购文化整合的相关研究成果，提炼出一套中国企业文化整合能力体系，以供中国企业参考。

---

[1] 李培林. 论我国并购企业文化整合中的问题及对策 [J]. 科技管理研究, 2009 (9): 450-452, 455.
[2] 齐善鸿, 张党珠. 中国企业跨国并购文化整合模式研究 [M]. 大连：东北财经大学出版社, 2014：174-177.
[3] 陈晓萍. 跨文化管理 [M]. 北京：清华大学出版社, 2009.

企业并购文化整合能力体系由十个方面组成，具体包括：文化理解力、文化关注力、文化协助力、文化沟通力、文化包容力、文化学习力、文化影响力、文化创新力、文化执行力以及文化领导力。

（1）文化理解力指的是对目标企业文化的感知，并理解双方文化的差异，挖掘其文化的隐性内涵。这就需要中国企业对文化保持敏感态度，随时随处理解对方文化的含义，尽量避免产生文化理解的误差。

（2）文化关注力指的是并购企业对文化整合的关注程度，包括是否重视文化整合、是否提前做好文化整合的调研以及文化整合方面的人员准备。

（3）文化协助力指的是目标企业在自身文化整合能力有限的前提条件下，需要借助中介机构的力量进行文化整合。目标企业可以借助中介机构的力量在并购前期了解对方文化以及听取它们的建议，在并购整合过程中还可以借助其力量处理一些敏感性的问题。

（4）文化沟通力包括并购中的沟通基本技巧与会话能力。面对对方的质疑，并购企业能否用一种有力的沟通方式消除对方的困惑，传达自己的善意，并在后面的行动中兑现自己的承诺，是考验企业并购文化整合成败的关键。

（5）文化包容力指的是尊重文化差异，容忍并悦纳双方优缺点的能力。包容不是妥协，因为妥协只是一种绥靖政策，无法使双方放下彼此心中的顾虑与敌意，而悦纳彼此才能更好地相处，所以需要的是包容力，而不是妥协力。

（6）文化学习力指的是并购企业在并购过程中是否能够从对方文化中进行学习的能力。文化学习力要求并购企业要先赞赏目标企业文化的优点，而不是指责对方的缺点，然后承认自己存在不足，应该向外方学习，最后学习对方文化的优点，并调整自己的缺陷，以提升自己的水平。

（7）文化影响力是指并购企业不能用强制推行的方式，强行对目标企业进行文化灌输，而应该用比较自然的方式渗透自己的文化符号，用自己文化的长处帮助对方成长，对目标企业员工产生滋养，促使他们对己方文化产生兴趣。

（8）文化创新力是指组合双方的优质文化基因，规避各自文化的缺点，形成新的文化的创新升级。所以，文化整合不是指双方文化简单的拼凑，而是借助文化整合的机会，提升双方的文化能力。

（9）文化执行力指的是在双方文化整合的过程中，对制度的制定及执行的能力，包括对负面事件、突发事件制度的安排及处理能力，以及正面文化氛围营造与引导的能力。

（10）文化领导力指的是在企业并购前后所有过程中，贯穿始终的、对各个方面协调与服务中系统提炼出来的影响整个并购整合成败的一种能力。相关案例研究数据表明，在成功的并购案例中，领导者总是及时参与到位，而在失败的并购案例中则正好相反。

8.4.2 并购企业文化整合能力提升建议[①]

对应文化整合能力体系，并根据本书前面部分对企业文化的相关阐述，我们对企业并购

[①] 齐善鸿，张党珠. 中国企业跨国并购文化整合模式研究［M］. 大连：东北财经大学出版社，2014：177-181.

文化整合能力提升提出以下建议。

（1）文化理解力。为了提升中国企业对目标企业的文化理解力，建议在并购前并购企业全体员工就要熟悉目标企业的基本文化行为准则，通过观看目标企业的相关视频及阅读相关文字材料了解其文化特质与偏好，尤其要理解其文化的隐性内涵。在对这些文化内容有了一定的理解之后，并购企业员工在行为上自然就会慢慢做出相应的调整，以期在以后与目标企业员工进行有效的、无冲突的对接。

（2）文化关注力。为了提升对目标企业的文化关注力，建议企业领导者与管理者要关注文化整合，重视文化整合，把文化整合当成企业并购的核心环节。同时，企业要做好相关对接人员的人才储备，并对目标企业的企业文化文本及员工的行为习惯特征提前做好调研，让并购企业全体对接员工熟悉目标企业的文化理念。

（3）文化协助力。为了提升并购企业对目标企业的文化协助力，建议目标企业要善于借助中介机构的专业性，帮助自己解决自己无法解决的难题。同时，在并购整合过程中，最好让中介机构选择代表参与其中，对双方企业起到调解作用。比如，对于更换外方高管，或者辞退部分员工等敏感性问题，目标企业就可以借助中介机构的力量来进行解决。

（4）文化沟通力。在并购前，并购企业就可以通过邀请双方企业高管互访，以及对企业的投资方进行友好访问等方式提升双方的沟通能力。在并购后，并购企业要多关心目标企业及员工的难处，为其排忧解难。同时，对于对方的投诉、不满，并购企业要及时、积极地回应，用沟通力把潜在的问题扼杀在摇篮里。

（5）文化包容力。并购企业可以选择一些比较具有包容特质、开放心态的员工作为对接人员，或者选择一些对目标企业感兴趣、至少不反感的员工作为对接人员。此外，并购企业还可以通过设置一些类似换位思考的心理培训游戏，提升员工对文化差异的包容。

（6）文化学习力。可以设置相关的游戏比赛，其内容可以是对并购企业员工寻找目标企业文化的优秀因子进行评比，找到数量最多的员工为优胜者，要给予其奖励。并购企业把从目标企业文化中找到的优秀文化因子，用以提升并购企业的文化实力，进而提高企业的综合实力。

（7）文化影响力。当目标企业对并购企业的文化不产生对抗心理时，并购企业可以逐步地、自然地把自己独有的文化内容介绍给目标企业。在文化层面，慢慢过渡到让目标企业员工比赛以发现并购企业文化优秀因子的阶段，以游戏、比赛的形式让对方认识、接受并购的企业文化。

（8）文化创新力。发现了双方优秀的企业文化因子后，就可以给它们做好排序与匹配，重新整理出双方共有的文化制度，还可以让双方员工共同参与"我心中的企业文化"讨论会，或者成立双方演讲比赛，把员工心中对未来企业文化的期盼变成新的企业文化升级素材。

（9）文化执行力。并购企业可以成立文化整合工作小组，包括建立负面事件预警系统，预防突发事件升级为灾难性事故，以及在正式与非正式的场合下，促进文化正能量的有效传播。比如鼓励双方员工邀请对方到自己家中做客，以及举行儿童夏令营、冬令营等活动，促进员工的孩子之间的文化交流，并以此带动员工的文化交流。

（10）文化领导力。对于文化领导力的培养建议包括：领导者尽量全程参与文化整合，在一线感受文化差异；领导者带头学习对方的语言及文化，比如学会用简单的当地语言对目标企业员工表达问候；领导者设置各项规章制度、游戏比赛鼓励双方员工的积极交流。

不过，过分强调文化领导力在文化整合中的作用，背离了文化整合生成机理，并且可能会导致对文化整合能力体系其他能力的忽略，影响文化整合能力体系的系统作用。总而言之，文化整合能力涵盖了文化整合的各个方面与阶段，是一套能力体系，需要并购企业通盘考虑，而不要因为强调了某个方面而忽略了其他方面。

| 实践链接 8-4 |

中国诚通"一体同心，包容多元"的文化融合之路

中国诚通控股集团有限公司在资本运营和重组并购中，重视重组双方的文化融合问题，明确提出了"一体同心，包容多元"的集团文化建设总体要求和"强化集团母文化主导地位，推动指导成员企业建设契合自身行业特点、体制特点的子文化，实行以母子公司文化的深度融合打造理想共同体、价值共同体和行为共同体"的总体部署。集团针对不同类型的资产经营项目，采取了相应的方式方法，有效促进了重组并购企业间的文化融合。

"一主多元式"的企业文化融合模式，即在坚持建立共同的集团文化，保持内部主体文化一致性的前提下，集团所属各成员单位可以保留独特的理念、习惯和规范，发展自身丰富多彩的亚文化。"一主多元式"的企业文化融合模式呈现了以下主要特征：母公司文化为主文化，子公司文化为亚文化；母公司文化统领子公司文化；子公司文化体现并丰富与发展母公司文化。

诚通集团开放包容式的企业文化融合路径主要包括四个阶段：一是诊断评估，要了解对方的价值观、经营管理理念以及管理风格、行为模式等。二是尊重沟通，包容对方独特的习惯、价值观，承认文化差异，通过双方真诚的沟通交流，做到求大同、存小异，并增进相互间的学习与适应。三是融合创新，双方宜采取符合发展战略的政策与行动，并切实创造成效；通过培训、论坛等活动载体进一步增进双方的相互认同。四是巩固内化，通过制度匹配、礼仪熏陶等多种有效载体，通过基本制度、标准的不断统一，使融合后的企业文化得以巩固，最终内化为企业管理者和员工普遍认同的内心信念，并转化为管理者和员工自觉遵循的行为方式。

资料来源：黎群. 企业文化融合形态及案例分析[J]. 当代电力文化，2018（7）：44-46.

文化点睛 母公司的企业文化是宝贵的资源，兼并来的子公司的企业文化也有其独特的价值；不同文化之间的融合，互相提升、促进成长，才是处理企业文化这种隐形资源的合理方式。中国诚通"一体同心，包容多元"的文化融合之路，是践行文化整合十大能力的有益探索。

本章小结

本章主要介绍了企业文化冲突的含义及类型，并就其形成原因、过程和结果进行了分析。对于企业文化冲突进行深入理解，有利于企业更好地管理文化冲突，进行文化的整合，并确立企业自身独特的企业文化。

企业文化冲突是企业文化发展过程中不同特质的文化在相互接触、交流时产生的撞击、对抗和竞争。企业文化冲突类型可分为企业旧文化与新文化的冲突、企业主文化与亚文化的冲突、群体文化与个体文化的冲突。企业文化冲突有两面性，既有建设性的冲突，也有破坏性的冲突。相应地，企业文

化的冲突既有积极的后果,也有消极的后果。如果能够把企业文化的冲突控制在一定的范围和程度内并有效、妥善地处理企业文化的冲突,可以增强企业内部活力和创造力,使企业更加多元,更能适应外部的环境。

因此,在日常的工作中,企业应该正确地认识文化冲突的原因、过程以及其积极和消极意义,以有利于企业更好地管理冲突,从而达到企业文化的成功整合,使得具有不同文化特质的企业在相互适应、认同后形成一种利益共同体与情感共同体合一的文化共同体。企业并购需要培养自己的一套文化整合能力体系,提升文化整合的效率。

复习思考题

1. 企业文化冲突的含义是什么?试结合企业实例进行阐述。
2. 企业文化冲突的原因有哪些?这些原因会造成其他组织中的冲突吗?
3. 企业文化冲突的过程分为哪几个阶段?结合你的生活经验,谈谈其对于你的启示。
4. 文化冲突对于企业有哪些积极和消极的影响?这两者之间矛盾吗?
5. 结合教材内容与实际,阐述你对文化整合对策的理解与应用。

案例分析

当福耀玻璃撞上文化墙

2016年,中国企业在美国直接投资达到了创纪录的465亿美元,是2015年的3倍水平。在这波轰轰烈烈的赴美投资浪潮里,"玻璃大王"福耀玻璃的曹德旺无疑是最吸引眼球的人物。然而,开工不到一年时间,这个举世瞩目的工厂就已经经历了太多的起伏,在"蜜月期"中,给当地带去2 000个工作岗位的福耀集团曾被美国媒体称为"受欢迎的存在"。与此同时,厂方管理层也承受着员工的诉讼和美国政府部门的罚款,美国汽车业强大的工会组织也让福耀集团面临着前所未有的新鲜挑战。那么,在这个跨国开设和经营的工厂中又发生了什么呢?

劳工文化差异

2016年11月,联邦职业安全与卫生署(OSHA)对福耀集团的一些违规行为处以逾22.5万美元的罚款,比如缺乏完善的锁定防护机制,以确保工人修理或保养设备时机器电源是关闭的。经协调,福耀集团在2017年3月与OSHA达成协议,将罚金降至10万美元。

2017年4月,福耀工厂才刚刚宣布员工集体涨薪,但美国的工人仍然心怀不满。对于企业的抱怨和不满似乎不仅仅在高管层面。一位名叫丽莎·康诺利的员工抱怨说,如果没有足够早地提前申请带薪假,福耀集团就会以旷工为由对工人进行纪律处分。另一名员工德安娜·威尔森则抱怨工厂内空气不好:尽管被安排在排放烟雾的机器周围工作,但她所在的区域没有适当的通风设备。还有一个名叫詹姆斯·马丁的前雇员表示,公司让他暴露在刺鼻的化学物质中,令他的双臂起疱,肺活量变小。

还有一些福耀集团的员工表示,他们不经培训就被要求做危险工作;化学药品的提示标签是用中文写的;和中国管理者的交流也不大顺畅,不得不使用手机上的翻译App……是不是觉得不可理喻,胡搅蛮缠?但这就是现实问题!

2017年6月10日,《纽约日报》发表了一篇题为"俄亥俄州一家中国工厂的文化冲突"的文章,直指福耀集团在美国设厂遭遇用工、生产安全和文化冲突等问题。但实际情况并不如描述的那样夸张,所谓的控告也被认为是缺乏法律依据的。福耀集团的创始人曹德旺在北京接受采访时表示,他解雇两名美国高管是因为"他们不尽职,浪费我的钱"。他还叹息称,该工厂的生产力"没有我们在中国的工厂高",还说"有些工人是在消磨时间"。

美国工会问题

福耀集团在海外经营管理上遇到的最大对手是工会。比如全美汽车工人联合会（UAW），它是美国最大的独立工会，被称为"世界上最具战斗力的工会"。工会是美国社会不可忽视的重要力量，是工人利益的代言人，一旦工会认为员工利益受损，就会采取行动对资方甚至政府施加压力。如今，工会力量在美国的政治环境中有相当大的话语权。

据《代顿日报》报道，从2017年起，UAW工会一直在福耀员工中征集签名支持。根据规定，只要有超过30%的员工签名支持，UAW工会就可以在美国劳动关系委员会的监督下发起全厂员工投票，以决定俄亥俄州西南部的中国福耀集团莫雷恩工厂的员工是否要整体加入工会。

曹德旺也和工会打过交道，并且还曾放话："工会进来，我就关门不做了。"福耀集团在美国的工厂曾一直处于亏损的状态，而曹德旺认为原因是美国工人低效和工会的阻碍，导致了亏损。

文化逐渐融合

中国人讲要入乡随俗，对于文化应该多顺应而不是敌视和改造，任何文化的相融都是从彼此尊重开始的。

2017年，71岁的曹德旺每一两个月就会坐着自己的私人飞机去一次俄亥俄的工厂。面对美国工会的问题，曹德旺一直不同意美国工会的介入。他邀请美国的中层领导来中国参观福耀工厂，让他们看看中美工人产能的差距。紧接着，曹德旺开始撤换领导层，他找了一位既了解美国又了解中国的人担任总经理，也就是福耀北美CEO刘道川。随后，公司采取多重措施安抚员工，包括全体领薪员工都享有一小时的午餐休息时间；计时工午休时间为半小时；等等。此外，福耀集团还非常善于学习，当被告知这个安全标准需要如何执行的时候，他们很快就做出了调整。经过一系列措施，福耀集团最终结束了这场拉锯战。

资料来源：1. 萧柏春. 美国工厂：当"中国式效率"碰上"美国式工会文化"[EB/OL].（2019-09-27）[2022-03-09]. https://www.zhuanlan.zhuhu.com/p/84446248.

2. 李志军. 当福耀玻璃撞上文化墙[EB/OL].（2017-07-26）[2021-12-03]. https://www.sohu.com/a/159991988_505841.

3. 竹隐. 曹德旺10亿美元在美国建厂换来辱骂起诉和罚单[EB/OL].（2017-06-18）[2022-03-09]. http://www.zzgwdz.com/news/1706/1795.html.

4. 柯振兴.《纽约时报》：福耀集团美国设厂遭遇法律文化冲突[N]. 美国劳动法观察，2017-06-11.

5. 界面新闻. 福耀在美国：美国工人究竟怎样看待中国老板曹德旺[EB/OL].（2019-08-25）[2021-12-03]. https://baijiahao.baidu.com/s?id=1642804689086119229&wfr=spider&for=pc.

讨论题

1. 福耀集团在文化冲突方面有哪些值得反思与借鉴的地方？
2. 如果你是福耀集团处理文化冲突方面的负责人，你觉得可以采取哪些措施缓和冲突？
3. 你觉得在解决文化冲突的过程中最重要的原则是什么？为什么？

参考文献

[1] 李俊利. 大德公司并购后的文化整合研究[D]. 长沙：中南大学，2007.

[2] 崔章国，赵冬云，谢嘉. 试析经济全球化进程下文化冲突的原因及特点[J]. 宁夏社会科学，2005（2）.

[3] 周有斌，齐卫国. 论中西企业文化的冲突与融合[J]. 企业家天地，2008（7）.

[4] 廖冰，纪晓丽. 并购企业的文化冲突与整合管理[J]. 商业研究，2004（19）：92-95.

[5] 许全胜. 国有企业转制过程中企业文化冲突的应对策略[J]. 沈阳农业大学学报：社会科学版，2007（4）：170-173.

[6] 黄显忠. 浅谈企业改制和转型期企业

文化冲突与整合[J].中国核工业，2005（6）：45-47.

[7] 顾娟.钢星园林公司文化整合研究[D].南宁：广西大学，2007.

[8] 石伟.组织文化[M].上海：复旦大学出版社，2004.

[9] 黎正忠.并购企业文化整合的影响因素及策略研究[D].广州：暨南大学，2007.

[10] 陈殿春.论中国企业文化的冲突与再造[D].哈尔滨：哈尔滨工程大学，2006.

[11] 李亮辉.企业文化冲突背景下的客户关系管理[D].北京：北京交通大学，2008.

[12] 张小平.再联想：联想国际化十年[M].北京：机械工业出版社，2012.

[13] 齐善鸿，张党珠."空降兵"致胜攻略[J].中外管理，2013（1）：92-94.

[14] 陈刚.全球化与文化认同[J].江海学刊，2002（5）：49-54.

[15] 崔新建.文化认同及其根源[J].北京师范大学学报：社会科学版，2004（4）：102-107.

[16] 陈晓萍.跨文化管理[M].北京：清华大学出版社，2009.

[17] 黄志军.中国联通与中国网通并购后整合效果的评价研究[D].广州：中山大学，2009.

[18] 齐善鸿，张党珠.中国企业跨国并购文化整合模式研究[M].大连：东北财经大学出版社，2014.

[19] 黎群.企业文化融合形态及案例分析[J].当代电力文化，2018（7）：44-46.

[20] 袁文欣.中国企业"走出去"面临的文化冲突与融合[J].[EB/OL].（2018-09-30）[2021-12-02].http://www.rmlt.com.cn/2018/0930/529549.shtml.

第 9 章　企业文化变革与创新

【学习目标】

- ☑ 了解企业文化变革的动因
- ☑ 掌握企业文化变革的阻力
- ☑ 掌握企业文化变革的理论
- ☑ 了解企业文化变革的一般流程
- ☑ 了解企业文化创新理论

引例　　　　　　　　年轻文化的创新之道

哔哩哔哩（以下简称 B 站）作为年轻人高度聚集的互联网社区平台，拥有非常庞大的用户群体。2018 年第二季度，B 站月活跃用户量达到 8 504 万人，18～35 岁用户占比为 78%。这足以证明 B 站在年轻群体中有极高的黏性和忠诚度。

在 B 站副总裁张峰看来，用户对品牌有高黏性和忠诚度都源于 B 站在用独特的社区氛围以及内容向用户传达统一的审美观、消费观、价值观。B 站的用户主要以兴趣为基础聚集在一起，所有年轻用户基本都可以在 B 站找到其喜欢的内容，找到同样的爱好者。而 UP 主（用户创作者）就是将这些兴趣 IP 通过剪辑、弹幕、衍生周边等形式进行内容的二次加工，从而输出优质精准的内容来提高用户黏性。

关于如何生产出能和年轻用户产生共鸣的内容，张峰提出了年轻文化融入创新之道，即聚焦三大核心板块：PUGV、OGV、衍生文化，深耕年轻人喜好的优质内容。

PUGV 是可以拆解为 PGV（即专业创作视频）和 UGV（即用户创作视频）的，

在 B 站上小 P（专业创造者）和个人 UP 主可以共创优质内容，例如非常流行的"真香预警""有钱可以为所欲为"等热门表情包均是共创的典型例子。

OGV 是版权内容，分别对应日本动画、国产动画、纪录片、海外剧这四个品类。张峰提到，OGV 对 B 站的价值在于树立正确的审美和价值观导向，告诉用户什么是优质内容，同时引导 UP 主创作。未来，B 站也会持续不断地引进和购买优质的内容，同时也会参与引导国内创作者在国创、纪录片、综艺上做更好的产出。2018 年爆款纪录片《人生一串》就是 B 站扶持国内创作者非常好的证明。

关于衍生文化，B 站认为所有的文化载体都是内容，B 站是以内容的方式来运营的。张峰认为游戏就是非常好的载体，它不仅是媒体，也是内容，能拥有广泛的用户受众。而虚拟偶像洛天依也是一个非常好的内容载体。2018 年，B 站宣布增资了洛天依的母公司，之后 B 站将会与洛天依在品牌、内容、用户和商业化方面有更加深度的合作。洛天依作为虚拟偶像的魅力在于她充满想象，没有任何限制，可以演绎各种角色，她有和粉丝一对一沟通的能力，能满足粉丝的各种需求。

年轻文化主流化，正在成为世界的新能量，如何满足这类年轻用户的需求成了每个品牌不断努力的目标，B 站希望更懂年轻人的姿态，丰富中国年轻人的文化生活方式，和这一代人共同成长。

资料来源：陈又橙 orange. 哔哩哔哩副总裁张峰：年轻文化的创新之道［EB/OL］.（2018-10-22）［2021-12-05］. https://socialbeta.com/t/opinion-jintoushang-bilibili-how-to-be-younger-2018-10.

9.1 企业文化变革的动因与阻力

当企业原有的文化体系因难以适应企业内部发展及外部经营环境的变化而使企业经营陷入困境时，变革原有企业文化，创建一种适应形势发展要求的新文化，就成为一种必然。企业文化的变革有着一系列的推动因素，但文化在相当长的一段时间内看起来是牢固和不易改变的。即便当环境中的一些变化给企业的发展带来一些麻烦时，人们也不太会从根本上去反思企业文化，或者因为企业文化已经深入人心，动摇企业文化的根基意味着挑战企业传统和权威，会遭到很多成员的反对。

9.1.1 企业文化变革的动因

影响企业文化变革的动因极其复杂。企业外部的政治、经济、技术、人口、行业文化等都是影响企业文化发展变化的外部环境因素。而影响企业文化变革的企业内部因素则有企业自身的经营危机、成长的推动、战略的改变或领导者的更替。企业文化的变革是企业外部原因和内在原因共同作用的结果。

1. 企业文化变革的外在原因

（1）政策和法律的改变。国家经济发展政策的转变以及法律方面的调整，都可能给企业带来有力的甚至是强制性的文化变革。如国家大部制改革、珠三角规划纲要的出台，以及国家扶持中小企业的相关政策法规，这些政策和法律在坚持市场化导向的基础上，加强规范化的力度，促使企业文化必须遵循这些政策和法律的变化进行变革。

（2）经济环境的变化。迅速增强的经济实力可能给企业带来不断扩充的市场，而整个国民经济的萧条则可能降低消费者对企业产品的购买能力，国家税率、利率和汇率等方面的改变也可能通过市场对企业文化变革施加影响。经济全球化和一体化的趋势正在加强，企业的生存环境越来越不稳定。如美国次贷危机后，全球经济更是呈现疲软的态势，欧债危机的发生、全球经济前景的不明朗以及我国经济的新常态，都对我国企业提出了新要求，因此做出适应当下经济环境的企业文化变革也是十分重要的。

（3）技术的变化。社会技术的进步深刻地影响企业生产设备和技术的改进以及企业的发展，使企业的生产率得到明显提高，从而影响人们的工作态度和工作方式。如生产自动化和办公自动化技术的发展，特别是当前以移动互联网为代表的高新技术的迅猛发展，使企业的经营理念和管理思想都发生了深刻的变化。由于信息技术的迅速发展和普及运用，企业管理的信息化程度迅速提高，给传统的企业组织模式和企业的人际关系带来了深刻的变革。

（4）人口的变化。未来的劳动力市场呈现多元化的趋势。企业员工在年龄、性别、受教育程度、民族、技能水平、出生地等方面的差异越来越大，给企业文化的管理带来了新的挑战。例如，以传统的"熔炉"（假设不同的人会在某种程度上自动地同化）方法来处理企业的文化差异已经不合时宜，企业不得不改变它们的管理哲学，从同样对待每个人转向承认差别和适应差别。如针对合资企业和跨国公司管理中的文化差异，跨文化管理的热潮正在兴起。近年来，对90后员工管理的问题同样得到了企业的关注，新生代员工差异化的特性和对工作的多元化需求使得传统的企业文化必须做出相应的变革。

（5）行业文化的变化。行业文化是在一个行业内形成的行业精神、行业规矩、行业术语、行业典范和行业内各企业与员工共同遵守的行业道德规范，是行业内各企业在经营管理、生存发展过程中形成的思想成果。行业文化既有国家、民族文化内涵所赋予的共性，又有其地域、行业的个性。由于各个行业在生产特征、管理模式和服务要求上存在很大的差异，因此文化形态也必然存在很大的差异。行业发展的整体态势，尤其是行业中竞争对手的力量对比的变化，都会要求企业文化做出变革，即使是百年老店的企业文化，也要随着行业环境的改变而不断变化。此外，竞争对手、供应商、代理商某些方面的变化也可能引发企业文化的变革。

| 实践链接 9-1 |

《百度论语》与"简单"文化

互联网时代，还在追求行文冗长的、辞藻华丽的文化纲领吗？还在手捧沉甸甸的基本法式的管理大纲吗？鉴于更新迭代如此快速的节奏，大而全的企业文化体系是不是该更新换代了？

文化，与文学无关，而是留在众人心中挥之不去的回响。相比那些可望而不可即的口号和释义，最根本的也许才是最需要的。"越简单越有效"，从最根本入手，才符合当下移动互联网的时代需求。我们来看看百度的《百度论语》，在移动互联网时代，百度是怎么做到企业文化简单化的。

1. 产品简单

百度将"用科技让复杂的世界更简单"作为自己的使命。自成立以来，公司秉承"以用户为导向"的理念，不断坚持技术创新，致力于为用户提供"简单、可依赖"的互联网搜索产品及服务。百度和百度人拥有一个与生俱来的性格："让产品简单、再简单"（《百度论语》第二十九条）。

2. 理念简单

百度只专注搜索引擎，从未涉足炙手可热的网游，因为李彦宏有一个简单的理念："人一定要做自己喜欢且擅长的事情"（《百度论语》第一条）。

3. 决策简单

决策的方式有很多种，也是很多企业和管理者头疼的问题：听上级的会不会被认为是马屁精？总自己拍板会不会给人独断专行的印象？全听下属的建议会不会显得自己无能？而在百度，有一个简单可执行的标准："听多数人的意见，和少数人商量，自己做决定"（《百度论语》第十八条）。

4. 流程简单

李彦宏非常注重系统性思维，一件事情如果发生过两次以上，就要考虑用系统的方法来解决它。新老百度人延续了这种思维，他们已经无数次从系统化流程中体会到了一时复杂、一直简单的好处。因此，在百度有约定俗成的一条规则："用流程解决共性问题"（《百度论语》第二十条）。

……

百度，简单无处不在。而这个"简单"真的不简单。

资料来源：谢芪. 互联网时代的企业文化建设转型[EB/OL].（2014-08-25）[2021-12-06]. http://www.360doc.com/content/14/0825/17/15477063_404545869.shtml.

文化点睛 奥卡姆剃刀定律的宗旨是"如无必要，勿增实体"，即"简单有效原理"。难怪大科学家爱因斯坦会呼吁："凡事都应简化到不能再简化。"埃德加·沙因说：领导者要做的唯一重要的事情就是创造和管理文化。李彦宏做了一件"唯一重要"的事情：打造百度独有的简单文化。

2. 企业文化变革的内在原因

（1）企业经营危机。企业经营危机往往使企业文化成为危机根源的候选对象，因为企业陷入的重大危机，除因个别的不可抗力或偶然的重大决策失误造成的以外，多半都有深刻的根源，这种根源往往会与企业的旧文化相联系，并使管理者认识到，危机是文化冲突的结果。此外，企业经营危机的结果使企业的所有人都受到心灵的震撼，危机造成的直接、可怕甚至灾难性的结果使企业的全体成员认识到企业文化与企业和个人前途命运的密切相关性，为新文化的形成提供了心理基础。

（2）企业成长推动。企业的发展如同一个人的发展，企业在不同的生命阶段需要不同的文化牵引、规范和支撑，一些企业文化的发展往往跟不上企业财务和组织的成长，这就需要企业及时地变革文化，否则，昨日的成功经验和制胜法宝将成为今天成长的陷阱。20 世纪 90 年代前半期，巨人、三株、亚细亚等企业的财务和组织迅速扩张而企业文化滞后不前，没有能够及时进行企业文化变革，使企业发展走向滑坡或衰败。而华为、TCL 等企业在 90 年代中后期及时地提出"二次创业"的口号，发动企业文化变革，引导员工更新经营管理理念，进行经营管理的创新，使企业进入可持续发展的良性循环阶段。曾经在移动手机行业占据大量市场份额的诺基亚、摩托罗拉和索爱，却没能在智能机时代到来时抓住变化的契机，丧失了大量的使用者，而三星在企业壮大的同时，仍然注意企业文化的变革，加强企业学习文化的塑造，使企业文化在企业发展的过程中进一步加强。

（3）企业战略的转变。企业文化是为企业战略服务的，企业战略的转变必然要求企业文化随之变革，否则，滞后的企业文化必然制约企业战略的实施。曾经在 IBM 和微软公司任高级主管的吴士宏深有感触地说："企业不会因个人感情好恶去改变文化，只有在企业的战略改变而原有企业文化不能配合的时候，才会发生改变。"

（4）企业领导观念的转变或更替。企业领导是企业文化的缔造者和管理者，企业文化是企业领导的人格和思想的外在表现，不同类型的领导可能会需要和创造不同的企业文化。企业领导观念转变，或者任命新的高层管理人员可能预示着一场重大的文化变革将要发生。如果公司新上任的领导能够提出另一套企业核心价值观，可能比危机状态下的反应更为有效。

| 实践链接 9-2 |

齐桓公好服紫

因齐桓公喜欢穿紫色的衣服，所以整个都城的人都穿紫色的衣服。那时候，5 匹生绢也换不到一匹紫色的布。齐桓公对此十分忧虑，对管仲说："我喜欢穿紫色的衣服，紫色的布料很贵，整个都城的百姓喜欢穿紫色衣服的风气不消失，我该怎么办呢？"管仲说："您想制止这种情况，为什么不试一下不穿紫色的衣服呢？您可以对身边的侍从说：'我非常厌恶紫色衣服的气味。在这时，侍从中有穿紫衣来进见的人，你就说：'稍微退后点，我厌恶紫色衣服的气味。'"齐桓公说："好。"从这天开始，没有侍卫近臣再穿紫色衣服了；到第二天，城中也没人再穿紫色衣服了；第三天，国境之内也没人再穿紫色衣服了。

资料来源：韩非子，《韩非子·外储说左上》。

所谓"上有所好，下必甚焉""吴王好剑客，百姓多创瘢；楚王好细腰，宫中多饿死"。领导的喜好，可以直接影响下属的行为偏好。对于企业文化的变革，领导要做好垂范。

企业文化对于企业的发展起着重要的作用，但在上述多种因素的影响下，企业文化并不是一成不变的。企业只有适时合理地变革企业文化，创新经营方式和管理模式，才能使企业文化不断符合企业发展战略变化的要求，使企业永葆青春。目前，境外的一些老牌企业如通用电气、IBM，它们经历了百年的社会变迁，今天仍然健康发展。还有一些新兴企业如微软、宏碁，它们的历史虽然不长，但已经能够引领当今商业潮流。翻看它们的历史，不仅是技术的创新史，更是文化和管理的变革史。

9.1.2　企业文化变革的阻力

"江山易改，本性难移"，企业文化也是企业的内在本性，这种本性深植于企业各个成员的骨子里，要改变是痛苦与艰难的。文化变革的阻力主要表现为个体和组织两个层面。

1. 个体层面的阻力

（1）个人变革观念。联想集团前总裁柳传志在谈到中国民营企业的问题时曾这样说道："鲁迅曾说，在中国搬个桌子都要流血。是桌子沉吗？不，是观念问题。孔乙己既考不出名堂又四体不勤，端着读书人的架子端到惨死。是他身体弱吗？不，还是观念问题。"我们应该承认：人们最大的问题就是旧有观念对创新思维的抑制。企业文化变革的首要障碍也是观念问题。很多人否认变革，排斥变革，一般都是基于以下几个方面的原因：

第一，认为变革不必要。有些人会说，企业运转得好好的，为什么还需要变革？或者就算企业亏损，也将原因归于外界环境的变化，从不居安思危，也从不从深处分析企业亏损的主观原因。事实上，很多成功的企业在开始变革时就处于一种健康的状况，只是发起变革的领导者觉察到某些迹象，从而主动采取措施来防止将来的困难发生。

世界著名管理顾问公司——德勤国际集团的首席执行官曾说："面对未来，我们唯一能确定的是未来是不确定的。"这句话说明企业面对的一切都将发生变化。面对变化，企业唯一的应变对策就是变革。尤其是在以网络科技和知识管理为特征的新经济下，变革已成为企业管理中最重要的方面。事实证明，那些根据环境的变化时刻变革的企业才是商场上永远不败的企业，变革是企业永恒的主题。

第二，认为变革会自行发生。假如文化变革会带来好处且它是必要的话，那么文化问题会自行解决，这种想法是错误的。文化的变革和树立是自上而下的，从来没有自下而上变革的成功范例，这是因为企业文化自身具有极大的反弹阻力，变革需要巨大的权力推动，没有强大的推动力，变革不会发生。变革不是毛毛雨，不会凭空从天而降。

第三，害怕变革。"变化"这个词本身和与它有关的定义就能使人感到害怕，因为变化"意味着一种本质上的差异，有时这种差异会失去原有的特性或达到一种事物替代另一种事物的程度"。无可否认，变革最终会引发一部分人权力和利益的调整。当权者一般会担心自己的利益受损、权力丧失、在新文化中不适应，以及对变化的恼怒和对必须面对的老一套在今天不再适用的状态的恼怒，这使得他们对变革一开始就持否定态度，再加上员工对变革后是否对自己有利看不清楚，也不会给予变革强烈的支持，所以变革很难推动。

| 实践链接 9-3 |

西尔斯公司的衰亡启示录

西尔斯是美国也是世界上最大的私人零售企业。它拥有 30 多万名职工，仅印刷在商品目录上的连锁商店就有 1 600 多家，另外还有 800 多家供应契约商，其子公司遍布欧美各大城市。西尔斯由理查德·西尔斯于 1886 年创建，如今已有 100 多年的历史。它经历了美国社会生活的几次大变革，跟上了潮流，在稳定中增长和发展，成为美国经营最成功和最赚钱的企业之一。它虽然在尖端技术领域并无令人瞩目的贡献，但它对美国消费者的购物及生活方式都产生了很大的影响，在西方商业界享有"零售业科学院"之誉。西尔斯这个"百货王"历经百年而不衰，其主要的成功经验是：绝不墨守成规，而是随着形势变化而变革。直至 20 世纪 90 年代后期，在商业后起之星——超级市场的紧逼下，西尔斯陷入困境。

自成立以来，西尔斯将近一个世纪以来几乎是美国消费者唯一的选择，当时有近3/4的美国人会到西尔斯购物，而西尔斯的销售额也曾达到过美国GDP的1%。但是到了2005年，西尔斯的销售出现了问题。这主要是因为互联网的冲击、消费者消费习惯的改变导致整个百货行业面临成本的攀升。同时在2005年，西尔斯与美国凯马特合并；为了削减成本，公司任命没有任何零售行业经验的对冲基金经理爱德华·兰伯特为公司CEO，其策略是大幅削减基层员工的收入。这个糟糕的策略对公司之前的企业文化造成了极大的破坏，导致员工满意度下降，服务质量下滑，甚至罢工。到2012年，西尔斯在美国已经关闭了171家大型店面。从2005年开始，这家公司的业绩开始快速下滑，其股价也从将近200美元下跌到了今天的13美元，市值缩水了90%。

资料来源：港股那点事微信公众号，"百年老店西尔斯的衰亡启示录以及潜在投资机会"。

文化点睛 在移动互联网时代，有企业家开玩笑说："转型是找死，不转型是等死。"新企业可以用创新实现"弯道超车"老企业，如猎豹移动；老企业也可以自我否定与突破，实现升级转型，如腾讯微信。

（2）个人习惯。在生活和工作中，人类对固定的工作内容与组织结构会形成习惯或模式化的反应，这对帮助应付工作和生活的复杂性有一定的作用。对于长期处在某一组织架构中的成员来说，他们对组织架构、上下级关系和职位会自然而然地产生依赖性，形成一种行为习惯乃至深层的意识假设。犹如在幼年时期习惯于在父母的照顾下长大的人，他们以后的行为总会受到其父母的标准、态度和观点的影响。当变革来临的时候，他们会依照习惯的心理和行为应激性地去抵制外部的刺激，从而成为变革的阻力。

（3）选择性的信息加工。信息加工是对收集到的信息进行去伪存真、去粗取精的加工过程，是在原始信息的基础上提取有价值的、方便利用的二次信息。知觉的选择性会使员工按照最适合自己心理感受的方式去接收信息，从维护自己利益的角度去感知世界，由此导致片面理解甚至歪曲变革的必要性、变革带来利益格局的改变等问题。

（4）对已有权力的威胁。对原本在企业中拥有较大权力和较高地位的那些个人与群体来说，企业文化的变革可能会弱化他们的权力，对利益重新分配。因此，这种变革会被其视为一种威胁，他们会为了保护自身利益而抵制变革。在一些企业中，一些管理者把自己定义为"打工者"，这样使得他们缺乏大局意识，当遇到变革时就会觉得受到威胁，认为可能会失去权力，因此产生抵触的情绪或行为，阻碍企业文化的变革。

2. 组织层面的阻力

（1）企业价值观。价值观是人们关于客观对象的总观点、总看法，即对客观对象意义的认识。它具有持久性和稳定性。如果一种企业价值观已深入人心，成为员工思想和行动的准则，那么员工对工作、对自己的信念均根植于此。在这种情况下，一旦这种价值观遭到挑战，员工往往会产生反抗、沮丧和失落的心理。

比如，不求有功，但求无过，是很多人的行为准则。如果一家企业的价值观转变为但求有功，不求无过，且把那些时时尝试着创新但屡败屡战的人树为英雄，而不是以那些虽没有功绩但从不犯错误的人作为楷模，这种价值观的变革必然会受到争议、抵触、排斥甚至反抗，即使人们表面上服从和认同了这种价值观，其内心也未必真正了解和接受。所以，这种认可是不稳定的，一旦爆发，一个偶然事件就会被误认为必然结果，新的价值观会再度成为争议的话题，最终因无法继续贯彻实施而恢复原状。

（2）组织惯性。企业文化具有一种惯性，这种惯性是由企业内所有成员的习惯积累而成的。而习惯则是广大员工在多年的工作中，经过观察、尝试以及自我判断所形成的，是在一定情境下无意识的惯性行为。习惯一旦养成，就会在一定的刺激下引发相应的行为，而无须经过任何深思熟虑。这种内在反应机制决定了它的根深蒂固性，任何尝试改变习惯的人，都难如登天。如戒烟或戒酒，许多人突破不了这严酷的挑战，恢复了原状，甚至比以前抽得更凶或喝得更凶。可见，改变文化的旧习绝非易事。

传统的企业文化让人感到安稳、省心、平和、寡欲、按部就班，尽管它已明显落伍了，即使人们已厌烦它了，却也并不想彻底改变它，这是习惯的陷阱。大多数企业变革企业文化的努力最后都失败了，失败的原因就在于不能战胜惯性。比如，变革企业文化的典型做法是制定出"应该有的行为"，并且审慎地出台控制办法，但这种控制通常只有三分钟热度。最糟糕的情况是企业领导让下属觉得他对这种变革很热衷，通常需要召开更多的会议。一段时间后，人们会发现他们花费了太多时间在无聊的会议上，这种变革的努力也就无果而终了，老的习惯再度抬头，企业一切运作又依然如故。

（3）领导的态度和行动。"以身作则""上梁不正下梁歪"，这些都昭示着"上"与"下"之间紧密的联系与影响。在文化变革中，企业的领导者一方面要以坚定的意志来领导文化变革，充当企业新理念和新行为的倡导者；另一方面又要以身作则、言行一致，扮演新的价值观念、新的管理方式最忠实的执行者。

日本许多优秀企业的高级主管都比较重视以身作则。他们认为，高级主管的一言一行都是下属的表率，是推动企业向前迈进的重要因素。所以，领导者要求员工做什么之前，自己一定要先做到。员工看到领导者怎么做，他们就会模仿。"像我说的那样去做，而不要像我做的那样去做"是没用的，领导者的行为会比说的话更有说服力。所有的经理都会讲顾客至上，但当他们将全部的时间花在会议和投资者身上而非顾客身上时，他们的话就不可信了。有不少企业，不光是民营企业，说的话与做的事不一致甚至相对立。比如，每一家企业都在喊"以人为本"，介绍企业文化时，个个都是"尊贤纳士"，传授成功经验时，家家都是"人才战略"，可是，真正做到"以人为本"的又有几个？口号式的变革已使人们对变革丧失了热情，变得麻木不仁。

（4）时间和耐力。做任何事情都需要一个过程，在这个过程中，需要消耗实施者的时间、耐心，要不懈地努力。同样，企业文化的变革也需要时间、耐心和不懈的努力。它不会一夜就获得成功，也不同于追逐短期收效和季度利润这种自然的企业本能。大量的研究说明：一家企业要真正实现从旧文化向新文化的转变需要5～10年的时间。长期的坚持和不懈的努力还需要毅力，很多企业之所以不能成功进行变革就是因为坚持不下去，犯急躁的毛病，像古人拔苗助长一样，种下小秧苗没几天就急着把它连根拔起，查看秧苗的生长情况，结果欲速则不达，连秧苗也夭折了，更不要谈收获了。

（5）理论指导。企业文化变革如同大海行舟，对于没有多少经验的企业文化变革倡导与执行者，急需一盏航灯指引方向。指引企业文化变革的航灯，就是理论指导。企业文化变革在必要的理论指导下，才不会走弯路或错路。

9.2　企业文化变革的主体、内容与原则

企业文化变革需要根据企业文化的内涵结构来决定其内容，同时，企业文化的变革也需要遵循一定的原则来规划和实施。

9.2.1　企业文化变革的主体

企业文化变革的主体是企业中的成员。企业文化体现在员工的价值观、行为方式和态度表现上，而企业文化的变革就是员工价值观的变革和行为方式的转变。企业中的成员受企业文化的影响，但也是企业文化变革的主体。通过沟通交流让现有员工理解和明白企业文化变革的目的与意义，能帮助文化变革得到企业成员的接受和支持。同样，引入新员工，提拔对外界新环境有较强适应能力的内部员工，通过混合的方式，也可以促使企业文化开展进一步转化性的变革。

9.2.2　企业文化变革的内容

企业文化变革应该是企业所有变革中最深层次的变革，因为它涉及企业成员从认知到行为两个层次上的改变。具体来讲，主要包括以下这些方面。

1. 企业价值观的变革

这种变革既涉及对企业整体的深层把握，也涉及对企业环境变化的重新认识。在企业价值观中，管理哲学与管理思想往往随着企业的成长和对外部环境的不断适应而变化。以海尔为例，在海尔全面推行其国际化战略后，其价值观中，创新或者说持续不断的创新成为最主要的经营哲学。在海尔的宣传中，我们也可以看到以"海尔永创新高"（HAIER AND HIGHER）代替了海尔发展早期的"真诚到永远"。

2. 企业制度和风俗变革

企业制度和风俗变革包括员工与管理者行为规范的调整、企业一些特殊制度及风俗的设立与取消。比如有些企业在建立学习型组织的过程中，制定了从员工到管理层的学习制度。当然，这些变化都是为了体现企业核心价值观的变化，是企业核心价值观的行为载体。

3. 行为方式的变化

行为方式是员工对企业价值观的认同和接受，表现在其日常的工作风格与态度上。相对地，行为方式的变化是为了帮助员工养成习惯，进而将这种习惯发展成为维持企业稳定和使企业延续的行为规范。行为方式的变化有助于实现企业文化的核心价值观的落地。华为文化以吃苦耐劳和艰苦奋斗的精神为核心，早期的表现就是由中高层管理者带动全体员工坚持"床垫文化"等的行为，这些行为使得华为区别于其他企业，在十几年间迅速地发展起来，跻身世界500强。

4. 企业标识等物质层的变化

企业标识等物质层的变化多数是为了建立企业文化的统一形象，并树立个性鲜明的企业形象和品牌形象而进行的。比如早在1998年，当时的北京日化二厂就对企业的"金鱼"系列

产品的包装盒标识进行了重新的设计,使原来混乱的品牌标识得到了统一。2003年春,联想公司对沿用多年的标识"LEGEND"进行了调整,改为"LENOVO",以强调创新的内涵。所以,物质层的变化也是为了配合企业核心价值观的调整。2010年,李宁推出新的品牌标志和口号,此变化也是为在国际市场营销中树立独特和强烈的信号,以区别于其他品牌相似的表述和形象。百事可乐从成立以来的11次标识更换都对应着企业想要传达的文化,因此在金融危机后百事可乐销售盈利衰退的情况下,新的"微笑"标识也似乎传递出百事可乐想要表达的对前景的乐观态度。

总的来讲,企业文化变革的核心是精神层面的改变,包括企业核心价值观、经营哲学和经营思想的变革,而制度层、物质层和行为方式的变化用以配合精神层的改变,是精神层变革的外在表现,这是在实施企业文化变革中需要特别注意的地方。

| 实践链接 9-4 |

北魏孝文帝汉化改革

易服装。公元495年,北魏孝文帝下诏禁止士民穿胡服,规定鲜卑人与北方其他少数族人一律改穿汉族服装。他还自己带头穿戴汉人服饰,并在会见群臣时,"班赐冠服"。

讲汉话。孝文帝正式宣布以汉语为"正音",称鲜卑语为"北语"。要求朝臣"断诸北语,一从正音",明确宣布"不得以北俗之语言于朝廷,若有违者,免所居官"。"若有故为,当降爵黜官,各宜深戒。"他认为:"如此渐习,风化可新。"(《魏书·高祖纪》《魏书·咸阳王禧传》)

改汉姓。太和二十年(公元496年)正月,孝文帝拓跋宏下诏改鲜卑复姓为单音汉姓:"北人谓土为拓,后为跋。魏之先出于黄帝,以土德王,故为拓跋氏。夫土者,黄中之色,万物之元也;宜改姓元氏。诸功臣旧族自代来者,姓或重复,皆改之。"(《资治通鉴》卷一四零《齐纪六》)从此之后,鲜卑族姓氏就与汉族完全相同了。

定族等。孝文帝拓跋宏对魏晋以来的门阀制度情有独钟,在改汉姓的基础上,他参照汉族门阀制度的做法,确定鲜卑族的门第高低,并据此来选拔人才,任命官吏。"诏黄门郎、司徒左长史宋弁定诸州士族,多所升降。"(同上)

通婚姻。孝文帝为了使鲜卑与汉族两族进一步融合,还大力倡导鲜卑人与汉人互通婚姻。他身体力行,带头示范:"魏主雅重门族,以范阳卢敏、清河崔宗伯、荥阳郑羲、太原王琼四姓,衣冠所推,咸纳其女以充后宫。"(同上)此外,他还亲自为六个弟弟聘室,六个王妃中,除次弟之妻出于鲜卑贵族外,其余都是中原的著名汉族大士族。通过这种联姻把两族统治者的利益与命运紧密联系在一起,以巩固统治。

改籍贯。拓跋宏还颁布诏令,规定凡迁徙到洛阳的鲜卑人,死后要埋葬在河南,不得归葬平城,从而有效切割鲜卑人与平城根据地之间的联系,也保证了其后代的籍贯从此改为洛阳而不再为平城。

资料来源:黄朴民. 北魏孝文帝"全盘汉化"的不归之路[N]. 中华读书报,2013-04-10.

习俗、生活价值观对人的影响太大了,成员都有厚重的固守性,而要改变一种文化习惯来适应另一种新的文化习惯,需要一套系统的文化变革方法、杰出的文化领导力以及恰当的时机。北魏孝文帝雄才大略,他的汉化改革符合这些特征,改变了从官员到百姓的文化旧俗。

9.2.3 企业文化变革的原则

在规划和实施企业文化变革时,管理者必须遵循以下原则。

1. 审慎原则

企业文化不同于一般的管理制度,不可以采取摸着石头过河或实验的方式来进行调整。它反映了企业的基本哲学态度,起到基本行动指南的作用,而且企业文化对企业成员行为的导向作用也不容忽视。企业文化总要在相对较长的时期内保持稳定,因此企业文化的变革必须要审慎地进行。对哪些东西要变,如何变化,都要进行充分的思考,并要具有一定的前瞻性,这样才不会出现改来改去、让人无所适从的现象。反复、频繁地对企业文化进行改变,只能反映出企业仍没有形成统一的思想体系,以及管理者的能力欠缺和思路不清。这将会使企业文化的作用大打折扣,企业的经营也会受到影响。因此,企业文化的变革要审慎进行。

2. 持久原则

企业文化的变革不会轻易迅速地产生,在大企业变革所需要的时间更长。即使是具有非凡领导能力的管理者,也需要其他人的配合来实施变革。在约翰·科特研究的 10 家企业实施文化变革的案例中,所需时间最短的为 4 年,最长的为 10 年,且仍在继续,并没有结束。因此,企业管理者不要期望企业文化的变革可以很快完成,相反,要有打持久战的思想准备,这样才不至于低估企业文化变革的难度,甚至在实施过程中因为缺乏毅力而半途而废。正是因为企业文化变革的持久性,新的企业文化才能真正改变企业成员的认知和行为。

3. 系统原则

任何组织变革都是一个系统的过程,企业文化的变革也不例外。在进行企业文化变革的时候,一定要注意其他相关制度的相应调整与配合,其中用人制度和薪酬考核制度是最直接反映企业价值导向的制度,因此必须做出调整。如果一面强调创新,一面又不愿提拔任用勇于开拓的干部,不愿改变原来强调资历的工资制度,而且决策原则仍然是强调规避风险,那么这种价值观的改变是不可能成功的。所以,企业的管理者在进行企业文化变革时,一定要对整个企业管理和经营的系统进行重新审视,并用新的价值观决定取舍,这样才能保证企业文化变革的成功。

9.3 企业文化变革的模式与流程

企业为了适应外部环境的变化和满足自身发展的需要,需要在一定程度上对企业文化进行变革,因此对企业文化变革的研究是企业文化研究领域的一个焦点。针对企业文化变革,企业文化领域的著名学者提出了一些企业文化变革的模式,并对企业文化变革的流程做了相关的探讨。

9.3.1 企业文化变革的模式

国内外有不少相关学者提出了不同的文化变革模式。

《Z 理论:美国企业界怎样迎接日本的挑战》的作者威廉·大内是较早开始研究企业文化变革理论的学者。他在此书中提出:A 型组织(美国企业)向 Z 型组织(日本企业)转变大致要经历 13 个步骤。在这 13 个步骤中，围绕着如何建立 Z 型组织，威廉·大内对企业文化改造的评估、发起、宣传、贯彻、检测、固化及其相关问题的解决进行了初步的探讨，为企业文化变革理论研究开了先河。

Willie、Shirley 等学者对 Shrivastava 的研究进行改进，提出了企业文化的战略变革模型。这个模型强调了企业文化、企业战略和企业经营业绩之间相互影响与作用的关系。

林竹盛以组织学习为基石，构建了基于文化链的企业文化变革模型，其核心内容是通过文化创新带动组织创新，提升组织的发展能力，推动组织的进步。该模型的两个重要变量为：变革创新水平和组织化水平。变革创新水平的表现是发现、解决问题的能力，适应和突破的能力，以及组织的领导力。组织化水平是指组织结构、制度等管理手段的使用程度，衡量的是组织管理能力。基于文化链的企业文化变革模型强调了组织学习的重要性，因为学习能为组织创新的持久展开提供保证和动力。

本书基于实操层面，详细地介绍下面两位学者的文化变革模式，供读者参考。

1. 沙因的转型性变迁模型与企业文化改变机制

沙因认为，企业文化变革涉及心理动力和社会动力。要想真正理解企业文化变革所遇到的困难，就需要对它们有充分的了解。为此，他描绘了这一过程和相应的机制，即转型性变迁模型（见表 9-1）。在此基础上，他建议领导者面对文化变革可以采取组织解冻的策略：以自身作为角色模范导引组织的新方向或新假设；以新成员担任重要的组织角色，对于新文化接受者给予系统化的酬赏，诱导或强制成员采用新的文化；以新文化假设为基础，发展新的礼仪或人为饰物等文化建设途径。此外，他还强调文化的改变机制，应依据组织发展阶段的不同而设定（见表 9-2）。

表 9-1 转型性变迁模型

第一阶段
解冻：创造变迁的动机
・证伪
・创造生存焦虑或愧疚
・创造心理安全感，从而克服学习焦虑
第二阶段
学习新概念以及旧概念的新含义
・模仿和认同行为榜样
・搜寻解决方案，试错学习
第三阶段
内化新概念和意义
・内化到自我观念和认同感之中
・内化到现行的关系模式中

资料来源：沙因. 企业文化生存指南 [M]. 郝继涛，译. 北京：机械工业出版社，2004：93.

表 9-2 文化改变的机制

组织阶段	改变机制
创办与早期发展	1. 全面与特定进化的逐渐改变
	2. 组织治疗产生顿悟的改变
	3. 晋升文化内混血儿的改变

(续)

组织阶段	改变机制
中年	4. 选择性地从次文化做系统拔擢
	5. 由组织发展方案与创造平行学习结构产生的计划性改变
	6. 技术的诱惑产生解冻与改变
成熟与衰败	7. 外来者渗透造成改变
	8. 丑闻与迷思破灭，造成解冻
	9. 转向的改变
	10. 强制说服的改变
	11. 解体与再生

资料来源：沙因. 组织文化与领导[M]. 陈千玉, 译. 台北：五南图书出版公司，1996：309.

2. 谢瑞顿和斯特恩的"文化变革模式"

此外，杰克琳·谢瑞顿、詹姆斯·L.斯特恩合著的《企业文化：排除企业成功的潜在障碍》一书，是关于如何变革企业文化以利于创建团队的著作。该书指出要解决当前团队建设中存在的问题的原因是：团队组织通常是建立在原有的企业文化上的，而原有的企业文化往往又不能支持团队的建立。所以，"对企业文化进行变革是保证团队成功的唯一方法"。如果要为支持团队结构和团队协作而着手进行企业文化变革，必须按"团队文化变革实施要求去做"，由传统文化向团队文化转变。为此，作者发展了一套被称为"文化变革模式"的行为规则，由"需求评估、行政指导、基础结构、变革实施机构、培训和评价"六个部分组成。

（1）需求评估。对大多数企业而言，管理者无法描述组织现存的组织文化和他们渴望的组织文化。很多时候，领导和员工对现有文化的感知完全相反，也就更加不清楚企业组织文化的现状和未来变革的方向。因此，首先必须通过调研、数据收集、分析测定文化的现状，通过对比明确其与向往状态之间的差距，对文化需求予以评估。

（2）行政指导。文化变革需要领导者的大力倡导和行政方面的密切执行。指导使企业明确在新的文化条件下走向何方以及为何要做此选择。管理者必须向员工明确说明努力的方向。当管理者对这一新方向表现一致时，就会成为文化变革的原动力。

（3）基础结构。基础结构由保障企业正常运转的过程和制度构成，如薪酬体系、人事制度、流程管理、质量控制等。所有这一切都必须围绕新的组织文化加以改变和调整，形成一个有利的基础机构，这对于变革的成功至关重要。

（4）变革实施机构。变革实施机构是那些运用于变革过渡时期的临时性组织机构。这些机构有具体任务，即通过处理那些需要特别关注的基础结构部分的问题来帮助文化变革的实施。变革实施机构的成员还担当着企业文化变革使者的重要职责。

（5）培训。通过培训，进行新文化的宣贯，是组织文化变革中的重要步骤。

（6）评价。变革的效果要通过与预期的效果进行比较来衡量。评价不仅是衡量成果的手段，也是一种干预手段。

由于该模式从文化的评估入手，细化了文化变革的操作程序，有助于组织文化变革的顺利进行，因此已被大量的企业成功地运用于为支持团队工作而实施的文化变革中。

9.3.2 企业文化变革的流程

企业文化变革是企业为了适应形势的变化，而对原有的企业文化所进行的革新，是一项异常复杂的任务。对于企业来说，如果没有一个可操作的模型，变革就会复杂且难以实施。下面将针对这种情况提出文化变革的五步流程。

1. 文化变革的诊断流程

（1）诊断现有文化。文化变革应从诊断文化现状、评估现有文化是否符合战略开始。这里不但需要对文化整体进行评估，同时也需要对文化在各部门的状况进行评估。在进行评估时，围绕认同、公正、平等、共识、发展、团体动力、内化等因素提出相应问题，对文化进行客观的评价，同时分析目前的文化与期望中的文化之间的差别。

（2）对内外部环境进行分析。围绕市场反应、产品组合、财务、技术水平、当前客户结构等相关因素，运用各种方法分析和确定内部状况。通过对外部经济环境、国家宏观政策、竞争对手、行业和市场的根本性变化等因素进行分析，找出影响企业的外部因素。

通过以上分析，可以明确企业为什么需要文化变革，需要全面的文化变革还是需要在某方面变革或加强。文化变革中基础性的一步就是要明确企业的核心价值观。企业核心价值观是企业的灵魂，是企业文化的核心，在很长的时间里，它是不变的。一旦决定进行彻底的文化变革就必须重新确立价值观，而新价值观的认同和内化不是一朝一夕能够完成的。美国学者杰里·波勒斯和吉姆·柯林斯提出："高瞻远瞩的公司能够奋勇前进，根本因素在于指引、激励公司上下的核心理念，即核心价值和超越利润的目的感。这种理念在很长的时间里一直相当固定。"⊖他们的研究成果表明，那些持久发展并保持繁荣的公司都具有适应能力和前瞻眼光，而且是建立在一些"宝贵的核心价值观"的坚实基础之上的。同时，波勒斯和柯林斯认为，不要轻易对核心价值观进行修补，除非明显地需要改变和重写它。

2. 文化变革的人员流程

在文化变革的过程中，无论是依据对外部环境、内部环境以及文化现状的判断制定相应战略，还是将这些战略付诸实施，人的因素都是至关重要的。如果人员管理流程出了问题，企业在文化变革过程中将永远不可能充分发挥自己的潜力。

（1）建立文化变革领导小组。领导者团队是成功实施文化变革的重要力量。为了推动变革，有必要成立文化变革的领导小组，用以引导和指挥文化变革。小组成员应多样化，包括拥有不同权力和不同智慧的人，这有利于变革的成功。组长要引导小组成员把"有利于整个企业的发展"作为文化变革的出发点，而不是把目光仅仅放在局部利益甚至个人利益上。领导小组要负责确立新的价值观和文化变革的战略计划，并与全体员工沟通这个价值观和战略计划，努力使它得到员工的认同。文化变革必然引发部分人的担忧和不安全感，因此这个小组要致力于促进上下建立起相互信任的关系，设法增强员工队伍的信心，并组织员工按照确定的变革方式采取行动。

（2）选择合适的领导小组负责人。俗话说"火车跑得快，全凭车头带"，文化变革的战略计划能否顺利实施很大程度上取决于领导者的能力和素质，鉴于此，领导小组的负责人应具备这样几个条件：来自高层，有较大的权威；了解员工，那些没有融入日常运营的领导者根

⊖ 柯林斯，波勒斯. 基业长青［M］. 真如，译. 北京：中信出版社，2006：58-72.

本不可能对企业的文化变革产生决定性的影响；坚持以实事求是为基础，这是实现文化变革的关键；确立明确的目标和实现目标的先后顺序，这是文化变革正常进行的关键；专注，必须能够严肃对待和时刻关注文化变革；对完成具体任务的员工，能主动给予相应奖励；提高员工的能力和素质，对下属进行指导是顺利完成文化变革的重要保障。

（3）适当的人员调整。一般来说，个体的价值观与企业的价值观的关系有以下四种：一致、相近、无关系和相对。当个体的价值观与企业的价值观相对时，个体是很难融入企业文化的。持相对价值观的员工大部分时间不是在工作，而是在抱怨，而且对他们的培训成本大、周期长、见效慢，最糟糕的是他们会阻碍其他员工对组织文化的认同和内化，尤其是在企业文化变革的特殊时期，其负面影响更为严重。因此，人力资源部门在文化变革过程中，应着重做好以下几项工作：录用人员时，应当有意识地以个体价值观与企业价值观一致程度为标准；人事部门在对员工培训时，应当着重加强员工对文化认同和内化的培训；多录用有变革精神并且至少个人价值观与企业价值观相同或相近的人员；应使那些持有相对价值观的人员离开。

（4）将文化变革与工作绩效挂钩。价值观的认同和内化是一种心理的累积过程，这不仅需要很长的时间，而且需要不断地强化。人们合理的行为只有经过强化和肯定才能再现，进而形成习惯稳定下来。因此，要想让员工认同和内化价值观或者说接受文化变革，就必须让他们相信这样的价值观或者文化变革是能够给他们带来绩效的，可以是薪酬，也可以是个人发展空间。

3. 文化变革的战略流程

（1）战略计划的制订。所谓的战略计划就是在文化变革中希望采取的行动。企业价值观是企业文化的核心，为了内化价值观以及实现全体成员所认同的共同愿景，保证文化变革顺利完成，必须制订一份清晰、合理的战略计划，而该战略计划的制订必须遵循以下原则：适应内外部环境的实际情况；职能人员可以帮助收集信息，但文化变革小组的负责人和其他高层领导者必须亲自负责战略计划的核心部分，因为只有他们才了解企业所处的状态；一定要在坦诚对话的基础上，制定出能够执行的文化变革战略；必须具有阶段性目标，因为内外部环境是不断变化的，战略也应该适时调整，如果没有完成文化变革的阶段性目标，领导者就必须考虑战略计划是否正确；短期和长期之间保持平衡，即文化变革是一个长期的过程，但是制定文化变革的长期目标时，必须考虑短期任务，在短期或中期获得阶段性成就是实现长期目标的重要保证。

（2）战略评估。召开战略评估会议，把文化变革的总体战略和各部门的文化变革战略拿到会议上讨论。这应该是测试和验证一项战略的最有效的方式之一，也是在计划实施之前的最后一次补救机会。这同时也增加了各部门在实施计划时的协调性。因此，在战略评估会议上应该尽可能地把文化变革过程中的各种问题都考虑在内，与会人员应当畅所欲言，将所有可能出现的问题一一列举出来。这次会议应该让更多的人参加，这样会有更多不同的观点。无论怎样，战略评估会议上的讨论必须回答这样几个关键问题：这些计划是否合理，是否前后一致，各部门是否具备必要的执行能力。

此外，战略评估结束后，要给各位领导发送备忘录，主要目的是确认此次讨论所达成的共识并将其作为战略实施过程中的进程指标。

4. 文化变革的运营流程

战略流程只定义了文化变革的方向，人员流程定义的是战略实施过程中的人员因素，而运营流程则为人员开展工作提供明确的指导方向，为文化变革确定目标，为实现目标制定具体的工作步骤。

（1）运营计划的制订。召集各部门领导以及他们的直接下属、部门执行人员等，针对制度、员工的培训和教育、员工的行为规范等细节问题进行一次积极公开的对话，对整个企业的情况进行一番了解，包括各部门的联系；根据得到的信息，各部门经理与各自的团队经讨论确定运营计划。运营计划应该包括认同、公正、平等、共识、发展、团体动力、内化等因素所要达到的目标，这些目标应该是在清醒地认识企业和部门所处的境况的基础上制定出来的，应该是在先整体后局部的顺序下制定出来的，同时还应该包括实现这些目标所采取的手段和方式等。

（2）将运营计划转变为行动计划。制订计划后，应给每个与会人员发送一份备忘录，列出大家在会议上达成的所有细节性信息，然后定期对运营计划的实施情况进行评估。运营流程的作用就是能够明确、具体地定义出希望实现而且能够实现的文化变革目标。这些目标是建立在最符合实际的前提基础之上的，而且管理层已经对实现这些目标的方式进行了详细的讨论。

5. 文化变革的风险管理流程

企业文化变革存在风险，因为文化变革是改变原有的价值观和行为方式，这会给企业的成员带来生存焦虑和学习焦虑，使得文化变革面临失败的风险。因此，对文化变革的风险管理不可或缺。风险管理流程主要包括以下几点。

（1）搜集信息。首先要全面收集企业中关于文化变革的反馈信息，了解企业成员对变革的态度和意见，他们是否对变革有恐惧或不安全感。通过问卷调查或者面谈的形式，获得员工对文化变革的看法，详细整理这些反馈，厘清员工的顾虑，是因为放弃旧行为方式而产生的短暂的无法胜任之感，还是害怕缺乏生产力的恐惧感，抑或因地位权力丧失而产生的防御性反应。

（2）评估风险。在以上反馈信息的基础上，经过筛选、提炼、分类和对比，就能对文化变革的风险做出评估。风险评估需经过辨识、分析和评价这几个步骤，找到文化变革的关键风险因素所在，对风险发生的可能性进行评价，以上这些为风险管理奠定了基础。

（3）提出风险管理策略。根据风险评估的结果，企业要及时提出应对风险的策略，以消除潜在风险，防止风险发展和演化成进一步的冲突。企业在明确风险偏好和风险承受度的基础上就可以制定出应对文化变革风险的管理策略。该策略方案应该包括解决风险的具体目标、所需的组织人员和管理流程、具体的应对措施和风险管理的工具或指标。此外，要定期总结和分析已制定的风险管理策略的有效性。

处在不同的内部与外部环境中的企业，其文化特征也会有所不同，并随之产生不同的行为规范以及思维方式和行为方式，因此文化变革不可能是千篇一律的。但是，文化变革的流程应该是相同的，其实这五步流程的作用和目的就是让企业对文化变革有总体、深刻的认识和清晰的思路，制订出符合实际的计划，并且认真地贯彻和执行。

| 实践链接 9-5 |

阻碍中国企业文化变革的五个传统观念和行为

文化变革是一个漫长的过程。研究表明：一家企业要真正实现从旧文化向新文化的转变，需要 5～10 年甚至更长的时间。比如，通用电气公司前总裁杰克·韦尔奇实施的文化变革工程历时 12 年；IBM 前 CEO 路易斯·郭士纳花费了 5 年的时间才将旧有的文化体系打破，建立起新的 IBM 文化，让大象跳起舞来。

无论儒家文化、道家文化还是佛家文化，作为中国传统文化的三个主要构成部分，我们看到的其实都是积极入世、关心世事。儒家强调内圣外王，君子当自强不息；道家强调以无为而有为；佛家强调立地成佛，普度众生。中国传统文化一脉的精髓是"国家兴亡，匹夫有责"。但是，传统文化折射在企业文化变革行为上，又有着另外一种状态。

1. 重讨论不重行动

喜欢讨论，喜欢寻找问题，喜欢评判和发表看法，但是不愿意做出承诺和行动。在管理中，发现问题可以说人人都会，但是解决问题却是人人都躲。如果让大家讨论问题，会得到无数的问题；如果让大家给出解决方案，会发现什么也得不到。特别是当人们发现这些方案需要自己去做的时候，就更加不会得到什么。

2. 重他人不重自己

我（陈春花）曾经在很多场合说过这样一句话："在中国，大家都活得很辛苦，因为我们用一生一半的时间看别人怎样活，用一生另一半的时间活给别人看，我们自己该如何活，没有想过。"可见，我们是以别人为标准的。

3. 重形式不重内容

比如，我们在看一个行业资料时，业内人士很高兴地向我们描述：美国排第一，中国排第二。然后我们应该明白：第一、第二之间的差距非常大，不要以第一、第二的形式来看，而应该关注其内容。第一是第二的 10 倍，第二还有意义吗？又如，我们很多人都关心中国进入世界 500 强企业的数量，这个数字自然重要，但更重要的是要看什么样的中国企业进入世界 500 强，这才是最关键的。

4. 重权力不重责任

有些人对权力的崇拜可以说到了极致，无论是在称呼上还是在行为上都无法淡化权力的概念。如果注重权力能够与责任相匹配，也不是什么坏事，只是可惜有些人只关注权力，并不关注责任。典型的例子是在称呼上，中国习惯免掉"副"字。更多的人要待遇、要权力，不要责任，甚至在社会上流行"做官要做副的"。而人们只对领导者给予关注，用杰克·韦尔奇的话说："每个人都是脸对着董事长，屁股对着顾客。"

5. 重综合不重分析

大部分人的习惯是，喜欢综合和归纳，所以我们看到很多决策都是一个综合决策，一个折中的选择，人们不会做原则性的争论，更不会做严谨的分析和论证，因此我们得到的往往是可接受的报告，而不是可行性的报告。

资料来源：节选改编自：陈春花. 企业文化变革，路虽远行则将至，事虽难做则必成. 春暖花开公众号，2018 年 6 月。

文化点睛 我国企业应当关注具有本土特征的阻碍企业文化变革的因素，对这些因素在企业中的状况进行精准的诊断，系统、有效、有节奏地破除文化变革障碍，在文化变革上保持决心和耐心，坚定不移，坚持去做，就能帮助企业构建新的竞争优势，获取新的市场地位。

9.4 企业文化创新

创新是我们这个时代的热点话题。根据著名经济学家熊彼特的观点，创新是指"企业家实行对生产要素的新的结合"，而具有创新精神的企业家则为经济主体。我们以往对创新的讨论与研究更多地基于技术创新，比如电灯泡、电话、电视、电脑、手机等；也有部分研究关注形成独特的价值组合以达到创新目的的混搭创新，比如美国太阳马戏团从戏剧与百老汇音乐剧中汲取灵感，创造出了新形式的马戏。道格拉斯·霍尔特与道格拉斯·卡梅隆认为，这两种创新模式都是基于工程师与经济学家的功能世界观。

还有一种基于历史学家与社会学家的文化世界观，从历史变迁与社会意识形态的角度研究创新，即文化创新。文化创新不同于技术创新，它无需明确的产品创新或功能创新，就可以引领一项非常不同的新业务取得成功。因此，陈春花与赵曙明明确地提出"组织文化创新是管理的根本"的主张，以下将讨论文化创新的相关理论与案例。

9.4.1 文化创新理论

在文化创新方式方面，部分学者研究发现，文化变革与创新采用渐进式比激进式的方式效果要好得多，原因在于要改变企业原本的价值观及制度是非常困难的，容易引起企业的对抗，导致无法推行文化变革；相反，如果从改变行为入手，讲明新行为的确切意义，人的态度会慢慢随之改变。态度的改变为后面制度的改革带来了契机。[一]有研究者指出，一家公司曾用"吃豆子"的行为开启文化改革之路，并获得了文化改革的成功。[二]要综合运用正式与非正式的方法进行文化变革，而非正式的方法主要就是约定俗成的行为层面，从而实现成功变革与创新。企业文化（组织文化）创新，需要加强用于引导组织行为脱离现状的"驱动力"，并减弱对现存平衡状态变化的"遏制力"，这种加减法同时使用效果更佳。[三]

美国管理学家库尔特·勒温提出了组织变革的三阶段模型：解冻、变革、再冻结。赵曙明根据这三个阶段，提出文化创新大致需要经历如下三个阶段：对现状文化进行"解冻"，通过变革以达到新状态，对新状态进行"再冻结"——使文化持久存在。

此外，美国文化创新专家道格拉斯·霍尔特与道格拉斯·卡梅隆基于"意识形态的商机产生于重大的历史变迁，导致产品的传统文化意义的彻底重塑"，即社会断裂（social disruption），提出了一个文化创新理论（见图9-1）。该理论对20多个文化创新案例做了历史分析，对传统的技术创新研究提出了挑战。

该理论从意识形态的视角出发，从历史发展的过程中梳理文化脉络，并抓住文化创新的机会。首先是社会主流的文化正统，这一文化正统被该行业的主要竞争对手作为自己主导性的文化表述；然后在历史发展过程中，由于意识形态发生重大转变，比如20世纪60年代美国各阶层对"美国梦"式的福利社会产生的质疑，这一事件造成社会断裂，因此也就产生了新的意识形态机遇；文化创新企业抓住这一创新机遇，比如宣导"爱拼才会赢"的意识形态，并利用自身的亚文化、品牌资产等素材，去满足更好的意识形态的需求。

[一] 卡岑巴赫. 改变文化，先变行为 [J]. 商业评论，2012（8）：61-71.
[二] 波斯特. 文化改革从"吃豆子"开始 [J]. 商业评论，2012（8）：73-78.
[三] 陈春花，赵曙明. 高成长企业组织与文化创新 [M]. 北京：机械工业出版社，2016：134-135.

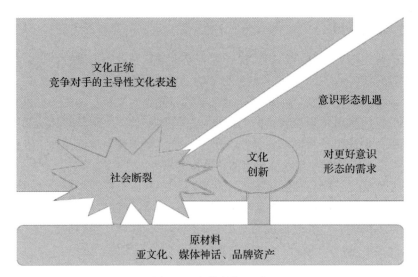

图 9-1　文化创新理论

资料来源：霍尔特，卡梅隆. 文化战略：以创新的意识形态构建独特的文化品牌 [M]. 秦其伦，译. 北京：商务印书馆，2013：19.

| 实践链接 9-6 |

耐克的文化创新之路

耐克公司成立于 1971 年，从销售专业跑鞋开始，逐步发展壮大，不只是因为制造了最好的鞋子，而且做了一些不同的努力。首先，把鞋子市场从运动员市场扩大到非竞技运动员市场，满足他们内心深处的渴望，突破了明星运动员战绩神话的文化正统。然后，它抓住了战后美国梦的破产这一社会意识形态，给耐克注入了"必有顽强的意志去克服困难和挑战"的文化基因。此外，它还顺应了美国兴起慢跑热的潮流，"利用广告宣扬跑步者的意识形态：跑步——美国人找回竞争精神的绝妙方法"。因此，耐克选择迈克尔·乔丹作为形象代言人，创造了新的意识形态——个人拼搏意志。最后，通过跨越社会歧视，耐克邀请贫民窟的非洲裔美国运动员、跨越种族歧视的老虎·伍兹，以及跨越性别歧视的女性做广告，形成了"Just Do It"的亚文化神话。

老虎·伍兹的广告文化诉求：

"不论你是谁，不论你的身体状况、财富状况和社会地位如何。

卓越不只是一种可能，它正等待着你去激发。

掌握你的人生，不要屈从于世俗的力量，因为那很容易让我们沉溺于日常生活。

不需要更多的理性和理由，该是付诸行动的时候了。"

……

"直到现在，在美国仍然有些比赛不允许我参加……"

"……因为我的肤色。"

"世界，你好。"

"听说我还没有为你做好准备。"

"你为我做好准备了吗？"

"Just Do It."

跨越性别歧视的广告文化诉求：

"如果让我参与运动……我会更喜欢我自己，我会有更多的自尊，我患乳腺癌的概率将减少 60%，我患忧郁症的概率会减少，我更有可能离开打我的男人，在我想要怀孕之前我怀孕的可能性会减少。"

最后广告以"我将懂得强壮意味着什么……如果你让我参与运动"结束。

耐克的文化创新过程，具体如图9-2所示。

资料来源：霍尔特，卡梅隆. 文化战略：以创新的意识形态构建独特的文化品牌[M]. 秦其伦，译. 北京：商务印书馆，2013：183.

文化点睛 耐克公司的文化创新，做足了功能利益点，抓住了个人拼搏精神的意识形态创新，创造了通过体育精神克服社会歧视的神话，其文化密码在于贫穷的非洲裔美国青年、陈旧的运动设备、嘈杂的贫民窟环境等。

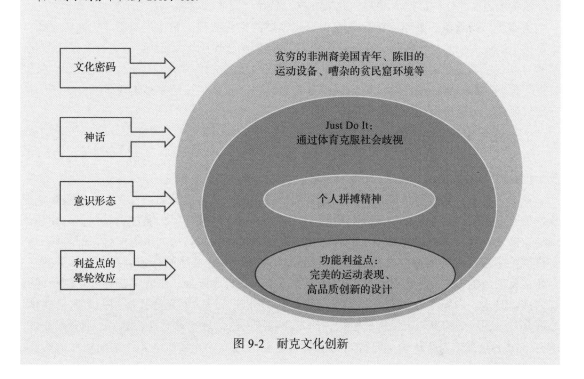

图9-2 耐克文化创新

9.4.2 企业文化创新实践策略

企业文化创新与企业文化变革有相同之处，那就是企业文化都会发生变化，不同之处在于企业文化创新的变化程度甚于企业文化变革。这里将从文化创新的步骤与策略两个维度来具体阐述企业文化创新的实践。

1. 企业文化创新的步骤

学者颜子悦在《文化战略：以创新的意识形态构建独特的文化品牌》一书的序言里对文化创新的步骤做过相关解读，这里参考其解读内容，改编出具体的文化创新步骤。

第一步，诊断并明确现有的意识形态现状。 真正具有突破性的创新必须在发现由社会和历史变迁引起的意识形态机遇的基础上进行，因此对现有意识形态的梳理与了解，是文化创新的第一步。

第二步，发现真正具有创新意义的意识形态机遇。 在确切地把握了特定的意识形态机遇之后，在占据社会优势地位的意识形态之外去寻找，比如从业余爱好者、素食主义者、环保主义者、女权主义者等亚文化群体的共同价值观和共同文化的基本取向入手，并对该群体的审美特征和行为方式进行严谨而科学的考察与研究，从而准确地捕捉到被主流品牌的意识形态所忽略的消费者群体的意识形态诉求。

第三步，塑造文化密码及传播例证性的故事。 寻找足以体现该意识形态亚文化的文化密码，然后再塑造一个例证性的故事，通过故事而非其他方式，以神话化的文化表述方式将品牌的意识形态形象地表达出来，回应消费者对于这种意识形态的心理需求。故事不能简单杜撰，而必须从消费者熟悉的文学、电影、电视等文化作品中寻找素材，并进行创造性的改变，引导消费者因文化认同而产生共鸣，并最终成为品牌忠诚的追随者。

第四步，持续聚焦并不断强化该意识形态领域的文化密码。 文化创新不能中断，必须持续聚焦于该亚文化的文化密码，否则将失去对目标群体的吸引力。当然，随着社会发生变化，需要对该领域的意识形态保持敏感度，适当延展该领域的文化密码，比如从种族歧视到性别歧视，再到年龄歧视，核心的文化密码还是突破歧视，只是歧视的类型出现了一些延展，而突破歧视这一文化密码则得到了强化。

2. 企业文化创新的策略

古人云"天时不如地利，地利不如人和"，下面将从人和、地利、天时三个方面，阐述企业文化创新的策略。

第一，企业文化创新策略之人和，需要五个层面的人员共同努力。 首先，领导重视或充分授权非常重要。企业文化创新要么得到领导层面的资源对接，要么通过领导授权，让相关人员充分发挥自己的主观能动性，起到文化创新的客观作用。其次，中层配合，即具体工作安排需要中层管理者的配合，其需要调整自己的理念，改变自己的行为。再次，员工参与，企业文化创新的根基在于全体员工，比如全体员工的行为、服饰、语言等都是文化创新的展现方式。又次，专家参谋，专家是企业文化创新的外脑，所以要充分征询相关专家的建议，获取其专业领域的信息与市场调研数据，使专业领域内的信息相对对称。最后，消费者验证，所有一切企业文化创新从始至终都是与消费者互动的过程，并且最终要通过消费者的验证，只有消费者首肯的企业文化创新才是成功的创新。

第二，企业文化创新策略之地利，需要充分利用地域之间的文化差异，打造文化创新的参照系。 首先，从世界范围来看，主要的文化形态有基督教文化、伊斯兰教文化、佛教文化、道教文化、儒家文化等，这些文化存在诸多差异，都是企业文化创新的潜在机会。其次，一国或一个民族内的不同地域文化差异，比如中国的地域文化差异就非常大，不同的地域上生活着不同的民族，它们拥有不同的文化特色；即使是同一个民族，比如汉族，南北汉族的文化差异也非常大，随着不同时期的历史变化，主流文化与亚文化互相更替，这些都是企业文化创新的潜在素材。

第三，企业文化创新策略之天时，抓住时代的机遇，利用好时间差。 首先，世界各国流行文化之间存在时间差，以以往的事实为依据，我们得知一般流行文化以欧美为源头，日韩为亚洲承接地点，中国港澳台地区为中转地，中国大陆为最后的落脚点。根据文化传播的时间顺序，相关企业可以在文化创新理念方面做好相应准备。其次，在中国，不同地区的文化发展是不均衡的，各地区的文化发展也不完全是齐头并进的，北上广深等一线城市的文化发展相对靠前，其他内陆地区的文化发展相对落后，在一线城市流行的文化理念，可能过了三五年在三四线城市才开始流行起来。为此，我们这个时代的文化创新机遇将非常多样，诸多新的亚文化理念不断涌现，我们要利用好时间差，抓住文化创新的潜在机会。

本章小结

本章主要探讨了企业文化变革的动因和阻力,变革的主体、内容和原则,并总结了目前关于文化变革的模式与方式的研究结果,最后详细介绍了企业文化变革的五步骤管理流程。

企业文化变革的动因包括外部和内部两个方面的驱动。政策和法律的改变,经济环境的变化,技术、人口和行业文化的变化都会从外部带来企业文化变革的诱因,而企业本身在遇到经营危机、成长推动、战略转变或领导观念的转变或更替时,也会产生文化变革的驱动力。同时,文化变革还会受到来自组织和个体层面的阻力。比如,个人变革的观念、组织惯性、领导的态度行动和对已有权力的威胁都会阻碍变革的进行。

要进行企业文化变革,企业可以从以下几个方面入手,包括企业价值观的变革、企业制度和风俗、变革、行为方式的变化、企业标识等物质层的变化。在变革的过程中,企业必须要遵循审慎原则、持久原则和系统原则。关于企业文化变革的模式和方式,学者都做了不少研究,从转型性的变迁模型到变革的步骤模型,详细阐述了文化变革的演化过程。根据沙因的企业文化演进理论,文化变革分为初期、中期、晚期三个阶段;一般而言,企业进行文化变革包括五个管理流程步骤,分别是变革的诊断、人员、战略、运营和风险管理流程。因此,进行企业文化变革时,企业需要平衡好驱动力和阻力,在变革原则的指导下循序渐进地进行文化变革。

在文化创新理论方面,有勒温的三阶段论与霍尔特和卡梅隆的历史变迁理论;企业文化创新有利益点、意识形态、神话及文化密码四个不同的层面。

复习思考题

1. 从 IBM、通用电气和微软三家公司中选择一家,分析其企业文化变革的动因和阻力。具体的变革内容包括什么?采用了什么流程步骤?
2. 文化变革的主要内容和原则是什么?
3. 通过近三年文献的阅读,总结分析最新的文化变革的方式有哪些。
4. 从文化创新理论视角,了解星巴克、万宝路等企业的文化创新具体过程。

案例分析

字节范喜迎新成员:多元兼容

成立八周年之际,字节跳动(ByteDancer)公司更新了企业文化("字节范")。"字节范"被认为是字节跳动员工的工作方式和行为共识,最早由字节跳动创始人兼 CEO 张一鸣于公司成立六周年年会上提出,共包括五条内容:追求极致、务实敢为、开放谦逊、坦诚清晰、始终创业。此次将"多元兼容"(Diversity & Inclusion)加入"字节范","字节范"的内涵拓展为"追求极致、务实敢为、开放谦逊、坦诚清晰、始终创业、多元兼容"。

如何理解多元兼容呢?它的落脚点首先是人,理解并尊重不同人之间的差异,重视这种多元的可贵,超越自己的固有视角和思维模式;其次是有意识地打造有多元化人才的团队,欢迎不同背景的人,激发潜力;最后是需要为多元人才创造人人都能参与、集思广益的友好工作环境,海纳百川,鼓励他们提出不同的想法来挑战自己。

多元兼容的出发点是对人的关注和重视。公司成立八年来,字节跳动已经在全球 27 个国家和地区建立了 240 个办公室。2018~2019 年,字节跳动全球员工增长超过 55%,总数超过 5 万人。全系产品 MAU(月活跃用户)超过 15 亿,覆盖 150 个国家和地区。随着产品和平台覆盖的国家、地区和触及的文化不断增多，字节跳动的用户群体展现出丰富多元的特征，比如不同性别、年龄、族裔、语言、文化背景等。其产品的一大核心和重点也是建立丰富包容的社区文化，为多元不同而喝彩。

事实上，字节跳动一直有多元兼容的传统。在创业之初的民宅办公室里，字节跳动团队就在讨论未来如何做全球业务，畅想着未来公司由来自全球各地的团队组成。在讨论企业文化的时候，字节跳动创业团队坚持，公司文化的重要基调应该是欣赏不同，积极地寻找和自己不一样的观点。几乎在公司每个重大产品的诞生过程中都伴随着不同意见，但这并不影响大家越辩越明、探索最优解。每一个业务成绩的背后几乎都有"不那么一样"的人才在发挥重要作用。

在业务全球化的过程中，不同国家、不同文化的人才，抱着创造一款有影响力产品的理想加入字节跳动，来到字节跳动全球200多个办公室。在公司内，员工们有碰撞有磨合，彼此激发创造力。很多员工感慨，在这样一家全球性、人才多元的公司工作，离开自己习惯的环境，遇到了以前看不到也想不到的场景。就像一位员工所说："思维永远打开，对新世界的探索永远不会停止。"

多元兼容能够让一家公司变得更好，能够吸引最出色的人才。字节跳动始终相信这一点，也在不断实践。一个又一个项目中，我们清晰地看到，团队多元化可以激发创造力，创造力会带来创新。因此，字节跳动始终秉持着"独立思考，用不一样的人"的人才选拔准则。其招聘一向以"不按套路"著称。公司里有不少90后产品负责人，他们中没有一个之前有过大产品经验，如果按照市场上常见岗位描述中的"日活千万量级以上产品实施经验"要求，头条、抖音、西瓜、火山的负责人基本都不符合要求。很多产品经理在加入字节跳动前，连百万、甚至十万日活跃用户的产品也没做过。正如张一鸣2017年在一次演讲中阐述人才理念时说道："我们喜欢用不一样的人。"

多元的人才，需要有一个能兼容不同的环境，才能充分发挥才能。字节跳动有很多跨行业背景的员工，其中不少是转行来的程序员。从物理到地质研究，从电商客服到猎头，其专业五花八门，曾经从事的职业也相差甚远，但最终大家来到字节跳动，在全新的岗位上用热情和智识做出新的贡献。

字节跳动鼓励自由表达，暴露问题，让不同的观点相互碰撞。为了让大家畅所欲言，公司的内网字节圈特意设置了匿名机制，每个同学每双月享有3次匿名发言的机会。因此，很多同学会讨论"字节跳动是内向星人的天堂"，同时在字节圈也活跃着一群可爱的"杠精"，他们理性大胆地指出公司有关的问题，并且认真探讨解决方案。公司愿意为文化背景、职业背景、性格、年龄等各方面不同的同学，创造友好、适合发光的环境。

基于这样的传统，字节跳动希望继续在未来加强这一文化，将"多元兼容"加入了"字节范"。它并非"锦上添花"，而是保证字节跳动可以持续成功、驱动创新、丰富生活的基本理念和风格。

资料来源：字节范儿.字节范喜迎新成员："多元兼容"加入企业文化 [EB/OL].（2020-03-11）[2021-12-07].
https://mp.weixin.qq.com/s/uisoiMhBgOxU8cLwOeBFeQ.

讨论题

1. 字节跳动文化创新的原因有哪些？
2. 字节跳动的多元文化兼容如何实施？有哪些启示？

参考文献

[1] 王静.GE文化变革三重奏及对中国企业文化建设的启示 [J].现代商贸工业，2007.

[2] 李海燕.企业文化变革研究 [D].北京：北京交通大学，2006.

[3] 谭亮.企业文化变革的理论研究与基本模式 [D].长春：吉林大学，2004.

[4] 张德.企业文化建设 [M].北京：清华大学出版社，2003.

[5] 娄兵役. 企业文化变革的阻力与克服[J]. 乡镇经济, 2001.

[6] 徐耀强. 企业文化变革的归因与方式选择[J]. 中国电力企业管理, 2009.

[7] 沙因. 企业文化生存指南[M]. 郝继涛, 译. 北京: 机械工业出版社, 2004: 93.

[8] 彭仁忠. 并购企业文化整合研究[D]. 武汉: 华中科技大学, 2008.

[9] 刘霖. 企业文化重塑的研究[D]. 苏州: 苏州大学, 2006.

[10] 王吉发. 谈企业文化变革的有效途径[J]. 商业时代, 2006 (34): 94-95.

[11] 沙因. 组织文化与领导: 原书第2版[M]. 张庆勳, 等译. 台北: 五南图书出版公司, 2010.

[12] 林竹盛. 基于文化链的企业文化变革研究[D]. 大连: 大连理工大学, 2010.

[13] 魏钦涛. 基于核心竞争力的企业文化内核与变革研究[D]. 太原: 山西大学, 2008.

[14] 汤磊, 但婕. 企业文化变革的原因、阻力及变革策略[J]. 商场现代化, 2009 (1): 328.

[15] 马文娟, 沈士仓. 企业文化变革: 程序与问题[J]. 中国人力资源开发, 2003 (5): 43-45.

[16] 谢瑞顿, 斯特恩. 企业文化: 排除企业成功的潜在障碍[M]. 上海: 上海人民出版社, 1998.

[17] 叶生, 周春江. 构建支持战略变革的文化管理模式: 中国移动广东公司客户服务中心文化变革案例[J]. 中外企业文化, 2007 (10).

[18] 杨璐. 90后时代, 要"变通"企业文化[J]. 中外管理, 2011 (9): 98-90.

[19] 王钦. 人单合一管理学: 新工业革命背景下的海尔转型[M]. 北京: 经济管理出版社, 2016.

[20] 赵曙明. 国际企业: 人力资源管理[M]. 南京: 南京大学出版社, 1992.

[21] 陈春花, 赵曙明. 高成长企业组织与文化创新[M]. 北京: 机械工业出版社, 2016.

[22] 熊彼特. 熊彼特: 经济发展理论[M]. 邹建平, 译. 北京: 商务印书馆, 1990.

[23] 霍尔特, 卡梅隆. 文化战略: 以创新的意识形态构建独特的文化品牌[M]. 秦其伦, 译. 北京: 商务印书馆, 2013.

[24] 卡岑巴赫. 改变文化, 先变行为[J]. 商业评论, 2012 (8): 61-71.

[25] 波斯特. 文化改革从"吃豆子"开始[J]. 商业评论, 2012 (8): 73-78.

第 10 章 企业文化建设

【学习目标】

- ☑ 理解企业文化建设的内容以及各项内容之间的关系
- ☑ 了解企业文化建设过程的基本理论
- ☑ 掌握企业文化建设的一般方法
- ☑ 了解企业文化建设的常见误区

引例　　蒂森克虏伯电梯的柔性企业文化

蒂森克虏伯电梯很重视企业文化建设这一"柔性"的变革方式,企业文化不再只是挂在墙上的一句口号,而是通过各种细节深刻地传递到每一个员工的身上,致力于将企业文化内化于心、外化于行。让员工打心底里认可企业文化,培养员工对企业的忠诚与信任,才能促使员工积极地投入到组织变革中去。

"我们与员工一起征集了几千条对理想行为的描述,最终形成了'携手共赢、敬业担当、持续创新、诚信正直、追求卓越、客户导向'的企业核心价值观",并在日常工作中将这一价值观落实到细节与实处,让企业与员工之间维持强有力、长久的心理合约。

蒂森克虏伯电梯为了鼓励员工和深化企业核心价值观,专门设立了一个沟通渠道叫"CEO Newsletter",这个 CEO Newsletter 除了沟通公司的战略和业务上的大事之外,其中的一块内容就是当员工实现了业务突破和行为表率时,CEO 将以全员邮件寄语的方式告诉大家:公司支持和鼓励这些行为。"比如 2020 年新冠疫情期间,武汉等城市很多发热医院以及方舱医院的电梯维保和安装的需求紧急,我们很多员工不顾个人安危驻扎在现场积极抗疫。这样的例子，我们都会拿出来分享，因为他们充分体现了员工对客户的承诺，是我们核心价值观的行为表率。"

同时，蒂森克虏伯电梯始终秉承"We Care"的理念，危机中关爱每一位员工。疫情期间，从全员防疫物资发放到员工防疫心理健康关爱，无时无刻不体现着企业对员工的关爱。"在防疫初期，口罩、防护服这些防疫物资是十分紧缺的，为了保护我们的员工并尽最大可能为他们创造安全的工作环境，我们发动一切资源去采购口罩、防护服等防疫紧缺物资。我们也发送 CEO Newsletter 告知全体员工防疫物资采购的情况，及时更新物资分配到各地分公司的计划。危机中体现公司的领导力，而我们在危机时始终将员工的安全和健康放在首位。"

蒂森克虏伯电梯把安全生产的理念细化到工作中的每一个环节。"爸爸，注意安全。"在蒂森克虏伯电梯工作的一线员工，每天打开电脑都会看到自己的家人录制的暖心小视频。"我们有很多这种走心的设计。出于电梯业务的原因，安全是我们工作中的重点，我们的管理层都会经常去到工地现场。在工地现场设置的'安全板'上，除了工作内容以外，还会挂上员工家人的照片。从这些细节入手，我们提醒员工们在工作的同时注重安全，也达到公司和家庭的互相契合。"

资料来源：张晴. 蒂森克虏伯电梯："刚柔并济"推动企业变革［EB/OL］.（2021-03-29）[2021-12-08]. https://mp.weixin.qq.com/s/Jdgb405oCMRuBt6Buzn-IQ.

10.1 企业文化建设的内容

企业文化建设是一项体系化的工作。企业文化是理念，但又不仅仅是理念。从根本上讲，释放企业文化的力量，必须让文化从理念转化为行动，这正是企业文化建设应该做的。

10.1.1 理念认知

理念认知体系的构建是企业文化建设的核心，为制度规范的确立、员工行为的塑造以及形象标识的推广提供思想基础。所以，企业文化的理念认知体系是企业文化建设的核心层次，一般由企业使命、愿景、核心价值观、企业精神以及具体的经营理念和管理理念构成。齐善鸿教授用"两座房子"的比喻，简洁明了地揭示了理念认知体系建设的强大效果。在企业这座"房子"里，人们拿着工资和福利还怨声载道，在寺院这座"房子"里，人们却心甘情愿将辛辛苦苦挣来的钱捐献出来。企业文化塑造能够使员工在心中建立坚定的信仰，使其摆脱简单的利益交换关系。

企业理念认知体系的提炼和构建，一般基于调研、诊断的结果。企业归纳发展历程中沉淀而成的优秀文化要素，并结合企业未来发展的内外部环境要求，在反复研讨和征集员工意见的基础上精炼并最终形成企业文化理念体系。企业理念认知体系的建设，应坚持传承与创新相结合、行业共性和企业个性相融合、鼓励员工广泛参与等原则。

企业文化手册是企业文化理念体系的载体。它承载和体现了企业经营管理思想，是企业员工的行为纲领。企业文化手册一般包括以下内容：①序言概论，包括董事长寄语、企业发展历程、当前发展态势及今后发展规划等；② 主体，详细说明企业理念识别系统，包括企业使命、企业愿景、企业精神、核心价值观、经营理念、管理理念、企业 VI 系统、企业口号及企业之歌等；③ 附则，如企业荣誉、能够体现企业文化理念的案例（或寓言故事）、手册执行时间、解释权、持有手册的员工签名等。企业文化一般有一个与企业个性相贴切的书名，如《我是海尔我微笑》（海尔）、《华侨城宪章》（华侨城）、《筑魂》（中建中局）、《红塔文化力》（红塔集团）。

| 实践链接 10-1 |

中国联通企业文化手册

2018 年，中国联通发布企业文化手册《联通之道》。手册分为关于我们、党建统领 文化兴企、核心理念体系、行为准则、企业形象、打造国企混改标杆、责任使命、企业荣誉、企业大事记等九个部分。手册开篇是集团董事长寄语，以及企业发展概况和现任管理层介绍。其后，介绍党建统领企业文化的作用。手册重点部分是企业核心理念（愿景：客户信赖的智慧生活创造者；使命：联通世界、创享美好智慧生活；核心价值观：客户为本、团队共进、开放创新、追求卓越；经营管理理念：一切为了客户、一切为了一线、一切为了市场）和行为准则。再其后是企业形象标识和企业司歌。接着是企业特色部分，阐明打造国企混改标杆的目标和企业责任，最后是企业大事记。

资料来源：联通企业文化手册，http://www.chinaunicom.com.cn/resource/group1/M01/00/06/wKjcA1q5C06Ac2neAhHcIOO6GT4355.pdf。

文化点睛 从联通企业文化手册可以看到企业文化手册的一般结构和模式，也可以看到企业的经营管理特色。企业文化手册是企业文化理念体系的可视化成果，也是企业对内、对外宣传的重要载体。

10.1.2 制度规范

企业理念体系建成之后，下一步就是将企业制度规范融入企业文化理念的工作。制度规范是理念识别系统与行为识别系统的纽带，约束着行为规范和视觉识别系统的建设。杨克明（2010）指出，"孤阴不生，独阳不长"，如果文化理念是阴、虚、软，那么制度与机制是阳、实、硬，只有阴阳共济、虚实结合、软硬相支，文化才有用。企业制度规范过程是实现企业文化理念和企业经营管理环节融合的过程。

企业制度规范融入企业文化的工作，需要根据企业文化的核心理念、企业战略目标与规划，全面审视企业各项制度，广泛征集员工意见，进行增删并补等调整，确保企业制度体系与企业文化理念的一致性，从而实现企业文化"固化于制"的目标。企业制度规范的梳理包括两个子系统：一个子系统是基于部门纵向形成的子系统文化，如班组文化、车间文化、部门文化等；另一个子系统是针对管理重点横向形成的子系统文化，如质量文化、品牌文化、创新文化、安全文化等。例如，华为始终坚持将不少于销售收入的 10% 投入研发，并将研发投入的 10% 用于前沿技术，以促进创新。3M 公司的创新制度则允许每个技术人员用 15% 的时间做自己喜欢的工作，开发感兴趣的方案，不管这些方案是否直接有利于公司。

在企业理念指引下完成制度的梳理后，企业制度规范必须从严执行。有了好的理念和好的制度体系，如果不能很好地执行，那么制度等于没有。"周亚夫军细柳"的故事说明了制度执行有力的强大作用。柳传志率先垂范执行迟到惩罚制度，也是制度执行力方面广为传颂的例子。

制度规范的过程可按照 PDCA 循环进行，即通过计划、执行、检查、调整四个环节推行制度，确保其落到实处。其中，计划（plan）指确定目标，制订计划，对现有制度进行梳理完善。执行（do）是指实施制定好的制度。检查（check）是指检查计划完成的情况，分析现有制度执行的优势、劣势、局限性等问题。调整（action 或 adjust）是指根据检查的结果，总结经验，把未解决的问题和新出现的问题纳入下一次的 PDCA 循环。

制度规范融入企业文化，是企业文化建设和落地的有力支撑。与企业文化宣贯工作能够短期直观地看到宣传效果不同，企业文化的制度规范工作是企业文化建设过程的难点，它是一个漫长且需要反复实践才能看到实效的过程。企业需要根据战略发展指引以及企业的客观情况，在不同年份有所侧重地开展不同子系统的制度文化融入工作，有步骤地、循序渐进地实现文化融入制度。

实践链接 10-2

周亚夫军细柳

《史记》中"周亚夫军细柳"的故事充分说明了制度执行的影响力。汉文帝时，匈奴入侵，周亚夫等三位将军率兵三路驻守边境。汉文帝亲自劳军，到了霸上和棘门军营，可以长驱直入，但到周亚夫所在的细柳营地时，官兵头戴盔甲，兵器锐利，开弓搭箭，弓拉满月。文帝先卫队到了营前，不准进入，镇守军营的将官回答："将军有令：'军中只听从将军命令，不听从天子的诏令。'"过了不多久，文帝驾到，也不让入营。文帝派使者拿了天子的凭证去告知，周亚夫才传令打开军营大门。但是守营官兵对文帝的武官说，军营不准纵马奔驰，于是文帝只好松了缰绳，让马慢行。到了大营，周亚夫全身披挂，手持兵器，长揖在地说："甲胄之士不能下拜，请允许我以军礼参见。"文帝为之动容，对群臣说："这才是真正的将军！前两个营地，军容风纪如同儿戏，很容易被袭击。但亚夫这里，岂是能够侵犯的吗？"

资料来源：司马迁. 周亚夫军细柳. 古诗文网, https://so.gushiwen.cn/shiwenv_90e9963e6316.aspx.

文化点睛 在既定制度中，任何人都是平等的。周亚夫对军纪的执行一视同仁，皇帝也没有情面可讲，因此军队有很强的执行力和战斗力。同样的道理，只有企业文化的相关制度执行如山，才能实现企业文化理念与经营管理实践全面融合。

10.1.3 行为塑造

员工行为塑造是企业文化理念转化为员工技能和行为习惯的过程。员工行为塑造的最终结果是全体员工在企业运营过程中展示统一的语言和规范的行为。员工行为塑造至少包括以下三个方面的内容：

第一，激励全体员工的智力、向心力和勇往直前的精神，为企业创新做出实际的贡献。作为美国最优秀的 100 家企业之一的信捷公司，对自己的员工提出了这样的行为规范：在工作中不断激发个人的潜能，积极主动地为自己创造一种不断学习的机会，尽管工作是日常性的，但工作的全部内容应当提升到与成就个人事业相联系的位置上，以便为个人的成长提供动力。贝尔研究所拥有 9 000 名博士和硕士员工，他们坚持每月举办系列学术讲座，并鼓励不同专业的人员互相交流。所有员工，企业家、管理学家、各类专业人员、计算机专家、化学家、物理学家、心理学家和普通职员，大家共同探讨，交流各自的看法，在企业中形成一种勤于学习和善于钻研的好风气。

第二，把员工个人的工作同自己的人生目标联系起来。这是每个人工作主动性和创造性的源泉，能够使企业的个体产生组合，即超越个人的局限，发挥集体的协同作用，进而产生 1+1>2 的效果。它能唤起企业员工的广泛热情和团队精神，以达到企业的既定目标。当全体员工认同企业的宗旨，每个员工体验到在共同的目标中有自己的一份时，其就会感到自己所从事的工作不是临时的、权宜的、单一的，而是与自己的人生目标相联系的。当个人目标和企业目标之间存在着协同关系时，个人实现目标的能力就会因为企业而增强，同时把这种"组合"转变成员工的个体行为，就会有利于员工形成事业心和责任感，建立起对企业、对奋斗目标的信念。

第三，每个员工必须认识到：企业文化是自己最宝贵的资产，是个人和企业成长必不可少的精神财富；自己要以积极处世的人生态度去从事企业工作，以勤劳、敬业、守时、惜时的行为规范指导自己的行为。

企业价值理念外化于行不是自发的、自然而然就实现的。它离不开人们的价值实践，也离不开对员工有意识、有计划、有组织的培养和训练。优秀企业的经验表明，下列措施有利于人们的行为技能、技巧和习惯的形成：

（1）编制员工日常行为指南手册，把企业价值观分解成对员工日常行为的具体要求。在此基础上，企业通过学习、培训、实践、传播等活动对员工行为规范予以强化。这部分内容在企业文化手册中员工行为准则方面体现。

（2）发动员工共同制定行为公约和守则，并采取上下结合、定期与不定期结合的形式，对员工执行情况进行检查、评价和奖惩。企业可以把行为准则纳入员工绩效评价指标，通过制度规范员工日常行为。

（3）选择具备典型意义的人和事，进行行为分析，并着重揭示由价值观到行为的转化历程。优秀员工楷模的塑造、每年的员工评优活动、在企业内部刊物上刊登优秀员工的故事等都是传播优秀员工行为的渠道。

（4）组织员工交流价值实践经验，促进员工互动。例如，企业可以通过生产技术文化活动，如业务交流、技能比赛、操作表演等方式，形成崇尚技术、钻研技术的风气。企业也可以通过各种培训、外出考察、科普讲座等提升员工对最新技术和行业发展的认知。通过竞技体育、文艺表演、兴趣爱好活动等建立正式和非正式的、员工参与性强的互动，增强员工的情感交流，提升员工的集体归属感和幸福感。

（5）开展专题行为模拟训练，如交往行为训练，合作行为训练，参与决策行为训练，协商、调停、仲裁矛盾和冲突的行为训练。对每项训练要设计好行为情境、行为模式、行为技能和技巧；对参与训练的成员要分派角色，明确角色规范，对员工的练习行为要给予及时评价。

（6）对行为困难者和问题行为者，以咨询方式进行个别辅导以使他们尽早摆脱困扰，或矫正其失范行为。

10.1.4 视觉识别

企业文化的视觉识别（visual identity，VI）体系是企业文化理念的具体、形象表现，是企业文化"外化于形"的要求。企业文化视觉识别体系的建设，包括 VI 设计和 VI 传播网络建设。其中，VI 设计包括 VI 基本要素设计和 VI 应用要素设计两大部分。VI 基本要素主要有企业标志设计、企业标准字设计、企业标准色设计、企业象征造型和图案设计、企业宣传标语等。VI 应用要素设计包括建筑物外观和环境、内部装饰、办公用品、招牌、旗帜、服饰、产品外观、产品包装、广告等方面的设计。VI 传播网络建设有企业标语、宣传展板、企业文化墙、企业品牌树、企业 BBS 论坛、微信公众号、企业内部刊物等。

如果企业文化的理念体系是根，那么制度规范和行为表现是茎与枝叶，视觉识别是花。企业理念体系是相对稳定的，制度规范和行为表现是理念体系的动态体现，视觉识别则直观地展示出理念体系的美好。但是，如果没有根和枝干，那么漂亮的花只是"无本之木"。

企业文化的视觉识别建设需以理念系统为中心，通过工程学（engineering）、经济学（economics）和美学（ethics）三个方面（3E）的结合，整体体现企业独特的市场价值、生产经营特点以及美学意识。

| 实践链接 10-3 |

广州轻工集团的品牌标识

广州轻工工贸集团有限公司（以下简称"广州轻工"）是广州市第一家工贸合一的大型企业集团公司。历经多次合并和发展壮大，广州轻工横跨20多个行业，包含节能环保、绿色日化、健康食品、商贸文体四大板块。广州轻工的产品在国内外市场上享有较高的声誉，名牌荟萃，素有"广货"美誉，拥有3个中华老字号、10个广东老字号、20个广州老字号、8个中国驰名商标、17个广东省著名商标、33个广州市著名商标。由于涉及的行业和品牌众多，广州轻工在企业文化整合过程中，设计了企业形象标识，以对内、对外统一推广和宣传广州轻工的企业形象。广州轻工的企业标识如图 10-1 所示。

（1）标识以"G"和箭头造型为视觉中心，"G"是广州（Guangzhou）中文拼音、集团"group"英文的第一个字母。该设计以一定角度和透视效果勾勒出"G"字的现代感，稳健中又带有灵性，契合了"广州轻工"的名称诉求；圆形的造型塑造出太阳的感觉；带着轨迹无限前行的箭头象征广州轻工悠久的历史沉淀及勇于开拓、创新发展的良好势头。

（2）标识以富于亲和性的橙色为主色调，寓意冉冉升起的一轮红日，光芒四射，体现广州轻工健康、阳光、蓬勃向上的企业形象，体现了广州轻工以客户需求和利益为导向，为客户提供全方位优质生活的服务者定位及强烈的社会责任感。

（3）"广州轻工"的中文专用字体，风格稳重、线条清晰，象征了国有企业的庄重气质，并突显了其可信任感。"GZLIT"的英文专用字体，采用了连笔的设计方式，不仅彰显出"广州轻工"人的团结协作精神，同

图 10-1　广州轻工的品牌标识

时还暗喻"广州轻工"与客户紧密联结，它是人们生活中不可缺少的品牌，是可持续发展的信誉品牌。

资料来源：广州轻工集团官网. 企业文化手册［EB/OL］.（2017-06-27）［2021-11-30］. http://www.gzlig.com/cullist.html.

文化点睛 从广州轻工的品牌标识，你能感受到广州轻工视觉识别在企业的市场价值、生产经营以及美学意识上的特点吗？要注意的是，企业标识会随着时代的变化而更新。

10.2　企业文化建设的过程

关于企业文化建设的过程，一些学者提出了不同的模型。典型的几种观点如下：

（1）两阶段论。王维平、王彬霞（2010）提出企业文化两维度运作管理模式：第一，企业文化养成——文化静态运作模式；第二，企业文化积累——文化动态运作模式。

（2）三阶段论。罗长海、林坚（2003）认为，企业文化建设包括设计、催化、实现三个步骤，又称为生产、分配和消费三个步骤。

（3）四阶段论。叶坪鑫、何建湘、冷元红（2014）把企业文化建设分为四个步骤八个子体系。四个步骤即四个阶段，分别指的是战略规划启动、基础体系构建、企业文化推进以及评估促进提升。

（4）五阶段论。王成荣（2020）认为，企业文化的建设程序需要做好五个环节的工作，即对企业文化现状的盘点与分析，企业文化建设规划的制定，企业文化理念的定格设计，企业文化的传播、拓展和实践巩固以及企业文化的完善与创新。曲庆（2015）认为，企业文化建设分为文化理念提炼和文化理念落地两个阶段，而文化理念落地又细分为具象化、沟通、强化和评估四个步骤。

10.2.1　企业文化建设的两阶段论

企业文化由企业价值观念体系和相应的文化教育活动两部分组成，相应地，企业文化建设分为两个维度：企业文化养成——文化静态运作模式，企业文化积累——文化动态运作模式。

企业文化养成过程包括以下一系列活动：① 企业物质文化的奠基；② 企业核心文化，包括企业价值观和企业精神的提炼；③ 企业战略的制定；④ 企业制度文化的建立；⑤ 企业文化设施的建设；⑥ 企业环境文化的形成；⑦ 企业经营文化的设计，这是企业形象识别系统的主要内容。

企业文化积累活动包括：① 生产技术型文化活动；② 生产福利型文化活动；③ 文化娱乐型活动；④ 教育培训型文化活动；⑤ 舆论宣传型文化活动；⑥ 公共关系型文化活动；⑦ 制度创新型文化活动；⑧ 习俗礼仪型文化活动。

企业文化养成和企业文化积累两个建设维度的关系是：前者是指文化建设、文化培育、文化养成的管理，后者是指各类文化活动、文化行为、文化扩散的管理。前者是对企业文化资产形成和确立过程的管理，后者是对企业文化资产积累和增值的管理。前者是基础性工作，后者是扩展性工作。

10.2.2 企业文化建设的三阶段论

罗长海、林坚（2003）提出企业文化的三阶段论，包括设计、催化和实现三个步骤。

（1）中心要素的设计。这个阶段即用准确、生动的语言归纳企业文化的精神和价值理念体系。它细分为筛选、梳理、发掘、设计四个步骤。第一步，筛选是从现代社会的精神产品中筛选出适合企业的精神财富。其筛选标准包括：一是促进企业经济迅速发展；二是促进本企业员工人格健康成长；三是增强企业内在凝聚力；四是加强企业竞争力。第二步，梳理，即对企业实践中直接萌发的概念和意识进行回顾、调查、分析、研究，为一般精神财富和本企业实际相结合打下基础。梳理要找出三类事实：不符合作为当前财富的精神事实、符合现在的精神事实以及超出现在的精神事实。第三步，发掘第二步梳理出来的第二、三类事实，找出其形成机理和发展生长点。第四步，设计企业文化建设计划。

（2）中心要素的催化。中心要素的催化即合理分配本企业生产的精神财富。在催化的过程中，要完整地向每个员工灌输，确保每个员工理解精神财富，同时要注意不同层级的员工理解的侧重面不同，系统性和深刻性有别。对精神财富的理解，是培育和教育的结果，因此要合理分配每个员工接受培养和教育的时间与机会。

（3）中心要素的实现。中心要素的实现即企业精神财富的转化，可以有多种形式，如内化、外化、习俗化和社会化。内化即将企业的精神财富铭刻在员工的心灵上；外化即企业精神在员工行为、产品、服务、内外环境中体现出来；习俗化即企业精神理念变成全体员工自发遵守的风俗、习惯和仪式等；社会化即企业向社会展现本企业特有的优质服务和优良产品，形成得到社会赞美的企业形象。

10.2.3 企业文化建设的四阶段论

叶坪鑫、何建湘、冷元红（2014）通过多年的企业文化咨询和企业文化案例总结归纳了成功企业文化建设的四大步骤，对应八大子体系。其中，战略规划启动对应企业文化目标体系和保障体系；基础体系构建对应企业文化识别体系；企业文化推进对应企业文化培训体系、传播体系、激励体系和融入体系；评估促进提升对应企业文化评估体系。

（1）战略规划启动阶段。这个阶段首先要根据企业总体发展战略，确定企业文化建设的目标方向、实施规划和步骤，同时启动企业文化保障工作，为企业文化建设创造良好的工作环境和实施条件。

（2）基础体系构建阶段。这个阶段通过深入调研，挖掘文化基因，并结合企业实际和未来发展需要提炼出企业文化理念体系，构建相应的行为识别体系和视觉识别体系。

（3）企业文化推进阶段。这一阶段通过培训体系、传播体系、激励体系和融入体系，从宣贯传播到内化于心，从岗位实践到外化于行，从制度建设到固化于制，从而将企业文化与管理各个环节深度融合，切实增强企业文化核心竞争力。

（4）评估促进提升阶段。这一阶段通过定期或不定期地对企业文化建设工作的效果进行测评考核，有针对性、有侧重点地形成持续改进的良性闭环系统，实现企业文化的自我完善与提升。

10.2.4　企业文化建设的五阶段论

王成荣（2020）指出，企业文化建设是一个有意识、有目的、有组织的长期过程。其建设程序，一般要做好五个环节的工作。

（1）企业文化现状的盘点与分析。在这一阶段，通过调查分析企业现有文化状况和影响因素，对现有文化的优势、劣势和总体适应性做出客观评价。盘点内容包括以下八个方面：企业经营领域与竞争特点、消费者及社会公众对企业的评价与期望、企业管理的成功经验及优良传统、企业家的个人修养和精神风范、企业员工的素质与需求特点、企业现有文化理念及适应性、企业发展面临的主要问题、企业所处地区的经济与人文环境。

（2）企业文化建设规划的制定。企业文化建设规划是企业文化建设的纲领性文件，也是企业发展战略的重要组成部分。它需要阐明企业文化建设的环境、指导思想、建设目标、实施策略途径和方法，以及组织保证体系。企业文化建设规划的制定需遵循以下原则：企业文化建设规划应与企业经营战略相结合；企业文化创新设计应与继承优良传统相结合；企业文化前瞻设计应与解决现实问题相结合；企业文化系统建设应与重点突破相结合；集团文化规划应与所属公司企业文化相结合。

（3）企业文化理念的定格设计。企业文化理念的定格设计是在企业文化建设规划的基础上，用确切的语言把主导的价值观、道德观和行为准则表达出来，形成完整的企业文化理念体系。定格设计包括以下内容：企业事业领域和市场定位，企业使命、愿景和战略目标，企业核心价值观，企业伦理道德和职业道德，企业精神和企业风尚，企业经营理念和经营方针，企业管理理念和管理方针，企业服务理念和服务规范，企业人才、质量、安全、廉政等理念，领导层、管理层及员工层的基本行为准则，企业主打宣传用语和文化形象定位。

（4）企业文化的传播与实践落地。企业文化理念的定格设计完成后，一般先需要通过编制企业文化手册的形式固定下来。然后，通过企业文化启动仪式、文化训导、文化演讲与传播、重大事件的渲染、文化网络的沟通、文化氛围的营造、文化故事的传播等方式进行灌输和传播。通过制度、行为规范的强化，以活动为载体拓展，以领导者和企业楷模来示范，以激励机制来强化，以企业形象来展示等方式对企业文化进行巩固。

（5）企业文化的完善与创新。随着企业经营管理实践的发展、内外部环境的变化，企业文化需要充实完善和与时俱进地创新。

上述五个环节构成企业文化建设的一个循环，但是它们在实践上不是一个环节结束，另一个环节才开始，而是相互交叉和渗透，从而促进企业文化不断升华和逐渐成熟。

曲庆（2015）认为，企业文化建设分为文化理念提炼和文化理念落地两个阶段，而文化理念落地又细分为具象化、沟通、强化和评估四个步骤。

- 精神层的总结提炼，即通过调查、分析、讨论提出企业使命、愿景、价值观、管理理念等企业文化精神层内涵的过程。企业文化的理念应该是内生的，源于企业成功经验的总结，而不是嫁接的。
- 具象化的过程，即运用规范、制度、组织结构、仪式、故事、象征物等各种载体把抽象的文化理念变得可观察、可操作，甚至可触摸的过程。注意，具象化的过程只是设计环节，不包括执行环节。

- 沟通过程，即把精神层的内涵及在企业文化载体上的表现传达到企业成员的过程。
- 强化过程，即企业通过各种方法不断加深员工对企业文化的理解和认同，从而提高员工对企业文化的认知度和认同度。
- 评估过程，即对企业文化落地的效果进行评价，包括员工对企业文化认知度和认同度的评价，以及企业文化载体发挥作用效果的评价。

具象化、沟通和强化三个过程在逻辑上有先后关系，但在实际运作中，这三个过程经常交错在一起。这是因为具象化的过程不能一次就做到尽善尽美，设计后执行，之后要不断完善。强化和沟通也是相互作用的，沟通有强化的效果，强化的方法也有沟通的作用。

10.2.5 企业文化建设过程的相关理论小结

企业文化建设过程的几种理论，除了上述的两阶段、三阶段、四阶段、五阶段理论之外，还有六阶段理论。例如，王吉鹏（2004）认为，企业文化建设包括价值观的起飞和落地两大步骤。起飞即形成价值观，落地是指把价值观融入企业的各个方面。而落地又分为宣传、沟通反馈、培育、行为转换、长期建设五个阶段。中国企业文化研究会（2002）提出的六个阶段是：提出问题，统一思想；组织力量，调查研究；设计规划，论证实验；严密组织，传播执行；注重实效，评估调整；确立模式，巩固发展。然而，不断演变的理论有着相对稳定的核心，即企业文化建设过程是围绕企业文化建设的内容展开的，其关联性如表 10-1 所示：

表 10-1 企业文化建设过程的不同理论之间的关系

企业文化建设的内容	两阶段论 王维平、王彬霞（2010）	三阶段论 罗长海、林坚（2003）	四阶段论 叶坪鑫、何建湘、冷元红（2014）	五阶段论 王成荣（2020）	五阶段论 曲庆（2015）
理念体系	企业文化养成：核心文化提炼	1. 设计：精神和价值理念体系	1. 战略规划启动	1. 文化"盘点" 2. 文化建设整体规划 3. 企业文化理念的定格设计	1. 精神层的总结提炼
制度规范	企业文化养成和积累：制度文化建立、制度创新型文化活动	—	3. 企业文化推进：激励体系、融入体系	4. 文化理念传播与实践落地：强化制度与规范	2. 具象化的过程：制度、规范、组织结构等
行为塑造	企业文化积累：各类文化活动的组织	2. 催化：向员工灌输精神财富	2. 基础体系构建：行为识别体系 3. 企业文化推进：培训体系、传播体系	4. 文化理念传播与实践落地：企业文化手册、精神与文化训导、文化网络、文化故事、塑造品牌形象等	2. 具象化的过程：仪式、故事 3. 沟通过程 4. 强化过程
形象识别	企业文化养成：物质文化奠基、文化设施建设、经营文化设计	3. 实现：内化、外化、习俗化和社会化	2. 基础体系构建：视觉识别体系	—	2. 具象化的过程：象征物
其他			4. 评估促进阶段	5. 企业文化的完善与创新	5. 评估过程

10.3 企业文化建设的实践操作

10.3.1 楷模引导法

楷模引导法是指企业通过树立企业文化的学习楷模（如标兵人物、英雄模范、先进示范岗等），向员工树立学习的榜样，传播典型案例或者人物事迹，从而引导员工更好地理解并践行企业文化理念。

肯尼迪和迪尔（1989）把先进模范人物称为英雄人物，他们是企业造就的英雄。王成荣和周建波（2002）把企业英雄解释为"企业生产经营活动中涌现的一批具有较高政治水平、业务技术水平和优秀业绩的劳动模范、先进骨干分子或英雄人物"。因为英雄模范是在企业中造就的，在员工身边成长起来的，所以，他们的示范效应对广大员工有较强的激励作用。英雄模范所体现出来的优秀品质反映的正是企业文化的理念标准。

企业可以通过考核和评比选出企业文化的楷模。不同的英雄模范有不同的评选标准，如销售之星、服务模范、创新先锋等；不同的英雄模范就是不同价值理念的卓越践行者。一般来讲，英雄模范一年评比一次，通过公正、客观的程序选出大家一致认同的模范人物，并结合企业的传播体系进行广泛传播。但英雄模范的来源也可以不局限于评比考核，可以是企业领导者接触到的感动人物，也可以是企业在报刊、网络等内部宣传渠道中传播的引起共鸣的先进人物。这些源于"民间"的英雄人物，也具有良好的群众基础和示范效应。值得注意的是，企业对英雄模范的评价应避免求全责备，但也不能一俊遮百丑。

值得注意的是，在企业文化塑造过程中，文化管理者不仅要关注英雄模范的正向激励作用，也要注意高层领导者的不良行为对文化塑造的不良影响，因为领导者有意无意的言行时刻对企业文化的建设产生着潜移默化的影响。例如，著名企业文化专家埃德加·沙因在其著作《企业文化生存指南》中介绍了一个文化变革的咨询案例：一个能源公司的COO觉得组织固守旧有做法，规范停滞不前，希望开展文化变革，但是他并没有意识到自己的行为正在强化这种文化僵化的局面。例如，企业COO主持15位高管的例行管理会议。每次高管在例行会议上分别坐在大会议桌同样的位置。有一天，只有5位高管出席会议，他们仍然稀稀落落地分散坐在原来的位置。这位COO内心对此情景很不满，但是没有对这种现象做任何的纠正。沙因指出，COO的无所作为正是强化文化僵化的一种行为。

| 实践链接 10-4 |

"火星人"马斯克的创新魅力

2017年4月，特斯拉以510亿美元市值成为美国最大的汽车制造商，创造了汽车工业的历史。从2016年11月宣布收购太阳城公司（SolarCity）以来，不到半年，特斯拉股价涨幅已经超过50%。针对不断膨胀的市值，CEO埃隆·马斯克发表评论称："如果从传统的衡量指标来衡量特斯拉的股价，一定是荒谬的。"所谓传统的衡量指标，即市盈率、市销率等。从汽车销售数量来看，特斯拉远不及传统汽车巨头，2016年特斯拉亏损7.7亿美元，总共卖出7.6万辆车，福特卖出670万辆，通用则突破1000万辆。为何特斯拉能让资本如此缺乏理性？特斯拉吸引投资者的不是即时利益，而是一个关于未来的故事，特斯拉股价所反映的是投资者对马斯克所带领的企业团队持续创新精神的看好。

在全球范围内，马斯克是炙手可热的创业家和科技创新领袖，他集工程师、企业家等多种身份于一身，他经常放出"狂想"。但事实证明，他的各种"狂想"都对相关产业产生了深远的影响：他创办的PayPal是网上支付先锋，特斯拉重新定义了电动车的概念，太阳城公司创造了全新的太阳能产业模式，太空探索技术公司（SpaceX）成功回收火箭为开启廉价太空发射的时代。马斯克还有许多"狂想"：电动飞机、4000颗卫星联网、超高速真空管道火车，其中一个如果成功，都足以给世界带来很大改变。

对于马斯克这样一个极度成功却从不安于现状的人，有人评价，马斯克对这个世界保持深深的、强烈的好奇心，鼓动所有人拼命工作，并且敢于在别人不敢涉猎的领域冒险，历经挫败而初心不改。也有人对他在开发过程中不断烧钱而感到忧心，认为他集资50亿美元建高技术电池厂是一场"豪赌"。

事实上，马斯克开创的企业不仅有宏大的愿景，更有不懈的坚守。当功成名就之后，马斯克把钱砸进了两个无底洞，成立SpaceX意在太空移民，成立特斯拉为了能源革命。资本对于特斯拉的追捧，很大程度是对马斯克骑士精神的认可。

"坚持非常重要，永远不要放弃，除非迫不得已，"马斯克说，"在做一件事的时候，只要有10%的成功率就去做。"

仅靠冒险和极端并不能保证成功，设定好愿景，专注于创新，用预见性说服投资人，用执着对待每次失败，用对细节的苛求来保证质量，或许是马斯克在多个领域实现突破并开创出一个又一个成功企业的秘诀。

资料来源：综合整理相关资料改编。

 马斯克是当代科技创新的先锋楷模。他在创新上的坚持和专注，不仅有市场号召力和业界感召力，还带来了改变企业以及改变未来世界的无限可能。

10.3.2 行为规范法

员工行为规范是员工在共同工作中行为和习惯的标准（张德、吴剑平，2000）。常见的行为规范法可以通过企业行为规范（手册）、仪式活动、制度流程展现。

（1）企业行为规范。在企业文化建设过程中，企业行为规范是员工行为规范的指南，是核心价值观加以行为化的手册。它根据企业理念体系展开，逐条细化员工行为。根据员工级别不同，企业行为规范可以进一步细分为员工行为规范、管理人员行为规范、生产人员行为规范、销售人员行为规范等。企业各种行为规范要清晰易懂、易于操作，切记辞藻华丽、晦涩难懂。表10-2是中国联通的行为准则，该准则既明确规定了企业不能容忍的行为，也规定了基本行为准则，而基本行为准则分为员工基本行为准则和领导干部基本行为准则。该准则根据企业文化的核心内容逐条细化到行为当中。员工行为规范有利于企业文化逐步落实到员工行动中，有助于员工自我观照企业文化对员工行为的具体要求，也有助于企业文化评估时分析和衡量企业文化实施的效果。

表 10-2　中国联通的行为准则

类型	内容	
行为高压线（不能容忍的行为底线）	1. 对外泄露或出卖国家通信机密、公司商业机密和客户隐私信息 2. 弄虚作假、做假账、报假数、搞虚假业绩；伪造虚假经历 3. 故意损害客户合法利益 4. 欺上瞒下、阳奉阴违，无故变更、拒绝或消极执行公司决议 5. 以工作之便违规收受财物，或为本人和亲属谋取利益 6. 侵占公司财物，或未经许可，私自将公司财物赠与、转让、租借或抵押给其他单位或个人 7. 从事或指使、协助他人从事与公司有竞争关系或存在利益冲突的经济活动 8. 违反《中国联通各级领导人员必须遵守的内部交往九条纪律》及《中国联通工作人员涉外合作十条纪律》	
员工基本行为准则	1. 遵章守法、廉洁自律 3. 客户为本、真诚服务 5. 诚实勤奋、好学精进 7. 团结友爱、协作互助 9. 厉行节约、安全生产	2. 热爱公司、维护形象 4. 求真务实、高效执行 6. 专业专注、精益求精 8. 尽职尽责、提升绩效
领导干部基本行为准则	1. 讲大局、有远见 2. 敢担当、有抱负 3. 善服务、带队伍	

资料来源：中国联通企业文化手册，http://www.chinaunicom.com.cn/resource/group1/M01/00/06/wKjcA1q5C06Ac2neAhHcIOO6GT4355.pdf。

（2）仪式活动。各式各样的仪式是行为规范的有效载体。典礼和仪式是肯尼迪和迪尔（1989）在《企业文化》中提出的企业文化五要素之一。如升旗、每日早会、年度庆典是常见的企业仪式活动，为员工聚集、互动、交流企业文化提供机会。通过典礼仪式，员工可以亲身感受企业文化，在活动中体验企业文化，在人际交流和互动中传播企业文化。在仪式活动中，一些非正式的交流，可以让上下级之间、员工之间乃至员工与家属之间都有彼此增进了解的机会，同时企业文化可以在潜移默化中传播。

（3）制度流程。质量文化、安全文化等与生产紧密相连的管理理念，如果能与生产流程紧密结合起来，可以让员工在日常操作中不知不觉地实践企业文化。例如，联想早期建立的迟到罚站制度，无论什么原因，开会迟到要罚站。该制度出台后，第一个被罚站的就是柳传志的老上级。这项制度已经执行了 20 多年，大大提升了企业的执行力。

| 实践链接 10-5 |

一句简单的赞美能够产生多大的影响

神经科学家表示，大脑对赞美言辞的反应与对金钱奖励的反应相似。表达赞美和感激，对于保持员工士气、建立互相支持的积极企业文化至关重要。感激会让员工觉得自己受到了重视，正面反馈则能够减轻压力对员工表现的负面影响。

虽然大家知道赞美能让人感觉更美好，但还是经常放弃这种低成本的让他人感到被欣赏、被重视的机会。为什么呢？

（1）低估自己的赞美对对方产生的积极影响。在两项相互独立的研究中，研究人员请参与者估计他人得到赞美后的感受，然后让他们去赞美他人，将得到赞美的人的实际感受和参与者事前的估计进行对比。两项实验中获得赞美的分别是参与者的朋友和陌生人。结果显示，参与者低估了自己的赞美对对方产生的积极影响。另外，在一项实验中，参与者写下了对朋友的赞美，但其中只有50%的人在有机会的时候把赞美发给了朋友，即使最困难的部分——想出对方值得称赞的地方——已经完成。

（2）担心自己表达赞美的能力。实验揭示了建立积极的组织文化过程中一个重要的心理障碍：对期望的错误估计。在考虑是否要向他人表达赞美或感激的时候，人会过度担心自己表达赞美的能力（"如果我表达得让对方尴尬该怎么办？"），忧虑使得我们对自己传达出的信息能够产生的影响过度悲观。悲观令我们抑制了这种会让每个人都感觉更好的行为。

（3）低估对方收到谢意的积极感受。在一项研究中，参与者写信表达自己对某人的感激之情。接收者之后被问到自己收到感谢信的感受。研究将接收者的感受与参与者的预期进行对比，发现参与者低估了对方的正面感受程度，高估了对方的尴尬程度。

（4）误以为多次赞美价值会下降。你可能会担心，赞美之所以能够产生积极效果，只是因为稀少；频繁给出赞美会令其价值下降，或者显得不够真诚。研究表明，事实并非如此。一项研究的参与者认为，在一个星期里每天获得一次赞美，每一天的积极感受水平会逐渐降低，感受到的真诚程度也会逐渐下降。但实际情况与预期相反：获得赞美的人每天心情变好的程度大抵相仿。赞美并不会渐渐失去效力。就像人吃饭是为了满足生理需求一样，在工作和生活中被看到、被认可、被欣赏的基本需求也会重复出现。

资料来源：布思比，赵轩，博恩斯. 一句简单的赞美，能够产生多大的影响［EB/OL］.（2021-03-04）［2021-12-08］. 朔间译. https://mp.weixin.qq.com/s/hrBu0oeLbdzrcEq0_nJ13g.

从上面的分析可以看到，给出赞美和收到赞美的人都会受益。请赞美者不要过分担心自己表达赞美的能力，也不要低估对方收到谢意后的积极感受，更加不要误以为多次赞美会价值下降。善用赞美是塑造"有温度"的企业文化的简单有效的小诀窍。正如Ultimate Kronos Group CEO 阿伦·艾恩（Aron Ain）所说："表达感激，不是给员工举办一场节日派对、放一天假或者开出一次性的奖金……而是建立一种感激的文化。"

10.3.3 形象重塑法

形象重塑法是指通过企业标志、产品外观、员工服装、建筑、设施、环境等标识、饰物和外观环境等的重新设计和包装来塑造企业文化。形象重塑法的优点是：直观，易于理解，灵活多样，能潜移默化地实现传播效果。例如，企业文化在视觉上的设计和包装，是企业内部和外部利益相关者最直接、最直观的体验。标新立异、巧立心思的设计，能迅速在大众心中传递企业的精神和价值理念。在员工着装方面，正装展示端庄有礼的行为规范，便装展示随意自然的交际理念。在办公室的格局重塑方面，开放的办公室能塑造人际交往密切的团队文化和创新文化，独立封闭的办公室能强化增加人际距离的等级文化。如谷歌、百度等科技型企业允许员工随意装饰他们的办公空间，甚至可以带宠物去办公，营造自由、创新的文化氛围，而制造型的企业则强调规范、务实、精细等管理理念。建筑物的风格和颜色可以与企业标识一致，传播统一的企业形象，建筑物的节能环保和人性化设计可以强化企业可持续发展、以人为本等理念。例如，海底捞的餐厅设置很用心，会提供棋牌、零食、免费擦鞋、美甲等服务，给顾客以贴心的服务体验。海尔集团常年在集团开展"画与话"活动，鼓励员工用漫画形式表达自己对企业文化的观察与理解。这不仅营造了不断变换的企业形象塑造空间，而且创造了企业与员工交流企业文化理念的沟通渠道。

| 实践链接 10-6 |

华为形象的脚步

在2016年世界移动大会（MWC 2016）开幕之前，华为推出一组主题为"厚积薄发"的广告，在全球预热。在华为展厅入口左侧的大屏幕上，瓦格尼亚人在水流激越的河流中捕鱼的广告反复播放，给人强烈的视觉冲击力。华为的形象广告，大致经历了四个阶段：第一阶段是华为人在泥沼里和高原上架设基站，突出华为人吃苦耐劳和敢于攀登的精神。第二阶段是向遥感地理学家"布鞋院士"李小文学习的广告。华为崇尚科学家精神，从华为坂田基地道路命名就可见一斑，如"居里夫人"大道。据悉，华为当时找到李小文院士沟通时，他的身体状况已经很差，但是李小文认同华为，这位学术界的"扫地僧"为华为代言，将华为的形象推进了一层。第三阶段是"芭蕾脚"广告，一位芭蕾舞演员一只脚穿着芭蕾舞鞋，靓丽光鲜，另一只脚赤裸，满是伤痕——华为何尝不是这样痛并快乐着！现在，华为品牌进入第四阶段，作为一家全球性企业，其品牌形象也体现出国际化视野。华为新的形象广告，使其在全球舞台上展示自己。华为之所以能够持续高速发展，与其健康的企业文化息息相关。华为轮值CEO郭平认为，不管公司的管理层说什么，做好产品和用户体验，始终是华为的追求。华为的企业文化不会变，公司一直保持低调谦虚，努力为客户创造价值，为消费者创造更好的体验。

资料来源：改编自：徐上峰. 郭平：华为低调的企业文化不会变［N］. 企业家日报，2016-03-09.

 企业广告是企业外塑形象的工具，是企业文化的载体。尽管华为形象广告在变，但是华为企业文化的核心部分（即以客户为中心，以奋斗者为本，长期坚持艰苦奋斗）不变。

10.3.4 故事激励法

故事激励法是通过一些通俗易懂的故事把凝练的企业文化理念演绎出来，达到文化理念内化于心的目的。所谓"小故事、大道理"，生动的故事能打动人，真实的故事能说服人。我国优秀的文化传统和民族精神就是通过众多故事在亿万人民中代代相传得以延续的。例如，一讲到"忠"，人们会想到岳母刺字的故事；一讲到"孝"，人们会想到"卧冰求鲤"的故事；一讲到刻苦勤奋学习，人们会想到"囊萤映雪""悬梁刺股"的故事。张瑞敏曾说："《圣经》为什么在西方深入人心？靠的是故事，一个个生动的故事。推广某个理念，讲故事是一种很好的方式。"

企业文化的故事主要是企业发展过程中的人物和事件，特别是组织的创始人、组织的产品和服务以及它过去的胜利与成败的故事。前面提到的英雄模范的事迹常常是故事激励的好题材。好的故事有动人的情节，有让人身临其境的感觉，间接地让人经历事件，集中地说明一种观点，它容易让人记住，便于传播。

| 实践链接 10-7 |

海尔故事多

提及海尔的企业文化，人们很容易联想到一个个的故事：砸冰箱的故事、激活红星休克鱼的故事、大地瓜洗衣机的故事、海尔美国建厂的故事……通过一个个故事展现海尔企业理念的不同内容。砸冰箱的故事体现零缺陷的质量理念；休克鱼的故事体现"给你一块沙漠，还我一片绿洲"的做事理念；大地瓜洗衣机的故事体现"用户困难、开发课题"的市场开发理念；美国建厂的故事体现"三个1/3"的国际化经营理念。海尔把企业发展过程中发生的典型故事整理出来，撰写装订成册，取名《海尔情》《海尔潮》《海尔剑》，相当于海尔人的故事丛书。

资料来源：文化墙. 企业管理故事——海尔故事多 [EB/OL].（2012-12-31）[2021-12-09]. http://www.wenhuaqiang.net/article-802.html.

 海尔的故事是文化成长的故事，即让员工通过故事了解企业文化，深刻认同海尔的价值观和行为规范。这些故事也激励着每个海尔人不断创造新的业绩。

10.3.5 师徒传承法

师徒制顾名思义是师父带徒弟的培训方法。在培训过程中，师父传承给徒弟的不仅是显性知识和技能，还有组织的价值观念和行为准则。在酒店、咨询、法律事务、航空、金融等需要个性化服务的行业，师徒制被广泛应用。在员工的职业认知期、职业成长期和职业成熟期，师徒制在文化传承过程中都起到重要作用。其中，在职业认知期，员工新进入企业，处于角色转换期，师徒制可以让新员工了解岗位责任，感受工作环境，了解企业基本的行为规范；在职业成长期，员工熟悉工作环境，技能逐步提升，但可能会出现职业倦怠或感受不适应，产生焦虑或萌生退意，师徒制通过师父和徒弟间密切的联系，师父及时了解徒弟的思想动态，让徒弟转变思想；在职业成熟期，员工知识技能和工匠精神得以根植，具备从容应对外部环境冲击的能力，甚至凭借自身表现获得组织认同或晋升为师父，由此形成文化传承的良性发展。

研究表明，师徒制通过烙印效应有效诠释工匠精神，内化为企业文化。烙印效应是指焦点主体在发展过程中，在某个特定阶段受到个人观念、认知模式和行为习惯的塑造，从而产生持续性的影响。利用师徒制传承企业文化，首先，注意师父的价值观与企业文化价值观的一致性；其次，重视师父的甄选、师父的绩效考核和激励机制，考虑到员工观念和行为在成长周期中受到新旧烙印的重叠影响，管理者应建立长效制度维护师徒制，以确保烙印效应持续发挥作用；再次，注意徒弟学习效果的阶段考核和展示，员工成长是渐进性的适应和调整过程，需要经历认知烙印—适应化烙印—发展能力烙印三个阶段。师徒制可以把企业文化的价值观念和行为规范在员工技能学习过程中有效地传承下来。

10.4 企业文化建设的常见误区

10.4.1 企业文化建设视同企业思想政治工作

企业文化和思想政治工作的对象都是企业员工，企业文化强调企业精神和理念对员工的宣贯，思想政治工作也注重精神价值体系对人的引导，因此，有人认为两者可以替代，甚至认为两者实质上是等同的。但是，从企业文化建设的内容上看，企业文化建设比思想政治工作要广泛和丰富。

第一，内容范围不同。企业文化建设包括精神理念层面的提炼、制度规范的构建、员工行为的塑造和形象的传播四个方面；而思想政治工作是结合物质文化建设，以精神文化建设为主的工作，主要作用于员工精神生活的领域。

第二，工作目标不同。企业文化建设需要贯穿于企业生产经营的全过程，通过一系列活动引导员工的行为，从而提升企业的经营管理效果，实现企业的长远发展目标；而思想政治工作主要解决员工思想认识的问题，对经营管理有帮助，但是对经营管理的帮助并不是首要目标。

第三，责任者不同。企业文化建设作用的对象是企业的全体员工，它需要企业各级经营领导者和全体员工共同塑造，让企业文化的核心理念外化于行、固化于制；而思想政治工作的责任人主要是党组织，其通过说服和引导，解决员工思想认识上的问题。

10.4.2 企业文化建设只是企业领导的事

许多人认为，企业文化就是领导文化，因此企业文化是领导的事，这种观点是不全面的。它只注意到领导者在企业文化建设过程中的显著作用，而忽视了企业文化建设在各层级员工中全面贯彻的重要性。

首先，领导者是企业文化建设的倡导者、培育者和身体力行者。因为领导者处于组织顶端，所以其言论和行为会潜移默化地影响所有员工。Trice 和 Beyer（1991，1993）提出文化领导的概念，并从个人特质、环境特征、愿景和使命、下属的判断、绩效表现、领导行为、管理行动、对文化形式的应用、对传统的应用、长期坚持10个方面总结了文化领导的要素及其对组织文化的影响（见表10-3）。Trice 和 Beyer 还区分了不同类型领导对企业文化的作用。魅力型领导可以创造文化；转折型领导（turnaround leadership）、变革型领导可以变革文化；制度型领导、团队领导、英雄领导可以表现文化；共识型领导、交易型领导可以整合文化。

表 10-3 领导的文化元素及其对组织文化的影响

领导的文化要素	对文化的影响	
	创新	维持
个人特质	自信、控制型人格、信念坚定、传教士、引人注目、表现力强	信任团队、推动型、信念坚定、催化剂、说服力强
环境特征	危机	没有危机，或危机可控
愿景和使命	思想激进	思想保守
下属的判断	这个领导有应对危机的非凡素质	这个领导代表了现存的过去曾经成功的价值观
绩效表现	在管理危机方面不断取得成功	持续的成功
领导行为	率先垂范 建立成功和胜任的印象 清晰表达思想 向下属传递高期望和信心 激励	率先垂范 建立成功和胜任的印象 清晰表达思想 向下属传递高期望和信心 激励

（续）

领导的文化要素	对文化的影响	
	创新	维持
管理行动	新的组织结构和战略，或者激进式的改革结构和战略	改进和强化已有的结构与战略，或者渐进地改革结构和战略
对文化形式的应用	传递新的文化理念和价值观	申明和颂扬现有的文化观念与价值观
对传统的应用	建立新传统	延续现有的传统
长期坚持	变革被制度化	将延续性奉为圭臬

资料来源：曲庆. 企业文化落地理论与实践[M]. 北京：清华大学出版社，2015：91.

其次，如果领导者在官僚主义文化下表现为控制导向，那么领导者的行为将影响企业文化落地。刘军等（2006）研究发现，领导者应用专制式的价值观灌输方式，会导致下属内化程度降低，而应用制度驱动方式和激励方式灌输价值观，能够使下属对价值观认可甚至加以内化。值得注意的是，创始人和职业经理人采取不同的方式，产生的效果又有差异。职业经理人使用激励方式进行价值观灌输的效果不一定理想，使用制度驱动的方式效果可能会好一些。这也呼应了 Trice 和 Beyer 的研究，不同类型的领导者对企业文化的作用不同。

正如沙因所指出的，文化和领导力是一个硬币的两面。在创建团体和组织的时候，领导者首先创建文化。但是文化一旦存在，就开始决定领导力的标准，并决定谁能成为一个领导者或不能成为一个领导者。当然，领导者对文化推动有积极作用，领导力的独特功能就是能够觉察现存文化中有用和无用的要素，并对文化发展和变革进行管理，以此帮助团体在不断变化的环境中求得生存。

再次，企业文化是一家企业所有员工所共有的信念和期望模式，包括心智模式和行为模式。一家企业在创立之初，领导者的权威决定了企业早期的成功和高速发展，从而形成企业创业初期的文化。但是如果这种文化不为其他成员所认同和接受，那只是个人文化，而不是企业文化。员工是企业文化建设的基本力量，是推动生产力发展最活跃的要素。他们不仅是企业文化的实践者，也是企业文化的创造者。正是员工优良的工作作风和传统习惯，生产出优质的产品，推出绝佳的服务，才能使企业的精神理念转化成物质产品，对外树立企业的形象。从这个角度看，企业文化建设的过程就是在企业家的引导下，员工积极认同、自觉实践的过程。员工实践的好坏直接决定着企业文化建设成果的优劣。

最后，领导者该如何有效地促进企业文化建设？领导者的率先垂范是传播企业文化最重要的方式。"行胜于言"，领导者的一言一行都将成为员工思考和行动的标准。其身正，不令而行；其身不正，虽令不从。企业领导者只有在自觉地实践企业文化的过程中，将这份集体智慧的结晶与员工一起分享，号召大家共同学习和探讨，才能让员工感到企业的亲和力、向心力和凝聚力。只有领导者和员工共同融入企业文化的实践中，企业文化才会逐步完善、定型和深入。日本企业管理大师土光敏夫的名言："没有沉不了的船，没有垮不了的企业，一切取决于自己的努力，员工要三倍地努力，干部要十倍地努力。"

领导者要特别关注自己的以下几类行为：决策行为、人际行为及工作习惯。决策行为包括决策的民主性，而民主的决策可以传递平等、公平、协作的理念。人际行为是指如何对待上下级、同事、客户、竞争对手和合作伙伴，是平等尊重还是贵贱有别，是坦诚相待还是表里不一。工作习惯是指领导者日常工作的行为方式。例如，对于加班的习惯，有的领导者倡导不加班,传递工作与生活平衡的理念;有的领导者不仅自己加班,也要求下属加班,传递的是服从和工作至上的理念,甚至形成拖拉、虚假的潜文化。另外,领导者讲故事也是一种有效的企业文化建设的方法。通过故事,领导者可以把艰深的道理讲得通俗易懂,也可以让高高在上的领导者显得平易近人,让人对记不住的内容变得过耳不忘。像柳传志、俞敏洪、张瑞敏等企业领导者都是擅长通过讲故事激励员工的高手。

| 实践链接 10-8 |

玛氏公司的领导者马尔斯装空调

玛氏公司的领导者弗雷斯特·马尔斯在夏天到一家巧克力工厂视察。他走上三楼,最大的巧克力机就在那里,楼内闷热难当。他问工厂的经理:"你们怎么不在这里装上空调呢?"经理说他没做预算。马尔斯并未多说,而是走到附近的一架电话机前,给楼下的维修人员拨了个电话,请他们马上到楼上来。他说:"我们就站在这里,请你们到楼下把经理办公室里所有的东西,包括桌椅等都搬到这里来好吗?请你们把那些东西放在这台大巧克力机旁。"然后他对经理说:"空调什么时候装好,你就什么时候搬回自己的办公室去。"玛氏公司的领导者的这种行为,深刻地向公司的员工展示了公司重视员工的文化内涵。

资料来源:陈春花,曹洲涛,李洁芳,等.企业文化[M].2版.北京:机械工业出版社,2013:235.

文化点睛 企业领导者是企业文化的先行者和领路人,他们要把企业的事、员工的事看成自己的事。领导者的言行深深地影响着员工对企业价值观的理解,从而影响员工的行为。

10.4.3 企业文化建设即各种形式的文体活动

一些企业在报刊上宣传企业文化的建设或在官方网站上介绍企业文化建设的成果,常常报道开展了影评、书评、剧评,成立了阅览室、文化室,组织了郊外活动,进行了文艺、体育比赛,以显示企业文化搞得好,富有特色。于是,有些人总结,企业文化建设就是开展各种形式的文化、娱乐和体育活动。

这种对企业文化建设的理解是不全面的。正如前面提到的,各种形式的企业文化活动是企业文化积累的过程,是企业文化动态管理的模式。企业开展各种体育和娱乐活动,是企业文化建设的重要内容,但不是企业文化建设的全部内容。企业文化寓教于文、寓教于乐,通过这些员工喜闻乐见的活动,有助于企业文化的核心理念内化于员工心中,增强企业的凝聚力和执行力。但是,企业文化建设过程中,企业价值观和企业精神是文化养成的核心内容,在此之上,需要制度建设、行为规范把企业文化核心理念外化于行。

因此,缺乏核心理念体系指引而单纯举办一些文化、娱乐和体育活动,并不是企业文化建设的表现。企业文化建设是在企业核心理念指引下,员工行为外化的过程。以核心理念体系为基础开展的文化、娱乐和体育活动,是企业文化从理念到实践的有效途径之一。

进一步地,文化、娱乐和体育活动并不是企业文化建设活动的唯一形式,各种庆典仪式、领导讲话、培训教育、媒体宣传都是企业文化建设的活动。常见的企业文化活动类型有:

- 专题竞赛活动：技能竞赛、辩论赛、演讲赛、知识竞赛、设计大赛、征文比赛、故事会
- 沟通活动：高管开放日、主题论坛
- 习俗仪式类：公司庆典仪式、年终表彰大会、感恩仪式
- 联谊活动：社区联谊会、客户联谊会、节日联欢会、员工家庭日、企业开放日
- 教育活动：管理论坛、新员工入职培训
- 娱乐活动：新年音乐会、卡拉OK、联欢晚会
- 艺术活动：书法展、摄影展、绘画展、微电影
- 体育竞技活动：篮球比赛、足球比赛、长跑、徒步、登山

10.4.4 企业文化建设仅限于企业的对内管理行为

企业文化建设过程是逐步外化的过程，从理念认知到制度规范，从行为塑造到视觉识别，这一切都是企业主动而为的过程。有人认为，企业文化建设仅限于企业对内管理。这种观点在开放互联的数字化时代已经过时了。

好的企业最重要的标志是成长性，成长性不仅体现在员工的成长，还体现在顾客的成长和行业的成长。因此，企业文化建设活动不仅是对员工行为规范的管理，还包括对外形象的塑造和管理。在对外形象塑造中，除了视觉识别外，越来越多的企业意识到公益活动和履行企业社会责任对企业文化建设的价值与意义。企业的公益活动包括企业公益宣传活动、企业公益关联营销活动、慈善捐赠、企业的社会推广、企业志愿者活动和企业社会商业活动等。例如，星巴克的一项"星巴克让你扬名"计划，为支持像清扫小路和公园这样的非营利项目招募志愿者。这项计划不仅招募到店的顾客参与志愿活动，也鼓励店内员工参与活动，从而形成企业与员工、顾客及社区的良好关系和形象。这些公益活动是把企业价值观和使命真正落实到企业运作、员工成长、顾客和行业发展的有益工作，是企业文化建设的一部分。

本章小结

建设企业文化，就是构筑企业百年基业长城。企业文化建设有四个方面的内容：理念认知、制度规范、行为塑造和视觉识别。理念认知体系的构建是企业文化建设的核心，为制度规范的确立、员工行为的塑造以及形象标识的推广提供思想基础。制度规范是理念识别系统与行为识别系统的纽带。员工行为塑造是企业文化理念转化为员工技能和行为习惯的过程。视觉识别是企业文化理念的具体形象表现。企业文化建设的实质是以理念认知为核心，内化于心、固化于制、外化于行的过程。

企业文化的建设过程，有两阶段论、三阶段论、四阶段论、五阶段论乃至六阶段论等不同的理论，但是其核心离不开理念体系构建、制度规范、行为塑造和视觉识别等内容。因此，企业文化建设的过程和企业文化建设的内容是相关的。

企业文化建设的方法灵活多样，有通过英雄模范展示榜样力量的楷模引导法，通过行为守则规范员工行为与习惯的行为规范法，通过企业标志、产品外观、企业环境等载体传播的形象重塑法，有"小故事，大道理"的故事激励法，有师傅带徒弟的"手把手"传承法。

企业文化建设过程要避免一些认识上的误区，比如把企业文化建设视为思想政治工作。实际上，两者在内容范围、工作目标和责任者方面都是不同的；把企业文化视为领导者的工作的观点是片面的，领导者是企

业文化的旗手，但是企业文化的推行需要所有员工的参与，否则只有领导者认可的文化是个人文化，而不能被称为企业文化；有些人认为企业文化建设就是举办各种形式的文体活动，这种观点是不全面的，文化、娱乐和体育活动是企业理念的外化过程之一。有人认为企业文化建设仅限于内部管理工作，实际上，企业文化建设还可以通过公益活动和社会责任，促进员工、顾客和行业的成长。

总之，企业文化建设是一个长期的系统工程，一个由企业理念落实到员工行为的过程，一个企业理念内化于心、外化于行、固化于制的过程。

复习思考题

1. 企业文化建设有哪些内容？各项内容之间有什么关系？
2. 以你欣赏的企业为研究对象，分析企业文化建设的过程以及具体使用的方法。
3. 企业文化建设有哪些方法？

案例分析

亿滋中国 敏捷制胜

一、高失败率又快速迭代的快消行业

在中国快消行业，所有创新中75%左右的尝试会失败，这意味着剩下成功的25%必须带来很高的回报。亿滋也有过很多不成功的尝试，比如可以嚼着吃的无糖薄荷糖；还曾尝试IP授权的饼干，可惜行动晚了。而亿滋试错的标准和平衡点是：从成功项目上获得的利润能覆盖不成功项目的成本。

"疫情让消费者更愿意选择他们信任的品牌，亿滋旗下的品牌具有坚实的消费者信任基础。但中国的消费者也非常挑剔——如果你做得不够好，他们会马上毫不留情地离开。此外，中国市场变化速度特别快。打个比方，你必须成为第一个或者第二个到达派对的人，如果是第三个、第四个到，派对就结束了。"亿滋大中华区总裁范睿思（Joost Vlaanderen）说。

二、亿滋的"瘦身增肌"计划

范睿思从2018年起在公司内部启动了"雄心计划"，目标是到2025年将公司营收翻倍，这意味着亿滋需要在未来5年内保持市场平均3~4倍的增长速度。"2019年之前，我们'太臃肿'——公司结构复杂、运营成本高。调整组织架构后，亿滋达成了'瘦身'目标，至今没有'反弹'。现在必须更新人才管理思维才能驱动高质量增长。这就像一个刚减完肥的人，马上又需要'增肌'，迅速快跑起来，基本上是判若两人（两家企业）。令我自豪的是，中国团队适应这种变化的能力非常优秀。"

三、"快速尝试，不怕犯错"

在外部环境的剧烈变化和企业的长远发展目标的共同影响下，亿滋中国致力于塑造敏捷制胜的企业文化，这包括追求灵活敏捷而非苛求完美和以"中国速度"制胜两个方面。第一，灵活敏捷在一定程度上需要冒险，因为不冒险肯定无法实现计划中的高增长目标。所以在亿滋，员工既要能从失败中学习，不再犯同样的错误，又要能在冒险和尝试过程中及时判断项目更久远的发展状况。一旦有"危险信号"出现，要及时叫停重新尝试。第二，面对竞争激烈的"中国速度"，亿滋需要在充满不确定和快速变化的动态环境下保持灵活与敏捷，不断创新和突破，通过"跬步"的快速迭代和积累而"致千里"。

"在亿滋内部，我们时常会开展复盘讨论。真正的人才不怕犯错，他们会从错误中学习。如果你逃避这个问题，就要问问自己适不适合这家公司。如果不敢冒险，只能增

长3%或5%，就达不到我们两位数增长率的目标。"范睿思表示。

随着20~30岁的年轻一代员工成为企业的主力军，和60后、70后不同，他们从小就习惯获得"即刻满足"，没有耐心等待三个月来发现研究结果的答案。亿滋和阿里巴巴以及线下渠道的合作，以丰富实时的数据和数字工具赋能年轻员工大胆冒险，大胆尝试。在亿滋的敏捷创新平台上，实时数据可视化大屏随时在更新各个市场和产品品类的销量情况与消费者反馈。

"零食行业是艺术与科学的结合。在数字生态中，用实时数据进行试验创新是让新一代员工学习和以更快的速度了解消费者的有效方法。过去我们需要在全国范围内测试新产品，但现在颗粒细度更高，甚至可以只在一座城市里测试。我们通常会问自己以下问题：消费者喜欢新产品的哪些方面？购买者是什么样的人？会不会复购？谁不愿意购买，原因是什么？一旦搞清楚这些细节，你就可以决定扩大规模的正确方向。"范睿思说道。

疫情期间，亿滋对拳头产品趣多多曲奇的大胆改进，体现了敏捷制胜文化带来的收益。尽管2020年是艰难的一年，但亿滋把握住了消费者居家时间变长，希望享受更健康、更安全的优质甜食的洞察，因此改进了设计并将曲奇改为更小单元的独立包装。虽然趣多多的成本和价格都提升了，但这种更加卫生且不会超量的甜食选择击中了消费者的痛点，被市场证明尤其成功。

四、"让员工做自己，在他们跌倒时扶一把"

亿滋在2019年架构调整后，很多决策权从总部落地到了中国，但这同时也意味着中国的员工要承担更多责任，交付更多成果。为此，为配合公司的架构调整和加上对年轻人的心态的了解，公司管理者的领导方式发生了改变。"当我30岁的时候说教式管理没有问题。但现在不同了，员工有自己的工作方式，领导层的工作是给他们提供所需的学习资源和工具，帮助他们交付和达成结果，并在他们跌倒时扶他们起来。"范睿思说。因此亿滋采取员工70%在工作岗位上学习、20%公司内部导师制、10%线上线下参与培训的方法，鼓励员工随时在工作中保持成长的状态。

亿滋鼓励员工做自己，打破层级表达自己的真实意见。从亿滋上海总部的办公室设置中也能看出该公司在观念上推进扁平化的决心。包括范睿思在内的所有亿滋员工都在开放式大平台上办公，管理层不设任何格子间或独立办公室。

"我们鼓励员工不分层级提出反对意见，特别是初级员工，这样能帮管理层做出更好的决策。既然亿滋雇用了你，就说明公司认可你的才干，不管你说的是对还是错，不论上级是谁，不必担心有人报复或者对你有看法。"范睿思说。例如，亿滋中国设置了一项对突出贡献的奖励机制。曾经有段时间，该机制规定如果被提名员工工龄不足一年，只能获得精神鼓励，不能获得物质奖励。但一位加入公司不久的新同事直言对该规定提出了挑战，认为它有违公平。领导层重新审视了该规定，认同了该员工的建议，取消了该奖励机制中对员工年资的限制。

VUCA时代，亿滋的经验说明，对顶尖人才而言，"我是否在成长"比薪水、工作环境等任何硬件都重要。因此雇主创造出包容多样、激励成长的空间非常重要，还要不断给人才提供新的挑战和任务，让他们永葆对工作的好奇和热情。"这就是为什么我们在践行'做自己，每天成长'的企业信条，如果我们的顶尖人才没有进步，就说明公司发展出问题了。"

资料来源：刘铮筝. 亿滋：敏捷制胜，让"瘦身"成功的大企业跑起来[EB/OL].（2021-03-27）[2021-12-09]. https://mp.weixin.qq.com/s/hMZlLblUHHBSqSZLr0WJag.

讨论题

1. 亿滋中国的战略目标与企业文化之间是什么关系？
2. 年轻员工对亿滋中国的企业文化有什么影响？
3. 归纳亿滋中国企业文化的演化的成功因素。

参考文献

[1] 罗长海，林坚. 企业文化要义[M]. 北京：清华大学出版社，2003.

[2] 王成荣，周建波. 企业文化学[M]. 北京：经济管理出版社，2002.

[3] 叶生，陈育辉. 第三种管理模式[M]. 北京：机械工业出版社，2005.

[4] 曲庆. 企业文化落地理论与实践[M]. 北京：清华大学出版社，2015：91.

[5] 王吉鹏. 价值观的起飞与落地：企业文化建设实证分享[M]. 北京：电子工业出版社，2004.

[6] 中国企业文化研究会. 企业文化简明手册[M]. 北京：企业管理出版社，2002.

[7] 叶坪鑫，何建湘，冷元红. 企业文化建设实务[M]. 北京：中国人民大学出版社，2014.

[8] 王成荣. 企业文化学教程[M]. 2版. 北京：中国人民大学出版社，2009：169-179，208-210.

[9] 韩岫岚. 注意避免企业文化建设的误区[J]. 中国工业经济，1996（7）：42-46.

[10] 杨克明. 企业文化落地高效手册[M]. 北京：北京大学出版社，2010：51-52，72-77，114，141-142.

[11] TRICE H M, BEYER J M. Cultural leadership in organizations[J]. Organization Science，1991，2（2）：149-170.

[12] TRICE H M, BEYER J M. The cultures of work organizations[M]. Englewood Cliffs, NJ：Prentice-Hall，1993.

[13] 刘军，吴维库，刘益. 我国企业领导价值观传递模式研究[J]. 管理工程学报，2006，20（4）：1-8.

[14] 沙因. 谦逊的问询：以提问取代教导的艺术[M]. 李艳，王欣，译. 北京：机械工业出版社，2020：37-38.

[15] 沙因. 组织文化与领导力：第三版[M]. 马红宇，王斌，译. 北京：中国人民大学出版社，2011：17.

[16] 曾国军，李浩铭，杨学儒. 烙印效应：酒店如何通过师徒制发展组织操作常规[J]. 南开管理评论，2020，23（2）：75-84.

[17] 王维平，王彬霞. 当代企业文化两个维度的运作管理模式[J]. 管理世界，2010（8）：184-185.

[18] 刘光明，高静. 企业文化研究的新发展——新丝绸之路与文化包容性：12种观点的碰撞与交融[M]. 北京：经济管理出版社，2019：145-162.

[19] 王成荣. 企业文化学教程[M]. 4版. 北京：中国人民大学出版社，2020：138-145.

第 11 章　企业文化传播

【学习目标】

- ☑ 掌握企业文化传播的概念和特点
- ☑ 掌握企业文化传播的要素
- ☑ 了解企业文化传播的一般流程
- ☑ 了解企业文化传播的 CIS 系统

引例　　B 站为什么火起来：一个文化融合的新媒体文化传播分析

B 站是网站"哔哩哔哩"的简称（英文名称：bilibili），创办于 2009 年 6 月 26 日，被粉丝们亲切地称为"小破站"。B 站的特色是悬浮于视频上方的实时评论功能，即"弹幕"。这种独特的视频体验让基于互联网的弹幕能够超越时空限制，构建出一种奇妙的共时性的关系，形成一种虚拟的部落式观影氛围，让 B 站成为极具互动分享和二次创造的文化社区，B 站由此也成为众多网络热门词汇的发源地之一，成为国内领先的年轻人文化社区。

决定 B 站运营成功的是它背后的文化。媒体是一个文化生产的空间，新媒体就是新空间。"文化生产新空间，是在新的历史条件下形成的一种文化生产的机制与空间，具有面向未来、着眼青年、超越传统以及走向全球的特点。在这一空间内进行文化生产，不仅创造文化产品，而且还将直接起到以文化人的作用，是实现传统文化创造性转化与创新性发展的理想的场域与空间。"

二次元虽然被定义为小众文化，但经过几年的发展，如今的二次元与主流文化的关系，早已从曾经的"井水不犯河水"变成了如今相互输出与互补的关系。尤其值得一提的是，二次元文化对主流文化的价值输出和流量导入作用明显增强。首先是二次元的造梗能力，构成二次元文化内容的，不仅包括 UP 主们上传的各类视频，弹幕本身也是文化创造的一部分。这里的梗与词汇往往成为"新青年"的话语标签。其次，二次元文化并不仅仅指动漫，而是扩展成为一种因兴趣而生成的社区意识与分享精神。那些不合规的低俗内容并不是 B 站的主流。学习或课外自我充电，其实才是用户观看 B 站内容的最主要的因素。

B 站不断地推动内容产品的多元化发展，尤其是在纪录片领域的深耕令人瞩目。近年来，B 站相继捧红了《我在故宫修文物》《人生一串》等纪录片，为纪录片行业的发展提供了广阔的舞台与空间，甚至 B 站本身已经成为中国纪录片产业最大的出品方之一。如果说 B 站的前十年是二次元造就了 B 站，那么今天，B 站的健康发展也会反哺二次元文化的升级、更新与迭代，这或许将是 B 站未来发展的关键所在。

资料来源：谭天. B 站为什么火起来：一个文化融合的新媒体案例分析［J］. 媒体融合新观察，2020（1）：35-39.

11.1　企业文化传播的内涵

企业文化对于企业的意义已经得到广泛认同，然而，当企业拥有了自己的企业理念，建立起自己的文化体系之后，如何才能让这些理念上升到员工的行动纲领、转化为推动企业发展的动力？怎样实现企业文化与企业核心竞争力的对接？这就需要企业文化传播来发挥作用。

11.1.1　企业文化与传播的关系

1985 年，沙因的《组织文化与领导》一书出版。他认为，组织文化是特定组织中的成员在处理适应外部环境和内部事例过程中出现的种种问题时所发明、发现或发展起来的基本假说的规范。在概念描述中，他明确强调了组织文化的同化传播意义，即当组织成员进入组织后，文化便成为其必须学习以获得价值认同的主要内容。一般而言，这种活动在成员加入组织之前便已开始。员工欲进入某一公司谋职，必须了解该公司的一些基本情况，如工资待遇、工作条件、公司主营业务及基本企业精神等；进入该公司后，还要把原来的初步认识加以强化。这些都是通过学习企业的文化获得的。

可见，在组织文化产生与发展过程中，传播处于基础地位。从这个意义上说，传播才是企业文化的根本。在一定历史条件下，某一企业在其发展过程中形成的共同价值观、精神行为准则以及在规章制度、行为方式和物质设施中外在表现出来的企业文化，必然要围绕着相应的组织目标在企业内部成员之间和企业与外部环境之间进行信息传播以协调企业中的各种关系。

11.1.2　企业文化传播的概念

传播是人们为实现某种目的，凭借各种象征意义的符号而进行的相互作用、相互影响的信息交流与沟通活动。组织传播是指围绕着相应的组织目标，组织成员之间以及组织与外部环境之间所进行的信息传播以达到组织关系协调的活动。这一定义揭示了组织传播不同于其他传播活动，涵盖了人际传播、组织团体传播以及组织整体传播，但又不是这些传播的简单叠加。组织存在于特定的环境中，所以其传播行为是组织内部与外部的综合。

企业文化传播是一种组织传播。在实践中，按照传播范围的不同，企业文化传播可分为企业内部传播和企业外部传播。其中，企业内部传播指的是通过各种手段和方式，在企业全体员工中加强、深化交流和沟通，形成对企业物质文化、制度及行为方式、企业精神和价值观的共识，以减少甚至消除企业内部冲突和分歧，从而便于以整合和一体化的风貌对外展示企业形象。企业外部传播则是全面、准确地对外展示、传播本企业的文化，塑造集文明度、知名度和美誉度于一体的企业形象，促使企业与其他组织间关系及行为的协调，从而保证企业具有良好的运作环境。

11.1.3 企业文化传播的特点

企业文化是物质文化、行为文化、制度文化和精神文化的综合体。其传播的特点可归结为物质文化特点与精神文化特点两种。这是因为：首先，物质文化与精神文化是两种特点截然不同的文化，其传播特点不可一概而论；其次，企业文化的行为文化层面与制度文化层面是企业文化的中间层次，介于精神文化与物质文化之间，是文化构成中极具弹性的一部分，行为层面和制度层面的企业文化内容可以分别归结到物质文化和精神文化中去。

1. 物质文化传播的特点

企业物质文化是企业文化的表层形式，它是透过员工行为方式和创造性劳动成果、企业物质环境和设备表现出来的可观察、可触摸感知的企业文化。企业物质文化具有以下特征：

- 物质性。物质文化由厂房设备、物质产品等物质构成，具有明显的物质性。
- 显示性。物质文化一般表现为物质和文化形体，可观察和感知。
- 可传播性。物质文化通过学习和模仿，易于输入和输出，容易传播。
- 可变性。物质文化是企业文化的表层结构，容易受到各种外来文化因素的影响，具有动态特征。

由于以上特征，物质文化在传播过程中表现出容易传播、易于识别、可观察、可触摸感知的直观性特征。

2. 精神文化传播的特点

精神文化是企业文化的内在形式，透过人们的思想、情感和行为表现出来，通常表现为只可意会不可直接观察的文化特征。企业精神文化的传播，是人内在精神活动的外化，表现出一种隐性的、默会知识的传播特点。其具体特征表现如下。

（1）默会性。根据英国科学家、哲学家迈克尔·波兰尼（Michael Polanyi）的知识形态分类，精神文化内容中有很大一部分属于波兰尼所说的"隐性知识"。这类知识很难用语言表达出来，正如波兰尼所言，"我们知道的要比能够言传的多"。而事实上，人类的隐性知识在人类认识的各个层次上都起着主导性、决定性的作用；人类的理解活动实质上就是一个隐性知识发挥作用的过程。企业精神文化的隐性知识特征，决定了其传播具有默会性，需要寻找一种方式来表达其"可意会而不可言传性"。

（2）多样性。从企业精神文化的传播方式、手段方面来说，它具有多样性的特点，这是由企业文化的系统性、长期性特点决定的。首先，企业文化是一家企业内相互联系、相互依赖、相互作用的不同层次、不同部分结合而成的有机整体。企业文化的物质、行为与制度文化和精神文化也是相互联系、相互作用的，精神文化的传播中体现着物质文化、行为文化与制度文化，这使得精神文化的传播呈现多样性。其次，企业文化的塑造和重塑需要相当长的时间，并且是一个极其复杂的过程。作为一种文化现象，组织的群体意识和共同精神以及价值观的形成不可能在短时间内完成，精神文化具有丰富的内容和深刻的内涵，其传播不可能用一种形式、手段就完全涵盖。因此，精神文化的传播具有多样性的特征。

（3）情境性。由于精神文化很大程度上是一种"缄默"的、默会的知识，因此精神文化的传播首先要遵循隐性知识的特点，而隐性知识最典型的特点即"实践性"，尤其需要在特定情境中解决问题。默会知识的传播总是与特定情境相联系的。所谓情境性，是指隐性知识的获得总是与特定的问题或任务情境联系在一起，是对这种特定问题或任务情境的一种直觉综合或把握。然而，以隐性知识为主体的企业精神文化所要传达的往往是支配人们实际行为的、根植于企业文化传统的"潜规则"，这是显性知识无法表达的。从这个意义上说，企业精神文化的传播不仅需要具体情境的支撑，还需要与实际问题相联系。

（4）个体性。以默会知识为主体的精神文化是根据实践经验而领会和总结出来的，事实上知识、灵感、诀窍、习惯、信念总是以个性化的方式显现的。在现实生活中，由于每个人所处的环境不同，所拥有的人生历程不同，其实践经验也各异，同时由于个体的能力和悟性不同，因此在精神文化的传播中，同一情境中不同个体领会的结果可能大大不同。

| 实践链接 11-1 |

江小白的文化传播经验说明了什么

近年来，以江小白为代表的中低端白酒品牌利用社交媒体作为文化传播载体，凭借年轻化的品牌定位、新奇有趣的品牌传播内容在白酒市场迅速打响名声，市场知名度飙升，品牌价值凸显。那么，江小白是如何通过社交媒体进行自己的文化传播呢？

第一，品牌定位的年轻化和品牌形象的人格化。传统白酒一直与年轻人相距甚远，这为江小白的市场细分提供了机遇。江小白将目标市场锁定在80后、90后年轻群体上，为了满足年轻群体对白酒的喜好和追求，其在产品口味、度数、包装上进行了大胆改良，弥补了市场空白。而塑造品牌形象的重要手段之一就是品牌形象的人格化。江小白的卡通形象是一名文艺男青年，戴着黑框眼镜，穿着白色T恤、黑色套装，系着格子围巾，双手插兜，看起来有些酷。

第二，年轻化的情感传播。在互联网传播环境下，情感诉求是获取品牌好感的重要方式，尤其是在社交媒体环境下，消费者每天接触大量信息，他们对生硬的说教式信息很难专注，品牌采用情感诉求的方式更容易获得他们的情感共鸣。江小白的情感诉求最直接的体现就是酒瓶内容设计。拿起每个酒瓶，消费者都会看到不同的对话，关于生活、朋友、理想、孤单、父母、告白等，每段话都充满了哲理性。比如，"话说四海之内皆兄弟，然而四公里之内却不联系""手机里的人已坐在对面,你怎么还盯着手机看""青春不是一段时光,而是一群人"……每句文案都直击年轻人的情感痛点,能够引发年轻人的情感共鸣。

资料来源:安天博.社交媒体环境下江小白的品牌传播策略研究[J].出版广角,2020(21):77-79.

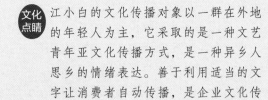

江小白的文化传播对象以一群在外地的年轻人为主,它采取的是一种文艺青年亚文化传播方式,是一种异乡人思乡的情绪表达。善于利用适当的文字让消费者自动传播,是企业文化传播的好做法。

11.2 企业文化传播的要素

传播过程中的各要素是构成传播模式的"点",而各要素之间的内在联系则是构成传播模式的"线"。

11.2.1 传播者

传播者处于信息传播链条的第一个环节,应具有权威性、可信性、接近性、熟知性等特质因素。在企业文化传播中,传播的主体主要分为以下几类。

1. 企业领导层

从某种意义上说,企业领导者对文化传播所起的作用最大。一方面,在一定的条件下,企业主要领导者的形象,也就代表着企业的形象;另一方面,从微观上看,任何群体意识总是先在个别人(主要是企业领导者)的头脑中萌生,然后依靠所在系统的各要素间的相互作用,成长为真正的文化。领导者能在企业文化传播中发挥作用,原因在于以下两大因素:

(1)领袖魅力。它是构成传播者可信性的一个重要因素。领袖魅力基于两个条件:一是领袖力挽狂澜的能力;二是公众对其领导能力的接受。

马克斯·韦伯(Max Weber)对领袖魅力曾做了深入研究,并归纳出领袖魅力作为一个可信性因素的五大特征:一是领袖魅力程度依赖于追随者的信念。当追随者接受领袖时,其魅力会增加。二是领袖魅力在环境中体现出来。危机时刻方显领袖魅力,正如美国学者法根所言:"没有普通的领袖魅力。"三是领袖魅力来自使命感。四是领袖魅力通过传播活动传递。五是领袖魅力具有相对不稳定性。随着时间的推移和环境的改变,领袖魅力的特征会有所改变。

(2)权威性。它是指传播者具有使受众相信、听从的力量、权威和地位的特质。通常,传播者越有权威性,其传播的影响力就越大,受众就越信从。传播者的权威性主要表现在权力和地位上。传播者的权力越大,地位越高,受众就越容易接受其影响。特别是传播者的权力和地位是通过个人奋斗得来的,并且传播者往往为社会做出了相当大的贡献以及个人的威信积累到了一定的程度,这时公众往往会发自内心地产生信任。

2. 专职进行文化传播的宣传机构和部门

(1)广告部门和公关部门。广告部门主要通过产品介绍等方式来提高企业产品的知名度,从而使企业的社会影响扩大。公关部门是以组织内外形象塑造为核心内容的组织边界延伸者。公关人员的工作不仅面向企业外部,其主要职责还在于协调企业内部关系,从而使企业成员加强凝聚力。对内的工作同样发挥着对外的效益,使企业与环境的传播活动显示出企业独特的形象地位，发挥延伸组织形象边界的作用。

（2）传播顾问和解说者。在企业文化传播中，传播顾问担当了重要角色。解说者也称说客，负责企业政策与策略的宣传解释工作，在文化传播中也有不可忽略的作用。

在传播活动中，只要传播者多露面，增加与受众接触次数和信息互动的频率，就会使受众产生"熟人"印象，形成亲近的倾向。让受众经常看到可以增强熟知性，直接与公众接触更有助于增强熟知性。当然，这并不意味着无限度地增加接触就一定能带来好感程度的不断增加。传播学研究表明：传播者与受众两者的接触保持在一定的限度内才会有好的效果，接触一旦超限度，受众厌烦的感觉就会出现。此外，如果第一次接触的印象十分恶劣，以后无论怎样频繁接触也难以奏效。

另外，这部分专职传播者的权威性主要表现在知识特长和信息掌握上。研究表明，如果传播者在受众的心目中是有关问题的专家，那么，在特定问题上，这位传播者就会比不具有专门知识的人更容易取得较好的传播效果。

3. 英雄模范人物

企业英雄是企业文化建设成就品质化的最高体现，也是企业文化建设进一步深入开展的最大希望之所在。企业英雄使得职工在理智上明确方向，在感情上奋发向上，在行为上有所模仿。从企业文化传播的角度来看，企业英雄具有以下作用：

（1）具体化的作用。英雄群体是企业精神和企业价值观念体系的化身，向职工具体展示了精神和观念上的内容，客观上起到了灌输价值观念和培育企业精神的作用。

（2）品质化的作用。企业英雄群体把企业价值观念体系和企业精神内化成了自身的品质，从而使企业具有价值的东西得以保存、积累并传递下去。

（3）规范化的作用。企业英雄群体的出现，为全体职工树立了榜样，使全体职工知道自己应当怎样行动，从而规范了职工行为，而且这种规范不是生硬的而是自然的，是被英雄事迹所感动、所鼓舞、所吸引而形成的，因而是文化规范。

（4）凝聚化的作用。每个英雄都有一批崇拜者，所有的英雄又都环绕着领袖型英雄，从而使整个企业成为紧密团结的、有文明竞争力的组织。

（5）形象化的作用。企业英雄群体是企业形象的一个极其重要的组成部分，外界可以通过这一群体来了解和评价企业。

4. 普通员工

从一定意义上说，组织设立的所有部门及全体成员都具有作为边界延伸传播者的意义，而且延伸者的作用也并非只通过业务行为加以发挥，它实际上集中在几乎所有的组织行为之中。任何一个职工，总会参与一定的社会活动，如零售企业的收银员、导购员、用户服务人员、电话总机接线员、门卫等。他们所具有的负责的精神、友好的态度、热情的作风无时无刻不在给企业形象增添光彩。相反，他们若不负责任、态度生硬、待人冷淡，就会对企业形象造成伤害。

5. 意见领袖

意见领袖又叫舆论领袖，是大众传播中的评价员、传达者，最早出现于美国传播学者保罗·拉扎斯菲尔德（Paul Lazarsfeld）等三人所著的《人民的选择》（1944）一书中。在信息传播中，信息输出不是全部直达普通受传者，而是有的只能先传达到其中一部分人，而后再由这一部分人把信息传递给他们周围最普通的受众。有的信息即使直接传达到普通受众，但要他们在态度和行为上发生预期的转变，还需由意见领袖对信息做出解释、评价和在态势上做出指导或指点。

意见领袖作为传播过程中的"中介"，在企业文化内部传播中首先扮演着企业文化的受传者，在接受企业文化后，在企业内部二次传播企业文化，同时又扮演了员工中的意见导向人物；在企业文化的外部传播中有一部分忠实受众，其中向外进行企业文化、服务经验等宣传的受众就是企业文化外部传播的意见领袖。

11.2.2 受传者

受传者是信息产品的消费者、传播符号的"译码者"、传播活动的参与者、传播效果的反馈者。企业的文化传播目标是满足受传者需要，这体现了受传者需要的重要性。

企业文化外部传播是指企业文化尤其是客观企业形象在企业之外的社会环境中对社会公众进行传播。社会公众和本企业人员不同，一般说来并不会对一家企业做长期、全面的观察和研究，而只是就他们和企业发生关系的那个方面去认识企业，并形成关于该企业的印象。因此，企业全面、准确地对外展示、传播本企业的形象，最终在社会公众心目中留下一个优美的，兼具文明度、知名度和美誉度的企业形象至关重要。企业文化外部传播的受传者不仅仅是顾客，还应包括相应的政府管理部门、供应商等和企业有联系的群体。

在企业文化内部传播中，普通员工要充当两种角色。企业文化是体现在企业活动方方面面的一种看不见而又具有强大影响力的力量，在员工之间的互动认同和相互传播过程中，员工一方面作为企业文化的接受者，另一方面又作为反复传播强化的基层实践者，具有双重身份。

11.2.3 信息

"信息 = 意义 + 符号表征"，这里的意义是指人对自然事物或社会事物的认知，是人给对象事物赋予的含义，是人类以符号的形式传递和交流的精神内容。符号表征，即信息的外在形式或物质载体，它是信息表达和传播中不可缺少的一种基本要素。

企业文化传播就是以符号为载体，以媒介为渠道进行的传播，传播的内容就是企业文化。企业文化可以从多个层面上被解析，德国慕尼黑大学教授 E. 海能在《企业文化——理论和实践展望》（2000）一书中指出："一个完整的企业文化体系包括两个重要的层面，即企业文化的思想体系层面和企业文化的媒介层面。"所以，企业文化传播的信息也可以分为这两个层面的内容。

（1）企业文化的思想体系，即企业的共有价值观念和行为准则。价值观念是关于正确评价状况或事件的基本意识和信念。行为准则体现为习惯、道德原则和理想规则；道德原则主要和规定及技术指令有密切联系；理想规则"并非表达应该做什么，而是表达事物和状态应该怎样"，它"要求知道理想事物或理想任务具有的某些特征"，而且它"是与良好状态的价值观念密切相关的"。

（2）企业文化的媒介——象征。象征是指"各种有意义的符号"，是企业文化表述和传播的重要媒介，有利于在企业内部形成关于价值观念和行为准则的共同认识。企业文化传播媒介（或称为象征性行动）是丰富多样的，企业的礼仪、欢庆仪式、故事、小说、歌曲、漫画、影视作品、戏剧、榜样、文体活动、实物等都是向员工、公众传达深层次的企业价值观和思维方式的有效媒介。例如，企业可选取发生在广大员工身边的英雄模范人物故事来渲染企业倡导的价值观，这样的故事更具亲和力、吸引力和感染力。另外，诸如揭牌仪式、新员工入职仪式、企业周年庆典、表彰大会等隆重的仪式和庆典也是企业传播文化的重要方式。

11.2.4　传播载体

传播载体是介于传播者与受传者之间的用以负载、传递、延伸、扩大特定符号的实体，是各种物化的和精神的形式承载，是企业文化得以扩散的重要途径与手段，具有实体性、中介性、负载性和扩张性等特点。

企业文化传播载体的具体形式如下所述。

（1）企业组织载体：指以整体组织存在的企业、企业内部各种正式的和非正式的组织团体以及全体员工。

（2）企业环境载体：指视觉环境和精神环境。视觉环境有办公环境、营业厅环境、基站环境、施工现场环境等；精神环境指人际关系、学习风气、员工素质、精神面貌、社会形象、客户口碑等。

（3）文化活动载体：指企业生产经营服务过程中的业务技能比赛、知识竞赛、客户参观体验、客户联谊、公益活动等活动，以及表彰庆典大会、演讲会、故事会、歌咏会、文化研讨会、文化培训会、运动会等富有知识性和趣味性的活动。

（4）文化媒介载体：传统的文化媒介载体有企业标志标语、企业之歌、企业报纸、宣传板、办公用品、工作服、企业文化手册等；新兴的文化媒介载体有企业网站、论坛、电子邮件、班组博客、总经理信箱、视频广播、电子屏幕、电子期刊、手机报、手机短信、手机彩铃、QQ、微信等，借助网络优势的信息化手段，能够全方位、立体化建立起企业文化传播的长效机制。

（5）文化设施载体：指教育培训设施、标志性建筑物、文化场馆与娱乐设施等。

11.2.5　反馈

反馈是指从受传者送回给传播者少量意见信息。反馈有助于传播者检验和证实传播效果，有助于传播者改进和优化下一步的传播内容、形式和行为，能够激发和提高传播者的传播热情，有助于传播者检查媒介信息所反映的具体事情的真实度和准确度。反馈是连接传播主客体的又一通道，是实现传播双向循环的有力节点，是改善传播效果的重要途径。在企业文化传播模式中，反馈是实现内外传播主客体转换的重要环节。

企业文化在企业内部传播，反馈来自企业员工。企业文化的传播，使全体员工共享企业的价值观、企业精神、经营理念，共同遵循企业规章制度，共创企业独特的物质、精神风貌。在这一过程中，企业员工对企业文化的认同度、执行度并不完全相同，接受或不接受将被反馈给传播者，以便进行企业文化传播的调整。企业文化在企业外部传播，反馈来自主要的受传者——顾客。顾客在接收企业通过产品、服务等方式传播的企业文化信息时会产生不认同的意识,通过提出意见、不购买等行为体现出来。其实,反馈不只有不满意的反馈,满意也会形成反馈,美誉、口碑本身也是一种反馈。企业可以根据受传者的反馈来调整企业文化的传播行为。

11.2.6 噪声

克劳德·香农(Claud Shannon)和沃伦·韦弗(Warren Weaver)在《传播的数学理论》(1949)一文中首次提出"噪声来源"的传播负功能,这一"噪声"被后人广泛运用在传播模式研究当中。噪声被理解为传播障碍,存在于整个企业文化传播过程中,是传播过程中不可回避的干扰,容易导致文化传播内容的失真。噪声存在于编码、媒介、译码、反馈等诸多传播环节中,具体到企业文化传播的过程,则体现在传播渠道不畅、忽视反馈、个人素质低等问题上。它们影响着企业文化传播的效果,降低噪声对实现企业文化有效传播至关重要。

| 实践链接 11-2 |

用包裹与客服来传播企业文化

在三只松鼠的文化中,包含包裹文化、客服文化。其本质是永远贴近消费者,保持为消费者服务的意识,在企业文化中起到了出其不意的传播效果。

包裹文化:给消费者制造惊喜

三只松鼠创始人章燎原发现,消费者购买坚果,肯定需要一个垃圾袋,于是,三只松鼠就在包裹中放置一个价值 0.18 元的袋子,虽然这增加了额外的成本,但是消费者会被三只松鼠的细心和体贴关怀深深感动。这就是极致体验。连续制造惊喜,令消费者感动,三只松鼠将消费者的每一个需求点或者尖叫点串联起来连接成线,最终给消费者以惊喜。消费者在购物之后,往往会通过社交化媒体,比如微信朋友圈分享自身的购物体验,我们称之为"晒"。这又会形成不断的传播。

客服文化:永远贴近消费者

自成立之日起,三只松鼠形成了一种客服文化。章燎原本人就是公司的第一名客服,并总结了一本上万字的《松鼠服务秘籍》。三只松鼠推出客服12招,目的就是教"做一只讨人喜爱的松鼠",当消费者和客服的关系演化成"主人"和"宠物"之间的亲密互动时,自然,"宠物"撒娇可以促成交易,也可以极大地提升客户满意度。章燎原则给自己起了个名字"松鼠老爹",以松鼠文化管理着旗下上百号"小弟"。实际上,在三只松鼠,所有员工都称呼消费者为"主人",在他们眼中,自己就是为"主人"服务的"松鼠"。在三只松鼠,"主人"第一的思维是企业的共识和组织原则,在三只松鼠的企业文化当中,有一条是"不准让'主人'不爽",就像企业的最高"宪法"。

资料来源:鲍跃忠. 三只松鼠:快消品企业模式转换的探索[EB/OL].(2017-05-05)[2022-03-09]. https://www.sohu.com/a/138367167_115035.

 三只松鼠的企业文化传播,正如 Cabrera 和 Bonach 所说:"一个企业的文化始于它的创建者的价值取向,同时也受到社会经济学的、组织环境与制度上的影响。组织文化通过组织特有的故事、仪式、物质象征和语言进行维持和传播。"

11.3 企业文化传播的条件与时机

企业文化的传播只有满足一定的条件，才能保证取得预期的传播效果，而在满足一定的条件后，选择合适的时机进行企业文化传播，更有利于实现企业文化的有效传播。

11.3.1 企业文化传播的条件

任何事物的发生、发展都是有条件的，企业文化传播同样如此。企业文化传播是传播者将特定的文化信息有计划地传递给受众，使其得以共享，即通过传播行为对内影响企业员工，与员工达成共识，使员工遵守企业的价值观、伦理观和行为规范，从而增强企业的凝聚力；对外树立良好而独特的企业形象，协调与社会公众的关系，获得社会的广泛认同，培养忠诚的消费者，以便在竞争中取得优势。企业文化传播要完成如此艰巨的任务，则需要一定的条件来支持，也只有满足了这些条件，企业文化传播活动才能取得更好的效果。

1. 企业文化本身应具备的条件

（1）企业文化易于理解。企业文化是一种核心理念，即一种精神财富。任何精神财富若无法被理解便不能被共享，更不可能在这种理念、精神的指导下创造物质财富、完善企业制度、规范员工行为。所以，企业文化必须易于理解，但是理解是一个很复杂的过程，受信息接收者的愿望、需要、态度及其他心理因素的影响。贝内特（Bennett）、霍夫曼（Hoffman）和普莱卡什（Prakash）指出："理解十分活跃，它包含了学习、更新视角、解释所观察到的现象等许多活动。"所以，企业不能生搬硬套先进企业的成功理念。企业领导、部门负责人和企业文化的设计者，应该结合企业所处的国家或地域的文化背景，根据本企业的实际情况和本企业员工的特点，采用多种措施，使企业文化的内传播深入浅出，易于员工理解，这样才能得到员工的认同，从而指导员工的工作行为和生活行为。一旦员工理解了企业文化，就能把企业文化所倡导的价值观内化为自己行动的指南，也只有在此基础上企业文化的外部传播才不会失真。

（2）企业文化具有层次性。企业文化传播的对象不是单一的，无论是企业内部员工，还是企业外部大众，他们的知识层次、教育背景、性格特点、工作任务和理解能力等都是不尽相同的。而要求所有的受众对企业文化都能有深刻、全面的了解是非常不现实的，也是根本不可能的。因此，企业文化应该具有层次性，这并不是说要割裂企业文化，而是说它应由浅入深、逐渐上升。企业文化是一个大的理念范畴，这一理念在不同的层面应该有不同的表现形式。针对不同层面受众的思想实际和理解的深浅，在企业核心精神的引领下，设计不同的企业文化内容，从而使得企业文化能够真正影响各个层面的受众。

2. 企业文化传播者应具备的条件

（1）学习能力。企业文化传播者要善于根据政治、经济的变化对新情况、新事物进行科学的分析、整理。这要求传播者有较强的学习能力和较强的调查分析能力，从而可以正确地评价自身所处的社会环境和优势条件，了解企业现状、员工思想状况和利益相关者的情况，并能把这些情况与同行业进行比较，以便博采众长，更好地传播企业文化。

（2）传播能力。从企业文化传播的角度看，传播能力主要体现在企业文化传播者对信息传播科学的具体运用上。按照哈罗德·拉斯韦尔（Harold D. Lasswell）"5W"模式的传播过程分析，企业文化的传播者要掌握企业文化内容、精髓，通过合适的传播媒介，把信息传递给受众，并尽可能达到最佳效果。

（3）组织能力。企业文化传播是一项复杂的工程。企业文化传播者在内外部各种形式的活动中，例如通过典型示范、讲座、培训、典礼、集会、联谊会等传递企业的文化信息。在这一过程中，传播者既要对本企业负责又要兼顾利益相关者的权益，尊重他们的意见和人格。因此，企业文化传播者要有较高的组织才能，这包括选择、策划活动方面的能力及良好的语言组织和表达能力。在传播活动中，高超的组织能力能够使受众最大限度地收到活动的组织者想要传达的信息，使企业文化传播收到良好的效果。

（4）具有主体性。企业文化传播者具有的主体性是指传播者的主动性、主导性、创造性和前瞻性等属性，即传播者的能动性。主动性是指能积极主动地进行企业文化传播；主导性是指在企业文化传播的过程中始终起主导和支配作用；创造性是指在企业文化传播过程中勇于探索各种新的途径、方法，开拓创新，具有创新精神和创新能力；前瞻性是指企业文化传播既要立足现实，从受众的现实状况出发，分级分层传播企业文化，又要放眼未来，引导受众把与社会未来发展需要相适应的企业文化和价值观内化为自己的行动准则。

这里要特别强调的是，创造能力对企业文化传播者来说是尤为重要的。在经济全球化和信息技术迅猛发展的背景下，企业文化被视为在竞争中赢得对手的关键因素之一，因而各企业都在竭尽所能地寻求企业文化传播的渠道和手段。想象力和创造性思维在传播活动中就显得非常重要。企业文化传播者需要运用创造性思维把企业文化的精华渗透在各种推陈出新的活动形式中，在增强对受众的吸引力的同时也成功地将企业文化传递出去，在潜移默化中对受众产生影响。

11.3.2　自媒体条件下的企业文化传播机会

在互联网飞速发展的时代，网络新媒体如雨后春笋般不断涌现。自媒体作为一种新兴的网络媒体，不仅成为普通大众表达观点、宣泄情感的平台，更成为企业传播企业文化的一个重要阵营。

1. 自媒体的定义

"自媒体"（we media）一词最早由丹·吉尔摩（Dan Gillmor）于2002年提出，他认为自媒体将成为未来的主流媒体。2003年7月，谢恩·鲍曼（Shayne Bowman）和克里斯·威利斯（Chris Willis）在他们联合撰写的研究报告中给出的自媒体的定义为：自媒体是普通大众经由数字科技强化、与全球知识体系相连之后，一种开始理解普通大众如何提供与分享他们本身的事实、他们本身的新闻的途径。

经过多年的发展，自媒体被赋予了更多的内涵和功能。结合近年来国内外学者对于自媒体的研究，我们在此处将**自媒体**定义为：**个人或非传统媒体的组织利用自媒体平台做载体，创作、分享和传播其认为有价值的信息**。目前我国的自媒体平台主要包括博客、微博、微信、贴吧、论坛等。

自媒体的出现使得网络话语权从过去的传统媒体机构手中逐步转移到了广大的网络用户手中。在自媒体时代，人人都可以成为自媒体。他们可以在任意时间发布各种内容，且同一时间就能被身处世界各地的关注者看到。这种便捷、高效的新媒体形式不仅迅速得到了广大网民的青睐,同时也催生了众多企业开办自媒体的热潮。

2. 企业自媒体对企业文化建设的影响

企业自媒体,即企业利用互联网建设的自有媒体。企业从过去单纯地建立官方网站、企业贴吧,到建立网络社区、社群,再到现在开通企业官方微博和微信公众号,企业自媒体逐渐成为企业的"新名片"。它是企业的门面,更是企业文化在互联网上的直接体现。因此,越来越多的企业将企业自媒体作为企业文化建设与传播的主要阵地。企业自媒体为企业文化建设带来了一系列机遇。

首先,企业自媒体有利于增强企业凝聚力。自媒体具有很强的交互性功能。相较于过去的企业报纸、广播站等传统媒体,自媒体不再是单方面的信息传播,而是双向甚至多向的交流。一方面,企业可以在自媒体上对企业的各项方针政策进行详细解读,提高员工的认可度;另一方面,企业还可以通过在自媒体上开展投票、鼓励员工留言等方式,加强与员工的互动交流,征集员工对于企业各项政策制定的意见和建议,了解员工的真实需求,使其感受到被需要、被尊重,从而提高员工对企业的忠诚度和满意度,进而增强员工的凝聚力和向心力,形成理解、包容的企业文化。

其次,企业自媒体有利于提高员工综合素质。员工的综合素质决定了企业文化的高度。因此,企业要进行企业文化建设,就必须提高员工的综合素质。企业可以利用自媒体对员工进行有针对性的消息推送,如科技、人文、管理、金融、法律等多方面知识。通过这种方式,企业既能够提升员工的知识水平,又能够节省组织大规模员工培训所需要的人力、物力和财力。

最后,企业自媒体有利于提升企业外在形象。传播企业文化、塑造外在形象是企业文化建设的重要一环。过去,企业只能通过在报纸、杂志、电视等传统媒体上投放广告的方式进行企业文化传播。然而,这些方式是建立在巨额广告费的基础上的。此外,受到时间、地域等多方面因素的影响,即便投入大量的资金,也无法保证能够达到预期的宣传效果。企业自媒体打破了传统媒体的束缚,以极低的成本就可以达到传播企业文化的目的。例如,利用微博、微信等平台,向粉丝介绍企业名称的由来、发展历程、价值观等,增加公众对于企业的了解,增进与潜在客户的互动,进而树立良好的企业形象。此外,当企业遭遇危机时,企业自媒体是一个进行危机公关的绝佳平台。

3. 企业在运用自媒体进行企业文化传播时的注意事项

企业在运用自媒体进行企业文化传播时,需要着重注意以下几点:

第一,转换意识,主动出击。企业必须要意识到,传统的企业文化传播方式已经难以适应当前的社会发展。因此,企业要及时地转换思想意识,加快适应网络新媒体的发展节奏,充分运用微博、微信、论坛等多种自媒体平台,进行全方位、多层次的企业文化宣传,主动出击,建立完善的网络宣传渠道,从而达到更好的传播效果。

第二,团队建设,内容为王。在企业自媒体运营过程中,内容创作是最基本也是最重要的环节。在自媒体上进行企业文化传播,并不是将传统文化传播内容机械地搬到自媒体平台上,而是必须根据受众的特点对内容进行精心制作。因此,企业必须建立一支自媒体内容创作团队,为企业提供持续性、高质量的内容。一方面,内容的形式要多样化。在自媒体平台上不能一味地发布文字,还要多配合相关图片、视频等,增强内容的可读性。另一方面,内容要生动有趣。趣味性是提高内容转发率的一大法宝，企业若能在创作的内容中增加一定的趣味性，就更容易取得预期的传播效果。

第三，注重互动，以人为本。自媒体区别于传统媒体的一大特征就是互动性。企业自媒体应充分利用这一特征，在进行企业文化传播的同时多与粉丝进行互动，这一方面可以保持粉丝活跃度；另一方面也可以了解粉丝的想法，解决他们的困难，真正做到以人为本，使粉丝体会到企业文化、企业价值观的精髓之所在，更加认同企业文化。

在自媒体时代，企业要不断地学习和挖掘自媒体对于企业文化建设与传播的功能与作用，寻求自媒体与企业文化的有机结合，从而更好地为企业文化的建设与传播服务。

| 实践链接 11-3 |

罗振宇的"魅力人格体"自媒体经验

《罗辑思维》主持人罗振宇发明了一个术语"魅力人格体"来概括自媒体经验：一位公众人物以其出色的工作能力和突出的性格特点为人熟知，吸引了一批忠诚的追随者，追随者对他的崇拜和信任延伸到相关产品上，于是对魅力的消费转化为对产品的购买力。

罗振宇的人格形象和精神特质具有以下特点：第一，歪嘴胖子的形象具有幽默和可亲的特点，他的身上聚集了"饮食男女""不端着""自恋"的世俗化色彩，言辞的轻松活泼部分遮盖了说教。第二，死磕的匠人精神唤起受众对罗振宇的人格尊重，进一步延伸至带有"罗振宇"标签的产品信任。第三，勇于创新和改变的低姿态，给人活力、希望、激情的丰富联想。总而言之，罗振宇是一个兼备"世俗"与"执着"精神的"互联网思维"先驱者和实验者。

互联网时代是一个"去中心化"的时代，以传播资源的泛社会化和传播权力的平民化为特点，既往经验和知识似乎难以适应快速变化的移动互联网时代。罗振宇称之为"溶解"和"强制拆建、异地重建"。正是把握住和顺应了社会大众对互联网生存模式的饥渴和想象，罗振宇的价值观倡导成为知识交易市场的稀缺性资源，他因此具有不可替代的地位和魅力。

资料来源：刘琛. "前台内容，后台社群"——从《罗辑思维》看互联网知识社群传播模式 [EB/OL]. (2017-01-10) [2021-12-10]. http://media.people.com.cn/n1/2017/0110/c409677-29012856.html.

文化点睛 人格"personality"在英语词根里面的意思为"面具"，而企业领导人的真实人格所展现出来的真实魅力，超越了科层式领导的"刻板"人格，或许能对传播企业文化达到意想不到的效果。

11.3.3 企业文化传播的时机

古人云："机不可失，时不再来。"这说明时机非常重要，但时机又不是一直存在的，它具有突发性、短暂性的特点。企业文化传播过程中，如果能够找准并抓住时机，对于提高企业文化传播的实效具有重要意义。

1. 兴奋点

当某件事或某项活动引起受众的特别关注时，其会在他们的思想上产生兴奋点；当人们处于兴奋状态时，思维活跃，思维能力、理解能力也会随之增强。兴奋点可能是由小事引起的，也可能是由大事引起的，企业还可以有意识地通过国内外企业或本企业最近发生的事情制造一些兴奋点。例如，当"三聚氰胺"事件发生时，企业可以引发关于诚信和社会责任的探讨等。及时把握兴奋点，对企业文化的传播是很有利的。

企业在生存、发展的过程中，肯定会遇到一些困难，面临一些危机。然而，危机却也很有可能刺激真善美的觉醒与回归，能够增强人与人之间的凝聚力，促使人的行为和意识往好的方向转变。不过，这种转变具有暂时性，想让它更持久、更深刻，则需要企业做好引领工作。如果企业能够做到处乱不惊，在处理危机事件时坚持企业文化并使企业成功地度过危机，也就能成功地传播自己的企业文化。

2. 典型对比

在企业文化传播活动中凡是能够折射出企业文化精华的，或是与企业文化理念相悖的，都可以作为典型。也就是说，这种典型可以是产品、事件，也可以是个人、团队，还可以是企业内部的生产、生活环境等。在这里，典型应该既包括好的典型，即能突出反映企业文化核心理念的人、事、物、氛围、环境等，也包括坏的典型，这种典型与企业文化的核心理念相背离。在企业文化的传播过程中，通过对比这两种性质相反的典型，可以使受众更清楚、更深刻地理解该企业的文化。

3. 企业变动

企业变动在企业的成长发展中是不可避免的，它会或多或少地引起企业的波动，但也是企业文化传播的良机。把握企业变动的时机，在企业改革、人员更迭、新产品开发、企业上市、组建企业集团、实施产品战略等重大变动活动中，奉行企业文化所提倡的价值观、行为准则，会使企业文化传播收到事半功倍的效果。

4. 文化网络

文化网络是企业内部的、非正式的联系手段，也是企业价值观和英雄人物传奇的"载体"。充分利用文化网络的作用，放大企业理念，是企业文化传播的良机。同时，对于企业在日常生产和生活中的惯例与常规，企业文化传播者也可以在文化网络中通过文字、语言等手段结合灌输、讨论等方式反复向企业员工表明对他们所期望的行为模式，使员工从各种细节方面更深刻地领会企业文化，形成良好的礼仪和礼节，这同样是企业文化传播的好机会。

5. 准确运用传媒

企业文化传播离不开传媒，通过媒体传播企业文化信息，受众更广、影响更大。随着信息技术的发展，传媒的形式和种类越来越多，信息的传递也更为及时和迅速，这对企业来说是一把双刃剑，既可能使企业美名远扬，也可能使企业声名狼藉。但是，如果企业了解传媒，把握了各种传媒的特点，准确地策划出在何时、何事上运用何种传媒工具，使传媒为企业所用，也不失为企业文化传播的契机。

11.4　企业文化的传播过程

企业文化传播的过程包括内部传播、外部传播、从内部传播到外部传播的循环的过程。

11.4.1　企业文化的内部传播

在企业文化的内部传播中，企业领导层、宣传部门、意见领袖扮演了传播者，他们首先自己接受本企业的文化，成为本企业价值观的忠实信徒，然后开始向普通员工灌输企业价值观和企业精神，全方位传播本企业的文化。这些传播者将企业文化的思想体系，即企业的共有价值观和行为准则通过一些传播渠道，如企业分工角色及其角色意识、正规的或企业自身的教育体系等传递给员工。

在这一传播过程中，噪声是无时无刻不存在着的，其体现在传播渠道简单、传播主客体个人素质差异等多个问题上。而企业的反馈机制是降低噪声的重要渠道，企业员工对企业文化的认同度、执行度并不完全相同，接受或不接受将通过态度、行为传递给传播者。它使企业文化内部传播以连续闭合的形式呈现，传播过程形成一个小循环，这一过程使得企业的文化传播在企业内部的循环反复传播中不断调整和改进，有利于企业的文化在企业内部的不断传播和发展。

| 实践链接 11-4 |

通过考核阿里巴巴的企业文化在内部扎根

阿里巴巴从初创阶段创立具有创始人个人风格的企业文化，以凝聚志同道合的人才；到进入高速发展阶段梳理价值观，以巩固员工的文化认同；再到进入成熟发展阶段提炼企业精神，以发展多样性管理人才。在三个发展阶段，阿里巴巴正是通过企业文化建设，培养了员工的自律意识和向心力，令阿里巴巴从创业到发展的道路上始终秉承核心价值观，成为行业翘楚。

改变人的思想，必须先改变人的行动。阿里巴巴的"六脉神剑"2019新版内容是：客户第一、员工第二、股东第三，因为信任所以简单，唯一不变的是变化，此时此刻非你莫属，今天最好的表现是明天最低的要求，快乐工作认真生活。从改变员工的行动入手，将每一条价值观都细分出了具体的行为指南以及具体的打分指标。而这些考核指标就成为价值观考核的全部内容。此外，人力资源部门又抓住典型案例，在全公司范围内进行了无数次反复的传播与讨论，最终才形成了这样一个高度透明、行动整齐划一的团队。

资料来源：安健. 阿里巴巴：用企业文化铸基业长青[EB/OL].（2018-10-30）[2021-12-11]. https://www.hbrchina.org/2018-1030/6804.html.

与大部分企业只有书面制度，无法对每一个员工的行为进行价值观考核相比，阿里巴巴的做法无疑非常务实且接地气。企业文化的内部考核，在内部向全体员工传播企业文化，不失为一种有益的探索。

11.4.2　企业文化的外部传播

在企业文化的外部传播中，企业宣传部门和员工成为传播者，宣传部门将企业文化信息，即企业文化的精神和企业形象，通过企业文化语录、标记、口号等传播途径，传递给主要受传者——顾客。信息在传递过程中会因理解、认知等个人接受的不同而产生偏差，而顾客在接受企业通过产品、服务等方式传播的企业文化时会产生不同的意识，通过提出意见、不购买行为或者美誉、口碑等正负两方面的传播效果将信息反馈给传播者。这一过程将企业文化外部传播贯穿为一个闭合的循环系统，也就是第二个循环。

企业文化的外部传播效果取决于企业外部形象的塑造。有效的企业文化传播是创建优秀品牌的外在推动力。企业文化通过各种方式的外部有效传播，无疑将推动用户加强对品牌核心价值的认知、理解和信任。

现今已进入网络时代的视觉传播，消费者如果想了解某种产品、某种品牌，一般都会直接上网查找。很多企业都拥有自己的官方网站，企业文化可拥有专门的版块，还可以通过网站平面设计、广告语、服务等内隐方式进行传播。沃尔玛门户网站的"关于我们"栏目图文并茂地介绍了企业发展历程、企业文化、经营理念等信息；"新闻动态"栏目提供了许多珍贵的视频采访资料，反映沃尔玛公司在环保、食物健康等方面的理念；可下载的 PDF 文件向浏览者展示了该公司在社会公益方面做出的贡献：一方面是沃尔玛公司以及沃尔玛基金在帮助解决本国饥饿、贫困问题中所赞助物资的统计数据，另一方面浏览者可以点击地图上任何一个有沃尔玛超市的国家名称，了解该公司为当地提供的就业岗位的数量、平均待遇状况以及为当地社会事业所做的努力等。

因为目前包括沃尔玛在内的大型连锁超市都实行会员制，因此企业不仅利用互联网在电脑上进行企业文化传播，还利用微信等形式在会员中进行传播。同时，卖场里一般都有闭路电视、电子显示屏，卖场可以通过这些媒介进行企业文化传播。新媒介与新技术的出现要求企业在文化传播过程中既要兼顾传统方式又要与时代接轨，富有创新进取的精神。

11.4.3　企业文化从内部传播到外部传播的循环

企业文化从内部传播到外部传播的循环是这样一个过程：企业文化外部传播的传播者——企业员工，首先是作为企业文化内部传播的受传者。在接受并认同企业文化后，员工将企业文化内化为一种信念和行为准则，通过提供企业所要求的标准服务，或与顾客进行直接或间接的接触等传播渠道，将企业文化信息传递给顾客，而顾客对这一传播会通过多种方式反馈，如直接反馈给员工或者反馈给企业其他对外部门，从而形成一个循环。

企业文化内部传播循环中的受传者——员工，向企业文化外部传播循环中的受传者——顾客进行传播，形成新的传播主客体关系。因此，企业文化的内部传播效果还作用于企业文化的外部传播效果。这两条线索使企业文化内部传播系统和企业文化外部传播系统有机地联系起来，成为一个系统的整体。

企业文化的内外部传播过程中对外传播是组织的本性和必需。根据詹姆斯·格鲁尼格（James Grunig）和托德·亨特（Todd Hunt）(1984) 推出的新的环境划分模式，按组织面对的"公众"类型，把组织环境分为四大部分，即职能部门、功能部门、规范部门和扩散部门，一个企业的文化对外传播对象就是这些部门。企业员工也是企业文化外部传播的主体之一。这是因为企业文化外传播的第一类社会公众对象是顾客，而顾客与企业发生关系是通过两种形式实现的，一是使用该企业的产品或享受该企业提供的服务，二是与该企业的职工有直接或间接的联系。

企业文化传播普遍存在于企业活动的各个方面，它既是企业活动的具体形式，也是企业行为的实在内容。企业文化传播活动功能的发挥，从某种意义上说，是企业生命力之所在。

作为企业物质文化、制度文化、精神文化综合体的企业文化，必须通过在全企业范围内进行传播来发挥它的振兴、导向、协调、凝聚、美化和育人功能。

人们往往通过企业文化的外显部分，即一切能表现企业文化的某种特质的物质形态或动作方式来理解企业文化的内涵。外显部分是企业文化最直接的外在体现，它容易观察，但有时其代表的意义不易确切定义，即某种现象究竟代表哪种文化内容和意义，观察者的理解是不会完全相同的，描述和解说上总是存在着或多或少的差异，有时甚至会有相反的理解。一个企业的价值观念、精神境界和理想追求，是企业文化系统中的种子要素（或称为中心要素）。

11.5 CIS 与企业文化传播

CIS（corporate identity system）即企业识别系统或企业形象设计系统，是指将企业经营理念与精神文化，运用整体传达系统（尤其是视觉传达设计），传达给企业周围的关系或团体，并掌握其对企业产生的一致的认同与价值观。也就是，结合现代设计观念与企业管理理论的整体性运作，以刻画企业个性，突出企业精神，使消费者产生深刻的认同感，从而达到促销目的。作为企业形象的系统化体系，CIS 是一种塑造和传播企业文化的理想方法，能够促进企业整体形象的拓展与提升。优秀的企业识别系统对于推动企业经营起着积极有效的作用。

11.5.1 CIS 的构成

CIS 的理念是企业采取多种传播和沟通手段将其产品或者服务中的经营理念传递给公众，增强公众对企业的认同感，打造良好的企业形象，进而提高企业的竞争能力和生存能力。CIS 由三部分组成，是一个包含理念识别（mind identity，MI）、行为识别（behavior identity，BI）和视觉识别（visual identity，VI）的内涵丰富的有机整体。理念识别就是一家企业由于具有独特的哲学、宗旨、精神、道德、作风等而区别于其他企业，属于精神理念层次。理念识别是 CIS 的原动力，也是整个企业识别系统的核心和依据。行为识别是一种动态的识别形式，指在企业理念统帅下企业组织及全体员工在言行和各项活动中所表现出的一家企业与其他企业的区别。行为识别由企业组织及组织成员在内部和对外的生产经营管理及非生产经营性活动中表现出来的员工素质、企业制度、行为规范等构成。它负责规划企业对内的组织、管理、教育等活动，以及对外的市场调查、营销策划、公共关系等活动。视觉识别是一种静态的识别符号，也是具体化、视觉化的传达形象，指一家企业由于独特的名称、标志、标准字等视觉要素而区别于其他企业。视觉识别的内容包括企业的基本标识（企业名称、标志、商标、标准字、标准色等）、应用标识（象征图案、旗帜、服装、口号、招牌、吉祥物等）和厂容、厂貌（企业自然环境、店铺、橱窗、办公室、车间及其设计和布置等）。

从 CIS 的构成与企业文化的关系看，理念识别是企业的经营理念，是企业的灵魂，集中体现了企业哲学、企业精神，也反映了企业存在的社会价值、企业追求的目标，它是 CIS 中最深层次、最核心的部分，决定了行为识别和视觉识别。视觉识别是外在的、最容易表现的部分，它和行为识别都是理念识别的载体和外化。行为识别是企业处理和协调人、事、物的动态动作系统，与社会公众的联系最为直接，影响也非常广泛，因此它的贯彻对企业文化传播有着极为重要的作用。行为识别既是理念识别的延伸和载体，又是视觉识别的条件与基础。在这三个要素中，理念识别重在精神理念，是 CIS 的原动力，但难以具体显示其中的内涵；行为识别侧重于人，是企业中人的行为反应；视觉识别侧重于物，是传达的媒介或载体，用视觉形象最直接、最有力地表现出企业的精神理念。

11.5.2 CIS 对企业文化传播的作用

企业文化传播需要 CIS 的支持。企业文化作为一种意识形态，一方面通过产品质量、管理模式、规章制度等向物质形态转化；另一方面通过 CIS 反复灌输、广泛宣传。CIS 的导入是企业文化建设的重要途径和企业文化传播及扩散的有效手段，它将企业的精神、思想等文化特质形成一个统一概念，以行为和视觉形式加以外化，准确地传达给大众，使社会公众一目了然地掌握企业的信息，产生认同感。

首先，CIS 对企业文化的传播具有导向性和辐射性。为什么有人只选择可口可乐而不喝其他牌子的饮料？为什么有人偏爱苹果手机？视觉心理学家指出 90% 以上的信息接收源于视觉和听觉。因此，虽然大品牌的产品功能未必就好，但视觉识别毫无疑问可以在消费者心目中增加产品的价值。这就是视觉识别在潜移默化中使参与者接受共有的价值观，引导其价值取向和行为取向的作用。

其次，CIS 通过不同的渠道产生社会影响，传播积极向上的企业形象，扩大企业知名度，取得良好的社会效应。比如，世界顶级豪华汽车品牌，无论是它的音意俱佳的中文名字"宝马"，还是它的蓝白螺旋桨标志，无不蕴含着它的品牌精神和汽车品位。公司最早从生产飞机发动机起步，飞机螺旋桨在蓝天白云的背景下高速旋转划出扇形弧线，由此得出蓝白相间四片扇叶的公司最早的标志。译名"宝马"独具匠心，"马"乃载物工具，车的概念显见其中；一个"宝"字让人不禁对马产生美好想象，因为"宝马香车"古已有之。其栩栩如生的视觉品牌形象令人耳目一新。几十年来，公司不断演进、变革，蓝白螺旋桨的主题却始终如一，成为其企业精神不可分割的一部分，显示了品牌文化的迷人魅力，也获得了巨大的商业成功。

最后，CIS 能加速文化的渗透，提高企业凝聚力和感召力，发挥企业文化的深层次内部传播作用。就像炎黄子孙无论在何时何地看到五星红旗，都会想到自己的祖国，都会有一种自豪感和归属感一样。因为五星红旗所传达的是中国文化，是祖国对人民的召唤。同样，优秀的 CIS 能够形成特定的文化圈，使圈内外围绕中心共识形成一种凝聚力和感召力。

| 实践链接 11-5 |

麦当劳的 CIS 设计

当一家快餐公司的标志成为大众快乐和食欲的象征时，形象就是力量。众所周知，崛起于第二次世界大战后的麦当劳（McDonald's）公司是世界上最大的快餐集团，是美国文化的象征。麦当劳在全球的成功得益于它的 CIS，其 CIS 主要包括以下几个方面。

1. 明确的企业理念

麦当劳的企业理念是"Q, S, C, V",即质量（quality）、服务（service）、清洁（cleanliness）、价值（value），即向顾客提供高质量的产品，快速、准确、友善的优良服务，清洁优雅的环境以及做到物有所值。

2. 严格统一的行为识别系统

为了使企业理念"Q, S, C, V"能够在连锁店贯彻执行，保持企业稳定，麦当劳对于每项工作都做到了标准化、规范化，即"小到洗手有程序，大到管理有手册"；与此同时，还制定出了一套考核加盟者的办法，使一切都有章可循，有"法"可依。例如，手册中规定：玻璃每天要擦，停车场每天要冲水，垃圾桶每天要刷洗，每隔一天必须擦一遍全店所有的不锈钢器材，天花板必须每星期打扫一次。对于其他诸如食品的品质、烹煮时间与温度、顾客的等候时间等也都有详细规定。麦当劳的内部行为规范包括如下几个方面：营运训练手册（Q&T manual）、岗位工作检查表（station observation checklist, SOC）、袖珍品质参考手册（pocket guide）以及管理发展手册（MDP）。

3. 鲜明的企业标志

麦当劳取其英文名称的第一个字母M为标志，标准色采用金黄色，标志用寓意和象征图形相结合的方法，M既是公司英文名称的第一个字母，又被设计成象征双臂打开的黄金双拱门，表示欢乐与美味。麦当劳叔叔是麦当劳的"吉祥物"，他亲切幽默，象征着祥和、友爱和欢乐，象征着麦当劳永远是顾客的朋友和社区的一分子，时时刻刻为儿童和社区的发展贡献自己的一份力量。

尽管麦当劳快餐店是分散的、多点经营的，但运用统一的理念、统一的行为识别、统一的视觉识别，使各连锁店保持一致性，增强了企业的整体实力，并注意运用广告、公关手段进行传播，从而提高了企业的知名度、美誉度，树立了麦当劳优良的企业形象，充分体现了CIS的作用和威力。

资料来源：中华策略咨询网，http://www.d1588.com/2005-12/200512190024.asp。

文化点睛 英国18世纪的天才哲学家乔治·贝克莱，有一句名言"存在即被感知"，所以企业的CIS设计要用客体思维，站在企业顾客的感知角度来设计公司的形象。

本章小结

本章主要介绍了企业文化传播的内涵、要素、条件与时机，企业文化的传播过程，CIS与企业文化，以及企业文化的传播效果。

从定义上来讲，企业文化传播是一种组织传播，可分为企业内部传播和企业外部传播。企业文化是物质文化、行为文化、制度文化和精神文化的综合体，其传播的特点可以归结为物质文化传播特点与精神文化传播特点两种。其中，物质文化传播特点包括物质性、显示性、可传播性和可变性，精神文化传播特点包括默会性、多样性、情境性和个体性。

进行企业文化传播，企业需要传播者、受传者、信息、传播载体、反馈和噪声六个方面的要素。企业文化的传播需要满足一定的条件，才能保证取得预期的传播效果，而在满足一定的条件后，选择合适的时机更有利于实现企业文化的有效传播。企业文化传播的过程包括内部传播、外部传播、由内部向外部传播三种循环的过程。

为了有效地管理企业文化传播，许多公司都引入了企业形象设计的概念。CIS即企业识别系统或企业形象设计系统。作为企业形象的系统化体系，它是一种塑造和传播企业文化的理想方法，有利于企业整体形象的拓展与提升。它由理念识别（MI）、行为识别（BI）和视觉识别（VI）三个部分构成。因此，在进行具体的企业文化传播操作时，主要是从以上三个方面出发进行设计的。

复习思考题

1. 企业文化传播有哪些重要意义？
2. 在企业文化传播的要素中，你认为哪个最重要？为什么？
3. 任意选择一家国内知名企业，分析其是否满足企业文化传播的条件与时机。
4. 阅读最近三年的文献和相关商业评论，提出近几年来新兴的企业文化传播方式。

案例分析

单霁翔打造故宫博物院的文化 IP 之路

单霁翔自 2012 年"执掌"故宫博物院，至 2019 年，7 年里单霁翔对故宫乃至整个文博界都做出了非常巨大的贡献。正是因为他，故宫博物院这座沉寂 600 年之久的巨大文物，从严肃、高冷的文化符号，变成了接地气的"网红"博物馆。

首先，上任伊始对于故宫博物院的现状分析让单霁翔得出了自己的结论：故宫的意义并不是世界之最，而是在于它能够给现在和以后的人们带来些什么。于是，他开始着手落实故宫进一步的开放，以及提升游客的参观体验，"不以管理方便为中心，而以观众方便为中心"，但要真正做到这一点，却是千难万险。为此，单霁翔先是收回了低俗展览的房子，将门面改造得焕然一新，同时增设了 30 多个售票窗口，添置了很多快速购票的设备，让游客们能够在半个小时内就买到票；其后，又增设了几百把供游客休息的座椅，并要求座椅结实、坐着舒服、利于打扫、与环境协调等；同时，也对洗手间进行了调整，增加到了合适的数量。这种改善游客体验的例子还有很多，这些举动在保护和展示文化遗产的同时，也加入了更多人性化的配置，照顾到了游客们的尊严，提供了更多便利。2013 年，面对午门大洞门无法在平时开放的问题，单霁翔据理力争，终于将这三个洞门全部向观众开放，并宣布禁止机动车辆进入紫禁城。

其次，积极地探索故宫博物院的对外文化宣传方式。比如珍贵的文物是靠匠人们的精心修缮，才能够更加长久地留存于世，而这些匠人们的精神，被如实拍成了一部纪录片——《我在故宫修文物》。这部纪录片一上映，立马全网好评如潮，激发了很多人对于故宫文物的兴趣和探究，更是吸引了众多的年轻人前来当学徒，为文物修复出一份力。这部纪录片的走红，马上让广大群众关注到故宫文物和修文物的匠人，同时也使故宫以另一种形式被大家关注到，并且引发了一场"故宫热"。此外，在《国家宝藏》《上新了，故宫》《朗读者》《鲁豫有约》中，也出现了单霁翔和故宫的身影。

除了走上荧屏外，为了方便人们对故宫进行及时和深入的了解，并增添更多的乐趣，故宫还推出了系列 App，让群众不用出门就能欣赏到传统文化的美。从《胤禛美人图》到《韩熙载夜宴图》再到《每日故宫》，关于故宫的各种文化类 App 就有十几种。此外，故宫还与其他品牌合作，比如与网易游戏合作推出的手游《绘真·妙笔千山》，就使用了故宫中的一幅国宝画卷——《千里江山图》。

最后，不断推出相关的文创产品。2013 年，台北"故宫博物院"推出了一款"朕知道了"的胶带，受到了很多人的喜爱，同时也让单霁翔受到了启发，他立马带领团队前往台北学习，回来后举办了"把故宫文创带回家"的创意设计大赛，这次大赛是故宫第一次面向公众征集文化创意，获得了巨大的成功。这一次台北之行让单霁翔明白，如今的文化产品，应该叫作文化创意产品，这其中的区别，正是如今需要深入研究人们的生活，了解人们的需求，根据人们的需求来研发产品。所以，做文创一定要接地气，不能让人们产生疏离感。弄清楚问题所在后，故宫文创马上开始行动，像"奉旨旅行"的行李牌、名画系列与帝王系列胶带、"朕看不透"的眼罩、睡衣、月饼等，这些融合了历史文物特点与当下年轻人生活语境的 IP 产品，受到了无数人的喜爱。在短短10年间，故宫文创产品的销售额就从6亿元增长到了15亿元，几乎翻了两倍，这让故宫成为名副其实的第一文化IP，也让人们开始期待故宫还会推出怎样的文化创意。

随着文创产品的推出，故宫趁热打铁，又相继推出了系列彩妆、火锅以及其他产品。但是，在推出后出现了一些问题，就是这些品牌利用故宫IP进行营销等行为，让人不免怀疑，单霁翔在对故宫IP的商业价值进行发掘之时，是否已经超出了合理的范围？故宫确实依靠这个IP获得了巨大的收益，也借机很好地进行了宣传和推广，但也引发了种种闹剧，而这些闹剧是否显示着，故宫在商业化的道路上，正逐渐成为商业的陪衬而非主角？

资料来源：公关之家.刚退休的故宫博物院院长单霁翔，是如何让故宫火起来的？[EB/OL].（2019-04-12）[2021-12-12]. https://www.sohu.com/a/307410070_120104552.

讨论题

1. 请谈谈故宫博物院的文化IP是怎么打造出来的？
2. 结合本章知识，谈谈故宫博物院的文化传播模式对我国其他行业企业在进行企业文化传播时有哪些启示。

参考文献

[1] 田建军.现代企业管理与发展[M].北京：清华大学出版社，2008.

[2] 危红波.企业文化传播理论及应用的研究[D].合肥：合肥工业大学，2002.

[3] 张洁.体验式培训在企业文化传播中的应用研究[D].上海：华东师范大学，2008.

[4] 蒋兆雷，王良平.企业文化传播的条件和时机[J].五邑大学学报：自然科学版，2003（12）：36-39.

[5] 侯盼.零售企业的文化传播模式研究：以沃尔玛为例[D].长春：吉林大学，2009.

[6] 李筱东.后3G时代中国移动文化突围之路[J].管理前沿，2013（2）：38-43.

[7] 刘冬，袁胜.魅力360°：湖北公司企业文化传播的创新实践[J].国家电网，2012（11）：92.

[8] 陈奕丞.企业文化与企业视觉识别系统[J].商场现代化，2007（3）：267-268.

[9] 华杉，华楠.超级符号就是超级创意[M].2版.南京：江苏文艺出版社，2016.

[10] 孔轩，郭鹏.企业文化的内外传播[J].新闻前哨，2008（7）：92-93.

第 12 章 中国企业的文化特征与发展

【学习目标】

- ☑ 了解中国传统文化的主要内容与核心提炼
- ☑ 了解中国近代企业的文化传统
- ☑ 掌握当代中国企业的文化特征
- ☑ 了解传统文化对当代中国企业发展的影响

引例　　　　**大汉集团熔铸红色文化塑造企业成长力**

成立于 1992 年的湖南大汉控股集团(以下简称"大汉集团")不仅是一家横跨钢贸物流、新型城镇化开发、商业管理、汽车贸易、职业教育等多个行业领域并位列中国企业 500 强的大型民营企业,而且是一家自创业初期就注重以党建文化引领企业发展,并将政治先进性融入企业经营管理,突出红色文化赢得未来核心竞争力的公司。

早在 2004 年,源自公司创始人傅胜龙的工作经历与梦想追求,以及公司创业成长经历与发展定位,企业宪章中确立了"四个先进"的红色文化:思想先进,牢记政治先进是企业精神的核心;作风先进,牢记为人民服务是企业生存的根本;学习先进,牢记党的优良传统是企业文化的精髓;业绩先进,牢记社会进步是企业发展的责任。

这"四个先进"确立了公司红色文化的价值追求与文化基调。思想先进,一方面体现为公司发展思想与党的政治先进的高度一致,另一方面宣示了大汉集团有远大的企业理想与愿景和为社会公众创造美好生活而努力的坚定承诺;作风先进,体现为履行社会责任与创造顾客满意,以此作为企业立身行事、磨砺自身能力的文化作风;学习先进,可以视为贯彻思想先进和形成作风先进的文化执行力,能够适应变化的社会与商业环境,及时更新经营管理知识库、能力仓,将创新和创业视为永恒,并打造"看得见、敢于抓、抓得住"学习型人才;业绩先进,既是前三个先进的必然要求,也是公司文化先进性的试金石和公司核心能力的反映。

大汉集团企业文化的价值观与文化的表达体现了红色文化的立意,例如,该公司将企业使命定义为"承担社会责任、实现企业价值、为客户谋利益、与员工共成长";将文化核心价值观确定为"为工作而挣钱→资本=责任;业绩=财富→工匠精神创造美好生活";将文化行为理念表述为"实事求是、开拓创新、团队协作、政治先进",等等。

企业文化和组织管理一样,不仅在于知,更在于行。大汉集团在贯彻企业文化的行动上进行了不断的探索并取得了良好的实效。一是通过"七红"文化做法与24条伦理"军规"来实施文化建设。"七红"体现为红旗帜、红书包、红展馆、红青年、红妈妈(基金)、红管家、红春晚;伦理"军规"以"八同八敬八不"的24个条目确定,"八同"是价值观,"八敬"是方法论,"八不"是高压线。

二是发挥企业价值观在公司发展与员工成长上的导向作用。大汉集团以企业价值观来引导企业的资本投向和财富分配。大汉集团在企业初期的资本积累阶段,就提倡员工为工作而挣钱,而不是为挣钱而工作;在积累可观的财富后,践行为解决国家和社会问题而创造的新经济增长理念,在全国最早进入偏僻县域,在城镇化开发领域帮返乡农民工找到安居乐业的地方,视资本为责任,把业绩当财富,用民营企业的"肩膀"扛起了城镇化的社会责任,创造了大汉集团的"一路一城一园模式",得到国家的肯定与推广。

三是以红色文化创新创业,塑造行业竞争力。大汉集团在践行红色文化的实践中,在创造社会效益的同时创新发展路径,提升企业的成长力与竞争力。例如,公司创始人傅胜龙以钢贸起家,在创业初期即创造了非互联网时代的"淘宝电商"的商业模式,一举解决了钢材生产厂产销难、钢材贸易商流通难、钢材用户需求难等系统性问题,迅速成为行业黑马。后来公司打造了"舰队式管理",以薪酬系数制、股权激励制、赔偿制践行公司的思想红、业绩红、品质红、创红利的红文化管理模式,公司成为钢贸领域的领军企业。进入数字化时代,大汉集团适应数字时代经营"先进性"要求,推进管理数字化和产业数字化,构建了名为 $\sum a_{ijk}$ 的经营模型,通过此模型将人的个体行为、市场交易行为、各关联方行为画像,并推进产业整合优化。2017~2020年,大汉集团通过十大产业云平台开启产业互联网转型,在逆势中崛起,年复合增长率高达42%。

大汉集团从2010年起,连续11年被评为中国民营企业500强,连续9年被评为中国企业500强,形成了以红色文化、工匠精神、大汉模式为三大核心的大汉品牌。公司以亮丽的业绩展现了红色文化创造的可持续成长力和竞争力。

资料来源:公司访谈;傅胜龙. 工匠精神:创造美好生活[M]. 长沙:湖南人民出版社,2020.

12.1 中国传统文化概述

12.1.1 中国传统文化的内涵

中国传统文化是中华民族及其祖先在脚下这片土地上创造出来并传播到世界各地的文化总和，包括思想观念、思维方式、价值取向、道德情操、礼仪制度、风俗习惯、行为方式、生活方式、宗教信仰、文学艺术、教育科技、文物典籍等。中国传统文化对维系中华民族的发展壮大并长期处于世界领先地位发挥了重要作用。

目前，学术界对中国传统文化类型的认识主要有以下三种意见。

一是认为中国传统文化的主要类型是河谷型文化。河谷型文化是一种以农业为主体的混合型文化，由于其自身的内聚力和容纳性，几千年来融合与同化了周围众多的草原、山岳和海洋文化，使其内涵逐渐丰富起来，以至成了中国传统文化的主要类型。

二是认为中国传统文化的主要类型是农业文化。中国传统文化孕育在一个农业宗法社会的母体之中，农业经济一直是中国古代社会的主干，长期的农耕生活使中国人形成了安土重迁、追求稳定和缺乏冒险的精神，因此，如果按生产方式来区分文化，则农业文化是中国传统文化的主要类型。

三是按哲学思想区分为儒家文化、道家文化、法家文化、佛教文化、兵家文化等，各家思想共同构成了中国传统文化的核心内容。在这一格局下，各家思想相通互补、互为关联，从而形成了中华民族共同的理想人格、价值观念和思维定式，中国传统文化由此被定位为伦理政治类型。

12.1.2 中国传统文化的主要流派及其思想

中国传统文化源远流长，博大精深。就学术渊源而言，可以上溯到西周后期。春秋战国时期的礼崩乐坏，使传统的周朝思想文化发生了裂变，先秦各诸子学派"各引一端，崇其所善，以此驰说，取合诸侯"。战国时期诸子百家的形成与争鸣意义十分重大：一方面，这是我国历史上的第一次思想解放运动，也是中华民族走向成熟的标志；另一方面，它们在中国古代文化的土壤中萌发、生成，后又通过各派之间的讨论与争辩，得以深化完善，从而形成了各自的突出特点。在中国长达两千多年的历史发展中，无论是哪一类学说或者主张，都能在战国诸子中找到其思想的因子（马新、杨朝明、刘德增等，2003）。东晋以后，历南北朝隋唐，由印度传入的佛教文化逐步融入中国传统文化，成为中国传统文化中的有机组成部分。儒、释、道三家鼎足而立，相辅相成，构成了唐宋以降中国文化的基本格局。所谓"以佛治心，以道治身，以儒治世"（南宋孝宗皇帝语，转引自刘谧著《三教平心论》），明白地道出了中国传统文化的基本结构特征。本节以儒家、道家、佛教、兵家四种文化为主，阐述中国传统文化的核心。

1. 儒家文化

儒家创始人为孔子，名丘字仲尼，鲁国（今山东曲阜）人。孔子的思想中，最重要的内容之一就是"礼"。所谓的"礼"只是纲常名教化的政治、社会秩序。在孔子思想中，"礼"

是与"德政"相结合的,他主张礼治德化与政令刑罚相辅而行。另一项重要的内容即为"仁"。"仁"作为一种精神品质,包含多方面的伦理道德原则。它除了是一种使人们自觉、主动地遵循礼的道德素养之外,还是一种处理人际关系的道德伦理准则。儒家文化的另一个代表人物是孟子,他提出了"性善"和"仁政"说。仁政里的"民为贵,社稷次之,君为轻"是朴素的民本主义观点。此外,他还提出了关于人的浩然之气,即"大丈夫":"富贵不能淫,贫贱不能移,威武不能屈,此之谓大丈夫"。与孟子不同,荀子主张"性恶论",他认为人性本恶,主张隆礼重法。

汉代的董仲舒,以儒家为中心,吸取黄老之学以及阴阳、名、法各家,提出了"天人感应"说,同时根据他的神学的人性论,建立起"三纲""五常"的道德观念。他在《举贤良对策》中,提出"独尊儒术,罢黜百家"。他提出的这一思想文化专制方针,确立了儒家在我国封建社会意识形态中的核心地位。到了宋代,朱熹集理学之大成,建立了理学系统:首先,他提出了"理本气末"的理本体论;其次是"格物穷理"的认识论,即格物致知,要知道抽象的理必要通过具体的物展现。朱熹特别强调"天理人欲之辨",认为人性有两重性,一方面,人具有仁、义、礼、智的天命之性,这是天理,即孟子所谓的性善;另一方面,人又具有饮食男女的气质之性,这是人欲,即荀子所谓的性恶。因为他认为二者是对立冲突的,所以主张"革欲复理"。

概括而言,儒家思想体系充分体现在《大学》所讲的"格物、致知、诚意、正心、修身、齐家、治国、平天下"八条目中。总的来说就是:究天人之际,明修身之道,述治国方略,求天下为公,最终实现天人和谐的境界,即从哲学的高度认识宇宙,以伦理准则规范人生,落实到治国平天下,最终实现天人和谐。

2. 道家文化

道家是中国思想史上的主要流派之一,是中国哲学抽象思辨的大成者,并且倡导逍遥洒脱的人生精神。道家特别是《老子》的思想对中华民族的思想外化发展影响极大,可以说,《老子》五千言,上承古代文化,下启百代之学,中国历史上各家学派,无不从中汲取学术思想养分。

道家学派的创始人是老子。关于老子的姓氏与生活年代,历来说法不一,一般认为老聃即老子,大约生活在春秋末年。"道"是老子思想体系的核心。关于"道",《老子》第二十五章中有简明的概括:"有物混成,先天地生,寂兮寥兮,独立而不改,周行而不殆,可以为天下母。吾不知其名,强字之曰道,强为之名曰大。""道"的本位论,即"道生万物"。"人法地,地法天,天法道,道法自然",这里所谓的"道法自然",是说"道"以自己的样子为法则。老子还有其朴素的辩证思想。关于对立统一方面,"有无相生,难易相成,长短相形,高下相倾,音声相和,前后相随"。关于量变质变,"图难于其易,为大于其细。天下难事,必作于易;天下之事,必作于细""合抱之木,生于毫末;九层之台,起于累土;千里之行,始于足下"。关于否定之否定方面,"曲则全,枉则直,洼则盈,敝则新;少则得,多则惑"。老子坚持以"静观""玄览"为特征的直觉认识论。其特有的政治哲学,包括无为而治,所谓"小国寡民","不得已"而用兵。"无为而治"就是统治者应该不敢为、无以为、无不为,去掉妄为、私为、不作为,管理做到位,即不越位、不缺位、不错位,对人民听其自然。只有这样统治才能稳固。海尔集团领导者张瑞敏曾经提道:"无为说到家就是四个字——顺势而为。这一个势是什么？时代之势。赶上时代这个势，顺着这个走就是无为。无为不是不作为，是根据时代要求去做，所以那就是无不为。"

3. 佛教文化

佛教于两汉之际传入中国，在中国的历史条件下，开始生根、发展，成为中国封建社会上层建筑的一部分。佛教是伦理道德色彩相当浓厚的宗教，自传入中国以后，它的道德伦理思想，尤其是它的众生平等、出离家庭和超越当前社会秩序的观念与中国封建社会的等级制及儒家伦理道德观念形成了尖锐的矛盾，引发了不断的摩擦斗争。佛教由于受到中国古代封建社会政治、经济状况的制约，也受到儒家传统观念的抵制和左右，从而沿着适应中国文化特点的轨迹演变与发展，形成了调和儒家思想、宣传忠孝观念的中国佛教伦理道德学说。佛教的一套心性修养途径也为唐代以来儒家学者所吸取，并熔铸为儒家的道德修养方法。佛教从出世的角度论述了孝的极端重要性，从人生解脱的角度阐发了禁欲主义思想，还从认识论和人性论相联系的角度提出了知、智慧是人心之体、人的本性以及一整套的修行方法。佛教以大慈大悲、利己利他作为伦理道德的出发点，这种道德训条和儒家的"恻隐之心"、性善论相通，和我国的国家本位与民本思想的文化传统相近，因而在历史上影响颇大。

4. 兵家文化

中国的兵家文化极为发达。在先秦时期，《孙子兵法》这部旷世奇作就面世了。该书在20世纪被西方管理学者列入"100本世界知名管理经典"，也是唯一一部被列入的中国书籍。此外，《吴子》《司马法》《六韬》《尉缭子》《孙膑兵法》也先后出现在先秦时期；先秦后，陆续出现的《三十六计》《百战奇略》《纪效新书》《曾胡治兵语录》，都在不断充实中国兵家文化；文学作品《三国演义》等作品，也充满了兵家的斗争哲学。

在企业经营层面，海尔集团的张瑞敏曾坦承"《孙子》则帮助我们思考企业管理的方法和企业竞争的策略"，他甚至把书中的"上下同欲者胜"这句话作为自己管理企业的格言；华为的任正非所撰写的名篇《华为的冬天》也是对《吴子》的"先戒为宝"思想和《司马法》的"天下虽安，忘战必危"等思想的继承。[一]

兵家文化的内容极为丰富，这里简要列举三点。关于用兵的本质，《孙子兵法·始计篇第一》指出："兵者，诡道也。故能而示之不能，用而示之不用，近而示之远，远而示之近。"用唐太宗李世民的用兵之道来解释，那就是"多方以误"，即"战术谋略要兵不厌诈，因为减法的艺术，就是能减人而不被减的艺术，这个艺术当然离不开虚实之法，离不开诡道"[二]。

关于兵家思想的战略性谋略，在《孙子兵法·谋攻篇第三》中提道："知彼知己，百战不殆；不知彼而知己，一胜一负；不知彼，不知己，每战必殆。"这要求，"战略性谋略应考虑包括主客体、敌我友在内的全局问题"。而为了达到"知彼知己"的目的，则必须获取各种情报。为此，间谍的重要性就突显出来了。

关于如何做到不败，《孙子兵法·军形篇第四》明确指出："昔之善战者，先为不可胜，以待敌之可胜。不可胜在己，可胜在敌。"《孙子兵法》首先强调己方要先"立于不败之

[一] 钟尉. 先秦兵家思想战略管理特质研究 [M]. 北京：经济管理出版社，2011：3-4.
[二] 吴稼祥. 智慧算术：加减谋略论 [M]. 北京：生活·读书·新知上海三联书店，1997：72-73.

地、无死地"[1]，然后等待敌方出现疏漏与错失，最后一战而定。所以，孙子从来不追求百战百胜，也坚决反对百战百胜，而是追求先胜后战[2]，一战而全胜、完胜，从此一定时期内再无战事。

12.1.3 中国传统文化的精髓

美国前总统尼克松在《1999：不战而胜》一书中曾经指出："当有一天，中国的年轻人已经不再相信他们老祖宗的教导和他们的传统文化，我们美国人就不战而胜了……"

中国政府在传统文化方面也做出了诸多安排。胡锦涛同志在党的十七大报告中指出，当今时代，文化越来越成为民族凝聚力和创造力的重要源泉，越来越成为综合国力竞争的重要因素。习近平总书记强调不忘历史才能开辟未来，善于继承才能善于创新，并明确指出："要治理好今天的中国，需要对我国历史和传统文化有深入了解，也需要对我国古代治国理政的探索和智慧进行积极总结。"为此，2014年，教育部规定"四书五经"等国学经典被纳入学生的课程学习教材。

总体而言，中国历史悠久，具有丰富多彩的民族文化。这些文化总体上是围绕以自然经济为基础、以家族为本位、以血缘关系为纽带的宗法等级、伦理纲常这一基本精神而展开的。在博大精深的中华民族文化传统中，其精华比比皆是，我们应该保留一颗谦卑之心，先虔诚学习，学到精髓后，再评价其糟粕。

1. 团体意识

在中国的传统文化中，家族团体主义是建立在等级制度基础之上的。在一个家族团体内，以家族利益为最高目标，追求家族利益的最大化，强调团体（整体）重于个人，个人无条件服从团体，强调家族内部以伦理关系为基础的和谐与稳定。这种文化固然有压抑个性、不利于创新和竞争的消极作用，但它作为一种持续了几千年的群体精神，对今天的现代化建设还是具有积极意义的。企业是一个相对封闭的系统，可以视同"一个小家族"。增强企业员工的"家族"观念，有利于企业形成团体凝聚力和竞争力，有利于重构人们以团体利益为重的团体精神。

2. 人本思想

人本思想在中国文化中大体包括三层意思。首先是把人看成天地万物的中心，深信价值之源内在于人心。孔子曰，"人能弘道，非道弘人"，这与西方传统文化中以"上帝"和神为最高标准的神本文化截然有别。其次是强调"爱人"思想。孔子把"仁"作为其学说"一以贯之"的唯一原则和最高道德标准，而"仁"的内涵就是"爱人"，强调从无私的动机出发，舍己利人，舍己爱人。最后是人只要努力，皆可成才。孟子云，"人皆可以为尧舜"。这种人本思想是现代企业以人为中心的管理的文化基础。

3. 和谐思想

中国文化中的和谐思想源于中庸之道和天人合一观。中庸之道于人们追求创新、竞争不利，天人合一观于人们改造自然、向自然索取不利。但其中体现出来的和谐思想还是具有积

---

[1] 成中英. C理论：中国管理哲学[M]. 北京：中国人民大学出版社，2006.
[2] 华彬. 华杉讲透《孙子兵法》：修订版[M]. 南京：江苏文艺出版社，2016.

极意义的。如中庸之道，主张人与人要和谐，讲"仁""爱""诚"，"中和"待人，处理人与人之间的关系要不偏不倚，不说过头话，不做过头事，把握事物要有"度"。如天人合一思想，提倡人与自然要和谐，做事要顺应自然规律，使人与自然一体。这种和谐的思想深深影响着中国人的为人处世方式。

4. 求实精神

中国文化有玄虚蕴奥、重言轻实的一面，但其中也表现出很强的求实精神。这在中国的儒家、道家及法家文化中都有体现，如儒家的经世致用、道家的"无为"之中蕴含的"无不为"、法家的奖励耕战等。求实精神主要表现在：一是积极入世的人生态度，重视人生理想，也重视现实；二是朴实无华的民族性格，经商、治学都讲究脚踏实地和扎扎实实。当然，这种求实精神的形成也受封建统治推行愚民政策因素的影响。在封建统治下，广大农民在政治上被排斥，个人尊严受到压抑，只能把注意力集中到如何生存的"实际"上来。因此，传统文化中的求实精神的内涵不可能与现代企业所要求的求实精神完全吻合，但它作为一种长期养成的文化传统，对企业文化的形成和发展是有积极影响的。

5. 爱国主义精神

中国古代社会存在着黑暗、蒙昧、剥削、专制的一面，因此中华民族不断产生改变这一切的思想和理想，不断涌现出"为民请命""先天下之忧而忧，后天下之乐而乐"、力求"富天下、强天下、安天下"的民族英雄和仁人志士。数千年的历史演变形成一种追求自由、反对剥削、为国图强的爱国主义传统，尤其是在中华民族遇到危难之时，这种爱国主义又激发出巨大的凝聚力、向心力和民族责任感。尽管历史上的爱国主义客观上存在着一定的阶级局限性和时代局限性，但这种光荣传统不失为中华民族历史遗产中的瑰宝，不失为中华民族的灵魂，激励着中国人世世代代为保卫祖国、变革图强、追求社会进步而献身，也成为现代企业的精神支柱。

6. 吃苦耐劳、勤奋自强的性格

中华民族以农立国，数千年来一直在这片土地上繁衍生息、辛勤劳作，不仅形成了劳动人民淳朴务实的精神，也锤炼出劳动人民勤劳勇敢、吃苦耐劳、忍辱负重、自强不息的民族性格。在历史上，中国的农业、手工业曾领先于世界其他各国，科学技术的成就也十分显著，指南针、造纸术、火药、印刷术等四大发明对世界文化的发展做出卓越的贡献。还有中国数千万海外侨胞，他们远离故土，白手起家，艰苦奋斗，在世界和中华民族史上写下光辉的篇章。这些都是中国人民吃苦耐劳、勤奋自强性格的真实写照。与吃苦耐劳、勤奋自强的民族性格相联系，中国劳动人民还把勤俭视为美德，把浪费看成是不道德的行为。他们注重财富的积累，节约观念极强。

| 实践链接 12-1 |

如何用传统文化讲述中国故事？习近平主席这么实践

十八大以来，习近平主席对外出访数十次，无论是署名文章还是主旨演讲，他的讲话里始终充满着古今中外的优秀文化元素。旁征博引、纵横捭阖，具有鲜明特点和魅力的语言给人留下了深刻的印象。

在刚刚结束的"一带一路"国际合作高

峰论坛上，习主席开场便引用《兰亭集序》中的名句"群贤毕至，少长咸集"来描述会议盛况，欢迎各国来宾。会上，习主席道出"不积跬步，无以至千里""金字塔是一块块石头垒成的""伟业非一日之功"，用中国、阿拉伯、欧洲的谚语名句强调同一个道理，即"一带一路"建设要稳扎稳打，久久为功，"一步一个脚印推进实施，一点一滴抓出成果"。

"相知无远近，万里尚为邻"，2016年11月，习主席在秘鲁国会发表演讲时引用了唐代诗人张九龄《送韦城李少府》中的名句，表明两国虽地理位置距离遥远，但是国家关系仍可以像邻居一样亲密。

"未之见而亲焉，可以往矣；久而不忘焉，可以来矣。"2016年1月，在阿拉伯国家联盟总部演讲时，习主席引用这句两千多年前管子的话来讲述此行的重要意义。随后，他又道出孟子的"立天下之正位，行天下之大道"，进一步阐释中国对中东政策的坚持和立场，言简意赅，鞭辟入里。

在博鳌亚洲论坛2015年年会上，习主席说，"夫物之不齐，物之情也"，强调"不同文明没有优劣之分，只有特色之别"，表达了要促进不同文明、不同发展模式交流对话，在竞争比较中取长补短，在交流互鉴中共同发展的深刻思想。

习主席在讲话中引用古今中外的名言警句、古语诗词，看似信手拈来，但无不恰到好处，尽画龙点睛之妙，这既是中西方传统文化的交融，也是习主席对中国智慧的最好"代言"。

资料来源：金佳绪. 十八大以来，习近平这样为传统文化"代言"［EB/OL］.（2017-05-29）［2017-10-20］. http://news.qq.com/a/2017-0529/013263.htm.

 从习近平主席的用典中可以深刻感知到：中国传统文化思想丰富、深刻，让国人有足够的文化自信；善于用传统和经典来揭示现实问题和事物，言简意赅且直达本质，能够达到意想不到的效果。

12.2 中国近现代企业的文化传统

中国近代工业始于清朝末年的洋务运动，在中国封建主义和西方资本主义的夹缝中生长。在独特的环境中发展起来的中国近代民族企业，具有独特的经营理念和管理方式，形成了具有时代特征和中国特色的企业文化。虽然当时的企业文化还不太成熟，但它确实提升了企业的管理水平，提高了生产效率，为摆脱当时各种不利因素的影响，推动企业发展，做出了不可磨灭的贡献。

12.2.1 中国近代民族企业的企业精神

1. "行训""示训"与"厂训"

很多知名的近代民族企业都有着自己的"行训""示训"或"厂训"，作为贯彻企业精神的方式。这些家训式的口号内涵丰富，反映出了近代民族企业的精神风貌和生存理念。如东亚公司就以"己所不欲，勿施于人""你愿人怎样待你，你就先怎样待人"为厂训。冼冠生提出"三本主义"——本心、本领、本钱。华新纱厂要求员工"尚勤、尚实、尚公、尚廉、各秉血忱、拔除旧习"；天津国货售品所提出"爱人、惜物、忠事、守章、耐久"的所训；项康元创办制罐厂提出"勤、俭、诚、勇、洁"的厂训。在内容上，这些训示多数继承了儒家文化的精髓，将其为人处世的核心理念运用和内化于企业管理当中。这些训示使企业价值观与企业精神深入人心，虽然并不成体系，但对员工仍起着具体规范与引导的重要作用。

2. 自强不息的民族精神

近代的中国实业家在其经营活动中表现出了强烈的民族精神。"天下兴亡，匹夫有责"，近代中国备受西方帝国列强的剥削和凌辱，救亡图存已经成为所有国人的义务和责任。因此，很多优秀的实业家把"实业救国"作为实现人生价值的手段，也将其作为激励员工士气的精神动力。同时，"实业救国"的旗号也更能够使企业被社会所认同，从而赢得更广阔的生存空间。如张之洞认识到"中国受制于人……实因水师之无人，枪炮之不具"，于是兴业自制枪炮，在意识到"铁之兴废，国之强弱贫富系焉"的道理后，又着手发展钢铁工业。

3. 关注民生、服务社会

深受儒家文化经世致用、入世为国的思想的影响，不少近代民族企业都把关注民生、服务社会作为企业发展的目标之一。比如民生实业股份有限公司的"服务社会、便利人群、开发产业、富强国家""个人为事业服务，事业为社会服务""事业是超经济的，个人的工作是超报酬的"；被毛泽东同志称为"四大民族资本家"之一的范旭东，把"我们在精神上以能服务社会为最大的光荣"作为职工共同遵守的四大信条之一。这些价值观即使放在今天看来仍不可不谓卓越、前卫，犹如一面旗帜，引导着企业在当时残酷的竞争环境中生存与发展。

4. "和""合"的价值认同

"和"与"合"是中国传统文化的重要价值内涵，也成为近代中国民族企业的文化特征。在价值观的统率下，很多企业都提炼、总结与培育了自己的企业精神，以实现企业的服务宗旨。如周学熙华新纱厂"互助合作"的"华新精神"，郭氏兄弟的永安企业集团"彼此同心、团结合作、民望相助、勿以小我忘大我"和"同号相连，同舟共济"的"永安精神"，蔡声白的美亚织绸厂"和衷共济"的"美亚精神"等。这些精神主要以传统文化中的"和""合"精神为主导。

12.2.2　中国近代民族企业的经营理念

近代民族企业家深深懂得统一价值观念、塑造企业精神的重要性。近代民族企业在经营过程中，在人才、市场、品牌等方面形成了自身的经营理念。作为企业文化精神层的重要内容，这些经营理念使企业的经营更具有方向性，对企业行为具有良好的指导意义。

1. 人才理念

受"人为万物之灵"这一传统文化观念的影响，近代企业家始终把人看成社会经济活动与发展的主体，不仅十分注重人才的作用，还重视对人才的训练与培养。卢作孚宣称："人是事物的原动力，有了人，企业便会不断发展。"范旭东提出"劳于用人，逸于用事"的观点。张謇提出"无人才无可为图"的观点。刘鸿生认为选贤任能的用人之道是创大业之必需；吴蕴初将人才的培养与开发视为振兴事业的关键；穆藕初强调人才为事业之灵魂。基于这些认识，近代民族企业家都在实践中大力选拔人才，重用人才。荣氏兄弟千方百计网罗人才，施以生活上的优厚待遇及工作上的依赖与支持，并重视人才的培养与教育训练工作。除送出去培训外，荣氏兄弟还投资兴办了一系列学校，为荣氏企业和全国其他部门培养了约1 120名高中级专门人才。

2. 市场理念

中国近代企业已经具有初步的市场意识，如进行市场需求调查等。郑观应认为，即使在古代，要想获得厚利，也要知市面之兴衰，货物之增益，销路之宏远，须仗聪明才智之士思深虑远，而后择奇计赢，胸有成竹。何况到近代商业愈盛，商术愈巧，更不可不预知市场需求。郑观应对创办企业持谨慎态度，要预筹资本是否有利可图，其中就包含企业有无市场的问题。他对招商局的市场调查问题曾反复申述。为了发展招商局的业务，详细了解招商局各埠营运状况，郑观应还曾亲往南洋调查商务，两次溯长江西上调查局情。他将调查既作为了解市场，也作为整顿局务的重要内容和措施。通过实地调查，他确实发现了不少问题，并针对这些问题提出了许多有效地加强经营管理的对策。

3. 品牌理念

中国民族资本主义企业非常重视品牌建设，并且确实塑造出一批知名的可与外来品牌相抗衡的民族品牌。这主要分布在烟草、面粉、纺纱等与国计民生密切相关的行业，如荣氏企业的"兵船"牌面粉、大生毛纺厂的"魁兴""红魁""绿魁"棉纱、东亚公司的"抵羊"牌毛线、三友实业社的"三角牌"毛巾、"百好炼乳厂"的"白日擒雕牌"乳品、上海天厨味精厂的"佛手"牌味精、家庭工业社的"无敌牌"牙粉、中国化学工业社的"三星牌"蚊香和牙粉、中国铅笔厂的"飞机牌""鼎牌""三星牌"和"五星牌"铅笔。南洋兄弟烟草公司是中国最大的民族制烟企业，其商标"名目不下百余种，其彰彰者为大小'白金龙''梅兰芳''七星'、大小'长城''联珠''爱国''红金龙''百雀''喜鹊''高塔''蟹美人''金斧''八角'等，更为南北各地通销之品"。这些企业都很重视品牌的原料质量，保障原料来源；引进先进设备，提高产品质量；以优质低价手段占领市场；采取灵活销售的技巧，确保名牌产品的市场份额；采取质量异同和商标异同的策略，明确名牌产品的市场定位。

4. 经营创新

一些近代民族企业在经营管理思想与制度方面勇于进行改革与创新。有国外学者认为："确实有一'群'中国模仿者仿效了熊彼特式的创新者。"荣氏兄弟提出"建厂力求其快，设备力求其新，开工力求其足，发展力求其多""人弃我取，将旧变新""粉纱互济""薄利多销，战胜于市场"的经营思想。刘鸿生也提出一系列新的经营管理思想，如"谋定而后动"的战略决策思想，即在调查研究以大量获取经济信息的基础上，初步提出经营目标，再进一步进行可行性分析论证，最后做出投资目标的战略决策；"不把鸡蛋放在一个篮子里"——分散投资的思想，以及"联华制夷"和"联夷制夷"——行业竞争中的统一战线策略。束云章提出以实业为龙头，带动相关行业的发展，走混合联合经营的道路，以及掌握"仁"术，"取予有度"，处理好企业的人际关系的管理思想等。

12.2.3 中国现代华商文化

遍布世界各地的华人企业家深受儒家文化的影响与熏陶，恪守儒家商业文化传统、儒家经济伦理和商业道德，背井离乡、漂洋过海，凭着不屈不挠、艰苦奋斗的意志，在世界各地取得了辉煌的业绩，令世人瞩目，从而也形成了华人企业家独特的企业家精神，即华商文化所体现的商业精神和基本价值观。它包括以下几个方面。

1. 艰苦奋斗的韧性精神

艰难困苦,玉汝于成。从困境到玉汝于成,中间需要忍辱负重的精神,唯有能忍辱负重,方能蠖屈求伸、以屈求伸。海外华人远离故土,面临的第一件事就是图生存、求发展。他们往往白手起家,以中国人特有的勤劳、简朴为安身之本,百折不挠、艰苦创业。他们把苦难当成一笔财富,历经种种磨难和艰辛却依然百折不挠。他们虽然经历一次次的失败却从不灰心、从不气馁,善于从挫折和失败中吸取经验教训,继续前进。

勤俭作为中华民族的传统美德,也是华商精神的一个重要内涵。墨子说:"强必富,不强必贫""赖其力者生,不赖其力者不生"。李嘉诚在总结他的成功之道时说:"因为我勤奋,我节俭,有毅力。"其实,不少超级富豪由贫到富,自始至终都非常勤劳、节俭。勤以增收,俭以节支,勤而且俭才能育才致赢,否则,用之无节,犹如漏后不堵,必致财源流失。由此可见勤俭的重要。

2. 注重和谐、讲究诚信

注重和谐是华商文化的鲜明特点,中华文化强调万物对立统一,共成一体;音声相协,社会相和;阴阳交加,万物以成;戒烦弃躁,发而中节;人际和谐,无争无诉。身处异地,上无"天时",下无"地利"的华商,把"和"作为其广泛的外交哲学。在生意场上,他们注重建立和保持良好的关系,重视商人之间的合作和相互扶持;在企业内部,追求协调同事间的人际关系,达成内部人际和谐。马来西亚籍华人企业家郭鹤年被称为"人际关系专家"。他一方面注意选拔和培养得力的"管理干将",谋求全体职工对集团的拥护和支持,另一方面还特别注意发展公司外部的人际环境。忠诚信实在儒家文化中被视为人的基本道德品质。"精诚所至,金石为开""朋友有信""人无信不立,政无信不威,商无信不富",这些中国文化传统中的至理箴言把诚信列为从事任何职业的首要道德规范。许多华人企业家都把"诚信为本"作为他们的"本色经营",不投机取巧,信守承诺,信人不疑,委以重任;在生产中以质量为本,精益求精。

3. 人文关怀精神和德治思想

儒家文化主张仁者爱人,强调修身养性,同时,要求人人怀着仁爱之心来处理人际关系。以仁义立身,以仁义为重,一方面使华人企业家"与用事僮仆同苦乐",令企业具有极大的凝聚力;另一方面通过博施济众,取之社会,用之社会,从而赢得广泛的社会亲和力。我国香港杰出工业家林光如深知,作为企业的领导首先要修炼自身的德行,要具备良好的德操,要有远大的理想和抱负。同时,一个人的事业还应当和社会联系起来,在社会的坐标中定义自己的位置,为社会和国家创造财富。华人企业家十分重视人的作用,"三军易得,一将难求"表达了他们对人才的渴望和重视;"水能载舟,亦能覆舟"体现了人在企业中的重要作用;"用人不疑,疑人不用"的选材标准,让下属能尽情发挥潜能。

管理者通过修炼个人的道德行为和对下属的道德教化,主张以德服人,用榜样的力量使人信服,达到管理的目标,这样的德治思想在华商文化中也是根深蒂固的。它要求人们反躬自省,要通过先正己后正人的过程来治理社会,无论是一个社会还是一个组织,仅仅依靠法治是不完善的,同时也需要培养和营造一种行善的氛围,使人产生一种行善的内驱力。华人企业家们把德治方式"嫁接"到现代企业管理中来,取得了卓越的成果,这正是华商文化的魅力和潜力。

| 实践链接 12-2 |

卢作孚的民生公司如何管理育人

我国民国时期著名企业家卢作孚创办民生公司，取得了辉煌的业绩，博得了毛泽东"运输航运业不能忘了卢作孚"的赞誉。刘重来先生在《卢作孚画传》中对其管理育人的主旨做了详细的描述，现节录如下：

卢作孚为了提高员工，特别是总公司机关员工的文化素质，从1932年10月起，创立了朝会制度。所谓朝会制度，就是在每周规定的日子上班前，总公司全体员工聚集在礼堂，举行学习报告会。其内容丰富多彩，或由部门领导报告工作，或由一般职工报告自己的读书心得体会，也可以让职工自由发言，对公司工作提出批评建议，甚至让新加入公司的新员工进行自我介绍，借此机会与大家见面相识。在抗战期间，朝会开始时，还要全体起立，齐唱抗日救亡歌曲。朝会结束时，全体起立再唱抗日救亡歌曲，使朝会成为爱国教育的课堂。卢作孚不管多么忙，只要他在重庆，总要参加朝会。

在卢作孚的倡导下，民生公司读书学习、钻研技术蔚然成风，特别是总公司，更起了带头作用。不少人参观民生公司，都有耳目一新之感。1935年年底，著名女作家陈衡哲参观了民生公司后感慨不已。她说民生公司"是办事与教育的合组机关的一个好例子。公司中的办事人员，在晚上都聚集在一个大礼堂里，不是听讲，便是自修"。她感到民生公司的大礼堂"充满了学校的空气"，"真可说是做到机关学校化的地步了"。

资料来源：刘重来. 卢作孚画传 [M]. 重庆：重庆出版社，2007.

 近代许多民族企业无论是产业经营上，还是公司管理上都"开风气之先"。民生公司的做法，类似于现代企业大学的理念，企业即大学，管理即育人。

12.3 中国当代企业的文化融合发展之路

12.3.1 中国传统文化对商业与商人的影响

中国传统文化中宗法组织形态的家国主义观，决定了中国企业的领导—管理观包括权威主义与道德主义两种。其中，权威主义的领导—管理观，强调集权与专权、上下级的权力距离，以及仁慈与教诲；道德主义的领导—管理观，则倡导领导—管理者个人的品德与影响力，以及重视对下属的品德评价。㊀

中国文化在商人的信仰乃至企业文化属性方面，出现了儒商、禅商与道商等方面的融合，具体阐述如下。㊁

1. 儒商研究

儒商要么是"从商者或企业管理人服膺于实践儒家的社会伦理与经济伦理，在一般的社会事务与特殊的经济事务上都能自觉及有恒或系统地履行与表现儒家关切社会和谐、文化创

㊀ 王学秀. 文化传统与中国企业管理价值观 [M]. 北京：中国经济出版社，2007.
㊁ 齐善鸿、张党珠、李彦敏所作的《以道为本的"道商"研究》，收录于成中英先生主编的《文化管理：2010年东文化与管理国际学术研讨会论文集》中。

造活动的精神,对于经济事务更要强调儒者重人的风范、人性的关怀与人性的生活安排以及待人处世力求公平公正之道",要么是"只在经济事务上着眼儒家的社会伦理与经济伦理,并将之转化为管理之用"。

2. 禅商研究

"禅商"就是皈依禅门的商人,他们要"悟心灵之源,体万物之道",注重的是空灵无住的慧心妙用,在个体灵魂、智慧照用、生命本相这个层面上强调得更多,超越得更彻底。

3. 道商研究

宫哲兵、杨凤岗认为:"……每个宫观的主持身边都有一群皈依的商人与企业家,即道商。"李海波把道商定义为:"道商就是以道家的精神气质来从事商业经营的人。"其实,名义上皈依了道教的商人不一定处处、时时、事事有道,名义上没有皈依的非道家商人也不一定完全没有道。李嘉诚非道家人物,却处处体现了道性,比如他奉行的投资宗旨:"好的时候不要看得太好,坏的时候不要看得太坏""扩张中不忘谨慎,谨慎中不忘扩张""进取中不忘稳健,稳健中不忘进取"。这些话都鲜明地体现了道的运行规律,揭示了尊道行事的投资原理,李嘉诚因此在商业上获得了巨大的成功。道商的第一条标准就是按照前面论述的道的运行方式经商。所谓"天之道,利而不害",旅美道学大家张绪通先生曾提到有道者"全部的计划和所有的决策都以'所有的人都是赢家'为目标。所有的人都是赢家,这是'道的管理学'中的一条金科玉律,是最有价值的原则"。所以,道商经商应该效法天道。其第二条标准就是全赢思维,经商的结果既不伤人也不伤己。

儒商、禅商与道商的研究,结合中国传统文化及管理智慧,对现实中优秀商人的经营理念和智慧进行了提炼,为商人管理企业提供了有效的指导;对引导商人遵守伦理、道德,树立正确的人生价值观起到了正面作用;对提升商人的自我认知能力,转变心智模式,提高人生境界提供了有益的帮助。

12.3.2　家文化与企业文化的融合

国学大师钱穆曾说:"中国文化全部都是从家族观念上筑起的。"家是中国人的生活重心,研究华商的企业文化,自然要特别注重对华商家族企业的研究,家族企业是华商企业的主要经营形态。

1. 家族企业的特征

(1)"家本位"群体精神。中国人的群体精神,具有典型的家族文化特征。在中国文化传统中长期居于统治地位的儒家文化,就是"家本位"的代表。儒家的治国之道,就是强调君王应当像"家长"关心家族成员一样关心自己的子民。在家要父慈子孝,在外任职要做父母官,一切都要遵守伦理秩序。总之,只有家庭安定了,国家才能安定,所谓修齐治平,即把齐家和治国结合起来,齐家是治国的基础;"国家"也不过是把"国"看成"家",只是更大一点的"家"而已。所以,中国人的社会人格是以"家"为中心。由于家族系统的源远流长,子子孙孙的繁衍,一个中国家族就可以成长为一棵参天大树。

(2)家族世袭制。中国人的家族意识较浓,人们从内寻求支撑,以血缘关系为最基本的纽带,渗透到家族资本的运作中去。中国人在本土以血缘为纽带抵抗天灾人祸,而在国外,上无片瓦,下难立足,就只能以血缘纽带求生存发展,由此形成海外华人独特的家族世袭管理模式。

家长制和封建专制的结合会产生两种结果:一是宗法制度,二是人人自危的防御体系。前者在管理上形成仁慈的独裁者,后者迫使家族资本任用亲戚以求内部的稳定。在这种情况下,企业控制权由所有权决定,即经营权就是所有权,由此形成的企业制度只能是世袭制度。

企业内部的世袭制管理模式反映了宗法制度的要求,同样也体现了家长制管理模式的如下特点:第一,家族制是在生存危机的情况下必定选择的一种组织成本最小的组织方式。第二,家长制是华人心理文化沉淀与其经济行为的统一。第三,家长制是满足防御需求的制度。在人人自危的封建专制下,华人心理往往会形成一种思维定式,即防御心理是对他人损害自己利益的一种防御,"害人之心不可有,防人之心不可无"是挂在人们嘴边的一句格言。第四,亲缘和地缘等网络加强了家族企业的相互联系,同时也提供了家族制度发展的外部环境。

2. 家文化特点

(1) 文化构建以中国传统文化为基础。"家文化"是中国家族企业存在的文化之根,是企业文化的血脉与灵魂。中国家族企业与中国传统的"家文化"有着紧密的联系。中国是个有着悠久历史的文明古国,在传统的儒家文化影响下,人们高度重视家族关系和私人信任,具有浓厚的家族观念传统。中国的传统文化是农耕文化,并且中国古代封建社会达到的高度发展与繁荣,是依靠家国一体的宗法制度来维持的,得益于农业社会的稳定结构。家庭正是这种稳定社会的基本组成细胞。以家族为中心,以血缘远近亲疏的关系来确定人们的尊贵卑贱地位,这种根深蒂固的家族管理观念已经成为一种民族意识,深入到每一个人的灵魂之中。中国家族文化积淀之深厚,对人们心理和行为的影响之深远,是其他国家和民族难以比拟的。这种"家文化"影响着中国人的行为取向、价值观念等。中国优秀的历史文化是企业发展的文化底蕴,尤其是以儒家文化为主的中国传统文化对中外企业的影响非常大。

(2) 注重亲情和人情的管理方式。中国人的基本信念是以情为先,以理为大,情理兼顾。我国家族企业的创业史决定了企业在用人时除了注重人才的能力与水平外,还考虑他与企业及企业领导者的关系。在利益分配上,除了表现公平性之外,还要照顾其特殊性。中国的传统文化决定人们在交往中,尤其是在深受家族文化影响的家族企业的人际交往中往往遵循差序格局,即中国人待人是根据血缘亲疏远近来区别的。家族企业的特点就是多数员工间都有或远或近的亲属关系,因此关系比较融洽。当然,家族企业的亲情关系如果突破家族成员的范围,并推广到所有的员工就会形成强大的人员优势。索尼公司原董事长盛田昭夫认为:一家公司最主要的使命是培养它同雇员之间的关系,在公司中创建一种家庭式情感,即经理人员和所有雇员同甘苦、共命运的情感。家庭式的工作氛围使员工有明显的归属感,易于建立融洽的企业人际关系。

| 实践链接 12-3 |

用"家文化"构建固锝幸福企业

人文关怀是建立幸福企业"家文化"的第一步。现代社会,人们彼此之间缺乏信任,要建设幸福企业,首先要建立信任。企业家要真正把员工视为"家人",员工才能把企业家视为"家长"。在苏州固锝电子股份有限公司（以下简称"固锝"），领导率先垂范并感动员工，让员工在工作和生活中做到敦伦尽分。推行"家文化"后，固锝2 300多名员工上下班都不用打卡，曾经的打卡机光荣退休。固锝把信任交还给了每一位员工，员工充分感到被尊重、被信任。最近几年，固锝取消了多项普通企业一直沿用的管理制度。固锝认为：既然是家，就要像家人一样去信任员工。公司近几年来逐步取消与"家文化"不符合的"罚的制度"，用传统文化感化、教化员工。

人文教育是幸福企业之本。公司让一线员工以带薪的方式学习，内容为：如何成为一名幸福的员工，也就是如何做好女儿、好儿子、好儿媳、好女婿、好爸爸、好妈妈，目的就是希望每一名员工不只是领取一份薪水报酬，更希望大家都能够懂得孝顺父母，尊敬长辈，懂得正确的教育子女的方式，懂得关爱社会和服务他人。

资料来源：自曲庆，富萍萍. 苏州固锝：幸福企业建设的中国范本[J]. 清华管理评论，2019（6）.

文化点睛　"家文化"的内涵之深，所关涉的范围之广，是企业经营、社会管理等各个方面都能够借鉴的。固锝的实践证明：运用真实智慧，必得真实之利。

12.3.3　传统忠孝观与企业文化的融合

忠孝观是中国传统文化，特别是儒家伦理思想的核心观念之一。孙中山先生就曾对传统的儒家忠孝观对社会发展的积极作用给予充分肯定，认为"要能够把忠孝二字讲到极点，国家便自然可以强盛"。在他看来，只要人们都尽忠尽孝，中国就可以迅速发达，迅速走向强盛。孙中山的忠孝观是一种崭新的忠孝观，具有民主主义思想，符合时代潮流，代表了人民的利益，代表了中华民族的利益，值得充分肯定。在中国社会转型的今天，作为一种传统美德和理想化的人文伦理的体现，在社会主义新时期，忠孝观并没有被人们所抛弃，反而开始发挥新的作用，成为建设和谐社会、提升企业管理水平的重要标志。

中国当代企业，特别是中小民营企业多是家族式管理的企业。受到传统宗法、家庭观念的影响，这种管理模式把人分成外人和自家人，只信任与自己有亲缘关系的人，或通过在员工中推行家庭人伦观念将生人变成熟人后再管理，对运用制度和理性管理比较陌生。在传统忠孝观思想的影响下，家族企业的管理者（老板）和员工（被雇用者）在感情上存在着"知恩图报"的思想。家族企业的人际关系靠亲情维系，但亲情的辐射范围有限，当企业做大时，管理成本反而会增高，在企业实现代际转移时存在分崩离析的风险。但如果企业内部存在建立在平等基础上的忠孝观，则情况会大不相同：一是员工稳定且很少流动，因而人力资源开发投资少，员工培训成本低，且能确保员工的整体素质高。二是员工对企业的依赖性强，企业有较强的凝聚力。员工有爱厂如家的主人翁精神和责任感，因此在建厂初期和企业处于困境时，能提高企业的耐久力和抗风险能力。三是内部人际关系和谐。平等基础上的忠孝美德讲求以情动人，以行感人，以德服人，领导用职位权力较少，用个人权威较多，因而劳资矛盾冲突少，企业的人事纠纷少。因此，中国现代企业也应大力弘扬忠孝观，将传统亲情文化和西方理性文化结合起来，将情、理、法综合运用于管理之中，形成积极向上的、基于平等基础的忠孝观的企业文化，充分调动、发挥员工的积极性、自主性和创造性，增强组织的向心力和凝聚力，使整个组织充满活力地向前发展。

| 实践链接 12-4 |

孝道文化与奋斗文化：支撑招金膜天稳步发展

山东招金膜天股份有限公司（以下简称"招金膜天"）始建于 1988 年，企业经济效益一度极佳。但由于错误的决策，企业陷入困境，一度濒临破产。2009 年 4 月，时任副总经理的王乐译被聘任为总经理，开始改革。一年内，公司实现了盈利，让企业起死回生以及 2016 年成功在新三板挂牌上市的底层逻辑，正是招金膜天推行的孝道文化与奋斗文化。

2010 年，王乐译亲自起草《孝道倡议书》，倡导全体员工孝亲敬老，从小事做起，做到长久坚持、无悔付出，实现家庭和睦，构建社会和谐。同时，公司采取相应措施：对父母年满 60 周岁的员工给予假期 1 天，陪父母庆生；为年满 70 周岁的员工父母奉送生日礼物；定期为员工父母体检；"双亲节"为员工父母发放节日礼品。此外，公司定期开展传统文化培训、诵读《弟子规》、合唱《跪羊图》《感恩的心》等活动。

奋斗文化让员工坚持不懈，上下一心，共渡难关；孝道文化促进员工心灵塑造、情感凝聚。招金膜天由一个亏损的小型国企，成长为高质量发展的中型国企，传统文化功不可没。

资料来源：根据对招金膜天总经理王乐译的访谈整理而成。

 招金膜天应用中国传统文化中的孝道思想与奋斗精神改变企业的命运，其奋斗文化为阳，孝道文化为阴，阴阳和合共同支撑招金膜天稳步发展。

12.3.4 传统义利观与企业文化的融合

价值观是人所独有的，儒家将价值观的问题论述为义与利的关系问题。儒家是重义的，孔子说："君子喻于义，小人喻于利。"（出自《论语·里仁》）。孔子又说："不义而富且贵，于我如浮云。"（出自《论语·述而》）。孟子也曾对梁惠王有过"何必曰利"（出自《孟子·梁惠王上》）的劝谏。可见在义与利的权衡之中，儒家认为义应该首先被考虑，它是衡量利之取舍的标准，作为君子应该深明大义，但这并不是说儒家就不重视利。孔子也曾说过："礼以行义，义以生利，利以平民，政之大节也。"（出自《左传·成公二年》），他认为义可以产生利，只要符合义的要求，就可以追求利，甚至将这条原则上升为为政治国的根本要义。孔子自己也表示："富而可求也，虽执鞭之士，吾亦为之。"（出自《论语·述而》），如果追求利益的行为是合乎道义的，即使是马车夫这样的工作，他也会乐意去做。可见孔子对人们追求利益的行为是持肯定态度的。在后来的儒家思想中，大都坚持义利并举的原则。

真正成功和有远见的企业家在价值观问题上从不含糊，因为这关系着整个企业的经营目标和导向，是经营管理中首先要解决的问题。一生创办了 600 多家大型企业，被誉为"日本企业之父"的涩泽荣一就认为，儒家思想不仅重视义，而且强调利，二者是不可偏废的。他对中国的儒家经典著作《论语》和中国运算工具算盘十分推崇，并以《论语与算盘》为题著书立说，阐述其中的精义。他认为，《论语》代表义，而算盘代表利。在经济管理运行中，既不能重义轻利，也不能重利轻义。具体说来，它包括两个方面。一方面，他认为儒家的仁义与"货值富贵"是并行不悖的，这正如孔子所说："富与贵，是人之所欲也；不以其道得之，不处也。"（出自《论语·里仁》），就是说，人有求富贵之心是正常的，但一定要符合礼义道德规范。另一方面，追求利益之所以要符合仁义，是因为"放于利而行，多怨"。（出自《论语·里仁》），就是说，如果任由求利之心无限发展，不顾仁义道德，就会产生矛盾和不良后果。如果一家大企业唯利是图，对小企业进行兼并压制和市场垄断，势必会引起小企业的强烈不满和反抗。小企业反过来生产低劣产品并假冒大企业的产品也就不足为怪了。因此，建立一种企业伦理，不管具体内容如何，总离不开义、利两途。

在现代社会市场经济高度发展的情况下，利益是调节人们经济活动的主要杠杆，"何必曰利""义以生利"的说法似乎已经不合时宜，但是不可忽视义在调节人们的经济活动中应有的地位。义说到底与利并无必然对立性，义也是一种利，只不过不是某一个人的利，而是一种整体的利，或称"公利"。强调义，即强调整体的利应该放在首位，对私利的追求应以不损害公利为原则。从短期效果来看，制造伪劣商品欺骗顾客可能使企业获取暴利，但这种破坏公众利益的行为必会使企业的声誉和形象一落千丈，企业到头来只会被消费者冷落，被市场淘汰。从长远利益看，以义（公利）为先可能会使企业暂时损失一定的利益，但其公益行为必能为企业营造一个良好的舆论环境和经济环境，从而开辟出广阔的发展前景，这于企业实在是有百利而无一害的。孔子说："无欲速，无见小利。欲速，则不达；见小利，则大事不成。"（出自《论语·子路》），就是说，急功近利、见小利而忘大义的行为无异于拔苗助长，欲速反而不达。"义以生利"正是在这个意义上得到阐发的。

| 实践链接 12-5 |

博创公司对待员工的义利之道

博创智能装备股份有限公司（以下简称"博创公司"）成立于 2002 年，专业从事塑料成型装备及智能化服务系统的研发、制造、销售和服务，是中国塑料智能装备与智能服务标杆企业。公司 2013 年承担了国家 863 计划应用示范工程项目，2015 年入选国家首批 46 家智能制造试点示范企业，并于 2019 年度获国家科学技术进步奖二等奖。现任博创公司董事长并担任第五届中国塑料机械工业协会会长的朱康建，长期学习并践行传统文化的理念，以义利观为切入点，探索企业对待员工的义利之道。

机械重工业行业常把安全作为首要管理工作。博创公司的核心价值观是：安全、诚信、责任、卓越、感恩，并将安全永远放在第一位。进入博创公司车间便能看到工人们都佩戴安全帽作业，每一个安全帽上印有岗位、姓名、部门、血型等。有客人来参观时，不解地问，你们安全帽上怎么会张贴员工的血型？这源自朱康建在义利观上对待员工的具体措施：一旦有员工发生意外，需要输血，不用耽误检查的时间，同时也能发现企业内部同类血型的员工，便于第一时间抢救员工的性命。

资料来源：根据访谈博创公司的相关资料整理而成。

博创公司大门口的石头上刻有一个"仁"字，目的是提醒公司全体员工，企业会全身心地爱每一位员工，每件事都会为员工考虑得周到细致，每件事都会为员工做到尽善尽美。因为只有员工变好了，产品质量才能好，客户才能满意，公司才能实现可持续发展。这就是博创以义为利、义利双行之道。

12.3.5 中国共产党红色文化与企业文化的融合

新中国成立70多年来，中国共产党始终保持推动中华优秀传统文化发展的高度自觉性，坚持中华优秀传统文化发展的科学方法论，坚持将中华优秀传统文化融入治国理政实践等宝贵经验。中国共产党始终坚定文化担当，进行文化创新，以实际行动铸就中华优秀文化的新辉煌。中国共产党坚持文化自信，不断提升自身文化软实力。此外，随着非公党建等党政文化政策的实施，党的红色文化不断地与企业文化融合，为当前企业文化建设增添了新的思想资源。越来越多的企业通过学党史、听党课、看党报等形式积极汲取党的红色文化，作为企业发展的宝贵文化资源。有学者研究指出，现时代中国企业文化管理变革的三大表现之一就是"由企业老板负责企业文化管理转为企业党委书记负责这项工作"，这也说明党的思想与文化对企业文化的影响越来越重要。

| 实践链接 12-6 |

博众公司从"批评与自我批评"到"内省外察"的文化建设之路

博众精工科技股份有限公司（以下简称"博众公司"）是一家装备制造业企业，为3C、新能源汽车等领域提供客制化自动化设备和关键零部件等产品与服务。博众公司自2001年年初至今，立志"成为装备制造业可持续发展的世界级企业"，博众人确立了"让我们的智慧在外太空为人类服务"的使命。这些进步离不开博众公司从党的红色文化中不断汲取营养。

2017年，博众人将"内省外察"作为核心价值观最后一项。内省外察的方法论，以传统文化阳明心学为基础，结合党的"批评与自我批评"建立三段论："叩问初心发愿，反思过失不足，激发精进能量"。员工个人从价值、能力和态度三个维度开展内省外察：反思自己是否紧紧围绕岗位价值开展工作，自己的能力是否能够胜任工作，自己是否尽职尽责用于挑战不断激发潜能。组织团队从目标成果、有效激发员工和管理改进三个维度开展内省外察工作：组织目标是否有效分解；激励措施是否有效，是否有效激发广大基层员工的积极性；是否通过持续的管理改进让每一位员工发挥最大价值，使组织效率达到最优。内省外察作为推动博众人在工作中不断成长的方法，已为广大员工和管理者所认可和应用。

资料来源：根据访谈博众公司的相关资料整理而成。

 文化点睛 中国的企业必须根植于中国自己的文化土壤，吸收外来的先进理念和方法为我所用，以使命信念作为驱动力，这样才能实现可持续发展。基于此，博众人从博采众长到博施济众，实现了从利己到自强与利他有机结合的转变。

12.3.6 多元文化与企业文化的融合

企业在经营过程中对传统文化的吸收必须具有辩证的观点，避免片面化，在学习借鉴传统文化时要特别注意多元化的综合发展。儒家文化是东方文化的代表，强调内在的和谐与统一，主张"和为贵"。它所倡导的"齐家先修身，治国先齐家"的整体主义思想对现代企业经营管理具有重要的借鉴意义。只有重视企业内部"人"的因素，才能发挥企业整体团队的优势，实现企业经济效益与社会效益的平衡发展。老子主张的是一种顺其自然的、授权的和宽松的管理方式，这也是一种哲学理念，对企业组织管理起借鉴作用。法家主张"法治"，反对"人治"，特别强调管理制度的建设，倡导法家的精神：不要把企业持续经营的基础寄托在个别领导者的英明之上，而应建立在一套廉明、公正的组织规范和平等客观的标准之上，即唯有健全合理的制度，才能为企业带来稳定性，并使企业持续成长，这也可以说是企业的一种法制文化。《孙子兵法》在领导的作用、方法、环境及领导者的素质等方面的精辟见解对于现代的企业管理也有重要的借鉴价值。然而，在企业管理的理论研究和具体实践方面，西方国家却走在了前面，因此，中国企业文化创新必须借鉴和吸收西方优秀企业的管理成果。美国对企业文化中以人为本的企业理念的重新认识，揭示了东西方国家不同民族文化传统背景影响下的企业文化具有横向借鉴和沟通的必要与可能。中国在企业文化创新中也只有通过这种比较才能更好地认识自己，从而创造新的中国特色企业文化。总之，现代中国企业的经营管理在借鉴西方先进的企业文化理论的同时，要更加深深扎根于中国传统文化的沃土之中。

管理学家德鲁克指出："管理是以文化为转移的，并且受其社会的价值观、传统与习俗的支配。"随着中国社会、经济、文化等各方面的剧烈变革，中国企业文化变迁，即整个企业组织范围内的文化整体转换，或者说，一种文化的基本假定或组织意识形态或共享的意义内涵的转变，必然会跟随时代的变革而产生并不断演变。如上所述，一方面，市场竞争机制对中国企业的经营价值观产生了重大的影响，促使以效率、质量和服务等元素为核心的新型经营价值观日益主导了企业的经营管理，并逐步演化为企业文化的重要组成部分；另一方面，立足本土、走向世界的中国企业同样注重对根植于中国五千年文明历史中的传统文化精髓进行吸收、传承和发展，并涌现了一批成功融合西方现代管理理念和本土传统文化精华的优秀企业。

| 实践链接 12-7 |

龙达恒信"红色引领"下的文化融合创新之路

在山东济南，有一家名为"龙达恒信"的工程咨询企业，创始人杨宏民在弘扬优秀传统文化、传承红色基因中成功探索出了一条独具企业特色的"融合式"文化发展之路。

一方面是全方位、多层次地全面构建企业国学文化氛围。在公司墙壁、走廊悬挂历史文化名人肖像和名言警句宣传墙报，印制包括《论语》《大学》《中庸》《三字经》《弟子规》《增广贤文》等20多种国学经典在内的精美口袋书"小墨香书"，以赠送员工及客户，从公司中高层到广大员工形成了"国学经典伴我成长"的良好意识。组织开展各类书画艺术大赛，通过"听"书法家讲座、"看"书法家现场书写表演、"赏"书法家展示作品，"参"与书法家现场互动交流。同时，精选提炼国学经典名篇、名句在公司早会、培训会、总结大会等时机组织大家吟诵传唱，让员工一进入企业就可以感受到浓厚的国学文化气息。

另一方面是结合公司文化工作开展，在办公楼大厅设置以党徽为主体、两侧为龙达首字母"LD"组成的红色立方体，寓意红色领航、凝心聚力、信誉四方的"红立方"文化。组织党员职工共同学党史、比先进、提境界，在学习党的发展历程中感受创业艰辛、感悟传统文化魅力，使员工在潜移默化中提升境界。坚持党建与企业文化建设同部署、同落实，实现红色文化与国学传统文化和现代企业管理理念的多重融合，让优秀传统文化焕发出新的时代风采和时代精神。

资料来源：根据访谈龙达公司的资料整理而成。

中国共产党的文化以"红色"为代表，中国传统文化以"黄色"为代表，加上以"蓝色"为代表的西方企业管理文化，"三色"文化同时在企业中被践行，兼容并包，互相融合，能够开启未来的企业文化融合的另一种思路。

本章小结

本章主要从中国传统文化的主要内容、精髓出发，介绍了中国近代与当代企业的文化特征，分析了传统文化如何对中国企业产生影响。

中国传统文化的主要流派包括儒家文化、道家文化、佛教文化与兵家文化。中国历史悠久，具有丰富多彩的民族文化。这些文化总体上是围绕以自然经济为基础、以家族为本位、以血缘关系为纽带的宗法等级、伦理纲常这一基本精神而展开的。中国文化精髓包括团体意识，人本思想，和谐思想，求实精神，爱国主义精神，吃苦耐劳、勤奋自强的性格等。正是这些优秀的文化支撑着中国企业从近代走向了现代。

中国近代企业也展现出了一些独特的企业精神，包括"行训""示训"与"厂训"，自强不息的民族精神，关注民生、服务社会，"和""合"的价值认同等方面。此外，其经营理念包括人才理念、市场理念、品牌理念与经营创新等方面。以此为基础，中国现代本土企业也逐渐形成了"华商文化"，具体包括艰苦奋斗的韧性精神，注重和谐、讲究诚信，人文关怀精神和德治思想等方面。

当代的中国企业文化仍然需要与时俱进，中国当代企业的经营价值观正在发生重大的变化。中国企业的文化建设过程也不断对传统文化进行吸收并加以实践，具体表现为家文化、传统忠孝观、传统义利观、中国共产党红色文化等多元文化与企业文化不断融合的发展之路。

复习思考题

1. 阐述中国企业"家文化"的特点，选择一家知名的家族企业进行分析，比如美的、新希望、碧桂园等。
2. 阅读相关文献，总结儒、释、道、兵四家文化对中国企业文化影响的特点，评析兵家文化对中国企业经营所产生的正面与负面影响。
3. 通过文献阅读和案例分析，你认为中国企业在面临新冠疫情和贸易脱钩等经济挑战时，中国的传统文化是否仍然能发挥有效的作用？

案例分析

遵循传统文化之道，引领信誉楼健康发展

历经36年，遵循"道"的原则踏踏实实做企业，信誉楼成为一家商业绩效与口碑极佳、充满着修为与文化的连锁百货集团，现拥有38家自营店，员工3万名，总资产76亿元。2020年，在新冠疫情和多变的市场环境下，集团新开3家自营店，销售收入181亿元，纳税7.3亿元。业内很多实体商业闭店、裁员，而信誉楼各自营店的成长曲线是连续且向上的，经营态势良好，成为业界唯一销售、利润、纳税正增长的企业。

信誉楼的"道"是什么？它因何而来？它有什么"魔力"能让这家拥有3万名员工的民营企业受人敬重、充满活力、发展稳健？

信誉楼的"道"就是其核心价值观——"追求价值最大化，而不是利润最大化。在维护自己根本利益的同时，切实为所有利益相关者着想"。它由创始人张洪瑞的价值观派生而来。信誉楼的理念不是咨询出来的，而是先这样做出来，而后又把它逐步梳理清晰，走了一条先"文化"后"经营"的路径，用20年的时间形成了比较系统的理念体系。理念真、制度真，真信真做。

企业的核心价值观是企业在发展中如何处理和利益相关者关系的一系列准则，它表明企业如何生存的立场。在具体问题的处理中，这样把握尺度：

上限：利人不损己。
下限：利己不损人。
主张：利人利己，追求共赢。

健康长寿是信誉楼的终极目标。老董事长张洪瑞知道，只有切实为所有利益相关者着想，才能为企业创造一个和谐的环境，企业才能生存与发展。

1. 为员工着想

在信誉楼，员工第一，顾客至上。员工第一是顾客至上的根本保证。维持企业与员工关系的不仅是感情，更是彼此的需要。员工需要企业有前途、能得到施展和发展、受到尊重、在工作中获得幸福快乐以及合理的薪酬。

与之相匹配的理念、制度如下。

（1）员工付出即成本。不提倡加班，倡导轻松、快乐、用心地干好本职工作。

（2）致力于打造一个积极健康向上、纯洁简单的环境。培养员工的好品格、好习惯、好心态，诚信，感恩，谦和，真诚地欣赏和赞美他人；制度大于总经理；企业内部员工间不允许相互请客送礼；聚餐AA制；等等。

（3）各级人员薪酬待遇和销售额不挂钩。充分授权，注重赋能，鼓励尝试，允许试错，容忍失误；致力于教学型组织建设，注重员工整体素养和能力的提升，让员工增值、成才。

（4）企业永不上市。企业无终极所有者，谁创造的价值归谁，员工共享经营成果。员工的发展没有天花板，企业与员工结成了事业共同体、利益共同体、命运共同体。

2. 为顾客着想

（1）服务理念：视客为友，把顾客当作亲朋好友来对待。退换货以"不让顾客买完货后悔，更不能让顾客吃亏上当"为准则。

（2）诚信经营，矢志不移。1986年开出全国第一张信誉卡；开明码实价先河；从满足顾客到增加体验感、感动顾客。顾客购买玻璃器皿或易碎品，如果在员工视线范围内损坏了，则安慰顾客并给其更换新货；为顾客着想，能修而不卖；能买便宜的不买贵的，让顾客省钱省心。

（3）严把商品质量关，尤其食品，要健康、美味；实施自有品牌战略，减少中间环节，为顾客提供高性价比的好商品，让顾客感到安全舒心。

3. 为供应商着想

不拖欠货款，不转嫁风险，不接受回扣，保持纯洁的合作关系。与供应商结成互惠互利、合作共赢的合作伙伴。

4. 为商界同人着想

在张洪瑞的思维里，做企业没有竞争对手，只有竞争伙伴。企业不搞恶性竞争，不错位经营，没有价格战，相互促进，维护当地商业生态平衡，与其他商家携手，共同使本地市场繁荣发展。

5. 为政府着想

（1）信誉楼不考核利润指标，张洪瑞最关注的数字是纳税额。

（2）平抑物价，只赚自己该赚的钱。"非典"和新冠疫情期间，政府和消费者因为信誉楼的存在心里更踏实。

（3）每开一家店就引领所在地的诚信建设乃至商业文明。

信誉楼就是在创始人张洪瑞先生的带领下，遵循传统文化道德做企业，没有勉强、为难、悲壮。信誉楼专注聚焦于百货，注重过程管理，发展坚持夯实基础、把握规律、顺其自然、留有余地，享受整个过程。

资料来源：根据对信誉楼原董事长、现信誉楼商学院院长穆建霞女士的访谈及相关资料整理而成。

讨论题

1. 信誉楼的企业文化理念体现了哪些中国传统文化要素？
2. 分析信誉楼的经营管理模式，说明该企业的文化特点。
3. 信誉楼的发展给中国当代企业的文化建设有何启示？

参考文献

［1］黎红雷.中国管理智慧教程［M］.北京：人民出版社，2006.
［2］王成荣.企业文化学教程［M］.北京：中国人民大学出版社，2009：211.
［3］陈春花.企业文化管理［M］.广州：华南理工大学出版社，2006.
［4］申望.企业文化实务与成功案例［M］.北京：民立与建设出版社，2003：393-398.
［5］蒋道霞.中国近代企业制度的嬗变［J］.经济问题探索，2006（2）：112-115.
［6］汪永平.中国近代民族企业的企业文化建设［J］.经济师，2004（6）：161，213.
［7］汪永平，贺宏斌.中国近代民族企业的企业文化探析［J］.中国社会经济史研究，2007（4）：83-90.
［8］马新，杨朝明，刘德增，等.中国传统文化要论［M］.北京：高等教育出版社，2003.
［9］韩康.企业文化变迁与制度创新［J］.新视野，2004（5）：26-29.
［10］熊伟，奉小斌.从产品质量观看企业运营战略的变革［J］.企业研究，2011（9）：8-9.
［11］黄培伦，林山.从服务价值链看企业服务文化的塑造［J］.科技进步与对策，2003（12）：102-104.
［12］李相银，余莉莉.高新技术企业中的组织学习与技术创新［J］.科技管理研究，2012（10）：15-19.
［13］赵曙明.企业竞争力已上升为供应链竞争［J］.化工管理，2011（8）：14-15.
［14］程增学.中国传统文化价值观的现实意义［J］.现代企业文化，2009（9）：167-168.
［15］幸福的海底捞：从一个店长的晋升谈起［EB/OL］.（2011-11-17）［2021-10-21］.http://edu.sina.com.cn/bschool/2011-01-17/1500282798.shtml.
［16］许彦.论社会主义市场经济条件下的义与利的关系［D］.武汉：武汉理工大学，2010.
［17］张德.企业文化建设［M］.2版.北京：清华大学出版社，2009.
［18］王成荣.企业文化学教程［M］.北京：中国人民大学出版社，2003.
［19］王超逸.企业文化学原理［M］.北京：高等教育出版社，2009.
［20］刘光明.企业文化［M］.5版.北京：经济管理出版社，2006.
［21］陈燕，邓旭.浅论环境对企业文化的影响［J］.经济体制改革，2005（3）：54-57.
［22］马步真.试论企业领导与企业文化建设［J］.管理者说，2007（5）：2-4.
［23］洪向华.论企业文化与企业领导的辩证关系［J］.理论探讨，2003（3）：81-82.
［24］江繁锦.领导行为与企业文化的适配性研究［D］.长沙：湖南大学，2008.
［25］刘宝宏.企业战略管理［M］.大连：东北财经大学出版社，2009.
［26］梁国楹，王守栋.中国传统文化精要［M］.北京：人民出版社，2011.
［27］钟尉.先秦兵家思想战略管理特质研究［M］.北京：经济管理出版社，2011.
［28］吴稼祥.智慧算术：加减谋略论［M］.北京：生活·读书·新知三联书店，1997.
［29］李零.唯一的规则：《孙子》的斗争哲学［M］.北京：生活·读书·新知

三联书店，2010.

[30] 成中英. C理论：中国管理哲学[M]. 北京：中国人民大学出版社，2006.

[31] 华彬. 华杉讲透《孙子兵法》：修订版[M]. 南京：江苏文艺出版社，2016.

[32] 王学秀. 文化传统与中企业管理价值观[M]. 北京：中国经济出版社，2007.

[33] 齐善鸿，张党珠，李彦敏. 以道为本的"道商"研究[A]. 成中英，孔令宏. 文化管理：2010年东西方文化与管理国际学术研讨会论文集[C]. 杭州：浙江大学出版社，2013.

[34] 刘重来. 卢作孚画传[M]. 重庆：重庆出版社，2007.

[35] 齐善鸿，李彦敏. 大道说管理[M]. 武汉：长江文艺出版社，2012.

[36] 吴增礼，肖佳. 中国共产党对待中华传统文化的态度变迁及基本经验[J]. 湖南大学学报（社会科学版），2021，35（1）：8-14.

[37] 邓纯东. 百年大党风华正茂的文化密码解读[J]. 湖湘论坛，2021，34（2）：5-14.

[38] 钱津. 论现时代企业文化管理变革及发展趋势[J]. 经济与管理评论，2020，36（6）：48-63.

第 13 章 跨文化适应与管理

【学习目标】
- ☑ 了解文化差异及其表现
- ☑ 掌握文化差异对跨国企业经营的影响
- ☑ 了解典型国家的文化特征及其对管理的影响
- ☑ 掌握跨文化管理的相关理论
- ☑ 了解跨文化管理实践中的具体策略

引例　　　　新冠疫情治理凸显中西人权文化差异

新冠疫情暴发以来,中国政府采取一系列举措及时应对,有效遏制了疫情进一步蔓延,充分保障了中国民众的生命安全和身体健康,这不仅彰显了中国特色社会主义制度的优势和中华民族的强大精神力量,还凸显了中国人权文化所具有的独特优势。与之形成鲜明对照,西方社会对个体自由与个体利益的过度强调所导致的个体责任感弱化与权利的过度膨胀,给疫情治理带来巨大挑战;其对经济社会文化权利的轻视,给社会弱势群体带来了巨大伤害。

1. 强调家庭责任的人权理念　强化个人自我严格约束

与西方人权理念多从个人主义角度出发不同的是,中国人的人权认知具有强烈的家庭观念特征。中国文化对家庭责任的强调,要求每个人都应珍视自己的生命权。面对来势汹汹的新冠疫情,多数中国人都能够自觉地佩戴口罩并居家隔离。因为在中国人看来,自觉遵守居家隔离规定,做好自我保护不仅是对自己负责,也是对家庭负责。但在强调个人主义与自由主义的西方人看来,如此多的国民能够自觉在家隔离一两个月，甚或更长时间，简直是一个奇迹。在欧美国家疫情大范围暴发后，即便政府发布了禁足令，大量民众仍然不顾紧张的疫情形势外出聚会游玩。西方社会对个体自由的过度追求给疫情防治带来了巨大困难。

2. 坚持平衡协调推进各项人权 践行国家使命担当

中国政府坚持以人民为中心的人权理念，将公民生命健康权作为第一位的基本人权予以保障，通过紧急调配医护人员和医疗资源、建设集中收治医院、免费收治感染患者等多方面举措，尽最大能力让每个患者都能得到及时治疗，取得了良好效果。世界卫生组织多次称赞中国抗疫举措，认为面对严峻挑战，中国采取的措施可能是有史以来最具雄心、最敏锐和最严格的疾病防控措施，中国的抗疫成就给世界其他地区带来了希望。而西方国家政府偏向承担消极的"尊重"义务和事后的"保护"义务，缺少更加积极的措施为人的发展创造适宜条件，不可避免造成了人权理念与实践的背离。例如英国在疫情初期所推出的"群体免疫"政策便是典型，政府面对疫情的无所作为一定程度上放任了疫情的蔓延，对民众生命健康权造成极大侵害。此外，美国所出现的极高民众感染率与死亡率，尤其是非洲裔、拉美裔美国人等弱势群体的超高死亡率，也与美国政府长期以来在经济、社会权利保障上的严重不足密切相关。

资料来源：改编自：尚海明. 疫情治理凸显中西人权文化差异 [N]. 光明日报，2020-04-23（02）.

13.1 文化差异对管理的影响

在世界文化体系中，民族心理、风俗习惯、宗教信仰、道德风尚、伦理意识、价值观念等的差异，造就了各民族的独特文化个性。企业文化作为文化系统中的亚文化，不可避免地受到作为主文化的民族文化和社会文化的影响与制约。

13.1.1 文化圈理论

文化圈理论形成于19世纪末20世纪初，其理论基础源于德国文化传播学派的先驱弗里德里希·拉采尔（Friedrich Ratzel）提出的"文化地理环境决定论"。后来经过德国民族学家和地理学家弗里茨·格雷布纳（Fritz Graebner）、奥地利民族学家和语言学家威廉·施密特（Wilhelm Schmidt）等学者的不断深化和发展，最终形成了文化圈理论。

1. 格雷布纳的文化圈理论

格雷布纳在1911年出版的《民族学方法论》一书中使用文化圈概念作为研究民族学的方法论，其主要观点如下：

- 文化圈是一个分布在一定地理空间内的由若干文化元素或物质组成的文化丛。文化圈是一个地理上的空间，在内容上是一个由若干文化物质构成的文化丛，丛内的各种文化特质均散布于该文化圈的地理空间之中。

- 文化圈在地理空间的分布上部分重叠，部分分离，而相互重叠的文化圈便形成了文化层。
- 文化层的层序反映文化发展的时间顺序和传播路线。

2. 施密特的文化圈理论

施密特主张用格雷布纳的文化历史方法和文化圈理论研究民族文化，并主张对各种文化的产生、发展以及相互联系进行系统的调查研究。与格雷布纳的文化圈理论有所不同，施密特企图摆脱文化圈在格雷布纳理论中所具有的纯地理性标志的特征，赋予其更广泛、更普遍的意义，使它具有文化发展的世界历史阶段的性质。其主要观点如下。

（1）如果一个文化丛包括人类文化的主要范畴，如器物、经济、社会、宗教和道德，这个文化丛就可以称为文化圈。文化圈具有自足性、独立性和恒久性。自足性是指文化丛必须包括可以满足人们生活需求的各种重要范畴；具备自足性的文化圈也就意味着具有独立性。文化圈的恒久性则意味着构成文化丛的各主要范畴固定不变。

（2）文化圈在地理上包括一大群部族和民族，通常是若干民族群的综合体。因为只有这样，它才能抵抗外来影响，历久不变，也正因为它具有一切主要的文化范畴，才能满足该地域人们的需要。

（3）文化圈是一个有机整体，构成它的各文化范畴在功能上是相互关联的。因此，诸如器物、经济、社会、道德、宗教等范畴，并不是彼此无关地排列在一个地域内的，而是相互联系在一起的。

（4）文化圈有多种类型，若以地理分布特征划分，有地理上相连的文化圈、被其他文化冲破的文化圈、洲际文化圈、两个或更多间隔较远地带形成的文化圈等。

（5）文化内在发展的确定法。施密特把文化发展中所受的外来文化影响分为主动影响和被动影响两种。他认为，一个民族主动接受外来文化影响，能对民族文化的内在发展起到积极作用，而被动受到外来文化影响只能起到消极作用。

13.1.2 文化差异及其管理表现

文化差异即文化的相对性，文化的群体性决定文化只适用于一定的范围，由于历史、自然条件、经济水平、社会制度等的差异，形成了丰富的文化种类。东西方由于文化传统以及社会、政治、法律、制度等的不同，企业的经营理念、管理决策思维、行为方式存在很大的差异。总的来说，这些差异主要表现在以下几个方面。

（1）人格与价值。东方企业员工的人格与价值取向表现为：较强的依附性和内向型；强调人与自然和谐、人际关系和谐、天人合一；注重行为的节俭、悠闲；突出以家庭成员为中心。西方企业员工的人格与价值取向具有强烈的自主性和个人主义表现，外向开放。

（2）管理模式。从管理模式来看，东方企业多采用集权式领导方式，员工集体主义观念强。西方企业多强调个人价值，强调企业的最大利润，权责分明，员工具有较高的创新与创造精神。

（3）组织结构。东方企业的组织结构层次较多，集体主义倾向占主导地位，在这种文化氛围下，组织的评估体系和方法由管理人员负责组织，建立起的是以团体为单位的培训和奖励机制，每个成员都将自己看成协作体的组成分子，与其他成员保持密切的合作关系。西方企业的组织结构扁平化,以个人为中心的倾向明显,要求业绩评估必须以个人的行为、效率和成就为基础,充分肯定个人对组织的贡献。

(4)管理文化。东方文化适应性强、灵活性强,主张"和为贵",这使得人们十分注重人际关系和谐,文化的灵活性有可能胜于制度,遵从"人治"多于"法治"。西方文化则以制度为基础,企业管理讲究原则,追求效率。

(5)权力距离。东方企业更侧重于"集权",而西方则倾向于"授权"与"分权"。因此,东方企业高层与中低层经理人员之间的权力距离通常大于西方企业,东方企业的高层领导拥有更大的权力,而低层管理者的权力相对较小。

(6)领导与员工的关系。在西方,企业领导与员工之间关系比较平等。而在东方,领导与员工之间有时会表现出明显的等级观念。

13.1.3 文化差异对跨国企业的影响

全球化时代的到来,文化差异突出地表现在跨国企业的经营中。跨国经营是指企业在全球范围内利用资源,使其能够将自己所拥有的资本、技术、管理技巧、市场联系、研究与开发等优势与东道国当地所拥有的人力资源、自然资源乃至市场规模等优势结合起来,在全球范围内实现优势互补。就像自然界中存在着"杂交优势"一样,跨国公司中也会产生一种文化的"杂交优势"——跨文化优势。但文化差异是一把"双刃剑"。当今多元文化同生共存,国家文化、民族文化甚至某些企业、组织的亚文化的差异或冲突,使得处于不同文化背景下的人们具有不同的思维、言谈、生活及工作方式、商品偏好、价值观、工作理想及努力程度。跨国企业作为一种多文化的机构,处于这样的文化地域及背景下,必然会面临来自不同体系和地域的文化摩擦与碰撞,受到文化差异的影响。

1. 文化差异对跨国企业的正面效应

(1)跨国企业解决问题的能力得以提高。来自不同文化背景的员工,所接受的知识和所积累的经验不同,对同一问题有着不同的思考角度。多元文化使跨国企业在分析决策问题与选择方案时,能从多个角度进行分析,从多个方面进行理解,从多种层次进行认识,从而得到更多可供选择的解决方案,提高解决问题的能力。

(2)有利于跨国企业的创新活动。文化差异的存在逐步改变来自不同文化背景的员工对问题的思考方式,开阔他们的思路,这使得跨国企业更易于产生新观点、新主意、新思想,从而提高企业的创新能力。

(3)文化多样性有利于跨国企业突破群体思维。群体思维成为社会一致性及促使群体成员顺从和达成共识的压力。跨国企业中来自不同文化背景的成员所具有的思考方式不相似,他们一般会相互质问,提供与他人相反的观点和建议,并且只有被说服才会改变主意,这有助于突破群体思维。

(4)有利于国际营销的开展。来自不同背景的员工对其所属的文化领域十分了解,他们能理解当地文化对购买力的影响,使跨国企业在不同地域能很好地进行产品的销售,并据此制定出针对企业顾客的具有民族特点的市场战略,开发出受顾客欢迎的具有文化特色的产品且能与来自不同文化背景的客户进行沟通，从而提高企业的经营业绩。

2. 文化差异对跨国企业的负面影响

企业间各种形式的合作经营行为实质上都是一种跨文化行为，其间势必伴随着不同文化的相互作用，当不同质的、不同层次的文化共处于某一时空环境中时，必然发生内容和形式的冲突与碰撞，从而给跨国企业的经营带来负面的影响。

（1）文化差异引发管理者和员工关系紧张。文化差异决定了员工有着不同的需要和期望，以及为满足不同的需要与期望而产生了不同的行为规范及行为表现。当外派管理者的管理行为与当地员工所要求的管理方式不同时，上下级的关系很可能会出现断裂的局面；与此同时，员工则因为双方的理解难以达成一致而变得更加消极和不思进取，结果是双方都不可能有所作为，这也会影响自下而上的沟通，破坏跨国企业经营管理者与当地员工之间的和谐关系。

（2）文化差异使跨国企业的决策活动变得更为困难，具体如下。

① 对决策方式的影响。为使决策能体现员工的希望和要求，作为决策的重要一环，往往在决定之前要征求和听取员工对于决策方案的意见与建议。由于文化的差异，来自不同文化背景的员工对于如何表达意见和建议的理解会不同，而且他们提出的意见和建议会存在较大的差别，所以最后企业很难做出能体现员工的希望和要求的决策。

② 对决策的执行方式的影响。西方文化强调理性的思维习惯和公平的意识，表现在社会制度上是以法治国，表现在企业运作上则是企业制度的建立和完善；企业的决策不会因为个人的职位变化而发生变动，延续性较好，在执行过程中讲究程序性，员工认为这是民主和公正性的最佳体现。与此不同，中国人的传统管理思维都是以人治为主，因而决策执行中强调等级和人际关系。不同的文化造成了不同的决策方式和执行方式，这可能会导致跨越不同文化背景的跨国企业在决策活动中缺乏效率，因此在跨国经营中会面临困难。

（3）文化差异使企业经营目标难以统一和实现。不同文化背景下的管理者会有不同的经营目标，而且由于文化的差异，跨国公司的员工有着不同的工作动机和期望。不同的价值观、不同的生活目标和行为规范带来的文化冲突必然会削弱组织成员对企业整体的向心力，导致管理费用增加，组织协调的难度加大，甚至造成组织机构低效率运转，这将使得跨国企业的经营目标即使取得了统一也很难得以实现。

（4）阻碍跨国企业全球战略的实施。跨国企业为了实行全球化战略，必须以一定的规模、严密的组织机构和科学的管理体系来经营。但文化差异导致管理者决策以及员工行为方式不同，不能形成统一的整体，造成跨国公司反应迟钝，极为不利于全球化战略的实施。另外，管理者如果不能正确理解文化存在的差异和调整员工的心态，在工作中就可能采取情绪化或非理性化的态度，这不利于信息的沟通，阻塞沟通渠道，导致跨国企业在推广实施全球化战略时受阻。

如上所述，文化差异带来的多元文化在给跨国企业带来有利影响的同时也带来了不利影响。跨国企业如何利用文化差异带来的有利影响，消除文化差异带来的不利影响，这正是研究跨文化管理的意义所在。

| 实践链接 13-1 |

TCL 并购与汤姆逊、阿尔卡特的文化差异有多大

对待双方文化的共同点

（1）汤姆逊的员工和管理者对中国企业的经营文化理念普遍缺乏认同。

（2）阿尔卡特很难认同 TCL 文化，TCL 很难获得阿尔卡特员工的归属感。

对待双方文化的差异点

（1）在中国企业中强调服从领导，但是在外国公司中这种情况就不会发生。

（2）法国文化强调控制风险，重视组织内部程序化规则和规范，并严格执行，而中国人对风险的接受程度较高。

（3）企业往往不太强调控制，而是鼓励人们按照过去成功的方法或经验办事，不注重精确性，对各项方针政策、法律法规的执行也不是很严格。

（4）法方的决策者往往是一个人，而中方的决策者则是一群人；中方的管理者追求统一的秩序，而法方的管理者追求领导艺术；中方员工关注集体，法方员工重视自我实现。

（5）在法国文化中，工作时间就工作，休息时间就休息；中方则是工作与休息没有区分得那么严格。

（6）汤姆逊重质量，而 TCL 重设计与外形。

（7）汤姆逊认为中方管理层不够严谨与职业化，而 TCL 认为法方过于死板。

（8）汤姆逊认为职业化与能力是考核的标准，而 TCL 认为学历、经验等也是考核标准。

（9）TCL 认为在电视产业快速平板化的今天，产品更迭的速度非常重要，而汤姆逊崇尚的是产品细节。

（10）TCL 和阿尔卡特在激励方式上的差异也导致了渠道渗透困难。

（11）阿尔卡特与 TCL 公司在企业文化上也未寻找出整合的契合点。

（12）阿尔卡特与 TCL 对领导的评判标准不一样。

（13）TCL 与阿尔卡特的管理者风格不一样。

（14）阿尔卡特与 TCL 的工作行动模式不一样。

（15）阿尔卡特的使命是为企业客户提供行业最方便、最有价值、最安全、最容易管理的网络解决方案。在这种情况下，注重绩效目标的 TCL 很难获得阿尔卡特员工的归属感。

资料来源：齐善鸿，张党珠. 中国企业跨国并购文化整合模式研究 [M]. 大连：东北财经大学出版社，2014：144.

文化点睛 强强联手，并非更强，可能更弱；1+1，并非大于2，有可能小于1。TCL 在跨国并购经营早期遭遇的滑铁卢，不仅是并购投资项目的合理性问题，更有跨国文化和跨组织文化的差异与冲突。

13.2 国家文化与企业文化

13.2.1 国家文化与企业文化的关系

关于国家文化研究理论，最知名的是荷兰管理学家霍夫斯泰德的文化维度理论。20世纪80年代初，霍夫斯泰德针对跨国公司的雇员，进行了遍及40个国家长达7年的问卷调查，

在对 IBM 这家大跨国公司的 50 种职业、66 种国籍的雇员所回答的 11.6 万份问卷进行分析的基础上，提出了 4 项描述国家文化差异的指标，即权力距离、不确定性规避、个人主义与集体主义以及男性化与女性化。80 年代后期，霍夫斯泰德的研究样本扩大到 60 多个国家，在研究中不仅证实了这 4 个维度，同时又发现了一个新的维度：长期导向与短期导向。

1. 权力距离

权力距离即组织中权力的集中程度和领导的独裁程度，以及一个社会在多大程度上可以接受组织中权力分配的不平等，在企业中可以理解为员工和管理者之间的社会距离。权力距离比较大的国家，人们有严格的等级观念，上司具有较高的权威，且不易接近；权力距离比较小的国家，人们认为彼此是平等的，等级制度的建立只是为了工作方便，且职务高低是可以变换的。

2. 不确定性规避

在任何一个社会中，人们对于不确定的、含糊的、前途未卜的情境，都会感到面对的是一种威胁，从而总是试图加以规避。不同文化中的人们规避不确定性的迫切程度是不一样的。相对而言，在不确定性规避程度低的社会中，人们普遍有一种安全感，倾向于放松的生活态度和鼓励冒险。而在不确定性规避程度高的社会中，人们普遍有一种高度的紧迫感和进取心，因而易形成一种努力工作的内心冲动。

3. 个人主义与集体主义

霍夫斯泰德将个人主义与集体主义定义为"人们关心群体成员和群体目标（集体主义）或者关心自己和个人目标的程度（个人主义）"。个人主义组织是指一种结合松散的社会组织，其中每个人重视自身的价值与需要，依靠个人的努力来为自己谋取利益。集体主义组织则指一种结合紧密的社会组织，其中所有人往往以"在群体之内"和"在群体之外"来区分，他们期望得到"群体之内"的人员的照顾，同时以对该群体保持绝对的忠诚作为回报。

4. 男性化与女性化

霍夫斯泰德把这种以社会性别角色的分工为基础的"男性化"倾向称为男性或男子气概所代表的维度。对于男性社会而言，居于统治地位的是男性气概，如自信武断、进取好胜、对于金钱的索取、执着而坦然；而与此相对立的"女性化"倾向则被其称为女性或女性气质所代表的文化维度，女性社会强调维持良好的人际关系以及对工作和生活质量的关注。

5. 长期导向与短期导向

霍夫斯泰德将长期导向定义为：基于未来回报的美德的培养，尤其是坚韧和节俭。而短期导向是指与过去和现在相关的美德培养，尤其是尊重传统、爱"面子"和履行社会义务。根据对中国儒家文化的研究，霍夫斯泰德认为与长期导向相关的价值观为坚韧、节俭、基于社会地位的有秩序的关系、羞耻心，与短期导向相关的价值观为相互的问候及帮助和馈赠礼物、尊重传统、保护"面子"、个人的稳定。

国家文化与企业（或组织）文化是不同的，存在本质差异。国家文化属于心理软件的一部分内容，包含很多基本价值观，养成于我们的生命早期，主要从家庭、生活环境和学校等环境学习而来。而企业文化是我们价值观已基本稳定，然后加入一个企业或组织，参加工作后体验到的组织实践活动，所以企业文化是更为表层的内容。根据文化层次不同，文化可以按照从国家、社会阶层、职业、行业到组织，由深到浅的顺序排列。

后来,霍夫斯泰德继续对 IBM 的企业文化以其全球员工为问卷对象,确定了企业文化的六个维度。一是过程导向——结果导向:在过程导向的文化中,人们规避风险,花费有限的精力工作,每天的活动大同小异;在结果导向的文化中,人们在不熟悉的情境下也能从容面对,并尽最大努力工作。二是员工导向——工作导向:在员工导向的文化中,人们感到自己的个人问题受到关心,企业对员工的福利负有责任,重大决定由群体或委员会做出;在工作导向的文化中,人们感受到有强大的压力驱使其完成工作。三是本位主义导向——专业素质导向:本位主义导向文化中的成员感受到企业原则涉及他们的社会家庭背景和工作胜任力;专业素质导向文化中的成员认为私人生活是他们自己的事。四是开放体系——闭合体系:开放体系中的成员认为企业和人员对新来者和外人都是开放的;闭合体系的企业和员工都是封闭和私密的,即使对于企业内部人员来说也是这样。五是松散控制——严密控制:松散控制型企业成员没有人考虑代价和成本,会议时间是模糊的,经常有人拿企业和工作开玩笑;严密控制型企业成员看重消耗。六是实用导向——规范导向:实用导向的企业受到市场驱动,规范导向的企业认为面对外部世界的工作任务其实是对不可侵犯的规则的具体执行。

13.2.2 主要发达国家文化与企业文化举隅

长期以来,发达国家的国家文化与企业文化都是全球主流,本节以美国、德国、日本三国为例,阐述如下。

1. 美国文化特征及其企业文化

美国文化可归属低度关系文化一类。美国人相信人人生来平等,并从法律角度倡导它。美国人喜欢标新立异,崇尚个人主义。美国又是一个移民国家,荟萃了世界众多优秀人才,具有一定的文化融合性。美国文化的核心是个人主义和理性主义。

(1)美国国家文化的特征。作为一个没有悠久历史文化的年轻国家,美国较早且彻底地进行了资产阶级民主革命,创造了尊重法制、承认平等的权利结构和鼓励竞争的政治体制。具体来说,美国的民族文化有以下特点:个人主义的价值观;冒险、开拓、创新精神;自由、平等精神等。

(2)美国企业文化的特征。美国崇尚"自我"以及激进开放的文化特征广泛地渗透到管理的各个层面,并突出地体现在组织、领导、决策、经营、用人等颇有西方特色的传统管理行为和管理风格之中,形成明显的企业文化个性。具体包括:制度化;讲究效率,强调科学性;强调明确性;重视物的因素;强烈的进取精神等。

2. 日本文化特征及其企业文化

日本文化属于高度关系文化。日本文化受中国儒家思想和佛教思想的影响,是遵从群体、尊重长辈、讲究内和的传统儒家文化,其文化精髓即团队精神。

(1)日本国家文化的特征。日本属于典型的东方文化传统的国家,历史上长期盛行单一的种植经济,这种劳作方式需要整个家庭及邻人的相互协作,因而倾向于发挥集体的智慧。加之日本是单一民族、单一文化的岛国,因而这种重视集体力量、发挥集体智慧的思想就更浓厚。公元1世纪,中国儒家文化传入日本,日本人接受了儒家文化中的等级观念、忠孝思想、宗法观念等,并把儒家文化的核心概念"仁"改造成"忠"和"诚",逐渐形成了"稳定性强"的具有大和民族色彩的文化传统。日本文化的特征，概括起来有以下几个方面：民族昌盛的愿望；永不满足的学习精神；忠诚精神；"家族"意识；亲和一致的精神等。

（2）日本企业文化的特征。日本文化的基本价值观是：强调以人为本，以德为先；重视群体的合作精神，倡导个人对家庭、社会、国家的责任感；重视人和，注重协调人与人、人与物乃至人与自然之间的关系，主张一种和谐、协调的总体观念；主张从总体上去把握事物，强调用个人的直觉和内心的感情去认识世界；重义轻利。日本民族的这些文化特色反映在管理模式和管理行为上，便印上了不同于东方文化的显著印记，形成了日本企业文化的特点：强调集权式管理；强调企业的社会责任；强调服从组织的共同目标；强调组织氛围；强调整体与集体；强调艺术性等。

3. 德国文化特征及其企业文化

（1）德国国家文化的特征。欧洲大陆有几十个国家，人们讲十几种语言，每个国家都有自己的一些文化传统，但文化的来源主要是古希腊文化和基督教文化。基于此，欧洲形成了追求精神自由、人文主义、理性和民主的民族文化传统。德国国家文化是最典型的欧洲民族文化，具体包含以下特点：追求精神自由；倡导人文主义；强调理性与科学；追求民主精神等。

（2）德国企业文化的特征。德国具有较强的不确定性规避和男性化，因此，德国人注重安全需要第一。在对于工作的人性方面，德国人注重重建个人职业，实现工作丰富化。由于德国的权力距离较小，因而它相当赞成由下属采取主动性的管理模式。更由于其具有强不确定性规避，因而它在实行目标管理时，不接受风险和模棱两可的倾向，而主张协商管理。具体来说，德国的企业文化有以下特点：强烈的质量意识；重视员工培训；共同决策；不愿冒险等。

13.2.3 发挥跨国企业在国家文化软联通中的作用

2016年12月，我国文化部[一]印发《文化部"一带一路"文化发展行动计划（2016—2020年）》，全面说明了"一带一路"倡议下文化发展的目标、原则、指导思想等。要推动"一带一路"建设更好地实施，就必须发挥好国家文化软实力的作用。跨国企业是国家文化的优质承载者，具有文化接触面大、效益互动的优势。要抓住中国跨国企业在国家文化软联通中的独特角色，将国家文化原型植入跨国企业，推动跨国企业文化融入东道国社会，实现国家文化软联通和企业国际化发展的双效应。

1. 国家文化原型植入跨国企业

（1）植入跨国企业的发展愿景。发展愿景是关于未来的高远目标与蓝图，一个好的发展愿景会产生巨大的文化感召力，可以凝聚信念和初心。"一带一路"是构建人类命运共同体的具体实践，人类命运共同体中的开放包容、共赢共享、绿色低碳等可以作为中国企业发展愿景的重要指导思想，企业要将为人类谋幸福的使命感和历史责任感融入自身发展战略中。借助企业的发展，将国家文化融入企业愿景，使得国家文化在价值观层面与东道国文化有交融的具体路径，以促进双方国家文化的联通。

（2）植入跨国企业的管理方式。中国企业的海外经营面临不同文化背景、不同种族、不

⊖ 现为文化和旅游部。

同国家人员，这就涉及跨文化管理。"一带一路"倡导和谐包容原则，在差异中寻求共同点；中华传统文化中儒家的"仁"、墨家的"兼爱"、道家的"慈爱"具有深厚的包容底蕴；社会主义核心价值观中的"和谐""自由""友善"等在面对跨文化的文化差异中应当发挥应有的文化作用，并根据企业内部差异情况调整管理模式，避免管理僵化损害企业利益和国家形象。

（3）植入跨国企业的产品品牌。品牌具有高度抽象性但又可被直接识别的特点，价值远远高于产品本身，它作为一种无形资产不断为企业创造利润。从行为角度来说，选择一种品牌是消费者自我表达的一种方式，也是市场与企业对话和产生共鸣的形式。因此，跨国企业产品品牌是母国国家文化面向东道国社会的重要文化载体。中国企业应充分挖掘和利用国家文化资产，将国家文化内化为企业品牌文化。同时，不同行业的企业要根据自身产品的特征从国家文化中选取合适的文化资源打造品牌特色，通过企业长期的品牌塑造将中华民族文化特色带到东道国人民生活之中。

2. 跨国企业文化融入东道国社会

（1）融入东道国市场的消费偏好。消费偏好是消费者做出消费决策的重要依据之一，一国人民的消费偏好既有共性因素又有个性因素。共性因素中蕴含着一国的国家文化，是国家文化的市场具化表现。中国企业在"一带一路"海外市场可以以消费行为为切入点，通过研究东道国国民的消费偏好来触摸其国家文化。用承载中国文化的产品、品牌在市场上与他国国民反复互动，使文化传播、反馈、联动在市场中循环进行，加深中国企业对他国文化的理解与把握，同时也提高国家文化融入企业产品、品牌的方式与技术。而且，这一过程是基于经济行为、理性行为的，是他国市场认可的结果，避免了单方面的文化输出。

（2）融入东道国社会流行文化。文化的联通不仅需要跨越空间，更要求抓住时间。一定时期内的社会流行文化是由社会大众追捧而产生的，具有高热度、广流传、娱乐性等特点，代表着一定时期内普通大众的思维方式、生活理念，且在其盛行时期对其他文化的传播具有一定的弱化作用。"一带一路"倡议下，中国企业在他国首先要对社会流行文化保持高度的敏感性，洞察社会流行文化风向，从流行文化中寻找切入点，创新产品文化的呈现方式。此外，中国企业要把握他国社会流行文化的发展规律，找准文化风口，争取在一定程度上影响甚至引领流行文化，提高与他国文化的软联通能力。

（3）融入东道国核心价值观。一国的核心价值观具有良好的稳定性和持久性以及深层次的国民认同性，是一国国家文化的最核心部分。东道国的核心价值观作为中国企业海外经营的最深层文化环境，是文化软联通中难度最大的部分。中国企业可以采取由外向内的方式，从文化的最外圈逐步深入，循序渐进，在这一过程中不断修正自身对他国文化的认识偏差，积累文化软联通经验，将文化冲突解决在最外层，为最内层核心价值观的交融夯实基础。

3. 培养中国跨国企业的世界关怀

世界关怀是一种超越种族、国界的关怀，具有回归本真、回归人本的特点，是世界品牌产生的重要前提。中国企业在"一带一路"沿线国家开拓市场时要避免"走出去"过程中"走不动"的问题，防止支撑企业的核心价值观无法带动企业走向世界而限于一隅。因此中国企业的产品、品牌中的核心价值要有足够的世界关怀，将人类共同追求的价值理念如自由、平等、民主、绿色、环保等转化为企业对社会的责任。这样，通过强化中国企业的世界共识来带动国家文化的交融。

| 实践链接 13-2 |

海尔整合通用家电

2016 年 1 月 15 日，经过两轮竞价，海尔宣布以 54 亿美元的价格收购通用家电。

通用家电总部仍在美国肯塔基州路易斯维尔。公司将在现有高级管理团队的引领下开展日常工作，独立运营。由通用家电和海尔的高管团队及两位独立董事组成的公司董事会，将会指导公司的战略方向和业务运营。

海尔集团董事局主席、首席执行官张瑞敏表示："海尔和通用家电的企业文化中都具备与时俱进的基因，相信双方的强强联合定能取得 1+1>2 的成果。当前的海尔，正致力于转型成为真正的互联网企业，依托互联网，驱动企业从以自我为中心转型为与用户融合共创的平台。"

资料来源：投资界. 2016 年中国家电巨头海外并购第一案：55.8 亿美元 海尔正式整合通用家电[EB/OL].（2016-06-07）[2022-03-09]. https://pe.pedaily.cn/201606/20160607398127.shtml.

 文化整合首先是需要合并同类项，寻找双方共同的、先进的文化因子；其次是需要主动，自己主动去适应对方，而非让对方适应自己。谁把握了这两条原则，谁就占得了先机。

13.3 跨文化管理的相关理论

跨文化是指当两种或更多的文化交遇时，相交文化间会呈现一种独特的文化现象和状态。跨文化（cross-culture）中的英文 "cross" 译为 "交叉、相交"；汉语中的 "跨" 字意为 "涉足、步入、迈出和超越"。可见，跨文化蕴含了不同文化交织和混合的意思，既涉及跨国界的不同文化交遇时的状态和现象，又蕴含了同一国度不同民族文化交遇时的状态和现象。

20 世纪 50 年代，美国的跨国公司发现将使其在美国国内取得巨大成功的管理理论和管理方式套用到其他国家时，屡屡受挫，而在 60 年代末和 70 年代初，日本企业在跨国经营活动中却取得了巨大的成功。日本企业的迅速崛起引起了美国学者的注意，他们通过对美国和日本的子公司进行对比研究，发现日本企业在跨国管理中比较注重诸如目标、宗教信仰、人和、价值准则等 "软" 的要素，成功地进行了跨文化的管理。由此，美国学者开始注重对日本式管理的研究和探讨，掀起了世界范围内跨文化管理研究的热潮，并形成了一系列的理论成果。

13.3.1 六大价值取向理论

美国人类学家克拉克洪与斯乔贝克（Klukhohm & Strodtbeck，1961）是较早提出跨文化管理理论的学者。他们在《价值取向的变奏》中发表了六大价值取向理论，这六大价值取向分别是：对人性的看法、对人与人之间关系的看法、对人与自然环境关系的看法、活动导向、空间观念以及时间观念。他们认为，不同民族和国家的人在这六大问题上有相当不同的观念、价值取向和解决方法，这就体现了这些群体的文化特征，从而可以绘出各个文化群体的文化轮廓图，将不同文化区分开来。

1. 对人性的看法

克拉克洪与斯乔贝克认为不同文化中的人对人性的看法差别很大，主要分为性善论、性恶论和混合论。性善论认为人的天性是善良的，如受儒家学说影响深远的中国文化就有"人性本善"之说。性恶论则认为"人性本恶"，如崇尚基督教"原罪说"的西方文化就认为人性是恶的。人性的混合论则相对复杂，认为人性可善可恶，是善恶混合体，美国文化对人性的看法就是如此。

2. 对人与人之间关系的看法

对自身与他人之间关系的看法，主要有个人主义与集体主义两种。个人主义认为人应该是独立的个体，每个人都应与众不同，都应有自己的独特之处，都应该对自己负责，而不是对别人负责，或者说是先对自己负责再对别人负责。集体主义则把个体看成群体的一员，个人不可以离开群体而存在，而且个人不应有与他人不太相同的特征，应该尽量合群；当个人利益与群体利益发生冲突时，个人则应该牺牲自己的利益保全集体的利益。

3. 对人与自然环境关系的看法

不同文化中的人对人与自然环境关系的看法主要有三种：① 人类是受制于自然的，自然是不可战胜的，如美国印第安文化；② 人类能够控制自然，人类是环境的主宰，人类可以通过改变自然环境去实现自己的意图达到自己的目标；③ 介于前两种看法之间的一种中立的看法，即人能够与自然建立和谐的关系。

4. 活动导向

活动导向是指人们以什么样的活动作为中心。从活动导向出发，可以划分为三种不同类型的文化：① 自为型，这种文化强调做或行动，注重是否达到目的；② 自在型，这种文化强调此时此刻的存在，崇尚纯朴的自发性，行动受感情支配；③ 自控型，这种文化处在自为型和自在型两种极端文化之间，把活动的焦点放在控制上，强调行事受理性支配。

5. 空间观念

人在关于空间的观念上表现出来的文化差异也非常显著。有些文化非常开放，倾向于把空间看成公共的东西，没有太多隐私可言；有些文化则倾向于把空间看成个人的私密之处，他人不能轻易走近，非常注重保护个人的隐私。

6. 时间观念

不同文化对时间的看法主要涉及两个层面：一个层面是关于时间的导向，即一个民族和国家是注重过去、现在还是未来；另一个层面是针对时间的利用方面，即若时间是线性的，则应在一个时间里做一件事，若时间是非线性的，则在同一时间里可以做多件事。

13.3.2 特姆彭纳斯的文化架构理论

荷兰管理学者冯·特姆彭纳斯（Fons Trompenaars，1993）在《文化踏浪》一书中，从七个不同的文化维度来研究不同国家间的文化差别。尽管他提出的这七个维度并没有经过严谨的实证研究，但是对跨文化管理这一领域的研究做出了不少贡献。特姆彭纳斯提出的七个维度是：个体主义—集体主义、长期导向—短期导向、人与自然环境关系的看法、普遍主义—特殊主义、中性—情绪化、关系特定—关系散漫以及注重个人成就—注重社会等级。前三个维度和本节前面两个理论的介绍大体相同，因此，这里只重点介绍其余四个维度。

1. 普遍主义—特殊主义

普遍主义与特殊主义的概念最早是由社会学家塔尔科特·帕森斯（Talcott Parsons, 1951）提出的。普遍主义者强调依照法律和规章的指示做事，而且这些原则不应因人而异。他们认为对所有事务都应采取客观的态度；世界上只存在一个真理和一种解决问题的方法。特殊主义者却强调"具体问题具体分析"，应当因人而异，因地而异；特殊主义者认为世间没有绝对真理，也不存在唯一正确的方法。

2. 中性—情绪化

中性—情绪化这个维度主要指人际交往中情绪外露的程度。情绪表露含蓄微弱的文化被称为中性文化，而情绪表露鲜明夸张的文化被称为情绪文化。在中性文化中，人们不愿表现出他们在想什么以及感受如何，人与人之间很少有身体接触以及夸张的面部表情，而在情绪文化中人们则会将想法和情绪不加掩饰地表现出来，人与人身体的接触比较公开、自然，沟通时充满丰富的肢体语言以及夸张的面部表情。

3. 关系特定—关系散漫

这个维度可以用来描述和解释在不同文化中生活的人在人际交往方式上的巨大差别。它是由著名社会心理学家库尔特·勒温提出的，勒温在1934年发表的《拓扑心理学的原理》一书中，提出了两类交往方式：一类被称为U类方式（即特定关系类型），另一类被称为G类方式（即散漫关系类型），如图13-1所示。

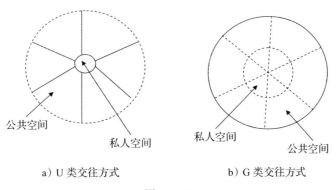

a）U类交往方式　　　　b）G类交往方式

图　13-1

资料来源：陈晓萍. 跨文化管理［M］. 北京：清华大学出版社，2005：73.

图13-1a表现的是U类交往方式，也就是特定关系类型，中间的实线小圆圈代表个体的私人空间，很小且封闭。外周的虚线大圆圈与实线小圆圈之间的空间代表个体的公共空间，也即允许他人进入的地方。在两个圆圈之间用实线隔开的公共空间则代表他们与人交往的特殊领域，领域与领域之间有严格的界限。因此，U类交往方式（特定关系类型）把人与人之间的界限划分得清清楚楚，如对于特定领域、特定人群不渗透、不混淆，对事情一是一、二是二，"对事不对人"。

图13-1b表现的是G类交往方式，也就是散漫关系类型，实线大圆圈表明即使是公共空间，一般人也不能轻易进入；公共空间要狭窄很多，私人空间相对较大，不封闭，说明已经进入公共空间的人要进入该个体的私人空间相对较容易；生活的不同领域之间用虚线隔开，

表明彼此的界限不是绝对分明，而是互相渗透。散漫关系文化中的人倾向于把所有的生活领域都联系起来，他们认为所有的事情都有千丝万缕的联系，比较注重面子。

4. 注重个人成就—注重社会等级

注重成就的文化是指在该文化中，一个人的社会地位和他人的评价是按照他最近取得的成就和业绩记录进行的。注重社会等级的文化则意味着一个人的社会地位和他人的评价是由其出生背景、血缘关系、性别或年龄决定的，或者由其人际关系和教育背景决定的。在管理上，在个人成就导向的文化中的人们尊重那些有知识和技能的管理人员，不管该管理人员的年龄、性别、资历如何，同时按照业绩付酬是大家都能接受的原则。在社会等级导向的文化中的人们尊重那些资历深的管理人员，而不只是有知识和技能的人员，也很难推行百分百业绩与薪酬挂钩的制度。

13.3.3 蔡安迪斯个体主义—集体主义理论

蔡安迪斯（Triandis）在将近30年的对文化差异研究的基础上提出个体主义—集体主义理论。蔡安迪斯不同意霍夫斯泰德的个体主义和集体主义是同一维度上的两极的观点。他认为，个体主义—集体主义不是一个维度的概念，也不是两个维度的概念，而是一个文化综合体。蔡安迪斯将这个概念降到个体层面，用它来描述个体的文化导向而非国家或民族的文化导向。蔡安迪斯提出从以下五个方面来描述个体主义—集体主义的重要特征。

1. 个体对自我的定义

个体主义者将自我看成独立且独特的个体，认为有个性特点是值得骄傲的，而别人对自己的看法只是验证自己对自我的定义，不会影响自我概念。

相反，集体主义者则把自我看成群体中的一员，与他人有相互依存的关系，希望融入集体之中，如果不被大家接受就会感到尴尬、不知所措，如果得到大家的认可就会变得非常积极。集体主义者认为别人对自己的看法至关重要，常常会影响到自己对自我的评价。

2. 个人目标和群体目标的相对重要性

个人目标和群体目标的相对重要性也可以看成个人利益与群体利益的相对重要性。对个体主义社会中的人来说，个人利益当然比群体利益重要。在法律允许的范围内追求个人利益不仅合理，而且提倡当个人利益与集体利益发生冲突的时候，首先考虑的是如何保全正当的个人利益。在集体主义社会中长大的人从小所受的教育正好相反，追求个人利益被看成自私的表现。当个人利益与群体利益发生冲突的时候，应该毫不犹豫地牺牲个人利益，顾全集体利益。一个极端的考验是战争中的士兵，其落入敌人手中的时候，是顾及自己的生命乖乖缴械投降，还是为了国家血战到底、宁死不屈。战俘在个体主义国家被投之以中性的眼光，而在集体主义国家中则被社会看不起，有时甚至被家人认为是羞辱门庭的事。

3. 个人态度和社会规范决定个体行为时的相对重要性

在个体主义社会中，个体的行为动因主要来自自身对该行为的态度和兴趣，每个人都是自己对自己的行为负责，个人行为的出发点是追求自己的利益。而在集体主义社会中，人们更多地考虑他人的看法，即使自己的看法与别人的看法或社会规范不同，个人的行为还是会更多地迎合大众的态度和看法。

4. 完成任务和人际关系对个体的相对重要性

个体主义社会中的个人强调独立的自我,认为胜任某个工作或完成某个任务能显示个体的能力和特点,因此,个体主义者把完成任务看得很神圣、很重要。相对于完成工作任务而言,人际关系便不那么重要,与他人的关系并不直接影响个体对自身的评价。

集体主义者认为,与他人保持良好的关系是至关重要的,任务则是可以用来帮助个体与他人建立关系的工具。他们的自我概念,包括自尊和自我价值,都与那些与他们有密切关系的人对他们的评价紧密相关。

5. 个体对内群体和外群体的区分程度

内群体是指与个体有密切关系的群体,如家人、工作中的团队,甚至包括同乡、同胞。外群体则是指与自己毫无关系的人的总和,如其他公司的人、外国人或完全的陌生人。内外群体的边界具有弹性,随时间、地点、场合而变。

个体主义社会不强调内外群体之分,常常对所有人一视同仁。而集体主义社会却对内外群体严格区分,认为内外有别,内则亲,外则疏,不可同日而语。他们常常称呼"内群体"成员为"自己人"。

总体而言,蔡安迪斯的个体主义—集体主义理论,对个体、集体两者的主要特征进行了深入的阐述和分析,弥补了霍夫斯泰德理论中这一维度的单薄与不足。但是,该理论注重个体研究而不是对国家和民族总体文化的分析,仅聚焦在个体—集体维度进行分析,所以不全面,用于解释当今世界不同国家、民族、地域、行业形形色色的文化差异、文化融合显然是不够的。

13.4 企业跨国经营文化整合之道

13.4.1 企业跨国经营中的文化冲突整合概述

在企业跨国经营过程中,文化冲突是最典型的冲突。企业文化冲突所带来的后果,引起了人们对如何管理企业文化冲突的思考。只有有效管理企业文化冲突,才能避免企业文化冲突所带来的不良后果,从而使企业因为文化冲突的存在而变得更有活力。此处主要介绍菲利普·米尔维斯(Philip Mirvis)与米切尔·马克斯(Mitchell Marks)提出的企业文化冲突管理和南希·爱德勒(Nancy J. Adler)的观点。

在对冲突阶段进行划分以后,米尔维斯与马克斯建议按照以下三个步骤来管理文化冲突:① 重视双方文化。为了避免或缓解文化冲突,并购双方应对自己以及对方企业的经营历史、管理风格、员工特征以及企业形象等方面有一个清楚的认识。明智的领导者应该在并购之初就能以敏锐的眼光观察到双方的文化差异,预见潜在的文化冲突,并以谨慎的态度对待文化差异问题。② 明晰双方文化。造成文化冲突的另一个原因是双方认识偏差或理解有误,如果能在并购双方之间建立有效的信息渠道,加强员工之间的沟通与交流,无疑将增进理解、修正错误认识,从而大大降低文化冲突的概率。③ 促进相互适应。在重视双方文化和明晰双方文化的基础上,进一步的工作是通过双方经理和普通员工传授关于对方文化的知识,建立相互适应、相互尊重和理解的关系。

按照加拿大著名的管理学者南希·爱德勒的观点，解决企业中的文化冲突有以下三种方案：一是凌越（dominance）。所谓凌越是指组织内一种文化凌驾于其他文化之上，扮演着统治者的角色，组织内的决策及行为均受这种文化支配，而持另一种文化的雇员或外部成员的影响力则微乎其微。这种方式的好处是能够在短期时间内形成一种"统一"的组织文化，其缺点是不利于博采众长，并且其他文化因遭到压抑而极易使其成员产生强烈的反感，最终加剧冲突。二是妥协（compromise）。所谓妥协是指两种文化的折中与妥协。这种情况多半发生在相似的文化间，不同文化间采取妥协与退让的方式，有意忽略、回避文化差异，从而做到求同存异，以实现企业组织内的和谐与稳定，但这种和谐与稳定的背后往往潜伏着危机，只有当彼此之间的文化差异很小时，才适合采用此法。三是融合（synergy）。所谓融合是指不同文化在承认、重视彼此间差异的基础上，相互尊重、相互补充、相互协调，从而形成一种你我合一的、全新的组织文化。这种统一的文化不仅具有较强的稳定性，而且极具"杂交"优势。这种方案能够认识到构成组织的两个或多个文化群体的异同点，而不是忽视和压制这些文化差异。它与妥协的不同在于对待这些文化差异的态度，前者只是暂不考虑不同点，而后者则把不同点统一地纳入组织文化内。

13.4.2　企业跨国经营文化整合模式

在企业跨国经营过程中，企业文化整合既有原有的企业文化不断抗争直至消失的过程，又有新企业文化战胜、同化直至完全取代原有企业文化的过程。因此，要有效地整合双方的企业文化，建立起新的企业文化，就要通过认识双方的企业文化—制定整合目标—确定企业文化整合模式—制订企业文化整合计划—新企业文化的推进与实施—企业文化整合的测评这样一个程序来完成最终的文化整合，企业文化整合模型如图13-2所示。

在该模型中，企业文化整合中的认识双方的企业文化、确定企业文化整合模式、制订企业文化整合计划是企业文化整合的分析阶段。在这个时期，应当全面地考察并购双方原有的文化状况，分析双方的企业文化差异及冲突的可能，充分地认识到促进和制约新企业文化建立的各种力量，小心地勾画出新建企业的文化特点，科学地制定出文化整合的合适模式。

总的来说，企业文化整合模式主要有以下几个方面。

（1）同化模式。同化模式主要是一个文化群体自愿地完全接受或采用另一个文化群体的个性、文化和实践的过程。在同化条件下，一家企业将放弃它自己的文化和组织实践而成为另一家企业的一部分。同化并不是一个强制的过程，同化的前提是一方愿意接受另一方的文化。

（2）融合模式。文化融合涉及两种或多种文化相互一体化的进程，需要各方互动地做出一体化的决定，通常会让各方得到一定的利益，同时也要求各方做出一定的牺牲。通过运用融合模式而新产生的企业文化，由于站在几种文化的肩膀上，因而具有其中任何一种企业文化所无法比拟的优势，能更好地推动新企业的发展。

（3）分离模式。这一文化整合模式是指几家不同企业在文化上依然保持相对独立性，每种文化变动都较小。H. D. 夏皮罗（H. D. Shapiro）、彼克（Picker）等人都曾分析过这种整合模式的可行性。他们认为从理论上讲，选择分离模式需要满足两个前提：① 企业不同的部分均拥有优质强文化，企业员工不愿放弃原有文化；② 不同部分的员工接触机会也不太多，文化不一致不会引起太大的矛盾冲突。

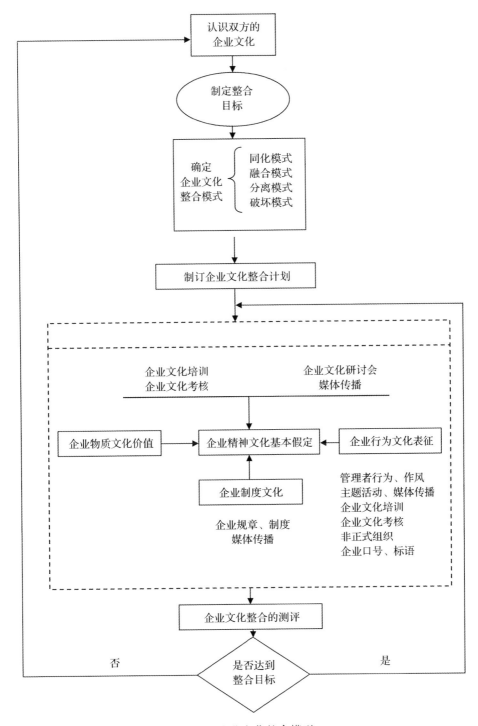

图 13-2　企业文化整合模型

（4）破坏模式。破坏模式造成文化个性的破坏，又拒绝采用新的文化。在这种情况下，被收购企业可能不再作为一个文化和组织实体而存在，相反，"大量的集体和个人混乱……孤立感、个性损失和所谓的文化适应压力"会同时出现。在四种文化整合模式中，破坏模式可能导致最高水平的风险，因而可能是最难管理的。

13.4.3 跨文化管理的实践策略

美国著名管理学家德鲁克认为，国际企业经营管理"基本上就是一个把政治上、文化上的多样性结合起来而进行统一管理的问题"。企业在跨国经营中面对多重文化的挑战，要减少由文化摩擦而带来的交易成本，必须要把公司的运营放在全球的视野中，建构自己的跨文化管理策略，从而实现企业跨国经营的成功。

1. 跨文化差异识别

理解文化差异是培养跨文化管理能力的必要条件。识别跨文化差异，首先必须承认并理解文化差异的客观存在，克服狭隘主义的思想，重视对他国语言、文化、经济、法律等的学习和了解，增强文化意识，缩小文化差距；其次要把文化差异看成一种优势，而不是以悲观的论调指责文化差异是阻碍跨国企业国际经营的绊脚石。文化差异是一把"双刃剑"，若能够恰当、正确地认识和分析母公司与东道国之间的文化差异，并充分地利用文化差异，将会给企业带来意想不到的发展契机。

2. 跨文化培训

跨文化培训的目的是使员工了解并学会尊重各国不同的文化以及由此导致的人们不同的价值观念，要让他们能够不带有任何成见地观察和描述文化差异，并理解文化差异的必然性和合理性，最终能将其转化为企业的竞争优势。公司可以通过跨文化培训将具有不同文化背景的员工，尤其是非本地（本国）员工集中在一起进行专门的培训，打破他们心中的文化障碍和角色束缚，对其进行文化敏感性训练。在职培训的具体内容包括文化教育、环境模拟、文化研究、语言培训等。

3. 跨文化背景下的人才本土化

在经济全球化经营环境中，"人才本土化"已成为一种潮流，这是解决文化冲突、文化整合问题的有效措施。本土的管理者对本土文化有深刻的了解，容易为员工所接受，同时"人才本土化"为本土员工的晋升提供了明显的渠道，具有很强的激励作用。因此，选择本土管理者进行管理成为跨文化人力资源管理中明显的特征。当然挑选这样的管理者时，一般选用在另外一方有学习和工作背景的员工，或者送他们到另外一方文化背景的环境中学习。但仍有许多跨国公司或跨区域的大公司不愿意使用本地管理者，主要是为了更好地贯彻总部的战略部署和管理模式，而且便于控制。

4. 创建学习型组织

所谓学习型组织，是指某一组织或某一群体的全体成员在共同目标的指引下注重学习、传播、运用和创新知识，因而具备高度凝聚力和旺盛生命力的组织。在创建学习型组织中倡导实现共同愿景至关重要，学习型组织的共同愿景是组织中所有员工共同的理想，它能使不同个性的人凝聚在一起，朝着组织共同的目标前进。学习型组织构建的另一个关键则是要求员工善于不断学习，即进行"终身学习""全过程学习""全员学习""团体学习"。只有员工保持学习，及时克服发展道路上的障碍，才能不断突破自身的极限，这样才能增强跨国公司的文化变迁能力，建设全球"合金"企业文化，从而保持企业持续发展的态势。

5. 跨文化沟通

跨文化沟通是指拥有不同文化背景的人们之间的沟通。在全球经济一体化浪潮中，不同文化群体之间的距离越拉越近，持有不同的语言、行为、世界观和价值观的人们渴望更多的相互理解和交往。从跨国经营管理的角度看，交往、合作中的不少问题和困难只能通过跨文化沟通来解决；从管理者个人的角度看，一个成功的管理者需要在跨文化沟通上有较强的能力、较好的技巧和较高的水平。有效的跨文化沟通的影响因素主要有：语言环境、生活环境、精神环境、人际环境及法律环境。有效的跨文化沟通的原则主要有：因地制宜原则、平等互惠原则、相互尊重原则、相互信任原则、相互了解原则及共同发展原则。

6. 跨文化团队

跨文化团队是指文化背景不同的人组织在一起工作的团队。组织跨文化团队要注意以下问题：① 理解不同成员的价值观差异，加强彼此间的沟通。团队成员来自不同的文化体系，在价值观方面可能有较大的差别，加上语言问题，团队成员间可能短时间内难以达成共识，难以建立信任和取得步调一致的行动。因此，跨文化团队要加强成员间的沟通，求同存异。② 在思维方式上，跨文化团队成员注意避免按照自身固有的思维方式处理事情，克服对不同文化背景成员的刻板印象，应从客观实际情况来评价其他成员的行为。③ 了解来自不同文化的成员对敏感问题的认知差异，应采取符合不同成员各自文化观念的解决办法，才能有效降低文化冲突。

7. 跨国管理者的外派与回归

跨国管理者的外派一般包括三个阶段：国内准备、国外履职及重返母国。跨国管理者在驻外的过程中，会经历一个文化适应过程，这个过程也被称为"文化震颤"。Cieri 等学者认为这个过程主要包括情绪高涨阶段、情绪低落阶段、情绪好转阶段和适应新环境阶段。起初，跨国管理者会对新工作和新生活充满新奇与期待，一段时间后，随着新工作环境给外派人员带来的各种不适应，导致跨国管理者的情绪开始低落。当跨国管理者开始适应陌生的环境时，情绪会得到好转，从而开始全新适应环境的生活。当外派人员在国外的任期结束之后，跨国管理者会回归母国与母公司之中。回归是外派过程中最重要的挑战之一，管理者返回母国工作时会出现"归国问题"，此时他们必须重新学习母国的文化观念、价值观和信仰，这个过程被称为"逆文化震颤"。

| 实践链接 13-3 |

新联想文化整合措施

建立文化整合团队

联想在并购 IBM 个人电脑业务后在人力资源部建立了文化整合小组，负责收集、整理和分析来自公司各部门员工的意见，对现有的公司文化、员工渴望的公司文化以及两者之间的差距进行评估分析，并在此基础上对新联想的文化进行新的诠释。文化整合小组向员工提出沟通融合的六字方针："坦诚、尊重、妥协"，呼吁大家形成共同而强烈的愿景，顺利实现新公司的整合，把新联想做成业界的领袖。

开展跨文化培训

新联想对中外员工实行跨文化培训，并将英语定为全球统一的工作语言，特别聘请英语教师，开展中方员工"英语学习运动"，鼓励两家企业的员工进行文化交流。在收购过程中，作为董事长的杨元庆专门聘请了英语老师,进行了三个月的强化训练,为高层做了表率。

建立沟通机制

并购后,杨元庆指示内部沟通部门必须在内部开展形式多样的活动,履行文化沟通的职责。人力资源部门定期进行员工心态调查以掌握员工心态变化,让员工和高层直接面对面沟通,开展鸡尾酒会等活动,并建立了专门的员工意见反馈通道和网上信息沟通平台。通过多种形式的交流,中外员工对于彼此的习惯,比如"领带的系法""办公室的安排"等有了更清楚的认识。

引进学习

联想和IBM的文化都非常强势,一方取代另一方基本不可能,联想采取渐进模式,在引进和融合的基础上进行企业文化的创新。并购初期,联想更多地做出了适应IBM的举措,而不是简单地用一种文化作为主导,帮助IBM员工逐渐从一种惊恐、失落的心态中平复下来。随着对戴尔高层的引进工作,新联想进一步加强文化融合工作,进而建立和形成了一种综合"联想、IBM和戴尔"三方优点的"赢文化"。

资料来源:张小平. 再联想:联想国际化十年[M]. 北京:机械工业出版社,2012.

联想与IBM的"文化恋爱",成为诸多教材和研究的"经典案"。在这项跨国并购中,联想放下自己,谦虚地调整自己,悦纳对方,向对方学习,最终获得多赢局面。

本章小结

本章主要讲述了跨文化管理适应与管理的方法。首先,介绍了文化差异对管理的影响,包括文化圈理论、文化差异及其管理表现及文化差异对跨国企业的影响。其次,以霍夫斯泰德的文化维度理论重点描述了西方主要国家以及西方主要国家的文化特征及其企业文化。在理论方面,跨文化管理主要包括六大价值取向理论、特姆彭纳斯的文化架构理论以及蔡安迪斯的个体主义—集体主义理论。在跨文化管理过程中,企业主要面对的问题是母国文化与东道国文化的冲突与整合;跨文化管理的实践包括跨文化差异识别、跨文化培训、跨文化背景下的人才本土化、创建学习型组织、跨文化沟通、跨文化团队以及跨国管理者的外派与回归等方面。

复习思考题

1. 文化差异在管理中如何表现?对跨国企业会产生什么影响?
2. 美国、德国、日本三个不同国家的文化特点是什么?
3. 简述霍夫斯泰德的国家文化理论。
4. 中国企业跨文化管理可以采取哪些文化整合模式?请举例说明。

案例分析

猎豹移动的跨文化管理实践

近年来,猎豹移动海外业务的快速成长备受瞩目。截至2018年6月,猎豹移动产品在全球移动端的月活跃用户约为6亿人,其中超过70%的用户来自海外市场,分布在全球200多个国家及地区。然而,杰出业绩背后的付出并不简单,猎豹移动的高管们都深切体会到了跨文化管理中种种碰撞、冲突、适应与融合的艰辛……

1. 碰撞与融合：以我为主，尊重差异

从出海战略实施初期，猎豹移动便希望更多地招募本地员工，而本地员工和猎豹移动的管理层在思维方式、决策方式、沟通方式、文化和价值观等方面都存在差异，这就使得东道国和母国的文化冲突与碰撞在所难免。

（1）印度：雄辩和实干。

在有海外工作经验的中国人看来，印度人能说会道但做事喜欢拖拖拉拉，似乎没有时间和效率观念。国际广告销售团队的许世鹏总经理在上任前决定到印度实地考察，了解实际情况。陪着印度员工拜访了几次客户后，他了解到，职场中的印度人充满激情、侃侃而谈，能自信满满地向上司、同事和客户展示自己的想法。尽管印度员工更有自信、更会沟通，但其目前整体的工作能力和管理能力还没有达到理想状态。因为沟通只是工作的一部分，而管理还包括战略、业务能力和执行效率等。对于处在成长期的猎豹移动来说，其面对着高速发展几乎是蓝海的印度移动广告市场，执行效率十分重要，只要大体有潜力就要付诸行动，不断"试错"，才能抢占先机。对此，借鉴以往经验，猎豹移动总部对于印度团队的日常工作并不直接干预，而是选拔本土优秀的领导者去管理团队，总部更多地关注最终结果和阶段性进展，为整个团队设定业绩目标。在文化和工作方式方面，公司希望既能充分发挥印度员工的激情和能力，又能通过充分坦诚的沟通和日常管理将效率与时间观念渗透进员工的思维与行为方式中，实现精神引领和理性思维、敢言善言与踏实苦干的有机整合，进而营造出适应印度情境的独特的团队文化。

（2）欧洲：中西管理方式的对决。

拿国际广告销售部门制定业绩目标的事例来说。开始时，总部结合团队以往的业绩表现和市场预期，为团队制定了当期的业绩目标。后来，许经理发现团队的进展超过了预期的计划，再加上对未来市场的乐观预期，便决定适度上调业绩目标。他当即向欧洲团队传达这个消息，并鼓励他们乘胜追击、再接再厉，但没承想这个小小的调整在地球另一端掀起了一场轩然大波，欧洲员工明确表达了对业绩目标调整的不满。了解了上述情况，许经理感到自己之前想当然的举措的确有失考虑，管理者应当尊重员工的诉求，和员工坐在一起开诚布公地交流一下长期以来的问题和分歧，转变中国人在部分欧洲员工心目中的独裁、不讲规则、论资排辈、不关心员工的刻板印象；同时要优化国内的管理方式，在员工普遍关心的重要问题上制定明确而清晰的规章制度，减少员工因为缺乏规则产生的不安全感和不信任感；签订严谨的绩效合同，并定期开展绩效沟通反馈。

2. 人才本地化：猎豹移动的跨文化管理理念

"人才本地化"这一理念则是从猎豹移动整个出海进程中归纳出的宝贵经验和共性特征，也是其巧妙应对文化冲突、实现文化融合的跨文化管理秘诀。

（1）求才：入乡随俗，高薪诚聘。

猎豹移动在各个国家和地区追求本地化的第一步是雇用当地人组建团队，不仅基层员工都是本地人，而且管理骨干、销售骨干和业务骨干也几乎都是本地人。这是因为，首先，尽管母公司的员工对于公司业务更加了解，但大多数客户仍然更加愿意接受、认可和信任来自本国的员工。其次，当地的员工可以更好地融入当地的生活圈子，更清晰地洞察消费者的需求，进而为改进产品和服务提供有益借鉴。最后，在欧美发达国家以外的其他国家和地区，目前的用人成本都要低于中国的平均水平，因此雇用本地员工所消耗的额外的管理成本会得到部分抵消。

（2）用才：充分授权，尊重沟通。

在和各地员工打交道的过程中，猎豹移动的管理层发现来自母公司的管理理念并不容易被子公司员工接受。对此，猎豹移动的做法是招募认可公司文化、富有才干的当地经理人，由他们来化解团队内部冲突，统一成员的思想和行动，帮助团队完成总部既定的业绩目标。将结果导向作为企业文化重要内容的猎豹移动不会过多干预当地管理者的工作，但要求管理者承担责任，对结果高度负责。除了充分利用当地管理者的能力和威信来管理员工,总部的负责人还试图通过积极有效的沟通交流加强和当地管理者的联系。同时,猎豹移动注重在全球营造一个不受歧视的良好工作环境。对本土人才,猎豹移动实施"同等同级对待"的政策,使得同一级别的本土人才和母国人员不仅在薪金水平,而且在福利待遇、晋升机会、职业发展等方面都实现相对公平,为人才发挥才能创造宽松舒适的环境。

(3)留才:留人留心,快乐工作。

在猎豹移动,有着形式多样、丰富多彩的员工福利。在猎豹移动的办公场所,图书馆、咖啡厅、健身房、电影院甚至KTV一应俱全,为员工提供了与猎豹移动企业文化特质相匹配的基础设施。猎豹学院、黑客马拉松、高管周例会等活动为猎豹移动员工提供了触手可及、颇有助益的学习资源,充分满足了员工自我发展的需要。每年,猎豹移动还会组织各类体育赛事的庆典活动和家庭日、中西方节日的文化主题派对,篮球社、羽毛球社、登山社、公益社等创意社团也长期活跃在猎豹移动员工的日常生活中,传递着"努力工作,快乐生活"的价值理念。

资料来源:节选自:钱婧,屈逸,张伟. 碰撞、融合和本地化:猎豹移动的跨文化管理实践[J]. 清华管理评论,2019(7):136-144.

讨论题

1. 总结猎豹移动跨文化管理中出现的问题及应对举措。
2. 猎豹移动作为中国互联网出海的标杆企业,你认为其跨文化管理给其他跨国企业带来了怎样的启示?

参考文献

[1] 宋静. 文化差异与跨国企业文化管理研究[D]. 合肥:合肥工业大学,2007.

[2] 张爱卿. 当代组织行为学理论与实践[M]. 北京:人民邮电出版社,2006:309-310.

[3] 王婧. 我国跨国公司的跨文化管理研究[D]. 株洲:湖南工业大学,2008.

[4] 蔡昌淼. 日美企业文化之比较及对我国的启示学术交流[J]. 企业改革与发展研究,2007(4):98-100.

[5] 宋夏伟,张世免. 论人力资源的跨文化管理[J]. 企业家天地(下半月版),2006(2):29-30.

[6] 朱成全. 企业文化概论[M]. 大连:东北财经大学出版社,2005.

[7] 原红,许丽洁. 跨国公司跨文化管理的对策研究[J]. 科技资讯,2008(36):117.

[8] 时勘,陈雪峰. 跨文化管理:文化与环境并重[J]. 新资本,2008(2):32-34.

[9] 龚捷. 跨文化管理下文化冲突的解决对策[J]. 现代商业,2008(21):62.

[10] 许芳. 组织行为学原理与实务[M]. 北京:清华大学出版社,2007:331.

[11] 陈晓萍. 跨文化管理[M]. 北京:清华大学出版社,2005.

[12] 陈东平. 以中国文化为视角的霍夫斯泰德跨文化研究及其评价[J]. 江淮论坛,2008(1):123-127.

[13] 魏小军. 跨文化管理精品案例[M]. 上海:上海交通大学出版社,2011.

[14] 晏雄. 跨文化管理[M]. 北京:北京大学出版社,2011.

[15] 李婷玉. 浅析中美文化差异[J]. 文化艺术研究,2011:30.

[16] 李莉,张峰. 中美文化差异[J]. 文化艺术研究,2011(2):53.

[17] 韩瑞霞,曹永荣,徐剑,等. 差异中的同一:中美文化价值观比较——基于一项对美国民众的大型国际调研[J]. 上海交通大学学报(哲学社会科学版),2011,6(19):49-55.

[18] 郭安海. 东西方企业文化比较的启示[J]. 政工研究动态,2005(12):23.

[19] 刘洋. 中西方企业文化差异之比较

[J]．辽宁教育行政学院学报，2011，28（2）：45-46.

[20] 张子荷．华为公司的跨文化管理研究[J]．管理研究，2012（22）：229-231.

[21] 格拉德威尔．异类：不一样的成功启示录[M]．季丽娜，译．北京：中信出版社，2014.

[22] 齐善鸿，张党珠．中国企业跨国并购文化整合模式研究[M]．大连：东北财经大学出版社，2014.

[23] HOPE O K, THOMAS W, VYAS D. The cost of pride: why do firms from developing countries bid higher & quest [J]. Journal of International Business Studies, 2010, 42（1）: 128-151.

[24] 霍夫斯泰德 G，霍夫斯泰德 G J．文化与组织：心理软件的力量：第二版[M]．李原，孙健敏，译．北京：中国人民大学出版社，2010.

[25] 霍博 K，霍博 W．清教徒的礼物：那个让我们在金融废物重拾梦想的馈赠：升级版[M]．丁丹，译．北京：东方出版社，2016.

[26] 田成杰．印度企业文化竞争优势[J]．企业文化旬刊，2014（1）：76-80.

[27] 马玉秀．全球化背景下伊斯兰金融的实践与挑战[J]．阿拉伯世界研究，2012（2）：100-106.

[28] 李丽．沙特阿拉伯：中东丝路上的绿洲[M]．北京：北京联合出版公司，2016.

[29] 王博君，妮莎．从跨文化交际理论角度探究阿拉伯企业文化特点[J]．理论月刊，2016（5）：139-143.

[30] 齐善鸿，张党珠，邢宝学．"以道为本"的企业文化内涵及生成机理研究[J]．管理学报，2013，10（4）：488-493.

[31] 特朗皮纳斯，伍尔莱姆斯．跨文化企业[M]．陈永倬，译．北京：经济管理出版社，2011：20-21.

[32] 乐国林．国际企业管理[M]．北京：机械工业出版社，2017：108-109.

[33] 郁龙余，等．印度文化论[M]．重庆：重庆出版社，2008.

[34] 李爱梅，凌文铨．组织行为学[M]．北京：机械工业出版社，2011.

[35] 孟凡松．西方跨文化管理研究评述[J]．商业经济，2010（15）：31-33.

[36] MIRVIS P H, MARKS M L. Managing the merger: making it work [M]. Upper Saddle River: Prentice Hall, 1992.

[37] 陈刚，李林河．对文化全球化与本土化关系的辩证思考[J]．江淮论坛，2000（5）：9-13.

[38] 陈晓萍．跨文化管理[M]．北京：清华大学出版社，2009.

[39] 郑兴山，陈景秋，唐宁玉．跨文化管理[M]．北京：中国人民大学出版社，2010.

[40] DE CIERI H, DOWLING P J, TAYLOR K F. The psychological impact of expatriate relocation on partners [J]. The International Journal of Human Resource Management, 1991, 2（3）: 377-414.

[41] 库伦，帕伯替阿．国际企业管理：战略要径：第三版[M]．孔雁，译．北京：清华大学出版社，2007.

[42] 张晓旭．"一带一路"倡议下中国跨国企业在国家文化软联通中的作用研究[J]．决策探索（中），2021（3）：45-46.

第 14 章　数字时代的企业文化

【学习目标】

- ☑ 了解数字时代对企业文化产生的影响
- ☑ 理解数字时代的经营管理理念
- ☑ 掌握数字时代的企业文化新理念

引例　　字节跳动的另类企业文化

字节跳动成立于 2012 年,是最早将人工智能应用于移动互联网场景的科技企业之一。胡润研究院发布《2019 胡润中国 500 强民营企业》,字节跳动以市值 5 300 亿元位列第 7 位,而成就这一切的便是字节跳动独特的企业文化。

1. 透明、透明、透明

"让各类信息在内部更高效、透明地流动,从而创造一个透明、高效的信息环境,是字节跳动作为一个组织的底层价值。"正如现负责公司公益事务的张羽所说,字节跳动的企业文化很重要的一部分便是"透明"。无障碍的信息流动和限制匿名就是透明,这就是价值选择。在字节跳动,关乎信息流动的就没有小事,信息分层也减少、扁平到了极致。

2. 用坦诚降低管理成本

要做到信息最大程度地无障碍流动,需要土壤支撑。首先是内部文化。2018 年年中,字节跳动对内发布以"坦诚清晰、追求极致、务实敢为、开放谦逊、始终创业"为核心的内容,称作字节。原先的上下级称呼在字节跳动如过眼烟云,取而代之的是相互之间的坦诚和信任,大家相互直呼其名,不公开职级,普通员工有权利给任何一个人打电话，包括管理层；飞书的降噪沟通，为实现高效沟通不放过任何一个微乎其微的细节，全方位提高企业效率。这样的做法无疑可以让真实、有效、不走形的信息快速流动，从而降低管理成本，让交流与沟通更具效率。

3. 开放和信任

字节跳动的整个管理制度，都建构在对每个员工预设的开放和信任之上。不仅是信息层面，很多行为在这家公司是默认开放权限的。比如，员工外出用车从来不需要事先审批，甚至在一些对外合作项目上，也不需要特别复杂的内部审批流程。快速决策、快速推进，预设每一个人是可以信任的，基于这个预设保护核心风险，尽可能放权，不做复杂的流程设置。

4. 像原子一样细小而坚硬

像原子一样细小而坚硬比喻的是字节跳动的 CEO 张一鸣，他的这一独特的优点促使企业形成了独特的企业文化。"细小"源于张一鸣的一句话："ego 小，能看到对手，很多时候看不见，是因为先看见 ego。"他用这句话提醒自己，也提醒着他的团队。ego 一词有"自我、自我意识"之意。可见，他是在用这句话提醒自己，即便取得了一些成就也不能骄傲放纵、目中无人。

每当公司需要做出决策时，张一鸣总是会"搁一搁"，目的是让更多信息进来，听到更多别人的建议。他从谏如流的优点正表明了他没有目中无人。除此之外，张一鸣对待员工温和、包容，他从不当众训斥员工，而是用自身的一些特殊方式告诉他们该如何做。缩小 ego 这一点张一鸣做到了，他的公司也做到了。因此，这个谦逊的人使这个"谦逊"的企业从 1 万人急剧增长到 5 万人，并且至今良性运转。

资料来源：瞿文婷. 首次破解超级 App 抖音今日头条背后另类企业文化［EB/OL］.（2019-07-01）［2021-12-13］. https://news.newseed.cn/p/1355221.

14.1 数字时代的企业文化"新常态"

14.1.1 数字化的本质

如何认识"数字化"，以及如何认知"数字化生存"方式，的确是个难题。数字化首先是个技术概念，同时又是个代际概念。从技术概念角度理解，数字化是指把模拟数据转化成由 0 和 1 表示的二进制代码。而此处所探讨的代际概念特指工业时代到数字时代的转换，数字化技术作为一个分水岭，把人类从工业革命带入信息革命。所以，从代际概念角度理解，数字化是指现实世界与虚拟世界并存且融合的新世界。基于这一理解，陈春花教授提出数字化有以下三个本质特征。

1. 特征一：连接——连接大于拥有

凯文·凯利（Kevin Kelly）在《失控：全人类的最终命运和结局》一书中表达了一个思想，他认为互联网的特性就是所有东西都可以复制，这就会带来如他在诠释以智能手机为代表的移动技术时提出的两个特性：随身而动和随时在线。人们需要的是即时性连接体验。这个观点有助于理解数字化"连接"的本质特征。

即时性连接体验帮助人们更便捷地获得价值感，也因此推动了互联网的商业模式快速迭代与倍速增长。今天的人们已经习惯通过在线连接获取一切，如电影、音乐、出行等，人们不再为拥有这些东西而付出，反而更希望可以通过连接获得这一切，因为后者更为便捷、成本更低、价值感受更高。

数字化以"连接"带来的时效、成本、价值明显超越"拥有"带来的获得感，亨利·福特"让每个人都能买得起汽车"的理想在今天完全可以演化为"让每个人都能使用汽车"。"连接"汽车的意义远大于"拥有"汽车。

2. 特征二：共生——现实世界与数字世界融合

数字化通过连接和运用各种技术，将现实世界重构为数字世界，所以现实世界与数字世界融合是数字化的第二个本质特征。此处引用"数字孪生"（digital twin）概念来解释这一特征。2011年，迈克尔·格里夫斯（Michael Grieves）教授在《智能制造之虚拟完美模型：驱动创新与精益产品》一书中引用了其合作者约翰·维克斯（John Vwkers）描述该概念模型的名词，也就是"数字孪生体"，并一直沿用至今。格里夫斯在"产品全生命周期管理"课程上提出了"与物理产品等价的虚拟数字化表达"的概念：一个或一组特定装置的数字复制品，能抽象表达真实装置并能以此为基础进行真实条件或模拟条件下的测试；该概念源于对装置的信息和数据进行更清晰表达的期望，希望能将所有的信息放在一起进行更高层次的分析。

简单来说，数字孪生就是对真实物理系统的虚拟复制，复制品和真实物品之间通过数据交换建立联系，人们可以借助这种联系观测和感知虚体，并由此动态体察实体的变化，所以数字孪生中的虚体与实体融为一体。

就如数字孪生一般，数字化正将现实世界重构为数字世界，这种重构不是单纯的复制，而是包含数字世界对现实世界的再创造，这意味着数字世界通过数字技术与现实世界相连接、深度互动与学习、融为一体，共生并创造出全新的价值。

3. 特征三：当下——过去与未来压缩在当下

数字化技术是关于连接选择的问题，比如选择与谁连接，选择何时连接。数字技术带来的冲击已经不再是变化带来的，而是由变化的速度带来的，正如传媒理论家道格拉斯·洛西科夫在《当下的冲击》中所言："我们不再测量从一种状态到另外一种状态的变化，而测量变化的速度以及速度变化的速度，依此类推。时间不再是从过去到未来，而是体现在衍生物上，从地点到速度再到加速度。"受快速变化、信息过载等影响，人们更关注价值感知，而不再单纯关注效率与速度。变化的速度已经成为一个基本要素。

在互联网技术带来了消费革命、在线繁荣并对传统行业造成不断冲击后，数字化成为人们在日常生活中的一个观点、一个概念和一种存在，这也是人们需要认识数字化的核心和关键。理解数字化，已经成为一种理解人们所生活的世界的基本生存状态。在数字化时代，通过"连接"与"共生"，企业的资源和能力不再受限于企业自身，而有了很多企业外部的可能性，所以企业核心竞争力的关键是理解"当下"的价值和意义，寻求更大范围的资源与能力的聚合，"连接"成为企业实现战略的关键要素。

14.1.2 数字互联对组织文化的影响

在当今这个时代，互联网及其相关的信息技术正在从全领域、全时空改变着人类社会。从商业组织来看，这种改变不仅影响了商业模式的创新发展，而且也正在改变组织的形态。相比传统的科层式组织，数字互联影响下的组织形态正在朝着一种"有组织无结构"的方向进发。所谓有组织无结构就是指企业应当适应互联环境的技术、竞争、人员和文化的要求，建立一种具有持续动态活性而无刚性结构的组织。这种组织像水一样具有充分的柔性、韧性和活性。

这种像水一样的组织有以下四个特征：一是柔性化，一个具有柔性的组织，应该是一个反应灵敏、迅速且能满足不同组织发展需求的组织，具体包括能及时更新的设备和技术柔性、善于学习与适应的员工柔性、信息通畅的结构柔性以及开放和包容的文化柔性。二是边界模糊，客户追求个性化、多样化，快速多变的市场要求企业能够捕捉市场变化，而这种能力单靠企业自身无法实现，互联的技术条件与社交特征使组织打破封闭的内部与外部壁垒，加强与其他组织的互联互通成为必然。三是组织活性，指的是在现有的组织内外环境下组织自我生存和自我发展的生命力。一个有活力的组织，其成员也都具有活力。组织活力的作用是让组织不管处在什么环境下，都能保持成员的激情，通过不断地改革与创新保持组织的竞争优势，使之持续快速地成长。四是共生性，个体价值崛起的时代，组织对个体的依赖性超过了个体对组织的依赖性。有组织无结构的组织形态有助于建立组织内外部之间的个体的共生关系，使个体之间、个体与组织之间在价值、利益与精神体验之间建立一种协作和协同联系，激发个体创造与众创的激情和能力，让企业有足够的能力和活力应对不确定性。

有组织无结构所体现的是互联网社会中企业组织适应和变革的一种趋势。进一步讲，数字时代社会互联特性、商业模式、组织形态、员工个性的变化，也必然给企业文化的形成与塑造带来新的影响。对此，海尔总裁张瑞敏说："我们必须根据互联网时代的（网络化、平台化）这两个特点来构建企业文化……过去，员工只要听领导的就行了，现在不行了，还要听用户的，而且领导也要听用户的。"员工与领导之间的工作关系文化的变化，只是互联网对企业文化影响的一个缩影。根据当前已有的成果，互联网对企业文化建设与发展的影响可以归纳为如下几个方面。

第一，传统领导和威权管理面临着越来越大的挑战，自组织将会越来越成为文化管理最为常态的单元。互联网造成的组织层级大幅压缩、管理零距离等都直接导致权力距离指数越来越低，传统领导和威权管理面临着越来越大的挑战，如何面对互联网的新生代构建更加合适的影响模式将是一个重大课题。此外，互联网赋予个体更多的可能性，导致个体相对于群体越来越重要，群体面临着日益分化：大的群体小型化，实体组织虚拟化，自组织将会越来越成为文化管理最为常态的单元。

第二，基于个性化需求的管理将逐渐替代传统的控制式管理。互联网必将影响企业管理行为和员工职业行为，企业将适应互联网环境的变化，更多地使用引导和激发手段进行管理，而不是利用传统的控制手段进行管理；互联网时代的新生代更加容易接受以自由和民主为主要管理手段的组织氛围，威权管理将日渐式微；尊重个性、吸纳个性，深度分析和把握不同代际的人员需求，基于个性化需求的人力资源管理也必然是未来企业管理的一个十分重要的工作方向。

第三，企业文化的社会化、开放性程度大幅提高。在互联网环境下，企业必须改变相对封闭的状态,与社会的文化交流沟通更加紧密,受到社会文化的影响更大。一方面,企业处于动态竞争状态,文化也处于不断的动态调整中;企业经营开始跨界,文化也在跨界。社会先进文化的标准逐渐成为企业文化的评价标准,企业社会责任感与员工社会责任感逐渐由"外加"文化演变为"内生"文化。另一方面,随着互联网对生产流程的颠覆和消费者主体地位的提高,要改变关起门来建设企业文化的做法,将传统文化建设的物理空间延伸至整个供应链、价值链的各个环节,吸收用户、供应商乃至社会参与企业文化建设,并直接分享企业文化成果。

第四,从强调核心价值观到强调价值观体系。为什么要强调价值观体系呢?以前核心价值观就是强调客户、强调创新,真正在企业里对关键绩效起决定作用的是不同层面,甚至是很细小的观念和行为。在为客户服务的流程制度中,那些细小的价值观起着很重要的作用,像京东的无条件退货政策。这样的价值观上升不到企业核心价值观的层次,却是企业关键绩效的来源。

14.1.3 理解数字时代的企业文化轮廓

著名文化人类学家克拉克·威斯勒(Clark Wissler)认为,文化是人类行为的结果。数字时代的企业在技术、客户和员工的"三重叠加"式进化下发生的组织与管理变革,必然昭示着一种新型组织文化的产生。

1. 协同、联动是数字时代企业文化的主旋律

数字化的一个核心功能就是将所有资源在线聚合起来,突破时空界限为客户提供服务。在这一过程中,无论是企业外部资源方和客户方,还是企业内部各个工作团队与单元之间,通过链接、共享来实现协同与合作是其首要任务。帕蒂·麦考德在《奈飞文化手册》一书中说,很多互联网公司的团队采用一种协作、有机的工作方式。所谓"有机"就是指团队的目标和分配时间、资源的方式,以及他们所专注的问题与解决这些问题的方法,都在不断适应商业变化和客户需求,就像不断成长和变化的有机体,没有僵化的结构,也没有受制于既定的目标、人员或预算。当然,这种"有机"的协同不是一个简单的口号,它一定与企业整体或团队之间、团队内部的机制与制度设计相关,只有这样,才能将员工与团队的自由灵动与企业组织的整体性、系统性结合在一起,才能发挥为客户服务的最大效能。

2. 开放、透明及包容是数字时代企业文化的界面特征

无论是数字化的技术系统,还是小团队与自主管理的管理模式,都决定了数字化企业管理的开放与透明,这既是技术驱动的结果,也是管理的必然要求。数字时代是一个互联互通的商业民主时代,是一个你中有我、我中有你、相融互动、彼此相依的有机生态圈时代。开放、透明、包容是互联网思维的基本特征。首先,企业内部要拆掉部门墙、流程桶,真正面向客户一体化运行;其次,企业在外部要从封闭走向开放,要从单一竞争走向竞合;最后,在文化价值诉求多元的社会和组织中,要允许不同价值诉求的表达,要能包容挑战、质疑和失败,建立跨文化的沟通与交流机制,基于公司使命和愿景凝聚不同背景、不同价值诉求的人共同为客户创造价值,为企业的战略目标做贡献。⊖

⊖ 卢彦. 互联网思维 2.0 [M]. 北京:机械工业出版社,2015.

3. 平等、共享和共赢是数字时代企业文化的基本风格

在数字时代，每个人都可以拥有自媒体，能够更便利、即时地影响自己的朋友圈；数字时代的员工的成长经历、教育经历、工作场景都更加自主，强调和追求自主与平等；每个管理主体的资源和利益可以在线上及线下更加快捷地切换；互联网的技术和社会特性使各种有形与无形资源的流动变得更加频繁、便利及不确定……这些个体、群体和环境的新特性，要求新时代的企业文化不能再以等级控制、级差分配、个人英雄、领导权威、单向沟通等为企业文化的"背景色"或价值观，否则，企业文化无论外表有多美，执行有多棒，它最终将导致内失员工、外丢客户。谷歌公司在互联网信息专业领域的长期领先，就与其具有的这类文化特征有关。

4. 用户文化是数字时代企业文化的关键节点

可以毫不夸张地说，数字时代的经营文化核心是用户文化。用户习惯了一流的线上和线下用户体验，他们越来越希望企业能够快速响应询问，无缝定制产品和服务，并在有需要的时候提供他们需要的信息。换句话说，以用户为中心的企业文化已经不仅仅是锦上添花，它逐渐成为关系到企业生存的问题。离用户越近，越能够帮助企业降低试验的风险，这是因为通过用户开放式的创新有助于企业产品的创建，并使企业跟上快节奏的变化。但用户参与并不是简单地建设社区和论坛，而是需要整个企业的经营文化、管理模式、研发模式、技术架构等都适应数字时代的商业经营生态。简而言之，企业的经营文化应当以数字时代的全连接和零距离的基本特征为起点，重构商业模式、营销模式、服务模式等外在形态，并以此驱动文化模式、管理模式、研发模式、运作模式等内在形态的重构。

随着数字化技术、移动互联网的快速发展，企业团队变小了，管理变少了，速度变快了；高度信息化已经让组织变得高度透明；传统架构庞大、制度呆板、流程复杂、效率低下的层级制金字塔式组织结构，已经不再适应快速变化的市场环境，正在被扁平化的组织结构、弹性的工作模式和团队合作的机制等所代替；企业文化体系及其概念的内涵和外延从根本上也被颠覆和变革。数字时代的公司必须把握好数字化企业文化的内核，对标成功实现数字化转型公司的企业文化，把握好企业文化变革的关键和节奏，通过推动文化转型来最终实现企业的商业模式、管理模式、领导方式的转型。

| 实践链接 14-1 |

金蝶："没有家长的大家文化"

2021年3月，国内管理软件与互联网服务市场的头部企业金蝶国际软件集团有限公司（以下简称"金蝶"）发布其2020年业绩，公司云业务收入持续增长，同比增长45.6%，收入占比57%，IDC数据显示公司连续4年蝉联中国企业级ERM SaaS（云ERP）、财务SaaS市场占有率第一，连续16年稳居中国成长型企业应用软件市场占有率第一。这显示了公司坚持以"致良知，走正道，行王道"为核心价值观的成效和持续推进业务发展转型战略的成功。

金蝶一向重视组织与文化建设，公司倡导"没有家长的大家文化"。这其实是金蝶探索中国管理模式的一次尝试，或者说是金蝶内外协同的文化战略。这种文化的核心就是以客户为中心，而不是以领导和管理者为

中心,旨在彻底消除"家长式管理"和"公司官僚政治",建立一种更加开放、全员创新、国际化和充满人情味的金蝶文化。

"大家文化"实际是在倡导"士兵突击",并让全体员工迸发出活力与创新动力。创始人徐少春说:"我们认为客户是我们的母亲,制度是我们的父亲,我们说'没有家长',实际上就是把客户和好的制度结合起来,并创造出一种新的可持续发展的文化。"公司反对把"没有家长"和"大家文化"理解为不要管理、不要制度、不要纪律,强调个人意识、自我技术欣赏,而忘记以客户为中心与为客户创造价值。

为了真正建设"没有家长的大家文化",让文化落地,而不是成为挂在墙上的口号,金蝶提出了"三化"建设。首先是管理制度化。它强调的是纪律、法治精神、流程与规范。同样的事情重复发生两次以上,就需要建立管理制度和流程加以规范;通过奖惩,建立新习惯和新规范。其次是业务标准化。它强调的是质量及价值意识、匠心精神、行业领导者风范。要求员工不断提升业务水准与质量,实现业务标准的可复制,降低管理成本。最后是人员专业化。它强调的是职业精神、职业能力。借助《金蝶干部管理条例》的颁布,加强组织建设,提出干部要彻底转变心态,增强使命感和责任感;要用制度管人,用文化留人;要对员工的职业发展负责。

资料来源:曹仰锋. 金蝶转型:良知与梦想[M]. 北京:中信出版集团,2018: 135-137.

文化点睛
互联网公司都比较倡导相互平等、尊重个性、激发创造、价值分享的文化,但不同公司的文化倡导和运行有自己的风格特性。金蝶推行"没有家长"领导、以客户价值为导向、员工自主发展的工作文化,以良知、正道和制度引导员工积极工作,不断创新。企业应去除领导者的权力性影响力,让制度当家,用文化留人,创造客户价值,实现自身价值。

14.2 数字时代的经营管理理念

在商业环境、生产方式以及管理手段均受互联网的影响而发生变化的情况下,企业的管理目标、管理思想也必将进行调整。伴随着产业结构的升级,技术型、创意型、服务型企业的比重越来越大,职场新新人类不断增多,为了适应快速反应、不断创新的市场(客户)需求,以强调团队创新性、主动性、自适应性,同时追求个人创造力最大化的新型现代化管理思想、管理理念日渐成为趋势。管理的目标不再是简单地强调结果、制度和流程,而是更加以人为本,突出文化,贴近员工。

14.2.1 协同管理理念

自互联网技术成为基本推动力量以来,开放边界、共生成长成为领先企业的核心特征。互联网的出现为组织内、组织间、组织和外部环境的协同提供了更大的便利性和可能性,进而以排山倒海之势颠覆了行业格局,融合了企业边界,重塑了管理认知。在这种新的生态下,顾客和企业联系在一起,整个价值链都是一个强链接的关系,全过程价值创造决定了价值链成员之间必须是共生协同的关系。这就将我们带入了一个崭新的"认知世界",需要我们转变为具有类似"生态系统"的认知逻辑,无论是组织内部还是组织外部都需要协同合作,因而要求组织具备一些新能力，而新能力的核心就是协同。

构建协同能力最重要的一个转变就是构建协同价值取向。

（1）构建基础一：协同价值预期。价值观匹配策略是筛选协同伙伴的关键因素。价值观会影响人们的行为模式，它一旦形成则很难在短时间内改变，因此以价值观选择协同伙伴至关重要。价值观匹配可以降低未来冲突预期，达成协同主体间的价值观协同，以提高未来协同价值预期。

（2）构建基础二：协同价值创造。"以人为中心"是价值创造的动力源。管理理论"经济人—社会人—复杂人—文化人"的演变，以及德鲁克的"知识员工"，都是管理"人本思想"的体现。在"以人为中心"的策略中，协同的核心是人本主义，以"人"为目的，以"人"为依靠，协同要基于人，同时协同的实施主体最终还是人。因此协同要以人为主体才能真正有效果，回归到"以人为中心"，才能真正促进协同价值创造。

（3）构建基础三：协同价值评价。长短期利益结合的协同激励是价值评价的关键。协同激励策略不仅应包含对短期产生协同价值的主体激励，还应包含针对暂时没有协同产出能力，但未来有较好产出能力的协同主体制定的特殊照顾策略。这样既能让有当期价值产出的主体获得激励，还可以让未来有价值的协同伙伴休养生息、蓄势待发。在协同激励策略中，不同的伙伴会有不同的激励政策，尤其是有战略发展前景的合作主体，要综合考虑短期和长期利益的协同激励，侧重长期利益的激励设计，促进协同价值评价的长远考量。

（4）构建基础四：协同价值分配。协同价值显性化为协同价值分配提供客观依据。"传统价值分配是不可评估的，而协同软件将贡献变得可测量、可评估、可比较。"协同价值显性化策略，是让协同效果真实可见的重要保障。该阶段首先要明确协同双向价值创造的对象——协同溢价，以此为对象进行分配。这个协同溢价部分才是协同效应的价值创造的增值，有了这个增值部分，能推动协同主体有更强的合作协同意愿，将协同发展持续下去。

了解了协同价值取向的四个构建基础（即协同价值管理的四个环节）——协同价值预期、协同价值创造、协同价值评价、协同价值分配后，接下来，对这四个环节分别进行价值观层面的解读，并指出每个阶段的重点。

首先，协同价值预期阶段着重关注点为"诚"。协同价值预期阶段，即协同组建阶段。在协同价值管理的四个环节中，协同价值预期是协同开展的前提，通过证据示例和归纳得出，具体分为三种策略：价值观匹配策略、协同互补策略、协同期望管理策略。该阶段通过价值观匹配方式，组建互补性的协同关系，从而对未来形成较好的协同预期。该阶段是协同关系组建阶段，建立有效的协同链接，为后一阶段的协同价值创造奠定基础。从人性与哲学的层面去理解，保证协同价值预期产生的心心相连的关键是"诚"，"诚"能决定协同双方是否在一起，以及能在一起走多远。所以该阶段的价值取向为"诚"。

其次，协同价值创造阶段着重关注点为"利"。在协同价值管理的四个环节中，协同价值创造是协同的核心。协同价值创造阶段，即协同工作过程。通过证据示例和归纳得出，具体分为四种策略："以人为中心"策略、价值点衔接策略、目标嵌套策略、集合智慧策略。该阶段充分重视人的重要性，通过价值点衔接的方式，建立可嵌套多协同主体的目标，从而集合智慧进行协同价值创造。协同价值创造阶段的价值创造是协同管理的本质呈现。因此协同价值创造的关键是"利而不害"，保证协同价值创造阶段集合智慧的关键是"利"。

再次，协同价值评价阶段着重关注点为"信"。协同价值评价阶段，即协同成果评价。这个阶段最关键的是对利益分配一定要"言而有信"，否则给协同关系的维系带来的伤害将是毁灭性的。在协同价值管理的四个环节中，协同价值评价阶段是承接协同价值创造、开始协同分配的基础。通过证据示例和归纳得出，具体分为三种策略：协同激励策略、双向价值创造策略、协同追踪控制策略。该阶段要结合长短期利益进行协同行为评价，同时从成本和收益方面进行协同价值创造，并建立协同行为追踪策略以定量评价。协同激励策略让协同主体不仅相信能获得客观的短期协同评价，还会结合长期利益进行价值评价，取信于"民"。同时协同价值评价阶段关注双向价值创造，"言必信，行必果"，进行双向的价值让利，让协同主体创造价值后能真正得到认可。因此，保障协同价值评价阶段被接受的关键是"信"，无关对方的"信"与"诈"，自己都要始终选择相信，在协同价值评价中，"信"贯穿始终。

最后，协同价值分配阶段着重关注点为"不争"。在协同价值管理的四个环节中，协同价值分配是整个协同过程的终点，也决定了下一个协同价值创造周期能否延续。协同价值分配阶段，即协同成果分配阶段。通过证据示例和归纳得出，具体分为三种策略：协同价值显性化策略、协同溢价分配策略、激活个体策略。"不争"的协同价值分配理念，类似于"共生逻辑"，是指企业在价值分配时，不能仅仅关注自身利益，还要保障协同主体同时获利。该阶段将协同价值显性化，进行协同溢价分配，不仅可以使分配标准清晰可见，而且可以让个体清晰地感受到，不协同完全无法获得如此高价值的创造。正如先贤所言，"圣人之道，为而不争"，因此保障协同价值分配阶段激活个体的关键是"不争"。

综上所述，根据四个协同价值管理的环节对应的价值创造过程，我们探寻了对协同管理体系构建和关键环节的哲学思考。第一阶段是协同价值预期阶段，是组建协同团队的阶段，所以重要的是以"诚"动人，特点是"柔"。第二阶段是协同价值创造阶段，是协同的工作过程，关键是价值创造，要"刚"性地保持"利"的准则不动摇。第三阶段是协同价值评价阶段，是协同的成果评价，关键是要保持"刚"性的"信"，说一不二。第四阶段是协同价值分配阶段，要在原来"刚"的基础上，配合"不争"的"柔"，刚柔相济完成价值分配，以提高下一个协同行为的产生概率。因此，我们将协同管理的价值取向归纳为"诚、利、信、不争"，刚柔并济，共同打造协同管理高效价值取向体系。

14.2.2 自组织管理理念

近来，在互联网大潮下，自组织管理成为人们关注的话题点。尤其是海尔的内部创客式的组织变革，体现了自组织的理念，使得这一组织形态以及基于它的管理理念、方法有了强烈的实践和借鉴意义。

一般认为，自组织是一个系统。通过系统中、低层次单元或元素的局部互动和协同，在不存在外部特定干预和内部统一控制的条件下，从无序变得有序（或从有序变得更加有序），从低级形态走向高级形态，即形成新的结构及功能有序模式。企业的自组织管理实际上就是组织自发或自觉运用自组织的原理和方法，发现、解释、激发企业组织管理中的自组织力量，使企业组织远离封闭、固化、离散、死平衡、失能的运行状态，自动自发地成为有活力、开放性、有创造力、平滑、聚合、协同的动态效能组织。①

互联网技术在经济、商业和社会中的广泛应用带来的一个显著变化，就是无数个体、群体和组织借助互联网在不断进行自组织的改变，并创生了许多新的组织、团体和业态，如微信群、生态圈、众筹、众包、自媒体。小米在公司成立之前，建立了小米社区，与手机"发烧友"和消费者在社区中分享手机性能、技术、创意、使用效果、改进意见等方面的信息，通过与消费者的紧密、直面、真诚的互动，形成了一个围绕小米手机开发、使用、分享、互动的小米社群体系，这个新的体系使小米从默默无名的品牌很快异军突起，成为叫好叫座的国内手机品牌。

从以上可以看出，在数字时代，企业愈加依靠自组织，即在自发状态中，敏锐感知非线性变量的规律，创造出发点或引爆点，是企业在不确定性和混沌无序中找到确定方向和有序结构的一种新途径、一个具有强大潜在爆发力的创新突破口。在数字时代，企业的组织管理更加需要自组织管理，原因在于以下三个方面。

1. 企业只有保持互联互通的开放性才能高效地自我更新

互联网社会的一个重要特征就是通过不限时、无限量地分发信息，各种信息和资源创造性地结合再传播，使社会经济中的各种资源被充分调动、激发起来。在数字时代，任何企业几乎不可能守住商业秘密、技术能力、人才优势、客户吸引力等商业能力要素。企业要想在商业竞争能力要素方面建立优势或保持领先，就必须保持对内、对外的系统开放性、包容性，主动积极借助互联网技术和信息，打破自己原有的均衡和优势，通过互联互通、信息共享、资源共享、组织变革等自组织方式，创造新的能力。

2. 互联网为企业非线性的自组织过程提供了机会和选择

互联网为企业的社会化组织提供了新的渠道和广布的资源，让企业走进市场的中心，特别是社会的中心。过去，企业的技术创新、产品研发、产品设计几乎都是靠自身的能力或依靠长期商业伙伴合作来完成的。企业自身的技术储备、人员能力与态度、资本能力、合作关系质量，决定了企业产品的各种特性，这种隔断市场或远离市场的"线性"产品开发模式，导致企业产品技术、设计、外观、营销不符合客户的多样化需求，造成产品大量积压和产能过剩。而互联网为企业产品开发提供了"非线性"的自组织方案，企业可以通过自媒体、社交媒体、自由渠道，组建包含内部员工、客户、消费者、第三方专业人员、产品"发烧友"等异质化的群体，在互联网平台上集思广益地开发产品，并通过社区化互动向社区外部传播产品的口碑和品牌。

3. 数字时代的企业员工管理需要自组织管理

数字时代的企业面临的竞争和市场瞬息万变，消费者对企业产品与消费体验的要求越来越高。面对复杂多变、具有多元价值需求、突发事件频发的商业环境，组织扁平化、去中心化，一线人员自我决策能力与权力授予，人员自我管理能力，组织弹性化，变得越来越重要。这就要求企业改变人员组织模式和领导方式，采用更接地气的弹性组织方式，更为重要的是建立和培养精干型、自律型、合作型的小型化组织，最大限度地培养员工的自我管理能力。

---

① 陈春花，曹洲涛，刘祯，等. 组织行为学：互联网时代的视角［M］. 北京：机械工业出版社，2016：314-315.

| 实践链接 14-2 |

海尔的小微孵化模式

海尔对于小微公司有四类孵化模式：第一类是脱离主体的孵化，也就是员工可以辞职，独立开公司，当然在这个过程中可以利用海尔的资源；第二类是企业内部平台，在原有的产业上，很多有好点子的人可以交互在一起，成立一家公司，即由原来的产品延伸出来的公司；第三类是众筹孵化，它可以吸引社会上各种各样的资源，一起筹资、筹资源，成立公司；第四类就是生态小微，在这个模式之上，可以允许很多社会上的创客进入海尔平台，共享资源。

海尔会通过用户资源和产业资源"众创、众包、众筹、众扶"的服务机制，帮助创客创业并取得成功。众扶平台就是为内部员工成为创业者提供的资源平台；众创平台是通过海立方和创意平台，将这些创意与平台上的资源对接；众包平台是依托海尔的开放式创新平台，使全球有创意的人将创意拿出来共同讨论、实践；众筹平台是指海尔有专项创投基金。

举例来说，海立方线上交互平台在成立一年间，对接了相当多的创业者和创业资源。截至2015年，创业项目有1 135个，在线合伙人有2 922个，VC基金有1 330家，制造资源有3 190家，园区孵化器有98家，销售渠道有10家。

同时，在海尔创客加速体系中，还成立了创客学院、创客实验室、创客空间、创客工厂、创客金融、创客市场，这些都加速了创客的成长和成功。海尔因为创客机制的推行，愈发朝气蓬勃。《中外管理》2014年曾采访过海尔小微"雷神"，这个由三个85后男孩创立的内部孵化小微，以硬件（游戏本）切入，建立了硬件、游戏/教育和智慧生活的全流程生态圈。其成立短短9个月间，就创造了2.5亿元产值。

资料来源：孙中元，庄文静. 海尔"人人创客"怎样实现[J]. 中外管理，2015（12）：35-37.

文化点睛 海尔的小微孵化模式体现了企业内部进行自组织管理的核心要素是共创、共享、共治。海尔以众创、众包、众筹、众扶的服务机制来帮助企业或者组织进行内部管理，既做到了制度管理，又强化了员工的参与意识。

14.2.3 平台管理理念

在互联网模式下，地域垄断被打破，市场、产品和服务的空间距离被最大化地缩小或消失。这使所有的企业都可以在互联网上面向所有的客户，也可能整合所有的资源。为此，原有的竞争逻辑被打破了，赢家通吃成为一些行业的"竞争法则"。为此，企业不得不跳出自身产品的藩篱，从产品管理拓展到平台管理。平台管理理念既指在中观产业和宏观经济层面上，基于互联网的平台模式，对多种产业甚至全社会资源进行开放重组和融合再造的理念，也指在微观层面上企业组织从内部积极尝试走向平台化的理念。

互联网在本质上就是一个能够提供相互交流沟通、相互参与的互动平台，因而具备开放性的平台管理理念是数字时代经营管理理念中的重要组成部分。企业的持续创新需要用平台

㊀ 海立方是海尔集团打造的创客加速器、创业项目孵化平台，是创业项目与政府园区、加工制造、销售渠道、风险投资互动沟通的平台。

化的组织结构去反映市场,即将组织去除中间层,围绕客户需求建立一种快速响应系统:平台扮演着基础服务商、资源调度者的角色,企业单元通过小微化、创客化去支持前端的灵活创新,以"多个小前端"去实现与"多种个性化需求"的有效对接。但企业平台管理理念的践行不仅仅是组织结构的变革,更重要的是关注人的发展。

1. 实现对个人价值的尊重,以人性化制度设计激活个体

建立平台化模式,并没有可复制的范式,但其本质应该体现在对人性的经营上。平台管理理念下的组织结构并不是简单的商业利益叠加,而是从使命、价值观上实现对平台上所有主体的融合和统一,进而实现彼此基于平台的更大的商业认同并共同维系,形成良好的组织生态。这就需要管理者围绕人的生活、工作习性展开研究,最终体现在如何最大地释放创业和创新活力上。⊖正如张瑞敏曾经说过的:"企业平台化是大势所趋,必须这么做,我希望把海尔变成一个平台、一个生态系统。一片森林、一个自然界、一个生态系统一定是生生不息的,每天有死去的植物,但是每天也有新生的植物。如果每个员工都是一棵树,每个人都是一家创业公司,则这家公司的边界非常大,可以吸引种子、水流。"

2. 注重平台建设中各类要素贡献者的利益关系

承认个体贡献表现在企业制度方面就是要重塑各个利益相关者的关系,从原来制造产品的加速器变成孵化创客的加速器。首先需要创建一个投资驱动平台,把企业从管控型组织变成一个投资平台,各部门和事业部转化成创业团队,让团队像利润中心一样运作,高度授权,承担相应的责任,将公司与团队的关系变成投资人与创业者的关系。与普通的投资者不同的是,公司负责驱动员工在正确的道路上前进。就过去的职能部门而言,人力、财务、战略、信息等就构成了服务平台,创业小微团队可以在该平台上购买服务。因此,员工原来都是由企业发薪,现在企业上级、员工上级都成为用户,为用户创造了价值,就会获得收益。平台设计的目标是让更多有才华的人利用这个平台去触达他们的用户。这样,企业的管理者与被管理者之间的隶属关系,变为事实上的合伙关系,这就在管理形式和产权形式上肯定了员工的主人翁身份。⊜

3. 改变组织与个人的雇佣关系,建立新型的合作契约关系

100多年以来,全球所有发达国家先后进入以雇员为主的社会。这个时期,组织最为关注的是责任与授权关系、制度的规范性、个体对实现组织目标的贡献。但是,随着信息技术和制造技术的日益发达,将会出现一种趋势和常态,那就是人们不会再轻易地把自己固化在一个组织里或者一种角色里,而是期待新型的非雇佣关系。在今天的互联网环境下,企业的边界无限扩大,协同、外包、供应链将更容易获得效率优势和成本优势,越来越多的企业外部协同业务甚至成为企业业务的基本构成。当数字时代的从业人员对于知识和能力有足够的把握时将不再依赖于组织,而是依赖于自己的知识与能力成为企业业务的协同者,个体与组织之间的关系也不再是层级关系,而是合作关系。这些改变意味着雇佣关系已经开始解除,人们之所以还在一个组织中,是因为组织拥有资源与平台。

⊖⊜ 王若军,刘欣冉. 互联网时代的商业价值观与企业平台化建设[J]. 北京经济管理职业学院学报,2017,32(1):28-34.

| 实践链接 14-3 |

海尔：从参天大树到热带雨林

物联网时代说来就来，消费者的需求更加多样化与差异化，在需求更替与技术迭代的双重驱动下，智慧、物联、语音控制等技术的应用极大地提升了产品体验，行业竞争从单一的硬件竞争扩展到产品软硬一体、平台互联互通、行业生态融合的全方位竞争，企业需要尽快完成从销售单品向提供成套智慧家庭解决方案的转型升级。

以用户为中心，是海尔一直以来的"执念"。为此，海尔从上游到下游全方位介入，打造场景，满足用户个性化需求。

照"镜子"就能买买买，海尔衣联网001号店满足了爱美人士对于不同场合穿、搭、购的全部想象和需求。依托衣联网的硬件和物联网技术，海尔实现织物的智能化管理，通过3D云镜、云衣架、智慧衣橱等将场景和服务结合起来，为用户提供虚实结合的消费体验，并通过与服装行业、家纺行业、洗染行业、织物物联技术行业等跨界合作，打破了行业的边界，共同搭建衣联生态联盟，打造集服装店、干洗店、洗护管家等功能于一身的衣物全周期管理的智慧零售与服务，实现为用户提供可见、可买、可体验、可交互的全流程洗、护、存、搭、购、收的智慧解决方案，同时实现了门店的用户数据管理及精准营销引流。

在"吃"方面，海尔基于冰箱打造了食联网，这里不仅有食材存放、管理的保鲜场景，还有能根据消费者体质定制菜谱等智慧模式。消费者购买食材时，食联网通过联合溯源平台，给每个食材都安上"身份证"，吃起来更放心；保存青菜时，不用担心几天后就发蔫儿，食联网通过全空间保鲜科技，可以实现蔬果冷藏14天水润新鲜、冻肉30天保持一级鲜度的效果；做饭时，开启智慧烹饪模式，就能搞定日常三餐。

通过食联网，海尔构建了母婴健康、烟灶联动等智慧厨房场景，链接十大类400多家资源方，为用户提供购买、储鲜、膳食、烹饪等场景方案。如今，海尔食联网不仅有覆盖买、存、吃等流程的场景服务，就连烦琐的厨房装修（无论是整装、局部改造还是定制）也管了，海尔食联网正在通过不同的形式，带给用户全流程、一站式的精致厨房生活，使厨房焕然一新，让更多人享受到"健康饮食"的用户体验。

物联网时代，万物互联，电器会变成网器，网器会成为生活场景中的一个部件，消费者需要的不再是单一的产品。海尔坚持聆听用户需求，实现场景替代产品，给用户提供更好的体验，并链接生态资源方，提升生态服务能力，创造体验价值。

海尔集团创始人、董事局主席、首席执行官张瑞敏说过，海尔的目标是从一棵参天大树变成热带雨林。生态在和市场连接起来之后，是完全开放、无边界、可以自由发展的一个体系。从中央空调互联工厂的E+云服务平台到卡奥斯大规模定制示范线，从衣联网001号店到日日顺物流智能无人仓，再到生物医疗体验云……显然，海尔早已由家电企业转型为物联网生态品牌。

从2005年张瑞敏提出"人单合一"以来，海尔员工变成创客，创客组成小微，以小微为基本单元又变成一个个生态链小微群，这些小微自主组合，组合成了一个没有中心、没有领导、完全以用户体验驱动的链群，链群各节点围绕用户应用场景体验共创共赢，最后就会变成一个生态云。海尔打破边界，建立平台，与各类合作伙伴一起共同服务消费者，这是巨大的模式创新，也在创造商业史上的奇迹。

资料来源：海尔官网．生态之旅探海尔：从参天大树到热带雨林［EB/OL］．（2020-07-29）［2021-11-20］．https://www.haier.com/press-events/news/20200729_145093.shtml.

> 数字时代，万物互联，企业成为平台生态的卷入者，要么创造平台，要么加入平台，只有通过平台化的商业运作，才能发展自己的客户、友商的"生态雨林"。海尔的物联网与生态平台发展展示了企业从单一的硬件竞争扩展到产品软硬一体、平台互联互通、行业生态融合的全方位竞争与发展模式。

14.2.4 生态圈理念

在现代信息技术快速发展的背景下，企业为适应快速变化的、复杂的市场需求，将生态学的理论移植到对组织的分析中，并融入经济学、管理学等的分析，发展成一种生态圈理念，并基于此产生了一种新的组织形式——生态型组织。生态型组织是组织管理在"市场经济"阶段的产物，以期实现：快速响应外部市场需要，资源要素自由、有效配置，进行内部利益交易，决策精准，创新不断涌现。在管理学中，生态型组织是一种弹性结构组织，它的基本特性是流动性大，制定的规章很少，鼓励员工组成工作小组开展工作及进行大幅度分权。

生态型组织所竞争的核心资源是知识资源而非自然资源。在现今高度知识化的社会环境中，学习成为组织生产和发展的唯一手段。只有通过学习才能形成知识的运用与创造机制，进而通过自组织、自重构发展组织进化和适应环境的核心能力。如同自然生态系统中的要求一样，一个有机体要想生存下来，就必须做到学习的速度快于或等于其所处环境变化的速度。创造性的组织必然是具有极强学习能力的组织，只有通过学习才能形成创造力，也才能真正形成具备高度智能化和自适应能力的生态型组织。因此，生态型组织天然就应该具有快速学习的能力。

生态型组织的特点主要体现在组织生态位上。生态型组织强调组织必须发展与其他组织不尽相同的生存能力和技巧，找到最能发挥自己作用的位置，也就是找准组织生态位。组织生态位是一个多维的概念，由时间、位置和可用资源三个变量决定。其中，组织生态位的位置变量既包括组织市场所处的地理位置，还包括组织在价值链和组织生态系统价值网中所处的环节位置。通过确定组织生态位，实现不同组织间组织生态位的分离，不仅减少了组织间的竞争，更重要的是为组织间的功能耦合形成超循环，进而为实现自组织进化提供条件。

小米的成功模式践行了系统论创始人路德维希·冯·贝塔朗菲（Ludwig Von Bertalanffy）的思想：价值就是关系。小米正是利用互联网聚集社会资源参与产品研发，创造性地带动了中国制造链条的变革和全球范围的合作，重新定义了价值链，创造了新型的组织生态。小米的掌门人雷军说："我们投资了50多家公司，放到小米的周边，形成一个生态圈，并同时向这些企业注入'新国货'的理念。其实，这50多家公司，在传统组织形态下，本来可以是小米的50多个部门或者事业部。"信息通信技术促进了制造业的转型，为适应定制化生产这个转型目标，建立多元主体共同创新的利益分享机制更应成为企业研讨和思考的焦点。今天，阿里云所提供的消费数据（舆情分析、销量预测、正品溯源等）、大数据分析能力（不良率分析、设备远程运维、智能诊断等）以及产业链资源等，恰是传统制造业所看好的，线上数据的使用和线下资源的整合，让企业成为无边界组织，让"新制造"成为现实。从手机App到设备制造，众多企业将其运营的一个或几个环节外包，自身则专注于最具有核心竞争力的那部分业务。

14.3 数字时代的企业文化理念

数字时代对传统企业提出了挑战，所有的企业都面临着重新洗牌的挑战与机遇。同时，人们也对数字时代企业的文化创新抱有浓厚的兴趣和积极的探索精神。数字时代的企业到底应当坚持树立和发挥哪些文化理念，才能激活个体、激发企业，使之成为时代的企业？这是仁者见仁的问题。但根据大多数实践者和研究者对数字时代商业环境、互联关系、商业理念的基本共识，我们在经营、竞争、组织和领导四个方面提炼了数字时代的企业文化新思维，作为研究与实践的批判性参考。

14.3.1 共享共赢的平台文化

在互联网应用日益加深的环境下，众筹、众包、众享等概念与现象已经广泛地在社会扎根和无限地扩展开来。在这些现象、概念和事实上，"共享经济"作为一种经济形态和文化产业登上了互联社会的舞台。从商业模式上看，共享经济的产生是在互联条件下，当社群理念、社群需求、社群市场、社群资源、社群行为共享融合后，产生了价值创造与快速成长的可能，由此改变了社会商业资源单向度和不对称的应用通道，产生了共享共赢的经济模式。我们应该注意到共享经济的产生，除了得益于互联的技术条件外，更重要的核心实际上是互联社群可以共享的理念、需求和行为，这些正是互联社会和共享商业发展的核心文化要素。

"共享共赢"作为一个组织文化概念，其实并不难理解，它是指**在互联信息条件下，基于合作共识、共有信任和制度（平台）可靠性，市场主体通过供给、让渡资源或资本，共同互惠合作创造价值，获得合意的价值收益与精神获得感。**

人类对于合作的需求与合作的认同，从来没有淡忘过，正如文化人类学大师布罗尼斯拉夫·马林诺夫斯基（Bronislaw Malinowski）所指出的，"在如像那最原始初民寻觅野食一般的简单动作中，也是有一定的合作的。在一家中有分工，在一社区中各家之间又有合作"⊖。在现代经济社会中，合作行为的发生，从文化上而言，一定需要有理念需求的共识、信任的桥梁和制度平台的连接。当市场主体共同认为某一事项有重大价值，又能满足社会心理需求，且必须通过紧密合作才能成功或者效果最好时，"合作共享"的共识便容易达成。网约车的迅速崛起，实际上是以下两者"需求共享共识"的对接，即车主希望能够借助互联平台快捷、高效地找到用车者，增加汽车使用的经济性、效益性，并提供个性化用车服务，同时乘客希望能够借助互联平台获得快捷、便利、优质用车的服务。一些公司发现了这种需求共识，开发了满足两种主体的快捷、高效和可靠的平台，建立了两者共同信任的社会桥梁。因此，一经推出便迅速被市场主体所接受。

网约车公司的崛起，不仅带来了消费共享的收获，也揭示了当下和未来职业工作的"共享"形态。网约车公司建设车源和用车的精准约车信息平台，开发满足车主或乘客多样化需求的网约车产品，提供维护车主和乘客利益的制度和服务，构建车主与网约车公司收益分配和雇用管理的合作契约。在这样的共享平台和合作模式下，任何合规的车主，在互联网通信覆盖的地方，都可以利用自己自由的时间，出让或共享自己的"车座资源"和驾车时间，向

⊖ 马林诺夫斯基. 文化论[M]. 费孝通，译. 北京：华夏出版社，2002：48.

社会提供服务，获得约车收益，同时扩大自己的社交空间，充实自己的生活，获得心理上的满足感。这实际上是商业共享平台与工作共享两种文化的融合。

在数字时代，全职工作将不再是你的身份标签，或者唯一的收入来源。你可能同时是Uber司机、Airbnb房东、Instacarter买手、Taskbabbit达人。通过这些共享经济平台，你可以灵活地交换时间、技能和金钱，找到最适合自己的生活方式，甚至还可以从中交到不同圈子的朋友，获得新的技能和职业机会。⊖很显然，在这样的时代，"个体机会与自我实现"被充分激活，个体不依赖组织而发展的可能性大增。那么，在这样的情势下，组织遇到的重大挑战是：员工依靠业务能力自主独立地创造价值实现经济独立乃至收益最大化，与组织通过科层管理、控制资源与价值分配的传统组织模式越来越难以融合。简而言之，就是员工独立生存与自我实现的机会能力大大提高，而组织的传统雇用模式使得员工的价值感与归属感在快速下降。这时候，组织与员工的关系，如果仍然是雇用与服从的关系，那么这种组织必定会被市场和时代所遗忘。建立平等、共享和共赢的合作共享型的平台文化，是数字时代企业组织必须探索的企业文化发展方向。

14.3.2　开放包容的组织文化

2014年，海尔教父张瑞敏在海尔开启从"砸冰箱"到"砸组织"的变革，"外去中间商，内去隔热层"（内去隔热层就是将这一个内部的管理层去掉），接着开始了全公司的"企业平台化、员工创客化、用户个性化"的互联网变革，欲将海尔打造成"企业无边界，管理无领导，供应链无尺度"的互联网企业。无独有偶，深圳金蝶集团也"开砸"了，在创始人徐少春的带领下，2016年，集团砸掉了办公室，砸出了金蝶办公云；2017年，徐少春带着团队到北大砸掉了公司的看家软件ERP，砸出了云ERP。

这些企业为什么砸掉曾经甚至当下仍然让它们成功的东西？很显然，它们看到了这些在工业化社会成功的经验将成为它们适应互联网社会的"围墙"，这些成功宝典与互联网的开放精神相违背。它们砸掉旧式的"科层楼梯"，砸出开放的"互联天梯"。

随着移动互联网的快速发展，用户主导企业经营，企业团队变小，管理变薄，速度变快，高度信息化已经让组织高度透明，传统架构庞大、制度呆板、流程复杂、效率低下的层级制金字塔式组织结构，已经不再适应快速变化的市场环境，正在被扁平化的组织结构、弹性的工作模式和团队合作的机制等所代替。企业必须尽早且勇于砸掉自己的旧世界，砸掉自己的"功劳簿"，充分意识到"在数字时代，用户与企业、企业与员工的关系正在发生改变。第一个改变就是企业和用户之间是零距离，从原来企业大规模制造变成大规模定制，所以生产线要改变。第二个改变是去中心化。数字时代每个人都是中心，没有中心，没有领导，因此科层制也需要被改变。第三个改变是分布式管理，企业可以利用全球的资源，全球就是企业的人力资源部"。⊜

许多专家在探讨互联网精神时，虽然各有不同的观点，但几乎都认同将"自由、开放、

⊖ ifanr. 他们的工作，是怎样被共享经济改变的？［EB/OL］.（2015-03-17）[2022-03-10]. https://www.ifanr.com/502322.

⊜ 匿名. 海尔转型真相　张瑞敏"砸碎"旧组织［EB/OL］.（2014-07-10）[2022-03-15]. https://wenku.baidu.com/view/2367a2476edb6f1aff001faf.html.

共享、兼容"作为互联网的基本精神。这些基本精神决定了数字时代的组织是一种**"水样组织"——"自身要素简单（一个氢原子和两个氧原子），组织形态柔性适变，包容聚合异质要素，保持动态活力"**。这样的组织有两个鲜明的特点：开放互联和柔性包容。

第一，数字时代组织的开放互联就是要在组织之间和组织内部保持多边互联互通。在组织外部，企业不再追求一枝独秀，开始寻求开放合作。在组织内部，各部门边界逐渐模糊，各部门之间能够加强合作，互通有无，使组织的凝聚力更强，共同为一个目标奋斗。企业的文化正在从传统的等级制度文化向团结协作的文化转变。

第二，数字时代组织的柔性包容是要在组织内外部保持弹性、开放、吸收、进化的行动特征。柔软是水的重要物理特性——水可以适应任意形状的器皿，可挥洒、可吸收、可挥发、可耐压、可自由渗透。这种柔软的特性使其具有强大的生命力、承受力和适变性。在数字时代，组织应当像水一样，从产品设计、品牌印象、服务管理，到企业文化、管理制度、领导行为、员工管理都具有亲和力；对任何竞争环境、市场环境、经济政策、技术环境的变化具有灵活调整和快速适应的能力与条件。

数字时代的这种组织特性要求与其相匹配的组织文化具有开放包容的文化特质，这种文化特质主要指的是企业的管理、领导和组织行为必须具有文化心智的开放性、文化心态的包容性、结构边界的开放性。

首先，文化心智的开放性。当代人类社会知识的老化速度或更新速度远远超越了以往任何时代，有的研究指出当前知识更新的周期为1～3年，而100年前这个周期还是50年，甚至有人指出人们对知识的学习速度已经赶不上知识更新的速度。另外，数字时代由于虚拟空间信息互联超越了时空限制，并且虚拟世界和实体世界的边界也在变得模糊，企业商业经营环境的不确定性风险和不确定性机会同时都有了"不确定性"。这意味着内部创新更加艰难，外部创新随时出现。此外，企业发展到一定阶段会出现不稳定发展现象，问题基本出在其组织文化不持续开放上，让企业丢失了实现自我变革的机会。㊀在这种情势下，依靠特定个体、特定群体是无法成功面对不确定性的挑战和机遇的。企业在创新、决策、执行、协调方面保持心智逻辑的开放性，从任何可能的想法、做法，甚至看似荒谬的想法中发现其合理性的"火种"。文化心智的开放性，对于企业在数字时代的创新战略尤其有价值，许多企业引入"开放式创新"理念，均衡协调企业内外部资源来产生新思想，综合利用企业内外部各种资源，通过多种方式如技术合伙、战略同盟等来为创新活动服务。㊁随着互联网的盛行与普及，以及信息和数据的价值越来越凸显，开放式创新已经逐渐成为企业创新的主导模式。美国通用电气公司的开放创新宣言便称：实践证明，开放能够促进创新和效能，在这条路上，我们将不遗余力。㊂

其次，文化心态的包容性。就如同在树林里找不到两片一模一样的树叶，在世界文化大花园中，也不存在两种一模一样的文化。不同个体、组织和民族之间因其成长环境、成长路径、语言、个性偏好、群体关系等因素不同而呈现文化的差异性和多样性。在个体价值崛起

㊀ 华夏洞察. 向生而生：文化开放是互联网时代传统企业"活下去"的关键——来自彭剑锋、陈春花、施炜的对话［J］. 中外企业文化，2014（12）：35-39.
㊁ CHESBROUGH H. Why companies should have open business models［J］. MIT Sloan Management Review, 2007, 48（2）：22-28.
㊂ 孙杰贤. 开放开源：互联网时代主旋律［J］. 中国信息化，2015（11）：31-33.

的数字时代,不同个体、社群、组织之间的多样性、个性化、创意性发展和展示将是一种文化发展的新常态。针对这种现实情况,不论是个体还是企业组织都应当秉持文化的包容性心态,吸收借鉴其他文化的优秀与先进之处为自己所用,并对其他优秀文化采取友好与相容的态度,而不是对其采取排斥与对立的态度。汽车业的新宠特斯拉的员工来自各行各业,有原来做电动汽车媒体的,有以前做过潜水教练、调酒师的,但是特斯拉觉得这些背景跟经历并不重要,你如果认同特斯拉的文化和它想做的事情,你认为这是对的事情,你认为这件事情和你个人的理想是非常契合的,特斯拉就完全可以吸引这些人过来,企业有包容度就可以给他们一片天空、一个平台让他们自由地发展、自由地创新。在心态包容性上,企业还应当对本企业员工的个性化、创造性工作行为持有包容的心态,不苛责员工的错误或者失败,而是给予适当的鼓励,这样就会营造一种宽松、愉悦的精神环境,大大地激发员工的主动精神和创造精神。

最后,结构边界的开放性。这里结构边界的开放性既指文化结构边界的开放性,也指组织结构边界的开放性。在互联网的技术与经营环境中,企业的经营和竞争仍然需要依靠组织,但这种组织不应是容易僵化、固化、指挥链条较长、厌恶变革、反应滞后的组织,而应像水一样具有灵活性和韧性、本身结构简单却可使万物进化、人员合作吸附能力强、稳定性与可塑性均较强的组织。这种组织的重要特点就是结构边界的开放性,呈现一种具有文化相容的"有组织无结构"的无边界组织状态。通用电气前任董事长兼 CEO 杰克·韦尔奇先生这样描述结构开放性的无边界理念:"预想中的无边界公司应该将各个职能部门之间的障碍全部消除,工程、生产、营销以及其他部门之间能够自由流通,完全透明。"近年来,海尔集团在张瑞敏的带领下开展的"砸组织、创客化"行动就是确立一种文化与组织的结构边界开放的行动,这种行动还被称为"外去中间商,内去隔热层"。海尔将全国 2 800 个县的信息直接和总部的信息中心连在一起,这样中间管理层的 4 000 多人全部都要下岗。之所以这样做,也是为了适应市场法则,即这是个消费者主权化的时代,也是个"草根逆袭"的时代,还是个市场力量迭代的时代。

| 实践链接 14-4 |

安永会计师事务所面向 21 世纪的企业文化

在全球化及现行的人口结构趋势背景下,招聘杰出人才的竞争不断迅速变化。成功企业应对这种趋势的方式是培养具备全球工作经验的管理层,让员工拥有能在 21 世纪带领多元化团队的技能。

我们对安永以人为本的文化感到自豪,致力于在这方面做得更多。我们的员工告诉我们,我们的全球团队协作文化及对建立更佳工作环境的重视使安永成为理想的打拼事业的地方。我们的客户告诉我们,近年来我们已在团队的效能、工作关系的建立及优质人才的提供等方面取得了很大的进展。

我们致力于在全球各地构建领先的以人为本的文化。营造能吸引和留住优秀人员,以及协助他们发挥潜能的文化会改善向客户提供的服务。我们在以下涉及以人为本机构文化的三大元素上投入更多的资源,以改善客户和人员认为重要的各个方面。

- **包容**:招聘杰出人员只是一个开始,包容是指确保所有员工的声音都被听取和珍视。这不但有助于吸引和留住最佳员工,也有助于从客户及机构那里获得更好的解决方案。
- **发展**：我们培养员工的方式涉及向所有员工提供他们巩固事业及向客户提供优质成果所需的学习机会、实际工作经验和辅导，以及提供培养员工成为现在及未来的管理层的其他计划。
- **参与**：我们希望所有员工能从工作中和同事身上感受到热诚，能为让他们灵活性地实现专业及个人抱负的机构工作而感到愉快。我们在无数方面让员工参与其中，包括挑选适当的人员领导主要变革工作，珍视每个员工，确保会感谢表现良好的员工等。

全球化促使背景愈发多元化的员工带来大量的信息。在这个变化迅速的环境下，每种情况与背景都会带来各自的挑战。

安永认为只有能够融合与利用不同意见、视角与文化考量，从而达到最佳效果的最高绩效团队才能在全球市场上获胜。我们对多元化和包容性的重视是我们如何服务客户、培育员工与在社会上担当领导角色的关键。

- **多元化关乎差异性**。我们每个人都各不相同，安永珍视与尊重个人的差异性。我们对差异性有宽松的看法，这包括个人背景、受教育程度、性别、种族、国籍、所属世代、年龄、工作与思维方式、宗教背景、性取向、能力与技能。不同的服务、行业与职能在各方面会存在区别。
- **包容性是指利用这些差异性获取更好的业务成果**。这是指创造一个我们所有人员觉得每天都能把他们的差异性带到工作中，而且每次与人接触时能贡献个人最好的东西，同时感到自身受到珍视的环境。

调研结果显示，相比团队较为单一的企业，拥有多元化团队而且领导力更具包容性的企业会展示更佳的业绩。多元化的团队更能增加市场份额并且在新市场上获胜。它们展示出的协作性更强，留住员工的比率更高。

确保所有员工的声音都能被听见以及受到重视不但有利于吸引与留住最佳人才，也能协助我们为客户与自己的机构开展最佳工作实践，因为构建重视所有差异、具有包容性的工作团队让我们能识别在缺乏包容性团队的情况下可能被忽略的风险与机遇。"多元化和包容性的工作路线图"是适用于安永所有人员的一个共享与通用框架，能协助我们在机构与个人层级驱动变化。

资料来源：安永官网，http://www.ey.com/cn/zh/about-us。

 全球化给安永带来了大量全球人才。面对这些国际化的人才，安永以一种文化心态的包容性来接纳并影响着公司内部的员工。这种包容性不仅使得团队取得了最佳的效果，也成为使客户满意、使员工满意的重要法宝。

14.3.3 自治参与的员工文化

奇笛网刊载了一篇标题骇人的文章《是时候让领导闭嘴了——互联网时代下个人领导力提升》，将互联网时代个体的作用和对组织的贡献提高到"革命"性地位。文中提道："在当今互联网时代，也就是直连时代下，个体的因素被不断放大，放大到成为一种所谓的'个体革命'。这对现存的很多商业模式和商业逻辑都造成了特别大的冲击。那么，在'个体革命'这种大的背景之下，我们个人应该如何把握这个背景，提高自己的领导能力或生存能力，就成为一个非常现实的问题。"⊖

⊖ 奇笛网. 是时候让领导闭嘴了——互联网时代下个人领导力提升［EB/OL］.（2016-01-04）[2017-10-30］. http://www.qidic.com/47091.html.

该文章的标题和观点稍微过激，但不可否认的是：数字时代个体的个性风格、价值能量、自我能动性正在被极大地激发出来。互联网是一个开放的平台，人们自愿进入其中，发表评论，选择与接收信息，所有行为都是个体的自主行为。从一开始的论坛、博客到现在的微博、微信，互联网的发展为个体的这些自主行为提供了越来越多的渠道。在网络时代，人人都可以做自媒体。人们通过自媒体平台分享自己的所见所闻，分享他们对某一社会问题的观点与建议，打破了传统媒体的条条框框。

另外，互联网为人们提供了各种机会。因此，越来越多的人选择自主创业。这些人往往都具有较强的个性。在过去，人们习惯性地认为"个性强"是一种不成熟的表现，于是人们只能在世俗的眼光中遵从教条、压抑自我，不敢大胆尝试新思路、新想法。但在数字时代，想要追求成功与发展，个性解放是首要条件。只要我们留心观察便会发现，当代成功的企业家无一不是传统观念中所谓的"怪人"，他们特立独行，张扬个性，为他人之不敢为。

在现代企业尤其是科技企业或现代服务企业中，新生代员工多是受过良好教育的知识型员工。与一般的员工相比，知识型工作者对其所从事的工作具有控制和支配的权力，同时也承担一定的工作责任。自主性的特点使得知识型工作者在工作中具有较强的独立性，不愿意接受他人的控制，能够进行自我管理和自我控制。这种自主性也使得知识型工作者具有较强的创造能力。他们所从事的工作具有多变性，这就要求知识型工作者在变动的环境中充分发挥自己的主观能动性，创造出新的产品、技术或制度等。㊀

在个体价值彰显、知识型员工"知本"诉求突出、追求个性发展的新生代员工大量涌入、共享经济形态崛起、用户主导生产和不确定的商业环境频生的情势下，工商企业进入了一个必须重新定义"员工与组织"文化关系的时代。传统的基于个体与组织雇用契约而产生的"依附性"文化关系必须且正在"消解"（见图14-1）。在这样的组织文化中，"自上而下"的支配性组织行为主导着员工的工作生活的全部，绝大部分员工都处于"被动"接受工作分工、岗位要求、资源调配，乃至工作考核和收益分配的状态，甚至员工的工作主动性和创造性也属于被调动型。在这种组织文化中，个体目标绝对服从于和服务于集体目标，个性化的需求一般被忽视，或者同化于集体的需要中。这种组织文化的优点就是分工明确、集中统一，培养集体主义精神，集中力量打歼灭仗；其缺点就是压抑个性，扼杀个体自由的心性，伤害个体创造力，最终也让企业进入臃肿的官僚体系状态。

这种依附性文化显然与数字时代个体及社会发展的大势难以相融。人们之所以不再愿意陷入一种雇佣关系，一方面是源于技术带来的更多机会和挑战，另一方面是因为雇佣关系本身会伤害到人们创造能力的发挥。尤其是对于大型组织以及历史悠久的组织而言，其雇佣关系导致人们之间的角色固化、层级固化，从而滋生出一个固化的官僚机构，也可能滋生信息的僵化与功能的僵化，特别是下级必须服从上级的心理契约，使得人们无法真正发挥自己的创造性，导致真正有创造力的人会因为雇员的身份和组织约束，根本无法做出价值创造。㊁

㊀ 陈春花，曹洲涛，刘祯，等. 组织行为学：互联时代的视角［M］. 北京：机械工业出版社，2016.
㊁ 陈春花. 激活个体，"变"及雇佣！［EB/OL］.（2015-10-22）[2022-03-10］. https://www.renrendoc.com/paper/154628850.html.

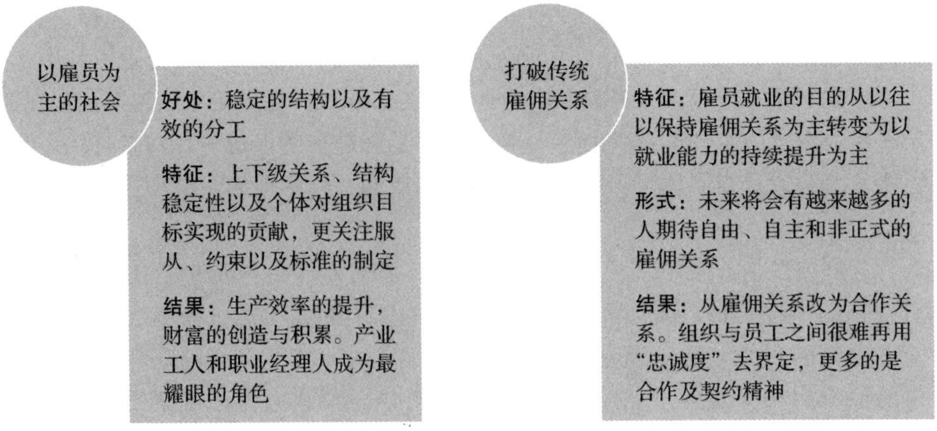

图 14-1 数字时代员工雇佣关系向合作关系的转变

以雇员为主的社会
- 好处：稳定的结构以及有效的分工
- 特征：上下级关系、结构稳定性以及个体对组织目标实现的贡献，更关注服从、约束以及标准的制定
- 结果：生产效率的提升，财富的创造与积累。产业工人和职业经理人成为最耀眼的角色

打破传统雇佣关系
- 特征：雇员就业的目的从以往以保持雇佣关系为主转变为以就业能力的持续提升为主
- 形式：未来将会有越来越多的人期待自由、自主和非正式的雇佣关系
- 结果：从雇佣关系改为合作关系。组织与员工之间很难再用"忠诚度"去界定，更多的是合作及契约精神

由此来看，稳固发展了 100 多年的组织生态正在发生更大范围的动摇，人们发现，有越来越多的组织在进行着这样的调试——相较于原来，组织变得更加扁平、去中心甚至开始变得无边界。换言之，组织似乎在慢慢地"消失"。在组织被信息科技的力量不断解构的同时，我们看到了个体力量的崛起。一方面，越来越多的个体选择通过自身而不是组织，创造性地向社会提供产品和服务，从而创造利润，实现自我价值。网红经济的产生正是个体自我证明"个体价值"的一种经济形态。另一方面，加入组织的个体越来越强调企业组织对个体个性需求、自主支配资源与权力、与组织建立"平等"关系的重视。进一步说明，在数字时代，员工与企业的组织文化应当由基于雇用而产生的依附文化，向基于合作而产生的平等关系转向。**这种员工文化充分尊重员工的自主决策与自主工作的能动性，建立员工身心自由与目标责任对称、结果导向与价值分享平等协商的考核分配模式，以及企业搭台个体唱戏的合作模式。**在这种文化转向中，组织退后，团队上位，个体上前。当前越来越多的公司选择创客和合伙人方式来建立企业与员工的关系和管理文化，正是凸显自治、自由、平等和创新互联精神以及个体价值的重要方式。

任何企业经营者和创业者都要正视，这是一个需要我们重新认识和理解个人与组织关系的时代。随着个人价值的飞速爬升，个人的知识结构、素质能力、职业信息等都在变得愈发强大，个体个性被充分激活，超级个体应运而生，这样的个体不再单纯依赖组织，组织也不再简单要求个体。这种从层级到合作的全新关系界定，无论对个人抑或组织，都有着不同的挑战和对应的压力，同时也成为企业经营者必须面对的管理课题。[⊖]组织的"消失"，正在让企业创新力重新迸发。我们看到，在组织的末梢生出越来越多的创新力量——无论是创客团队，还是事业合伙人。他们最接近真实的用户和使用场景，由他们主导的创意和创新，让企业更具生命力。

14.3.4 "无我"的未来领导文化

共生时代已然来临，拉姆·查兰（Ram Charan）曾经表示："面对当今时代的结构性不确定性，要想引领企业走向成功，需要全新的领导力。""无我"领导在共生时代是领导力的新内涵。

⊖ 致远互联官网. 管理专家陈春花对话致远互联徐石：用协同激活组织［EB/OL］.（2017-04-26）［2022-03-09］. https://www.seeyon.com/News/desc/id/2383.html.

1. "无我"领导：与员工协同共进的伙伴

这是对领导者定义的重新诠释，"无我"领导者摒弃了固化的权力带来的既有概念的桎梏，与员工成为协同共进的伙伴。

（1）激发共同的梦想。如稻盛和夫所讲："我在京瓷反复讲'京瓷总有一天会成为世界第一'，这句话听起来像不切实际的空想，但在我的头脑中有清醒的认识。我的远大目标发自内心，同时我也直面现实，认真对待每天的工作，换言之，就是把每天的努力付诸工作，把远大的目标留在心中。只有在设定远大目标的同时坚持一步一个脚印地努力，才能最终迈向成功，实现梦想。"

（2）从挑战出发。日本企业文化研究专家河野丰弘认为："新理念、新构想常常是少数人的意见，大多数人是反对的，因此，允许不苟同的人、特立独行的人，强调让有能力的人崭露头角，这种态度实属必要。""无我"领导者真正的魅力在于不断挑战和突破，在人们的质疑和误解中坚持下去并从中探寻机遇，逐渐让机遇萌芽成为真正让员工、组织甚至社会变得更好的现实。

2. "无我"领导：拥有协同管理的价值取向

共生型组织领导者的协调者角色，就是要整合所有成员共同工作，能使各组织成员在协同工作上有所突破，从而通过协同工作获得更高绩效。今天已经不再是产品和产品、企业和企业之间的竞争，而是价值链和价值链之间的竞争，而共享价值链已经成为当今战略的基本出发点。整个价值链的竞争能力，决定了价值链上企业的竞争能力。价值链的关键环节承载着协作企业间的价值创造等活动，只有对不同价值链环节进行深入分析，才能凸显协同管理的价值取向。

3. "无我"领导：由控制者变为赋能者

在某种程度上，"无我"领导者一定是以帮助组织成员成长作为自己的首要责任的。领导者要与成员在一起，帮助成员成长与成功，让成员可以创造出更大的价值。因此"无我"领导者真正令人敬仰的是，他们可以实实在在地把组织成员的梦想变成真正的现实，产生真正的价值，进而对社会产生重大的影响。

（1）赋能个体。重视共生型组织成员的个体价值是共生型组织改变的基础，其背后是"无我"领导者带来的"组织下沉"，组织的权力和地位得到沉淀，每个成员被赋能，价值创造的主角变成了共生型组织的每一位成员。在此过程中，领导者由控制者转变为赋能者，通过激起组织成员的动力，激发其持续的创造力，让组织成员的自主性、创造性和灵活性更好地与共生型组织匹配。

（2）彼此加持。形成命运共同体的协同关系不仅体现在组织之间，而且表现为组织和员工的彼此加持、利益与共。小米提出的利益透明分享，海尔提出的超值分享，都是通过利益共享让员工和合作伙伴体会到自身的付出给组织带来的价值，进而调动员工和合作伙伴的创造积极性，使员工和合作伙伴的利益与整体组织的发展更紧密地联系到一起，实现组织的持续发展，分享财富本身成为彼此加持的构成部分。

（3）互助成长。共生型组织管理是一种基于互助成长的新模式，"无我"领导者帮助组织成员看到未来，强调组织成员的成长，在组织成员心中播种自我超越的"种子"，影响组织成员的思想意识和价值观念，让组织成员有能力创造未来。在这个过程中，领导者会不断鼓励组织成员积累知识和经验，为共生型组织成员提供内部分享或外部培养的机会，让组织成员自身不断提高和优化，增强面对环境挑战的主动性。共生型组织领导者的协助者角色，就是领导者能够赋能给组织成员，以协助每一个组织成员展开工作并取得绩效，协助者就是要帮助各组织成员培养对共生系统的了解。

本章小结

数字化是指现实世界与虚拟世界并存且融合的新世界，有以下三个本质特征：连接——连接大于拥有，共生——现实世界与数字世界融合，当下——过去与未来压缩在当下。数字化为组织与人力资源管理带来了根本性变化。数字或者互联网技术让组织本身的功能角色以及组织的发展路径都有了巨大的调整。赋能、共生、协同这三个关键词需要每个企业的管理者做出自身的组织管理习惯的调整，能够与组织共同成长。数字时代下的企业文化轮廓为：第一，协同、联动是数字时代企业文化的主旋律；第二，开放、透明及包容是数字时代企业文化的界面特征；第三，平等、共享和共赢是数字时代企业文化的基本风格；第四，用户文化是数字时代企业文化的关键节点。

数字时代的经营管理理念有协同管理理念、自组织管理理念、平台管理理念、生态圈理念。协同管理的精髓在于价值再也不是由企业单独创造，而是由客户和企业共同参与创造。在这种新的观念下，客户和企业联系在一起，整个价值链都是一个强链接的关系，全过程价值创造决定了价值链成员必须是共生协同的关系。企业的自组织管理实际上就是组织自发或自觉运用自组织的原理和方法，发现、解释、激发企业组织管理中的自组织力量，使企业组织远离封闭、固化、离散、死平衡、失能的运行状态，自动自发地成为有活力、有开放性、有创造力、平滑、聚合、协同的动态效能组织。平台管理理念既指在中观产业和宏观经济层面上，基于互联网的平台模式，对多种产业甚至全社会资源进行开放重组和融合再造的理念，也指在微观层面上企业组织从内部积极尝试走向平台化的理念。在现代信息技术快速发展的背景下，企业为适应快速变化的、复杂的市场需求，将生态学的理论移植到对组织的分析中，并融入经济学、管理学等的分析，发展成一种生态圈理念，并基于此产生了一种新的组织形式——生态型组织。每一种理念都是基于当前特殊的时代环境已经形成或者至关重要的，因而，企业应理解并掌握这些数字时代的经营管理理念。

数字时代的企业文化理念主要有共享共赢的平台文化、开放包容的组织文化、自治参与的员工文化以及"无我"的未来领导文化。"共享共赢"是在互联信息条件下，基于合作共识、共有信任和制度（平台）可靠性，市场主体通过供给或让渡资源或资本，共同互惠合作创造价值，获得合意的价值收益与精神获得感。开放包容的组织文化涵盖两个方面：一是开放互联，即在组织之间和组织内部保持多边互联互通；二是柔性包容，即在组织内外部保持弹性、开放、吸收、进化的行动特征。自治参与的员工文化是指充分尊重员工的自主决策与自主工作的能动性，建立员工身心自由与目标责任对称、结果导向与价值分享平等协商的考核分配模式，以及企业搭台个体唱戏的合作模式。"无我"领导者与员工成为协同共进的伙伴，拥有协同管理的价值取向，由控制者变为赋能者。

复习思考题

1. 数字时代对企业文化有什么影响？
2. 数字时代的经营管理理念有哪些？该怎样理解这些理念？
3. 数字时代的企业文化理念有哪些？

案例分析

韩都衣舍：中国互联网快时尚第一品牌

韩都衣舍电子商务集团股份有限公司（以下简称"韩都衣舍"）是一家以"韩风快时尚"为定位的服装行业电子商务公司。2012～2018年，韩都衣舍在国内各大电子商务平台连续7年行业综合排名第一；2020年，成为"天猫"女装类目粉丝数量第一的品牌；现已成为中国最大的互联网品牌生态运营集团之一。韩都衣舍创造了快时尚互联网品牌服装行业传奇，是很多企业竞相学习的榜样。韩都衣舍的快速成功得益于其突破了传统管理路径依赖和运作模式束缚，大刀阔斧地在管理运营各环节开展创新实践，确立小组制运营模式。

小组制探索

韩都衣舍小组制经历了"买手制、小组制、小组制的延伸、小组制的市场化"4个阶段的探索。

（1）买手制。成立伊始，赵迎光带领40名服装设计和韩语专业毕业生从韩国3 000多个品牌中选择出1 000个品牌，每名毕业生负责25个品牌，并从中选择8款服装到淘宝网预售，预售成功后从韩国网站下订单发货给国内买家，代购一段时间后改变策略，为每一个买手配置2万～5万元资金，让其自行联系工厂进行加工生产，获取的利润作为下一轮的滚存资金。

（2）小组制。买手制存在退货比例高、交货周期长、实物与图片不符等问题。赵迎光提出加强品牌建设，统一使用"韩都衣舍"品牌，并且将谈判、仓储、物流等工作交给买手承担，为解决买手工作内容大量增加带来的效率下降，韩都衣舍推动成立由买手、页面制作专员、货品管理专员三人组成的产品小组。同时，将企划部、生产中心、仓储中心不断整合并形成较强的后台支持能力，共同支持和服务产品小组运营。

（3）小组制的延伸。随着品牌增多和业务量增加，产品小组和平台之间矛盾增加，运营成本居高不下的现实问题日益凸显，小组制得以向平台延伸。韩都衣舍将平台部门划分成若干平台服务小组，并通过契约关系与产品小组建立稳定的内部协同合作关系。

（4）小组制的市场化。随着销售量进一步剧增，供应链严重制约交货期和货品质量，韩都衣舍进行供应链管理信息化平台建设，形成了以商业智能集成系统为核心的赋能支持体系。现在，韩都衣舍赋能平台不断向外部市场延伸，为外部创业者实施的本领域内创新创业活动提供资源支撑和赋能支持，孵化社会品牌。

从4个发展阶段来看，韩都衣舍从创立之初就将大部分的生产决策权下放给了员工，实现了员工的自我管理。

在新经济时代，用户需求更加动态化，新生代员工更加崇尚自身价值和主动参与，传统的管理模式必将被自我管理模式所取代，韩都衣舍走在前列。韩都衣舍在缺乏运营资金、行业经验、知识积累等困境下成功实施小组制，并进行了系列财务革新，迅速成长为颠覆传统企业理念的新型服装电商企业，在服装款式数量、返单比例、售罄率、库存周转率、新品开发等方面实现了行业领先，具有典型的代表性和创新性。

本草文化与乐趣营造

在韩都衣舍，员工沟通频繁。会议室都是用名山命名的，寓意为"名药出名山"。从管理层到一线员工，韩都衣舍每位成员都用《本草纲目》中的一味中草药作为自己的"花名"。一位高管对此的解释是，每一味中药都有独特的药效，这和每一位员工都有自己的价值一样，多味中药搭配可成千金要方。同样，一家企业的员工凝聚在一起，发挥各自的特长就能成为超强团队。

如今，在韩都衣舍有180多个小组，通过小组制团队创新，企业尝到文化创新的甜头，团队创新成为企业高速发展和企业本草文化建设的关键驱动因素。

韩都衣舍无论是在办公环境还是软性服务方面，都提供大量营造职场乐趣的活动。其中，温馨的办公场所，随处可见咖啡壶、茶饮、休闲区等；个体纪念日庆祝活动，如生日纪念活动、员工进入组织纪念日活动；社会性活动，如倡导野餐、团队聚会、社会交往等；集体庆祝活动，如工作奖励宴会、开门利是活动、"双 11"庆祝活动；提供做社会志愿者的机会，如"无穷花开"助学活动；压力释放活动，如工作操、健身、沟通交流、海外旅行等；幽默活动，如卡通装束、分享笑话、快闪店、粉丝团、电子邮件等；游戏或运动会，如够级牌赛、电竞游戏赛、小马拉松赛、微型运动会等；友谊比赛，如团队间的设计大赛、营销竞赛；促进团队发展和能力建设方面的活动，如成立读书会、韩都大学、经典文化考察等；娱乐活动，如公司年会、参加乐队、演出戏剧等。这些已经成为团队文化创新的重要组成部分。

如此举措应有尽有，不断创新，对吸引新生代员工、激发创造性、凝聚团队力量和促进团队创新行为都产生了积极影响。具体细分来说，团队创新的有效性包括激发创新行为，提升工作满意度，提升幸福感，增加组织公民行为，融洽组织氛围，提高组织凝聚力。同时，团队创新还能够产生降低工作压力、情绪耗竭、离职倾向等作用。

依托大数据打造的产业生态系统

品牌价值十亿，平台价值百亿，生态价值千亿。在小组制下，实行为小组提供支持的各部门有偿服务的内部结算制，每个小组都是独立核算的个体，单品全程运营体系日臻完善，该制度也让韩都衣舍在多品牌战略上游刃有余。

随着越来越多的内部赋能部门有能力和余力为外部品牌赋能，韩都衣舍开启"品牌商+服务商"双轮驱动模式，从最初的品牌商角色转变为兼具品牌商和服务商的双重角色。韩都衣舍全面开放支撑品牌发展的九大系统，分别是：韩都智能、韩都传媒、韩都质造、韩都客服、韩都储运、韩都运营、韩都映像、韩都大学、韩都伙伴。为生态孵化体系配备的服务包含柔性供应链整合服务、网红孵化、电商培训、视觉服务、网拍、新媒体运营、电商猎头等一系列完善的互联网品牌配套服务。面向国内传统品牌、国际大牌、网红品牌、初创品牌等提供线上生态运营，从互联网服装品类切入，开拓至化妆品、家居、时尚居家、汽车用品等第二圈层；然后吸引各类 O2O 项目、跨境电商、互联网金融、互联网服务业等第三圈层的创业项目进入，从而在形成品牌集群的基础上，汇聚竞争力强的互联网公司，吸引资本、培训、咨询、新媒体、政府、财务法务等，建立了一条完整的服务链，并通过引入创业投资来助推小品牌的发展。同时还设置专项投资并购基金，形成具有强竞争力的"互联网产业集群"。

韩都衣舍提供看似纷繁复杂的服务体系，其核心逻辑是以大数据为驱动、以商业智能为核心的多款少量快速返单的"快时尚"运营生态系统。紧紧围绕经营粉丝和商业智能展开，二者都是未来的蓝海，基于大数据的模式，理论上讲是商业智能驱动，核心问题在于商业模型。正因为如此，韩都衣舍选择通过商业智能进行商业预测，通过商业预测可以做全方位、全品类运营。

资料来源：1. 王少勋. 韩都衣舍小组制财务创新研究 [J]. 财会通讯，2020（18）：96-98+108.

2. 秦静. 基于新经济视角的企业组织创新研究：以韩都衣舍为例 [J]. 企业改革与管理，2020（7）：40-41.

3. 刘学民. 职场乐趣文化营造：以韩都衣舍为例文 [J]. 山东人力资源和社会保障，2019（10）：18-20.

讨论题

1. 韩都衣舍小组制解决了哪些难题？有哪些优势？
2. 谈谈数字时代企业文化在韩都衣舍小组制上的体现。
3. 韩都衣舍小组制这一模式对其他传统服装公司有何参考与启示？

参考文献

[1] 钱志新."互联网+"商业模式的精髓 [N]. 新华日报，2015-05-12.

[2] 中国台湾网. 互联网 2.0 时代 传统企业与互联网企业价值共生 [EB/OL].

［3］王成荣. 互联网＋企业文化规律探索与管理创新［J］. 企业文明, 2015（7）：18-23.

［4］卢彦. 互联网思维2.0［M］. 北京：机械工业出版社, 2015.

［5］陈春花, 曹洲涛, 刘祯, 等. 组织行为学：互联时代的视角［M］. 北京：机械工业出版社, 2016.

［6］蒲德祥. 幸福管理：组织行为学发展的新理念［J］. 技术经济与管理研究, 2009（3）：66-68.

［7］王若军, 刘欣冉. 互联网时代的商业价值观与企业平台化建设［J］. 北京经济管理职业学院学报, 2017（1）：28-34.

［8］英盛网. 张瑞敏：互联网时代的管理创新生［EB/OL］.（2011-12-31）［2022-03-10］. http://www.yingsheng.com/news/75/38645.html.

［9］陈光锋. 互联网思维：商业颠覆与重构［M］. 北京：机械工业出版社, 2014.

［10］马林诺夫斯基. 文化论［M］. 费孝通, 译. 北京：华夏出版社, 2002：48.

［11］ifanr. 他们的工作, 是怎样被共享经济改变的？［EB/OL］.（2015-03-17）［2022-03-10］. https://www.ifanr.com/502322.

［12］陈春花. 该怎样面对不确定性？——2016中新创新论坛演讲实录（精华版）［EB/OL］.（2016-06-29）［2022-03-09］. https://mp.weixin.qq.com/s/t_0QTIqIfj_uc7ufDN469w.

［13］钛媒体. 柳传志：不确定性是常态, 互联网＋价值被低估太多［EB/OL］.（2015-06-13）［2022-03-15］. http://www.tmtpost.com/1024549.html.

［14］匿名. 海尔转型真相 张瑞敏"砸碎"旧组织［EB/OL］.（2014-07-10）［2022-03-15］. https://wenku.baidu.com/view/2367a2476edb6f1aff001faf.html.

［15］华夏洞察. 向生而生：文化开放是互联网时代传统企业"活下去"的关键——来自彭剑锋、陈春花、施炜的对话［J］. 中外企业文化, 2014（12）：35-39.

［16］CHESBROUGH H. Why companies should have open business models［J］. MIT Sloan Management Review, 2007, 48（2）：22-28.

［17］致远互联官网. 管理专家陈春花对话致远互联徐石：用协同激活组织［EB/OL］.（2017-04-26）［2022-03-09］. https://www.seeyon.com/News/desc/id/2383.html.

［18］李麦可. 在星巴克遇见德鲁克：和大师一起喝咖啡、谈管理、聊人生［M］. 北京：化学工业出版社, 2013.

［19］商业评论杂志. 陈春花：成为变革领导者的五个关键［EB/OL］.（2017-04-06）［2022-03-15］. https://www.sohu.com/a/132277823_479780.

［20］CARMELI A, REITER-PALMON R, ZIV E. Inclusive leadership and employee involvement in creative tasks in the workplace：the mediating role of psychological safety［J］. Creativity Res J, 2010, 22（3）：250-260.

［21］何丽君. 包容性领导理念及其实现路径［J］. 领导科学, 2014（5）：40-42.

［22］陈春花. 价值共生［M］. 北京：人民邮电出版社, 2020.

［23］郑伟. 数字时代的企业文化图谱［J］. 首席财务官, 2017（19）：56-59.

［24］陈春花. 如何成为"无我"领导？［EB/OL］.（2019-07-16）［2021-11-30］. https://mp.weixin.qq.com/s/Fha1-COquSVy3Eq5Q3iCqw.

［25］王学秀. 自由＋责任：数字化时代的企业文化［J］. 中外企业文化, 2020（9）：13-16.

［26］陈春花, 朱丽. 协同：数字化时代组织效率的本质［M］. 北京：机械工业出版社, 2019.